Animal and Imperium
벌레와 제국
식민지말 문학의 언어, 생명정치, 테크놀로지
language, biopolitics and techne

황호덕
Hwang Ho Duk

새물결

지은이 **황호덕**

성균관대 국어국문학과 조교수. 성균관대 국어국문학과 및 동대학원 박사과정을 졸업하고 일본 도쿄대학 총합문화연구과 박사과정을 수료했다. 캘리포니아 주립대학 동아시아어문학과에서 수학·강의했고, 일본 조사이 국제대학 인문학부 전임강사를 역임했다.

고석규비평문학상·한국비교문학상을 수상했으며, 인문학의 정치성을 재탈환하기 위한 연속 기획 'What's up 총서'를 기획·편집하고 있다.

지은 책으로는 『근대 네이션과 그 표상들 — 타자, 교통, 번역, 에크리튀르』, 『프랑켄 마르크스 — 한국 현대비평의 성좌들』 등이 있고 『근대어의 탄생과 한문 — 한문맥과 근대 일본』을 공역했다.

벌레와 제국 — 식민지말 문학의 언어, 생명정치, 테크놀로지

지은이 ㅣ 황호덕
펴낸이 ㅣ 홍미옥
펴낸곳 ㅣ 새물결 출판사
1판 1쇄 2011년 6월 20일
등록 서울 제15-52호(1989.11.9)
주소 서울특별시 마포구 연남동 565-31 1층 우편번호 121-869
전화 (편집부) 3141-8696 (영업부) 3141-8697 팩스 3141-1778
E-mail: sm3141@kornet.net
ISBN 978-89-5559-312-9 (94800)
ISBN 978-89-5559-229-0 (세트)
ⓒ 황호덕, 2011

이 책의 한국어판 저작권은 저작권자와 독점 계약한 새물결 출판사에 있습니다.
신저작권법에 의해 한국 내에서 보호를 받는 저작물이므로 무단 전재와 무단 복제를 금합니다.

What's up 총서를 발행하며

 지금 우리에게는 우리의 '삶'에 대한 사유의 근본적인 전환이 절실하다. 그것은 소박한 앎에의 욕망도 그렇다고 앎에의 의지도 아니다. 오히려 그것은 우리의 생존 자체를 위해서 절박하게 요청되고 있는 바의 어떤 것이다. 현재 신자유주의로 통칭되는 자본(주의)은 물신 분석의 대상을 넘어 우리의 신체와 의식 자체가 되어버렸다. 그리고 '88만 원 세대'라는 말이 상징하고 있듯이 학교와 직장에서, 그리고 심지어 모든 일상에서 모든 이의 삶이 '돈'으로 환산되어 쓰레기로 양산되고 있는 것은 누구나 목도하고 있는 바이다. 그러나 대학과 정치라는 제도는 이러한 우울한 시대의 저항과 비판의 보루이기를 그친 지 이미 오래이다. 인문학은 점점 '실용'의 미명에 압착당하고 있으며, 대학은 사회를 보호하는 사유의 장소이기를 멈춘 채, 테크노크라트들의 양성소로 변해가고 있다. 따라서 이 미혹의 역逆계몽 시대에 우리에게 필요한 것은 위기론이나 탈주론이 아니라 용기와 도전, 그리고 이를 위한 새로운 방법론을 탐구하기 위한 몸부림이다.

 모순이 세계화하는 시대, 우리의 저항선은 온갖 장소에서 그어질 수밖에 없다. 사유의 '식민성'이나 '(잃어버린) 주체의 재건'과 같은 테제, 그러니까 "나는 내가 생각하지 않는 곳에 존재하고 내가 존재하지 않는 곳에서 생각한다"는 데에서 오는 불안은 오랫동안 한국의 지성들을 괴롭혀왔다. 다른 이의 표현을 벗어 던져라, 그러면 해방되리라. 그런데 어떤가 하면, "우리에게는 스스로의 생각을 다른 이의 표현을 따라 이해하는 경우가 너무 많다"(폴 발레리). 유럽의 하나 됨을 다름 아닌 사유의 잡종성과 표현의 연대 속에서 찾아낸 이 비평가의 말은 지금 우리에게 의미심장하게 들린다. 중요한 것은 고유한 주체가 아니라, 이 시대의 삶과 관련해 사유 자체를 개시하는 일이 되어야 한다.

그러기 위해서 우리는 세상 모든 생각에 고유성이나 주체성은 없다는 급진적인 공공성을 사유의 과제로 제기하려 한다. 즉 이식을 극복한 어떤 주체도 아니고 민중이나 다중이나 마이너리티도 아닌, 이름 없는 공동성을 탐구하는 일이 필요한 것이다. 사유의 외재성이 아니라, 고유성에 대한 믿음 자체에 저항하며, 우리는 삶의 조건 자체로 뚫고 들어가는 사유를 개시한다.

1848년 마르크스는 "하나의 유령이 유럽에 떠돌고 있다"고 썼다. 이 유령이 더이상 유령이 아니라 살아 움직이게 될 것임을 선언케 했던 그러한 징후가 우리 시대에도 여전히 존재하는지에 대해서는 말하지 않겠다. 다만 확실한 것은, 이 유령을 잡기 위해 연대한 '성스러운 사냥꾼들'만은 그 어느 때보다 견고한 모습으로 존재하고 있다는 사실이다. 사회에 대해 물음으로써 사회를 보호하는 것이 아니라, 사회 자체에 공헌하라는 명령 속에서, '사회'와 '공공성'에 대한 물음은 점점 더 설 자리를 잃어가고 있다. 너무 늦기 전에 움직이기 위해서 우리는 빨리 움직일 것이며, 무거운 지식과 속도의 지식을 한꺼번에 끌어오고 또 써나갈 것이다. 이름 없는 공동성을 탐구하기 위해, 사유의 적들에 틀림없는 '이름'을 부여할 것이다.

이러한 탐구를 위해 우리는 "What's up?"이라고 묻는다. 미국 흑인 노예 제도의 극악한 폭력성을 비극적으로 증언하는 이 "별 일 없었지?"라는 안부 인사는 고스란히 우리 시대의 아침 인사가 되고 말았다. 실업이 예외에서 일상이 되고, 오늘의 정규가 내일의 비정규로 떨어지고, 자본이 예술로 전도되는 이 시대. 그러니까 예외 상태가 보통 상태가 되어버린 이 시대, 우리 시대의 자본이 새롭게 발휘하는 마술 같은 공포의 변증법을 통해 우리 모두는 전혀 새로운 제도적·정신적 예속 상태로 노예화되고 있는 것이다. 게다가 그것은 감시와 처벌이 아니라 법의 준수와 제도의 안정이라는 이름으로 진행 중이다. 하지만 "What's up?"이라는 말은 단지 이러한 공포에 대한 승인만을 의미하지는 않는다. 어쩌면 그것은 폭력의 자행에 대한 묵종이 아니라 새로운 연대와 저항선을 그려나가기 위한 맹목적인 질문일 수조차 있다. "What's up?"이라는 이 자그마한 연대와 우정의 인사가 그러한 폭력적 제도의 정당성을 근본적인 질문에 부치는 작은 함성이라고 믿는다.

우리는 다른 이들을 통해, 그리고 그들과 함께 바로 지금 여기서 일어나는 일을 만날 것이다. 물음과 응답, 그것이 우리가 하고자 하는 모든 일이다.

— 김항, 박진우, 한보희, 황호덕

| 차례 |

What's up 총서를 발행하며 5
| 서론 | 점령과 식민: 식민지, 어떻게 볼 것인가 23

01 신화와 정치, 믿음과 약속의 체계들 71

천황제 국가와 증여의 신화 ― 「대일본제국헌법」의 언설 공간 73
북계의 신화, 구원과 협력의 장소 ― 육당의 존재-신화론 144

02 언어와 삶 ― 상황과 제도들 173

식민지말 조선어(문단) 해소론의 사정 175
제국 일본과 번역 (없는) 정치 ― 루쉰·룽잉쭝·김사량, '아큐'적 삶과 주권 228
엽서의 제국, 전체주의 국가의 공사 개념 ― 조선어학회사건 재독 284

03 생명정치, 말하는 동물의 비명들 327

경성지지, 이중언어의 장소론 ― 한 젊은 식민지 영화감독의 초상 329
전향과 저항의 생명정치 ― '국교도'의 변비, '이슬람교'의 설사 371
인간, 동물, 그리고 기계 ― 조선문학 혹은 제국 일본의 크레올 416

04 국가의 기예와 그 사상적 구도 427

메커니즘으로서의 국가와 비봉쇄적 국가 429

테크네의 에티카 ― 기술 지배와 협력 482

제국 관료들의 식민지 기억 ― 집행권력 책임면죄론 비판 512

| 결론 | 비인의 땅, 후기식민지로부터의 단상 565

에필로그 599
색인 612

일러두기

1. 단행본이나 학술지, 잡지는 『』로, 논문은 「」로, 미술작품과 음악 및 영화작품 등은 <>로 표시했다. 단 '조선교육령' 등의 경우 정치적 선언의 계기를 강조할 경우에는 <>로, 하나의 객관적인 연구 문헌으로서의 의미를 강조할 경우에는 「」로 표시했다.
2. 이 책에서 주로 다루고 있는 1930년대 말과 1940년대의 자료들을 인용하며 당시의 띄어쓰기를 그대로 남겨둔 부분이 있다. 당대 자료는 되도록 현대어로 바꾸지 않고 그대로 인용하려 했다.
3. 〔 〕는 문맥의 흐름이나 글의 내용적 이해를 위해 필자가 삽입한 것으로, 따로 '인용자' 등의 표시는 하지 않았다.

프롤로그

 과연 식민지는 근대(성) 외부에 놓인 독특한 경험일까 아니면 근대의 여러 기획들이 극단까지 실험된 공간일까. 식민지는 근대(성)의 예일까 아니면 예외일까. 역사에 대해 생각해본 적이 있는 사람이라면 누구나 한 번쯤 던져 보았을 질문일 터이지만 실로 답하기 어려운 물음이다.
 숫자의 부등호로 보자면 식민지를 경험한 지역이 제국을 영위한 지역보다 몇 배나 많다. 유럽과 일본 등을 제외한 거의 모든 세계가 '일찍이 (반)식민지였다'고 보면 식민지 경험이란 특수하다기보다는 오히려 보편적인 역사 경험이다. 식민지적 근대(성)라는 게 있다면 그것이야말로 근대(성) 그 자체일지 모른다. 그러니까 식민지는 예외가 아니라 예인 것이다. 그런 한편 근대에 관한 정치경제학적 설명이나 기본 명제들 속에서 지나온 근대의 경험을 파악하려 할 때 식민지는 어쨌든 민주주의의 예외, 자유와 공공성의 예외, 법권리의 예외, 시민인 인간의 예외(지역)처럼도 보인다.

더구나 아래와 같은 질문을 접하면 고민은 더욱 커질 수밖에 없다. 식민지 '조선'을 이해하는 데 과연 여타 식민지와는 다른 '특수한' 접근이나 설명이 필요할까 아니면 식민지 문제 일반이나 탈/후기식민주의적 연구 성과들 속에서 한국의 사례를 설명해야 옳은 것일까. 오랜 단일 왕조를 경험한 데 더해 19세기 말에서 20세기 초입에 걸쳐 근대 국가 기획을 수험했음에도 결국 서구가 아닌 일본, 백인종이 아닌 황인종, 이질 문명이 아닌 동일(또는 유사) 문화권의 지배를 받은 식민지 조선의 사례가 어찌 일반적이겠느냐는 입장이 있을 수 있는 것이다.

그런 한편 바로 그러한 이유에서 식민지 조선의 '사례'들을 통해 내발적 계기와 외재적 계기가 복합적으로 작용하는 근대의 경험뿐 아니라 제국과 식민지의 관계가 가진 지배의 문법과 작위^{作爲}들을 더 잘 포착할 수 있지 않겠느냐는 생각도 있을 수 있다. '세계사적으로 유래가 없는' 이 식민지는 동시에 '세계사적 보편성 안'에 있기도 한 것이다. 식민지 조선을 단독성 안에서 설명하려는 충동과 식민지 문제 일반이나 근대성 안에 존재하는 특수성으로 한정해 이해하려는 충동 사이에서 1910~1945년의 조선은 낯익은 장소인 동시에 낯선 장소가 된다.

내가 구상했던 것은 이러한 물음들에 대한 시원한 답변이나 정치적 해석을 위한 직접적 개입보다는 오히려 '잘 묻는 일' 혹은 '다르게 묻는 일' 그 자체였다. 역설적인 말이지만 나는 식민지라는 문제를 '역사화'하지 않기 위해 노력했다. 왜? 지금도 여전히 우리는 인간이 다른 인간을 인간이 아닌 것으로 선언할 수 있는 시간을, 그렇게 함으로써 어떤 인간들에게는 법권리를 정지시킬 수 있는 장소를 살고 있기 때문이다. 언어와 믿음, 인종과 신체, 경제 체계 내에서의 정규성/비정규성, 특정한 삶의 정상성/비정상성이라는, 식민 지배가 발명해낸 매우 유동적이고 임의적인 분절分節의 테크놀로지와 그것을 내화하는 자기 테크놀로지는 역사적 예외가 아니라 우리 삶의 상례常例와 깊이 관련되어 있기 때문이다.

예외적 상태들이 우리 삶의 상례가 되어가는 지금 식민지에 대한 이해란 우리에게 과연 어떤 앎과 교훈을 전해줄 수 있을까? 혹 식민지 문학을 읽으며 우리가 살고 있는 세계의 상황과 제도를 재고해 볼 수 있는 길은 없을까? 식민지 문학의 가장 잔혹했던 순간들을 살펴보는 가운데, 어쩌면 지금 여기의 경험과 과제들을 설명할 수 있는 언어들을 찾아낼 수 있지 않을까? 아니 지금의 정치적·이론적 고민들을 저 식민지의 시간에 투사해 가늠해 볼 수 있는 길은 없을까? 그때 그 장소를 살았던 생명들과 그들의 언어, 그 시간을 지배했던 지배의 테크놀로지와 체제 협력의 통로들을 바로 지금 여기에 겹쳐놓아 볼 때 가능한, 그 어떤 앎과 비판적 잠재력을 나는 '식민지 문제'로부터 점화해보려 한다.

 요컨대 이런 것이다. 식민지기 '한국문학'을 역사적으로 고립시키거나 특권화하지 않으면서도 그것을 근대의 역사 경험 전체를 질문하는 장소로 삼을 수는 없을까. '비상사태' 속에서야말로 무엇이 입법하고 무엇이 결정하는지가 분명이 드러나듯이, 극단의 시대로부터 사고하는 것이야말로 가장 첨예한 형태의 현실 인식을 가능하게 할지 모른다. 따라서 이 책에서는 식민지의 일상이나 상례적 삶보다는 오히려 그것이 균열을 일으키는 어떤 극단의 순간들에 주목했다. 따라서 식민지'말'은 여러 역사적 시간 중의 하나라기보다는 문제 자체가 명료해지는 '질문의 장소'에 다름 아니다.

 미리 양해를 구하자면, 이 책은 '만주사변'의 발발에서 태평양전쟁의 종결에 이르는 '15년 전쟁'이나 1937~1945년 사이의 식민지 조선의 황민화와 병참기지화 시기에 이루어진 문학적 현상들에 대한 순차적이고 종합적인 연구가 아니다. 이 책의 구체적 요목은 오히려 식민지말이라는 극한 상태를 통해 근대 국가의 질서가 움직이는 원리와 거기서 파생되는 문제들을 파악하려는 과제와 관련되어 있다. 이 책에서 나는 이 과제를 크게 언어, 생명정치, (지배 혹은 자기의) 테크놀로지라는 세 문제계問題系를 통해 파악해보려 한다. 이 문제계들은 국가나 민족에 대한 믿음과 약속의 체계들을 뜻하는 '신화'라는 바탕 위에서 구성되기에 실제로 이 책의 목차는 신화, 언어, 생명정치, 테크놀로지라는 네 개의 키워드에 의해 배치되어 있다.

먼저, 국가는 신화를 필요로 한다. 하나의 공동체는 자신을 보위하고, 스스로가 정한 과제를 고대 혹은 신대神代로부터의 '약속'으로 표백하기 위해 강력한 신화를 요청한다. 국가를 위해 유한한 삶을 바쳐야 할 존재로 예기豫期된 개인은 바로 이 신화와 그 제도화를 통해 산출되는데, 여기서 전쟁은 흔히 신화 속에 새겨진 약속의 실현으로 이해된다. 국가에 의한 신화의 독점은 국가 내부에 자리한 인간이라는 생명에 대한 지배로 이어진다. 따라서 독점적 신화에 대한 대항신화의 제시는 죽음의 증여와 그에 대한 상징적 보상을 통해 실현되는 정치 영역에서 극히 중요한 이념적 대응이 된다.

1장을 통해 천황제 국가의 증여 신화와 이에 대한 대항신화로서의 최남선의 불함문화론·북계문화론의 전개 양상을 살펴본 것은 이 때문이다. 제국의 신화는 과연 어떻게 식민지를 포섭 또는 배제하는가. 식민지의 어떤 신화는 어떻게 '신의 뜻 그대로의' 대과거를 통해 제국의 신화를 초과하는 한편 제국의 신화 안에 스스로를 새겨 넣는가. 이러한 질문에 답하기 위해 우선 천황과 신민의 관계를 뜻하는 '삶의 증여−죽음을 통한 변제'라는 근대 일본의 '신화' 혹은 믿음과 약속의 체계를 검토했다. 또 이에 대응해 일본이 개시한 전쟁을 북계문화의 중심인 조선 신화의 개시로 전유하려 했던 최남선의 사유가 구성되는 방식을 살펴보았다.

둘째, 근대를 사는 인간은 제도라는 픽션을 산다. 제도 없이 매개되는 욕망, 언어 없이 매개되는 제도를 상상하기는 어렵다.

특정한 현실에 대응해 구성된 제도는 인간이 상상하고 교직交織한 것이라는 점에서 일종의 픽션이다. 그러나 인간이 제도와 언어 속에서 생각하는 이상 이 픽션은 곧 자연화 과정을 거치게 된다. 그렇다고 할 때, 식민지는 바로 이 자연화된 근대(국민)국가라는 제도가 갖는 작위가 극명하게 드러나는 장소라고 할 수 있을 것이다.

따라서 2장에서는 언어와 민족, 언어와 국가, 공과 사의 혼연일체를 통해 상상되는 근대(국민)국가의 논리가 가진 작위성이 한꺼번에 노출되는 상황들을 다룬다. 구체적으로는 식민지말의 조선어(문학) 해소론, 조선어학회사건에서 보이는 사적 영역과 공공성의 압착 문제, 1940년을 전후해 일본에서 비등했던 조선어문학 붐의 정치적 맥락과 그 조락凋落이 주요한 테마로서 분석될 것이다. 이 장에서는 식민지말의 문학을 유도한 상황과 제도를 주로 언어 정책 차원에서 살피며, 그에 대한 문학적·문화적 대응들을 일별해 보았다.

중일전쟁 후의 강력한 협력 논리 중의 하나인 정치적 사실주의political realism가 조선어(문학)해소론을 통해 어떻게 일본 '국가'라는 픽션을 극단까지 실현시켜가고 있었는지를 당대 지식인들의 전향론들을 통해 살펴볼 수 있을 것이다. 예컨대 국어國語=일본어라는 제도의 실현이 거의 완성되어 가는 순간, 축적된 모순과 위기는 어떻게 그러한 제도의 작위성을 한꺼번에 노출시키는가. 천의무봉天衣無縫처럼 보이던 픽션은 어디서 찢겨지는가. 이를테면 조선어학회사건과 같이 모든 사적인 것이 공적인 것으로 녹아내리는 과정을 우리는 '엽서'라는 개념을 통해 살펴볼 것이다. '엽서'란 사적으로 닫혔다고 알려진 메시지가 처음부터 공적으로 열린 것, 공개된 것, 검열 가능한 것으로 '열려 버린' 상태를 뜻한다. 공적 담화와 사적 담화 사이에 위치한 문학이 국가라는 공공성에 의해 봉합됨으로써 내면을 없애버리는 운동에 가담하게 되는 과정을 우리는 '국민문학'이라 부른다. 이러한 국민문학화 과정에서 비명과 외침이 된 '조선어'로 조선인들은 과연 무엇을 생각했으며 어디까지를 희망해도 좋았던가. 일본 국가라는 픽션이 자연화되어 가는 상황에서 '조선어문학'이 지녀왔던 주권의 상상은 어떻게 그것을 잃어가는 한편 스스로의 잠재성을 보존하게 되는가.

셋째, 근대 정치는 무엇보다 '살게 하는 권력'으로서의 통치성이라는 개념 위에 놓여 있다. 국가는 권력을 살아 있는 생명에게 행사하며, 앎의 생산과 지배는 살아 있는 몸의 관리와 함께 온다. 식민지 역시 예외라기보다는 극단적 예라 할 것이다.

3장에서는 학살의 가능성과 전향의 문법이 어떻게 얽혀 있는지, 사상의 편력이 어떻게 몸의 지배, 말의 지배에 의해 다난한 곡절을 겪게 되는지를 살피게 될 것이다. 구체적으로 이 장에서는 채만식, 이광수, 김사량의 소설이 분석 대상이 된다. 식민지 도시의 내적 국경, 이를테면 경성의 도시 편제가 보여준 민족 분리와 그 속에서 '조선어 신체'가 겪는 곤란과 저항감을 채만식의 소설을 통해 설명하고, 이광수의 투옥 체험과 문학적 전환을 통해 식민지말 대량 전향의 동기와 그 심층을 해명해볼 생각이다. 식민지 감옥이나 식민지 도시의 거리에 던져진 조선어 화자의 신체, '국어'로서의 일본어가 명령어이자 삶을 구걸하는 언어로 강제되는 과정, 언어의 차이에 따른 위생/비위생의 분절 등을 '입'과 '항문'이라는 메타포를 통해 분석하는 장이다. 몸의 지배를 통해 사유 자체를 규율하는 권력의 메커니즘과 먹고 싸는 몸을 배제함으로써만 제국의 사상권에 접속 가능했던 이광수의 문학 사이에 놓인 연결과 단절. 이 연결과 단절을 김사량의 이중언어 문학과 함께 읽는 순간 우리는 '어떤 (목)소리', 즉 '비명'을 만나게 될 것이다. 이 순간이 바로 살아 있는 모든 생명이 스스로가 가진 모든 구멍들을 통해 맹렬히 정치를 묻는 바로 그때이다.

넷째, 근대 국가는 민족적 인륜과 함께 기계화된 메커니즘을 필요로 한다. 그것이 민족을 넘어선, 혹은 민족을 연결하는 논리가 되어야 할 때는 더욱 그러하다. 국가 건설 혹은 작동의 원리는 흔히 과학기술담론과 관료제, 기술과 예술 간의 봉합으로서 나타난다. 서구의 형이상학 또는 정치학 속에서 모든 존재는 신이거나 인간이거나 동물이다. 인간은 신과 관계 맺기 위해 신화(와 종교)를 필요로 하며, 동물과 구별되기 위해 언어를 필요로 하며, 신과 동물의 대지에 뿌리내리기 위해 몸을 통한 경작과 기예를 필요로 한다.

그런데 어떤가 하면, 근대는 기계의 시대이다. 근대 이후에 새롭게 등장한 기계라는 존재와 관계 맺기 위해 인간에게 필요한 것은 테크놀로지이다. 국가 자체가 하나의 기계적 조정의 메커니즘이 된 것이야말로 근대 국가의 본질적 변화이다. 식민지말에는 고도국방국가체제 혹은 총동원체제 하에 국가를 하나의 메커니즘으로 정의하려는 움직임이 선명하게 나타났다. 그리고 그에 상응해 식민지의 사상권은 '비판'과 '협력'을 뒤틀어 꼬는 몇 가지 시도를 행하게 된다.

기술 지배에 상응하는 자기 기율의 테크놀로지들. 우리는 비판이라는 '거리'를 지워나가면서 지배의 테크놀로지와 자기의 신체·사유를 일치시켜 가는 과정을 대면하게 될 것인데, 이 과정을 지배 테크놀로지와 자기 테크놀로지의 동시적 구성 과정으로 이해해 본 것이 이 책의 제4장이다. 이 장에서는 메커니즘으로서의 국가론이 비등해지는 1930년대 중후반의 상황과 그러한 상황과 대면해 새로운 참여와 건설의 논리를 펼친 식민지의 사상계에 대해 살펴볼 생각이다. 그들의 주장은 이렇다. 모든 국가가 (민족적) 인류의 국가라 하더라도 그러한 인류 자체가 공동동작共同動作, 즉 협업적 산출 행위로부터 생겨나는 한, '민족적' 인류는 고정된 것이 아니다. 아니 그러한 협동체의 산출 행위 속에서만 복수의 민족적 인류는 하나가 될 수 있다. 이 협업에 '스스로' 참여하는 한에서 '일본민족'이 조선인을 포함하는 방식으로 '도래하게' 될 날이 멀지 않았다는 것이다.

여기서는 다민족으로 이루어진 '민족 국가' 일본의 사상적 봉쇄, 인류적 민족 혹은 동질성 국가의 봉쇄를 뚫으려 했던 비봉쇄적 국가론과 중심 없는 무적無的 보편의 논리에 대해 검토하게 될 것이다. 이를 위해 일본 국가와 국민문화를 이미 존재하는 것이 아니라 건설되어야 할 것, 산출되어야 할 것으로 의미화하려 했던 피식민자들의 사유를 제국의 사상적 움직임의 연쇄 과정 속에서 살펴볼 생각이다. 구체적으로는 국가와 기계의 운용자들인 관료/기술자 즉 테크노크라트 문제, 예술과 기술의 봉합을 의미하는 '국민문학론', 군대와 행정의 일치를 뜻하는 조선총독부의 운용 원리를 검토하게 될 것이다. 어떻게 일군의 식민지 지식인들은 민족적 인륜의 배반을 국가 건설에의 성업^{聖業}으로 인식할 수 있었을까. 문인과 관료, 기술자와 군인이 한 테이블 위에서 좌담하는 광경은 어떻게 가능했을까. 민족적 인륜과 메커니즘 국가는 어떻게 길항하고 있었을까.

한편 주지하다시피 이러한 식민지말의 경험들은 해방 혹은 종전 후의 양 사회에 결정적인 영향을 미쳤다. 어떤 근대 국민국가든 역사와 전통을 통해 공동체의 영속을 상상하는 한편 이를 통해 과거와 미래를 잇는 현재의 과업을 도출한다. 앞뒤 없는 이야기가 없듯이, 과거 없는 미래도 없는 것이다. 따라서 기억을 둘러싼 투쟁은 가장 첨예한 국가론의 현장이다. 만약 네이션과 나레이션을 상호 지시물로 볼 수 있다면, 역사와 문학의 거리는 급속히 근접하게 된다. 4장 말미와 결론을 통해 식민지 '이후'에 남은 식민지 유산, 제국의 경험이 남긴 효과에 대해 다룬 것은 이 때문이다.

식민지 조선의 일본인/조선인 관료들이 기억하는 '일제시대' 혹은 '식민지기'를 통해 어떻게 하나의 사건이 역사 속에서 그 사건성을 재점화하거나 소실하게 되는지를 보게 될 것이다. 그들의 건재는 전후 일본에 있어서의 제국 유산의 건재를 의미한다. 그들은 전후에도 내내 '말을 하며', 그런 한에서 계속 정치적 주체로서 기능한다. 때로는 한일협상을 매개하기도 하고, 때로는 식민지 문제에 대한 학자들의 추궁에 '성심껏' 답하기도 한다. 우리는 여기서 명예로운 '집행'은 자랑하는 한편 문제적 집행에 관해서는 면죄를 주장하는 관료들의 기억 구조를 대면하게 될 것이다. 바로 이러한 근대 국가의 관료들과 그들의 논리 구조야말로 메커니즘으로서의 국가, 집행하는 행정, 기차 만들기로서의 국가 건설이 낳은 잔혹한 근대의 메커니즘임을 구식민지 관료들의 생생한 육성을 통해 듣게 될 것이다.

어쩌면 이 책을 통해 위안이나 희망, 단죄나 저주와 같은 역사 읽기의 즐거움을 찾으려 했던 분들은 책을 읽고 실망할지도 모르겠다. 식민지에 대해 어떻게 생각하든, 내가 여기서 보여주게 될 장면들은 그 극단의 모습들이 될 것이기 때문이다. 만약 여기에 전율하거나 혹은 전율하지 않을 수 있다면, 아마 그것은 이 식민지말이라는 예외적 장소야말로 바로 지금 이곳의 삶이기 때문일 것이다.

물론 이 책은 역사에 대한 것이고, 과거를 대상으로 한다. 발터 벤야민의 말처럼 과거로부터 희망의 불꽃을 점화할 수 있기 위해서는 과연 죽은 사람들까지도 적으로부터 안전하지 못하리라는 것을 투철하게 인식해야 하며, 그런 까닭에 우선은 역사적 '사실' 자체로 깊이 파고들어가야 한다. 그러나 위기의 순간에 떠올리는 역사란 언제나 지금 탈환해야 할 것이기도 하다. 지나간 과거의 사건을 역사적으로 분절한다는 것은 '그것이 도대체 어떠했던가'를 인식하는 것이 아니다. 그것이 의미하는 것은 위기의 순간에 섬광처럼 발하는 떠올림을 붙잡는 것이다. 식민지 말이라는 시간은 그런 의미에서 식민지기 전체 혹은 한국의 근대를 그 어떤 위기 속에서 떠올릴 때 갑작스레 도래하는 '비상한 상례'의 시간 혹은 대유법의 시간이기도 하다.

이 책에서 내가 시도하고 있는 것은 잔혹했던 시대와의 거리가 주는 안심이나 저항에의 예찬이 아니다. 내가 쓰려 하는 것은 '옛날' 이야기가 아니기 때문이다. 이 이야기는 지금도 계속 쓰여지고 있고, '저자들'은 건재해 있다. 이 책에 들어 있는 것은 오직 거기는 어디인지, 우리가 왜 여기에 있는지, 거기는 왜 여기인지에 대한 질문들뿐이다.

다시 말하지만 내가 하려 하는 것은 다르게 묻고, 다른 언어로 말하는 것이다. 문법학자가 왕보다 위에 있다는 말이 사실이라면, 다르게 말하고 묻지 않는 한 어떤 새로운 왕도 우리에게는 재앙이 될 것이기 때문이다. 역사 속에서 위안을 찾는 사람에게는 잔혹극이 될 이 책은, 그러나 위안 없이 읽기를 각오한 사람에게는 불행의 원인을 상상하게 하는, 따라서 역설적으로 행복의 원천을 상상하게 하는 책이 될 수 있을지 모른다. 그럴 수 있기를 간절히 희망한다.

서 론

점령과 식민
식민지, 어떻게 볼 것인가

표면으로 나도 붉은 옷을 입은 복역수이나, 정신상으로 나는 결코 죄인이 아니다. 왜놈의 이른바 '신부민新府民'이 아니고, 나의 정신으로는 죽으나 사나 당당한 대한의 애국자이다. 될 수 있는 대로 왜놈의 법률을 복종치 않는 실제 사실眞事實이 있어야만, 내가 살아 있는 본뜻이 있는 것이다.
— 김구, 『백범일지』(1942년) 중에서

나는 일본을 호흡하고 일본 안에서 성장해왔다. 그러나 그러한 것을 하나하나 일본 국가와 연결시켜 생각하려 하지는 않았다. 말하자면, 그것은 취미 문제이며 교양 문제 같은 것이기 때문이다. 이렇게 해서 오랫동안 익혀온 것을 새롭게 자신으로부터 떼어내어 의식적으로 일본과 연결시켜 생각한다고 하는 것은 나에게 있어서는 충격이었으며, 때로는 낯간지러운 일이기까지 했다. 그러나 금방 그것이 나의 동포가 밟고 넘어서지 않으면 안 될 가시밭길임을 알았다. 그날 이후, 나는 묵묵히 나 자신의 길이 아니라 내 동포의 길을 걸었다. 그것은 말하자면 일억 국민의 길이다.
— 최재서, 『전환기의 조선문학』(1943년) 중에서

존재하지 않는 '식민지': 1910~1945년, 점령 혹은 전시[1]

제국 일본이 동아시아에서 행한 국가 폭력과 통치 행위를 규정하는 역사적 개념들은 다양하다. 소위 '(반)식민지' 상태라는 말은 그중에서도 가장 유력한 역사 규정 중의 하나일 것이다.

흥미로운 것은, 식민지 근대성colonial modernity2)론에 대한 한국 사회의 최근 논쟁들이나 1990년대부터 비등해진 일본의 역사 인식을 둘러싼 논쟁3)을 비롯한 다양한 역사학과 인문학계의 연구와는 별도로 소위 '대일본제국'과 전후 조선 반도의 두 나라가 공유하는 공식적 입장은 1910~1945년까지의 시기를 되도록 '식민지'로는 규정하려 하지 않았고, 또 않고 있다는 사실이다.

먼저 이 시기를 규정하는 대한민국의 공식 이해는 무력에 의한 불법적 '점령'에 가깝다. 몇 가지 예만 살펴보자. 1979년 대

---

1) 이 「서론」은 각각 서로 다른 언어와 약간씩 수정된 내용으로 산동대학(山東大學) 국제한국학학술회의(2007년), 한국비교문학회 2007년 춘계학술대회, ASCJ(2007)에서 발표되었다. 세 차례 발표를 통해 산동대학의 박은숙 교수, 한양대학교의 윤상인 교수, 코넬대학의 사카이 나오키(酒井直樹) 교수의 귀중한 조언을 얻을 수 있었다. 서구식민지 역사에 있어서의 '식민지'의 법적 지위와 규정 문제(박은숙 교수), 제국 일본의 식민지 관련 제국대학의 강좌들에 대한 고려의 필요성(윤상인 교수), 점령 개념의 세계사적 변천과 현실정치적 맥락(power politics of occupation)의 강조 필요성(사카이 나오키 교수)에 관한 지적들은 이 글의 수정과 차후의 연구 방향을 잡아나가는 데 중요한 시사점을 던져주었다. 이 자리를 빌어 세분께 감사의 말씀을 전한다.
2) 대표적인 것으로는 Gi-Wook Shin and Michael Robinson eds, *Colonial Modernity in Korea*, Harvard University Asia Center, 2001; 신용하, 『일제 식민지정책과 식민지 근대화론 비판』, 문학과지성사 2006; 김일영, 김철, 박지향, 이영훈 편, 『해방 전후사의 재인식 1·2』, 책세상 2006과 그에 대한 비판격으로 출간된 윤대석, 윤해동, 이용기, 천정환, 허수, 황병주 편, 『근대를 다시 읽는다 1·2』, 역사비평사, 2006.
3) 역사교과서 문제로 촉발된 小森陽一·高橋哲哉編, 『ナショナル·ヒストリーを超えて』, 東京大學出版會, 1998 이후의 작업들, 특히 고이즈미 준이치로(小泉純一郎) 전 총리의 야스쿠니신사 참배 이래의 전후 역사 인식에 대한 비판 문제들을 여기서 상기해 볼 수 있다. 다카하시 테쓰야의 일련의 작업이 대표적이다. 高橋哲哉, 『歷史/修正主義』, 岩波書店, 2001; 高橋哲哉編, 『'歷史認識' 論爭』, 作品社, 2002년; 高橋哲哉, 『靖國問題』, 筑摩書房, 2005. 이 논쟁의 대체적 전개에 대해서는 황호덕, 「무상의 시간과 구제의 시간 — 끝나지 않는 신체제, 종언 이후 일본의 역사상(歷史像)」, 『프랑켄 마르크스』, 민음사, 2008을 참고

통령령으로 설립된 <한국민족문화대백과사전 편찬사업추진위원회>는 『한국민족문화대백과사전』의 관련 항목을 통해 1910~1945년 사이의 기간을 '일제 강점기'[4]로 규정한 바 있다(반면 식민지[시]기라는 말은 표제어로서조차 등장하지 않는다). 여전히 대한민국의 각종 공식 역사위원회들은 <일제강점하강제동원피해자진상규명위원회>와 같은 형식의 틀에서 구성되고 있다. 한편 조선민주주의인민공화국은 이 시기를 대략 김일성이 이끄는 무장 항일군과 일본 정규군 간의 '교전 상태'로 규정하고 있다.[5] 적어도 대한민국과 조선민주주의인민공화국의 공식 역사에서 '식민지'는 '공식적'으로는 존재한 적이 없는 '상태'인 것이다.

이것은 대일본제국 당시의 서술과 매우 기묘한 방식으로 일치하는데, 후술하겠지만 1910~1945년까지 일본 정부의 공식 문서들은 '식민지'라는 단어를 끊임없이 피하려고 애썼다. 요컨대, 한반도의 남쪽과 북쪽 모두의 정사正史에서 비교적 일관되게 회피

---

4) 정신문화연구원 편, 『한국민족문화대백과사전』, 1991년. 또 국사편찬위원회 편, 『日帝侵略下 韓國三十六年史』, 1966년. 대한민국 정부의 역사에 대한 공식 입장 및 서술이라 할 수 있는 국사편찬위원회 편, 『한국사』(국사편찬위원회, 1993년)는 제47권 『일제의 무단 통치와 3·1운동』과 나란히 제48권 『임시정부의 수립과 독립전쟁』을 배치하고 있다. 이러한 입장은 물론 일본에 의한 식민지 지배 전체를 전면적으로 부인하지만은 않는다. 그러나 대한민국임시정부를 '법통'으로 삼아, '친일' 문제를 중요한 역사 청산 논리로 제시해온 공식 견해들은 1910~1945년에 이르는 기간을 '강점'과 '침략' 형태로 규정하려는 경향을 띠며, 따라서 일본 국가 이외에 또 다른 국가 혹은 정부가 조선(의 밖)에 존재했던 것처럼 서술하고 있다. '일제강점기'라는 시대 규정을 일관되게 관철시켜온 대표적 학자의 대표적 저술로는 신용하, 『日帝强占期 韓國民族史』, 서울대학교출판부, 2001~2002. 해당 시기의 역사 용어 문제에 대해서는 김정인, 「왜정시대, 일제식민지시대, 일제강점기」, 『역사용어바로쓰기』, 역사비평 편집위원회 편, 역사비평사, 2006, pp. 95~100을 참고
5) 강만길 외, 「일본과 서구의 식민통치 비교」, 도서출판 선인, 2004, p. 16.

되거나 부정되어온 식민지라는 단어, 마찬가지로 식민지라는 단어를 내내 피해왔던 일본 식민주의에 내재한 특이성이 만나는 지점에서 현재 한국과 중국 그리고 일본 사이에 존재하는 역사인식의 차이가 발생하는 것은 아닐까.[6]

항전론과 피해의 '기억'에 의해 '식민지'라는 현상은 경제적·문화론적인 영역에 묶여 있었다. 그 자리를 대신한 것이 소위 계속적인 항전의 역사, 전쟁 상태=비상사태라는 인식이라 할 것이다. 그런 의미에서 일본과 대한민국 또 조선민주주의인민공화국 사이에서 작업해온 한 재일조선인 학자의 다음과 같은 언급은 상징적이다.

> 최근 저는 조선헌병대가 작성한 자료 가운데 '다이쇼 3년 내지 다이쇼 9년 전몰^{大正三年乃至大正九年戰歿}'이라는 말이 등장하는 것을 보았습니다. 대체 무슨 일일까 하고 찾아보니, 이 말 다음에 괄호하고 제1차 조선 소란 사건, 제2차 조선 소란 사건, 간도사건[만주에서의 조선독립운동], 그리고 시베리아 전쟁, 이렇게 네 사건이 여기에 해당되는 걸로 되어 있습니다. 요컨대 당시의 헌병대가 '전몰'이라는 말을 쓰고 있는 데서 분명히 드러나듯이, 조선인을 식민지에서의 전쟁 상대 내지는 소란을 일으키는 무리, 치안 대상으로서 간주하고 있었던 겁니다. 그

---

[6] 한일합방을 둘러싼 일련의 조약 체결 과정 자체의 불법성 지적 — 즉 조약이 아니라 각서였고, 직인은 위조되었으며, 총체적 폭력에 의해 날조되었다는 견해가 존재한다. 한일합방=일한병합 자체를 불법에 기초한 원천무효로 간주하는 최근의 견해는 아마도 이러한 인식의 대표적 사례로 지적될 수 있을 것이다. 이태진 외, 『한국병합의 불법성 연구』, 서울대학교출판부, 2003년을 참고

러한 사실로부터 생각해보면, 도쿄 대지진의 혼란스런 상황 하에서 권력 측의 '조선인들이 무슨 일을 저지르지나 않을까'라는 불안이 조선인에 대한 선제공격, 학살이라는 형식으로 나타났던 것이 관동대지진[때의 조선인 학살이라는 사건]이었던 것이 아닌가 하고 요즘 저는 생각하고 있습니다. 조선을 식민지화하기는 했지만 '식민지화'라는 것은 전쟁 상태입니다. 어떤 면에서 민족과 민족 사이의 살육을 내장하고 있습니다. 그런 입장에서 보지 않으면 대지진 때 일어난 계엄령 하 군 주도의 학살은 이해되기 어렵습니다. 이와 관련해 파고 들어가면 3·1운동이 나옵니다. 민족과 민족의 전쟁, 대결, 이러한 사건이 있었다는 인식 위에서 보지 않으면 역사를 정확히 인식했다고 할 수 없으며, 처음으로 되돌아가버리게 되지요. 따라서 이렇게 말하는 사람들이 별로 없는 것 같습니다만, 저는 3·1운동 이후의 한일관계라는 것에는 독립전쟁, 반식민지방위전쟁이라는 관계라는 게 있고, 거기에 식민지 지배라는 가면의 평화가 있었다는 인식을 갖게 되었습니다.[7]

식민지와 전쟁 상태 사이에서 교착하는 이러한 인식. 이 노학자의 생각과는 반대로 남북한에서라면 그렇게 말해온 사람들이 적지 않을 뿐만 아니라 그러한 생각이야말로 '공식 역사'였다. 국가 대 국가라는 국제법적 교전 상대가 아니라, 보다 통역사적이고 모호한 '민족' 간 전쟁을 내세우고 있기는 하지만 우리는 이와 같은 언급 속에서 1910~1945년에 이르는 기간을 일관되

---

7) 小熊英二·姜尚中, 『在日一世の記憶』, 集英社新書, 2008, pp. 662~663.

게 '전쟁 상태'로 이해하려는 충동을 들여다볼 수 있다.

무엇보다 여기서는 네 가지 힘이 서로 교차하고 있는 듯하다. 첫째, 상해의 대한민국임시정부를 '법통'[8]으로 삼는 대한민국의 역사적 정통성론, 둘째 김일성의 항일무장투쟁을 역사적 정통으로 삼아 이 시기 전체를 교전 상태로 보는 전쟁 상태론, 셋째 해방 후 남북한 양쪽의 국가 만들기 과제 및 '재일'이라는 아이덴티티 속에서 수행된 저항민족주의의 작용, 넷째 제국 일본의 전시 동원 및 식민지 지배에 대한 배상 문제를 염두에 둔 '전쟁' 기간의 확대 규정이라는 문제가 그것이다.

한편 전후 일본은 이 시기의 문제를 세계사―제국주의 시기의 보편적 현상으로 간주하면서, '식민지 문제'를 전쟁 책임 문제로 축소하려는 경향을 보여 왔다. 즉, '아시아'라는 문제를 소거한 채 중일전쟁 이래의 전쟁 동원에 한에서만 책임을 인정하려 하는 것이다. 대표적으로 한일청구권협상 과정과 그 결과가 이를 증명해준다.

---

8) 현재의 대한민국을 규정하는 헌법의 전문(前文)은 대한민국임시정부를 상속한 대한민국의 정통성을 이 헌법의 가장 앞자리에 배치하고 있다. "유구한 역사와 전통에 빛나는 우리 대한국민은 3·1운동으로 건립된 대한민국임시정부의 법통과 불의에 항거한 4·19민주이념을 계승하고 조국의 민주개혁과 평화적 통일의 사명에 입각하여 정의·인도와 동포애로써 민족의 단결을 공고히 하며 ……." 趙相元編 『法典』(改訂2007年版), 玄岩社, 2007년. 물론 여기서의 '법통'이란 정당성(legitimacy)을 의미하지, 국제법적 합법성을 의미하는 것은 아니라고 보아야 할 것이다. 그러나 합법성과 정당성은 그 자체로 충돌하는 개념만은 아니다. 어떤 의미에서 합법성은 정당성 창출을 위한 하나의 방식 내지 근거에 해당한다. Carl Schmitt, *Legality and Legitimacy*, trans. by Jeffrey Seitzer, Duke University Press, 2004를 참고. 슈미트는 이 책에서 합법성에 관한 실증주의적 접근보다는 국가 생활을 정당화하는 실제 문제들, 헌법에 적합한 정당성 구성의 시도들 자체를 문제 삼는다.

그런데 정작 이 속에서 단 한 번도 질문되지 않았던 것, 오히려 주의 깊게 회피되어 왔던 것은 일본 식민주의란 무엇인가, 식민지와 그곳에서 펼쳐진 문학 및 문화 현상이란 도대체 어떤 의미를 갖는가 하는 물음이다. 그것은 각각 특수와 보편의 이름으로, (적어도 근대 이후의) 한국-중국-일본이 하나로 모일 수밖에 없는 한 지점, 즉 '제국 일본(의 식민지 경영)'이라는 교차점을 소멸시켜버린다. 여기서 특수주의란 한국/조선의 사례를 국민국가에서 식민지로 떨어진 유일한 사례 혹은 '상위' 문명이 '하위' 문명의 무력에 의해 제압당한 특별한 사례로서 취급하려는 태도를 의미하며, 보편주의란 '근린국들에 대한 일본의 침략은 세계사적 보편 현상으로서 이해되어야 한다'는 전후 일본의 일관된 태도를 의미한다.

이 서론에서 나는 상해(1929년)와 충칭(1942년)에서 작성된 백범 김구의 자서전 『백범일지』를 중심으로 바로 이 점령과 식민을 둘러싼 문제를 논의해보려고 한다. 왜냐하면 이 두 권의 책이야말로 한국 근대사를 이해하는 일반적 인식에 가장 선연한 인상을 부여해 왔다고 생각되기 때문이다. 따라서 이 책을 살피는 것을 통해 '식민지와 식민지 문학·사상을 어떻게 보아야 할 것인지'에 대한 물음이 가장 일반적이며 포괄적인 형태로 시작될 수 있으리라 믿는다.

1947년 국사원國史院에서 출판된 이래 판을 거듭해온 이 책9)은

---

9) 도진순에 따르면 이미 1947년 이래 1996년까지 총 20여 종의 『백범일지』가 출간되었다. 여기에 청소년용이나 축약본, 발췌본을 포함할 경우 『백범일지』는 한국 내

한 정치가·운동가의 영웅적 삶의 기록으로서 뿐만 아니라 대한민국의 정치 이념으로써, 또 소위 '만주 웨스턴'과 같은 대중 영화의 상상력의 원천으로 작용해왔다. 또 종종 식민지 지배에 대한 반성을 촉구하는 전후 일본의 비판의 지렛대로 호출되어10), 이 시기를 재현하는 가장 유력한 텍스트로 기능해왔다. 『백범일지』는 한국의 정치가들에게 그리고 전후의 (대한민국) '국민'들에게 소위 '일제강점기'를 대표하는 책으로 거듭 읽혀왔고, 그럼으로써 해당 시기에 관한 공식적·대중적 기억을 지배했다.11)

이 텍스트에 대한 끊임없는 열독을 이끈 근원적 힘은 무엇일까? 『백범일지』가 표명하고 있는 시대인식, 또는 이 책에 대한 열독 과정을 통해 공식화된 1910~1945년의 기간에 대한 상식은 단 한 마디로 요약된다. 즉 점령이 그것이다. 식민과 동화(협력)의 완전한 거부 혹은 그러한 부정의 가능성으로 상징되어온 김구12)와 그의 책은 이 시기를 '점령기/강점기'로 인식하는 데

서적 중 가장 많은 판본이 존재하는 가장 대중적인 책으로 간주될 수 있다. 한편 김구의 자서전은 대만, 중국, 일본에서도 수차례에 걸쳐 번역본이 출간되었다. 도진순, 「백범일지'의 원본·필사본·출간본 비교연구」, 『한국사연구』, Vol. 92, 1996, p. 147.

10) 나는 여기서 가지무라 히데키(梶村秀樹)의 노력을 염두에 두고 있는데, 다만 논의의 성격상 이 시기에 대한 가지무라의 연구와 백범에 대한 이해의 해명은 차후의 과제로 돌린다.

11) 이 책은 일본과 중국 양쪽에서 모두 번역 출간되어 있다는 점에서도 해당 시기에 대한 대한민국의 공식적 기억을 대변하는 역할을 하고 있다고 볼 수 있다. 대만의 경우 永芨印刷(1969); 幼獅文化事業公事(1970)에서, 중국의 경우에는 民主與建設出版社(1994), 重慶出版社(2006)에서, 일본의 경우에는 平凡社(1973)에서 각각 출간되었다. 여기서는 金九 著, 『白凡逸志』, 宣德五譯, 重慶出版社, 2006과 金九 著, 『白凡逸志』, 梶村秀樹 譯註, 平凡社, 1973을 참고했다.

12) 예컨대 인촌(仁村) 김성수는 백범 서거 애도문에서 다음과 같이 쓰고 있다. "백범 선생은 조국 광복을 위하야 40년간 해외에서 온갖 고생을 겪고 끼니를 굶으며

커다란 영향을 미쳤다. 이제 질문은 두 가지이다. 첫째, 왜 '점령'이라는 개념이 이 열독의 근원적 힘으로 작용할 수 있었을까? 두 번째 질문은 매우 물리적인 상황으로부터 유발된다. 즉 이 기록은 조선 안에서 쓰여진 것이 아니라 공간적으로 '외부'의 기록이다. 즉, 왜 외부의 기록이 후기식민지postcolonial13) 국가 혹은 소위 '국권회복'의 결과태結果態인 '대한민국'의 공식 기억으로 채택되게 되었을까(혹은 될 수밖에 없었을까)? 혹시 이 '점령'이라는 규정은 매우 아이러니컬한 방식으로 일본 식민지주의의 모순과 서로 얽혀 있는 것은 아닐까?

이러한 질문들을 통해 이 글에서는 네 가지 문제를 제기하고 해명해보려고 한다. 첫째, 1910~1945년의 시기에 대한 당대의, 또 현재의 규정 및 인식과 그 함의는 무엇인가. 둘째, 김구의 『백범일지』로 대표되는 '점령' 혹은 '강점'이라는 인식이 당대와 차후 대한민국이라는 후기식민지 국가의 정체성 구성에 미친 영향과 역할은 어떤 것이었는가. 셋째, 조선 외부의 기록인 『백범일지』가 대한민국의 공식 기억의 중심에 자리 잡으면서 생겨난 문제를 극복하고 이 시기를 폭넓게 재구再構하기 위해 우리는 여기에 대

왜놈들과 투쟁하여 백절불굴하신 분으로 한국사람이 동화 안 되었던 것도 그 분의 힘일 것이다. 그런데 해방된 조국에 돌아와 독립이 된 오늘날 앞으로 남북통일을 해야 할 때에 흉변을 당하신 것은 천만유감이다."『자유신문自由新聞』(1949년 6월 28일자). 이 기사에서도 그의 생애와 이 시기에 대한 준거점으로 『백범일지』가 언급되고 있음을 발견할 수 있다. 『白凡金九全集 10』, p. 34에서 인용.
13) 'postcolonial nation/state'에 대한 번역어는 다양하다. 탈식민(지)국가, 후기식민(지)국가, 포스트 식민국가, 포스트콜로니얼 국가 등이 그것이다. 나는 이 글에서 식민지 이전과 이후의 제도 및 사유의 연동을 강조하기 위해 '후기식민지 국가'라는 용어를 채택한다.

응되는 어떤 텍스트들에 주목해야 하는가. 넷째, 일시동인一視同仁과 민도民度의 언설로 대표되는 일본식민주의의 특징은 어떤 것이었으며, 그것이 당대의 지배 구조에 미친 영향은 어떤 것이었는가. 물론 이러한 질문들은 각각 독립해 있는 것이 아니라 상호 연결된 성격의 것이며, 그 관련 지점들은 『백범일지』의 구성 원리와 독해 과정을 통해 드러낼 수 있을 것이다.

무엇보다도 나는 이 글을 통해 '식민지'라는 규정을 거부·회피하거나 애매하게 하는 전전과 전후의 역사 인식들이 초래한 문제들을 강조하게 될 것인데, 무엇보다 그것들은 '외부'의 기록을 한 국가의 공식 기록으로 전면화하는 과정 속에서 산출된 것이라는 점을 살펴볼 생각이다.

조선인이 살았던 몇 개의 국가 — 1941년, 충칭·게이죠·도쿄

'점령'에 대한 사전적 정의는 '일정한 장소를 점거하는 것' 혹은 '무력을 사용해 다른 나라의 영토를 자국의 지배 아래 두는 것'이다. 그렇다고 할 때, 점령에 관한 두 개의 관점이 있을 수 있다. 첫째, 점령지를 식민지와 구별하는 관점이 하나이고, 두 국가 간의 교전과 평화 조약 사이의 과도기적 상태로서 보는 관점이 다른 하나이다.

우선, 점령 혹은 점령지란 특정 영토나 지역이 합법성을 초과해 취득 점유될 때 즉 불법으로 취득된 지역임을 강조할 때 흔히 사용된다.14) 특히 군사점령이란 교전 상태에 있는 호전적 무력에 의해 해당 영토를 배타적으로 점유하고 있는 상태를 의미하며, 여기서 점령 지역이란 특별한 조약 없이 호전적인 군대의 권능 아래 실질적인 지배가 이루어지는 공간을 의미한다.15) 이러한 의미에서의 '점령지'는 국제법적 식민지와 구별된다. 해당 지역에 전쟁이나 군사적인 의미의 정복 혹은 영토 주권 문제가 개입되지 않는 '식민지'에 비해, '점령'은 지배 자체의 불법성과 부당성 위에 기초되어 있다. 강점론이 '한일병합'이라는 조약의 무효성에 집착하는 이유가 여기에 있다.

이러한 이해와는 달리 점령을 전쟁과 평화 사이의 과도기적 상태로서 규정하는 관점이 존재한다. 예컨대 1899년과 1907년의 헤이그 만국평화회의에서 제출된 점령 세력의 권리와 의무에 대한 규정은 19세기에 일어난 점령에 대한 일반적 관점을 반영

---

14) 대부분 팔레스타인과 이라크, 일본, 프랑스의 사례와 관련해 논의되어온 점령(occupation) 개념에 있어 한국에 적용할 만한 저서를 찾기란 쉽지 않다. 한국에 있어서의 점령에 대한 대부분의 문헌은 미군 점령기에 할애되어 있으며, 강점에 대한 엄밀한 규정도 찾아보기 어려워 강점과 점령을 가로지르는 전후의 식민지 인식 문제는 심각성에 비해 별반 엄밀히 논의되어온 것 같지 않다. 이하의 내용은 Edward M. Siege edit, *Israel's Legitimacy in Law and History*, Center for Near East Policy, 1994에서 요약. 제2차세계대전 중의 독일의 유럽 점령과 각국의 전후 저항 영웅 처리 문제, 나치 협력자 처벌 등에 대한 종합적 연구로는 Pieter Lagrou, *The Legacy of Nazi Occupation: Patriotic Memory and National Recovery in Western Europe, 1945~1965*, Cambridge Univ. Press, 2000을 참고

15) 명확한 결의안이나 조약 없이 행해지는 지배, 예컨대 제2차세계대전 후의 독일과 일본, 1967년의 중동전쟁 때 이스라엘이 장악한 골란 고원, 1979~1989년 사이의 베트남의 캄보디아 침공과 지배, 2003년 이래 미국의 이라크 지배, 이스라엘에 의한 팔레스타인 지배 등등이 점령의 사례로 거론되곤 한다.

하고 있다. 단적으로 말해, 점령은 국가들states 간의 사건이며, 시민을 배제한 정규군들에 의해 수행된다는 사고가 그것이다. 여기서 점령은 평화조약의 조인에 선행하는 과도기적 상태로 간주된다. 해당 기간에 한해 점령자에게는 별도 조직의 영향을 받지 않는 스스로의 조절 아래 영토 내 인구의 일상 경제와 사회적 삶에 대한 기초 수준의 통제를 행할 것이 요구된다. 한번 평화조약이 체결되고 나면 점령된 영토는 패배한 나라에 반환되거나 승리한 국가에 병합되게 되며, 이후 이 영토에 대해 해당 국가는 주권적 힘을 자유로이 행사하게 된다.16) 상대의 괴멸이나 완전한 부정보다는 힘의 행사를 통해 사안의 해결을 의도했던 유럽의 국가들 간의 고전적 전쟁·국제공법 개념이 여기에 의존해 있던 것처럼 보인다.

어느 쪽이든 점령이라는 말에는 전쟁이 전제되며, 지배 기간의 한시성 혹은 합법성/불법성 문제가 가로놓여 있다. 무엇보다도 여기서는 '두 개의 국가'가 경합하는데, 문제는 '점령'이라는 말이 사용 주체에 따라 의미가 달라진다는 점이다. 점령에는 정복과는 달리 영역권 이전移轉 효과는 있을 수 없다. 따라서 이 말이 해당 지역에서 배타적 무력을 가진 쪽에서 쓰일 경우, 이는 국제법적으로 합의된 상태의 '점령'=평화로의 이행이 될 것이며, 이 점령에는 이미 '철수'가 가정되어 있다. 잠정적 지배라는 성격상 점령지에서의 점령군의 권한도 자연히 제한받게 되며,

---

16) Xavier Crombe, "Humanitarian action in situations of occupation: the view from MSF", *Humanitarian Exchange*, Number 33, March 2006, p. 30.

점령지 주민의 이익을 불필요하게 손상시킬 수는 없다. 그러나 이 경우에도 그러한 점령을 부당한 개입으로 간주하는 세력이 있을 수 있으며, 그들에 의해 이 점령군은 불법적인 것, 적으로 간주된다. 더구나 해당 영토에 대한 지배를 항구적인 것으로 간주하는 정치체에 있어서 점령이라는 말은 근원적으로 사용 불가능한 개념이다. 왜냐하면 '점령'이라는 말을 하는 순간 지배는 한시적이거나 불법적인 것이 되기 때문이다. 한일병합 합법론이 전전/전후 일본에서 일관되게 견지되는 이유가 여기에 있다.

그렇다면 『백범일지』나 한국의 역사서들에 등장하는 점령=강점, 따라서 불법이라는 주장은 어떠할까? 만약 근대국가가 '영토'라는 특정한 공간에 대해 민족에 기초한 주권을 배타적으로 행사할 수 있는 정치체를 의미한다면[17], 점령이라는 말에는 이미 어떤 모순이 존재한다. 왜냐하면, 점령(강점)이라는 규정 자체가 하나의 영토에 대한 두 개의 소유권 주장을 전제하기 때문이며, 하나의 영토에 대한 배타적 권리는 분명히 그중 어느 한 국가에 실정적으로 귀속되어 있을 것이기 때문이다. 따라서 '점령'의 불법성을 주장하든 말든, 또 그러한 주장이 정당하든 아니든 스스로의 영토에 대한 배타적 권리를 상실한 국가는 (근대)국가일 수 없다.[18] 그런 의미에서 '점령'이라는 주장이 필연적으로

---

17) Samuel Finer, "State and Nation-Building in Europe: the Roles of the Military", edited., by Charles Tilly, *The Formation of National States in Western Europe*, Princeton Univ. Press, 1975, p. 88.

18) '강점'과 '회복'의 서사에 의해 추동되는 국토민족주의에 대해서는 임종명, 「탈식민지 시기(1945~1950년) 남한의 국토민족주의와 그 내재적 모순」, 『역사학보』, 제193호, 2007을 참고. 임종명은 이 글에서 해방기 남한의 생물학적 민족주의와 그

경계의 재설정과 관계되거나 추방과 탈출이라는 사태를 동반하는 것19)은 일면 당연한 일이다. 만약 점령한 측이 이 영토를 항구적인 지배 영역으로 두려 할 경우 합법성 주장과 실정적 지배로 인해 '점령'이라 말은 당연히 회피되게 된다. 실제로 강점이나 점령과 같은 말은 이처럼 탈출한, 혹은 추방된 측으로부터의 규정이라 해야 할 것이며, 그러한 탈출과 추방을 우위에 두는 역사의식 속에서 중요성을 갖는 개념이라 해야 할 것이다. 이와 관련해 기왕의 '식민지기' 연구20)가 저항자들의 최종적 승리를 전제로 한 협력자의 '오판'을 고발·해명하는 것이었다면, 이는 어디까지나 점령지 역사 연구가 비점령un-occupation 혹은 탈점령post-occupation 이라는 사후적 시각에 근거해 논해져 왔기 때문일 것21)이다. 단적으로 말해, 백범과 우리는 점령지 밖(비점령지) 혹은 점령 이후에 있다는 점에서 유사한 위치에 놓여 있다.

형태로서의 국토민족주의를 분석하고 있는데, 그에 따르면 해방기의 국토민족주의는 '민족의 극복'을 외쳤던 제국 일본에 대한 반감, 실제의 식민지 경험에서 내면화된 인종주의, '강점'에 따른 (영토) 상실의 기억과 그에 대한 보상심리 등이 복합적으로 작용한 결과이다.

19) 藤井たけし,「切れて繋がる―朝鮮戰爭における＜殘された人々＞」,『現代思想』(特集: 占領とは何か)(2003年 9月号), 靑士社, 2003, p. 222. 이 글에서 후지이 다케시는 한반도의 점령기를 1910년에서 해방기까지, 거기서 다시 실질적 내전 상태였던 남북 정부설립에서 한국전쟁까지로 확장하여 해석하고 있다.

20) 이 글을 쓰고 있는 '나'는 지금 한국의 근대를 규정하는 '점령'이라는 말뿐만 아니라 최근의 '식민지 근대'라는 말에도 위화감을 느끼는 자신을 새삼 발견하고 있다.

21) Timothy Brook, "The Creation of Reformed Government in Central China, 1938", David P. Barrett and Larry N. Shyu eds., *Chinese Collaboration with Japan 1932~1945*, Stanford Univ. Press, 2001, p. 81. 박상수,「식민지·점령지 협력자 형성의 면면 — 일제하 한국, 중국, 만주, 대만, 베트남 및 독일 치하 유럽의 경험 비교」(『아세아연구』, 제49권 4호[제126호], 고려대학교 아세아문제연구소[2006년 12월호], p. 84)에서 재인용.

최근 점령지·식민지라는 포괄적 규정 속에서 협력자 문제를 고찰하는 일련의 연구가 활발하게 진행되고 있다. 이들 비교 연구들[22] 속에서 조선은 예외 없이 '식민지'로서 언급된다. 강점이라는 지난 시기의 공적 기억에 대한 반발을 공유하는 이들 논의에는 그러나 한 가지 빠져 있는 물음이 있다. 왜 (전시) 협력 문제는 유럽과, (탈)식민 문제는 여타의 제3세계 국가들과 나누어 비교되는가, 또 왜 우리는 그것을 자연스럽게 느끼는가 하는 문제가 그것이다. 과연 일제 강점기 혹은 일제하 식민지기를 나치 점령기 혹은 미군 점령기에 대한 논의들과 평행하게 살피려는 의식·무의식상의 전제들은 어디서 기인하는 것일까. 한 가지 확실한 것은, 점령(강점)과 식민 양자 사이의 차이를 모순 없이 받아들이게 하는 배중률이 한국문학, 사학 연구의 심리적 메커니즘으로 작용하고 있다는 것이며, 실제로 사태가 그와 같은 복합성을 띠고 있다는 것이다.

존재했던 국가의 '국권'을 잃은 것도 사실이고, '식민화'가 이루어진 것도 사실이라고 할 때 문제는 그러한 두 가지 사실을 함께 고려하는 일이 되어야 한다. 따라서 국민국가 단계에서 불법적·폭력적으로 점령당했고, 국가를 '회복'하기 위해 임시정부 혹은 당^{party}을 만들어 교전을 수행했다는 통상적·당위적 역사

---

[22] 예컨대 가장 잘 편집된 비교 '협력' 문제 연구 중의 하나라 할 『아세아연구』, 제126호(고려대학교 아세아문제연구소, 2006년 12월호)의 '식민지·점령지 협력자 형성' 특집을 보자. 유럽과 아시아를 아우르는 다양한 논의에도 불구하고 조선이라는 식민지가 점령지와 나란히 가운데 점(·)을 사이에 두고 이야기되는 심리적·문화적·정치적 근거에 대한 해명은 여기서 찾아보기 힘들다.

인식과 관련해 이 시기를 총체적인 폭력에 의한 점령으로 규정하는『백범일지』에 대한 해명은 국제법, 합법적 정부의 존재 유무를 따지는 것이 될 수 없다. 어떤 의미에서 국제법이란 관습적인 것일 뿐이고, 합법성이란 힘의 정치 power politics를 초과하는 개념일 수 없기 때문이다.23)『백범일지』라는 책은 그러니까 두 개의 층위에서 이해되어야 한다. 첫 번째, 그것이 간행된 1947년 이후 대한민국 사회에서 읽혀온 과정, 즉 공식적 기억으로 승화되어 온 통사적 관점에서. 두 번째, 이 텍스트가 시간적 대상으로 삼고 있는 1910~1945년 사이라는 바로 그 당대적 관점에서.

첫 번째 문제는 비교적 분명하게 이해된다. 즉, 위에서 기술한 조선 반도의 두 나라가 1910~1945년 사이를 '점령'으로밖에 인식할 수 없는 현실적 요청과 함께 대한민국(과 조선민주주의인민공화국)이라는 후기식민지 국가와 '식민'이라는 단어 사이에 존재하는 길항관계가 문제의 핵심에 놓여 있다. 즉, 조선, 대한제국, 상해임시정부, 그리고 대한민국으로 이어지는 국체의 연속 혹은

---

23) 그런 의미에서 한일합방의 불법/합법 논의를 둘러싼 국제회의에서의 국제법학자들의 반응은 다소 싸늘한 것일 수밖에 없었다. 왜냐하면 국제법 자체가 실증법주의에 의해 해명될 수 없는 강력정치적 타협의 산물일 수 있고, 특히 당시의 국제법을 비롯한 여타의 법은 소위 문명국들 사이에서만 적용이 문제시되고 있었기 때문이다. 예컨대 이 회의에서 Anthony Carty(University of Derby)는 실제로 합법성 문제는 피식민국과 식민국 사이가 아니라 이 식민화를 여타의 문명국=제국주의 열강이 인정하느냐 그렇지 않으냐의 여부에 달려 있었다고 주장하고 있다. Conference: "A Reconsideration of the Japanese Annexation of Korea from the Historical and International Law Perspectives", The Korea Institute at Harvard University, November 15~17, 2001. 이 회의의 한국 측 발표문들의 수정본이 이태진 외,『한국병합의 불법성 연구』, 서울대출판부, 2003에 정리되어 있다. 이 회의에 대한 냉소적 참관기로는 기무라 간(木村幹)의 「第3回韓國倂合再檢討國際會議「合法・違法」を超えて」,『日本植民地研究』, Vol. 14, 日本植民地研究會, 2002를 참고

정통성의 계승이라는 관점에서 작성된 '대한민국헌법' 하에서 식민지라는 규정은 그 자체로 대한민국이라는 역사적 정체(政體)의 지속성을 방해하는 어휘이며, 따라서 다루기 힘든 잉여의 정치 공간일 수밖에 없는 것이다. 또한 여기에는 중국-조선-일본이라는 위계질서를 세웠던 소중화 (무)의식이 개입하고 있음도 부인할 수 없다. '식민'이라는 개념이 '나라'가 아닌 '영토'에 대한 것인 한에서, 또 그것이 '미개지'인 하위 문명을 상위 문명이 선도한다는 의식을 내포하고 있는 한에서, 식민지라는 개념은 여전히 한국사에 있어서 정체(政體)의 잉여 혹은 의식의 상처로서밖에 제시될 수 없는 것이다.

그렇다면 두 번째 1910~1945년이라는 실제적인 식민지 상태 속에서 이 텍스트는 어떤 의미를 갖는가? 즉 '식민지' 상태 혹은 식민지라는 규정에 대한 절대적 부인에 기초해 있는 백범 김구의 관점을 통해 우리는 '식민지 조선'에 대해 무엇을 읽어낼 수 있는가? 이렇게 물을 때, 우리는 김구의 책을 읽어내기 위해서는 당대 식민지 조선 내부의 지식인들의 관점이 필요해짐을 느끼게 된다.

자명한 말이지만 이러한 점령의 세계관 안에서 조선은 제국 일본에 점령되어 있는 한편 '평화조약'(한일합방)에 의해 조선인은 어쨌든 제국 일본인이라는 국적을 갖게 된다. 심정의 국가와 국제법적 상태로서의 국적이 분열되는 이 지점은 외부와 내부의 인식의 교차로 속에서 좀 더 명료하게 떠오를 것이다. 그럼 『백범일지』의 경우와 이에 정반대되는 한 조선 지식인의 입장을 한

번 교차시켜보자.

내부와 외부: 비상시국과 보통 상태의 꿈

중국의 국부國父 혹은 혁명의 선행자先行者로 이야기되어온 손문孫文의 아들이자 당시 중국 입법원장이었던 손과孫科는 대한민국임시정부 23주년 기념식장에서 이렇게 말하고 있다. "일본 제국주의를 박멸하는 중국의 양책良策은 제일 먼저 한국의 임시정부 승인에 있다."24) 이 언명이 가지는 함의는 무엇일까.

무엇보다 대한민국임시정부를 한반도의 유일한 국가 조직으로 인정해야 한다는 이 언명은 제국 일본에 의해 통치되는 본토 이외의 전 영역에 대한 전면적 부인을 의도하고 있는 것으로 보인다. 다시 말해, 제국 일본 점령 하에 만주국, 상하이·난징 함락 이래의 왕정위汪精衛 정권 전체에 대한 부정과 대한민국임시정부의 승인은 결국 같은 의도의 산물이라는 것이다. 제국 일본이 점령한 지역의 통치 조직에 대한 전면적 부인은 새삼 대한민국임

---

24) 김구, 『백범일지』(도진순 주해), 돌베개, 1997, p. 297. 이 책은 국한문혼용체로 되어 있는 백범의 자필 원고의 현대어역이다. 자필 원고와 필사본 전체가 전집 형태로 간행되어 있다. 백범김구선생전집편찬위원회, 『白凡金九全集 1·2』, 대한매일신보사, 1999. 완전한 판본을 결정할 수 없고, 상호 보완적인 복수의 판본이 존재하는 『백범일지』에 대한 원전 비판으로는 아래의 글을 참고하라. 도진순, 「'백범일지'의 원본·필사본·출간본 비교연구」, 『한국사연구』, 92권, 1996; 양윤모, 「김구와 '백범일지'」, 『한국학보』, 28권, 1호, 일지사, 2002를 참고. 이 글에서의 인용은 도진순의 현대어역을 기본으로 하되, 표현의 뉘앙스나 김구의 어투를 살려야 될 경우 등에서는 전집판을 참고했다.

시정부의 합법성에 대한 승인으로 이어지는 것이었다. 그러니까, 김구가 이끄는 대한민국임시정부 혹은 망명 정부의 존재는 북경에서 남경으로 남경에서 중경으로 쫓겨 가는 장개석 정권의 최악의 미래상 혹은 도플갱어(Doppelgänger=Double Goer) — 분신分身, 또는 생령生靈과도 같았을지 모른다. 그렇지 않고서는 임시정부 창설 후 20년이 지난 후에야 새삼 이렇게 승인 문제를 제기하는 심정과 요청을 쉽게 이해할 수 없다. 다소 뒤늦게 중국은 살아 있는 것의 유령적 분신, 닮은꼴로서 임시정부와 한반도를 발견하고 있었던 것이다.

실제로 제국 일본에 대한 기억과 협력자(한간漢奸/친일파)에 대한 증오라는 기억의 공유는 차후 오랫동안 한중韓中, 중조中朝 간의 역사적 공감을 낳았다. 1941년의 시점에서 '식민지 조선'은 지금의 중국과 유사한 상태, 즉 전쟁 상태=비상사태 아래 있는 것이며, 비로소 김구로 대표되곤 하는 임시정부의 세계관 즉, 비상사태라는 정부론은 외적으로 관철되기 시작한다. 비상사태? 예외적 국가라니? 그도 그럴 것이 이미 1920년대 초반의 김구는 이렇게 말하고 있었던 것이다.

국무회의에서, 백범은 여러 해 감옥 생활을 하여 왜놈 사정을 잘 알고 혁명 시기에는 인재의 정신을 보아서 등용한다며 "이미 임명된 것이니 사양하지 말고 공무를 집행하라고 강권했다." 결국 나는 경무국장에 취임했다. 나는 5년 동안 경무국장으로서 신문관·검사·판사뿐만 아니라 행집행까지도 담당했다. 범죄자를 처결하는 것을 요약하면,

말로 타이르는 것説諭放送 아니면 사형이었다. 예를 들면 김도순金道淳이라는 17세 소년은 본국에 파견되었던 정부 특파원의 뒤를 따라 상해에 와서 왜영사관과 협조하여 그 특파원을 체포코자 했다. 그 소년은 왜영사관으로부터 여비 10원을 받았는데, 그가 미성년자임에도 불구하고 부득이 극형에 처한 일이 있었다. 이러한 것은 기성 국가에서는 보지 못할 특종 사건이라 할 수 있다.25)

기성 국가 저편에 존재하는 국가 — 대한민국임시정부는 무엇을 의미하는 것이었을까? 1929년 김구는 대한민국임시정부의 조직에 대해서 다음과 같이 짧게 설명하고 있다. "그때 임시정부가 조직되었다. 이에 대해서는 국사國史에 자세히 기록될 것이므로 생략한다."26) 이러한 철저한 국가(회복)에의 믿음이야말로 임시정부가 현 대한민국정부의 법통으로서 떠받들어지게 된 하나의 이유일지 모른다. 여타의 조선 내 지식인 운동가와 달리 김구는 철저히 점령 상태의 국가와 망명 상태의 정부를 분리하는 세계관 안에서 살았다. 이는 종종 현재의 조선에 대한 무지로도 나타나지만(실제로 이 글은 그가 상해로 떠나던 시점의 문체인 국한문 혼용체로 되어 있다) 일본에 의한 조선지배가 갖는 합법성을 철저히 부정할 수 있었던 이유, 혹은 합법성을 정당성의 관점에서 애초부터 부인해왔던 그 나름의 일관성의 산물일지 모른다. 김구는 한일합방 후 신민회 사건(1911년)으로 두 번째 투옥되는데, 그

---

25) 김구, 앞의 책, p. 302.
26) 김구, 앞의 책, p. 285.

의 일본 이해는 조선이라는 국가가 존재했을 때와 수미일관한 면모를 보인다. 명성황후 시해 사건을 접해 일본인 살해라는 극한의 방법을 택한 그가 경성감옥에서 취한 태도는 '투옥'을 둘러싼 과정과 일본 지배라는 현실 차원 자체를 전면적으로(따라서, 상상적으로) 거부하고 부정하는 것이었다. 백범은 이렇게 쓰고 있다.

> 표면으로 나도 붉은 옷을 입은 복역수이나, 정신상으로 나는 결코 죄인이 아니다. 왜놈의 이른바 '신부민'이 아니고, 나의 정신으로는 죽으나 사나 당당한 대한의 애국자이다. 될 수 있는 대로 왜놈의 법률을 복종치 않는 실제 사실이 있어야만 내가 살아 있는 본뜻이 있는 것이다.[27]

이러한 인식은 식민지화에 대한 완전한 부정과 스스로가 행한 전쟁 기획과 관련해 '점령' 개념을 정당화한다. 상해임시정부란 그런 의미에서 일본의 지배를 완전히 부인하는 계기로서 존재했으며, 백범 역시 늘 하나의 국가 건설을 최종목적으로 삼았다. 아니, 그에게는 조선인의 국가가 항상 잠재적으로라도 실재했던 것이다.

> 비밀회의를 열어 지금 왜가 경성에 이른바 총감부라는 것을 설치하고 전국을 통치하니, 우리도 경성에 비밀리에 도독부를 설치하여 전국을

---

27) 김구, 앞의 책, p. 249.

다스릴 것, 만주 이민계획을 실시할 것과 무관학교를 설립하고 장교를 양성하여 광복전쟁을 일으킬 것.28)

안창호, 양기탁 등의 신민회에 참여한 그는 위와 같은 결의를 통해 비로소 스스로가 생각했던 '신부민'이라는 법적 상태에 대한 완전한 부정, 식민지에 대한 완전한 부정을 행할 수 있게 된다. 개인의 심리적 현실이 아니라 '정부'라는 실제적 상상이 그를 주권적 사고의 담지자로 재탄생케 했다. 다시 말해, 그에게 (또 어떤 '우리들'에게) 대한민국임시정부야말로 말 그대로 제국일본을 합법적이고도 정당하게 부정할 수 있는 유일한 것이었다.

임시정부 참여 이후 김구는 일관되게 스스로의 폭력을 일본국가에 대항한 대한민국이라는 국가의 대항폭력으로 주장했으며, 임시정부와 조선의 상태를 '비상사태', '혁명 시기'로 규정했다. 만약 국가가 폭력의 독점, 혹은 어떤 정치체의 폭력에 대한 대항폭력 단위로서 정당화되는 것이라면29), 임시정부는 바로 그러한 폭력을 통해서만 스스로의 합법성을 주장할 수 있게 되며, 김구가 바로 그렇게 했다. 실상 『백범일지』에서 임시정부가 정부이자 국가로서 상상되는 대목들 — 굴곡 많은 서사의 꼭짓점들은 거의 대부분 지사들의 '의거'=대항폭력이 발생하는 때이며,

---

28) 김구, 앞의 책, p. 216.
29) 국가, 질서, 법의 기원으로서의 폭력Gewalt) 문제에 대해서는 발터 벤야민, 「폭력 비판을 위하여」, 자크 데리다, 『법의 힘』, 진태원 옮김, 문학과지성사, 2004를 참고(인용에 있어서는 ヴァルター・ベンヤミン, 『暴力批判論』, 野村修編譯, 岩波文庫, 1994도 참고했다).

소위 임시정부가 세계에 산재한 '국민'들에게 요구했던 세금 징수와 국채 매수를 정당화하는 대목도 바로 이 지점이다. "동경사건[이봉창 의거]이 세계에 전파되자 미·포·묵·큐의 우리 동포 중에도 역래로 나를 동정하는 동지들은 극도로 흥분되어 나를 애호신임하는 서신이 태평양상을 설편雪片과 같이 날아오며 기其 중에는 종래로 임시정부를 반대하던 동포들도 태도를 개변하고 다시 하고 싶은 일을 하라고 금전의 후원이 더욱 광범위로 동動했다"30)고 할 때, 또 "과시 자차[自此: 윤봉길 의거]로부터 이후로는 임시정부의 납세와 나에 대한 후원이 격증하여지므로 점차 사업이 확대되는 계단으로 나가게 되었다"31)라고 말할 때 (임시)정부와 (가상) 국민의 관계는 폭력과 그에 대한 지원에 의해 지지되고 있다고 해야 할 것이다. 거듭되는 '특무공작' — 폭력의 경험 속에서 마침내 김구는 다음과 같은 생각에 다다르게 된다.

> [장개석을 만난] 익일에 간략한 계획서를 보내었더니 진과부 씨가 자기 별장에서 설연設宴을 하고 장씨[장개석] 의사를 대진운代陣云, 특무공작으로는 천황을 죽이면 천황이 또 있고 대장을 죽이면 대장이 또 있지 않은가. 장래 독립하려면 왜 무인武人을 양성하지 않는가 함에 대한 나의 소답은 고소원불감청이다.32)

30) 김구, 앞의 책, p. 513.
31) 김구, 앞의 책, p. 513. 위의 서술들의 함의는 좀 더 복잡한 것일 수 있다. 김구가 임시정부의 성과와 스스로의 위치를 하나로 간주하고 있다는 의미에서 또 각종 정책 및 사업의 결단자로서 자기 자신을 국가와 동일시하고 있다는 점에서 점차 운동가나 혁명가의 어조보다는 주권자의 어조를 띄어가는 그의 발언은 해방정국에서의 그의 행보를 짐작케 한다.

실제로 장개석의 중국 정부가 임시정부를 인정하고 후원하는 태도를 취해 일본의 공식 항의를 받게 되는 때도 바로 이 대항폭력의 비등점에서였으며, 분열되었던 임시정부 5당의 통일이 시도되는 것도 김구에 의한 법정립적 폭력의 독점에 따른 결과라는 측면이 없지 않다.33) 그야말로 정당한 '임시정부'로 자임했던 까닭이다.

그러니까 만약 하나의 법적 상태=정치체가 일종의 원폭력^{原暴力}=법정립적 폭력에 의해 정초되는 것이라면, 또 그렇게 성립한 정치체의 법이 법유지적 폭력에 의해 지켜지는 것이라면 실제로 3·1운동은 두 개의 정치체가 구성되는 결정적인 계기를 제공했다고 할 수 있다. 3·1운동과 그에 대한 진압은 제국 일본에게는 헌병 경찰제와 무단 통치에 의해 수행되었던 전쟁 상태=점령 상태를 조선 내부에서 극적으로 종식시켜 적나라한 무력 통치로부터 문화 통치로 이행하는 '국가' 지배 체제를 구성하게 했다. 앞으로 살펴보겠지만 실제로 내지연장주의와 일시동인 이념이 공론장을 통해 광범하게 공포된 것도 사실상 이때에 이르러서였다. 한편 대한민국임시정부의 성립과 헌법의 반포는 이와 경쟁하는 또 하나의 공식 (그러나 임시)정부의 탄생을 알렸다. 임시정부의 거의 모든 헌법에서 보이듯이 대한민국임시정부 자체가 조선 내에서 발생한 원폭력인 3·1운동의 효과와 정신을 통

---

32) 김구, 앞의 책, p. 527.
33) 군대 창설 이후의 공산주의 계열의 이탈과 여타 정당과의 합당 과정에 대해서는 앞의 책, pp. 527~531을 참고

해 구성되었기 때문이다. 1926년을 전후해 대한민국임시정부의 지도자가 되는 김구가 『백범일지』를 통해 내내 일본의 지배를 점령 상태로 주장하며 임정의 폭력이 법에 의한 행위수행적 폭력임을 주장했던 데에는 이와 같은 사정이 개입되어 있다고 해야 할 것이다.

법정립적 폭력의 기초 아래, 아니 법정립적 폭력을 자임하며 영토를 탈환하기 위해 싸운다는 이러한 생각은 왜 일본이 패전 직전까지 약소한 규모의 임시정부를 계속 제1의 감시 대상으로 취급했는지를 짐작하게 한다.34) 정치체는 스스로의 폭력에 의해 새로운 정체 구성을 시도하는 법정립적 세력을 가장 경계하게 되어 있는 것이다. 임시정부는 계속 (비상시非常時/전시戰時) 국가를 자임했고, 김구는 스스로를 주권의 대리자와 같이 느꼈다. 태평양전쟁 발발 직후인 1942년 2월 9일을 기해 포고된 「대한민국임시정부 대일선전포고」은 임시정부를 대표하던 김구의 생각이 가장 완성된 형태로 나타나 있는 문헌일지 모른다. 그중 몇 구절을 소개하면 다음과 같다.

1. 한국 인민은 현재 이미 반침략전선에 참가했으니 한 개의 전투 단위로써 추축국에 선전宣傳한다.
2. 1910년의 합방조약 및 일절 불평등 조약의 무효를 거듭 선포하며 아울러 반침략국가의 한국에 있어서의 합리적 기득권익을 존중한다.

---

34) 당시의 『특고월보特高月報』는 조선관계 항목에서 거의 언제나 임시정부를 동향보고의 첫머리에 두었다.

3. 한국, 중국 및 서태평양으로부터 왜구를 완전히 구축驅逐하기 위하여 최후의 승리를 거들 때까지 혈전血戰한다.35)

전쟁과 폭력의 경험이야말로 김구의 주권자 의식36)과 임시정부의 국가 의식을 결정했으며, 그로 인해 대한민국임시정부는 정당성과 합법성의 미묘한 장소에서 '법통'화될 수 있었다.

한편 '식민지 조선'에는 새삼스럽게 다시 국가가 문제화되고 있었다. 그 국가는 그러나 대한민국도, 조선도 아니었고, 조선민주주의인민공화국은 더욱 아니었다. 나는 새삼스럽게 '새로운' 국가를 발견하려는 이러한 충동을 일단 비상시국에서 펼쳐진 보

---

35) 嚴恒燮, 『屠倭實記』(國內版), 國際文化協會, 大韓民國二十八年, 1946년 3월, p. 29(이 책은 전집에 그대로 영인되어 있다. 『白凡金九全集 1』, p. 683. 본문의 한자만 한글로 전환했다. 본래 윤봉길 의사의 홍커우(虹口)공원 의거 직후인 1932년 12월 한인애국단(韓人愛國團)이 발행한 중국어 서적으로 간행되었던 『도왜실기(屠倭記)』는 이승만의 서문을 받아 해방 후 국한문혼용으로 재간행되었다. 여기서 이승만은 "한국 해방의 단서가 된 카이로 회담에서 장개석 주석이 솔선해서 한국의 자주독립을 주창하여 연합국에 동의를 얻어낸 사실은 역시 그 원인(遠因)이 윤 의사의 장거(壯擧)에 있었음을 잊어서는 아니 된다"(위의 책 p. 13)라고 쓰며 김구의 업적을 높이 평가하고 있다. 흥미로운 것은 엄항섭이 1946년이라는 미소점령기를 '대한민국 28년'이라 쓰고 있다는 점이다.

36) '대한민국 28년'이라고 적게 하는 이 감각, 또 권력과 폭력에 대한 태도는 해방기에 있었던 김구와 미점령군 사이의 불화와 관련해 많은 시사점을 제공한다. 김구와 미점령군의 관계가 애초부터 나빴던 것은 아닌 듯하다. 예컨대 한국 진주 초기에 하지 장군은 대한민국 임시정부의 지도자격인 김구를 새 국가의 수반으로 생각하고 있었다는 견해도 있다. 그러나 김구와 그 추종 세력의 쿠데타 시도에 대한 소문이 계속되자 하지는 김구를 불러 엄중 경고하게 된다. 여기에 맞서 김구는 스스로의 정통성을 주장하며 스스로 자결하겠다는 위협으로 대응한다. 김구의 해방기=점령기 인식과 행보에 대해서는, Bruce Cumings, *Korea's place in the sun : a modern history*, Norton Pub., 1997의 4장을 참고. 김구 암살을 보도한 AP통신은 "안 소위는 김구 씨가 국군의 일부를 씨가 자신의 목적을 위하여 사용할 의향이라는 말에 대하여 노 정치가와 논쟁했고", 그 끝에 저격이 이루어졌다고 쓰고 있다. 『조선중앙일보(朝鮮中央日報)』(1949년 6월 29일자)(『白凡金九全集 10』, p. 37로부터 인용).

통 상태의 꿈으로 요약하려 한다. 제국대학[경성제국대학]을 졸업한 당대 최대의 평론가 최재서崔載瑞는 이렇게 쓰고 있다.

> 이 보잘 것 없는 평론집은, 개인적으로는 문예의 세계에서 일본 국가의 모습을 발견하기까지의 영혼의 기록이라고 할 수 있다. 나는 어린 시절부터 일본말과, 그 예의바름과, 언제나 생기있는 학문적 호기심과 특히 메이지 문학이 좋았다. 그리고 내가 알게 된 몇몇 내지인과는 아무 거리낌도 없이 사귈 수 있었다. 이렇게 해서 나는 일본을 호흡하고 일본 안에서 성장해왔다. 그러나 그러한 것을 하나하나 일본 국가와 연결시켜 생각하려 하지는 않았다. 말하자면, 그것은 취미 문제이며 교양 문제 같은 것이기 때문이다. 이렇게 해서 오랫동안 익혀온 것을 새롭게 자신으로부터 떼어내어 의식적으로 일본과 연결시켜 생각한다고 하는 것은 나에게 있어서는 충격이었으며, 때로는 낯간지러운 일이기까지 했다. 그러나 금방 그것이 나의 동포가 밟고 넘어서지 않으면 안 될 가시밭길임을 알았다. 그날 이후, 나는 묵묵히 나 자신의 길이 아니라 내 동포의 길을 걸었다. 그것은 말하자면 일억 국민의 길이다.37)

과연 이 평론집을 통해 최재서는 "문화를 위해서라도 국가를 지켜야한다"38)는 소위 국사적國事的 비평 개념을 일관되게 펼쳐 보이고 있다. 이 국가란 말할 것도 없이 제국 일본이다. 전환기의

---

37) 崔載瑞, 『轉換期の朝鮮文學』, 人文社, 京城, 1943(최재서, 『전환기의 조선문학』, 노상래 역, 영남대학교출판부, 2006, p. 6~7에서 인용).
38) 최재서, 앞의 책, p. 29.

문학이란 그에게 "과거의 모든 병폐와 모순을 새로운 국민적 입장에서 치료하고 해결하여 더욱 높은 문학적 수준으로 끌어올리는 역사적 전환"으로 이해되었다.

'취미'와 '교양'으로서 일본을 생각하고 있던 식민지 조선의 지식인이 일본이라는 국가를 새삼 발견하게 되는 과정을 설명할 수 있는 많은 어휘가 있을 것이다. 그중에서도 '친일'이나 '협력자'라는 말은 오늘날 그러한 '발견'을 설명하는 데 있어 가장 강력한 영향을 미치고 있는 용어이다. 그러나 나는 여기에서 일단 방법적으로나마 잠시 이 어휘들을 방기하려고 한다. 대신 그가 놓여 있던 공간, 식민지 조선 내부라는 사실에만 초점을 맞추어 보려고 하는 것이다.

어떤 의미에서 『백범일지』 같은 글과 그에 대한 개념이 상대화될 수 있는 유일한 방식은 외부가 아닌, 내부의 언설과의 비교를 통해서만 가능하다. 김구와 최재서 사이에 놓인 이 어마어마한 차이는 어디에서 기인하는 것일까? 단지 의지력의 차이일까?(물론 개인적 자질 문제와 관련된 이러한 관점이 전혀 불가능한 것은 아니다. 그러나 이것만으로는 개인을 넘어서는 그 어떠한 사태도 설명할 수 없다). 아니면 세대 차이일까?(실제로 1876년생인 김구와 1908년생인 최재서 사이의 생물학적 나이차는 1910년 이전의 조선 반도, 근대민족국가의 실험이었던 대한제국과 근대 민족국가 이데올로기로 재이해된 조선이라는 나라에 대한 기억을 얼마나 공유하고 있는가의 문제와 연결되며, 당연히 그러한 기억의 양상은 두 사람이 현상황을 어떻게 이해하는가에 지대한 영향을 미친다). 아니면 감옥을 제외하고는 대일본제국의 어떤 제도와도 관련이 없었던 자와 식민지 관료 양성을 위해 만들어진 제국대학 최고의 수재라는 출신 성분의 차이에서 기인하는 것일까(물론 감옥과 학교는 모두 근대 국가의 교화 장치라는 것을 이미 우리는 알고 있다. 그러나 감옥의 교화와 학교의 교화를 경험한 각자에게 그것은 결코 같을 수 없다. 푸코의 어떤 인용자들은 이러한 점에서 반만 옳다).

아마도 이 모든 것이 이유가 될 수 있을 것이다. 그러나 보다 중요한 것은 '인민과 영토가 없는 국가주의'와 '정부와 주권이 없는 국민주의' 사이의 이와 같은 결렬을 또렷이 응시하는 일일 것이다. 그리하여 외부의 기록과 내부의 기록이 서로가 서로의 보철물이 되는 순간 이 시기의 전체상은 겨우 짐작 가능해질 것이다.39)

결국 내가 여기서 말하고자 하는 것은, 어쩌면 매우 단순한 사실일지도 모른다. 외부와 내부 사이의 교착이 바로 그것이다. 어떤 점에서 이 내부의 인간은 그가 서 있는 위치로 인해 일본 식민주의의 모순율을 가장 정확히 알고 있었다. 예컨대 최재서라는 이 식민지 최고 엘리트에 대한 일화들은 그가 차별에 매우 민감했으며, '조선인' 최재서와 '경성제대 영문과 수재'로서의 최재서 사이를 항시 오갔다고 전한다. 그 안에서 살기 위해서, 그는 알 수밖에 없었다. 그런 그가, 조선 안에서 이천만 동포와 함께 살며 일신의 포부를 꿈꾸는 일이란, 일억 동포를 발견하는 일이었으며 오직 그러한 발견을 보통 상태로 만드는 것만이 그에게는 별문제였다. 그는 과연 무엇을 발견하고 있었을까? (내가 보

---

39) 이 내부의 기록, '조국 일본'을 발견하는 일련의 사유에 대해서는 본론을 통해 상론될 것이다.

기에) 그것은 다름 아닌 식민지라는 말을 '애써' 피하려고 했던 대일본제국의 모순 — 아니 틈새였다.

소실되는 식민, 근대 일본의 아포리아

'식민'이라는 말을 거부하는 것은 단지 대한민국의 공식 역사서만이 아니다. 제국 일본의 조선지배 기간을 통해 조선은 공식적으로는 대놓고 '식민지'라 부를 수 없는 공간이었다. 제국 일본은 늘 식민지를 '식민지'라 부르기를 주저했으며, '내지'와 '외지'라는 구분이 이를 대신했다. 아울러 그러한 지역적 구분은 종종 일시동인이라는 황칙 아래 편의적인 분할로 정당화되었다. 예컨대 덴 겐지로田健治郎 대만총독은 1923년, 대만 부임 직후 다음과 같이 차후의 통치 방침을 밝히고 있다.

> 대만의 통치 방침은 대체에 있어서 영토주의에 의거하며, 동화주의로써 경영한다. …… 지방제도든, 교육령이든, 또한 민상법의 시행에서든, 어느 것에서나 모두 내지연장주의의 대정신으로부터 출발하는 것으로 하며, 필경 조정의 일시동인의 대어심大御心에 따라 창생무육蒼生撫育의 정신에서 벗어나지 아니한다. 이로써 본도인[本品人: 대만인]의 생활 및 권리에 현저한 진보를 주는 것은 국가를 위해, 본도인의 복리를 위해 진실로 경하해마지 않을 바이라.[40]

[40] 『중외상업신보(中外商業新報)』(1923년 4월 5일자). 대만법에 있어서의 내지와 외

대만은 일본 영토의 신민이면서, 또한 민도에 의해 내지인과는 구별되는데, 이러한 차별을 매개하는 것이 바로 일시동인과 내지연장주의라는 이념이다.

대만과 같이 내지연장주의가 표 나게 내세워지지는 않았지만 조선의 경우도 이념적 얼개에 있어서는 대만과 유사한 측면이 더 컸다. 1938년 2월 22일 지원병제도를 공포하면서 미나미 지로南次郎 조선총독은 다음과 같이 훈시하고 있다.

> 통치 목적은 반도의 일본화, 즉 내선일체의 구현에 있다. 일시동인의 성지聖旨를 봉체奉體하여 행해온 조선 통치는 저 구미제국歐美諸國의 식민지 지배와는 이념에 있어서나 실적에 있어서나 그 근본에 있어 절대로 출발점을 달리 하고 있는 것입니다. 즉, 숭고무비한 황도 정신으로서 원리를 삼는 통치의 임무는 하루라도 빨리 혼융일체渾融一體의 역域에 도달하는 것을 이상 목적으로 하는 것입니다.41)

일본은 식민지를 '식민지'로 부르지 않았다. 아니 통치의 공학이나 국제법적 사실로서는 그렇게 규정하면서도 식민지인을 향해서는 대개 그렇게 부르지 않으려 했다. 이와 같은 통치역 안의 신민들에 대한 일시동인 이념은 식민지 내의 식민자들인 재조

지, 내지연장주의, 동화주의, 근대성 등의 문제에 대해서는 왕타이성(王泰升), 「대만법의 근대성과 일본 식민통치」, 양희철 옮김, 『법사학연구』, 제27호, 법사학회, 2003년 4월호를 참고. 대만의 경우 일본은 대만의 영유와 함께 제국헌법의 적용을 선언했다. 통치에 영향이 없을 것으로 본 이러한 판단은 이를 이용한 대만 지식인들의 식민통치 비판에 부딪혀 지속적인 곤란을 겪게 된다.
41) 南次郎, 「志願兵制度公布の次第」, 『施政三十年史』, 朝鮮總督府, 1940年 10月, p. 803.

일본인在朝日本人들을 분노케 하는 한편 실제와도 배치되었기 때문에 늘 통치 방침·시정 방침은 이름으로만 남았다. 오히려 이 방침은 아직 '국민'에 도달하지 못한 '신민'들을 추동하는 역할을 수행했다는 의미에서 어떤 '방침'이나 '제도'보다도 효과적이었다. 최재서가 파고들어간 틈이 바로 이것이었다. 이 같은 훈시에 응답하듯 최재서는 이렇게 쓰고 있다.

> 지난 5월 8일 각의에서 결정된 조선의 징병제 실시 건은 우리들이 오랫동안 기다리던 바람이었음과 동시에 그 발표가 누구도 상상하지 못한 시기에 실시되었기에 감격스러웠다. …… 미나미 총독은 11일 말씀에서 징병제를 실시하게 된 첫째 이유로 '내선일체를 철저히 실천해온 것'을 들고, '되돌아보면 과거의 모든 노력은 단지 여기에 이르기 위한 노력이었다'고 감개무량해 하셨는데, 진정 말씀 그대로이다. 또한 혹시 한 마디 더하는 것을 해락해주신다면, 반도인이 제국 군인으로서의 자질을 갖추고 있다는 것도 이것을 결정하게 된 중요한 요인이었을 것임을 충분히 알 수 있다.[42]

일시동인의 황칙에 징병제라는 실질이 더해지는 가혹한 시간, 최재서는 오히려 거기서 조선인이 보유한 '제국 군인으로서의 자질'이라는 민도 담론의 극복 가능성을 보고 있다. 내지연장주의와 일시동인이라는 동화 전략과 민도라는 차별의 메커니즘 사이를 매개하는 담론들을 잡아채면서, 그는 이렇게 쓰고 있다.

---

42) 최재서, 「징병제 실시의 문화사적 의의」, 앞의 책, p. 142~143.

"조선인이 대동아공영권 건설에서 직접적인 역할"을 하고 "명실공히 황국신민이 되어, 대동아의 지도 민족이 되는 길이 열린 것이다."43) 대동아를 시야에 넣는 방법을 통해 내지와 외지, 반도와 본토 사이의 분할을 넘어서려 했던 것이다(오해를 피하기 위해 말하자면, 나는 이 방법이 성공했다거나 성공할 수 있었다고 말하는 것이 아니라 제국 일본의 언설 체계가 이미 근원에서부터 이러한 동일화에의 시도를 불러들이는 '틈'을 내장하고 있었다고 쓰고 있는 것이다).

물론 『총독부월보』 등을 통해 볼 때 제국 일본의 관료들은 조선을 베트남, 인도, 아프리카와 열심히 비교해가며 통치했고,44) 실제로 식민지로서 인식하고 있었다. '지식'과 '경영/정책' 차원에서는 더욱 그러했다.45) 나는 여기서 '식민지 지배'와 같은 용어가 '사용되지 않았다'고 말하는 것이 아니다. 오히려 나는 그들이 왜 관청과 대학 안에서는 상당히 범용되었던 이 용어를 국제법적 공간과 공론장에서만은 세심하고도 철저하게 회피하려 했는가하는 문제를 이야기하고 있다. 흥미로운 것은, 실질적 법역(法域)의 범위나

---

43) 최재서, 앞의 책, p. 146.
44) 예컨대 『총독부월보(總督府月報)』, 第1卷 第3號 1911年 8月號에는 이집트의 관개사업(「埃及二於ケル灌漑事業」)이, 第4~5호에는 「영국 식민지 개요(英國殖民地ノ概要)」가, 제7호에는 「독일 식민지 민사령에 대해서(獨逸殖民地民事令ニ就テ)」이 소개되어 있다. 일본 제국의 '외지' 규정과 일시동인 구호의 전면화는 이러한 지속적인 비교 연구와 논리 개발 속에서 나온 것이라 해야 할 것이다.
45) 대표적인 사례로서 矢內原忠雄, 『植民及び植民政策』, 有斐閣, 1939; 堀眞琴, 『植民政策論』, 河出書房. 1939을 참고. 예컨대 도쿄와 교토의 양 제국대학에는 '식민정책강좌'가 개설되어 있었고, 홋카이도제국대학에는 '식민' 관련 과목이 개설되어 있었다. '식민'은 법령이나 여타의 관청, 학계에서 관용적으로 사용되었다(矢內原忠雄, 「植民なる文字の使用に就て」(1932), 『矢內原忠雄全集』, 第5卷, 1963, pp. 278~279). 그러나 국제법적・정치경제학적 사실성과는 별도로 이러한 문헌들 역시 일본 제국의 '확대'에 따른 후(後)효과의 성격을 가진다.

선거 실시의 유무, 정치적 평등의 여부에 따라 '식민지'라는 규정을 철저히 사고했던 견해들일수록 동아협동체론이나 대동아공영권론과 같은 낭만적·패권적 사유에 대응해 정치적 대등성 문제들을 부각시키곤 했다는 사실이다.46) 실질적인 사실과 통치의 논리에 부합하는 언어와 개념으로 사고한다는 것은 협력 이상의 '요구'를 포함하는 일이기도 했다.

예컨대 대동아공영권 논의가 한창이던 1941년 대표적 식민지 정책학자였던 야나이하라 다다오^{矢內原忠雄}는 「대륙과 민족^{大陸と民族}」이라는 글에서 소위 '동아협동체'의 실현에 전제되어야 할 사항으로서 식민지 문제, 민족 문제의 선결이 있어야 함을 지적하고 있다. 철저히 식민지, '식민지 민족'이라는 사실성에 충실한 그는 동아협동체 건설에 선행되어야 할 인식으로 다음의 여섯 가지를 든다. 이 사업이 극히 장기적 과제라는 것, 다른 민족의 입장을 고려해야 한다는 것, 여타 서구식민지와 비교하면 일본 식민지는 식민지가 아니며 식민지인들은 오히려 고마워해야 한다고 믿어버려서는 안 된다는 것, 협동체 건설에는 정치적 대등성의 실현이 전제되어야 한다는 것, 그러기 위해서는 자민족중심주의를 떠난 초민족적 기분이 필요하다는 것, 국가적 활동을 위한 목적을 넘어서는 사심^{私心}의 전환 없이 동아협동체는 불가능하다는 것 등이 그것이다. 요컨대 일단 상대가 우리와 '다르다는 것', 무엇보다 '식민지 민족'이 존재함을 우선 인정하자는 것이다.

동심원적 구조를 그리며 확장해간 제국은 조선을 헌법역^{憲法域}

---

46) 矢內原忠雄, 앞의 책, pp. 118~124.

밖에 두는 한편 통치역 안에 두었고 이를 '합병'이라 불렀다. 합병이라는 농도 짙은 공간엔 '식민植民'이 아니라 대규모 '이민移民'이 이루어졌다. 그리고 곧 '융화'와 '일체', 일시一視의 구호들 속에서 본국과 식민지 사이에 존재하는 근원적 분할과 폭력은 은폐되었다. 우리는 여기서 애초에 법의 영역과 관청 내의 문서에서 '식민'이라는 말이 '민民을 심는다'는 뜻에서의 '식민植民'보다는 '민을 증가시킨다'는 뜻의 '식민殖民'으로 훨씬 더 광범위하게 유통되었던 사정[47]을 상기해볼 수도 있을 것이다.

단적으로 말해, 제국은 확장된 것이지 식민지를 경영하고 있던 것이 아니다. 이러한 공적 입장이 내내, 또한 강력하게 있었다. 한일합방에 즈음해 다시금 주창된 일시동인이라는 조칙詔勅[48] 아래 법권력은 3·1운동을 '내란'으로 규정하려 힘썼고, 1925년 저 악명 높은 치안유지법의 제정 이후의 독립운동은 제국 통치역의 참절僭竊=국체변혁으로 규정되었다.[49] 조선은 식민지가 아니라 제국의 강역疆域 즉, 영토였던 것이다. 다시 말해 조선은 일본의 내부로 계속 끌어들여지는 한 '같은 것'이어야 했으며, 동시에 식민지인 한 달라야 했다. 그도 그럴 것이 조선은 '사실'로서 식민지였기 때문이다. 이 딜레마가 계속되는 동어반복으로서

---

47) 矢內原忠雄, 앞의 책, pp. 278~279.
48) 일시동인의 조칙과 실제 법권리와의 괴리에 대해서는 森山茂德, 「保護統治下韓國における司法制度改革の理念と現實」, 『植民地帝國日本の法的展開』, 淺野豊美·松田利彥編, 信山社, 2004를 참고
49) '내란'을 둘러싼 법적 다툼에 대해서는 박걸순, 「3·1독립선언 공약삼장 기초자를 둘러싼 논의」, 『한국독립운동사연구』, 제8집, 1994를 참고. 통치역과 법역의 차이에서 오는 동화와 차별의 양상에 대해서는 이철우, 「일제시대의 법제의 구조와 성격」, 『한국정치외교사논총』, 제22집 1호, 2000을 참고

만 설명될 수밖에 없는 것은 일본 식민주의의 운용이 이미 병합의 이상理想과 실질적 구별 규정 사이의 어긋남으로서만 가능할 수 있었기 때문이다. 예컨대

> 조선 통치의 대방침은 메이지 44년 한일병합 때에 하사하신 메이지 천황의 조서에 잘 나타나는데 …… [이번] 관제 개정의 취지는 천황 폐하의 우조優詔에 나타난 바와 같이 한일병합의 본지本旨에 기초해 일시동인으로 각각 그 지위를 얻고 삶을 영위하며 훌륭하고 밝은 은덕을 누리기 위하여, 시의적절하게 시정의 편의를 제공하는 데 있다. …… 말하자면 문화적 제도의 혁신에 의해 조선인을 유도하고 이끌어서 그들의 행복과 이익의 증진을 꾀하고, 장차 문화의 발달과 민력의 충실에 맞추어 정치상, 사회상의 대우에 있어서도 내지인과 동일하게 취급할 수 있게 하는 궁극 목적을 달성할 것을 바라마지 않는다.[50]

이러할 때, 우리는 여기서 두 가지 메시지를 읽게 된다. 일시동인과 민력 혹은 민도라는 언설이 그것이다. 일시동인의 조칙에 기반한 내지연장주의와 동화주의에도 불구하고 이 언설 안에는 분명 민력과 문화 발달의 차이가 강조되어 있다. 이러한 차이가 존재하는 한 "법률은 당연 적용되는 것(회계법, 국방보안법 등) 및

---

50) 취임 다음날인 1919년 9월 3일 사이토 마코토 총독은 '신시정방침'에 관해 위와 같이 '훈시'했다. 『경성일보』(1919년 9월 4일자), 『매일신보每日申報』(1919년 9월 4일자). 인용은 『매일신보』를 기준으로 했다. 이 훈시에 대한 보다 자세한 분석으로는 김동명, 「일본 제국주의의 식민지 지배 체제의 개편 — 3·1운동 직후 조선에서의 동화주의 지배 체제의 확정 2 —」, 『한일관계사연구』, 제9집, 한일관계사학회 (1998년 11월호)를 참고

특히 조선에서의 시행을 목적으로 제정된 것(조선사설철도보조법 등)을 제외하고는 원칙적으로 (조선에는) 시행되지 않는다. 일반 법률을 조선에 시행할 때에는 칙령에 의※한다"51)와 같은 규정이 내포한 제도적·실질적 불평등은 결코 해소되지 않는다. 아니 애초부터 민력과 민도라는 언설에 의해 내지와 외지의 경계는 거의 극복 불가능할 정도의 분할선으로 나누어져 있는 것이다.

따라서 이러한 아포리아 속에 숨어 존재하는 원초적 분할을 해소 가능한 것으로 믿느냐, 아니냐의 여부에 따라 제국 일본에 대한 태도 역시 달라질 수밖에 없는 것이다. 이러한 분할의 극복 가능성과 관련 없이 최재서는 스스로와 조선인들을 이 분할이 애매해지는 지점으로 계속 밀어붙이려 했다. 모든 식민주의가 그렇듯이 분할과 차별의 기술은 전유 시도와 경쟁하며 발달한다. 그러나 적과 아군을 구별하는 절대적 결단의 순간인 전쟁이 있었기에 최재서는 '보통 상태'를 꿈꿀 수 있었다. 죽을 수 있는 권리가 같다면 삶의 권리도 같을 것이며, 적어도 같아야 한다고 주장할 수 있을 것이기 때문이다. 김구의 폭력=국가론과 미묘한 차이를 두고 최재서는 이렇게 쓰고 있다.

반도인이 일본에 대하여 조국 관념을 가질 수 있는 유일한 길은 제국

---

51) 「朝鮮及ビ台湾ノ現兄」, 昭和十九年七月內務省作製, 近藤劒一 編, 『太平洋戰下の朝鮮及び臺灣』(朝鮮近代史料 朝鮮總督府關係重要文書選集 1), 朝鮮史料編纂會, 1961, p. 4. 내지 연장주의 논란이 있었던 대만에서 시행된 율령에 비해 조선의 제령은 약 3배의 건수를 보여주는데(위의 책, p. 6), 이는 조선이 기본적으로 제국헌법 및 법률에 의거하기보다는 조선총독의 제령에 의해 움직여졌음을 보여준다.

군인이 되어 직접 국토방위의 임무를 맡는 것 외는 없다.52)

다시 말하자면, 식민지에 있어서의 헌법의 형식적 적용과 실질적 비적용의 사례에서 보이듯이, 타자를 타자로 보지 않으면서 배제하는 일시동인과 민도의 이율배반에 의해 일본은 단일민족의 신화와 제국의 확장을 아우를 수 있었던 것이며, 그럼으로써 식민통치를 식민통치 아닌 것으로 주장할 수 있었던 것이다. 일시동인과 민도 사이, 그러니까 '식민'의 부정 — 그들은 서구의 제국들과는 '다른' 제국임을 그렇게 강변하고 있었고, 그럴 수밖에 없었다. 최재서라는 내부의 인간이 읽은 것, 그리고 무모할 정도의 희망을 투사한 지점도 바로 그곳이었다.

이처럼 일본 식민주의의 딜레마는 내지와 외지에 구별 적용된 법 문제와 함께 문화적 '동화 정책'이라는 관점에서도 생각해볼 수 있다.53) 제국 일본이 추구했던 일련의 동화 정책, 특히 창씨개명으로 상징화되는 내선일체 정책은 한국사가 기록하는 '민족말살정책'으로서만 이해될 수 없다. 오해를 줄이기 위해 말해두자면 나는 그것이 '아니었다'라고 주장하는 것이 아니다. 오히려 그것은 일본 식민주의가 처음부터 안고 있었던 내부의 모순율이 증폭되어 투영된 결과라고 보아야 한다는 점을 강조하려는 것이다. 일례로 미나미 지로 총독의 내선일체 정책에 대한 재조 일본인 집단의 반발은

---

52) 최재서, 「징병제 실시와 지식계급」, 앞의 책, p. 152.
53) 水野直樹, 「植民地獨立運動に對する治安維持法の適用 — 朝鮮・日本「內地」における法運用の落差」, 『植民地帝國日本の法的構造』, 淺野豊美・松田利彥編, 信山社, 2004; 駒込武, 『植民地帝國日本の文化統治』, 岩波書店, 1996.

유명한 것이었다.54) 차이가 없으면 지배도 없다. 그런데, 그럼에도 불구하고 왜 제국은 이 기묘한 곡예를 할 수밖에 없었을까?

"손을 잡는다거나 형形이 융합된다거나 그런 미지근한 것 말고, 형形도 심心도 혈血도 육肉도 모두가 일체가 되기"55)를 역설하는 식민자의 언설은 "마음과 마음이 서로 만나 서로 사랑하며 융합된 하나가 되기"56)를 열망하는 어떤 피식민자의 열렬한 응답을 끌어낸다. 이 응답이 이루어진 시기는 대략 1930년대 말부터였으며 제국은 '전쟁 중'이었다. 따라서 이 국민으로서의 호출과 응답이 전쟁을 수행해야 했던 제국의 보편 논리를 통해 증폭되었다는 점을 먼저 지적할 수 있을 것이다. 그러니까 전쟁 중인 국가에 있어 내부의 적이란 포섭의 양상으로 동일화되거나 아니면 제거의 양상으로 말살되어야 한다. 전쟁이란 명료하게 적과 아군을 가르는 일에 기반하기 때문이다. 칼 슈미트의 말처럼, 어쩌면 '정치적인 것' 자체가 이 구분에 기인하는 것57)인지도 모른다. 따라서 이 전쟁이라는 강력한 매개는 소수자 통합의 논리로서 '보편성'의 논리를 끌어온다. 이 소수자가 소수자라기에는 너무 많음에도 불구하고

그런데 중일전쟁에서 태평양전쟁으로 이어지는 이 전시체제에

---

54) 예컨대 다카하시 소지(高崎宗司), 『식민지조선의 일본인들』, 이규수 옮김, 역사비평사, 2006을 참고
55) 朝鮮總督部, 「國民精神總動員朝鮮聯盟役員總會議席上總挨拶」, 『朝鮮における國民精神總動員』, 1940, p. 101.
56) 李光朱, 「心相觸れてこそ」, 『녹기綠旗』(1940年 3月號. p. 74(번역은 이경훈 편역, 『진정 마음이 만나서야말로』, 평민사, 1995).
57) Carl Schmitt, *The Concept of the Political*, tans. by George Schwab, University of Chicago Press, 1996, p. 26.

는 적과 아라는 논리에 저항하는 어떤 기묘한 결절점이 존재한다. 중국의 존재가 그것이었다. 잘 알려져 있다시피 제국 일본은 중국에 대해 서구에 맞서 아시아적 통합으로 나아가려는 일본의 진심을 몰라주는 어리석은 동료, 그래서 응징하고 가르쳐야 하는 동료로 대했다.[58] 다케우치 요시미의 지적처럼 중일전쟁에서 일본은 심지어 중국을 '타자'로 대하지 조차 못했다. 그리고 바로 이 모순이야말로 식민지 조선—중국—일본의 관계의 근저에 놓여 있는 것이었다. 1959년 다케우치 요시미는 다음과 같이 쓰고 있다.

> 대동아전쟁은 확실히 이중 구조를 갖고 있으며, 그것은 정한론으로 시작되는 근대 일본의 전쟁 전통에서 유래한다. 동아에 있어서의 지도권의 요구와 구미구축에 의한 세계 제패라는 목표는 상호 보완 관계이자 상호 모순 관계였다. 왜냐하면 동아에 있어서의 지도권의 논리적 근거는 선진국 대 후진국의 유럽적 원리에 의할 수밖에 없는 것인데, 아시아의 식민지 해방운동이란 이것과 원리적으로 대항하는 것이기 때문이다. 그 속에서 일본의 제국주의만을 특별 열외로 취급해 달라고 할 수 없는 것이다. '아시아의 맹주'로서 스스로를 구미에 각인시키기 위해서는 아시아적 원리에 의하지 않으면 안 되는 한편 일본 자신의 대아시아 정책은 아시아적 원리를 방기하고 있음으로 현실

---

58) 아이러니한 것은 이러한 논리의 가장 적나라한 표출이 식민지 조선의 한 문학가에 의해서 이루어졌다는 점이다. 이광수의 『진정 마음이 만나서야말로』의 마지막 장면에서 눈이 먼 일본인 병사와 그를 따르는 조선인 처녀가 적군, 즉 중국 진영으로 들어간다. 비무장인 그들은 중국인들에게 '진심'을 전하러 가는 것이다. 그리고 그러한 믿음은 그들이 포로가 된 순간에도 지속된다. 일본인 병사와 조선인 처녀는 중국인 대장에게 일본의 진심을 강변하고 또 강변한다.

에 연대의 기초란 없었다. 한편에서는 아시아를 주장하고, 다른 한편에서는 서구를 주장하는 식으로 쓰임새에 따라 나누려고 하는 무리는 끊임없는 긴장을 만들어냈으며, 따라서 전쟁을 무한히 확대함으로써 해결을 지연하는 것만이 [이 모순을] 호도할 수 있었다.59)

대동아전쟁의 이중 구조는 사실상 근대 일본의 이중 구조에 다름 아니라는 것을 거듭 강조하는 다케우치 요시미의 인식은 일본 식민주의의 역설을 이해하는 데 있어서 다시금 중요해진다. 부연하자면, 이 이중 구조의 모순율과 다케우치가 설정하고 있는 중국이라는 '절대적 타자' 문제는 하나로 이어지면서 일본 식민주의란 무엇인가를 새삼 질문할 수 있게 한다(물론 다케우치에게 있어서도 조선의 타자성은 미미하고 추상적인 것에 그치고 있지만 어쨌든 그가 일본을 지속적으로 '아시아'라는 공간 안에 위치시키려 했다는 사실만은 분명해 보인다). 즉, 다케우치에게 있어서 근대 일본의 이중 구조를 문제 삼기 위해서는 중국이라는 절대적 타자라는 존재항이 필요하다. 왜인가? 왜 한국을, 중국을, 아시아를 묻지 않으면 근대 일본은 파악 불가능할 뿐더러 구제할 수 없는 것으로 남게 되는가? 이 문제를 실질적 식민지였던 조선 문제를 다소 우회하여 파악해보자.

일본에 있어서 조선이라는 대상은 거기에 아무리 야만(그러니까 시간적 타자)을 덧입히려고 해도 근과거의 기억 — 중화주의 내의 위계질서 — 이 여전히 남아있는 장소였다. 그렇다고 해서

---

59) 竹內好, 『近代の超克』, 筑摩書房, 1983, p. 35.

조선은 공간적 타자 — 이를테면 식민성이라는 개념이 처음 등장하던 무렵 유럽에 있어서의 신대륙과 같은 — 도 될 수 없었다. 조선은 상대(上代)로부터 존재했다고 믿어지는 일본 내부에 존재하는 외부성, 즉 가라고코로(한의漢意/당심唐心/한의韓意)의 한 원천이었을 뿐 아니라 메이지 유신 이전에는 유일하게 공식적 정치 관계를 맺고 있던 '국가'였다. 이 딜레마야말로 제국 일본이 '식민지'라는 말을 끊임없이 꺼려할 수밖에 없었던 이유이자, 내지 연장주의를 내세울 수도 없었던 이유가 아닐까? 다시 말해 일본에게 있어 식민주의 문제는 그것이 서구적 개념과 실질에서 유래한 '타자로서의 식민성'과 같은 것일 수 없었다는 데 있었다. 일시동인을 비롯한 저 수많은 수사들이 의미하는 것이야말로 바로 이 딜레마의 표출에 다름 아니었다. 총력전 속에서 부르짖어졌던 내선일체는 말 그대로 매우 전술적 언설이자(대륙병참기지라는 말이 포함하는 물적·인적 자원의 공급 후방으로서의 조선), 더 나아가 일본 식민주의가 처음부터 갖고 있던 아포리아의 극적 재현이기도 했다. 일본 제국주의의 문제는 식민지(인)들을 '타자'로서조차 인식할 수 없었던 데 있었는지 모른다.

어떤 의미에서 바로 그 '식민지조차' 될 수 없었던 '식민지 내부'에 있었던 최재서와 같은 지식인들에게서 일어났던 열렬한 국민되기의 욕망, 병사의 몸을 통해서 '영구한 조국 관념'을 얻기를 그토록 갈구했던 그 욕망60)이란 제국 일본의 저 근원적 아

---

60) "이번에 조선에 선포된 징병제의 근본적 의의는 천황전하가 반도 2천4백만을 수족처럼 의지하심을 천명한 것이다. 말할 것도 없이 황국에 있어서 병권은 대원수

포리아를 그 자체로 받아들인 것에 다름 아닌 것인지도 모른다.

김구가 돌아오던 날: 반역자, 잠자다 깨어난 사람

메를로-퐁티는 비시 정부의 페탱에 대해 이야기하면서 '반역자의 모습이란 잠자다 깨어난 사람의 그것'이라고 이야기했다 한다.61) 한편 『친일문학론』(1966년)의 저자 임종국은 중국에서 귀국하는 백범 김구의 소식을 듣고 이를 중국에 의한 조선지배로 착각했던 17세의 자신을 증오하며 이렇게 쓰고 있다.

> 이때 내 나이 17세. 식민지 교육 밑에서, 나는 그것이 당연한 줄만 알았을 뿐 한 번 회의조차 해 본 일이 없었다. 한국어를 제외한 모든 관념, 이것을 나는 해방 후에 얻었고 민족이라는 관념도 해방 후에 싹튼 생각이었다. 이제 친일문학론을 쓰면서 나는 나를 그토록 천치로 만들어준 그 무렵의 일체를 증오하지 않을 수 없었다.(임종국, 「자화상」)62)

아무도 알지 못했던 이 사람이, 모두가 읽어야 할 사람으로 전화하는 이 순간, 잠에서 깨어나던 이 순간을 기억하는 일은 중요

전하의 통솔 하에 있는 것이며 따라서 병역은 일본 국민에 있어 최대의 광영이다. ...... [중략] ...... 두 번째로, 반도인은 징병제 실시를 기회로 하여 확실히, 게다가 영구히 조국관념을 파지(把持)하는 것이 가능해졌다." 崔載瑞, 「徵兵制實施の文化的意義」, 『國民文學』(1942年 5~6號 合倂號), pp. 4~7.
61) 김우창 외, 『행동과 사유』(대담집), 생각의 나무, 2004, p. 67.
62) 임종국, 『친일문학론』, 민족문제연구소, 2002, 서문.

하다. 반역자와 식민지인들이 갑작스레 깨어나던 이 순간으로 계속 돌아가는 일을 통해서 비로소 우리는 식민과 점령을 둘러싼 언설, 무엇보다 동아시아의 근과거와 여전히 진행 중인 역사 투쟁의 절단면들과 대면할 수 있게 되는 까닭이다.

마지막으로 왜 새삼 『백범일지』에 대한 검토를 이 책의 서론으로 삼았는가 하는 질문에 답하며 이 장을 갈음할까 한다.63) 서

---

63) 『백범일지』에 대한 분석을 이 책의 서론으로 삼으며 생각했던 것, 그러니까 '민족적' 정전을 통해 이 글에서 제기하려 했던 논제들은 다음과 같은 것이었다. 첫째, 점령 개념 때문에 식민지의 다종한 현상, 즉 전쟁 저편의 이미지가 보이지 않게 된다. 즉 '점령'이라는 사고에 깔린 식민지 경험의 극복 의지는 실제로는 식민지의 문화 현상 및 정치를 재구할 수 있는 도구를 얻는 데 있어서의 어려움으로 현실화된다. 이는 '식민지' 혹은 '식민지 근대'라는 전면적 규정 속에서도 마찬가지다. 식민지를 근대성의 일반 현상으로 강조하는 편향 속에서라면 실제적 사실의 목록과 사유의 편린들은 인류의 보편 경험이나 일국사에 대한 과장된 자율성의 열망으로 평가절하되기 십상인 것이다. 둘째, '식민지'를 부정하고 '점령/강점'에 기우는 사고는 조선이 갖는 여타 식민지와의 차이점("근대적 민족 개념이나 국민국가와는 다른 형태였지만 어쨌든 근대적 국가 상태에서 병탄되었다")에도 근거하지만 전후 한국의 정통성론, 임시정부 및 전쟁 상태론의 언설적 효과에 기인하는 측면이 강하다. 셋째, 점령과 식민 개념을 엄밀하게 구별하면서 이 양 개념의 구체적 적용 범위와 절충 가능한 영역을 세계 식민지사의 바탕 위에서 생각해보아야 한다. 넷째, 한간(漢奸), 친일파론은 국가 환상, (탈[脫]/비[非])점령론의 언설적 배치물로서의 성격을 갖는다. 이 배치물은 후기식민지 국가 건설의 필연성에 기초해 구획되었다. 이러한 민족 반역 혹은 반국가 행위의 규정은 점령기 인민의 국가 선택 문제 — 심정의 국가 혹은 민족이냐 아니면 국적상의 국가냐 — 를 간과함으로써 해당 기간의 복잡성과 일상적 차원을 간과하게 만든다. 다섯째, 점령이라는 역사 인식을 형성해온 역사, 대중문화, 문학적 인식의 제 양상을 통합적으로 고려해볼 필요가 있다. 그렇게 함으로써 역사 논쟁과 3국 간 갈등의 중요한 심리적 메커니즘들을 이해할 수 있게 된다. 여섯째, 가지무라 히데키의 일본어역과 몇 종의 중국어역의 발문과 동기 분석을 통한 백범일지의 독해를 통해 구성되는 언설적 효과, 실천적 기능을 일국 안에서만이 아니라 동아시아 근대사 전체 속에서 해명해볼 필요가 있다. 일곱째, 실제로 한국의 식민지연구는 대만과 만주국, 오키나와의 문학에 대해 거의 알지 못하고 있는 형편이다. '식민지' 문제를 제국 일본의 전체상 안에서, 또 세계사 속의 보편성/특수성이라는 문제 속에서 재검토하되 점령과 식민 사이에서 갈등해온 한국의 경우를 출발점으로 삼아보는 비교식민지론이 요청된다. 한국의 식민지 문학이라는 문제에 접근하는 데 있어서의 비교연구론의 가능성은 아무리 강조해도 지나침이 없는 과제이지

론에서 나는 다음과 같은 주장을 한 셈이다. "식민지 조선, 어떻게 볼 것 것인가"라는 질문은 결국 제국 일본의 통치성과 동아시아에 있어서의 식민주의에 대한 물음이 선행된 이후, 아니 이 질문과 동시에 제기될 때에만 유효하다. 비교식민지연구의 시각과 제국 일본의 통치성과 문화 편제를 포괄적으로 이해하는 과정 속에서만 『백범일지』를, 아니 식민지 혹은 점령지의 삶과 사유를 읽어낼 수 있는 새로운 방법을 찾아낼 수 있는 것은 아닐까. '식민'을 지운 자리에 '점령' 개념을 들여놓으며 훼손되지 않은 대한민국의 정통사를 만들어내려고 했던 후기식민주의적 욕망의 대상으로서가 아니라(결국 이 안에서는 점령에 대한 『백범일지』라는 텍스트의 사유는 식민지라는 역사성을 공소화하는 인식틀로서만 읽혀질 뿐이다) 철저한 '외부'의 기록으로서 이 영웅적 삶은 계속 참조 대상이 된다. 그때 외부성이란 결코 '관계없음'을 뜻하는 것이 아니다. 오히려 이 외부성 속에서 김구 혹은 『백범일지』는 (식민주의를 포함한) 근대, 법, 정치를 상대화하며, 그럼으로써 매우 근원적인 질문을 던진다. 즉, 여기에는 '구성되어진 국민적 기억'의 문제뿐 아니라 원(原)국가와 원폭력의 개념, 법의 기원과 법보존적 폭력을 상대화하는 법정립의 순간이 존재하며, 전쟁과 비상사태에 대한 예외적 의식이 존재한다. 철저히 부정하는 힘이 구성하는 것들 — 김구는 이렇게 쓴다.

나는 죽는 날까지 왜마(倭魔)의 소위 법률이란 것을 한 푼이라도 파괴할 수만 개별 분과적 연구들 속에서 늘 요청으로만 남아 있는 과제이기도 하다.

만 있다면 계속 행하고, 왜마를 희롱하는 것을 유일한 오락으로 삼고, 보통사람으로 맛보기 어려운 별종생활의 진수를 맛보리라 결심했다.[64]

식민지라는 법적 상태, 통치의 합법성과 정당성 모두에 대한 전면적 부정 — 이 완전한 예외의 인식을 다시 평가해보는 일은 중요하다. 그러니까, 예외상태가 보통 상태가 된 바로 지금 이 순간 이 진술을 다시 읽어낼 수는 없을까? 아감벤 식으로 이야기하자면 구성된 권력constructed power이 의식 속에서 지워버린 구성하는 권력constructing power을 끊임없이 상기시키는 어떤 진술로서 말이다.[65] 김구의 『백범일지』는 국민국가 다음의 세기에 있어서도 여전히 중요하다. 그것의 중요성은, 예컨대 최재서의 국민문학론과의 대조 속에서 더욱 선연해진다. 왜냐하면 이들이 국가가 없는 상태에서의 국가를 이미 다루고 있기 때문이고 그것 없이 사는 거친 삶과 사유의 극한을 보여주고 있기 때문이다. 나는 이렇게 생각한다. 식민지야말로 근대의 폭력과 생명정치, 지배 테크놀로지, 국가 구성에 관한 전쟁 모델과 언어 모델, 민족과 국가, 자본주의와 국가경제 등을 근원으로부터 질문할 수 있는 장소topos 그 자체라고

---

64) 김구, 『백범일지』, 도진순 편, p. 239.
65) Giorgio Agamben, *Homo Sacer: Sovereign Power and Bare Life*, translated by Daniel Heller-Roazen, Stanford University Press, 1998, p. 39(조르조 아감벤, 『호모 사케르: 주권권력과 벌거벗은 생명』, 박진우 옮김, 새물결, 2008, p. 101).

1 신화와 정치, 믿음과 약속의 체계들

1

|

천황제 국가와 증여의 신화
「대일본제국헌법」의 언설 공간

선물은 선물이 아니다. 선물은 현전하지 않는다.
The gift is never (a) present.
— 자크 데리다

조선독립만세, 천황폐하만세: 유언의 의미

귀축영미鬼畜英米의 기치 아래, 멸사봉공의 일념으로 '대일본제국'의 전선으로 나간 조선인 청년들의 몇몇 죽음은 한국 근대사에 있어 오랫동안 하나의 수수께끼로 남아 있었다. 그들 중 일부는, 그들 자신과 제국 일본이 귀신 혹은 짐승畜生이라 불러온 연합군에 의해 전쟁 범죄자로 기소되었고(148명 유죄 판결), 그중 포로 학대 문제와 관련된 23명의 조선 청년이 사형을 언도받았다.[1] 그들의

---

[1] 일본의 패전 후 동남아시아 각지에서 이루어진 포로 학대에 대한 BC급 전범 재판에는 총 148명의 조선 출신 '일본군'이 포함되어 있었다. 이 중 23명이 사형선고를 받았다. 나머지 전범들 역시 석방 후 어떤 보상도 받지 못했으며 풀려난 조선인

죽음이 제기하는 미스터리는, 한 조선인 출신 전범자가 사형장에서 남겼다는 두 마디 절규로 인해 더욱 증폭된다. '조선독립만세! 천황폐하만세!'

그러나 일본을 위해 싸웠으나 일본 신민으로 죽을 수 없었던 이 사람들은, 그렇다고 조선인으로 죽을 수도 없었다. 조선이라는 국가도, 대한민국이라는 국가도 그때는 존재하지 않았기 때문이다. 동원할 수는 있었으나 '기념'할 수 없게 된 이 죽음은, 국가 안에서 싸우고 국가 밖으로 내쳐진 어떤 존재의 비극성을 우리 앞에 던져놓는다.

'조선독립만세! 천황폐하만세!' 오늘의 시점으로는 생각하기 힘든 이와 같은 유언의 의미는 대한민국이나 조선민주주의인민공화국 혹은 일본국이나 미합중국과 같은 국호國號 안에서 태어나서 살고 있는 우리들에게는 어떤 비극성과 함께, 깊은 아이러니를 남겨놓는다. 멸사滅私의 신념을 살았거나, 그렇게 훈육되어진 이 군인은 마지막 순간에 이르러서까지 자신의 죽음을 두 곳에 봉헌한다. 그러니까, 하나는 아직 존재하지 않는, 혹은 그가 태어나기 전에 사라진 '조선'이라는 국가에, 또 하나는 이제 인간의 지위로 내려온 과거의 아라히토카미現人神에게.

그러나 이들의 죽음은 어떤 국가에 의해서도 회수될 수 없는 성질의 것이었다.[2] '숭고'했을지도 모를 그들의 죽음은 역사의

출신 전범 중 최소한 두 명이 자살했다. 1965년 한일 조약 이후 구 '전범'들은 보상 요구를 본격화했으나 이러한 요구는 1999년 최종적으로 기각되었다. 이처럼 국적의 강요와 박탈을 거듭한 이들은 결국 어떤 국민국가에 의해서도 구제되지 못했다. 內海愛子, 『朝鮮人 BC級戰犯の記錄』, 勁草書房, 1982, p. 152를 참고

수수께끼 혹은 철저히 개인적일 수밖에 없는 죽음의 신비를 우리에게 선사하고 있다. 그는 죽음을 주었지만 누구도 그것을 수령할 수 없었다. 아니, 수령하지 않았다. 제국의 시간 속으로 밀려가는 이 죽음. 생각할 것도 없이, 조선이 독립하면 천황에 봉공할 수 없고, 황은皇恩에 보답하려면 조선은 여전히 제국 아래 남아 있어야 했다. 애초부터 두 곳에 죽음을 줄 수는 없었던 것이다. 그런데도 어쨌든 그는 마지막 순간에 그렇게 하기를 바랐다. 이들의 죽음을 '기념'해준 것이 있다면, 이는 오히려 '귀축영미' 쪽이었다. 과거에 '귀축'이라 불렸던 이들이 행하는 전범재판에 의해 이 조선 청년들은 '비인간'으로 선언되었고, 그의 죽음 역시 국가 사이에 있었던 그의 존재에 합당하게 '국제적'인 방식으로 처리되었다. 이 과정을 통해 그들의 사적인 죽음은 겨우 공적인 사건으로 도착倒錯될 수 있었는지 모른다. 그는 휴머니티, 다시 말해 인간에 반하는 반인륜적 범죄와 제네바협약 위반이라는 보다 보편적이고 국제법적인 의지의 실현에 의해 공적으로 기억되고 있다.

이에 비해 시즈오카현靜岡縣의 가와네모토마치川根本町 상공에서 미

---

2) 야스쿠니신사는 이들 조선 청년 중 몇 몇을 구(舊)국가신사에 합사하고 있다. 그렇다면 적어도 일본 제국만은 그들의 죽음을 수령해준 것일까? 그러나 알다시피 패전 후 60년이 지난 지금까지 '대일본제국'을 승계한 '일본국'은 그들에게 어떠한 보상도 하지 않았다. 전몰자 보상에 의해 비대하게 부활한 야스쿠니는 이 보상받지 못한 죽음을 여전히 그들의 이데올로기로 묶어 두고 있다. 이 구식민지 청년들은 제국의 이데올로기에 의해 일본 신민으로 회수되지만 구일본 제국을 상속한 정부가 행하는 법적 조치에 의해 거기서 내쫓기고 있다. 그들은 국가 사이에서, 또 역사의 전후를 오가며, 국가에 의한 죽음의 회수, 국가에 의한 애국심의 보상을 매우 가상적인 가치로 전도시켜 버리고 있다.

군 폭격기 B29를 향해 돌진 '산화散花'했다는 노용우(盧用愚. 창씨명 가와타 세이지河田淸治 소위[전사 후 2계급 특진된 계급])의 죽음은 오히려 간결하다고 해야 할까. 패전을 앞둔 일본 제국의 '야마토타마시이(대화혼大和魂)'로 선전된 그의 유골은 수십 년 간 시즈오카와 도쿄의 신사와 절에 분골되어 묻혔다가 최근 한국의 산하로 '돌아왔다.' 전쟁 당시의 열광과 추모에도 불구하고 노용우는 철저히 '가와타 세이지'로 죽도록 강요되었고, 그의 죽음에 대한 본토의 보도와 열기 속에서도 '조선'이라는 두 글자는 철저히 배제되었다. 대일본제국을 위해 죽어달라는 편지를 받아든 한 조선 청년이 실제로 황국에 죽음을 주었을 때, 죽음의 수취인은 곧장 발신자의 주소를 삭제해버렸던 것이다. 팔굉일우八紘一宇의 기치 아래 시작된 대동아전쟁은 이처럼 '죽음'의 절취에 의해 이데올로기적 허위를 남김없이 드러냈다.

조선에서는 용기 있는 폐하의 백성으로, 일본에서는 일본 신민의 상징으로 선전되었을 그의 죽음은 전우와 도내 재일동포 1세들의 노력으로 10여 년 전에 유족까지 밝혀졌지만 한국 정부는 '일본을 위해 몸을 던진 매국노'라는 평가 아래 유골의 수령을 거부했고, 유골은 그 후 10년이 지난 최근에 이르러서야 유족의 요구에 의해 '망향의 언덕'에 묻혔다.[3]

[3] 시즈오카와 도쿄의 신사에서는 60년이 지난 지금까지 매년 그를 기념하는 참배식이 열리고 있다. 가와타 세이지는 경성법과전문학교 3학년이던 1943년 10월 조선인학도병출진에 의해 육군특별지원병이 되었고, 1945년 5월 29일 스물 둘의 나이로 사망했다. 그가 남긴 손수건에는 가난했던 그에게 학비를 대준 일본인 부부의 딸이 새겼을 것으로 짐작되는 "무사히 돌아오세요 만날 날을 기다리겠습니다"라는 일본어 문구가 새겨져 있었다. 어쩌면 그는 정말로 황국을 위한 죽음을 통해서라도 황

그들은 황은을 갚기 위해, 또 황국의 선물인 '국민'으로 죽을 수 있는 권리를 위해 스스로의 죽음을 봉헌했다. 되돌려 주었다. 한 조선인 병사는 이렇게 썼다.

> 황국^{皇國}의 숭엄한 도의에 기반한 대동아 건설을 위해, 조국이 지금 죽음을 걸고 싸우고 있는 국가위기 존망의 때에, 내지의 학우들과 함께 나란히 대군^{大君}의 방패가 되어 황군의 일원으로서 순국의 도^途를 활보하게 되었으니, 무엇보다도 기쁨을 금할 수 없습니다. 진심으로 황은의 광대무변함에 울지 않을 수 없습니다.⁴⁾

'천황께 바쳐서 쓸데 있는 사람'⁵⁾(이광수) — 그들의 죽음을 언어화할 수 있는 유일한 방법은 '황은'에 대한 보답이라는 틀 안에 서였다. 그들은 죽음을 거는 것도, 죽음을 바치는 것도 아니었다. 그러니까, 그들은 '죽음을 돌려준다'(라고 쓴다).

만주사변에서 태평양전쟁에 이르는 '15년 전쟁'의 공론장은 온통 이러한 '보은^{報恩し}'⁶⁾의 사고와 수사로 가득 차 있다. 이광수

민이 되고 싶었던 것인지도 모른다. 그러나 그의 어머니는 죽을 때까지 그의 죽음 — 특히 천황을 위해 싸우다 죽었다는 보도(그의 죽음은『경성일보』에 대대적으로 선전되었다)를 믿지 않았고, 아들이 소련으로 망명했을 것이라고 생각하며, 평생 그를 기다렸다. TBS 보도 특집(2005년 9월 25일)을 통해서도 보도된 노용우 소위에 관한 다큐멘터리는 시즈오카 지역 민방에 의해 오랜 추적에 의해 제작되었고, 제작자(笠井千晶記)는 <산화 혹은 조선인 학도병의 죽음>으로 2004년 민방연(民放連)상최우수감독상을 받았다. 조선인 특공대의 죽음에 대해서는 오오누키 에미코(大貴惠美子),『사쿠라가 지다, 젊음도 지다(미의식과 군국주의), 이향철 옮김, 모멘토, 2004를 참고
4) 西原幸穂,「출진학도의 변 — 거대한 아침」,『조광(朝光)』(1942년 12월호), p. 47.
5) 이광수,「문사부대와 지원병」,『삼천리』(1940년 12월호).

는 신체제 문학의 의의에 대해 이렇게 쓰고 있다.

> 일본 국민적인 문학의 창작에 진출할 것이다. 이것이 조선 문단의 총후봉공^{銃後奉公}이오, 아울러서 황은에 대한 보답일 것이다[7].

보답과 보은을 강조하는 이러한 사고는 지원병제에서 창씨개명에 이르는 일련의 과정을 '은전^{恩典}'으로서 이해하게 만들었다.

> 이 황민화 운동의 최후의 일필이라 할 만한 창씨^{創氏}도 [1940년] 8월 10일의 만기까지에는 상당한 수에 달할 것이고 설사 아직 이 대은전의 취지가 철저하지 못하여서 계기(屆期: [정한 시기에 이름]) 못하는 한^恨이 있다 하더라도 만기 후에라도 계속 진행하여서 이천삼백만이 일인도 남김이 없이 황민화 완성의 표상인 신씨명^{新氏名}을 가지게 되리라고 믿는다(「황민화와 조선문학」).

중요한 것은 이광수가 이 '은전'을 교섭 혹은 교환과는 다른 어떤 것으로 쓰고 있다는 사실이다.

> 무엇을 다오? 우리는 오직 바치는 일이 있을 뿐이다. 무엇을 달라는 것이 있어서는 아니 된다. Give and take라는 것은 구미식 상업주의자

---

6) 루스 베네딕트가 일본형 인간관계의 원형을 의무 개념으로서의 '은혜 갚기'에서 찾은 일, 또 이를 해명하기 위해 저서의 절반 가까운 분량을 소모한 일은 유명하다. 루스 베네딕트, 『국화와 칼』, 김윤식·오인석 옮김, 을유문화사, 1974(2006),
7) 이광수, 「황민화와 조선문학」, 『매일신보』(1940년 7월 6일자).

의 국민도덕이다. 일본 정신은 오직 천황께 바침이 있을 뿐이다.[8]

노용우 혹은 가와타 세이지의 죽음은 공식 담론에 있어서만은 비극이라기보다는 대은전에 대한 빛나는 보답이었던 것이다. '죽음'을 주고 '조선'을 얻는, '죽음'을 내어 주고 '영예'를 얻는 그런 일이 아닌 것이다.

요컨대 제국 일본의 공론장을 지배했던 담론들은 교환이 아니라 '증여' 바로 그것이 아니었을까. 제국 일본 안으로 태어난 모두는 이미 은전을 입었다, 본원적 선물^{gift}이 있었고, 그것은 곧 빚^{debt}이 되었으며, 국가=천황은 언제든 그에 대한 변제를 요구할 수 있다라고 하는 것.

그러나 이 선물과 보은의 논리는 너무도 신비롭다. 우리는 이 말을 결코 한 광기어린 시대의 클리셰 정도로 이해해서는 안 된다. 증여가 있었고 대은전·황은을 받았다. 그런데 '대은전의 취지'나 크기를 아무도 모른다. 선물, 혹은 이 변제할 수 없는 빚. 그러니까, 그 선물의 크기를 측정할 수 없기에 자기가 가장 나중 지닌 것 ― 죽음까지를 되돌려 주어야 하는 사람들. 제국 신민들은 그러니까 어떤 원초적 증여를 받은 사람, 처음부터 빚을 짊어진 사람들로서 거기에 태어나고 있었던 것이다. 도대체 어떻게 그런 선물이 있을 수 있을까. 증여를 둘러싼 그러한 클리셰들의 이면에 혹 제국 일본을 해명하는 어떤 단서가 있는 것은 아닐까.

나는 묻게 된다. 그들은 정녕 황은을 '받은' 황국의 사람들이

---

[8] 이광수, 「신시대의 윤리」, 『신시대』, 1941, p. 37.

었을까. 정녕 무엇을 받기는 받았을까. 그러니까 좀 긴 우회일지라도 이 '놀라운 선물surprising gift', 특이한 증여의 양식이 시작되는 시점으로 돌아가서 생각해볼 필요가 있는 것은 아닐까. 나는 여기서 이 잔혹한 증여 국가의 원리가 시작되는 장소로서 메이지 헌법 반포일의 풍경을 떠올려본다.

「대일본제국헌법」과 선물의 패러독스: 제국 일본의 증여 신화

1) 놀라운 선물 — 「대일본제국헌법」의 몇 가지 문제

소위 제국 일본에 대한 역사적 비판에서조차 메이지 시기의 지성계는 한결같이 보다 순수하게 애국적이었고, 포용력 있었으며, 공평무사했던 것으로 기억되고 있는 듯하다. 그래서인지 종종 쇼와 파시즘은 메이지 정신으로부터의 이탈로서 이야기되곤 한다. 그런데 과연 쇼와의 이탈은, 이탈인가. 그렇다면 다른, 옳은 궤도가 거기에 있었던 걸까.

예컨대 '메이지 천황 때는 그렇지 않았다'는 것. 군부가 잘못했다, 관동군이 무리했다, 해군이 초조했다, 우익화된 청년들의 테러리즘이 망쳤다, 군대와 내각·관료 사이를 완충시킬 원로가 없어졌다 따위의 언설들. 그러나 이 모든 것이 근본적으로 동일한 레짐regime 안에서 일어난 일이라면 만주로, 중국 본토로, 남양군도로 향해 간 공영권('팔굉일우')의 이데올로기를 메이지기의

식민지 경영('일시동인')과 근본적으로 분리해내는 일이라는 것이 가능할까.

천황의 집정을 바라며 일어난 청년 장교들의 쿠데타(2·26 사건)든 재벌이나 정치인에 대한 원한과 그것을 풀어줄 천황에 의한 개혁을 요구하며 일어난 일련의 테러(아사히 헤이고朝日平吾, 나카오카 곤이치中岡艮一 등에 의해 쇼와 10년대에 일어난 암살)든 결국 그들을 그렇게 이끈 것은 역시 메이지가 만들어낸 메커니즘이라고 해야 옳지 않을까. 과연 쇼와 '유신'의 기획자든 반대자든 늘 메이지 정신으로의 복귀를 내걸지 않았던가.

메이지기에는 그래도 천황에 대한, 천황제라는 제도에 대한 픽션의 감각이 있었다[9]고 말해진다. 메이지 유신 세력들에게는 더욱 그랬고 식자들에게도 일반 민중들에게도 천황은 갑작스레 소문 속을 뚫고 눈앞에 나타난 신이었기에 여전히 새로운 존재 — 즉 권위의 창안 과정 자체가 눈에 보이는 '대상'이었다. 어진御眞이나 국토 순행과 같은 표상계의 일이든, 교육칙어·군인칙유·헌법 발포와 같은 담론과 제도의 사건이든 모든 게 만들어진 것이고, 실제로 만들어지고 있었기 때문이다.

메이지유신 후 60년, 이미 쇼와에 이르면 그러한 창안 과정을 기억해낼 수 있는 사람은 거의 사라지고 만다. 천황을 둘러싼 신화적 힘은 현실적인 불만과 국가주의 교육을 통해 익힌 천황의

---

[9] 丸山眞男, 『日本の思想』, 岩波書店, 1961, p. 42; 柄谷行人 外, 『近代日本の批評 Ⅲ』 (明治·大正篇), 講談社, 1997에서의 「フィクションとしての制度」 개념에 대한 논의들을 참고

권능과 은혜에 대한 신앙과 조응하여 더욱 급진화되었다. 그러한 천황이 주권자이고, 그야말로 모든 걸 새로 '결정'할 수 있다는 신앙이 핵심이었다. 사심 없는 천황과 그가 총람하는 군대, 그리고 그 반대편의 쳐 죽여 마땅할 사심 많은 정당과 정치인들, 기업, 화족들.10)

'일군만민一君萬民'으로의 '복귀'를 결정하는 만세일계万世一系의 천황. 주권자인 천황을 통한 변혁에의 믿음은 교육받았으나 가난했고, 능력은 있(다고 믿)었으나 기회를 얻을 수 없었던 불황 속의 청년들, 혹은 힘을 갖고 있기에 나라를 바꾸고 싶었던 청년 장교들의 마음속에 선명하게 살아 있었고, 자신들이야말로 천황의 국민(혹은 국민의 천황)이라는 '적자赤子' 의식은 그들 나름의 의기意氣를 울렸다. 이는 메이지기의 경영자들에 대한 장사壯士들 혹은 소수의 식자들의 감정과는 다른 것이었다. 그들은 천황을 세워 국가의 위기를 극복한다는 '메이지식 사고'보다는 천황에게 엄청난 은혜를 받았고, 천황에게 그걸 되돌려주어야 한다는 생각, 즉 '메이지 신화'가 비등점에 이른 시대를 살았던 것이다. 죽음으로

---

10) 예컨대 거부 야스다 젠지로(安田善次郎)를 암살한 아사히 헤이고의 유서는 이렇게 시작된다. "간악한 부호(奸富) 야스다 젠지로는 거부가 되었음에도 부호의 책임을 다하지 않았고, 국가사회를 무시하고 탐욕비겁하여 민중의 원한을 산 지 오래다. 이미 완고하고 사리에 어두운 것을 가엽게 여겨 불심(佛心)과 자애로운 말로써 훈계했으나 고쳐 깨닫는 바가 없었다. 이로서 하늘의 벌(天誅)을 가해 세상에 경종을 울리게 한다. …… '일본 신민은 짐의 적자(赤子)이고, 신민 중에는 한 사람이라도 편히 지내지 못하는 자가 있다면 이는 짐의 죄이다'라는 말은 선제폐하(先帝陛下, 메이지천황)의 말씀이셨다. 역대의 천황도 이러한 대어심으로서 나라를 다스렸음이고, 지금의 폐하도 똑같이 이를 몸에 배이게 하셨으니, 일시동인은 실로 신국(神國)의 대정신이다. …… (이하 생략) …… 신주의단단장(神州義團團長) 아사히 헤이고". 「死の叫び聲」, 『超國家主義』, 橋川文三編, 筑摩書房, 1964, p. 61.

라도 바로잡고, 또 죽음으로 천황의 선언이 있던 원점으로 돌아가야 한다. 이제 돌려주어야 한다. 그러나 어떻게? 앞으로 논할 죽음의 증여라는 사상은 여기서 발생한다.

나는 여기서 조선의 경우에도 일본 군대에 입영이 가능해진 1938년 이후에 이르면 전체 인구의 절반 가까이가 이미 '대일본제국'의 패권 하에서 태어난 사람들로 채워지게 된다는 사실을 상기시키고 싶다. 물론 입영기의 청년들은 천황의 어진 밑에서 공부했던 이들이고, 천황이 우리를 먹이고 보호하고 자유롭게 한다고 배워왔던 사람들이다. 앞서 말한 노용우 혹은 가와타 세이지 역시 그런 경우이리라. 그것을 믿었든 믿지 않았든, 나날이 각인되는 사고의 습관은 그렇게 간단히 개인의 지성으로 상대화할 수 있는 것이 아니다. 단순히 믿지 않는다는 것과 그러한 불신을 언어의 형태로 소유한다는 것은 다른 일이다. 그들은 실제로 입영을 앞두고 유창한 '국어國語=일본어'로 황은에의 보답을 이야기한다(어쩌면 그들은 그러한 말밖에 소유하고 있지 않았다). 이 보답이 조선에 복됨을 가져다 줄 것이라는 믿음까지가 그들이 소유할 수 있는 희망의 총화였는지 모른다. 조선이 차별받는다면 이는 조선인의 '근성'에도 원인이 있으며, 그렇다면 천황에게 조선인의 달라진 '기개'를 보여주어 조선인과 내지인을 명실공히 '일시동인'하도록 해야 한다는 생각 역시 그러한 희망 속에 섞여 있었을 것이다.11) 국민으로 태어난 사람 저편에 '국민'이기를 결단한 사람들, 죽음을 줌으로써 국민임을 '증명'하려 했던

---

11) 예컨대 松原寬, 「我等今ぞ立つ」, 『조광』(1943년 12월호), p. 51.

사람들이 있었던 셈이다.

물론 이러한 질문이 가능하다. 그들은 정말 국가적 삶을 증여 받았기에 죽음으로 그것을 되갚아야 한다고 믿었던 것일까. 분명한 것은 전선을 향하는 조선인 병사들의 일부에게는 아래와 같은 믿음도 있었다는 사실이다. 우리 조선인은 어쩌면 원초적으로 증여 받은 사람이 아니라 박탈된 사람일지도 모른다. "그런 우리가, 지금 죽음을 주려하니, 폐하, '우리 조선인'에게 무엇을 줄 것입니까." 적어도 어떤 이들은 이렇게 생각하지 않고서는 죽을 수조차 없었으리라. 생을 받고 죽음을 돌려주느냐, 죽음을 줌으로써 국가적 삶을 얻느냐. 어느 쪽이든 증여의 대상 혹은 주체로서 천황이 거기에 있다.

그러니까 우리는 더욱 이처럼 천황이 모든 걸 일거에 해결해 줄 수 있는 개혁적 존재 — 결단의 주체로 표상되기 시작했던 어떤 시기(국민의 천황)를 염두에 두면서, 천황이 그들에게 무언가를 주었다고 믿어지는 최초의 지점(천황의 국민)으로 돌아가 생각해보지 않으면 안 되는 것이다.[12]

이 믿음의 근거와 기원을 따져보는 일은 중요하다. 그 결정적·선언적 시점으로서 메이지 헌법 발포일의 풍경을 잠시 묘사해 보기로 하자.

1889년[메이지 22년] 2월 11일 국민들 사이에서는 '오늘은 위로부터

---

12) '천황의 국민론'에서 '국민의 천황론'으로의 이동에 대해서는 『超國家主義』(橋川文三編, 筑摩書房, 1964)에 수록된 하시가와 분죠의 해설을 참고

견포(けんぷ)의 법피가 내린다(法被はっぴ)'는 소문이 퍼졌다. 국민에게는 (아시아 최초의) 헌법[켄포]과 견포[켄푸]의 구별이 익숙하지 않았던 것이다. 애초에 헌법은 천황이 거룩하고도 고맙게 국민에 하사하는 것이었고, 아랫사람들이 이를 입에 담을 수 있는 여지는 전혀 없었다.13)

비밀스레 준비된 천황의 하사품^{gift}.14) 이 '놀라운 선물' — 갑작스럽게 선물을 받아서 놀랍다는 것이 아니라 모두 어떤 선물을 받았으나 아무도 그것이 무엇인지 알 수 없었기에 놀랍다는 것이다. 선물을 받고 '신민民'이 될 사람들은 '겐푸핫피絹布法被'와 '겐포핫푸憲法發布'를 구별할 수 없었다. 그들은 그들에게 증여된 것이 무엇인지 알지 못한 채 이 서프라이징 파티에서 만세삼창을 불렀고, 앞으로 이 광대무변한 황은을 어떻게 갚을지를 고민하기 시작하게 될 것이었다.

당대 국가윤리학의 대가였던 니시 신이치로는 법을 선물, 즉 증여로 보는 전형적인 관점을 제시한다. 그는 하사된 조직을 '선善'으로 해석하고 "우리나라[일본]에서는 법法은 '선'이며 '선'이란 천황이 위에서부터 내리시는 것으로 칙명, 칙어 등은 모두 법을 뜻하며, 그 법은 천황에 의한 애민愛民의 정도政道이다"15)라고 말한다.

메이지 천황이 헌법을 총리대신 구로다 기요타카黑田清隆에게 전

---

13) 尾佐竹猛, 『日本國憲法史大綱上』, 日本評論社, 1938. 법피(法被)는 고승의 의자에 걸치는 금란(金襴)의 좋은 천을 가리킨다.
14) Peter Duus, *Modern Japan*, Houghton Mifflin, 1998, p. 125.
15) 西晋一郎, 『教育勅語衍義』, 朝倉書店, 1944, pp. 135~137.

천황제 국가와 증여의 신화 **85**

달한 것은, 헌법이 국민에게 내리는 천황의 '선물'이라는 것과 만세일계의 황통관을 몸소 행하는 연기였다고 말해진다. 우리는 이러한 증여가 '실체'를 상상하도록 하는 메커니즘을 여기서 읽어야 한다. 이러한 선물의 하사는 그러한 행위에 신성한 성격을 부여하기 위해 초대 천황 진무神武의 등극을 기념하는 기원절(1873년에 국경일로 제정되었다)에 행해졌으며, 군복을 입고 「대일본제국헌법」이라는 선물을 하사하기 이전에 메이지천황은 만세일계의 황통관을 보여주는 또 다른 행사를 거했다.

선조의 예복을 걸치고 천황이 현소賢所에서 다마구시玉串16)를 먼저 바치고, 진무 천황에 바치는 어고문御告文을 낭독했던 것이다. 천황은 고래의 천황제를 유지하고 새 법 — 황실전범과 헌법을 준수하겠다고 맹세했으며, 황령전皇靈殿 앞에서도 이 맹세를 반복하고 신들 앞에서 절했다. 황실의 사자들은 이세 신궁, 진무·고메이 천황릉과 야스쿠니신사에 있는 국신國神들에게 고하기 위해 파견되었고, 이때 메이지 유신의 주역들인 이와쿠라 도모미岩倉具視, 오쿠보 도시미치大久保利通, 기도 다카요시木戸孝允의 무덤에도 사자들이 도달했다. 전국의 모든 현의 지사들도 가까운 간코쿠헤이샤官國弊社에 가서 신들에게 헌법과 황실전범의 발포를 알렸다. 이 모든 신성하고 초월적인 '고함'의 의식이 끝나고 나서야 천황은 구의례의 의복을 벗고 군복으로 갈아입었으며, 신성한 '봉헌'에서 국민에의 '하사'로 옮아갔다. 이때에는 근대의 미디어와 외국 사절 등도 참가했으며, 이로서 일본은 대일본제국의 새로운 탄생을 알렸

---

16) 비쭈기나무 가지에 베 또는 종이오리를 달아서 신전에 바치는 성물(聖物).

다.17)

당시 도쿄제국대학에서 의학을 강의하고 있던 독일인 의사 발츠$^{Erwin\ Balz}$는 일기에서 이러한 축제 분위기에도 불구하고 '골계적인 것은 아무도 헌법의 내용을 알지 못한다는 것'(1889년 2월 9일자)이라며 놀라움을 표시하고 있다. 어떤 신성한 증여가 있었다고 믿어졌고, 저마다 경하할 일로 여겨졌지만 실제로 아무도 자신이 무엇을 받았는지 모르고 있었다는 것이다.

> 일본 헌법이 발포^{發布}되었다. 원래부터 국민에게 주어진 자유라는 것은 하찮은 명색뿐이다. 그런데도 불가사의한 것이, 이전에는 '노예화된' 독일 국민 이상의 자유를 주려는 것이 아니라며 비분^{悲憤}했던 신문이 전부 만족의 뜻을 표하고 있다는 사실이다(1889년 2월 16일자).18)

마치 선물을 받는 일이란 어떻든 즐거운 일이 아니겠냐는 듯이.

그렇다고 할 때, 우리가 이 과정에서 주목해야 할 사실은 헌법이 하사품으로 규정되었다는 것, 그 헌법의 근거가 어떤 신성한 증여의 형식을 통해 주어지고 있다는 점이 될 것이다. '증여'는 천황을 중심으로 한 텅 빈 흐름(천황→국신, 천황→신민)으로 일어났지만 이를 보충하는 신성함의 아우라가 차후의 신민→천황(국체)→국신^{國神}이라는 일관된 신화적 연쇄를 구성하게 되는 것이다.

---

17) 이 의전에 대한 자세한 논의로는 다카시 후지타니, 『화려한 군주』, 한석정 옮김, 이산, 2003, pp. 147~152을 참고
18) 菅沼龍太郞, 『ベルツの日記』(上), 岩波書店, 1992.

이러한 증여 행위에서 텅 빈 기의記意를 채우는 것은 만세일계의 종교적 재현 — 어떤 신성함의 기운들이다.

'아랫것들下々이 입에 담을 수 있는 여지가 전혀 없는' 이러한 법설립 행위. 홉스에 의해 폭력의 독점 혹은 억제된 전쟁 상태로 말해진 바 있는 국가 설립 행위는, 여기서는 합의된 계약에 의한 정부의 설립도, 공포로부터의 도피를 위한 군주권의 창설도 아닌 어떤 신비로운 기운으로 가득 차 있다. 자연 상태의 자유인이 자연 상태가 발생시키는 무법과 공포를 추방하기 위해 함께 모여 국가를 세우고 정치가(군주)를 뽑는다는 사고는 여기서 찾아보기 어렵다. 그렇다고 사회계약에 관한 어떤 언설이 존재하는 것도 아니다.

그러니까 신성한 천황이 자연 상태의 신민에게 '자유와 권리와 보호'를 주었던 것이다. 법정립적 폭력(메이지 유신)과 그에 이어지는 법설립 행위(메이지 헌법 발포)에 있어, 인민 전체의 사회계약이라는 개념은 찾아보기 힘들다. 여기서 주권은 누구에게 있는가. 만약 칼 슈미트의 말처럼 주권이 예외상태를 결정하는 자에게 있다면 분명 이 흠정헌법欽定憲法 속에서 주권은 천황에게 있다. 실제로 「대일본제국헌법」은 포괄적인 천황 대권의 허용을 통해 천황을 예외상태의 결정자로 간주하게 하는 수사적 양상을 띤다. 계엄을 선포하고 국회를 해산하고 육해군을 통수하는 — 비상사태에 대한 수많은 대권大權들, 이 모든 행위는 신성하여 침범할 수 없다.

그런데 과연 '천황'은 결정자・주권자이기는 했던 것일까. 모든 것을 새로 결정할 수 있는 누군가가 있기는 했던 것일까. '천황기관설'을 둘러싼 불경죄 논의가 보여주듯이, '주권자'라는 논제를 제도적 차원에서 해명하는 일 자체가 어떤 신성한 기운으로 인해 계속적인 금지 상태에 있었다. 이와 관련해 마루야마 마사오丸山眞男는 "이런 법체계 안에서라면 근대 국가에서 헌법 제정 권력의 소재가 누구에게 있는가 하는 문제는 제기될 수 있는 여지조차 있을 수 없다"고 말하고 있다. 헌법 제정과 발포를 총괄했던 이토 히로부미는 이렇게 말하고 있다.

> 무릇 헌법을 창설하는 정신은 첫째로 군주의 권한을 제한하고, 둘째로 신민의 권리를 보호하는 데 있다. 때문에 만약 헌법에서 신민의 권리를 열거해 놓지 않고 그저 책임만을 기재하게 되면, 헌법을 만들 필요가 없다.[19]

그러나 문제는 신민의 권리를 기재할 것인가, 말 것인가라는 데 있다기보다는 천황 이외에는 아무도 이 헌법을 입에 담을 수 없고, 손을 댈 여지가 없을 뿐 아니라 이 모든 게 천황의 '증여'로서 규정되어 있다는 사실로부터 기인한다. 이 신성한 증여 행위의 근거를 물어나갈 때 종국에 우리가 만나는 것은 천황의 원초적 증여 행위를 둘러싼 어떤 신성한 기운 이외에는 아무것도 없음에도 불구하고 말이다.

자유민권운동이라는 사회계약론적 사고는 「대일본제국헌법」

---

[19] 清水伸, 『帝國憲法制定議會』, 岩波書店, 1940, pp. 88~89.

을 통해 해소^{dissolve}되어 버렸다. 개인의 자유를 폭력의 침해로부터 방어하기 위해서 모든 권력 체계의 최종 판정의 근거를 국민 혹은 시민에게 돌리는 그 어떤 프로세스도 차단되어버린 것이다. 누가 정립하는가, 헌법의 재조직은 어떻게 가능한가를 묻지 않은 채, 아니 물을 수 없는 상태에서 오직 '유지'를 목적으로 움직이는 이 법은 천황의 또 다른 증여를 기다리는 처지에 놓인다.[20]

나는 여기서 이 헌법의 주어가 '짐=천황'이라는 사실에 주목하는 한편 천황이 헌법을 '선물'하게 된 근거가 이 세계가 아닌 어떤 초시간적 장소에 있다는 사실에 주목한다. 오늘의 헌법 전문에 해당하는 상유^{上諭} · Imperial Oath at the Sanctuary of the Imperial Palace 는 다음과 같다.

> 짐^{朕}은 조종^{祖宗}의 선열^{遺烈}을 받들어 만세일계의 제위^{帝位}를 근거로 삼으며, 짐이 친애하는 바의 신민은 곧 짐의 조종이 혜무자양^{惠撫慈養}하게 내리신 바의 신민된 바를 생각하여, 그 강복^{康福}을 증진하고, 그 아름다운 덕과 훌륭한 타고난 능력^{懿德良能}을 발달시킬 것을 바라며, 또 그 익찬^{翼贊}에 의해 다 함께 국가의 진운^{進運}을 부지^{扶持}하기를 원하며, 이에 메이지 14년 10월 12일 칙명^{詔命}을 실제로 행하여^{履踐} 여기에 대헌^{大憲}을 제정하고, 짐이 말미암아 따름^{率由}을 보이니, 짐의 후사^{後嗣} 및 신민, 또 신민의 자손된 자로 하여금 영원히 따를^{循行} 바로 앎이라.
>
> 국가 통치의 대권은 짐이 그것을 조종으로부터 받들어 이를 자손

---
[20] "장래 만약 이 헌법의 어떤 조장(條章)을 개정할 필요가 있을 시의(時宜)를 보게 되면, 짐과 짐의 계통하는 자손은 발의의 권을 갖고 ……." 江村榮 編 『憲法構想』 (日本近代思想大系 9), 岩波書店, 1989, p. 429.

에 전하는 것으로 한다. 짐과 짐의 자손은 장래 이 헌법의 조장^{條章}에 따라, 이를 행함에 틀림없이 해야 할 것이다.

짐은 우리 국민의 권리와 재산의 안전을 귀중히 하고, 또 이를 보호하며, 이 헌법 및 법률의 범위 내에 있어서, 그 향유를 완전토록 할 것임을 선언한다.

제국의회는 메이지 23년으로서 이를 소집하며, 의회 개회시에 있어서 이를 헌법으로서 유효토록 할 것임을 기약한다. 장래 만약 이 헌법의 어떤 조장을 개정할 필요가 있을 시의^{時宜}를 보게 되면, 짐과 짐의 계통하는 자손은 발의의 권을 갖고, 이를 의회에 부치며, 의회는 이 헌법에 정해진 요건에 따라서 이를 의결하는 외에, 짐의 자손 및 신민은 감히 이를 함부로 고치려 해서는 안 될 것이다.

짐의 조정에 임하는 대신^{大臣}은, 짐을 위하여 이 헌법을 실시할 책임을 있으며, 짐의 현재 및 장래의 신민은 이 헌법에 대하여 영원히 순종의 의무를 져야 한다.

어명어쇄^{御名御璽}

메이지 22년 12월 11일(이하, 내각대신들의 연명과 직인).[21]

이 '짐'이라는 명백한 주체/주어^{subject}는 「대일본제국헌법」(이하 '메이지 헌법'으로 약칭)에 있어서 주권자가 누구인지를 확연히 드러낸다. 여기서 말하기의 주체는 천황이며, 천황이라는 유일의

---

21) 江村榮 編, 『憲法構想』(日本近代思想大系 9), 岩波書店, 1989, p. 429. 이하 번역서를 명기한 경우를 제외하고 번역은 모두 필자의 것이다.

화자話者는 이 말하기의 힘·서명에 의거해 모든 증여와 선언을 행한다. 이 속에서 신민의 위치가 은혜로운 선언을 받드는 위치 — 청자聽者의 위치에 한정된다는 것은 두 말할 것도 없다.

또한 국가 창설의 기본 목적에 해당하는 보호security는 '짐에 의해 보호되어야 함'으로 선언된 데서 잘 보이듯이 외재적 선물로서 주어진다. 여타의 흠정헌법이 강대했던 군주권을 제한하고 사회계약을 인민의 입장에서 고려하여 재조정하는 것이었다면, 메이지 헌법은 흠정헌법으로 간단히 규정하기도 어려운 속성을 보여준다. 그도 그럴 것이, 이 헌법은 갑작스런 '선언'과 '서명'을 통해 있지도 않았던 군주권을 창설하고, 그러한 창설의 순간에 이어 곧바로 그 권한을 만세일계의 황통으로 근거 지우며, 거기에 근거해 신성한 자유와 권리와 이를 능가하는 의무들을 '증여'하고 있기 때문이다. 이 '천황대권'은 그것의 기초를 사회가 아니라 신의 영역에서 찾아, 이를 인간계에 연결한다. 보호를 위해 설립된 국가는, 이 메이지 국가에 있어서는 갑작스럽게 등장한 주권자가 그것들을 준다는 '신앙'의 대상으로 전도된다.

서구 열강과의 불평등 조약 개정과 자유민권운동의 열기 완화라는 당면 과제에 대응해 만들어진 메이지 헌법에 있어서 주목을 요하는 부분은 전자(서구 제국)를 향한 메시지와 후자(신민)를 향한 메시지가 갖는 현격한 차이이다. 헌법 구상 멤버 중 한 사람이던 이토 미요지伊東巳代治에 의해 작성되어 각국에 송부된 헌법의 전문은 내내 선언의 주체로서 'We'라는 주어를 사용하고 있다.[22] '짐'은 '우리'인가. 왕·황제의 자칭自稱인 짐이 '우리'일 수 있는가? 때때로 짐이 '저들'에 대한 '우리'를 의미할지라도 이 'We'는 명백히 만세일계의 천황과 그 자손들을 의미하고 있다. 문제적인 것은 메이지 헌법의 주어^{subject}가 명백히 법의 증여자인 '짐'이라고 할 때, '우리^{We}'는 누구인가 하는 점이다. 이 말은 분명 '짐이 곧 국가다$^{\text{l'état, c'est moi}}$'라는 절대왕정 시대의 잘 알려진 명제와도 다른 것이다. 일본어와 영어의 어의를 사이에 둔 어떤 차이에 메이지 헌법의 또 다른 심각한 문제들이 도사리고 있는 것은 아닐까.

그러니까, 여기서의 '우리^{We}'는 만세일계의 황실뿐 아니라 이 헌법의 설립 주체가 신성한 일본 국민 혹은 시민인 듯한 뉘앙스를 함께 풍긴다. 아니, 정확히 말해 그렇게까지는 아닐지라도 이 주어는 1인칭 단수의 짐을 만세일계의 신성한 계통으로 확장시키며, 결정자・주권자의 실체를 애매한 것으로 만든다. 그러니까 헌법이라는 이 선물은 결국 주권자 '천황'이 주는 것도 아니다. 천황이 아라히토카미(현인신現人神)인 것은 바로 이같이 만세일계의 '우리^{We}' — 신들의 영역에 발을 걸치고, 또한 신민의 땅에서 만기를 총람하는 자 — 의 이름으로 자연권의 증여를 행하고 있기 때문이다.

과연 메이지 헌법의 제1장 제1조는 "대일본제국은 만세일계의

---

22) We, the Successor to the prosperous Throne of Our Predecessors, do humbly and solemnly swear to the Imperial Founder of Our House and to Our other Imperial Ancestors that, in pursuance of a great policy co-extensive with the Heavens and with the Earth, We shall maintain and secure from decline the ancient form of government. *The Constitution of the Empire of Japan*, translated by Ito Miyoji. 三浦裕史編, 『伊東巳代治遺稿大日本帝國憲法衍義』, 信山社出版(東京), 1994.

천황이 이를 통치한다"라는 말로 시작된다. 왜 굳이 '천황'이 아니라 '만세일계의 천황'이어야 했을까. 이 헌법이라는 선물은 도대체 어디서 왔는지, 지금 받아든 이 물건의 증여자가 지금 이 시간에 살기나 하는지 우리는 알 수 없다. 단적으로 말해 결단자 혹은 주권자적 실체로서의 천황조차 여기서는 분명한 '신체'를 지니고 있지 않다. 단지 천황제가 문제가 아니라 천황조차 천황 자신이 아닌 것이 문제가 아닐까? 이 헌법에는 실은 대권―예외상태를 결정하는 주권자 자체도 부재하는 것이 아닐까. 천양무궁天壤無窮의 신칙神勅 — 메이지 헌법에 있어서 천황 자신도 '한계'가 아니며, 여기에는 어떤 '한계'도 결정도 없다. 헌법을 구상했던 이토 히로부미는 천황이 주재한 1887년 6월 추밀원의 제국헌법초안 심의에서 이렇게 말하고 있다.

이십 년 전에 이미 봉건 정치를 폐하고 각국과 외교관계를 연 이상은, 그 결과로서 국가의 진보를 도모함에, 이를 버리고는 달리 헤쳐 나갈 좋은 방도가 없음을 어찌하겠습니다. …… [중략] …… 구주歐洲에 있어서는 금세기에 이르도록 헌법 정치를 행하지 않는 자 없다 하나, 이는 곧 역사상 연혁으로 성립했던 것으로 그 맹아는 멀리 예부터 발發해오지 않은 것이 없습니다. 반면, 우리나라에 있어서는 일이 완전히 새로운 면목에 속하는 것입니다. 까닭에, 지금 헌법을 제정시킴에 있어서, 우선 우리나라의 기축機軸을 구하여, 우리나라의 기축은 무엇인가 하는 것을 확정하지 않으면 안 됩니다. 기축이 없이 정치를 인민의 망령된 논의에 맡겨둘 때에는 정치는 통기統紀를 잃고, 국가 역시 패망하게 됩니다.

　무릇 구주에 있어서는 헌법 정치가 싹튼 지 천 년 여, 저절로 인민이 그 제도를 익혀 숙지熟知하고 있을 뿐 아니라 또한 종교가 되는 것이 있기에 이것이 기축을 이루고, 깊이 인심人心에 침윤하여 있어, 인심은 여기에 귀일합니다. 그런데 우리나라에 있어서는 종교라는 것이 힘이 미약하고, 어느 하나도 국가의 기축이 될 만한 것이 없습니다. …… [중략] …… 우리나라에 있어 기축으로 할 만한 것은 오직 황실이 있다는 것뿐입니다. 이로써 이 헌법 초안에 있어서는 오로지 뜻을 이 점으로 채택하여 군권君權을 존중하는 것으로 하여, 이를 속박하지 않는 데 힘썼습니다.[23]

황실이 국가의 기축이라는 개념은 여기서 매우 분명한 형태로 드러나고 있다. 헌법의 대의는 황실의 만세일계라는 신화에 의지하여, 이를 하나의 종교적 기축으로 삼는 데 있었다. 그렇다고 할 때 이 기축의 원리가 황실을 본가로 삼고 인민을 방계 말가末家로 삼는 논리로 이어지는 것은 주지의 사실[24]이다. 이러한 사상은 결국 황실을 지킨다는 개념을 배면에 깐 채 (신민에 대한 천황의) '증여자'라는 문제를 불러일으킨다.

　다시 말해서 홉스와 로크를 거쳐 루소에 이르러 완성된 천부

---

[23] 清水伸, 『帝國憲法制定議會』, 岩波書店, 1940, pp. 88~89.
[24] 이러한 생각은 이미 헌법 초안을 만든 이토 미요지의 주해를 통해 공식화되어 있었다. 그는 진무천황으로부터의 만세일계의 황실로부터 시작하는 가계도를 통해 전 일본의 신민을 그 방계로 놓는 신주(神州)의 가계도를 이 시기에 영어와 일본어로 작성했다. 三浦裕史編, 앞의 책 참조

인권 사상과 서구 헌법의 기본 전제로서의 원초적 증여 — 하늘로부터 받은 '타고난 자연권'이 여기서는 만세일계의 천황으로부터 '선물'된 것으로 돌변하는 것이다. 따라서 문부대신 모리 아니노리森有禮의 다음과 같은 말은 이러한 메이지 헌법 형식 속에서 규정되고 있는 증여의 전제를 비판하는 논리로서는 정곡을 찌르고 있다.

> 신민의 재산 및 언론의 자유 등은 인민이 '천연소지天然所持'하는 바의 것으로, 법률의 범위 내에서 보호받고 또 제한받는 것이다. 때문에 헌법에서 이들의 권리가 비로소 생겨나는 것처럼 말하는 것은 잘못이다.[25]

비록 모리 아니노리는 헌법이 정체의 구성constitution이고, 따라서 일단 명문화에 합의하는 한에서 권리 규정이 불가피하다는 사실에는 무심했지만[26] 자유가 '만세일계의 천황으로부터 증여된 것'이 아니라는 사실만은 명확하게 지적하고 있는 것으로 보인다.

'천황'이 아니라 '만세일계의 천황'이라는 헌법상의 규정이 갖는 의미는 여기서 분명해지는데, 만세일계라는 신성함 혹은

---

25) 淸水伸, 앞의 책, pp. 88~89.
26) 이에 대해서는 丸山眞男, 앞의 책, pp. 39~42. 그는 이 책에서 천황에게 위해가 되는 모든 사건(마루야마는 1923년에 일어난 섭정궁 히로히토 저격 사건과 관동대지진 때 천황의 어진을 빼내려다 몇몇 학교장들이 불타 죽은 사례를 들고 있다)에 있어서의 신민들의 무한 책임이 헌법상의 구도와 거기서 발원한 국체의 정신적 내면화에서 기인한 일임을 설명하고 있다.

계속되는 권리 및 대권 근거의 차연을 통해서만이 이 증여가 갖는 허위성을 숨길 수 있기 때문이다. '만세일계의 천황', 즉 영원히 하나의 계통일 하늘의 아들된 황제가 '하늘' — 종교를 대신해 하나의 국가종교화되는 것이다. 따라서 이 살아있는 천황의 신체와 불멸하는 국가적 신체國體를 지키고 '만세일계의 천황'(들)로부터 증여받은 자유를 보호하기 위해 '죽음'을 내놓는 구조는 이 증여 사상에 의해 도덕적 책무로서 부과된다. 즉, 황실이 있음으로 해서 일본이 있기에, 또 '만세일계의 천황'이 헌법을 선물함으로써 제도와 권리가 증여되었기에 이러한 권리에 따르는 의무 — 즉 되갚음(보은報恩·보답報答)의 필연성이 요구되었던 것이다.

2) '선물=빚' — 천황제 자본주의와 증여 담론의 제패

증여와 관련된 문제는 누가 주고 누가 받았는가, 실제로 받았는가 하는 사실에 대한 현실적 이해와 함께 도대체 선물이라는 것이 존재할 수는 있는 것인가 하는 보다 근원적인 질문을 불러일으킨다. 순수한 선물, 사심 없이 주는 선물, 즉 순수 증여라는 게 존재하기는 하는 것일까. 설사 선물의 핵심이 교환 대상이 되지 않는 것에 있다고 하더라도, 우리는 엄밀히 말해 거듭되는 선물 그 자체를 바로 그와 같은 교환의 관점 속에서 이해하지 않을 수 없다.27) 왜냐하면 적어도 선물에 대한 '감사'의 마음으로 인

---

27) 이하에서 나는 마르셀 모스의 『증여론』(이상률 옮김, 한길사 2002)과 선물(Gift)에 대한 데리다의 논의들을 참고하려 한다. Jacques Derrida, *The Gift of Death*, trans. by

해 증여자는 수혜자에게 '보답'이라는 상환의 역할을 준 것이 되며, 이는 일종의 교환이기에 엄밀히 말해 선물은 더 이상 선물이 아니기 때문이다. 더구나 선물은 일종의 부채의식을 몰고 오며, 그런 까닭에 증여란 어떤 의미에서 애초부터 '빚짐'을 의미하게 된다. 모든 증여는 빚, 즉 부채로 전환된다.

선물한다는 것은, 그것이 설사 어떤 반작용을 억제하려는 노력 속에서 이루어지는 대가를 바라지 않는 행위라 할지라도 그것을 선물로서 받거나 인지하는 것을 통해 의식적 혹은 무의식적으로 교환 가능성 안에서 선물을 증정하는 것이 된다. 비록 그것이 마음의 부채로 머물지라도, 아니 오히려 그 경우에 더욱 이 선물은 어떻게 돌려주어야 할지 알 수 없는 곤혹스러운 '빚'이 된다. 우리는 선물이 증여가 이루어지고 나면 사라진다는 사실을 통해서 이것이 일종의 빚짐 혹은 교환의 다른 형태임을 알아차리게 되는 것이다.

통상 선물 혹은 '프레즌트'라고 불리는 순수한 증여는 결코 일어날 수 없는 어떤 사건이며, 그러니까 단지 고대 저편의 희생제의의 이벤트의 한 흔적으로서만 존재할 뿐이다. 언제나 선물이란 애초부터 그 자신 교환과 타협하고 있다. 선물은 결코 선물이 아니며 우리는 최소한 감사의 마음에 의해 상대에 대해 '마음의 빚'을 질 수밖에 없다. 이 빚은 그것이 빚인 까닭에 계속 늘어

David Wills, The University of Chicago Press, 1995; Jacques Derrida, *Given Time : I. Counterfeit Money*, trans. by Peggy Kamuf, The University of Chicago Press, 1992. 이하 *GD*, GT, 페이지 형태로 표시.

나는 것이다. 그리고 물질적 빚짐은 곧 더 큰 도덕적 부채로까지 전화된다. 흔히 인디언 사회에서 이루어진다고 알려진 포틀래치와 같은 증여 양식조차 사회들을 움직이는 '교환'과 분배 의식임이 증명되었다. 비록 빚을 물질로 돌려주지 않더라도 우리는 감사의 말과 표정과 마음의 빚으로 이미 증여자에게 어떤 보상을 하게 된다. 사실상 증여는 증여의 순간에 이미 사라진다(GT, 30). 선물이 주어졌을 때의 기쁨은 바로 그 순간이 지나자마자, 마치 편지 혹은 엽서와 같이 일단 받으면 무언가 답장을 하지 않으면 안 될 듯한 압박감 — 즉 빚으로 전화된다. 선물을 받은 입장이 되고 나면 우리는 어쨌든 다시 무언가를 선물해 돌려줄 기회를 찾거나, 어떤 반응을 보여야한다는 억압에 시달리게 된다. 선물이라 명기되었음에도 불구하고 선물로서 주어지고 인지된 것을 교환의 가능성 안에서 의식・무의식적으로 사고할 수밖에 없는 것이 제로 속의 인간인 것이다.28)

데리다가 반복하는 유명한 아포리아가 알려주듯이, 그러니까 '선물은 선물이 아니다'=선물은 현전하지 않는다$^{\text{The gift is never (a) present}}$. 선물은 더 이상 증여된 것이 아니라 교환 관계 속에 '존재하는 것' 혹은 건네지는 것이다. 선물은 빚짐 혹은 교환의 가능성 속에서 사라지고 만다. 선물은 언제나 벌써 교환 그 자체와 타협하여 왔으며, 어쨌든 선물은 그것에 선행했던 다른 선물을 통해서가 아니라면 결코 측정될 수도 없다. 순간성에서 기인하는 선물

---

28) The Jacques Derrida, *The Post Card: from Socrates to Freud and Beyond*, trans. by Alan Bass, The University of Chicago Press, 1987, p. 163.

의 모든 복잡성은 여기에 기인한다. 선물은 주자마자, 받자마자 사라진다. 그것은 결코 현존하는 어떤 것이 아니며, 모든 선물은 과거에 이미 '주어졌었다.' 증여는 지금 이 순간에 일어나지만 과거·미래로 끝없이 미끄러져 들어간다. 이유 없는 (따라서 교환이 아닌) 선물은 없다. 선물이란 불가능성의 경험이다. 선물을 둘러싼 빚(의 감각)은, 증여가 일어난 순간부터 계속 증폭된다.

이러한 관점에서 보자면, 천황의 선물은 실제로는 존왕양이와 개화의 열망을 등에 업은 유신을 통해 일본 민중들로부터 천황에게 '이미' 주어졌던 것이며, 이 선물을 되돌려준 (척 하는 의식으로서의) 메이지 헌법은 자유민권운동의 '상환 노력'에 의해 토해진 것이다. 문제는 바로 그것이 이러한 증정의 순간의 거창함으로 인해 하나의 빚의 감각으로 훨씬 큰 의무의 짐들을 남겨 놓았다는 사실이다. 「대일본제국헌법」 발포 ― 이 '신성한' 증여라는 사건은 시간의 차연과 교환의 가능성 속에서가 아니라 하나의 원(原)증여, 증여의 원점으로 선언되었다. 헌법이라는 선물 역시 선물 자체로 현존하지 않으며, 거기에는 어떤 교환 혹은 변증법/모순과 같은 것이 선행되어 있음에도 불구하고 메이지 헌법 발포식은 일본이라는 신주(神州)가 열렸다는 진무천황 때의 원증여 ― 신화적 통치의 증여를 권리와 자유와 의무의 증여 식으로 반복했던 것이다.

만약 어떤 사람이 이처럼 거창한 자유를 선물받았다면, 아니 받았다고 공적으로 선언된다면 그는 아무것도 받지 않았더라도, 상환의 의무 혹은 도덕적 비난을 면할 수 없다. 그는 겁쟁이거나 사회성이 없는 사람 — 예컨대 '비국민'과 같은 — 이 된다. 한번 증여가 일어나면 이제 그는 밑도 끝도 없는 보답과 보상의 억압 속에 갇히고 만다. 헌법이라는 선물이, 또 그에 대한 상환으로서의 죽음이 제국 일본의 과거와 현재와 미래를 연결한다. 명예와 경제에 포위되는 것이다.

선물은 그래서 언제나 독이기도 하다. Gift는 독일어에서 선물^{don}과 독^{poison}을 동시에 의미한다. 트로이의 목마가 상징하는 것처럼 주어지거나 인도된 물건이 가진 위험은 유명한 것이다.

3) 천황제 국가의 증여 담론 — 소설 『한눈팔기』와 병사들의 편지의 경우

그러나 어떤 의미에서 이와 같은 증여의 언설이 메이지헌법의 제정을 장악할 수 있었던 데에는 기왕에 존재했던 경제, 법, 인간관계에 있어서의 증여론적 이해가 선행되었음도 부인하기 어려울 것이다.

동아시아 중세의 언설 공간에서 교환은 흔히 헌상과 하사, 증정과 답례 같은 형식을 통해 정당화되었다. 특히 상업과 유통 같은 교환 체계를 생산하지 않는 자들에 의해 이루어지는 잉여의 과정으로 이해해온 유학적 관점에 있어서 교환은 많은 경우 증여와 회사[回賜]라는 언설 안에서 이루어지곤 했다. 예컨대 국제관계에 있어서의 조공 무역의 사례가 대표적인 경우일 것이다. 조공은 단순히 중국이라는 천하의 중심과 조선, 베트남과 같은 주변국 사이에서만 발생한 것이 아니라 중국과 주변국, 조선과 유

구, 일본과 유구 간의 관계와 같은 국제 질서 전반, 인간 생활 곳곳을 폭넓게 장악한 증여 양식이었다. '예를 봉하는' 데 대해 '덕을 펴는' 일로도 이해되는 유학의 증여론적 속성은 교환의 직접성을 저급한 개념(예컨대 사농공상이라는 분할)으로 취급하도록 만들었다. 교환을 그 자체로 긍정적으로 담론화하는 일, 또 개인과 개인, 국가와 국가 간의 관계에 있어 수평적 교환을 폭넓게 인정하게 된 것은 역시 서양 제국의 폭력과 그에 의한 자본주의의 이입과 연동되어 있다고 해야 할 것이다.

그런 의미에서 나쓰메 소세키夏目漱石의 소설 『한눈팔기道草』는 메이지의 언설 공간 이해에 중요한 단서들을 제공한다. 증여 사회와 교환 사회 사이에 놓인 한 개인주의자의 번뇌를 그렸다는 점에서 이 소설은 메이지 시대의 증여론을 이해하는 하나의 단서가 될 수 있다. 백부에게 양자로 입적되었던 본인의 경험에 기반해 쓰여진 이 소설에서 소세키는 증여와 교환 사이에 위치한 한 사회의 끈적끈적하고 진절머리 나는 '인연'—'은혜 보답恩返し'을 문제 삼고 있는 것으로 보인다(가족 관계 역시 교환 가능하다는 소세키의 의식은 그의 양자 체험으로부터 싹텄다고 한다).

시마다島田 부부에게 입적되었던 겐죠健三는 시마다 부부의 이혼에 따라 파양되어 본가로 돌아온다. 그 후 오랜 세월이 흘렀고, 바야흐로 겐죠는 결혼도 했고, 아마 유학 후 제국대학에서 영어를 가르치고 있는 것으로 보인다. 바로 그때 '과거의 망령'처럼 옛 아버지 시마다 노인이 찾아온다. 물론 파양과 함께 양육에 소요된 돈은 겐죠의 집에서 다 '갚았지만' 시마다는 새삼 자신이

준 사랑과 금전 문제를 겐조에게 지속적으로 환기시킨다. 뿐만 아니라 몰락한 본가의 가족조차 그에게는 하나의 빚처럼 되어 있다.

> 낡은 액자를 들여다보며 겐조는 어린 시절의 자신을 향해 선명한 기억의 탐조등을 비추었다. 그러면 그럴수록 신세진 누나 부부에게 지금은 별반 큰 호의를 가질 수 없게 된 자신을 불쾌하게 느꼈다.[29]

아낌없는 '증여' 뒤에는 언제나 대가가 따르는 까닭이다. 그 불쾌감이란 이를테면 증여의 순간을 의식하면서 내내 '갚아야 함'을 느끼게 될 때의 부채의식이기도 하다.

그러나 대가의 요구란 어디까지나 교환이 아니라 증여 즉 '준' 애정과 '끼친' 은혜에 대한 보답 형태로서 다가오기에 이를 변제하는 일이란 실상 거의 불가능하다. 변제했음에도 남는 빚. 시마다 노인은 이번에도 하나의 증여를 제안한다. 물론 일종의 보답, 이전의 몫이 포함된 금전적 보답을 그는 기대하고 있다. 돈에 더욱 민감해져 가는 세상에서 이 '줌'은 당연히 어떤 유리한 교환을 염두에 둔다. 시마다 노인은 내내 증여의 순간으로 시간을 되돌리려 하며, 그것이 불가능해지는 순간, 또 다른 증여 — 즉 교환을 제안한다.

---

29) 夏目漱石, 『道草』, 新潮文庫, 2004, p. 13(나쓰메 소세키, 『한눈팔기』, 김정숙 옮김, 문학과의식사, 1998).

그시마다 노인[는] 문득 겐조의 눈을 바라보았다. 그리고는 상대의 속마음을 읽었다. 일단 으스댈 수 있는 옛날로 되돌아갔던 그의 말투가 또 다시 어느 샌가 현재의 정중한 그것으로 되돌아 왔다. 겐조에 대하여, 과거의 자신으로 돌아가려 하는 시도를 결국 단념해버렸다.

그는 방안을 긍긍 둘러보기 시작했다. 살풍경이 극에 달한 방안에는 마침 액자나 족자하나 걸려있지 않았다.

"이홍장의 글을 좋아하십니까?"

그는 돌연 이러한 질문을 던졌다. 겐조는 좋아한다고도 싫어한다고도 말하기 거북살스러웠다.

"좋아한다면 드려도 괜찮을까 하는데요. 그래 뵈도 가치로 따지자면, 지금이야 어지간히 나갈 텐데요"

시마다로부터 물건을 받고 싶은 마음이라고는 절대 없었던 겐조는 상관하지 않은 채 그대로 있었다. 시마다는 그럭저럭 돌아갔다.[30]

이 소설은 결국 겐조가 매형을 통해 시마다에게 얼마간의 보상을 하고, 다시는 옛일을 거론하며 찾지 않겠다는 맹세문을 받는 것으로 결말이 난다. 그러나 겐조는 "세상 속에 정리되는 일이라는 건 거의 있을 수 없다. 한번 일어난 일은 언제까지라도 계속되니까. 단지 이렇게 저렇게 형태를 바꾸어서 사람들에게도 자신에게도 이해할 수 없게 되어버릴 뿐"이라고 누나에게 쏘아붙여둔다.

한 번 일어난 일 ─ 자신과는 상관없이 일어난 '증여'는 영원

30) 夏目漱石, 앞의 책, pp. 129~130.

히 그를 속박한다. 그리고 길에서 헤매며 한눈을 팔지 않을 수 없도록 한다. 『한눈팔기』의 의미란 그런 것이다. 여기서 소세키는 교환을 교환의 관점이 아니라 증여로서, 따라서 끝날 수 없는 것으로 만들어 나아가는 언설 공간에 깊은 피로를 느끼고 있었던 것은 아닐까.

증여가 있는 한 은혜 갚기는 언설 공간에서 지속적으로 작용하는 압도적 의식, 무의식이 된다. 천황의 부름을 받고 천황의 방패󠄀가 되어 죽어갈 병사들이 자신의 죽음 이후의 가족의 일들과 함께 한결같이 바로 이 보은, 되돌려줌의 이야기를 쓰고 있다는 사실을 여기서 지적해 볼 수도 있을 것이다. 요컨대 "명예로운 군인으로서 조국을 위해, 폐하를 위해 일신一身과 일가一家의 모든 것을 희생하는 것은 일본 신민의 천직이자, 최대의 명예와 행복이기에, 군인으로서 명예로이 전사한다"는 것이다. 지금껏 한 번도 효도라고는 못했지만 천황에게 스스로를 바침으로서 더 큰 효행을 하겠다는 의식이 의미하는 것은 무엇일까.31)

우리는 전장으로부터의 편지들을 읽어나가며 왠지 모르게 이 편지들이 가족들 앞에서의 마지막 말이 아니라 누군가가 지켜보는 속에서의 극히 절제된 당부들 — 어느 부분 공적인 공기 속의 이야기들이라는 것을 느끼지 않을 수 없다. 때때로 거기에는 한恨

---

31) 藤井忠俊, 『兵たちの戰爭』, 朝日新聞社, 2000, p. 67. 지금도 종전일이 되면 일본의 미디어들은 이 편지들을 살아있는 역사적·개인적 진실로서 멜랑콜리한 분위기 속에서 다루며, 기억의 역사를 새로 쓰곤 한다. 아내에게 자신의 보험증을 챙기게 하고 자식을 당부하는 편지들, 어머니에게 불효를 빌며 커가며 겪은 가족과의 일화를 적어나가는 편지들. 하지만 여기서 보아야 할 것은, 이 늘 있을지도 모르는 어떤 정서가 아니라 그러한 개인적 삶을 갈취하는 제국의 담론적 편제, 미디어의 본질이다.

도 무엇도 없고, 죽음 앞에서 쓰여진 많은 편지들은 '미련은 두지 않으리'라는 다짐으로 점철되어 있다. 아니, 사적 기록들 자체가 완전히 공적 언어들로 침윤되어 있어 유언이 하나의 프로파간다나 국가 의례의 맹서와도 같은 양식을 이루고 있는 것들도 적지 않다. 이 편지의 수신자가 '어머니' 혹은 가족들만은 아닐지도 모르겠다는 생각, 아니 분명 가족에게 배달되었지만 어떤 다짐의 언어들·죽음의 맹세들은 분명 천황을 향해 쓰여진 것이 아닐까 하는 생각을 갖게 되는 것도 무리는 아니리라.32) 그러니까, 이 담론들 전체를 장악하고 있는 것이야말로 「대일본제국헌법」에서 전형적으로 드러나는 제국 일본의 증여 담론이다. 이 담론이 여타의 언설과 미디어 전체를 검열하고 있었던 것이다. 선물gift이 가진 독毒, Gift의 이면을 환기시키는 데 있어 이만한 사례를 찾기도 어려울 것이다.

증여의 제국과 봉헌奉獻의 문학: 죽음을 선물하는 문학

1) 상환償還, 죽음을 준다는 것: 정인택의 「미련은 두지 않으리」

중일전쟁에서 태평양 전쟁 시기에 이르는 시기의 언어 질서 속에서 가장 사적이고 격렬한 감정의 동선들을 만들어낸 문자들

---

32) 조선에 있어 이러한 죽음의 증여, 천황이라는 대타자(大他者)를 향해 쓰여진 발화의 형태를 가장 적나라하게 보여주는 사례로는 鄭人澤, 「かへりみはせじ」, 『國民文學』(1940年 10月號)을 참고

은 아마 문학이 아니라 병사들의 편지였을지 모른다. 실제로 병사들이 아니라면 일본 정신은 그 실체나 범위조차 확정지을 수 없었고, '전장의 진실' 없이 문학은 아무것도 쓸 수 없을 정도였기 때문이다.

> 이전에는 장래 문학의 동향이라는 질문이 내게는 실은 별반 흥미 없는 것으로 생각되었다. 그러한 시기가 그러한 형태로 계속되고 있었다. [그러나] 나는 최근에 구주의 사정의 구체화 등을 봄에 있어서 이러한 문제를 문학자에 제출할 여유를 가진 일본 — 일본, 그 범위의 너비는 알 수 없다 — 은 최근의 나의 작업과 같이, 형태는 다를지라도 신선한 낭만적 목표를 그리고 있는 것이라고 생각하게 되었다.[33]

일본 낭만파의 대표자 야스다 요주로는 확정지을 수 없는 일본의 크기와 숭고한 열기 속에서 그가 생각했던 낭만적 목표를 발견한다. "금일 일본이 행사하는 군대는 일본의 국체와 민족 이념의 표상에 다른 것이 아니다"[34](「경주까지」). 그러나 그 일본은 어떤가 하면, "일본, 그 범위의 너비는 알 수 없"고 그 경계를 그어주는 유일한 지표는 전장(의 병사들)이었다. 히노 아시헤이의 『보리와 병정』[35] 같은 책이 단번에 각종 언어로 번역되어 당대

---

33) 保田與重郎,「戰爭と文學」,『蒙疆』,『保田與重郎全集』: 第一六卷, 講談社, 1987, p. 178.
34) 保田與重郎,「慶州まで」, 앞의 책, p. 17.
35) 火野葦平,『麥と兵隊』, 改造社, 1938. 이 책의 조선어판에 대한 한 서평은 이렇게 적고 있다. "이 『보리와 병정』은 문학으로서의 가치라던가 지위는 여하간에 솔직하고 숭고한 점에 있어서는 사실상 전시 하 일본 국민의 책(書)인 것이다" 정인택,「보

문학의 최고봉으로 불렸던 시기에 있어 병사들의 걸음과 언어는 그 자체로 이 시기의 문학적 질서를 이루었다. 병사들의 위치와 언어들만이 무한 팽창을 염두에 두고 있는 제국 일본의 범주를 알려주거나 잠정적으로라도 확인시켜 줄 수 있었기 때문이다. 박영희의 다음과 같은 발언은 병사들의 정신을 모든 사유의 질서의 기준으로 삼고, 그들의 언어를 모든 언어의 규범으로 삼는 사고의 전형적 사례에 해당할 것이다.

> 포화 밑을 걸어가는 문학은 형식의 향락이 아니라 내용의 전달이다. 이 내용은 자신을 국가에 바치고, 자신을 국민 대중에게 바치는 병사의 정열과 용감한 전투이니 그 신고辛苦의 생활 그 속에는 동양적 도덕의 일본 정신이 살아 있는 생명으로 빛나고 있는 것이다. 도덕과 인격과 희생심과 정의와 인도가 고갈된 현대문학에 새로운 정열貞烈의 문학이 수립되면서 있는 것이다. 봉건사회의 문학은 전부가 정의正義의 문학이고 정열貞烈의 문학이고 충의의 문학이었다. 그 문학에서 인생의 향기는 높았고 그 문학에서 참된 정열情熱은 불탔다. 반도에 있어서 춘향전과 심청전 등이 과거의 것임에도 불구하고 지금도 상연되는 때는 어느 때든지 초만원을 이루는 것은 무슨 까닭인가? 그곳에는 충의와 정열貞烈과 귀貴여운 희생심의 정열情熱이 불타고 있는 까닭이다. 더욱이 대동아 건설의 계속 완수를 위하야 포화 속을 달리고 있는 현대의 작가야말로 이 건전한 정신과 사상에 매진하여야 할 것이다.36)

리와 병정」, 『문장』(1939년 8월호), p. 187.
36) 박영희, 「포화 속의 문학」, 『매일신보』(1940년 8월 15일~8월 20일자), 『박영희

병영으로부터의 편지와 같은, 죽음 앞에서의 병사들의 언어는 그 자체로 당대의 언어 질서를 지배했다. 때때로 어머니, 아버지, 아내, 자식들, 형제들에게 붙여진 편지들과 수기들, 일기들은 신문 지상을 통해 공개되어 많은 '국민'들의 마음을 울렸다. 이 사적일수만은 없는 기록들은 많은 사람들에게 잃어버린 자식을 떠올리게 했고, 사랑하는 사람에게는 유일한 위안 ― 아니 망각조차 빼앗는 영원한 상처였다.

부모형제, 연인·아내, 형제와 자식들을 향해 자신의 죽음을 재촉하는 편지는 분명 병리적 현상이거나, 적어도 가혹한 일이 될 것이다. 어쩌면 그들 사이에는 분명 '다른 독자'가 있었던 것이 아닐까. 그것이 아니라면 수취인이 죽음을 애서 희망하는 극히 부자연스러운 상황을 완전히 이해하기란 어렵기 때문이다. 자신의 아들이, 자신의 아버지가, 자신의 남편이, 자신의 형이 죽기를 고대하는 사람들이 실제로 있을 수 있을까? 이는 혹 수신자 뒤에 혹은 발신자와 수취인 사이에 또 다른 '독자'가 없다면 상상하기 어려운 것이 아닐까?

이제부터 나는 한 조선인 작가에 의해 쓰여진 하나의 편지글 형식의 소설을 통해 이 전장으로부터의 편지로 대표되는, 공적 대의와 사적 인간의 진실이 부딪히고 결렬하면서도 어떤 통합을 만들어가는 장면들에 대해 조금 이야기해보고 싶다. 왜냐하면 이러한 병사들의 마지막 말은 전쟁기 문학의 전범이자 시대정신

전집 Ⅵ』(이동희·노상래 편), 영남대출판부, 1997, p. 421.

과 개인의 삶이 만나는 가장 '문학적'인 장소였기 때문이다. 정인택의 소설 「미련은 두지 않으리^{かへりみはせじ}」의 첫 장은 이렇게 시작된다.

> 어머니,
>
> 꽤나 긴 시간 격조했습니다. 그 후로도 변함없이 지내시고 계신지요. 현^爀이도 건강하게 학교에 다니고 있으리라 생각됩니다. 주변분^{班中}들도 모두 잘 지내고 계신다는 기쁜 소식, 무엇보다도 기뻤다는 말씀드립니다.
>
> 어머니,
>
> 가끔씩 주시는 편지와 정성을 다한 천인침^{千人針}37), 위문대^{慰問袋} 정말 고마웠습니다. 받아들고는, 미안함과 그리움과, 황송함이 한꺼번에 복받쳐올라, 저도 모르게 눈물이 나올 정도였습니다. 새삼, 깊이깊이 감사말씀 드립니다. …… 38)

오랜 병영 국가의 역사를 지녀온 대한민국의 처지에서 보아 필시 지금까지 가장 많이 쓰여진 편지 양식의 하나일 이러한 '어머니 전상서'는 식민지 시기의 '국어'였던 일본어로 쓰여졌다는 사실을 제외하면 분명 이 계통의 편지글 문학의 전형을 보여주고 있다. 그러니까 각 장의 초입마다 '어머니'를 부르며 행갈이를 하

---

37) 출정 군인의 무운(武運)을 빌기 위해 천명의 여자가 한 장의 천에 붉은 실로 한 땀씩 매듭을 뜬 것.
38) 鄭人澤, 「かへりみはせじ」, 『國民文學』(1940年 10月號), p. 30.

는 이 소설의 호소력은 언제 죽음의 위험이 찾아올지 모르는 땅 설고 물 선 곳으로 떠난 아들의 처지, 그를 기다리는 어머니의 간절한 기원을 연상시키며 증폭되며, 쉽게 어떤 '감동' 혹은 '정서적 응답'을 예감케 한다. 이러한 형식의 글의 효과는 이러한 양식이 어머니를 향한 발화를 통해 사전에 외적 정황과 정서를 끌어들이는 데 있다. 늘 인정받을 수 없는 사적 진실, 특히 불가능한 남녀의 사랑에 대해 이야기해온 정인택은 여기서만은 어떤 '순수한' 사랑의 언어 — 아가페^{agape}, 아니 적어도 스트로게^{stroge}, 가족과 혈족에 대한 자연적인 사랑을 말하고 있는 듯이도 보인다. 아들은 간절하게 어머니를 부른다. 이것은 편지이자 유언이고, 무엇보다 간증기이다.

그러나 그게 다가 아니다. 죽음을 앞에 두고 서로의 자애와 사랑을 말하는 듯한 이 형식의 안쪽으로 들어가자마자 우리가 만나는 것은 육친애가 아니라 '신에 대한 사랑'과 헌신의 다짐이다.

언젠가 어머니는 편지에서 다른 사람에게 뒤지지 말라고 쓰셨죠. 그건 어머니의 진심이시겠죠. 다른 사람에게 뒤지지 않도록 용감하게 해나가라는 말씀. 어머니, 대군^{大君}의 은혜를 위해, 나라를 위해 죽거라라는 말씀이시겠지요. …… 죽으면 저는 황송하게도 야스쿠니신사에 신으로 제사 지내집니다. 어머니는 유족의 한사람으로서 저를 만나러 도쿄에 오실 수 있고요. 그런 의미입니다. 어머니 하루라도 빨리 도쿄가 보고 싶지 않으십니까. 웃으며 죽거라라고 말씀하실 수 있는 어머니라면, 물론 내가 정말로 죽었을 때도 울거나 낙담하시거나 정신을 잃으시거나 하지 않으시겠죠. 대군의 방패가 되어 전장에서 꽃으로 흩어지는 아들을 위해 볼썽사납게 울며 슬퍼하는 일본의 어머니는 한 분도 안 계십니다. …… "아닙니다, 그렇지 않습니다. 매우 훌륭하고 용맹하게 공적을 올리고 돌아갔습니다." 만약 이런 대답이라면, 어머니는 동쪽을 향해 요배遙拜하시고 "황공하옵고 감사합니다." 크고 단호하게 예를 갖추어 말씀 올리시지 않으면 안 됩니다.

한 번도 어머니를 기쁘게 해 드린 기억이 없는 제가 지금 대군의 방패皇軍가 되어 어머니에게 단 한 번의 효행을 하고 싶은 것입니다. 어머니, 저를 자애하신다면 부탁이오니 제가 용감하게 싸우다 죽었다고 전해 들으셨을 때 뛸 듯이 기뻐해 주십시오. 잘 해주었다, 아들아! 하며 외쳐주십시오. …… 어머니는 꼭 누구에게도 뒤지지 않는 늠름한 군국軍國의 어머니가 되어 주실 거라는 생각을 하면 저는 조금도 여한이 없는 것입니다.

육친에 대한 자연화된 사랑은 여기서, 불효라는 감정을 통과해, 그에 대한 보은의 방책으로 '대군에의 충성'을 끌어들이고 있다. 물론 정인택은 늘 사랑에 관한 모호한 감정들을 다루어 왔다. 우리는 여기서 그의 많은 소설이 내선연애內鮮戀愛나 인정받지 못하는 동거를 통해 전 세대 — 특히 아버지에 대한 강한 거부감을 표현했던 것이나, 또 소설가 이상의 탁발을 잇는 듯한 '감염된 의식'에 의해 과도할 정도의 우정=필리아filia를 펼쳐 보여준 사실을 일단 상기해 볼 수가 있다.[39] 그런데 우리는 여기서 정인택의 이러한 모호하고 희망 없고 누추한 사랑 혹은 애도와 감염의 정서들이 적어도 이 소설에 있어 깔끔하게 하나의 '보다 더 큰 사랑' — 황은으로 통합되고 있음을 발견할 수 있다. 단적으로 말해서, 에로스와 스트로게, 필리아 등의 감정은 「미련은 두지 않으리」에서 정말 미련 없이 하나의 보다 숭고한 감정 — '대군大君=천황'에 대한 아가페로 '승화'되고 있다.

여기서 주인공은 어머니에게 불효에 대한 용서를 빌면서 이 불효를 대군의 방패가 되어 죽는 일을 통해 갚고 싶다고 말한다. 그리고 자신이 야스쿠니에 묻히면 어머니는 가고 싶어 하던 도쿄에 갈 수 있을 뿐 아니라 영예로운 '군국의 어머니'가 되는 것이니 이는 오히려 감사할 만한 일이라고 설득한다. 따라서 여기서는 진충보국의 길이 곧 효행의 길이 된다. 그러나 어떻게?

어머니에 대한 사랑은 대군에 대한 사랑과 어떻게 연결될 수 있을까. 적어도 이 소설은 '의심의 여지없이 그렇다'라고 말하고 있는 듯하다. 왜냐하면 이 일은 어머니와 '내'가 동시에 입고 있는 황은에 '보답'하는 일이고, 죽음을 통한 이 보답을 통해서 '나'는 자랑스러운 황군-천황의 적자가 되고, 어머니는 '군국의 어머니'가 되기 때문이다. 천황의 황은은 황민 모두에게 미치는 까닭에 이에 응답하면 어머니에게 진 빚 역시 한 번에 탕감되기라도 하는 듯 말이다. 나의 죽음을 통한 보답은 어머니와 나, 마

---

39) 혹자는 정인택의 우정에 의한 이 문학적 감염을 파고들어 정인택의 소설을 이상 소설에 대한 표절 내지는 개작으로 적발하기도 한다. 이경훈, 『이상, 철천의 수사학』, 소명출판, 2000.

을, 반도 전체가 황은을 갚는 길이고, 이것이야말로 효행, 향토 사랑, 반도에의 헌신 나아가 제국(의 천황)에 대한 봉공이다.

그러니까 이 보답은 받는 자에게 받은 대로 돌려주는 교환이 아니라 원증여에 대한 무한의 증여이다.

> 어머니의 엄격하신 가르침 덕분에 그럭저럭 저희들은 형편없는 인간은 되지 않고, 여엿한 한 사람으로 자라나 그런대로 저는 지금 나라를 위해 도움이 되리라 마음을 다지고 있습니다. 이를 생각하면 저는 어떻게 어머니에게 감사의 말씀을 올려야 좋을지 모를 정도입니다. 그러나 반드시 머지않아 은혜를 갚겠습니다. 누구에게도 뒤지지 않는 용감하게 역할을 다해 우리 반도, 우리 마을, 그리고 우리 어머니의 자랑거리가 되어 보이겠습니다. 저에게는 지금 나라를 위해 몸을 던지고, 그것으로써 어머니에게 은혜를 갚는 이외에는 다른 방법이 없으니까요. 그러나 이것이 가장 큰 효행이라는 걸 어머니는 이제 납득하셨으려나(4장).

어머니는 과연 '다른 사람에게 뒤지지 말라'라는 자신의 말을 '대군大君의 은혜를 위해, 나라를 위해 죽거라'라는 말로 번안하는 아들의 종교적 열정과 과잉 해석을 이해할 수 있었을까. 불행히도 어머니의 답서는 이 순종적 편지글 속에서는 단 한마디도 언급되지 않으니, 알 도리가 없다(이 편지의 우편적 부조리가 바로 여기에 있다).

이 소설의 주인공은 나아가 장남인 자신뿐만 아니라 유복자나 다름없이 자란 아우마저 천황을 위해 기꺼이 내놓아야 한다고 어머니를 설득하기에 이른다. 자신은 '지원병'으로서 전장에 나섰지만 아우는 엄연히 '폐하의 부름', 즉 징병제에 의해 천황의 방패가 될 것인 만큼 이는 곧 신이 불렀을 때 얼른 '예'라고 대답하는 종교적 실천이자, 책임이라는 것이다. 이 소설의 주인공은 징병제 실시 소식을 접하고 아우에게 보낸 편지에서 이렇게 쓰고 있다.

 현^賢짱! 축하한다. 축하해. 아아, 형은 이제 지금 죽어도 여한이 없을 정도로 기쁘다. 고맙다. 현짱은 행운아로구나. …… 너는 스물이 되면 여지없이 부름(召し40))을 받을 것이고, 황공망극하게도 천황의 수족으로 청해질 테니, 반도에서 태어난 너에게 기대할 수 없었던 대어심^{大御心}의 드리움을 받게 되는 것이다. 한번 죽음으로써 천황의 은혜^{君恩}에 보답하지 않는다면 진실로 신불^{神佛}의 가호도 두렵기만 하겠구나. 현짱, 분발하거라. 혼의 방패가 되어 형의 주검을 타고 건너 따르거라. 광대무변의 황은을 응해 받드는 길은 그것 하나, 그리고, 그리고, 단지 그것뿐이다. 징병제 만세! 현짱 만세!(5장)

그리고 내처 어머니에게 그 의의를 설명하고, 다음과 같은 잔혹한 권유를 하고 있다.

---

40) 국가가 부르는 것이 아니다. 귀인, 대군이 부르는 것(召し)이고, 여기에 응하는 것이다.

곧 또한 징병제가 반도에도 실시됩니다. 현짱으로부터 그 소식을 들었을 때 황송해서인지 감읍해서인지 온통 눈물이 앞서 어쩔 줄 몰랐습니다. 이것으로 우리들은 천황의 백성黑民으로서 겨우 한사람 몫을 하게 되었지만 그러나 이렇게 당당히 한 사람 몫이 된 것은 반드시 저희들뿐은 아닙니다. 어머니도, 그리고 반도의 어머니들도 모두 이것으로 역시 한 사람 몫을 하게 된 것입니다. 반도의 청년들도 그렇습니다만 그것과 마찬가지로 어머니들도 책임과 역할이 대단히 무겁고 커졌습니다. 저는 지금 목숨을 다해 죽을 자리를 찾고 있습니다. 그리고 어떤 죽음을 맞이하게 되면 가장 지원병답고, 징병제의 실시를 본 반도인답고, 그리고 이李 아무개의 자식답게 죽을 수 있을까 그것만 생각하고 있습니다. …… 현짱을 훌륭한 병사로 키워내 주십시오. 본인이 원하면 소년 비행병이라도 무엇이라도 하고 싶은 것을 하도록 해주십시오.

'지금 죽어도 여한이 없'는데 '목숨을 다해 죽을 자리를 찾는' 사람. 이 이중·삼중의 죽음에의 의지. 그에게 왜 이 징병제가 이토록 중요한가 하면, 그것이 '진보하는 반도'의 가장 선연한 증거이기 때문이다.

제가 겨우 철이 들었을 때의 반도와 보통학교(그때는 보통학교였습니다)에 다니고 있을 때의 반도, 중학생 때의 반도, 사변이 시작되고 지원병제가 실시되고 제가 학교를 중도에 그만두고 모집에 응했을 때의 반도, 그리고 지금 빛나는 징병제까지 실시되게 된 반도 ……. 이십여

년 사이에 이렇게 많이도 진보를 했던 곳이 세계 어디에 있겠습니까. 지금까지의 역사 속에는 물론 없으며, 앞으로도 좀처럼 있을 거라고는 생각지 않을 만큼 정말 깜짝 놀랄만한 발전 모습이고, 각성입니다.

여기서 이 구^舊모더니스트 혹은 근대주의자의 진보 관념은 매우 중요하다. 정인택은 늘 연애소설을 통해 아버지를 혼사장애를 일으키고, 자연스러운 감정의 발로를 막는 구시대적 봉건성으로서 그려왔기 때문이다. 그는 이 소설을 통해 새로운 아버지상을 만들어낸다. 이 소설의 주인공의 아버지는 헐벗은 조선과 그중 가장 헐벗은 곳의 하나인 어떤 마을을 위해 헌신해 송덕비를 증여받는 존재로 등장한다. 주인공은 학창시절 어렵사리 발견한 아버지의 일기를 통해, 자신의 아버지가 비겁하고 결점 투성이인 조선의 민족성을 깨우쳐 일으키려 했으나 덜렁 송덕비 하나만 남게 되었음을 알게 된다. 이 아버지의 열정은 허무하게 끝난 셈이다. 왜냐하면 목숨을 건 아버지의 계몽과 농촌에의 헌신은 하나의 송덕비로 남을 뿐이었고, 자기 자신이나 가족, 넓게 보아 마을 사람들 이외에는 아무도 기억할 수 없는 사업이었기 때문이다. 그러나 천황의 방패로서 바쳐지는 '나'의 죽음은 조국이 기억해주고, '신'이 되는 길이며 나아가 가족과 마을과 반도의 '자랑'이 된다. 천황으로 상징되는 조국을 발견함으로써 과거의 아버지를 받아들이게 되는 정인택의 이 소설의 얼개는 과거의 그의 소설이 보여준 세대론적 대결 의식이 어떻게 천황의 제국이라는 대주체 안에서 해소되는지를 보여준다. 조선민족의 개조와 일본인이 된다는 것은 같은 일이기 때문에, 조선의 어떤 '아버지'는 새롭게 근대화의 선구자로 발견되었던 것이다.

여하튼 아버지의 '진보'열은 허무했다. 왜냐하면 진보란 결국 이 식민지 조선에서는 제국에의 접근도, 황민에의 접근도를 의미하기 때문이다. 이 소설에서 주인공이 진보의 증거로 거론하는 것은 거의 전적으로 천황의 부르심이라는 요소에 집중되어 있다. "중학생 때의 반도, 사변이 시작되고 지원병제가 실시되고 제가 학교를 중도에 그만두고 모집에 응했을 때의 반도, 그리고 지금 빛나는 징병제까지 실시되게 된 반도 .... 이십 여 년 사이에 이렇게 많이도 진보를 했던 곳이 세계 어디에 있겠습니까"라고 말할 때 이 진보는 실제로는 세계 어디에도 유래가 드물 정도로 제국의 군대에 식민지 출신 사병이 혼성투입되는 것을 의미했다. 소설의 주인공은 만주사변을 통해 조국의식에 확실히 몸소 눈을 떴으며, 이를 통해 조선의 아들들이 당당한 천황의 적자가 될 수 있다는 데 감격적인 희열을 표시한다. 진보의 희열이란, 여기서 천황으로부터의 부르심, 선물 상환에의 상상과 전적으로 연동된다.

그러니까 이 소설에서 진보란 거의 전적으로 제국에의 책무·봉공에 의해 판단되고 앙양되고 있는데, 이러한 '진보'가 삶에서 드러나는 방식은 전차나 기차 따위가 아니라 오직 천황이 부른다는 행위 그것이다. 이 진보관은 분명히 종교적인 한편 철저히 식민지적이다. 천황의 부르심에서 그는 어쩌면 재림과 메시아적 시간을 보는 듯하다. 피식민자의 소원, 가장 진보된 미래는 식민자와 같게 되는 것이다. 내선일체의 '기회'는 그러한 소망과 욕망을 남김없이 드러내었고, 동원했다.

2) 책임과 응답 가능성 ― 황군의 잡음, 소환되는 증여론

데리다는 종교에 관한 한 시론에서 종교에 있어서의 책임 문제를 '절대적 타자'에 대한 응답 가능성(response＋ability)이라는 측면에서 설명한 적이 있다. 여기서 절대적 타자는 곧 신이며, 이 신이 불렀을 때 '예'라고 답하는 것이 종교에서는 가장 큰 '신자로서의 책임'이 된다. 예컨대『성서』에서 아브라함은 '아브라함아!'라는 신의 '부름'을 받는다. 그리고 '예, 여기 있습니다'라고 대답한다.『성서』를 읽는 사람은 누구나 알다시피, 신은 아브라함에게 백 살에 이르러서야 어렵게 얻은 독자인 이삭을 희생양으로 바치라고 요구한다. 이 독자를 죽여서 불에 태워 바치라는 홀로코스트를 명령한 것이다. 이미 신의 부름에 '예'라고 답한 아브라함은 말없이 봉헌의 준비를 한다. 이삭을 죽이는 것=죽음을 주는 것. 준비 상황을 묻는 아내에게도, 하인 엘레아젤에게도, 또 그와 함께 제단으로 향하는 아들 이삭의 물음("희생양은 어디 있습니까")에도 그는 답할 수 없다.[41]

그의 책임, 종교적 책임은 이미 신에의 응답 가능성이라는 전제 속에서, 이 절대적 타자에게만 대답하도록 운명 지워져 있기 때문이다. '비밀'이라는 개념은 바로 이러한 신과의 관계 속에서

---

41) Søren Kierkegaard, *Fear and Trembling*, trans. by Alastair Hannay, Penguin Books, 1985, pp. 45～48.

생겨난다. 아브라함은 아무에게도 신에게 '예'라고 대답했음을 말할 수 없다. 신에게 충실하기 위해서 다른 타자들에게는 침묵하지 않을 수 없었던 것이다. 그러나 그러한 침묵은 결과적으로는 아브라함으로 하여금 신과 이삭 모두에게 사과하지 않으면 안 되는 결과를 낳는다. 이런 식의 책임이 갖는 이중구속은 그 책임을 다한다고 사라지는 게 아니어서, 이삭을 희생시키려 한 것, 신의 참뜻을 알지 못한 것 양쪽의 허물을 만들어낸다.[42]

거기서는 교환이나 여타의 반대급부란 종교적으로도 실질적으로도 성립할 수 없기 때문이다. 죽음의 선물이란 신 앞의 인간이 보여줄 수 있는 가장 극한의 책임이자 유일한 책임이다. 여기서 데리다는 이 레비나스적인 명제를 신이 없어도 되는 체계로 새롭게 구성해보자고 제안하는 듯하다. 이 신학적 질문을 극히 윤리적이고 정치적인 방식으로 탈구축하는 것이다. 그러니까, 이 신이라는 절대적 타자에 대한 절대적 책임과 다른 타자에 대한 윤리적 무책임의 모순 사이에는 해소 불가능한 이중구속이 있다. 절대적 책임은 윤리적 무책임을 요구한다. 종교적으로 구조화된 이 책임의 구조에서 발생하는 윤리적 책임과 절대적 책임의 패러독스와 이중구속, 다른 타자와 절대적 타자 사이의 결정의 불가피성은 데리다에게 여하한 정치신학적 사유를 소환하고 탈구축하는 중요한 근거가 된다.

의무와 책임의 절대성은 온갖 의무, 온갖 책임, 온갖 인간의 법을 고발하고, 거절하고 초월할 것을 일거에 요청한다. 이는 보

42) 앞의 책, p. 47.

편적 일반성 차원에서 나타나는 모든 것, 일반에 나타나는 모든 것, 명시적 실재essence와 그 질서, 실재 그 자체의 현전성, 명시적 실재 일반의 배반을 요구한다. 무한한 의무의 이름 아래 윤리가 희생되지 않으면 안 되는 것이다. 그러나 이는 절대적 타자에 의한 다른 타자에의 윤리적 책임의 방기에 다름 아니며, 이러한 아브라함적 종교와 책임의 논리는 실제로는 모리야 산이 아니라 세계 전체를 홀로코스트로 만든다. 여기서 데리다는 말한다. 모든 타자는 다르며, 그런 의미에서 절대적 타자이다.

절대적 타자인 신에 대한 책임과 전혀 다른 타자들에 대한 윤리 양쪽으로 이중구속당한 아브라함의 고뇌는 키에르케고르에 의해 최초로 철학적 문제, 책임의 윤리학에 관한 상징적 장면으로 각인되었다. 키에르케고르는 『공포와 전율』의 「조율」 편에서 『성서』 속의 아브라함의 이삭 봉헌 이야기를 네 개의 악장으로 변주하고 있는데, 네 악장에서 공통되는 질문은 어쨌든 절대적 타자에 대한 책임을 다하기 위해 다른 타자들에게 침묵할 수밖에 없었다고 할 때, 이를 어떻게 볼 것인가 하는 문제였다. 이 아포리아는 실존주의자들에 의해서 다시 한 번 반복되고, 레비나스에 의해 타자의 윤리로 거듭난다. 레비나스는 이 '다른 타자'들에 대한 폭력을 동반하는 신과 에고이즘적 인간의 관계에 주목하는 한편 이 이야기에서 이삭의 살해가 결국 금지된다는 사실에서 윤리와 종교 간의 관계의 중요한 단서를 발견한다. 즉, 아브라함을 윤리적 차원으로 되돌려, 타인의 희생을 금지하는 소리로서 이 이야기를 이해하는 것이다. 데리다는 『죽음의 선물』을 통해 레비나스의 명제, 즉 타자=무한의 타자라는 전제를 "모든 타자는 모든 타자이다, 모든 타자는 다르다, 모든 타자는 절대적 타자이다"라는 명제로 밀고나간다. 데리다는 신과의 관계를 다른 타자들과의 관계와 완전히 구별하는 것은 불가능하다고 말한다. 레비나스의 윤리가 실은 종교에 의해 침투되어 있다고 비판하는 것이다. 종교와 윤리, 법과 정치의 결정불가능성 혹은 식별불가능성을 통해 데리다는 종교와 책임 개념 전체를 탈구축한다. 한편 그는 '절대적 책임은 윤리적인 것의 희생을 요구한다'는 키에르케고르의 사고를 적극적으로 받아들이면서도, 절대적 책임을 예외적 상태로 본 키에르케고르와 달리 이러한 절대적 책임을 예외 그대로 보편화함으로써 모든 다른 타자에 대한 절대적 책임이라는 아포리아로 진입한다. 데리다는 특이한 타자들 모두에게 응답할 수 없는 한에서, 특이성과 보편성이라는 이중의 요구를 버리지 않는 한에서 모든 개별적 부름에 보편적으로 응할 수 있는 길을 묻고 있다.[43]

다소 난폭하게 말하자면, 신만이 절대적인 타자인 것이 아니라 우리 모두는 서로에게 '절대적 타자'로서 나타난다. 모든 타자는 완전히 다르다=모든 타자는 절대적 타자이다=모든 타자는 모든 타자이다(Tout autre est tout autre, *GoD*, 82). 타자의 부름에 응답할 수 있는 것$^{\text{response + ability}}$이 책임^{responsibility}이라고 할 때 우리는 우리에게 말을 걸어오는 모든 타자에게 대답하지 않으면 안

---

43) 아브라함 이야기에 대한 해석적 차이에 대한 간략하고 명료한 해설로는 高橋哲哉, 『デリダ:脫構築』, 講談社, 2003, pp. 238~240를 참고

된다. 정치적 책임이란 그런 것이다.[44] 그러한 결정불가능한 이 중구속과 패러독스의 아포리아 속에서 우리는 수많은 특이한 타자들에 응답해야 하고, 이는 특이한 타자들의 부름에 보편적으로 응할 것을 요구한다.

이와 같은 사고를 염두에 둘 때 정인택의 소설 「미련은 두지 않으리」이 말하고 있는 부름과 응답의 관계는 전적으로 종교적인 것이면서, 또한 노골적으로 정치적인 것이라고 해야 할 것이다. 그는 천황의 부름에 '예'라고 대답한 후 이 대답을 다른 타자들 — 예컨대 어머니, 동생, 마을사람들, 반도, 황민 전체에 대한 대답으로 주장한다. 이 편지는 실질적으로 완전히 어머니의 부름을 배제하고 있는 편지이다. 이 편지는 편지가 아니다. 그에게 천황을 제외한 모든 타자는 완전히 같다. '일군만민'의 종교국가. 이 소설은 편지 형식임에도 불구하고 10통에 이르는 편지 속에서 단 한 번도 어머니의 현재의 목소리나 부름이 등장하지 않는다. 그의 어머니가 했다는 유일한 말은 '남에게 뒤지지 말라'는 소년시절부터의 주문이었는데, 그는 이를 거의 전적으로 현인신인 천황의 부름에 대한 응답으로 뒤바꾸어 어머니에게 그의 신학적 해석을 들려주기에 여념이 없다. 이 종교제국에는 '비밀'이 없다.

단적으로 말해 이 편지글이 설정하는 타자는 어머니가 아니라

---

44) Jacques Derrida, *The Gift of Death*, trans. by David Wills, The University of Chicago Press, 1995.

유일한 절대적 타자로서의 천황이라고 해야 옳을 것이다. 그러나 이것은 종교에서의 책임이나 다른 타자에 대한 비밀과도 다르다. 왜냐하면 그는 끊임없이 자신이 받은 부름과 자신의 원초적 응답(예)을 모든 사람에 대한 응답 — 즉 모든 정치적 대상을 향한 발신으로 주장하고 있기 때문이다. 이 사적인 편지는 따라서, 전혀 비밀이 아니며, 비밀일 수도 없으며, 비밀이려고 하지도 않는다. 이 종교제국에서 사적인 것은 없다.

「미련은 두지 않으리」이 '국민문학' 혹은 '국책문학'이라는 정치적 프로세스를 통과했기 때문에만 이렇게 말하는 것은 아니다. 나아가 우리는 이때의 거의 모든 문학, 많은 사적 진실들이 바로 이처럼 비밀마저 보장하지 않는 종교적 양식을 통해 근대적 우편 제도(신문, 잡지, 라디오, 편지)를 통과하고 있음을 알아차려야 한다. 비밀의 사라짐은 노골적인 공공성을 불러낸다. 정인택의 소설이란 그런 것이다. 그러니까, 당대의 언어질서란 모든 사적 언어조차, 그 언어를 감을 수 있는 봉투를 빼앗긴 상태의 것이었고, 내밀한 편지는 언제나 '열린 엽서'에 다름 아니었다.

이 엽서들은 내내 천황제 종교국가·가족국가의 책임 문제, 증여에 대한 보답의 양식, 특히 죽음의 증여에 대한 아포리아들을 우리에게 보여주고 있다. 나는 이 편지들을 공공을 향해 내용이 다 드러난 사적 진실 — '엽서^{postcard}'라는 양식으로 이해하는 한편 이러한 이해 위에서 쇼와 파시즘기의 담론 질서를 '개인적 진실이 공공의 이름으로 절취되는 과정'들로서 파악한다. 정인택의 소설은 복잡한 개인들의 감정을 하나의 단일한 공공의 목소리 위에 압착시키는 일을 통해 죽음 앞의 목소리라는 절대적 사적 진실의 양식마저 간단없이 절취해 버리는 것이다.

엽서라는 사적 양식은 우편이라는 제도와 그 형식 자체의 공개성으로 인해 미묘한 장소에 위치한다. 엽서라는 미묘한 언어의 장소는 내게 문학과 사적 감정의 언어들까지를 철저히 검열하는 어떤 공공성이 빚어낸 전체주의적 공기를 이해하는 데 있어 하나의 시준이 될 만한 양식적 개념으로 생각된다(2장 3절 참조). 죽음의 순간에마저 전혀 사적일 수 없었고, 최후에 순간에조차 공공적으로밖에 유언을 남길 수 없었던 한 불운한 시대의 삶의 기록들. 검열 속의 개인의 언어들 — 죽음 앞의 편지들, 아니 '엽서'들. 나는 이 엽서들이야말로 메이지 헌법에서 전형적으로 드러난바 전적인 '증여gift' 사회로서의 '대일본제국'의 가장 비극적인 '보답reward' 양식이라고 생각한다.

내가 보기에, 천황이 발화하는 헌법과 병사들의 죽음의 편지들 속에 쓰여진 맹서는 하나의 '응답' 구조를 이룬다. 정인택의 소설은 사인死人과 사인 사이의 글과 사연들을 신의 부르심에 '예, 저 여기 있습니다'라고 답하는 글로 전도시켜 중간에서 이 우편의 수취인을 뒤바꾸어 버리고 있다. 이러한 엽서 속의 일말의 진실까지45) 사취詐取한 것이 바로 파시즘이고 완전한 공공성－멸사

---

45) "가타카나의 편지는 도쿄만에서 조난당한 이호 67 잠수함장 오하타 마사시(大畑正) 대좌의 편지를 따라 모방했습니다. 한 말씀 전해 올립니다. 작가 백." 鄭人澤 「かへりみはせじ」, 『國民文學』(1940年 10月號), p. 53.

봉공의 실현이다.

교환을 교환이 아니라 증여로 전도시키는 담론 구조 속에서는 근본적으로 권리와 사회계약의 재조정은 불가능하다. 마루야마 마사오는 영국의 경험론에서는 지방자치의 기반 위에 자주적 집단의 논리로서 배양된 '법의 지배$^{rule\ of\ law}$'의 전통이 조응하고 있었지만 일본은 이것이 어떤 권위와 '보은'의 양식으로 법 위에 서게 된다는 사실을 일본 파시즘의 한 원인으로서 지적하고 있다. 즉 유교의 자연법 사상이 중국의 경우에서는 규범적·계약적 성격을 비교적 강하게 띠고 나타난데 비해 일본에서는 오히려 권위^{恩情}와 보은$^{報恩/redebts}$의 계기가 표면으로 나오게 되었다는 것이다. 이는 단순한 해석상의 차이가 아니라 봉건제 혹은 가산관료제^{家産官僚制}의 내면에 침투해 현실적으로 작용하고 있는 '정신'이었다.46)

물론 이러한 사고방식과 제도에는 일본 근세 봉건제의 잔영과 조선의 왕도 정치의 수사학이 어른거린다. 그러나 제국과 (제국 내) 반도의 병영국가적 재편에는 천황을 정점으로 한, 메이지 이후의 '증여' 사상이 강력한 신화로서 작용하고 있음을 우리는 알아야 한다. 흔히 메이지 국가는 '극동' 국가 일본이 극서^{極西} 국가로 '서구화'되었음을 뜻하는 것으로 이해된다. 그렇다고 할 때 이 서구화는 단순히 근대화·기술적 합리성 문제 이상의 의미를 함축한다. 앞서 메이지 헌법의 발포 과정을 통해서 설명한 바, 이토 히로부미는 서구의 기독교에 상응하는 종교적 기축으로서 황실과 천황의 존재를 거론하고, 그것으로서 국체를 삼았다. 그

---

46) 丸山眞男, 『日本の思想』, 岩波書店, 1961, p. 38.

러나 서구 유럽이 종교와 국가 간의 길항 관계 속에서 중세를 극복했고 그러한 극복의 결과가 일국 헌법이었음을 상기할 때 이 국가=종교의 완벽한 결합은 종교 개념 속에 포함된 빚짐, 은혜 입음이라는 절대적 증여 사상으로 착종하게 된다.

원래 종교를 가리키는 라틴어 reglio는 흔히 모으다^{relegere} 혹은 묶다^{religare}라는 말에 어원을 두고 있는데47), 바로 그러한 의미에서 종교국가는 국가와 개인 간의 사회계약이 파생시키는 자유와 책임 간의 교환을 다시 한 번 의무의 속박 — 인간과 신 사이의 부채로 묶는 기능을 하게 된다. 기독교적인 신앙의 확장이란 본질적으로 은혜와 복종에 초점을 맞춘 의식의 실현이며, 이 초점이란 종교를 법의 영역에 묶어 놓으면서 사법적인 쟁점들을 종교 속으로 구겨 넣는 일을 통해 '모아진다.'48) 서구 근대의 역사는 이러한 초점화를 사회계약과 같은 개념으로 제한하려 해온 과정이며, 국가는 때로는 이 종교에 저항하기도 하고 기대기도 하면서 개인들을 스스로의 영역 내로 모아왔다. 그런데 일본 제국에는 그처럼 길항하는 힘이 증여의 신화 속에 처음부터 금지되어 있었다. 즉 그러한 초점화 위에, 국가 주권 자체를 놓는다면, 또 주권자가 동시에 종교적 대상이 된다면 이 국가는 어찌 될까. 징병제와 신앙, 책임 문제에 대해 이광수는 이렇게 말하고 있다.

---

47) Jacques Derrida, *Act of Religion*, ed. and with an intro. by Gil Anidjar, Routledge, 2002, pp. 72~73.
48) 앞의 책, p. 83.

존황심尊皇心, 애국심은 신앙이지 관념적인 도의는 아니다. 천황은 신이시요 자비시요 정의시요 완전이시요 내가 세상에 온 것은 황운을 부익扶翼하는 것이 본원이요 인연이라고 확신하는 것이 황민적 신앙이다. 만일 종교적 신앙이 국체의 신앙과 일치되지 않는 자가 있다고 하면 그는 큰 문제이다. …… 조선의 가정은 신앙을 잃은 지 오래거니와 이번 징병제는 잃었던 신앙을 회복할 기연機緣이 되리라 생각한다.49)

황민화皇民化란 사법을 계약에 종속 시키려는 움직임의 결정적 좌절을 의미하며, 종교에 의한 법의 점유가 더욱 견고해지고 가속화됨을 뜻한다. 제국 일본은 이러한 종교적 기축과 국가 기축을 극한적으로 일치시키려 했던 것이고, 여기에 앞서 마루야마가 지적한 봉건제적 충성의 심리가 다시금 착종된 체제였다고 보아야 옳을 것이다. 신성함과 은혜입음이라는 종교적 원리는 이 대일본제국의 영토 안에서 국가의 의무 부과에 더해 거의 절대적인 신앙과 사법적 의무의 형태로 동시에 부과되고 이처럼 충성과 신앙이 통합된 구속력은 전쟁사에서 전례를 확인하기 쉽지 않은 멸사봉공의 방패들을 만들어냈다. 아브라함적 종교가 가진 타자에 대한 윤리 상실과 함께 이 국가에는 타자에 대한 절대적 폭력이 국가 폭력의 형태로 자리 잡게 되는 것이다. 증여 사상을 대일본제국만큼 철저히 실현한 체제를 찾기 어렵다. 국가 내의 개인, 국가와 국가 사이의 교환의 언어를 금지당한 곳에서 거래나 약속이란 있을 수 없으며, 쇼와기의 거듭되는 조약 파

---

49) 香山光郞, 「징병과 신앙」, 『매일신보』(1943년 7월 31일자).

기와 절대적 충성=신앙의 폭력적 움직임은 이러한 국가 체제의 필연적 파국으로 이해 가능하다. 아무도 증여 신화 밖으로 나갈 수 없었고, 아무도 천황 이외의 사람에게 대답할 수 없었다.

어쨌든 분명한 것은, 어떠한 교환이나 계약도 교환이나 계약이 아니라 증여로서 표현되었던 제국에서는 서로가 서로에게 대해 무한책임을 지고, 그럼으로써 실제로 책임 소재를 물을 수 없는 구조가 성립했다는 사실이다. 천황을 위해 목숨을 걸고 일으킨 쿠데타나 테러는 사회계약의 재조정이라는 분명한 교환·계약의 조건에도 불구하고 완전히 천황을 위해 죽음을 바치는 증여로서만 표현되었다. 그러나 한편 이것을 불충 혹은 잘못된 응답으로 선언하는 행위를 통해 이 충성은 한꺼번에 그를 기르거나 그와 관계된 모든 사람을 책임의 대상으로 하는 무한책임의 구조로 바뀌고 만다. 애초에 이러한 종교국가적 구조에서는 목숨을 내놓고 권리 따위를 얻는 담론이 성립할 수조차 없다. 모든 것이 증여이고 보답이며, 죽음 역시 감사의 대상이다. 아래의 사례는 정인택 소설의 주인공과는 분명히 다른 어떤 조선인 병사들의 목소리를 들려준다. 그 목소리는 교환에 대한 것이고, 증여국가는 단번에 이를 거부한다. 이 잡음이야말로 정인택 소설과 같은 단성화된 목소리의 협력 소설이 가진 근본적인 '허구성'(픽션이 아니라 위조^{fictitious}의)과 선전문학적 속성을 보여주는 것이 아닐까.

학도병 지원 중이었다. 배가 떠나면서 수많은 학생이 커다란 방으로 모아졌다. 조선인 뱃사람이 미국에 가서 당한 모욕담을 얘기하는 데 유치했다. 헌병과 경찰들이 눈을 부라리는 가운데 지원서가 배포되었다. "우리는 가족 제도가 돼 놔서 어른들의 허가 없이는 도장 못 찍는다." "당연하다. 당신 의향만 반영하면 된다." 그러고 집에 도착했을 때 어머니가 "얘야, 네 허락도 없이 우리가 도장을 찍어줬구나. 안 찍어주면 너에게 무슨 일이 있을까 봐서 ……." 그들은 그런 수법을 썼다.[50]

1943년 말 서울에서 합동 훈련이 있었다. 경성대학 교정에서였다. 1주일 만에 수료식을 하는데 일본 국가 <기미가요>가 연주되어도 따라 부르지 않았다. 칼로 얻어맞고 발로 차인 사람들만 불렀다. 창경궁 옆을 지나가는데 가족들이 따라오며 아무개야, 오빠야 울부짖었다. 행렬은 총독부 앞을 지나 광화문 네거리로, 이윽고 부민관으로 들어갔다. 한 2,000명이 되었던가. 단상에는 조선군 사령관을 비롯하여 소위 친일 조선인 유지들이 앉아 있었다. 이윽고 고이소 구니아키小磯國昭 총독이 들어왔다. 그는 위엄 있는 어조로 장행사壯行辭를 늘어놓기 시작했다. 초긴장 상태가 계속되었다. 나는 2층 맨 왼쪽 구석에 앉아 있었다.

"제군의 출정은 황은에 보답하는 절호의 기회다"할 때 나는 나도 모르게 벌떡 일어나서 외쳤다. "고이소 총독에게 묻겠습니다!" 고이

---

[50] 실제로 특고의 기록의 한 부분은 그들이 내지의 조선 유학생들을 '지원 학생'과 '비지원 학생'으로 체계적으로 분류하고, 언동을 감시하는 한편 비지원자를 소환하고 설득했음을 보여준다. 그중 절반 가까이가 귀국 조치를 당했다(『特高月報』, 內務省警報國保安課 1944년 7월분), p. 74).

소 총독은 연설을 중단하고 내 쪽을 쏘아보았다. 나는 총알을 쏘는 기분으로 외쳤다. "고이소 총독은 우리가 나간 뒤에 조선 2,500만의 장래를 확실히 보장해줄 수 있는가 없는가, 분명한 대답을 요구합니다!" 장내는 물을 끼얹은 듯 조용했다. 옳소 소리도 없었고, 손뼉 치는 자도 없었다. 고이소는 잠시 침묵을 지키다가 조용히, 그러나 단호하게 말했다. "그런 것을 의심하는 자는 황국신민으로서의 훈련이 부족하다고 할 수밖에 없다." 스무 살밖에 안 되는 나는 이을 말을 잃었다. 전쟁터에 끌려 나가서 개죽음을 당하느니보다 차라리 여기서 꽃처럼 져서 청사에라도 남아보자는 절규는 허공을 스쳐간 바람소리에 불과했다.[51]

적어도 공적 담론에 등장하는 조선 청년들의 글 속에는 식민지인으로서 식민 본국의 전쟁에 동원된다는 억울함보다는 내지인과 '같은' 책임과 의무를 짊으로써, 식민지인의 처지를 일거에 뛰어넘어 차후 진짜 황은 — 본토인 대접을 받으리라는 희생에의 비장한 기대와 식민지적 진보열이 표명되어 있다. 이러한 기대를 일방적인 황은과 황국 사상으로 몰아가는 목소리의 단일화야말로 전체주의의 표징이고, 협력 문학의 성격이었다.

그러나 이 죽음의 증여는 그렇게 일방적으로 동의된 것은 아니었고, 애초의 원초적 증여 또한 조선에는 존재하지 않았다. 그러나 어쨌든 이 죽음의 증여가 그에 상응하는 반대급부를 기대

---

51) 한운사, 「운사(雲史)의 인생만유기」, 『세계일보』(2005년 3월 13일자와 2005년 3월 16일자).

하게 한다는 점에서 협력자들은 일단 모든 것, 즉 신에게 내놓을 수 있는 유일한 것으로서 죽음을 내놓자고 획책하기에 이른다. 그러나 "죽음은 줄 수도 빌릴 수도 바꿀 수도 배달할 수도 약속할 수도 건넬 수도 없다"(GoD, 44). 더구나 그들에게는 이삭에게 죽음을 주어야 하는 아브라함의 고통 같은 것은 좀처럼 발견되지 않는다. 이 침묵이야말로 종교국가인 대일본제국의 정치신학적 언설 구조를 그대로 반영하고 있는 것이다.

그러나 이러한 '국민적 목소리'와 '예'라고 대답하지 않을 수 없는 종교국가적 담론 구조에도 불구하고 분명히 거기에는 잡음들이 있었다. 한운사의 위의 회고는 해방 60년이 흐른 시점에서의 진술이라 극히 전형적인 한편 오히려 완전히 신뢰할 수 없는 면이 없지는 않다. 그러나 인용한 위의 대화만은 의미심장하다. "제군의 출정은 황은에 보답하는 절호의 기회다"라는 제국의 증여 언설에 대해 "고이소 총독은 우리가 나간 뒤에 조선 2,500만의 장래를 확실히 보장해줄 수 있는가 없는가, 분명한 대답을 요구합니다!"라는 교환에의 요구가 잡음으로 섞일 수밖에 없는 것이 조선의 실상이었으리라. 그들은 균등한 황은의 수혜자가 아니었던 것이다.[52] 그러나 이에 대해 조선 총독은 그 질문 자체를 성립할 수 없는 질문, 황국신민으로서의 훈련이 부족한 데서 오는 해소되어야 할 질문으로 거부하고 있다. '물음의 가능성'과 같은 것은 이 공동체에 존재하지 않는다. 조선과 내지의 '결정

---

52) 이에 대해서는 '예외상태'적인 상황과 제도를 다루는 다음 장에서 본격적으로 논한다.

된' 구획 자체, 식민자와 피식민자의 결정 자체의 순간으로 돌아가 그에 대한 책임을 묻는 일이란 있을 수 없었던 것이다. 이미 천황에 의해 황민으로 결정되고 불리워졌다는 사실에 의해 이 청년들은 오직 '예'라는 대답 혹은 완전한 도주(천황제의 거부)만을 선택할 수 있을 뿐이다. 명령도, 부름도 이 현인신에게서 나오며, 제국 안의 인간은 다만 응답의 의무만을 지니는 것이다. 질문을 할 수 없는 이 종교국가에 응답 가능성이란 존재하기 어렵다.

그러나 그 속에서도 살아남는 어떤 질문들, 잡음은 협력문학의 비윤리성을 보여주기에는 부족함이 없어 보인다. 조선총독상을 수상한 이석훈의 『고요한 폭풍静かな嵐』에서조차 조선 청년들은 분명 '황은'이 이미 있다는 것, 이미 '예'라고 대답했다는 전제를 거부하며, 스스로의 행위를 통해 그들 '이후'의 반도에 그것이 도래할 수 있기를 희망하고 있는 것이다. 만약 천황의 방패가 되는 이 죽음의 증여가 불가피한 것이라면, 과연 이 일본 국가를 위한 봉공이 조선의 장래, 그러니까 차별의 철폐와 같은 구체적인 교환물을 갖고 있는 것인지를 그들은 묻고 있었다. 증여 국가에서 그들은 금지된 질문―교환 문제를 묻고 있었던 것이다.

한 출진 학도병은 이렇게 말한다.

> 우리들이 병역의 의무를 지는 것은 민족성의 도야 즉 책임 관념과 의무 관념을 배양하고, 단결심을 키워, 근로정신을 높이는 것으로서, 내부적으로는 대등한 권리의무를 부담하는 것에 의해, 외면적으로는 우

리들이 향토 반도의 산하를 속령의 지위보다는 본토의 지위로 높이며, 우리들이 반도에서 태어나 살아온 자로서 모든 것을 다해 진실한 의의를 갖는 국민이 되는 것에 다름 아니라고 믿는다.53)

그러니까, 그들은 속국의 역사를 반복해온 반도를 일거에 책임 관념과 의무 관념을 가진 '본토'에 기입시키기 위해 전장으로 나아간다. 반도인의 결점을 보완해 내지인 못지않은 제국 신민, 황민이 될 수 있는 기회라는 사고방식이 이러한 프로파간다 미디어의 한복판에까지 들어와 있을 수밖에 없었던 것이다. 그러나 여기에는 반도를 위해 죽는다는 것과 천황을 위해 죽는다는 생각 사이의 미묘한 차이가 엿보인다(이러한 청년이라면 가장 나중 지닌 말이 "조선독립만세, 천황폐하만세"가 될 수도 있으리라).

우리는 황민으로서 제국의 병영을 향해 떠난 이 조선 청년들의 목소리를 비판하기 이전에 그들의 언어 속에 담겨 있는 어떤 진실들, 원증여를 소환해 물을 수 없는 조건 하에서의 고뇌들을 읽지 않으면 안 된다. 주어진 언어 안에서 (물론 그 언어에 이미 '예'라고 대답했다는 의미에서 그들은 어쨌든 전쟁 협력자임에 틀림없지만) 그들은 식민자와 피식민자 간의 어떤 결정을 전도시키려 했다. 스스로의 죽음을 주는 것을 통해. 만약 내지인 이상의 인간이 되어 그 이상의 책임을 보인다면 제국은, 아니 천황은 이 '예'라고 대답한 사람들을 진실한 적자로 대우해줄 것이고, 최초의 순간의 결정은 새롭게 구획 지워질 것이라는 믿음 — 그러한

53) 松原寬, 「我等今ぞ立つ」, 『朝光』(1943년 12월호), p. 51.

최소한의 믿음도 없이 어떻게 목숨을 버릴 수 있겠는가. 누구도 쉽게, 무의미하게 스스로의 목숨을 던지지는 않는다. 죽음에는 이유가 필요한 것이다. 그들은 제국 안의 지배의 결정들, 즉 식민자와 피식민자의 구획을 결정불가능한 장소에까지 밀어붙이고 있는 것이다. 반은 타율적 부름에 의해, 반은 자발적으로 '예, 여기 있습니다'에 의해.

 누구도 타인의 죽음을 간단히 규정해 단죄하거나 숭앙할 수 없다. 그러한 이유로 우리는 정인택의 이 「미련은 두지 않으리」라는 소설과 같은 죽음의 편지들이 가진 허위성을 읽지 않으면 안 된다. 늘 하나의 언어권에 속하면서도 내지와 조선 사이의 낙차를 뼈저리게 의식하지 않을 수 없었던 지식계급에게 내선일체는 분명 어떤 기회의 순간처럼도 보였으리라. 거기에는 교환의 조건이 따르는데, 그것은 반도 청년들의 목숨이었다. 그러나 이 교환은 교환이라는 언설로는 성립할 수 없어서, 일단 신의 부름에 '예'라고 답하는 행위를 통해 죽음을 선물한 후 신의 처분만을 기다리는 형식을 취하지 않을 수 없었다. 내지와 조선 사이의 낙차의 해소를 염두에 두면서 천황이 불렀을 때 '예'라고 대답하는 것. 천황의 제국이라는 종교성을 끌어들이는 이 소설의 얼개는 과연 전형적이다. 천황의 적자라는 의식은 징병제를 통해 확실하게 협력의 언어로서 등장하기 시작하고 있다. 스스로 원해서 가는 지원병이 아니라 부름을 받는다는 것은 책임과 함께 신의 여기 있음을 의미하는 것일 수 있고, 일시동인과 같은 천황의 언어는 따라서 혁명의 언어, 불평등 해소의 언어로서 새로 불려

나오게 된다.

요컨대 우리는 여기서 기본적으로 이 소설이 완전한 픽션임을 또한 이야기하지 않을 수 없다. 정인택은 태평양에서 실종된 한 일본인 잠수정 선장의 편지54)를 흉내내 진실성을 확보하려 했다고 쓰고 있지만 실제로 이 고쿠고 소설은 조선의 나이 많은 한 어머니에게 배달되는 형식을 취하고 있다. 일본 장교의 편지를 모방하여 쓰여진 이 편지의 마지막 장은 이 소설이 결국 조선의 어머니와 아들의 목소리를 사취한 것이고, 작가는 이 고쿠고라는 장치를 통해 사취된 가짜 진실을 갖고 천황의 제국에 어필하려 했음을 알 수 있게 해준다. 천황을 향한 일종의 독백들. 그의 어머니가, 또 조선의 어머니들이 이 편지를 과연 읽을 수 있을 것인가. 주인공의 어머니는 비교적 교양 있는 것으로 나오기는 하지만 역시 때로는 풋거름을 주고 대개는 일꾼들을 간수하는 전형적인 소지주의 아내인 것이다. 더구나 여기에서 등장하는 어머니의 애정은 언제나 어떤 대의를 앞에 둔 꾸지람들로 재해석되고, 이는 황군을 길러내는 군국 어머니의 선사先史처럼 묘사되어 있다. 그러나 황군으로 내어놓고 자식의 죽음을 기다리는 재미로 출산과 양육의 수고를 마다하지 않는 부모라는 것이 있을 수 있을까. 있다고 해도, 과연 제국의 어머니들은 남김없이 모두 그러했을까. 정인택은 이렇게 쓰고 있다. "대군의 방패가 되어 전장에서 꽃으로 흩어지는 아들을 위해 볼썽사납게 울며

---

54) 이 사건에 대해서는 山崎朋子, 『鳴潮のかなたに ― 伊號第六十七艦とその遺族』, 文藝春秋社, 1983을 참고.

슬퍼하는 일본의 어머니는 한 분도 안 계십니다."

이러한 말에는 슬퍼하는 어머니라면 어머니로 인정하지 않겠다는 비장함이 담겨 있다. 슬픔과 애도의 박탈. 아홉 살에 아버지를 여읜 주인공에게 어머니는 아버지를 대신한다. 그럼에도 충분치 않았던 아버지의 자리는 천황의 부름과 제국의 병영이 대신한다. 그렇게 다시 어머니는 군국의 어머니로 돌아온다. 이 소설에도 당시의 많은 병영 소설들이나 영화들에서처럼 선량하고 준엄하며 자애로운 내지 출신 상급병이 등장한다. 그는 조선의 징병제 실시에 감격하는 주인공과 함께 공명하며 거의 울 정도로 기뻐해 준다. 실재하는 가족은 이 가족국가·종교국가의 혼성체에 의해 완전히 제국적으로 재구성된다.

어떤 의미에서 모든 소설은 타자의 목소리들을 빌어 작가가 이야기하고, 그 허구성을 있을 만한 현실의 잠재성 혹은 가능성으로 주장한다는 점에서 기본적으로 타자에 대한 폭력, 타자의 목소리의 갈취 위에서 성립된다. 하지만 문학이 보편을 예감케 하는 개인적 진실이어야 한다는 명제는 바로 이러한 타자에게 진 '빚'에 대한 윤리적 책무를 뜻하는 것이기도 하다. 언어는 스스로 안에서의 다툼을 인정하고, 그것을 실천하는 한에서 정의를 향해 갈 수밖에 없다. 그 다툼이란 폭력에 대항하는 폭력이다. 최악의 폭력, 즉 담론에 선행해서 억압하는 침묵과 어두운 밤의 폭력을 극복하기 위해서는 어떤 다른 폭력 — 타자들로부터 빌린 언어의 빛을 갖고 싸울 수밖에 없는 것이다.[55] 한 사회의 미

---

[55] Jacques Derrida, *Writing and difference*, trans., with an introduction and notes, by Alan

래를 예감케 하는 일은 필연적으로 더 많은 타자들의 목소리들을 빌리고 조합하여 싸우게 하는 한편 때때로 왜곡하고 가공하는 일까지를 수반한다. 문학이 보다 많은 타자들의 목소리를 살려내야 하고, 기본적으로 현실의 잠재성으로부터 도출되어야 한다는 것은 단순히 소설 작법의 문제가 아니라 다른 타자들에의 응답 가능성·책임 문제이다. 그런 의미에서 협력 문학의 비윤리성은 민족의 배반이나 전쟁에의 협력에만 있는 것이 아니라 오히려 타자와의 관계를 절연한 철저한 허구성·단성성에 있다. 오직 제국의 신에게만 응답하는 이 제국적 책임 의식은 그 이외의 모든 타자의 목소리에 대해서는 완전히 무책임, 즉 무응답으로 일관한다.

많은 '협력문학'에 있어서 타자들의 목소리들은 저자들에 의해 폭력적으로 단일화되곤 하는데, 그 전형적인 방식이 무갈등의 세계이다. 따라서 대화성이 아니라 단성성에 의해 지배되고 있는 「미련은 두지 않으리」과 같은 소설은 소설이 아니며, 소설로서 이미 비윤리적이다. 이 편지 형식은 실제로 어머니에게 부칠 수 있는 것도 아니고, 사적인 것도 아니며, 하나의 다 드러난 노골적인 외설물 — 선정적 엽서로 낙착된다. 이 우편적 부조리에 국가와 작가는 가담되어 있다. 협력문학의 양식적 특질은 오직 천황에 답하는 절대적 책임의 형식을 통해, 여타의 다른 모든 목소리들을 삭제하는 데 있다. 근대의 미디어와 언론, 근대의 우편 제도와 문학이 보장하는 자유 혹은 개인성이 도달한 막다른

Bass, Routledge Classics, 2001.

곳이란 바로 이런 장소가 아닐까. 오직 하나의 신 앞에서 '예'라고 대답할 수 있는 순간의 희열과 진보=황민 되기는 유사 종교 국가 일본 제국의 식민지였던 조선인들의 협력문학의 핵심적 요소를 이룬다. '나' 이전에 천황이 불렀을 때의 대답인 '예'가 있기에 애초의 '나'는 그 대답 속에서 멸해져야할 나滅私이고, 부름에 답하는 '나'야말로 봉공奉公하는 국민인 나인 것이다. 황국의 문학은 다른 타자의 목소리의 사취를 통해 천황에 응답하는 것을 통해 성립한다.

증여, 불가능성의 경험: 신화로서의 (헌)법

신화와 정치, 경제와 믿음의 중대한 법칙으로서의 이러한 선물의 특징은 어디서 기인하는 것일까. 우리는 이러한 질문을 선물과 법, 둘 사이의 오랜 응답들을 향해 밀고나갈 수도 있을 것이다. 이는 법의 선물이라는 메이지 헌법의 원초적 증여 방식에 합당한 이해를 제공할 수 있을 것이다.

예컨대 우리는 여기서 언어는 협정의 결과일 수 없고, 항상 법에 상응하는 어떤 것에 대한 수용에 불과하다는 소쉬르의 주장들을 되불러낼 수 있다. 예컨대 『성서』에 있어서 법이란 각각 보통명사로서의 '신'의 이름으로 부과된 것, 특히 언어 형식으로 부과된 신의 뜻을 의미한다. 언어라는 선물을 받는다는 것은 법을 수용한다는 것이며, 모든 것을 그 언어로 말하고, 심지어 그

법 자체에 이의를 제기해 저항하거나 자유 협정에 의한 새로운 법 제도를 요구하는 것에 있어서조차 반드시 그 법의 틀을 받아들임으로서 그렇게 한다는 것을 의미한다. 이 절대적 타자의 명령 혹은 증여의 (가상) 기억에 몰입하면서 다른 타자들을 무無로 돌리는 것이야말로 제국 일본에서 증여 담론이 갖는 효과였을 것이다.

법 안에 사는 한 어떤 사람이 입으로 '아니요'라고 말할 때조차도 그는 이미 '예'라고 말하고 있는 셈이 된다. 왜냐하면 그는 이미 증여된 언어로서 그 언어의 재구축을 요구할 수밖에 없기 때문이다. 합법적으로 혹은 법의 이상理想에 기대어, 법을 바꾸는 일이라는 것은 그런 것이다. 천황의 대권에 의존해 천황제의 혁신을 꿈꿀 수밖에 없었던 청년 장교들, 우익 테러리스트들의 (천황제에 대한) '예'라는 대답을 생각해 보라. 또 내선일체의 완전한 실현과 팔굉일우의 대동아 실현을 위해 쇼와 유신을 꿈꾸었던 어떤 조선 청년들의 정치열을 생각해 보라.

헌법의 증여가 일어나는 순간에의 침묵은 그대로 '예' — 수락이 되고, 이 법의 증여가 이루어진 이상 그 법의 언어에 보장된 천황의 예외적 결정 없이 이 법을 타기할 수 있는 방법은 없다. 방법이 있다면 제3의 힘이 이 증여 혹은 채무 관계를 완전히 분쇄해주는 순간을 도래시키는 일 정도가 될 것이다. 그러나 이는 종종 다시 제3자에 의한 '선물'이 될 것이고, 곧 바로 증여=채무 관계를 형성하게 될 것이다. 소세키의 말처럼, "한번 일어난 일, 이 세상에 깔끔하게 정리될 수 있는 일 따위란 없다." 우리가 보게 되는 어떤 신호는 그가 그렇게 하지 않았음에도 불구하고 우리에게 이 '침묵 역시 하나의 신호다'라고 말하고 있는 것이며, 언어와 계약을 다루는 문학과 정치의 경우는 더욱 그렇다. 무언가를 말할 수 없으나, 또한 침묵할 수도 없을 때는 그러한 일 자체를 쓰지 않으면 안 된다. 정말 아무것도 말하지 않기 위해서 입을 열어 무언가를 말해야 한다.

만약 천황이 다스리는 조선을 거부하고 싶다면, 입을 열어 천황이 알아들을 수 있는, 그리고 법적인 언어로 그러한 거부를 표시해야 한다. 헌법 안의 싸움이란 (그가 망명객이 아니라고 한다면) 어쨌든 그것이 반역적인 것이라 할지라도, 역시 천황의 언어 ― 국어國語=일본어로 천황의 법에 호소할 수밖에 없다. 일억옥쇄의 국가 분위기 속에서 황민으로 산다는 것, 조선의 2,500만 동포와 조선 안에서 어쨌든 살아간다는 것은 이 증여 관계로부터 결코 자유로울 수 없음을 의미한다. 메이지 헌법의 창설 혹은 증여 과정이 알려주는 것은, 이미 존재하는 언어 위에 정립되는 메타언어는 바로 이러한 받아들임 ― '예' ― 을 전제한다는 사실이다. 법의 법, 헌법은 그런 것이다. 비록 그것이 창설되는 과정, '예'라고 대답하는 사람들 속에 조선인 따위가 포함되지 않았을지라도 또 통치역과 법역의 차이 속에서 조선인에게 법이 외재적인 명령으로 밖에 경험될 수 없었을지라도 마찬가지다.

여기서 메이지 헌법에 대한 증여의 패러독스를 말한다는 것은 결코 억지가 아니다. 왜냐하면 이는 이 법이라는 것이 마치 선물과 같아서 우리를 오해로 이끌고, 바로 구속해버리기 때문이다.

사물에 접근하기를 원한다면 우리는 먼저 그 사물에 주어진 조건 — '선물'의 증여에 대해 생각해보아야만 하며, 그 사물이 구속되어 있는 '법'의 '언어', 신화와 '그 법 안에서의 투쟁'들에 대해 생각해보아야 한다. 특히 어떤 교환이나 계약도 '은혜'로 표현되고, '신세'로 표현되고, 증여로 규정되고, 의무와 빚으로 돌아오는 어떤 국가 — 제국 일본의 유사종교적 증여 속에서라면 더욱 그러하다.

인촌 김성수는 징병을 앞둔 시점에서 동서 문화의 차이를 이렇게 설명한다. 서구 사상은 권리를 외치기 위해 의무를 지려 하지만 동양 사상은 의무를 다함으로써 권리가 저절로 주어지게 한다. 우리 조선도 조선의 청년들이 국가, 가정, 사회의 은혜에 먼저 보답함으로써 저 조선인의 권리 문제를 비로소 말할 수 있는 것이다.[56] 요컨대 황은에 답해 죽음을 주라는 것이다. 조건을 내걸지 말고 증여에 증여로 답하라는 것이다.

마르셀 모스와 데리다는 인류학 혹은 종교와 관련해서 이 증여 문제를 설명했지만 바로 이 증여의 신화야말로 천황제 속에서 펼쳐지는 일본식 자본주의(교환을 숨기고 증여를 내세우는)의 특성이며, 제국 일본의 황국신민들이 죽음으로 내몰릴 수밖에 없었던 윤리적·종교적·정치적 족쇄가 아니었을까? 그들은 종교국가의 탄생을 알리는 헌법 발포일(과 그에 이어지는 정치적 프로세스)에 침묵한 대가, 아니 '예'라고 말할 수밖에 없었던 대가

---

56) 김성수, 「대의에 죽을 때 황민됨의 책무는 크다」, 『매일신보』(1943년 11월 7일자).

로서 '죽음'까지를 되돌려주지 않을 수 없었다. 이 놀라운 선물은 그것이 전해지자마자 정치적 생명과 날것의 삶을 모두 바쳐 변제하지 않으면 안 될 빚으로 돌변한다. 전선 앞에 헐벗은 채 서 있는 충용한 인간이야말로 제국 일본이 식민지인에게 선사한 처음이자 마지막 선물이 아니었을까?

왜냐하면 헌법을 선물한 천황은 그들에게 죽음의 공포라는 자연 상태를 벗어나게 해 준 신이자 인권과 자유를 선사한 천부인권사상의 신봉자로서 '주어졌기' 때문이다. 그때 천황은 '짐이 곧 국가'라고 말한 것이 아니라 '짐이 곧 (국가임은 말할 것도 없고) 하늘'이라고 말한 것이다. 이 절대적 타자에 대한 윤리 속에서 다른 타자들은 천황이라는 절대적 타자의 잉여 혹은 완전한 연장으로서 낙착된다. 효행이 곧 충성이라는 담론이 창생되는 지점도 바로 여기이다.

물론 말할 것도 없이 만세일계의 천황이란 '증여자'도 무엇도 아니었다. 증여란 그러니까 자기로부터 나와서 자기로 돌아오는 경제적 순환을 넘어선 어떤 것이고, 증여에 대한 보상 — '부름', '은혜갚음' 따위를 행하고 요구하는 증여란 더 이상 증여가 아니라 교환이기 때문이다. 이 불가능한 '증여' — 교환을 증여로 전도시키는 이 헌법은 신성하다기보다는 차라리 속되다. 그 속됨을 읽는 순간 이 세상 안의 모든 증여는 교환으로 실체를 드러내게 된다. 정치에 있어서, 삶에 있어서, 또 윤리에 있어서, 선물은 선물이 아니다.[The gift is never (a) present] =선물은 현전하지 않는다.

2

|

북계의 신화, 구원과 협력의 장소
육당의 존재-신화론

> 새 이상에 살기 위하여 옛 전통을 잡으라. 그 제일 첩경으로서 신화로 돌아가라.
> 지극히 소중한 20세기의 신화는 그 총명과 진지성을 과거의 그것에서 배워야 마땅하리라.
> ― 최남선, 「만몽문화(滿蒙文化)」(1941년)

최남선의 신화론적 전회와 사회주의 ― '20세기의 신화'란 무엇인가

최남선의 최대 역작으로 일컬어지는 「불함문화론不咸文化論」이 완성된 것은 1925년 12월 27일이었다.[1] 앞서 1925년 8월 23일에 '조선프롤레타리아예술가동맹KAPF'의 결성이 있었다.[2] 한편 「불함문화론」이 일본어역로 완역되어 『조선과 조선민족朝鮮及朝鮮民族』,

---
1) 최남선, 『육당최남선전집 2』, p. 76.
2) 카프(KAPF)의 창립 시기에 대해서는 이설이 분분하나 전주사건 공판기록 등을 토대로 한 김윤식의 논의에 따랐다. 김윤식, 『한국근대문예비평사연구』, 1976년, p. 32.

제1집3)의 초두를 장식한 것은 1927년 8월 18일의 일이었다. 같은 해 9월 1일 카프는 '내용형식 논쟁'을 거쳐 제1차 방향전환을 꾀했다. 자연발생적 단계에서 목적의식을 앞세운 조직 확대를 통해 김두용, 한식, 홍효민, 이북만 등의 제3전선파 — 소위 혁명세력들을 대거 받아들였던 것이다. 잘 알려져 있다시피 1927년은 카프 초기, 신문학 초기의 최대 논쟁인 '내용형식 논쟁'이 비등했던 시기로, 박영희가 일컬은 바 계급문학의 '투쟁기'이기도 했다. 그런데 도대체 그게 어떻단 말인가. 왜 식민지 조선의 신화적 구도를 말하면서 조선사편수회(1925년 6월)나 경성제대(1924년 5월)의 근대 학문이나 시라토리 구라키치白鳥庫吉로 대변되는 단군 말살이 아니라 이것들로부터 가장 멀리 있어 보이는 경향 문학의 전개를 여기에 병기해 두는가.

우리는 여기서 '신화'에 대해서 말할 것이다. 왜냐하면 최남선 자신이 우리의 세기, 아니 그 스스로가 살았던 20세기를 '신화의 세기'라고 말하고 있기 때문이다. 내가 보기에 그 신화는 두 개다. 그러니까 신화는 최남선만의 것이 아니었으며, 그가 논의의 과녁으로 삼았던 것은 일본 역사학자들의 신화(부정)론만도 아니었다. 적어도 최남선으로서는 어떤 다른 신화에 '적敵대하여' 말하기 위해 신화론을 구상했다. 나는 이 '신화'에 대해서도 말해야 한다고 믿는다. 다시 카프 성립과 방향전환을 지켜보던 최

---

3) 최남선,「불함문화론」,『朝鮮及朝鮮民族』, 朝鮮思想通信社(경성), 1927, pp. 1~58. 발표 당시의 '불함문화론'에서 '불함' 위에는 'Pȧrkȧn'이라는 후리가나식 부록 철자가 붙어있다.

남선의 소회로 돌아가 보자. 카프 결성 약 2주 후인 1925년 9월 8일 최남선은 이렇게 쓰고 있다.

> 설사 무산자에게는 조국이 없다 함을 글자 그대로 단순히 용인할 것이라 할지라도 그 진의가 과연 모든 민족인 자로 하여금 그 민족임을 잊어버리게 하고, 그 민족의 사실적 及 관념적 최대 존재인 조국을 소개^{繃棄}하란 의기가 될 것인가. 다만 인생 생활의 기준 변혁을 위하여 통세계적^{通世的} 공동동작을 취하자 한 일표어가 조선이라는 푹석한 국토, 조선인이라는 시준에 선감^{善感}하는 민족에게 와서 이렇게 비약적 감수를 받는 줄을 알면, 작가 자신도 천하^{天下}에서 고소를 금치 못할 것이다. 조선인이 조선은 알아 무엇하랴 하는 기괴한 견해는 대체 어떻게 나온 사상이며 …… 아직도 정당한 자각과 아울러 그리로서 나온 속심 있는 활동이 생기지 아니함은 아무것보다 큰 시하^{時下}의 우환이라 아니할 수 없다.[4](강조는 필자의 것이다)

조금 더 인용해 보자. 1927년 4월, 김기진과 박영희 사이의 '내용형식 논쟁'이 한창일 때의 최남선 나름의 관전평이다.

> 사상의 중축^{中軸}은 얼른 말하자면 조선적 조선의 절대 파악일 것이다. 이것은 무서운 침투력과 보편률로서 각 부면을 전주^{專主}할 것이다. 그리하여 구원^{久遠} 조선의 빛은 그때야말로 욱일의 광망^{光芒}을 만방

---

[4] 최남선, 「자기망각증(自己忘却症)」, 『동아일보』(1925년 9월 8일자). 『육당최남선전집 10』, p. 217.

에 방사할 것이다. …… 그때는 마르크스 업(業)보다도 레닌 성주보다도 단군 터줏대감이 정신계의 지주일 것 ─ 인류 경륜이 시간적 전 가치와 조선 사명의 특수적 전 내용을 넉넉히 담을 수 있는 유일한 용기(容器)로서 '단군'이 모든 방면에 있는 종합적 최상 표현으로 만인에게 표거(標擧)되고 감입(嵌入)되고 염봉(拈奉)될 것은 다시 긴 말이 되겠으니까 그만두자.(강조는 필자의 것이다)5)

"요사이 이른바 신경향을 표방하고 진보 사상을 파악한다는 이의 중에 일종의 조선 부정이라고 할 작은 열병이 있다"6)(나는 이 열병이야말로 최남선이 진짜 적으로 삼은 당대의 신화라고 본다). 그 열병으로는 미래를 보지 못한다. 그들이 보는 것은 영영 '과도(過渡)'7)이다. '조선적 조선의 절대 파악'이야말로 구원(久遠) 조선의 빛을 지금 바로 여기에 방사하는 길이다. 왜냐하면 "과거와 미래가 원래 불이(不二)"8)인 것이요, "구원의 이쪽 끝인 현실 개화(改化)를 밝히 똑바로 지시하고 도화(導化)하는 사상이 그때의 중추 사상"9)이기 때문이다. 그는 "과도, 과도, 과도!"라고 말하며, 과도기로 모든 것을 용서하고 과도라는 말로 조선을 부정하는 혁명 단계설을

---

5) 최남선, 「반드시 조선심(朝鮮心)이 생길 줄 아오」, 『별건곤』, 제6권 제4호(1927년 4월호). 앞의 책, p. 233.
6) 최남선, 「조선의 구원상(久遠相)」, 『동아일보』(1927년 11월 11일~1927년 11월 12일자). 앞의 책, p. 231.
7) "甲申年도 過渡, 甲午年도 過渡, 이때 이것도 過渡, 저때 저것도 過渡 自愧論은 완전히 그림자를 거둘 것이다." 최남선, 「반드시 朝鮮心이 생길 줄 아오」. 앞의 책, p. 233.
8) 최남선, 앞의 책, p. 231.
9) 최남선, 앞의 책, p. 232.

비판하는데, 왜냐하면 미래는 단 한 번에 취해야 하는 것이기 때문이다. 적(=일본)이 저 구원久遠의 세계로부터 현재까지 이어지는데, 어떻게 조선은 내내 과도기란 말인가. 구원상久遠相의 회복에 따른 현재의 갑작스러운 파국과 미래상의 성취. 그는 단군 속에서, 신화 속에서 10년 후, 혹은 근미래의 '욱일의 광망光芒'을 본다. 과거와 현재와 미래를, 그러니까 한 번에 취하라. 그러나 어떻게? 조선적 조선의 절대 파악의 길 — '신화'가 그 해답이다. 조선의 오래되고 변하지 않는 먼 모습久遠相을 보아야 하는 것이다. 앞으로 우리가 논해야 될 것이 바로 이 '방법'이다.

그런데 여기서 중요한 것은 최남선이 사회주의와 자신의 신화론을 동일한 개념을 통해 설명하고 있다는 사실이다. '공동동작'이 바로 그것이다. 우선 최남선은 사회주의란 민족의 부정이 아니라 '기준변혁을 위하여 통세계적通世界的 공동동작을 취하자 한 일표어'라고 규정했다. 그런데 놀라운 것은 최남선이 자신의 신화론을 또한 이 '공동동작'이라는 개념을 통해 설명한다는 사실이다. 그는 「불함문화론」의 의의와 과제를 "무턱대고 지나支那 본위本位로 모색함을 그치고 자기본위의 면목을 자주적으로 관찰함이 긴요하며, 한 걸음 나아가 지나문화支那文化의 성립에 대對하여, 자기들의 공동동작의 흔적을 찾아내어, 동방문화의 올바른 유래를 밝히는 것이 금후 노력해야 할 방향"[10]이라는 말로 제시한다. 공동동작이라는 기원 — 요청에서 볼 때, 최남선에게 사회주의란 향후 그 자신의 신화론과 경합하게 될 또 다른 신화의 일종이

---

10) 崔南善, 「不咸文化論」, 『朝鮮及朝鮮民族』, 朝鮮思想通信社(경성), 1927, p. 32.

었던 것이다. 그에게 공동체, 코뮌이란 백두산과 단군의 공유로부터 시작되는 신화의 공동성과 이 과업의 공동동작에 기초해야만 가능한 단위였다.

주지하다시피, 대중들의 반란 — 투쟁이 있었다. "다이쇼 8년 소요騷擾 사건의 선언서 필자"[11]최남선이 거기서 본 것은 간단히 말해 다수^{multitude}[12]였고, 그에게 그것은 '조선'이었다.[13]

조선을 남달리 사랑하는 사람인 까닭이다. 사상가의 육당, 언론가의 육당, 문장가의 육당은 말하지 말고, 학자의 육당도 이 사람으로 말미

---

11) 崔南善,「本集寄稿家諸氏略曆」,『朝鮮及朝鮮民族』, 朝鮮思想通信社(경성), 1927, p. 380.
12) 3·1운동에 있어서의 대중 동원이 3~4개의 사회세력에 의한 독자적 조직 동원의 결과라는 것, 민중봉기를 위한 동원과 시위의 파도가 전향적 유형과 방어적 유형으로 대별된다는 복합적 동원 가설의 타당성을 통계적으로 분석한 연구가 있다. 김용직,「3·1운동과 집합행동: 역사사례데이타 분석을 통한 연구」,『한국정치학회보』, 제36집 제3호, 한국정치학회(2002년 9월호).
13) 홍명희는 육당의 모든 글, 그의 모든 님은 '조선'이라고 말한다. 부부금슬도 좋은 육당에게 님이란 도대체 무엇일까하는 수수께끼를 낸 후 벽초는 이렇게 쓰고 있다. "육당의 임은 구경 누구인가? 나는 그를 짐작한다. 그 임의 이름은「조선」인가 한다. 이 이름이 육당의 입에서 떠날 때가 없건마는, 듣는 사람은 대개 그 임의 이름으로 부르는 것을 깨닫지 못한다. …… 육당의 다른 작품이 백팔번뇌(百八煩惱)와 다르지 아니하니, 근래 저작으로만 보더라도 단군론(檀君論)은 물론 그러하니 다시 말할 필요도 없거니와 심춘순례(尋春巡禮)가 그렇지 아니한가, 백두참관(白頭觀參)이 그렇지 아니한가. 대개 육당의 저작으로 하나도 그렇지 아니한 것이 없을 것이다. 저작마다 다른 것은 표현 형식일 뿐이니, 예로 말하여 단군론이 그 사랑의 원위(原委)를 장황히 서술한 서사시(敍事詩)라면, 백팔번뇌가 그 사랑의 발작(發作)을 단적으로 표백한 서정시(抒情詩)라 할 것이 다를 뿐이다. ……「조선」이라 하면 육당을 허깨비와 씨름하는 장사와 같이 말할 사람이 없지 아니할 것이나, 사랑은 그 길을 밟은 사람이라야 말할 자격이 있다하니, 엄정하게 말하면 육당과 같은 경험을 가진 사람이라야 육당의 사랑을 비판하여 말할 수 있을 것이 아니랴. …… 육당은 우상도 아니고 해물(害物)도 아니고 사람이다." 홍명희,「백팔번뇌발문(百八煩惱跋文)」,『육당최남선전집 10』, p. 467. 물론 벽초는 육당의 시조나 하이쿠와 같은 단형 시가를 악착(齷齪)한 일종으로 보아, 숭상할 바가 아니라고 했다.

암아 끝까지 냉정한 과학자적 태도를 유지하지 못함으로써, 그 귀중한 연구에 폐해를 끼침이 없지 아니하다.14)

하지만 최남선은 이 다중의 경험을 포함해, 스스로의 모든 학문을 바로 '조선'에 걸었고, 그것도 조선의 '구원상久遠相'에 걸었다. 내내 신화와 그 기록형으로서 역사를 읽어왔던 그가 1925년의 시점에 이를 완성된 형태로 내놓으며 누구를 적으로 삼았는가15) 하는 문제는 생각처럼 단순치 않다. 분명한 것은 그가 조선을 분절하는 모든 시도에 반대했고, 그것을 타파하는 가장 근원적인 방법으로 신화에 주목했다는 사실이다.

서북 지방의 근대적 봉기 양상이든, 영남 지방의 전통적인 방어적 집합행동이든 분명한 것은 3·1운동을 통해 19세기 서구의 근대 국가에 대항해 나타났던 일련의 '조직화되고 지속적이며 또한 자각적인 도전현상'이 근대/전근대의 복합사회 구조를 가진 조선에서도 나타났다는 것이며, 이것이 민족주의와 사회운동

---

14) 홍명희, 앞의 책, p. 468.
15) 많은 논자들이 이미 그 적이 시라토리로 대변되는 일본의 실증사학이고 그들의 단군 부정이었음을 논하고 있다. 최근의 것으로는 다음과 같은 연구가 있다. 이영화, 『최남선의 역사학』, 경인문화사, 2003, p. 128 이하; 김현주, 「문화, 문화과학, 문화공동체로서의 '민족' — 최남선의 '단군학'을 중심으로」, 『대동문화연구』, 제47집, 2004; 오문석, 「민족문학과 친일문학 사이의 내재적 연속성 문제 연구 — 최남선을 중심으로」, 『현대문학의 연구』, 제30집, 한국문학연구학회, 2006; 전성곤, 「최남선의 '불함문화론' 다시 읽기」, 『역사문제연구』, 제16호(2006년 10월호). 구체적인 이름들을 들어가며 단군 부인설을 비판한 당시의 글로는 최남선, 「檀君 否認의 妄」, 『동아일보』(1926년 2월 11일~2월 12일자), 『육당최남선전집 2』, pp. 77~78 등을 참고. 여기서 그는 시라토리 구라키치, 오다 쇼고小田省吾, 이마니시 류今西龍 등의 단군론을 비판 대상으로 삼는다.

의 교차점에서 100만 명 이상이 궐기한 '전국적이며 또한 자율적인 성격의 집합행동'으로 현실화되었다는 사실16)이다. 나는 이 '공동동작'의 경험을 재개시하기 위한 두 가지 방법을 이 글에서 일단 '신화'라고 명명해 보겠다.

조르주 소렐에 따르면 "거대한 사회운동에 가담한 사람들은 임박한 행동을 마치 자신들의 대의가 어김없이 승리할 전투의 이미지로 마음속에 그려본다." 그리고 소렐은 이렇게 "마음 속에 자리 잡은 이 구성물을 신화"17)라고 명명했다. 그가 보기에 이 신화는 근대에 있어서 민족적인 것과 사회주의적인 것이라는 두 가지 모습으로 나타난다.18) 사람들은 어떻게 움직이며, 어떨 때 두려움 없이 쓰고 행동하는가. 또 그들은 그러한 행위의 의미를 어디서부터 확인하며, 무엇이라 명명하는가. 신화가 바로 그것이다. 그것은 전쟁 상태에서 위대한 신화적 형상에 고무되어 투쟁에 참가하는 인간에게서 생겨난다. 그런데 "사람들이 참가하는 것을 긍정하고 명백한 신화의 형태로서 나타나는 전쟁 상태"에 좌우된다고 할 때, 이 전투적, 혁명적인 감격, 가공할 파국에

---

16) 김용직, 앞의 글, p. 94. 그것은 일종의 전쟁이었으며, 이 폭력을 거치고서야 각각 일본(그 이전까지 일본의 통치는 무단 통치, 즉 비상사태에 가까웠다)과 대한민국임시정부라는 두 개의 국가 상태가 현실적·상상적으로 성립했다. 이 두 개의 정부를 낳은 원폭력으로서의 3·1운동에 대해서는 이 책의 「서론」을 참고
17) 조르주 소렐, 『폭력에 대한 성찰』, 이용재 옮김, 나남, 2007, p. 55.
18) 소렐에 따르면 신화는 순수하게 계급투쟁의 본능으로부터 생기는 것이 아니라 강력한 국민적인 요소를 포함함으로써 확립된다. 계급적 신화는 민족주의적 방향으로, 민족적 신화는 계급 대립의 방향에서 움직인다. 칼 슈미트, 「신화의 정치이론」, 『입장과 개념들: 바이마르-제네바-베르사유와의 투쟁에 있어서 1923~1939년』, 김효전·박배근 옮김, 세종출판사, 2001, p. 19.

대한 기대는 생명의 내적 집중에 속하며 역사를 움직인다.[19] 그래서 소렐은 이 신화적 형상에 고무된 대중들이 수행했던 1792년의 혁명 전쟁을 '19세기 최대의 서사시'라고 불렀다.[20]

그렇다면 왜 그것은 신화로 불리는가. 그도 그럴 것이 신화란 논박의 대상이 될 수 없으며, 근본적으로 한 집단의 신념 체계와 같은 것이고 이 신념을 운동의 언어로 표현한 것이며, 따라서 역사적 묘사의 평면으로 옮겨질 수 있는 부분들로 해체될 수 없는 것이기 때문이다.[21] 합리주의적 해석 — 실증은 생명의 직접성을 왜곡한다.[22] 우리는 멀리 이탈리아에서 일어났던 사회주의와 민족주의 파시즘 사이의 충돌 — 두 '신화' 사이의 경쟁을 떠올려볼 수도 있을 것이다. 로마로 진군하기 직전인 1922년 10월 나폴리에서 행한 연설에서 무솔리니는 다음과 같이 말하고 있다.

우리들은 하나의 신화를 창조했다. 이 신화는 신념이며, 고귀한 열정이며, 어떤 현실적인 것을 필요로 하지 않는다. 그것은 충동이며, 희망이며, 신앙이며, 용기이다. 우리들의 신화는 민족이다. 우리들이 구체적인 현실로 만들려는 위대한 민족이다.[23]

---

19) 칼 슈미트, 「신화의 정치이론」, 앞의 책, p. 15. 물론 생디칼리즘 신봉자인 소렐의 입론은 카프 문학의 전개와 상당한 거리가 있다. 예컨대 그에게 있어 모든 역사적 비약 — 신화는 대중 자체에서 나오며, 이데올로그나 지식인들은 그것을 발견할 수 없다. 그러나 이름 없는 대중의 에네르기로부터 모든 영웅적 정신이 생겨난다는 전개는 사냥개와 폭력소년단으로 대변되는 초기 경향 문학의 서사들과 많은 유사점을 보여준다.
20) 칼 슈미트, 앞의 책, p. 15.
21) 조르주 소렐, 앞의 책, p. 67.
22) 칼 슈미트, 앞의 책, pp. 15~16.

이때의 연설에서 무솔리니는 스스로가 적으로 명명한 사회주의를 '열등한 신화'라고 불렀다.

최남선은 사회주의적 집단의 창출 — 노동자·농민에 의한 혁명의 신화에 맞서는 동시에 일본이라는 집단의 신화에 맞서는 방법으로 단군이라는 구원상을 잡아챘다. 실제로 최남선의 신화론은 3·1운동이 보여준 집단의 경험을 통해 완성되었으며, 일본의 역사실증주의에 의한 단군 부정에 의해 그 술어를 얻었고, 또한 사회주의에 의한 조선 내의 분할에 맞서 생겨났다. 게다가 무엇보다 그의 신화론은 전쟁 상태의 마디마디에서 고쳐지고, 반복되었다. 1920년대 이전의 그는 조선에 대해 그처럼 확신을 갖지는 못했고, 오히려 문화민족주의자라기보다는 텅 빈 기표이자 텅 빈 주권의 장소인 '소년/청년'과 '바다'를 경외하는 문명론자에 가까웠다.[24] 소렐의 신화론이 각각 총파업론과 파시스트들

---

23) 칼 슈미트, 앞의 책, p. 21.
24) 최남선의 바다의 상상력에 대해서는 오문석, 「최남선의 지리적 상상력」, 『근대계몽기 서사와 신시의 재현성 — 한국근대문학회 제16회 학술대회자료집』(2007년 6월호); 이종호, 「최남선의 지리(학)적 기획과 표상」, 육당연구 학회편, 『최남선 다시 읽기』, 현실문화, 2009을 참조. 최남선이 미래를 투사하는 공간은 바다에서 시작해 대륙기를 거쳐 해방 후 다시 해양으로 돌아오는데, 이 과정에서 문명예찬과 민족주의는 일종의 종합에 도달한다. 대표적인 글로 「해양과 국민생활 — 우리를 구할 자는 오직 바다」(1953년), 『육당최남선전집 10권』, pp. 534~550. 비히모스와 리바이어던 — 바다의 혁명과 육지의 국가 사이의 무게 편중을 재던 육당이 식민지말에 걸었던 길은 결국 '대륙'을 통한 국가로의 이동이었는데, 그 단서는 이미 조선을 북계문화권에 위치시켰던 불함문화론의 시기부터 존재했었고, 실제로 그다지 변하지 않았다. 왜냐하면 불함문화론 시기부터 이미 바다-문명론의 가능성은 봉쇄되기 시작했고, 그는 협력의 근거를 육지문화와 바다문화의 통합이 아니라 북계문화권의 흔적을 양분 혹은 상호 보충하고 있는 조선과 일본의 관계 속에서 떠올렸기 때문이다. 중요한 것은 그가 스스로의 문화론을 구성하는 데 있어서 정치적 함수와 그 결정적 역할에 대해 거의 아무것도 쓰지 않았거나 쓸 수 없었고, 매번 그 시대가 준 표어들을 역사적으로 소급하는 방식으로 스스로의 도식을 재조정했다는 사실

양쪽에서 열광적으로 읽혔던 것을 상기시키며 나는 이 논박할 수 없는 지식을 창출했던 1925년 언저리에서 태평양전쟁까지의 시간을 최남선의 말투를 빌어 '신화의 세기'라 명명해보려는 것이다.

그렇다면 민족사회주의운동^{national socialist movement}의 등장에 따른 대중의 발견과 신화의 사유가 의미했던 것은 무엇이며, 이것이 최남선의 신화론을 해명하는 자리에게 갖는 의미는 무엇일까.[25]

신화, 전승, 예언 — 신화에 의한 정치의 봉합

최남선은 이후 그의 모든 신화론의 기초를 이루는 「불함문화론」이 구상되던 순간을 이렇게 떠올리고 있다. 이 떠올림은 중요한데, 왜냐하면 여기로부터 그가 제기한 조선을 중심으로 한 세계사 전체의 전도顚倒가 감행되기 때문이다.

> 경신년 8월 24일 새벽에, 경성감옥 옥창에서 다른 때와 같이 정좌법을 행하고 있는 가운데, 조선에 있는 고산高山, 대산大山, 명산名山에 백자白字 붙은 이름이 많고, 단군이니 해부루니 하는 국조國祖들의 전설에도 비슷한 지명이 있는 것을 생각하게 되어, 그것이 기초가 되어 여러 가지로 연역도 하고 귀납도 분류도 하고 종합도 한 결과, 조선 고대에 '밝'

이다.
[25] 나는 이러한 사상사적 과제 인식을 3·1운동뿐 아니라 만주사변에서 태평양전쟁에 이르는 시기까지의 최남선의 의식 전체에 투사해 볼 수도 있으리라 생각한다.

이라 하는 일대 원리가 있어서 그것을, 그것을 기초로 하여 신화도 생기고, 신화의 쌍생자로 하나는 역사가 되고 하나는 종교가 된 것을 알게 된 때에, 캄캄하던 밤에서 백화白華가 나온 것 같이 온 세계가 새로운 빛을 보게 되었다. 이때의 심리는 무엇이라 말하는 것이 적당할는지 모르나, 그 가운데 보통으로 말하는 통쾌 이상의 통쾌가 들어 있음이 분명했다. 이 '밝'이란 손잡이를 붙든 뒤부터는 조선 고대 상태에 대하여 모르더라도 모르는 대로 알 듯한 것이 있고, 조선에 뿐 아니라 조선을 중심으로 하는 일대一大 문화권文化圈이 존재한 것을 알고, 이것이 실상 인류문화사상人類文化史上의 중대한 사실이요 긴요한 부분이었건마는 ……26)

왜 최남선은 '밝'에서 광명을 보았다고 느꼈던 것일까. 여기에는 그러니까, 두 개의 전도 ― 조선을 중심으로 한 세계사의 재편성이 자리하고 있었다. 우선 첫 번째 전도로, 동서이원론에서 남북이원론으로의 전도가 있다. 최남선은 스스로가 '바다'의 상상력을 작동시켰던 시기의 문명예찬과 민족사학의 폐색감을 극복하는 테제로서 세계 문화의 구분을 동서의 구분에서 남북의 구분으로 전도시켰다.27) 또한 이 남북의 구분은 북계문화 ― '불합문화의 전형적 전통지傳統地인 조선'28)을 통해 중국 중심의 역사

---

26) 최남선, 「내가 經驗한 第一痛快」, 『別乾坤』, 제6권 제8호(1927년 8월호). 『육당최남선전집 10』, p. 487.
27) "이것이 支那・印度 洋南系에 대한 동방문화의 北系를 이루는 불함(Päkän)文化系統으로, 이 계통에 속하는 民邦에는 어떤 시기까지의 특수한 역사 없음이 그 일대 특색을 이룰만큼 공통일치한 감정이 흐르고 있었다." 崔南善, 「不咸文化論」, 『朝鮮及朝鮮民族』, 朝鮮思想通信社(경성), 1927, p. 57. 『육당최남선전집 2』, p. 75.

를 잘라내고 극복하는 방법이기도 했다. 이러한 전도를 통해 그는 '서양=문명'과 '중국=천하'의 통념을 동시에 극복했다. 최남선은 분명 남북의 구분을 일본의 역사학자 시라토리로부터 배웠지만 일본을 동양이 와서 머무는 보고寶庫 정도로 생각했던 시라토리와 달리29) 조선을 아예 북계문화의 중심에 위치시켜 버렸다. 둘째, 그는 근대 이래의 일본을 통한 서구 문명의 유입과 식민화를 전도시키기 위해 문화 전파란 북계문화의 전통지인 조선으로부터 일본을 향해 이루어졌다는 도식을 제시한다. 일본도 대단한데 어떤가 하면, "일본은 조선 다음으로 일토일민一土一民의 계승적繼承的 고국古國인 한, 종교문화·불함문화를 통하여서는 양국의 유연상태類緣狀態는 특히 깊고 많"30)기 때문에 대단하다. 그런데 다시 어떤가 하면, 이 일본이라는 고국古國의 계승에는 그 기원으로서 이미 조선이 놓여 있다. 예컨대 '임나일본부'가 아니라 "신대神代의 식민가植民家 신라왕자新羅王子 천일창天日槍"31)이야말로 '신

---

28) 崔南善, 앞의 책, p. 61.
29) 시라토리 구라키치의 남북이원설에 대해서는 스테판 다나카, 『일본 동양학의 구조』, 박영재·함동주 옮김, 문학과지성사, 2004, pp. 145~159을 참고. 남과 북이라는 유형은 동서라는 유형이 갖는 보편성과 특수성 사이의 난국을 제거했다. 유럽과 아시아의 공통 기원을 확립함으로써 시라토리는 두 지역을 결합하여 동등하게 만들었다. 그러나 그는 일본을 북계 가까이 위치시키면서도 그에 귀속되지 않는 특수한 것으로 설명하려는 경향을 보여준다. "아시아 대륙문화(北)의 세력이 세계를 석권하여 시달리지 않은 곳이 없다고 할 정도였는데, 서쪽에서는 오직 영국이, 동쪽에서는 오직 일본만이 그 세력권 밖에 있었다." 白鳥庫吉, 「史上より見たる歐亞の大勢」, 『白鳥全集』, 제8권, 岩波書店, 1971, p. 33.
30) 崔南善, 앞의 책, p. 72.
31) 최남선, 「神代의 植民家 新羅王子 天日槍 ─ 九州로부터 大坂·敦賀의 一帶에 子孫이 繁衍하여 廟食綿綿 數千年」, 『怪奇』, 제1호(1929년 5월호). 『육당최남선전집 9』, p. 42.

령적 지위'를 가진다.

　이러한 도식을 상기하며, 이제 내내 문제가 되어온 만주건국대학 재직기에서 태평양전쟁에 이르는 기간 ― 진짜 '신화의 세기'에 최남선이 취했던 입장을 검토해보자. 그러니까 해명의 과제는 이와 같은 그의 단단한 도식이 어떤 과정을 통해서 당대의 정치와 연동되게 되는가 하는 것이다. 즉, 적敵이 사회주의의 신화나 일본의 (단군 신화론 '왜곡'을 포함한) 신화론이 아니라 다른 대상으로 바뀔 때 최남선의 신화론은 어떤 식으로 정치화되는가. 미리 말해두건대, 나는 최남선의 방법과 구도는 학병권유연설과는 별도로 거의 변화하지 않았다고 생각한다. 학병권유조차 그의 신화론 안에서 정당화될 수 있다고까지 믿는다. 그는 언제나 신화를 통해 북계문화론의 주역으로서의 조선을 언급해왔고, 이 생각에는 변함이 없었다. 그러한 언급에 만몽을 끼워주든, 일본을 끼워주든 그의 '방법' 자체는 변하지 않았다(따라서 그 '의미'나 '효과'가 변화하지 않았다고 쓰고 있는 것은 아니다). 이것은 그의 지조志操를 말하는가. 그렇다. 이 지조란, 내내 전쟁 상태의 시대가 제시하는 기표들 안에서 과거를 한꺼번에 불러내는 '방법적 일관성'을 뜻한다. 뜻과 희망志을 쥐고 조정하는 방법操(따라서 이 방법상의 지조는 윤리와는 무관한 의미에서의 일관성이다).

　홍명희의 말처럼, '조선' 자체가 허깨비일 수 있고, 또 조선 그 자체가 윤리를 보증할 수 없다 하더라도, 아니 바로 그러한 이유로 인해 조선에 대한 그의 열정은 한 번도 변하지 않았다.[32] 변

---

[32] 이것이야말로 그가 해방 후 반민특위에 제출한 「자열서自列書」(1949)의 취지이다.

한 것이 있다면 정세에 따라 소위 '장기전'에 대비하는 전술의 어휘, 그래서 전략과 신화 등의 구도 내부에까지 침윤해 들어오는 언어였을 것이다. "자연히 일본도 단군중심문화의 일익임을 언급"하고 "단군문화로서 일본은 물론이요, 전 인류문화의 일반을 포섭하자 한 당돌한 제안"33)은 결코 사후 변명이 아니었다. 최남선의 이 말 — "중간에 간난艱難한 환경, 유약한 성격의 내외 양인兩困이 서로, 합병하여서, 내 의상에 흙을 바르고 내 행리行履에 올가미를 씌웠을지라도 이는 그때그때의 외적 변모일 따름이요, 결코 내 심흥행心興行의 번전변환飜轉變換은 아니었다"34)는 이 진술을 일단 '방법적'으로 믿어볼 수는 없을까. 분명 그는 조선어해소론이나 조선민족해소론자들과는 구별되는 사유를, 그것도 이전의 스스로의 방법 '안'에서 행하고 있었던 까닭이다.

최남선의 신화론은 강창기姜昌基의 『내선일체론內鮮一體論』(1939년)이나 김성률金聲律의 『사실로 본 내선일체史實より見たる內鮮一體』(大海堂印刷株式會社, 1938년)과 같이 식민지말에 급조된 내선동조론日鮮同祖論·내선일체론과는 질적으로 다른 것이었다. 그에게는 그러한 속류 동조론은 비학문적·추상적일 뿐만 아니라 '피' 자체가 중요한 것이 아니라 문화가 중요하다는 그의 평소 생각과도 배치는 것이었다.35) 최남선은 중일전쟁이 발발한 직후인 1934년에 이미

---

33) 崔南善, 「자열서」, 『자유신문』(1949년 3월 10일자). 『육당최남선전집 10』, p. 532.
34) 최남선, 앞의 책, p. 533.
35) 최남선, 「신의 뜻 그대로의 옛날을 생각함」, 김병걸·김규동 편, 『친일문학작품선집』, 실천문학사, 1986, p. 105. 이 선집에는 이 글이 『신시대(新時代)』 '국어판'에 수록되어 있다고 기록되어 있으나 확인할 수 없다. 동 잡지의 창간일이 1941년 1월임을 고려하면 이는 오식임에 틀림없다. 전성곤 교수는 이 글이 발표된 학술회의에

일본신화와 조선신화의 연계를 구상하고 있었고, 거의 완성 단계에 있었던 것으로 생각된다. 육당은 단군을 중심으로 한 북계문화 안에 일본을 이입한 후, 이를 통해 일본이 개시한 전쟁을 북계문화의 봉쇄된 보창寶창이 열리는 '천업天業의 약진'으로 규정하는 보다 담대한 방법을 택했다. 일선동조론이 당시의 교과서적인 지식이자, 여타의 전향사회주의자들에 의해서도 부정되지 않은 논의였다는 점36)을 상기할 때 '조선'과 단군 혈통에 대한 그의 보호 감각은 과연 특기해둘 만하다. 그래서 아래서는 만주사변에서 시작해 중일전쟁을 거쳐 태평양 전쟁에 이르는 시기에까지 일관된 그의 사유를 1934년에 쓰여진 신화적 정세론을 통

서 최남선의 글의 원문이 다음 서적임을 알려주었다. 宮地直一 等, 『東洋民族文化協會パンフレット: 朝鮮人を祀れる神社・神ながらの古を憶ふ』, 東洋民族文化協會, 1934년. 호리에 히데오(堀江秀雄)가 편집한 이 책의 해당 부분의 초입에는 다음과 같은 편집자의 말이 적혀 있다. "이 일편은 지난 3월 조선의 석학 최남선씨가 경성방송국에서 방송한 강연 취지이며, 『경성일보』에 게재된 것이기도 하지만 고대 일선(日鮮)의 문화관계의 불가분함을 알기에 유익한 논술이므로, 이에 전재하는 차제이다. 미야지(宮地) 박사의 「조선인을 제사지내는 신사」과 함께 읽어주기 바란다"(편자 식). 앞의 책, p. 32. 미야지 나오이치는 '세계적 석학'으로, 최남선은 '조선의 석학'으로 평가되고 있는 부분도 특기해둘 만하다. 앞의 책, p. 47. 한편 이 글은 다음의 서적에서도 확인된다. 崔南善 講述, 「神ながらの昔を憶ふ」, 경성일보사/매일신보사, 1934. 이 글의 원문은 다음의 연구서에 부록으로 실려 있어 쉽게 찾아볼 수 있다. 전성곤, 『근대 '조선'의 아이덴티티와 최남선』, 제이앤씨, 2008.
36) 예컨대 인정식의 견해가 그러하다. "내선인과 조선인이 동근동조(同根同祖)의 혈연적 관련을 가졌다는 것은 필금 김씨[김성률]를 기다리지 않는다고 할지라도 소학교 아동이라도 다 아는 일이다. …… 다만 문제는 현금의 내선인(內鮮人)을 통고사(通古斯) 시대의 옛날에 회귀케 하여 감정에 있어서 의욕에 있어서 일체화하게 하자면 어떠한 사실적 계기가 다시 요구되는가를 발견하는 데 있다. …… 나는 이 현실적 계기를 내선인의 운명의 공통성과 또 이를 실증하는 동아의 정세에서 찾을 수 있다고 생각한다. …… 요컨대 민중에게 제시하는 내선일체의 이념은 항상 현실에서 증명되어야 한다." 印貞植, 「내선일체의 문화적 이념」, 『인문평론』(1940년 1월호), pp. 5~6.

해 살펴보자.

「신의 뜻 그대로의 옛날을 생각함」(1934년)라는 글을 통해 최남선은 일본의 패권을 일본 자체가 아니라 북계문화권에 새겨진 신화의 발현으로 설명한다. 일본신화의 발현은 조선신화의 발현이다. 왜냐하면 "조선과 일본의 고문화를 하나로 비교·대조해 보아야 비로소 그 진상이 나타나고 더 나아가서 북 또는 동아세아 전부를 하나의 범주 속에 묶어 넣을 때, 가장 적확·투철한 본래의 의의가 뚜렷하게 파악"[37]되기 때문이다. "대륙 중부의 고원 지대를 따라 가로 한 줄을 긋고, 그리하여 2등분된 남반부를 다시 세로 구분 즉 아세아대륙을 정자형^{丁字形}으로 3등분 하면, 남반부의 서쪽 인도 중심의 문화구^{區}와 동쪽 지나^{支那} 중심의 문화구가 있는데, 이것과 상대하는 북반부는 인도 및 지나와는 전혀 다른 문화지역을 형성하고 있다는 것" 또 "이 문화권을 아세아 북계^{北系} 문화지대라고 부를 때 …… 어떤 의미에서 이 봉쇄된 보창의 문을 열어봄으로써 비로소 올바른 동양사 내지 전세계사도 만들어낼 수 있다"는 것은 그에게 여전히 분명하다. "우리 동방의 민중이 국가적·정치적으로 눈을 떴을 당초"에 새겨진 약속은 "고원한 이상, 홍대^{弘大}한 경륜은 원래 일조일석에 달성되었을 까닭이 없으며 반드시 수많은 곡절을 거쳐서 이룩되는 구원의 약속으로서, 후대의 동방 민중에게 전하여 내려왔"[38]다. 여기까지도 그의 생각은 「불함문화론」과 커다란 차이를 보이지 아니한다.

---

37) 최남선, 「신의 뜻 그대로의 옛날을 생각함」, 앞의 책, pp. 106~107.
38) 최남선, 앞의 책, p. 107.

그런데 여기에 현실에 대한 규정, 즉 신화가 도래하는 시간이라는 규정이 개입하면서 논의는 전혀 다른 곳으로 줄기를 튼다. 최남선이 보기에 "오늘날의 동방 공전空前의 비상국면이야말로 이 고귀한 전통을 떨어 일으키고 천업天業의 회홍恢弘에 약진해야 할 약속의 시기"이다. 하지만 시국의 중대함에 비해 조선인을 비롯한 동방의 많은 민족은 너무나 인식·신념·용기가 부족하다. 신화는 재개시되었는데, 아무도 그 사실을 알지 못한다. 이런 일이 과연 가능한가.

> 마음이 굶주리고 활동이 시들고 쇠퇴한 이 민족들에게 활력을 부어넣고 열과 힘을 주는 원동의 활수活水는 무엇일까? 그들로 하여금 그들의 고유정신·공동신념·전통문화인 신의 뜻 그대로의 옛날로 되돌아가게 하고, 신의 뜻 그대로의 길을 소생시켜 결합된 활동에 의한 창조적 기능을 부활시키는 것 이외에 또 무엇이 있겠습니까? 오늘날 이 옛길이 일본 이외에는 별반 뚜렷하게 나타나 있지 않지만 그 옛날 동방세계를 하나로 묶고 대동생활의 통일원리로 존재했던 신의 길은, 때로는 역사적 사실로 때로는 민중의 생활에 지금도 여전히 저력 있는 침윤浸潤을 나타내는 것은 알 만한 사람은 다 알고 있는 터입니다.

만약 이 신화의 보창을 열어 구원의 약속을 실현하는 임무를 지금 일본이 수행하고 있다면, 최소한 일본의 신화와 보철물 관계에 있는 조선 역시 어떤 중대한 시국에 와 있음에 틀림없다. 다만 그 신화가 도래하는 순간을 조선인이 깨닫지 못하고 있을 뿐이다. 따라서 조선을 포함한 동방의 민족은 각자의 신화에 새겨진 약속이 아니라 '동방' 전체 — 즉 북계문화권 전체에 새겨진 약속으로서 일본의 '옛길'을 스스로의 것으로 삼을 도리밖에 없다. 여기서 우리는 최남선이 간도와 만주에 이르는 조선인의 동선을 긍정적으로 생각했던 사실을 상기하지 않으면 안 된다. 남이 실현하고 있지만 우리의 신화는 실현되고 있다는 것이다.

> 일변 우리의 만주 진출에는 역사적 고향으로의 귀환이라는 의미도 붙어 있어서, 심리적으로 아무 서슴도 거리낌이 없으므로 그 패연沛然한 세勢는 거의 막을 무엇이 없었다. …… 용감한 조선인의 발전은 벌써부터 간도에서 벗어나가서 일방으로는 동만東滿으로부터 북만北滿, 일방으로는 남만南滿으로부터 서만西滿 곧 동몽東蒙을 향하여 사방으로 씩씩한 보취步驟를 내켜서 일찍 간도를 조선화하듯 장차 만주를 간도화間島化하려는 기세를 보여왔다. …… 민족 위에 보급 균점均霑하고 있나니, 이 신천지에 있는 금후 조선인의 발전은 진실로 측량하지 못할 것이 있게 되었다.[39]

그런데 위의 언급에서도 드러나듯이 여기에는 중대한 모순이 있다. 그의 논리 안에서 단군을 중심으로 한 북계문화에 새겨진 약속은 신화라는 보창을 열어젖히는 일을 통해서 이루어진다. 그런데 조선인은 아직 각성하지 않았고 열어젖히기는커녕 열린 균열도 닫고 있었기 때문이다(일선동조론/내선일체론). 만약 이 신

---

39) 최남선, 「間島와 朝鮮人」, 『半島史話와 樂土滿洲』, 1943. 『육당최남선 전집 9』, pp. 58~59.

화가 이루어진다 하더라도 무의식적으로 이루어지는 한 약속은 실현된 것이 아니라 굴러 떨어진 것이 된다. 따라서 약속은 이루어진다 할지라도 구원은 없다. 그에게 전쟁은 옛길 — 즉 신화에 새겨진 구원의 약속이 도래한 시기였고, 그렇다고 한다면 이 옛길의 실질적 주인 혹은 '전통자'인 조선에게도 기회는 있다. 그는 그렇게 다급하게 믿고 싶었던 것인지도 모른다.

그의 논의는 내선일체론이라기보다는 오히려 동방민족 — 조선민족 각성론에 가깝다. 동서의 구분과 중국의 천하가 한꺼번에 뒤집히는 약속의 순간[40]이 눈앞에 보이는데, 이 약속은 조선이 열어젖힌 신화에 의한 것이 아니었다. 그는 차라리 이 약속을 재구(再構)하면서 그가 중심에 놓은 조선 — '밝'의 문화권을 일본의 옛길에 밀어 넣어버리며 조선의 각성을 촉구한다. 이것이야말로 그가 학병권유를 할 수 있었던 이유이다. 저들의 전쟁이 아니라 동방의 전쟁이며, 저들의 신화는 곧 우리의 신화를 통해서만 실체가 드러나는 약속이기 때문이다. 이것은 대동아의 논리와도 다르고, 내선일체의 논리와도 다르다. 그는 (중국을 포함시켜버린 동양이라는 애매한 말을 동반한 채) 일본을 다시 북계문화권에 기

---

[40] 그가 중국과 관련해 애매한 태도를 취한 것은 중요한 분석의 지점을 제공한다. 왜냐하면 중국은 일본의 판도와 대동아 논리에서 매우 중요한 존재이지만 남계에 속하기 때문이다. 주지하다시피 그에게 신화의 보장을 열어젖혀야 할 주체들은 조선을 중심으로 한 북계의 민중이며, 각성되어야 할 옛 길은 북계문화권의 길이기 때문이다. 이 시기 최남선의 글은 대부분 만주까지 순조로운 일관성을 보여주지만 중국이라는 변수 앞에서 머뭇거리거나 침묵하는 양상을 보인다. 근대 일본과 한국이 고민하며 잘라냈던 중국이라는 대상의 갑작스러운 복귀는 최남선의 신화론에 있어서도 중요한 해명 지점의 하나일 것이다. 생명선=경제블럭=문화권을 묶는 논의에서 중국은 애매하고도 까다로운 위치에 놓이게 된다.

입하고, 다시금 그 동양≠북계문화권 위에 조선을 기입한다. 그의 신화론을 급조된 일선동조론^{日鮮同祖論}·내선일체론의 하나쯤으로 생각해서는 안 될 것이다. 왜냐하면 이 시기 육당 신화론=정치론은 약속의 시기가 이미 왔는데도 아무도 각성하지 못한 순간에서 부득이하게 발설된 우울한 광망^{光芒}이었기 때문이다.

실제로 최남선은 『고사통^{古事通}』(1943년)을 통해 조선의 '역사^{國史}' 교과서에 채택되기도 했던 일선동조론의 핵심인 스사노오^{素戔嗚尊}=단군설을 부인했다. 아마테라스오오카미^{天照大神}의 동생 스사노오노미코토^{素戔嗚尊}와 단군이 이명동일신^{異名同一神}이라는 주장에 대한 부정은 당시로서는 극히 불온한 것이었다. 이 입장은 조선총독부의 공식 입장으로, 이 설에 이의를 제기했던 쓰다 소키치^{津田左右吉}에게 유죄 선고를 내렸을 정도로 강력한 금기였다.[41] 최남선은 단군이 스사노오보다 훨씬 이전으로 소급됨을 근거로 이를 부정했고, 그런 의미에서 어떤 의미에서는 일본과 한국의 동일문화권설 정도가 그의 신념이 허용할 수 있었던 최대치였다.

그는 차라리 일본의 신화를 북계문화권 신화 안에 귀속시킴으로써 조선을 거기에 기입할 방도를 찾았다. "자기들의 공동동작의 흔적을 찾아내어, 동방문화의 올바른 유래를 밝히는 것이 금

---

41) 保坂祐二, 「日帝の同化政策に利用された神話」, 『日語日文學硏究』, 第35輯, 한국일어일문학회, 1999. 쓰다 소키치는 '국민정신총동원조선연맹' 발족 직전인 1940년 3월 8일 출판법위반 혐의로 일본 본토에서 기소되었다. 기소 내용은 『고사기(古事記)』의 황실 관련 19가지 대목이 황실의 존엄을 모독했다는 것으로, 그는 1942년 이 일로 금고 3개월, 집행유예 2년을 언도받았다. 물론 기소 내용으로 보아 그의 기소가 수사노오(素戔嗚尊)=단군설 부인에 한정된 것인지의 여부는 이론의 여지가 있어 보이지만 신화 연구에 있어 『고사기』를 자주 인용했던 최남선으로서는 이러한 과정을 숙지하고 있었을 가능성이 크다.

후 노력해야 할 방향"이라고 썼던 최남선으로서는 일본의 전진을 북계문화 — 동양의 전진 안에 기입하는 한 그 문화의 '전형적 전통지'인 조선의 공동동작 — 즉 종군이 불가결했다.

육당은 만주건국대학 부임(1939년 4월~1942년 11월) 후 가까이 지내게 된 조선인 제자들의 물음42)에, 또 학병권유연설 석상에서 이렇게 위로한다.

이것이 내가 사死할 때냐, 사死할 일이냐. 일체를 다 바치고 선선히 눈을 감을 절대경絶對境이냐, 아니냐. …… 일사一死를 결정하는 마당에 '죽는 보람'을 요량해 봄은 생명의식의 엄숙한 표적으로서 그것을 칭양은 할지라도 결코 비방하지는 못할 것이다." 그리고 예의 그 신화론적 어휘들을 통해 이렇게 답한다. "만주사변으로부터 지나사변 내지 대동아전의 일련적 전개는 진실로 당유불능무當有不能無의 역사적 제취蹄趣요, 바꾸어 말하면 절대적 천명이라고 할 수밖에 없다. 고금래의 온갖 인연적 약속이 덥치고 쌓여서 마침내 이 막다른 골에 들어선 것이다.43)

그러니까 학병에의 지원을 요구하는 '동아'의 전쟁, '신황神皇'의 대도大道가 팔굉八紘에 광피光被되려 하는 성전'은 여기서 임전무퇴의 화랑도의 복귀 시점으로서 설명된다.44) 그러나 중국과 서

---

42) 강영훈, 「영원한 스승 육당 최남선선생」, 『나라를 사랑한 벽창우: 강영훈 회고록』, 동아일보사, 2008을 참고
43) 최남선, 「보람있게 죽자 – '臨戰無退' 空論無用」, 『매일신보』(1943년 11월 4일자).
44) 이러한 생각은 이 글 직후에 쓰여진 다음의 글에서도 발견된다. 장혁주, 「花郞徒精神의 再現」, 『매일신문』(1943년 11월 11일자). "대동아공영권 확립에다 조선의

양으로부터의 분리와 일본에 대한 신화적 우월성을 위해 창안되었던 조선을 중심으로 한 북계 신화가, '대동아성전론'에 대한 정당화와 만나면서 이 신화는 특유의 박력과 저항선을 상실하게 되는 것 같다. 개시된 전쟁이 남북의 신화가 아니라 동서문명론을 통해 설명되면서 육당은 자꾸 인류의 일원성, 세계로의 귀일, 근대 국력과 교통에 의한 서방동진의 극복을 언급하게 된다. "동아전은 결코 일본만의 전쟁이 아니요, 또 다른 어느 일 국민, 일민족 대 타국 민족과의 투쟁도 아니요 진실로 일본 및 일본 정신의 발단자, 또 중추세력, 또 지도원리로 하는 전동아의 해방운동이요, 이 동아해방운동은 그대로 곧 세계개조의 중대한 사안인 동시에 인류역사의 '세계'화를 현전現前케 하는 기연機緣이다"45)라는 말에서 오롯이 드러나듯이 이제 신화적 박력보다는 신화적 방법과 수사만이 그의 일관성을 아슬아슬하게, 겨우, 끝까지 지탱해나간다. 이것이 내가 말한 육당의 지조이고 일관성이며, 이것이 내가 말하려는 육당의 '심흥행心興行'상의 흔들림이다.

어쩌면 육당의 신화론은 식민지인이 상상해 낼 수 있었던 가장 광막廣漠한 크기의 믿음과 스케일을 보여주었다. 망실에 대한 이 상징적 보상은, 그러나 정말 '신화가 개시되는 시대'를 만나 변전변동하지 않을 수 없었다. 아직 조선이 개시한 것은 아닌 이 신화의 열림에 어떻게 대응할 것인가. 육당의 신화론은 계속 신

황도화皇道化라는 것을 연결하여 볼 때 지난 1천 수 백 년 동안 불행히도 길道 밖에 섰던 우리들의 위치가 이제야 자연한 위치에 돌아가게 되며 또 십억 대동아 민족의 중추가 된다는 중대한 책무를 짊어지게 되는 것이다."
45) 최남선, 「아시아의 해방」, 『매일신문』(1944년 1월 1일자).

화인 그대로 존재할 수 없었다. 세계의 각처에서 신화가 이미 개시되고 있었기 때문이다. 북계신화의 개시, 동양의 궐기, 일본의 성전^{聖戰}이라는 어색한 봉합 속에 그는 신화의 재^{再}개시를 요청했다. (북계의 일부인) 일본의 전쟁에 (북계의 전통지인) 조선의 청년들이 나간다는 극한의 상상, 극한의 약속이 그것이다. 현실로부터의 거리에 의해 유난히 큰 광망으로 빛나던 그의 신화론은 그것이 현실에 접근하는 것에 비례해 빛을 잃어간다.

전유된 신화, 원-파시즘$^{archi\text{-}fascism}$의 원천

신화에 새겨진 광망의 미래. 파국을 감수하는 전쟁을 통해 종^{種}의 대오각성을 요구하는 신화—정치론적 인식은 1930년 전후 세계를 추동했던 민족사회주의 사상들과 그 속에서 펼쳐졌던 여타의 신화론과 묘한 동시대성을 보여준다.

단적으로 말해, 역사의 근원이 실증이나 고생물학이 아니라 신화에 속하는 것임을 단언한 사람은 최남선만은 아니었다. 더하여 신화^{muthos}가 이성$^{logos실증/과학}$에게 자리를 내주게 된 것은 신성한 것들이 물러났기 때문이라고 말한 사람, 또 이 신성한 것의 회복이란 다름 아닌 신화에 새겨진 민족적 본질을 회복함으로써 세계사적 민족이 되는 일이라고 말한 사람도 최남선만은 아니었다. 특정 민족이 정신적이고 역사적인 현존재의 '시원^{beginning}'이라는 힘 안에 놓여 있다는 것, 또 그러한 시원의 힘이 어떠한 명령도 따르게 하는 수단이 된다는 것. 역사란 어떤 민족의 정수를 기초로 하여 그 민족 언어의 조력을 얻어 존재자 전체를 향해 서는 일에 다름 아니라는 주장 역시 그렇다. '신화'에 의한 민족적 존재, 사명의 해명은 1920~1930년대를 지배한 대표적인 '20세기의 신화'였고 특히 1935년 언저리의 하이데거의 핵심 주장이었다. 1935년의 하이데거는 조금의 의심도 없이 신화라는 용어를 통해 사명과 존재를 일치시킨다.[46)]

하이데거에게 있어, 현존재^{Dasein}는 자신이 미래로 투기하여, 그 과거를 향하여, 즉 그 과거의 창출^{invention}을 향해 되돌려지는 한에서만 자신이 현재 품고 있는 심연과 관계된다. 마찬가지로 '역사'의 가능성은 하나의 민족이 이미 지니고 있고, 그렇기에 다시 도래해야만 하는 것으로 정의된다. 자신의 과거의 아직 도래하지 않은 부분, 은폐된 가능성에 투기하는 한에서만 현재에 균열을 내고 이를 열어젖히는 순간이 생성될 수 있는 것이다.[47)] 역사의 개막 — 재개시란 시원의 반복이라는 생각의 분포는 하이데거의 생각처럼, 또 최남선의 생각처럼 그렇게 지역적으로 한정된 방법 혹은 믿음이 아니었다. 시라토리의 어투를 빌어 말하자면 그러한 믿음은 북계문화권 전성기의 그 길을 따라 '서양적 인간'과 '동양적 인간'에게 두루 퍼져 있었다. 하이데거는 시원의 (재)개시를

---

46) Phillppe Lacoue-Labarthe, *Heidegger and the Politics of Poetry*, trans. by Jeff Fort, The Univ. of Illinois, 2007, pp. 6~7. 라쿠-라바르트는 하이데거의 신화론 역시 사회주의 총파업이라는 조르주 소렐의 신화론 — 현대에 있어서의 신화의 필요성 논의와 여타의 새로운 독일 민족주의의 신화에 자극받았을 가능성을 지적한다. 앞의 책, p. 5.
47) Phillppe Lacoue-Labarthe, 앞의 책, p. 7.

횔덜린의 시작$^{詩作\ Dichtung}$, 즉 신과 영웅들에 대한 시에서 찾았지만 실제로 하이데거가 요청한 것은 신화/전승^{Sage}이었다. 하이데거에게 시란 신화소$^{神話素\ Mytheme}$이고 최후까지 그랬다.48) 왜냐하면 마치 육당이 언급하는 시조 '조선'처럼, 혹은 모든 단군 강산(백두산)처럼 그것이 신적인 것의 부재화^{不在化}를 서술하며 신으로부터 부여된 사명을 환기하는 신학적인 것이었기 때문이다. 역사는 증명이 아니라 부재하는 것을 도래시키는 믿음이다. "북국의 푸새가 봄과 여름을 한데 맞이하는 것처럼 조선심^{朝鮮心}의 해토^{解土}는 시^{詩}의 홍수로써 온 예원^{藝苑}을 휩쓸는"49) 일(「조선국민문학으로서의 시조」, 1926년)이라는 신념, 조선의 광망은 무엇보다 신화에 새겨진 약속의 도래를 통해서일 것이라는 믿음(「불함문화론」, 1925년 12월호). 여기서는 그것들이 갖는 의미를 약간 써나가며 장을 마무리할까 한다.

전승 혹은 신화가 민족의 역사적인 현존재의 근원을 구성하는 까닭에, 신화는 민족의 현존재에게 역사적 존재 양태를 각인시킨다.50) 그리하여 신화 — 하이데거의 어휘로 말하면 전승$^{die\ Sage}$은 민족 존재, 즉 민족성에 근원적으로 결부되어 있는 것으로 사고되었다. 신화는 모든 민족의 원시$^{原詩:\ Urgedicht}$이다. 모든 낭만주의적 정치에서 민족은 오로지 신화에 근거하는 한에서 조직되고, 민족으로 존재하며, 자기동일화하고 자기고유화한다. 신화만이 '자기자신'이 되게 한다.

---

48) Phillppe Lacoue-Labarthe, 앞의 책, p. 11.
49) 최남선, 「조선국민문학으로서의 시조」, 『조선 문단』, 제16호(1926년 5월호).
50) Phillppe Lacoue-Labarthe, 앞의 책, p. 10.

신화에 대한 이런 식의 호소는 독일·비시 프랑스·이탈리아·일본·조선 등에 있어, 요컨대 생산수단의 사유화我有化: apprpopriation에 맞선 투쟁 — 사회주의의 신화만큼이나 결정적인 자기동일화 수단에 대한 요구였다.51) 시작詩作 Dichtung에서 언어Sprache로, 거기서 다시 전승Sage으로 이어지는 이러한 사유는 일반화된 낭만주의와 사회주의의 결속력만큼이나 강력한 사유방식을 우리에게 펼쳐 보인다(물론 우리는 그것이 도달했던 파국을 잘 알고 있다. 그러나 그것이 왜 파국인지는 아직 모르고 있다).

벌거벗은 삶의 구제를 위해 지나간 역사적 순간을 붙잡고 그것을 통해 현재와 미래를 구제한다는 그러한 생각이 아니라52), 이미 완전체인 신대神代의 과거에 새겨졌을 존재의 형상onto-typo-logy으로부터 스스로를 경계 짓는 신화론의 존재를 20세기의 대표적 신화로 지목하며, 필립 라쿠-라바르트는 이를 원-파시즘이라 불렀다. 아직 파시즘은 아니지만 시원에 있어 파시즘인 이것(그래서 파시즘보다 더 멀리 나가 있는 이것). 라쿠-라바르트의 지적처럼 파시즘적 빙의憑依란 실상 형태화의 빙의이다. 여기서 문제가 되는 것은 하나의 형상을 건립하는 것이며, 그 모델에 의해 한 유형의 인간이 아니라 인류라는 유형 혹은 절대적으로 유형적인 특정한 인류를 산출하는 것이다. 나머지 인류는 당연히 아무래도 좋은 것이거나, 최악의 경우 멸절해도 좋

---

51) Phillppe Lacoue-Labarthe, 앞의 책, pp. 88~89.
52) 나는 다음의 글에서 역사를 보는 1930년대 말~1940년대의 세계 지성사의 흐름에 대해서 논한 적이 있다. 황호덕, 「무상의 시간과 역사의 시간 — 끝나지 않은 신체제, 근대 일본의 역사상」, 『프랑켄 마르크스』, 민음사, 2008.

은 인간 아닌 것이 된다.

최남선에게 있어 이 특정한 인류는 북계문화의 조선인들이었다가, 북계문화의 동양인들이 된다. 마치 독일의 정신사에서 이와 같은 사유가 가졌던 의미가 '독일의 결핍'이라는 애수적인 정수 속에서만 존재했듯이, 조선의 신화 역시 애수 속에서만 유의미했던 것이 아닐까. 신대神代라는 급진화된 문화투쟁의 장에서 유례없는 사명의 기원과 모델을 발명하려고 했던 최남선의 신화와 전승에 관한 모든 사유는 하나의 '종합예술작품total artwork'으로서, 정치 없이 정치를 언급한다. 라쿠-라바르트는 하이데거를 논하면서 전통에서 기원과 영웅들을 선택함으로서 현존재가 역사적 가능성을 열어젖힐 수 있다는 사고, 즉 현실 정치에 대해서 전혀 말할 필요가 없거나 최소한만 말해도 되는 사유를 존재-신화론onto-mythology이라고 부른 바 있다.

실제로 최남선은 그가 쓴 문서들 안에서 훼절하지도 변절하지도 않았다. 훼절할 필요가 없었기 때문이다. 신화 안에 이미 쓰여져 있는 것을 그는 다시 개시한다. 다만 그가 사랑했던 '조선'이 그것을 개시하기 전에 일본이 먼저 (저 장대한 북계의) 신화를 개시해 버렸기에 그는 아직 개시되지 않은 사람 — 청년들을 향해 개시하라고, 개시를 준비하라고, 이미 개시되었다고 갈라진 목소리로 외칠 수밖에 없었다.

북계문화권을 다시 넘보는 대중 서사시들이 창대한 오늘 우리는 다시 육당을 읽고 있다. 그런데, 또 그와 다투었던 또 하나의 신화는 죽어 있다. 이 주검, '죽을 수 없는' 산 주검을 구해야할지 모른다.

2 언어와 삶 — 상황과 제도들

1

|

식민지말 조선어(문단)해소론의 사정(射程)

> 이제 난 조센진이 아냐, 겐노가미 류노스케다, 류노스케!
> 류노스케를 들여보내줘.
> — 김사량, 「천마」(1940)

문학과 시큐리티: 누가 우리를 지켜주는가

나는 여기서 소위 '친일' 혹은 '협력'의 현실적 메커니즘으로서 우선 중일전쟁(1937년 7월 7일 발발)과 태평양전쟁(1941년 12월 7일 발발)을 둘러싼 두 개의 삽화를 인용해보려 한다.

"저, 나라라 하심은?" "나라가 나라지 뭐냐. 너는 뭐 하는 놈이냐. 도의심도 없는 게냐. 만일 일본군이 약했을 때를 생각해봐라. 경성의 거리는 아비규환에 아수라장이 됐을 게다. 우리 남가南家 일족은 뿔뿔이 이산離散하여, 처자는 거리를 헤맬 게다. 재산은 일순간에 잿더미로 돌아갈 게 아니냐. 그 뿐이냐, 포탄이 조선 고유의 문화를 죄다 부술 게 다. 저 역전에 솟아 있는 남대문에 폭탄이 떨어지면 어쩔 테냐. ······ 그 걸 일본군은 지금 북지(北支)의 싸움터에서 평정하고 있는 게다. 그런 고로, 이렇게 안락하게 우리들이 매일 생활할 수 있는 게 아니냐. 너는 신학문을 했다면서 그 정도도 헤아릴 줄 모르니 어쩔 셈이냐."[1)

누가 우리를 지켜주는가. 무엇이 우리의 몸을 편안케 하는가. 형이 아우를 설득하고, 아들이 아버지를 설득하고, 다시 아버지가 아들을 타이르는 이 삽화 — 조선 부르주아지 가족의 합리성은 과연 전율스럽다. 1943년 봄, 간도 시찰에서 돌아온 정비석의 소회도 대략 그러하다.

우리가 일본을 지켜나가야 하는 것은 곧 자기 자신과 백 대 천 대 자손을 지키는 것이 된다. 피투성이 전쟁인 것이다. 세계의 구석구석을 찾아보았지만 내가 살고 있는 곳은 역시 자기를 최후까지 지켜주는 이 내 나라 일본 밖에 없었으며, 말할 것도 없이 우리에게는 조국 일본이 아니면 안 되는 것이다.[2)

내선일체로의 이행은 매우 현실적인 의미에서 당장에 개인 혹은 민족의 자기보존(security)[3)과 관련되어 있었다. 정치적인 것 —

---

1) 金聖珉, 『綠旗聯盟』, 羽狐書店(東京), 1940, pp. 389~390.
2) 鄭飛石, 「國境」, 『國民文學』(1943년 4월호).
3) 시큐리티라는 국가 창생의 원천과 그 원천을 물을 수 없었던 일본 근대의 정치적 구조를, 식민지라는 문제권을 통해 질문하는 주목할 만한 논문이 최근 제출되었

적과 동지를 결정하는 전쟁의 소용돌이는 조선의 어떤 계급으로 하여금 '조국 일본'을 재발견하도록 하고 있었던 듯하다.[4] 놀랍게도, '내선'의 어느 누구도 이 전쟁에서 완전히 패배할 수도 있다고는 생각지 못했기에 "전쟁을 믿으며, 그것을 버티는 고독한 스스로가 지닌 혼의 불멸성을 믿으려는 시인의 모습 자체가 그 나름의 엄정한 역사의 모습을 상징하고 있었"던 것이다.[5] '구부러진 형이상학'의 시인이 내뱉었다는 고백 — "일본이 그렇게 쉽게 질 줄 몰랐다"는 말은 어쩌면 사실이었으리라.

그렇다면 몫이 없는 자들은? 몫이 없는 자들은 기록을 남길 수 없기에, 그 대행자들의 기록만이 참조가 된다. 전향한 구사회주의자들의 시국 이해는 내선일체를 둘러싼 현실주의적 대응의 또 다른 국면을 우리에게 펼쳐 보인다.

> 내선일체의 구체화 과정에 있어서 제국의 국책이 내선일체의 진수,
> 내지 민족과 조선민족의 완전한 경제적·정치적·문화적 평등화와

다. 金杭, 「セキュリティの系譜學 生と死のはざま見る帝國日本」, 東京大學博士學位論文 2008.
4) 물론 나는 이러한 인식이 당대의 일반 상식이었다거나 이러한 주장이 광범하게 환영받았다고 주장할 생각은 없다. 현영섭과 같은 극단적 내선일체론자조차 이렇게 쓰고 있기 때문이다. "나는 분리하는 것이 불가능하기 때문에 완전하게 하나로 될 것을 역설한다. 지금 나와 같은 태도에 대해 대중들의 찬반을 구한다면, 나에 대한 투표수가 적으리라는 것을 부정하지는 않겠다. 그러나 완전하게 일본인이 되고 싶다고 본능적으로 절규하고 있는 대중이 다수 존재한다." 玄永燮, 『新生日本の出發』, 大阪屋書店(大阪), 1939, p. 100(번역은 필자의 것이다. 분명한 것은 일본에 대한 조선의 분리 불가능성이라는 '사실인식', 아니 '정치적 사실주의'야말로 '내선일체'로의 흐름을 규정하고 있었다는 점이다.
5) 橋川文三, 「詩人の戰爭日記」, 『橋川文三著作集 1』, 筑摩書房, 1985, p. 320.

이 평등화를 기조로 하는 내선^{內鮮} 양 민족의 합류 과정을 만족스럽게 추진시키리라 기대하고 있다.6)

전향한 구사회주의자들은 '근대고도국방국가론'이라는 새로운 통치 원리에 공명하는 한편 만주사변과 중일전쟁에 이르는 대동아 구상을 하나의 '사세^{事勢}'로서 인식하고 있었던 듯하다.7) 사회주의적 계획경제 개념과 통제 정부 하의 분배론에 바탕을 두고 제창된 고도국방국가론이 '사유공영^{私有公營}'의 원리와 메커니즘으로서의 국가 개념을 내세우고 있었기에8) 계급적·민족적 불균등과 반봉건적 농업 경제의 해결을 목표로 삼고 있던 코뮤니스트들에게 협력의 길은 어떤 '합리적' 형태로도 열려 있었다.9)

실재하는 전쟁과 '적' 개념은 식민 권력으로 하여금 조선과 만주를 동지 이상의 존재로 호명하게 했으며, '내선일체'와 '만선일여^{滿鮮一如}'는 그러한 인식의 표어화된 형태였다. '사세'가 그러

---

6) 인정식,「동아의 재편성과 조선인」,『삼천리』(1939년 4월호), p. 62.
7) "전세계의 표면이 결국 네 개의 경제권역으로 분할되리라고 한다. 구주에서는 독이구축(獨伊區軸)을 중심으로 하는 구주권과 소련을 중심으로 하는 소련권이 성립될 터이며, 미주에서는 남북 아메리카를 통일한 미주권역이 결성되리라 한다. 그리고 동아에서는 우리 제국을 선도세력으로 하는 동아의 신질서권이 확립될 것이라는 이론이 금일의 소위 4권역론(四圈域論)의 요지가 된다." 인정식,「동아권의 경제적 성격과 조선의 지위」,『삼천리』(1941년 1월호), p. 66.
8) 藤田省三,『天皇制國家の支配原理』(第二版), 未來社, 1966(1994). 메커니즘으로서의 국가론의 제국적·식민지적 양상에 대해서는 4장에서 상론한다.
9) 예컨대 이런 구절. "통제경제 조직에 있어서 어느 상품에 대해 공적 가격을 설정하는 것이 과학이오, 그 과학을 도행(導行)하는 것이 윤리[이다. …… 이제 그것[약육강식의 자유경쟁 원리]은 어떠한 사회에 있어서도 거의 청산되고 통제 乃至또는 계획경제의 조직원리가 전면적으로 실현되어 전세기와는 다른 신세기의 양상을 표시해 놓았다." 김명식,「조선경제의 통제문제」,『조광』(1939년 10월호), p. 60. 과학과 윤리는 통제경제 내부, 즉 국가 내부로 옮겨왔다.

하다고 할 때 제국 일본 — 특히 총독 정치로부터 발화된 내선일체의 '시정 방침'은 진실성 여하를 떠나 일군의 조선인들에게는 차별의 해소의 기화처럼 보였을지도 모르겠다. 어찌할 수 없다면, 이를 받아들임으로써 기회로 삼아야 한다는 것이다.

어쩌면 고바야시 히데오의 말처럼 있는 것은 현실뿐이고, 마르크스주의든 자연주의든 모든 이념이라는 것이 결국 현실에 육박하기 위한 의장意匠에 지나지 않는 것이라고 믿어 버릴 때10), 어떤 이들에게 택해야 할 것은 오히려 바로 이와 같이 '사실' 자체처럼 보였던 것이 아니었을까.11) 그러나 이 '사실'에의 신앙, 정치적 리얼리즘이 곧 엄청난 '픽션'을 불러들이는 것임은 얼마 못 가 적나라하게 드러나게 된다.

정치적 리얼리즘과 픽션: '사실'에의 결단과 '픽션'의 탄생

그러니까, 내선일체는 총독의 소리이면서, 피식민자의 소리였

---

10) 小林秀雄, 「物質への情熱」(1931). 또 「樣々な意匠」(1929), 『小林秀雄全集 1』, 新潮社, 1978.
11) 전향 직전의 인정식은 이렇게 쓰고 있다. "마르크스주의 입장에서 조선의 농촌 문제를 연구하고 마르크스주의의 다기(幾多)한 공식을 조선 농촌의 현실에 적용하려는 경우 사람들은 모두 하나의 치명적인 딜레마에 고민하게 된다. 즉 마르크스주의적인 연구 방법 그 자체를 버리던가, 농촌의 현실 그 자체를 완전히 왜곡시켜 버리든가 하는, 극히 중대한 고민에 빠지게 되지만 종래의 마르크스주의자는 대부분 방법을 구하기 위해 현실을 감히 왜곡해버린 오류를 범했던 것이다." 印貞植, 「マルクス主義の亞細亞における不適合性」, 『治形』, 제16권 제12호(1938년 12월호), 16~12, p. 28. 인정식은 자신의 전향을 방법에서 사실(현실)로의 이행으로 설명하고 있다.

다.12) 무엇보다 그것은 내선 피차 간에 생존 — 즉 안위^{security} 문제로 다가왔다. 소위 '대동아'로의 진전을 하나의 '사실'로서 수리하는 한에서 내선일체란 전유 가능한 — 오직 전유의 가능성으로 밖에 존재할 수 없었던 정치적 리얼리즘$^{political\ realism}$의 일종이 아니었을까. 정치적 낭만주의가 "인과성의 강제를 부정하는 것이자, 모든 규율화에 따른 구속을 부정하는 것"13)이라고 할 때, 전쟁 혹은 동아라는 새로운 정치성은 적과 동지의 구분과 함께 폭넓은 수준에서의 '사실'(주의) 신앙을 만들어냈다. 제국의 통치성은 마르크스주의나 민족주의 같은 현실적 기획들을 폭력적으로 낭만화·허구화시켜버리고 있었다. '제국 일본'은 인과율이자 기율처럼 보였고, '조국 일본'만이 정치적 사실로서 허용되었다. 그렇다고 할 때 고쿠고와 의무교육, 징병제와 시민권, 내선일체와 평등을 어떤 인과율로서 파악하는 일은 허용된 유일한 미래이자, 당위로서 인식될 수 있었다. 봉공이 있는 한 대어심도 있으리라.

경성제대 교수를 지낸 스즈키 타케오는 해방 직후의 한 보고서에서 이렇게 술회하고 있다.

조선인 대다수가 만주사변 특히 일화사변^{日華事變} 이래 일본인과의 운명

---

12) 내선일체론은 근본적으로 식민관계의 재정립이라는 차원에서 제기되었기 때문에 필연적으로 이러한 정책적 방향은 조선인과 일본인의 '차이'—차별 문제를 매우 공적인 형태로 부각시킬 수밖에 없는 논리적 함정을 갖고 있었다. 내선일체론의 전유 가능성에 대해서는 장용경, 「일제 식민지기 인정식의 전향론」, 『한국사론』, 제49집, 서울대국사학과, 2003을 참고.
13) Carl Schmitt, *Political Romanticism*, translated by Guy Oakes, MIT Press, 1986.

공동체 의식을 농화^{濃化}하기에 이르렀으며, 애국심의 현저한 앙양^{昻揚}이 있었다. …… 이[내선일체]는 조선인의 민족의식의 쇠퇴를 의미하는 것이 결코 아니었다. 아니 민족의식은 점점 더 각성되어 갔지만 다만 자기 민족의 생존과 행복을 위해서는 일본 국민으로 사는 것 외에 다른 길은 없다고 하는 운명공동체적 의식에 도달한 것이다.[14]

어떤 의미에서 '정치적인 것'이라는 개념은 비상사태, 즉 무력투쟁이나 전시에 있어서의 적과 동지의 모든 명확한 결정 — 초주관적인 결단의 요소를 갖는다. 제국 안에서의 조직화된 무장투쟁의 가능성은 점점 희미해져갔다고 할 때, 그런 한에서 현실적인 투쟁 속에서의 정치적 결속 혹은 결단이 문제시되었다. 전쟁이란 일종의 예외상태지만 어떤 의미에서 현실적인 투쟁의 가능성과 '사실'의 핵심 그 자체를 명확히 결정하는 '기준'이 되기도 하는 것이다.[15]

협력 문제, 사실과 결의 문제를 가장 심각하게 고민했던 적극적인 협력 문인의 한 사람인 이석훈=마키 히로시^{牧洋}가 발견했던 '현실'도 바로 그것이었다.

---

[14] 鈴木武雄, 『朝鮮統治の性格と實績 — 反省と反批判』, 大藏省管理局, 1947, p. 7.

[15] Carl Schmitt, *The Concept of the Political*, tans. by George Schwab, The University of Chicago Press, 1996, p. 35(독어본 1932년). 이와 같은 1930년대의 정치적인 것의 개념을 생각할 때 우리는 '전쟁협력', '평화파괴'라는 국제법적·정치적 개념 자체가 국제연합의 창설과 제2차세계대전의 결과에 따른 사후적인 틀임을 여기서 상기하지 않으면 안 된다.

> 우리들 조선의 지식 청년들에게는, 적어도 지나사변支那事變까지는 일본이라는 것은 안중에 없었다. 안중에 없었다고 하면 약간의 어폐가 있겠으나, 요컨대 별반 일본이라는 것을 의식하지 않았다는 것이다. …… 우리들이 진정 양심적인 지식인이라고 한다면, 이러한 엄연한 현실로부터 도피하는 듯한 비겁한 몸짓은 불가능할 터이다.16)

결의의 문학, 결단의 정치는 바로 이 '제국 일본'이라는 독점적 '사실'로부터 시작되고 있었고, 이는 징병제 옹호, 고쿠고 창작, 일본 정신의 수긍으로 이어졌다. 운명공동체 혹은 정치적 결속의 인과율과 결단의 정치가 바로 그것이다.

당대를 풍미한 야스다 요주로保田與重郎 등의 일본 낭만파에게 있어 전쟁과 일본 정신이란 것이, 존재하는 모든 것을 부정하는 아이러니의 대상이자 거대한 '로망'이었다면17), 협력을 결단한 조선인들에게 그것은 '조국 일본'의 발견과 '일본인'(됨)이라는 극히 '사실적' 차원의 정치적 리얼리즘으로서 제기되었다. 하야시 후사오林房雄를 비롯한 허다한 일본의 전향자들이 사회주의의 지도 원리를 국가주의적 지도 원리로 어렵사리 옮겨갈 수 있었던 데 비해18) 조선의 전향자들에게는 "돌아가야만 할 조국이 없었다."19) 그들을 맞이한 것은 '발견되어야 할 조국', — '개인적'

---

16) 牧洋, 「徵兵・國語・日本精神」, 『朝光』(1942年 7月號), p. 29.
17) '대륙을 지배하는 통치의 예술'을 설명하며 야스다는 이렇게 말한다. "일본 — 그 범위의 너비를 알 수 없는 이것 — 은 지금 최근의 나와 같이, 그 형태는 다를지 몰라도, 선명한 낭만적 목표를 그려나가고 있는 것"이다. 保田與重郎, 「戰爭と文學」, 『保田與重郎全集 16』, 講談社, 1987, p. 178.
18) 橋川文三, 「戰時下の文學批評」, 『橋川文三著作集 6』, 筑摩書房, 1986, p. 190.

결단을 거쳐야만 도달할 수 있는 '황민'의 길 — 국제법상의 '사실'이었다.

그러니까 이처럼 '엄연한 현실'에 대한 인식에 이미 거대한 '픽션'이 잠재하고 있었음을 우리는 곧바로 알아차리게 된다. 단도직입적으로 말해서, 조선이 '픽션'이고, 조국 일본만이 '사실'이라고 할 때 조선민족과 조선어 역시 일종의 픽션이 되지 않으면 안 되었던 까닭이다. 식민지적 상황에서 '일본'이든 '조선'이든 '조국'이라는 것이 일종의 픽션으로밖에 존재할 수 없었다면 '조국 일본'을 절대적 사실로 결의하는 그 순간 커다란 작위作爲가 발생한다. 즉, 조선과 일본이라는 모순하는 두 '사실'이 그 자체로 이중구속을 행하는 식민지에 있어서 '조국'을 선택한다는 일 자체가 커다란 '사실로부터의 거리'를 발생시키게 되는 까닭이다.

차별받는 식민지·차별을 감내하는 식민지란 어떤 의미에서 근원적인 픽션성fictitiousness 위에 기초되어 있다. 한일합방이 되는 순간 원칙상 조선(민족)은 없어진 것이다. 그럼에도 불구하고 조선(민족)은 계속해서 상정된다. 더 중요한 것은 거기 존재한다는 것이다. 조선어(를 쓰는 존재)는 그 분명한 증거가 된다. 제국의 식민자들이 '일시동인'과 같은 동화책을 표방하면서도 국어 상용자/비상용자와 같은 제도적 차별을 수행할 수 있었던 이유, 또 피식민자들이 완전한 사법적·이념적 지배 아래 놓여 있으면서

---

19) 崔載瑞 外, 「朝鮮文學の現段階」, 『國民文學』(1942年 8月號)에서의 하야시 후사오의 발언.

도 하나의 배타적 민족성을 상정할 수 있었던 이유가 여기에 있다. 한편으로 있는 것이 없다고 가정되며, 없다고 가정된 것이 실제로는 있는 이 모순. 식민지를 지탱하는 것은 픽션의 기묘한 이중성이다. 어느 것을 사실로 놓고 어느 것을 픽션으로 돌리느냐에 따라 이 시대에 대한 판단은 극단적으로 달라질 수밖에 없다. 국제법적 '사실'로서의 네이션과 심정적 귀속으로서의 그것이 일치하지 않는 곳에서 국가는 일종의 '사실'이면서 '결단' 문제가 된다.

예컨대 근대 국가가 국민을 창출하고, 국어를 창출하고, 국문학 따위를 창출해내는 일련의 과정은 식민지에서도 조선민족 — 조선어 — 조선문학 형태로 거의 유사한 반복을 보여주고 있었다. 비록 그것이 주권권력의 장 안에서 식민 본국의 담론에 비스듬히 기대있는 허약한 반사물이었다고 하더라도 조선어와 조선문학을 향유하는 조선민족이 있는 한 '일본'과는 다른 '조선'이라는 범주는 늘 가상적으로나마 상정되고 있었다.[20] 그러나 전쟁 — 결단의 시간 속에서, 식민지 조선을 지탱하고 있던 이 픽션의 기묘한 이중성은 오직 조국 일본만을 냉혹한 '사실'로서 인정하라는 정치적 리얼리즘에 의해 완전히 부정되기에 이르렀다. 갑자기 명백히 실재하는 조선민족·조선어는 '픽션'이기를

---

[20] 대한민국임시정부는 이러한 가상 위에 구축된 '실체'였다. '대한민국' 혹은 '조선'이라는 '국가'의 연속성을 인정할 경우 '식민지'는 사라지고, 1910~1945년에 이르는 시간은 일종의 '전쟁 상태'='교전상태' 또는 강제점령으로 규정된다. 이러한 교전론은 '전쟁 책임'에 국한된 국제법적 배상 책임을 시기적으로 확장하는 근거가 되기도 한다. 이러한 입장에 대한 간략한 설명으로 강만길 외, 『일본과 서구의 식민통치 비교』, 선인, 2004, pp. 16~17.

강요받았으며, 조국 일본이라는 '사실'을 완성하는 데 있어서, 그러니까 '조선어'는 일차적 부정 대상이 되었다.

제국 일본의 통치역 — 그러나 헌법역은 아닌 — 이라는 범주에 대한 새삼스러운 발견은 '내선' 모두에 호혜적으로 모습을 드러냈다. 하야시 후사오는 내지의 조선붐이 비등점에 이른 1940년 초 내지 문단의 조선 발견을 이렇게 묘사하고 있다.

> 현대작가의 과분 이상이 벌써 이렇게 저렇게 대륙 땅을 밟고 있다. 남은 반수도 머지않아 떠나게 되리라. 이러한 이상한 또는 정상적인 대륙열大陸熱로부터 무언가 문학적인 결과가 나올 것임에 틀림없음은 누구나 예상하는 바이지만 새삼 나타난 약간은 예기치 못했던 결과의 하나는, 만주문학에 이어서 조선문학이 내지 일본인의 관심을 끌기 시작했다는 것이다. …… 합방 삼십 년이 되는 조선에 있어서, 금일의 조선문학과 작가들이 내지 지식인 계급에게는 거의 전적으로 간과된 채 잊혀져 있었다는 사실은 지금 새삼스럽기는 하지만 우선 나부터도 불가사의하게 느껴진다.[21]

일억일심・내선일체가 되어야 한다고 할 때 '주체'들의 관계 설정에는 두 가지 길이 존재했다 — 아니, 허용되었다. 우선, '조선'이라는 픽션의 엄연한 '실재'를 인정하는 한에서, 조선'민족'이 하나의 단위가 되어 제국 일본이라는 보편성 아래 하나의 특수로서 복무하는 길이 있을 수 있었다. 그리고 또 다른 하나의 길

---

21) 林房雄, 「文藝時評」, 『文藝春秋』(1940年 4月號).

로 오직 '일본 제국'이라는 사실만을 인정함으로써, 조선인 각각이 완전히 일본인이 되는 길이 있었다. 즉, 예컨대 고쿠고國語=日本語의 상달上達과 같은 필사의 노력으로 혼의 저 끝까지 일본인이 되는 완전한 몰아沒我의 방법, 즉 '행자行者의 도道'가 있을 수 있었던 것이다. 전자를 내선 제휴론이라고 부를 수 있다면, 후자는 소위 '철저일체론' 혹은 '동화일체론'으로 명명할 수 있을 것이다.[22] 문학으로 말하자면, 전자는 조선어 창작을 염두에 둔 번역의 길이요, 후자는 고쿠고 창작의 외길이다.

일군의 협력자들이 발견했다는 '사실'을 그 나름으로 이해해 보려는 노력 속에서 우리는 이렇게 묻게 된다. 소위 이 '사실'로의 복귀를 의미하는 정치적 리얼리즘이란, 결국 이천만 조선인과 그들의 조선어를 완전한 픽션으로 돌리는 '전향적' 사고 변환 위에서만 성립 가능했던 것이 아닐까. 조선어와 조선민족의 완전한 해소를 전제로 한 정치적 리얼리즘이란 이 순간 극한의 폭력을 동반하는 기획이 되는 한편 '조선어・조선인은 없다'라는 보다 거대한 '픽션'을 불러들이게 되는 일이 아니었을까. 스스로가 발견했다는 '엄연한 현실'에, 여타의 모든 '사실들'을 압착시키려는 순간, 조선문학은 끝없는 픽션의 늪으로 굴러 떨어지게 되는 것이 아닐까. 요컨대 평등해지리라 믿어지는 미래를 위해 현재의 모든 것을 희생하는 '국민문학'적 정열이란, 결국 실재하는 언어・민족・계급의 현재를 배제・간과함으로써만 성립될

---

22) 전자를 비판하며 후자의 길을 제시하는 이 같은 명명법은 津田剛, 『今日の朝鮮問題講座 1) — 內鮮一體の基本理念』, 綠旗聯盟, 1939, p. 36.

수 있는 성질의 것이었을지 모른다. 있는 것을 없다고 하거나, 없애야만 하는 이 '사실'의 사상을 어떻게 이해해야 할까.

실제로 '국민문학' 혹은 정치적 리얼리즘의 문학이 갖는 극한의 허구성은 작게는 조선의 사건을 일본어로 재현해야 하는 데서 오는 언어적 곤란과 내선의 만남을 주테마로 다루는 데서 발생하는 상류사회로의 계급적 경사로 나타나고, 크게는 조국 일본이라는 사실에 부합하지 않는 모든 사건과 대상을 배제하는 데서 오는 놀랄 만한 문학적 지루함과 단순성·비현실성으로 드러나게 된다. 정치적 리얼리즘에서 출발한 국민문학은 픽션이 현실과 맺는 핍진성과 식민지가 갖는 '픽션의 기묘한 이중성' — 이중구속을 배제하는 일을 통해 질 나쁜 '절대 사실=픽션'만을 양산하는 단성성의 문학들이 될 수밖에 없었는지 모른다.

'고쿠고'의 제패와 한일 문단의 근접조우: 내지가 본다, 세계로 간다

1) 자본과 국가, 언어 통일의 조건 — 조선어 통일운동의 곤란성

1930년대의 조선 문단은 1920년대 초반부터의 신문학 운동이 무르익고, 다소간의 보통교육 확대에 따라 예비 작가군과 독자군이 팽창함으로써 어려운 대로 신문학운동의 결실이 본격적으로 나타난 시대였다. 문학전집이 본격적으로 발행되기 시작하고, 대중문학이 각광받기 시작했으며, 다양한 문학적 유파·경향들

이 이합집산을 거듭했다. 문학이라는 자본제 산업은 미성숙한 대로 이념과 교양, 낭만의 지지를 받아가며 성장하고 있었던 것으로 보인다. 그러나 중일전쟁 이후의 문학계에 대해 전망하며 이미 채만식은 이렇게 쓰고 있다.

> 조선의 신문과 잡지가 죄다 없어진다면 문단은? 혼자서 문득 이런 생각을 해보고 가슴이 더럭 내려앉았다. 물론 방정맞은 소리라고 긴찮아할른지 모르겠지만 그래서 나 자신부터도 그건 나 일개인의 신경 약한 기우이기를 바라기는 하지만 그러나 눈에 보이는 몇 점 암운暗雲이 노상 그러한 대사大事를 저질러 놓지 말라는 법도 없을 것 같아서 하는 말이다.

채만식에 따르면 "조선의 현대 문화라는 것은 그것이 경제적 하층구조에 토대를 두지 않고서 인위적인 '문화운동'이 지주가 되어 굳지 못한 모래땅에다가 아쉰 대로 일으켜 세운 것"인 까닭에 정세의 변화에 의해 쉽게 흔들릴 수밖에 없었으며, "만약 불행해서 조선의 신문과 잡지들이 죄다 쓰러진다면 그날부터의 문단은 없어지는 신문·잡지와 운명을 한가지로 하지 않을 수가 없"[23]는 실정이었다.

거의 같은 시기에 쓰여진 한글 운동에 대한 인정식의 글은 '조선어'와 '국어'라는 두 개념을 전면에 내세우는 정직성을 보

---

23) 채만식, 「출판문화의 위기」, 『조선일보』(1937년 10월 24일자). 『채만식전집 10』, 창작과비평사, 1989, pp. 115~116.

여준다. 그 정직성이란 다름 아닌 과학성이며, 그의 냉정한 분석에 따르면 언어통일운동은 조선 문화에서 갖는 커다란 의의에도 불구하고 극히 불투명한 전망만을 갖는다.

> 일반적으로 각양의 방언을 해소한 전국적으로 통일된 한 개의 국어라는 것은 결국 근대자본주의의 산물이다. 일체의 전(前)자본주의적 역사 단계에 있어서는 언어라는 것은 오직 지방에 따라 다양한 차이를 가지는 방언이 있을 뿐이며 한 개의 통일된 전국적인 방언이란 존재할 수가 없다. 그것은 마치 한 개의 통일된 목적의식을 가진 민족이란 것이 결국 자본주의의 산물이며 전(前)자본 단계에 있어서는 이러한 의의의 민족이란 것이 존재할 수 없는 것과 동일한 사정이다. …… 조선의 자본경제는 결코 조선 사회 내부에서 자립적으로 발전된 물질적 생산력―생산양식을 기간으로 한 것이 되지 못하고 외래 자본의 침투에 제요(制撓)되어 반봉건적인 자본주의적 외위(外圍)로서 편성됨을 면치 못했다는 역사적 조건이야말로 금일의 조선경제 그 자체의 기형화와 함께 조선어의 기형화, 불구화를 피치 못하게 한 사회적 이유가 된다. 여기에 조선어통일운동의 막대한 곤란성의 객관적 요인이 있는 것이다. 이 객관적 요인은 단순한 언어연구운동만으로는 절대로 해소될 수 없다. 곤란의 길의 원인은 실로 물질적이며, 경제적이며 또 사회적인 제(諸) 관계에 뿌리를 박고 있는 것이다.24)

---

24) 인정식, 「복고주의에 의거하는 조선어연구운동의 반동성」, 『정음』, 21호(1937년 11월호).

독립된 자본주의적 토대와 국민국가 없이는 '문화어'로서의 '조선어'의 통일은 지난한 일이 될 수밖에 없다는 것이다. 사소하게는 중국어의 혼란된 상태를 거론하며 인정식은 경제·국가·언어의 일체성을 설명해 나아간다. 중국의 반봉건적 상태를 그대로 반영하는 '관화^{官話}'의 약체성에 대한 진단이 조선어로 옮겨올 때 그의 논리는 정히 양가적이다. 언어의 통일이 경제관계와 국가에 의존하는 한 조선어통일운동은 근원적으로 제국 경제와 제국어라는 벽에 부딪힐 것이기 때문이다(그는 오히려 제국어로의 통일이라는 묵시록적 상황을 염두에 두고 있는 것처럼도 보인다).

조선문학 혹은 조선어를 둘러싼 모종의 불안 혹은 우려는 정확히 다음해부터 실시되는 <제3차조선교육령>에 의해 문자 그대로의 예의 그 '암운'의 실체를 드러내게 된다. 1938년 1월 15일 일본육군성은 조선에서의 지원병제도 실시를 발표한다. 그리고 이해 3월 3일 조선어를 수의교과^{隨意教科}로 떨어뜨린 <제3차조선교육령 개정>이 총독부에 의해 공포된다. 당시 총독인 미나미 지로는 이렇게 훈시하고 있다.

> 일전에 「육군특별지원병령」을 공포하고, 이제 다시 <개정조선교육령>의 공포를 보게 됨에 있어 강내^{疆內} 관민에 포고하여, 그 깊은 뜻을 환기한다. 무릇 조선 통치의 목표는 역내^{域內} 동포를 진실로 하나하나 황국신민됨의 본질에 철저히 하여 내선일체로서 함께 다스려 평안^{治平}케 하는 경사를 의지하여 동아의 일을 다스리는 데 있다. …… 새롭게

조선교육령의 개정에 의해 보통교육에 있어서 국어상용자와 그렇지 않은 자의 구별을 철폐하여, 내선인^{內鮮人} 균등하게 동일 규칙 아래에서 교육을 받는 길을 열게 된 차제이다.25)

미나미 총독의 <제3차조선교육령 유고>는 고쿠고 전용이 일종의 '병영국가'의 혈액임을 숨기지 않으면서, 최종 목표가 내선일체・황국신민화에 있음을 명시하고 있다. 그리고 총독은 내선일체의 의미를 다음과 같이 분명히 판시한다.

내가 항상 역설하는 것은 내선일체는 상호간에 손을 잡는다든가 형이 융합한다거나 하는 그런 미지근한 것이 아니다. …… 형^{形}도 심^{心}도 혈^{血}도 육^{肉}도 모두가 일체가 되어야 한다.26)

제휴나 융화의 길 — 내선일체를 이용해 차별의 해소를 제기하는 '전유' 가능성은 발견되는 순간 틀어 막혀지고 있었다. 오직 하나의 화법・길만이 남은 것이다.

내선일체란 조선인의 황민화를 말하는 것이지 쌍방이 서로 접근함을 의미하는 것이 아니다. 무슨 일이 있더라도 천황의 신민이 되겠다, 일본인이 되겠다고 힘차게 나아가는 조선인의 기백에 의해서야말로 내

---

25) 南次郞, 「第三次朝鮮敎育令諭告」(1938年 3月號, 朝鮮總督府, 『施政三十年史』, 朝鮮總督府, 1940, p. 780.
26) 朝鮮總督府, 「國民精神總動員朝鮮聯盟役員總會議席上總裁辭」, 『朝鮮における國民精神總動員』, 1940, p. 101.

선일체는 이루어지는 것이다.27)

바로 이즈음이 조선에서 본격적으로 조선어해소론이 등장한 시점이자, 일본문학이 조선문학을 발견한 시점이기도 했다. 조선을 픽션화하고, 조국 일본을 절대적 '사실'로 완성하기 위해서 조선어는 한시 바삐 사라져야했고, 조선문학은 속히 통합되어야 했다.

이즈음에서 서로가 서로를 인정하는 듯 인정하지 않는 픽션 위에 서 있었던 내선 관계의 '기묘한 이중의 픽션'은 한꺼번에 노출된다. 새삼스럽게 발견된 소위 '엄연한 현실'에 의해 피차간의 무관심은 과잉된 관심으로 변화해갔다. 이 관심은 조선문학 혹은 '국민문학'에 대해 앞으로 내지로부터의 가차 없는 시선과 개입이 상례화될 것임을 뜻하는 것이었다.

2) 야스다 요주로保田與重郎와 현영섭 — 한 조선어해소론자의 국제성

놀랄 만한 것은, 이들 반도인의 일본주의 안에서는 이미 조선어의 폐지마저 외쳐지고 있다는 것이다. 그 일본주의 세력은 아직 약하지만 북경 언저리의 인테리에게 일지공존日支共存이나 문화 제휴를 상담하는 것보다, 나는 감정적으로 조선인에 친근하다. 오늘날 일지친선日支親善은 몇 년인가 장래의 일이라고 하는 편이 좋을 것이다. 금일의 일지친선의 논論으로 말하자면 가망이 없다. 작년 말에 『조선인이 나아

27) 李光洙, 『內鮮一體隨想錄』, 中央協和會, 1941年 5月, p. 16.

갈 길朝鮮人の進むべき道』이라는 책을 낸 현영섭씨는, 이들 일본주의자들 중에서도 가장 활발히 활동하고 있다. 우리들은 경성대학의 다카키高木교수의 소개로 현씨와 만났다.28)

대륙 기행 『모쿄蒙疆』(1938년 12월)의 작가 야스다 요주로는 이미 이 시기 앞으로 조선 문단을 장악할 집단(『녹기』)과 집단적 무의식('일본')을 발견하고는 놀라움과 친근감을 숨기지 않고 있다.29) 이 동지 의식은 공동의 적인 중국이라는 문제와 엄밀히 연동된다. 야스다가 발견한 반도 최고의 일본주의 활동가 — 만주·조선·내지를 횡단하던 '아나키스트로부터 전향해 조선민족해소론'에 도달했다는 현영섭. 아마도 그는 가장 이른 시기에 가장 정교한 방식으로 조선어폐지를 주장한 사람일 것이다.

야스다가 내지 문단이 필히 읽어야 할 가치가 있는 책으로 소개한 『조선인이 나아갈 길』(1938년)에서 현영섭은 중일전쟁 이후의 민족주의·사회주의란 근본적으로 '실현 불가능한 이론이자 몽상'이라고 비판하며, 조선민족은 이미 존재하지 않으며, 있는 것은 '특수 일본민족으로서의 조선인'뿐이라고 주장한다. 그렇다고 할 때 조선어는 일차적인 극복 대상이 된다.

---

28) 保田與重郎, 「朝鮮の印象」, 『コギト』, 제78호(1938년 1월호)(『保田與重郎全集 16』, 講談社, 1987, p. 51에서 인용). (일본의) 국문학자 다카키 이치노스케(高木市之助)의 조선에서의 역할과 자기 회상에 대해서는 安田敏朗, 『植民地のなかの國語學』, 三元社, 1998, pp. 199~206을 참고

29) 녹기연맹과 현영섭의 관계에 대한 약로는 정혜경·이승엽, 「일제하 녹기연맹의 활동」, 『한국근현대사연구』, 제10집(1998년 10월호)을 참고

조선어를 폐지하여 고쿠고를 상달하는 것과 같은 방향으로 나아갔으면 한다. 조선어를 사용하는 한 조선인은 내지인에 비해 모든 점에서 열등할 수밖에 없을 것이며, 일본인은 될 수 없으리라.[30]

야스다가 말한 것처럼 현영섭의 주장의 상당 부분은 내선일체의 실현 방략으로서의 '조선어폐지'에 할애되어 있다.

현영섭 역시 예의 일본이라는 '현실'을 전제한다. "조선에 있어 고쿠고 없이는 하루도 생활할 수 없다는 것은 우리가 일본 없이는 하루도 존재할 수 없기 때문이다"(『조선인이 나아갈 길』, p. 153). 그에게 국어 상용을 명시한 <제3차조선교육령>이야말로 내지와 조선 간의 구별이 철폐되는 계기로서 비춰진다. 그는 민족독립을 꿈꾸는 몽상가와 조선어의 관계, 이중언어 생활의 곤란과 언어적 불구화, 이로 인한 통합의 어려움 등을 다소 장황하게 서술해 나가며 '조선어에 대한 애착은 보수주의적 센티멘털리즘'이나 모종의 '정치적 의도'의 산물이라고 단언한다. 심지어 그가 보기에 이미 조선어는 코드 전환(code switching)에 의해 막 바로 고쿠고로 변환될 수 있는 언어이며, 이를 증명하기 위해 여러 지면을 할애하고 있다(『조선인이 나아갈 길』, pp. 160~164).

현영섭은 이러한 '사실' 인식을 거쳐 곧바로 '미래'로 나아간

---

30) 玄永燮, 『朝鮮人の進むべき道』, 綠旗聯盟(경성), 1938, p. 158. 이하 『조선인이 나아갈 길』, 페이지로 표시. 야스다에 따르면 이 책은 이미 이 시점에서 2만부 이상의 판매고를 올리고 있었다. 내지에서의 체포와 석방이 있은 얼마 후인 1937년 봄부터 현영섭은 녹기연맹 산하 일본문화연구소 연구원이 되어 본격적인 철저일체론자의 길을 걷게 된다. 그의 다른 책으로는 『新生朝鮮の出發』, 大阪屋號書店(경성), 1939이 있다.

다. "만약 두 언어의 사용을 아동에게 강요하기를 몇 대를 걸쳐 계속한다면 조선인은 국어도 안 되고, 조선어도 안 되는 불구자가 될 것임은 정한 이치"라는 것이다. 여기서 주목되는 점은 '특수 일본민족'에의 귀속을 분명히 한 현영섭이 '일본'의 아시아·세계 경영과 언어 합리화를 위해 한자 폐지와 가나假名 전용, 나아가 로마자 채용까지 주창하고 있다는 점이다.

현영섭은 자신이 인용한 오가와 미메이小川未明의 동양친선·신문화 건설을 위한 국자개량國字改良론을 '세계' 차원으로 급진적으로 밀어붙인다. "세계 문화 진보의 제1선에 서있는 일본은 한자를 버리고 로마자를 채용해야 하리라고 확신"한다고까지 말하고 있는 것이다(『조선인이 나아갈 길』, p. 169). 조선어폐지론의 대표 주자로 비판되는31) 현영섭의 입론은, 보기에 따라서는 한자폐지론, 일본어폐지론이기도 했다. 그는 한자를 '사회적 폭정', '사대사상', '비합리', '특권의식', '멸망의 원인'이라고 주장하는 한편 조선과 중국의 이중언어 상황과 아동의 미래를 걱정한다.

그는 중국=한자=비합리성이라는 도식에 조선의 부정적인 면을 투영하면서 소위 '특수 일본민족'인 조선인을 포함한 일본민족 전체의 나아갈 길을 일종의 '합리성'·'세계성' 확보라는

---

31) 대표적인 '친일' 문인으로 김사량의 소설「천마」의 모델이 된 김문집마저 현영섭의 주장을 비판하기 위해 총독부를 들락거렸던 것을 보면 현의 주장의 급진성을 이해할 수 있다. 김문집, 「南總督會見記 — 조선문단 옹호의 전말」, 『조광』(1938년 9월호). 현영섭은 미나미 지로 총독을 면회하며 예의 조선어폐지론을 폈고, 신문은 그의 주장이 비현실적이라고 거절되었다고 쓰고 있다. '조선어폐지론'의 선봉으로서의 현영섭을 지목하는 견해로는 김미철, 「일본인 이상의 일본인 꿈꾼 몽상가」, 반민족문제연구소편, 『친일과 99인 2』, 돌베개, 2002를 참고

형태로 제시한다. 일차적으로는 점진적인 가나 전용을, 궁극적으로는 완전한 소리글자로서의 로마자 채용을 외치고 있는 것이다. 현영섭의 입론은 한중일 세 나라가 진보=문명 개념을 놓고 대립하던 개화·개명기의 문자 개혁론을 상기시키는 한편32) 동아권의 통합을 전제로 한 일본의 유신적 개혁과 합리적 진보를 논하는 데에까지 육박한다. 이를테면, 그는 조선어폐지를 대일본大日本 계획의 일부로서 이야기한다. "내가 조선어를 폐지시키자고 외치는 것은 국자國字를 하루라도 빨리 개량시키고 싶기 때문이다"(『조선인이 나가야 할 길』, p. 167). 그에게 언어는 하나의 정신이 아니라 내용을 담는 기계적 합리성에 다름 아닌 것처럼도 느껴진다. 왜냐하면 일본의 확장·진보와 그 통합을 위한 언어 합리화에 대한 현영섭의 방책은 감정과 정신의 연장延長이라 할 문학의 경우에까지 초지일관 적용되고 있기 때문이다. "내지인과 생활 내용이 다른 이상 조선 고유의 문학이 발생한다. 이를 국어로 표현하면 그만이다. 장혁주 씨의 예를 쫓으면 되는 것이다"(『조선인이 나아갈 길』, p. 170).

그러나 그게 다는 아니다. 주의해야 할 것은 그러한 세계성의 논의에 결정적 동인을 제공하는 것은 조선인의 완전한 일본민족화 — 즉, 내선 간의 차이 해소였다는 점이다.

---

32) 현영섭은 근대 조선어의 일본어 의존도와 혼종성을 언어 통합의 용이성에 대한 근거로 든다. 유길준, 모리 오가이 등의 문자개혁론과 근대 한국어의 혼종적 탄생에 대해서는 황호덕, 『근대 네이션과 그 표상들 — 타자·교통·번역·에크리튀르』, 소명출판, 2005을 참고

> 조선인의 고쿠고 발음이 나쁜 것은 한자를 제한시키지 않은 채 국어를 가르치지 때문이다. 고쿠고의 상용을 촉진하기 위해서는, 어떻게 해서든 국자國字를 개량하지 않으면 안 된다(『조선인이 나아갈 길』, p. 169).

어쩌면 현영섭은 완전한 일본어 발음을 실현하는 새로운 고쿠고로 철저한 내선일체, 철저한 차별해소를 꿈꾸고 있었는지 모른다.

한자 폐지와 일본 국자의 개량에의 요청은 이처럼 복합적인 한편 '조선'이라는 입사점을 결코 벗어나지 않는다. 그의 언어론의 최종 목적지는 한자를 완전히 추방한 음성중심 알파벳 언어, 즉 동아시아 공통문어의 창안이지만 그 심층 심리에는 '내선'을 차이 짓는 테크놀로지들('발음' ― '소리'와 같은)의 완전한 해체 ― 즉, 평등주의적 욕구가 꿈틀거리고 있다. 현영섭은 선언적으로 말한다. '나는 진보 편에 선다.' 그렇다면, 과연 이러한 '전향적 진보'를 거듭하는 인물이란 이해불가능의 광인이나 보기 드문 '배반자'이기만 했을까?

그의 행보는 우리에게 김사량의 소설 「유치장에서 만난 사나이」의 왕백작을 연상시킨다. 이 소설의 주인공 왕백작 혹은 Q백작은 내내 아나키스트와 이민 열차와 상인과 경방단장警防團長을 오가며 얼굴을 바꾼다. 보기에 따라서는, 현영섭은 바로 그러한 '전향형' 인물의 전형이 아닐까. 김사량은 이렇게 쓰고 있다.

> '그럼즉도 한데'하고 나는 무릎을 치며 부르짖었다. 왜 내가 그렇게 부르짖었는지는 모른다. 그러나 어쩐지 있음직한 일 같았기 때문이다.

'그럴게야. 꼭 그게 왕백작임에 틀림없을 게야. 그는 전쟁이 벌어져 기뻐할 걸. 왜 그런고 하면 지금의 우리나라는 현실적인 괴로움은 있지. 그러나 일정한 방향을 향하여 거국일치의 체제로 매진을 거듭하고 있으니 말일세. 그는 인제는 생활의 목표와 의의를 얻어 메었는지두 모르지. 경방단 반장쯤은 넉넉히 지냄즉한 걸.' 모두가 묵묵히 끄덕이었다.[33]

젊은 날 최전선의 이념과 조선의 참혹한 장소들을 오갔을 한 식민지 엘리트가 '쇼와 15년' 전후에 취한 이 포즈 — 오늘날 납득하기 어려운 이 거듭되는 전향들을 광고장이, 축산회사 사원, 조선어신문 도쿄지국 기자, 그리고 화자인 '나'는 부인하지 못한다.

'합방' 혹은 '점령' 후 30년. 일본과 조선 사이의 접근의 농도와 질은 근본적인 변화의 도상에 있었다. 우리의 논지와 관련해 주의해야 할 부분은, 위에서 보이듯이 경성제대라는 통로, 일본인 단체 '녹기연맹', 조선총독부 관리, 대륙을 오가는 내지 문인들을 통해서 조선 문단 내지는 조선 지식계 전체가 일종의 촘촘한 관리 상태로 진입하고 있었다는 사실이다(현영섭 본인이 경성제대에서 영문학을 전공했다). 그리고 그들의 '관심'은 고쿠고 창작이라는 반대급부를 요구하고 있었다. 내지 문단의 조선 발견은 당대의 정치성과 맞물려 조선 문단의 '반도(지방) 문단화' =

---

33) 김사량, 「유치장에서 만난 사나이」, 『문장』, 제3권 2호(1941년 2월호), p. 300. 또 그 번역인 「Q伯爵」, 『金史良全集 II』, 河出書房新社, 1973, pp. 65~66. 현영섭의 아버지 현헌(玄櫶)은 학무부 시학관을 거쳐 1934년부터 중추원 참의에 올라 있었고, 소설에서와 같이 아나키스트 아들을 석방시키기 위해 도쿄의 유치장을 오간다.

'국어 문단화'라는 방식으로 모습을 드러내고 있었다. "모두 고쿠고를 아는 조선인이 될 때까지, 일시적으로라도 언문^{諺文} 문학이 아니면 안 된다고 생각"34)(이광수)한다는 말에 동의하던 '내선' 문인들은 발언자 자신을 포함해 불과 2~3년 사이에 "역시 고쿠고로 쓰는 쪽이 결국 좋지 않을까 하네. 시장이 넓은 고쿠고로 쓰는 이쪽이 좋겠지"35)(기쿠치 간)라는 말에 동조할 수밖에 없어진다. 인정식의 말을 인용하자면, 자본주의적 통합('시장')=언어 통일이 전시체제를 통해 극히 압축적으로 완성되고 있었던 셈이다.

『동아일보』와 『조선일보』의 폐간이 결정되고 있을 1940년의 시점에 일본의 서점가를 장식한 책은 『조선대표소설집』, 『조선문학선집』 3책 등과 같은 조선문학 선집·특집들이었다. 1939년 11월 잡지 『모던일본^{モダン日本}』은 임시증간호 조선판을 발행했고, 1940년 3월 김사량의 「빛 속으로^{光の中に}」이 아쿠타가와상 후보로 『문예춘추』에 전재되었으며, 같은 달 「무명」(김사량 역, 『모던일본』, 1939년 11월호)으로 제1회 조선문학상을 수상한 이광수의 『가실^{嘉實}』, 『유정^{有情}』, 『사랑^愛』이 한꺼번에 출간되었다. 5월에는 김소운의 조선 시집 『젖빛 구름^{乳色の雲}』이 나왔고, 문예 잡지는 일제히 조선문학 관련 기사와 특집을 쏟아내고 있었다.36) 쓰고 싶다면 국민

---

34) 「文人の立場から—菊池寬氏を中心に：半島文學を語る座談會」, 『京城日報』(1940年 8月 16日).
35) 「新半島文學の要望」(座談會), 『國民文學』(1943年 4月號).
36) 1940년 전후의 조선붐과 조선어의 운명에 대해서는 渡辺一民, 『他者として朝鮮』, 岩波書店, 2003을 참고.

문학 혹은 고쿠고 문학 이외의 길은 없어 보였고, 내지 문단으로부터 조여 오는 시선은 총독부의 시선과는 다른 의미에서 하나의 양가적인 구속이 되었다. 특히 조선 문단에 있어서 내지인, 혹은 내지 문단·지식계의 접근은 선연한 유혹이면서, 또한 빠져나올 수 없는 족쇄를 형성하게 된다.

이와 같은 문학적 정황의 변화와 관련해 '현해탄' 양쪽을 오가는 문인과 양쪽을 오가는 허다하게 많았던 문학 좌담과 문학 대회·정치 집회 등이 줄을 잇게 된다. 물론 내지 문인들이 대개 중국으로 가기 위해 조선에서 유했음에 비해 반도 문인들은 전심으로, 또 국가의 기획에 조응하는 '결단의 단서'를 얻기 위해 일본의 '성지'들을 방문하곤 했지만 말이다. 이와 같은 내선 문단의 압착과 일종의 감시 기능은 문단 외적인 강압과 함께 작용해 개인적인 수준에서라도 차별의 해소와 문학적 성공을 꿈꾸는 사람들과 불가피하게 협력의 길로 들어선 사람들을 압박·견인하기 시작했다. '내선문학'의 접근을 '결정'한 보다 중요한 원인이 '대륙'·'동아'·'병참기지' 같은 극히 정치적인 술어들임을 인정하는 한에서, 우리는 이 '내선' 간의 문학적 접근과 조선어 해소론과의 관계에도 주의를 기울일 필요가 있다.

무엇보다 이러한 압박은 식민주의나 전체주의와 연동된 언어 포식捕食의 일종 — 국어 확장이었다. 그러한 정치상의 동인을 제1원인으로 인정하는 한에서, 이 장에서는 새삼 피식민자 측이 이를 '적극적'으로 해석하는 방식과 그 '세계주의적·보편주의적' 과격성에 대해서도 언급해 보았다. 언어론 혹은 문학사적 접근을 시도하는 입장에서 새롭게 주목되는 현상은 철저일체론 뒤에 잠재된 세계성·보편성의 획득에의 문화적 야망, 즉 세계어로서의 일본어 문제가 아닐까 한다.

현영섭의 조선어해소론은 제국의 신체제를 사실로 수락하는 한에서는, 곧 있을 고쿠고 일방주의·단일언어주의로의 이행을 예감케 한다. 문학에 뜻을 둔 청년의 언어적 고심에 대해, 이광수는 이렇게 조언한다.

> 문학을 쓰려거든 일본문으로 쓰고 도쿄에서 출판하게. 조선의 문사가 되기보다는 전일본의 문사가 되게. …… 조선어를 갖고 일본의 국어로 할 수는 없지 않은가. 일본어를 배우는 것은 일본 정신을 배우는 것인 동시에 세계 문화의 보고를 여는 열쇠를 쥐는 것이다. 게다가 일본어는 지금 일약 아시아 제(諸)민족 공통의 국어가 되어 가고 있다. 문학에 야심이 있다면 거리낌 없이 일본문을 써야 마땅하다.[37]

물론 고쿠고로의 경사란 차별의 구조 — 포섭과 배제의 구조를 그대로 두면서 이러한 구조 자체를 중국과 같은 외부로 전가시키려는 욕망이자, 일본어를 통해 식민 본국 혹은 세계성으로 탈출하려는 이기적 욕심 — 일종의 '전향'이었음은 말할 것도 없다. 이 전향은 '제국 일본'이라는 '사실'을 수락하고 '동아'라는 미래를 완성하기 위해 현실적으로 존재하는 이천만 조선인의 팔

---

37) 香山光郞, 「半島の弟妹に寄す」, 『新時代』(1941年 10月號, 新時代社, p. 261~262(발췌 인용).

할 없는 존재로 선언한다. '특수 일본민족'. 지금 존재하는 사람들을 희생시키는 대가로 기획되는 미래론들이 대개 매우 수상쩍은 것이듯, 조선어해소론은 되어 가는 바의 '사실'을 지렛대로 해 대부분의 조선인들의 언어를 불모·불구의 것으로 내쫓는다. 그러나 거기에도 '조선'에 대한 '사랑' — 지나칠 정도 커서 몽매해진 '사랑'은 있다.

그렇다고 할 때, 우리는 조선어해소론의 논리 안에 잠재된 보다 복합적인 성격에도 주의를 기울이지 않으면 안 된다. 현존하는 제국의 사회적 편제를 넘어 평등의 이념과 세계성 자체로 진입하려는 문화적 열망이 그것이다. 조선인 됨을 온전히 해소함으로써 일본인 이상의 일본인=동아인이 되겠다는 뒤틀린 열망이 거기에는 또한 있다. 조선어를 부정함과 동시에 한자와 일본어 전체를 부정하고, 새로운 동아의 '국어'로 세계 문화의 최전선에 서겠다는 이 열망은 집요하고 강렬하다. 다만 정치적 리얼리즘이 잉태한 과격한 국책문학이 세계성과 보편적 현실성으로 나아갈 수 있으려면, 물론 그 '세계' 자체가 '일본 국가'로 통일되어 있어야 하겠지만 말이다.

외어·국어·묵어, 포위된 모어의 시간 — 한 조선어해소론자의 초상

1) 고쿠고로 쓴다는 것 — 이중언어 상황과 언어 선택의 조건

식민지 이래 조선 문단에 있어서 도쿄 문단은 근대문학의 아우라를 분출하는 근원이자 통로였다. '일본어로 생각한 위에서 조선어로 번역하며 써나간다'고 말하면서도 일본문학에 볼 만한 게 뭐가 있느냐는 듯한 태도를 보여준 김동인의 진술은 그 과장성으로 인해 도쿄라는 잊을 수 없는 문화 공간에 관한 무의식을 역설적으로 보여준다. (탈)식민 문제를 생각하는 문인들에게는 '도쿄'란 애써 무시하거나 초극되어야 할 존재였음에 틀림없을 것이다.

그렇다면 도쿄로부터의 관심은 어떠했을까. 단적으로 말해, 한일합방 이후 프롤레타리아트 문학, 내선일체라는 두세 번의 간헐적 관심을 제외하고는 오히려 철저한 무관심에 가까웠다. 따라서 적어도 1930년대 초까지 도쿄 문단에서 활동하는 조선인 출신 문제 작가도 (별반) 없었다. 1930년대 말까지도 꼽을 수 있는 인물로는 장혁주·김소운·김용제·김사량 정도가 다일 것이다. 물론 이는, 일차적으로 문학어가 모어와 맺는 관계로부터 비롯된 배타적인 성격에서 기인하는 것이지만 실상 조선 문인으로서는 식민지 상태 — 제국 내의 점진적 흡수에 대한 확신이 없다면, 무리하게 식민지 본국의 중앙 문단에 진출하는 일 자체가 일종의 위험한 도박으로 보였을 것이다. 최선의 경우에조차, 일본어 창작이란 식민 본국(내지)에 피식민의 현실을 호소하거나 동양 혹은 세계로 나가기 위한 중개자로서의 성격을 가질 따름이었다.[38]

38) 金史良, 「朝鮮文學風月錄」, 『文藝首都』(1939년 6월호). 『金史良全集 Ⅳ』, 河出書房

그런 의미에서 피식민자의 중앙 문단 진출에는 몇 가지 조건이 전제되어야 한다. 언어 능력, 문학적 감수성 혹은 작가적 유일성 따위의 문학적 전제는 식민지 상태에 대한 모종의 전향적 인식과 정치적 결단을 통과함으로써만 현실화의 계기를 맞이한다.39) 반면 식민자 측에서 이들을 받아들이는 데에는 작가적 능력과 함께 피식민자 집단에 대한 정치문화적 관심, 그리고 순수문학·출판상의 가치가 고려된다. 김소운에게는 소위 조선적 아름다움이, (최초의) 장혁주에게는 프롤레타리아 문학의 이데올로기적 고려가, 김사량에게는 중일전쟁과 내선일체에 따른 시국적 분위기와 함께 조선붐에 따른 문학·출판상의 가치도 반영되었다.

일본의 조선지배는 1940년을 전후해 이미 한 세대가 완전히 순환하는 단계에 와 있었다. 일본 제국에서 태어나 조선을 '민족' 혹은 '픽션화된 국가' 형태로밖에 경험할 수 없었던 사람들에게 일본어는 모어는 아닌 '국어', 그러니까 도달해야 할 사회 그 자체였다. 교육어·정치어·문화어로서 고쿠고의 지위는 더

新社, 1973, p. 11.
39) 물론 이효석과 같이 언어 자체를 중립적 매체로서 인지할 수도 있다. 김사량은 처녀작을 탈고한 후, 한 일본 문인에게 보낸 편지에서 이렇게 쓰고 있다. "일본에 실망한 탓도 있고 해서 가능하다면 미국에 건너가 영어로 소설을 써보자는 것이 희망입니다"(안우식, 『김사량평전』, 심원섭 옮김, 2000, p. 113에서 재인용). 안우식은 김사량 자신의 말처럼 '다소 억지를 부리듯' 이런 해석을 내리고 있다. "미국에 가서 영어로 소설을 쓰고 싶다던 김사량이 일본에 건너와 일본어로 소설을 쓰고 있는 것을 보면, 그는 표기 수단으로서 선택한 언어 그 자체에는 그렇게 큰 의미를 부여하고 있지 않다는 것을 알 수 있다." 그러나 그가 쓴 도식을 보면 꼭 그렇지는 않을 것이다.

욱 움직일 수 없는 것이 되어 갔다. 일본 국가를 상대화하기 힘들었을 어떤 이들에게 '조선'이란 국가는 픽션, 문자 그대로의 '상상의 공동체'였을지도 모른다. 그렇다고 할 때 공론장public sphere 의 일부인 문학의 영역은, 하나의 (조선) '국가'를 겨우 상상하게 하는 식민지적 '이중 픽션'의 핵심이면서 국어화라는 큰 흐름을 피하기 어려운 측면이 없지 않았다. 다만 그 완만한 흐름을 전시체제가 하나의 극적인 소용돌이로 만들었던 것이다.

'이중언어 작가'들이 점점 사라지는 자리에 고쿠고 작가들이 대규모로 등장할 것임을 예언하는 장혁주와 유진오의 대담은 당대 문인들의 '사실' 인식의 일각을 보여주고 있다.

> 그맘때쯤이면 의무교육이 실시되고, 그렇게 키워진 아이들이 모두 고쿠고를 깨우쳐 신문이나 잡지 등도 거의 고쿠고로 읽게 될 것이고, 그렇게 성장한 사람이 문학을 하게 된다면, 자연 고쿠고로 창작하게 되는 까닭입니다. 번역적인 의식도 사라질 겁니다.(장혁주)[40]

2) 조선어·국어·외국어, 그 편제와 파탄 — 김사량, 「천마」의 몇 대목

김사량은 앞서 말한 현영섭이나 김문집과 같은 교통 혹은 '사통'의 이중언어 화자들과 그에 대비되는 조선어 화자들의 벌거벗은 삶, 조선어와 내지어의 혼종과 같은 당시의 다양한 언어적 변폭들을 그려나간 보기 드문 작가이다. 물론 김사량이 그렇게

---

40) 兪鎭午·張赫宙,「朝鮮文學の將來」,『文藝』(1942년 2월호), 改造社, p. 79.

할 수 있었던 것은 그가 타락한 시대에 타락해 가는 헤게모니 언어로 작업할 수 있었던 까닭인지도 모른다. 중립적인 언어란 존재하지 않는다는 사실을 계속 의식하는 한에서[41], 그는 제국어의 전유와 이중언어 창작의 길을 택한다. 「천마」(1940년)[42]는 바로 이러한 그 자신도 관여되었던 조선붐, 내선일체를 둘러싼 경성 문단과 도쿄 문단의 접근을 적나라하게 드러내는 일종의 풍자문학에 해당한다.[43] '애국주의라는 미명 아래에 숨어 조선어에 의한 저술은 차치하고 언어 자체의 존재조차도 정치적인 무언의 반역'(「천마」, p. 78)이라고 힐뜯고 위협하는 인물 현룡玄龍=겐류. 김사량의 소설은 현룡의 존재를 통해 해소되어 가는 조선어 위에 성립하는 전쟁기의 국제성을 이렇게 드러내고 있다.

> 입만 벌리면, 프랑스어나 독일어·라틴어의 어슴푸레 기억하고 있을 뿐인 단어를 아무렇게나 주절거리며, 사람들 앞에서는 자신은 유도 초단 이상이라며 가슴을 쭉 펴 보였다. 게다가 항상 도쿄 문단에서 자신이 대단한 대활약이라도 한 것처럼, 장황한 자기자랑을 늘어놓았다(「천마」, p. 81).

그러니까 조선어해소, 고쿠고로의 전향이 다는 아니다. 식민

---

41) 일본어 창작에 대한 김사량 자신의 우려에 대해서는 안우식, 앞의 책, p. 137을 참고
42) 金史良, 「天馬」, 『文藝春秋』(1940년 6월호), 『金史良全集 Ⅰ』, 河出書房新社, 1973.
43) 소설 「천마」의 실제 모델들에 대해서는 川村湊, 『滿州崩壞』, 文藝春秋社, 1997을 참고. 또 김윤식, 『한일문학의 관련 양상』, 일지사, 1974도 함께 참고하라.

무의식이란 일차적으로 식민자에 대한 어떤 동경과 열등의식으로 나타나지만 이는 그러한 결핍을 뛰어넘는 계기 혹은 반작용으로서 세계주의·근대주의와 관계 맺곤 한다. 앞서의 조선어해소론자 현영섭의 세계어=미래 일본어 논의처럼 거기에는 뒤틀린 욕구가 잠재한다. 조선어와 일본어를 한꺼번에 뛰어넘기 위해 일본(어)의 팽창 — 거대한 국어를 꿈꾸는 이 근대주의자들.

김사량이 그려내는 이 현룡이라는 인물이 조선어를 말하는 것은 오직 조선어를 벗어나기 위해서인 것처럼 보인다. 1940년의 경성을 지배하는 '소리'는 물론 고쿠고이지만 무의식을 지배하는 것은 고쿠고라기보다는 '조선어 이상의 언어', 식민어가 아닌 여타의 제국어에 대한 뒤틀린 욕구들이다. 당대의 몇몇 고쿠고 소설들에는 허다한 러시아어, 독일어, 영어, 라틴어, 프랑스어 따위의 소위 세계어들이 등장하는 한편 그 반대 위치의 계급어·피식민어로서 조선어와 중국어가 배치되고는 한다. 이러한 서구어들은 서사 안에서 더러는 내선 지식계급 간의 교통의 표시로, 때로는 스파이의 언어로도 등장하지만 저변에 잠재하는 것은 식민 무의식을 넘기 위해 골몰하는, 아니 거기에 갇힌 채 몸부림치는 허위의식일 때가 많다.

혼마치에서 만난 프랑스 여자를 데리고 다니며 '길가의 사람들에게 들으라는 듯 봉 주르, 트레 비앙, 보 갸르송, 스 스와르 등 알고 있는 프랑스어를 죄다 외쳐대고', '일부러 헌책방에 데리고 들어가 자기 프로필이 나와 있는 삼류 잡지를 찾아내 사진이 실린 면을 펴고 누군지 알겠느냐고 자랑스럽게 가르키는'(「천마」,

p. 82) 현룡이 조선어를 비웃고, 저주하는 심리는 단지 '고쿠고'·'일본'·'친일·협력'과 같은 결과적인 어휘로 마름질되기 힘든 의식들을 보여준다.

"사실 남자 입장인 일본이 여자 입장인 조선에 손을 내밀어 의좋게 결혼하자고 하는데 그 손에 침을 뱉을 이유가 없잖습니까. 한 몸이 됨으로써 비로소 조선민족도 구제되는 겁니다"(p. 95)라는 현룡의 말은 "앤스로폴로기적으로 보더라도, 또 필로로기적으로 보더라도 일본과 조선은 남자와 여자의 차이 밖에 없습니다"라는 외국어 덩어리의 발화 욕구와 함께 해명되지 않으면 안 된다. 소위 '국어주의자'(=일본어전용주의)의 이 외국어는 무엇인가. '서구적 형식에 조선적 내용'이라는 이식문학사적 전제는 식민지 문학인의 의식 내부에 깊이 침윤된 문학적 전제인데, 이 말 자체는 보기에 따라서 일본이라는 매개항·식민 본국을 의식하면서 이를 초극하려는 의지의 일부이기도 한 것이다. 식민자의 '국어'는 이미 세계어를 염두에 둔다.

소설의 초입과 마지막을 장식하는 현룡의 비틀거리는 걸음 — 내지인 창녀촌을 횡단하는 그의 걸음 역시 앞서의 프랑스 여자에 대한 그의 태도와 묘하게 조응된다. 피식민자란 식민자가 되고 싶어하는 한에서 그를 넘으려 하고, 식민자를 남자로서 인식하는 한에서 더 강한 남성성을 꿈꾼다. '유도 초단 이상'이라는 말, 후안무치한 난봉기는 더 강한 웅성(雄性)이 되고 싶은 열망, (제국의) 법규율을 초극해버리고 싶은 심리의 반영44)일 것이다. 그러면서도

---

44) 현룡의 모델로 짐작되는 김문집이 숱하게 써낸 파법(破法)의 무용담은 이러한

이 식민자는 식민 본국의 권력에 의지해 문학적 헤게모니와 세계성·남성성을 획득하려는 기묘한 분열심리를 보여준다. '자기'를 '자기'로서 긍정할 수 없기에 스스로가 속했던 사회의 문화기억 모두를 부정해버린 이 자학自虐의 인간 ─ 현룡은 지배자의 힘과 언설에 기대기 위해 계속적으로 부정적 조선상을 찾는다.[45]

차별에 대한 복수심을 중국을 비롯한 여타의 동아시아 국가에 전가시키고, 식민주의에 대한 증오심을 서구 제국에 전가시키는 일. 현룡은 도쿄 문단을 스스로의 기원으로 자랑하면서도 서구어를 통해 식민 본국 저편의 보편성을 얼기설기 끌어온다. 신마치新町에 다녀왔다고 말하면서도 신마치를 노이에 슈타트Neue Stadt로 읽고야 만족하는 현룡 ─ 식민 본국을 초극하는 문학성 자체를 꿈꾸기 위해 랭보나 보들레르와 같은 세계성을 끌어오고, 세계성으로 나아가기 위해 식민 본국에 기댈 수밖에 없는 모순된 현룡의 행보는 그 자체로 하나의 식민지 문학의 부정적 메타포를 이룬다. 일본인 지역인 신마치의 창부(필시 일본의 최하층 계급일 것이다)의 볼을 '멜론'에 비유하며 무척이나 육감적으로 여겨져 또

무의식의 반영일지 모른다. 「乞人記」, 『조광』(1938년 10월호). 「우루트라暴狀記 나의 學生時代行狀記」, 『조광』(1938년 11월호) 등. 강간, 문인협회 가입 협박, 외국인에게의 작품 강권, 폭행 등의 파렴치 행위로 체포된 그의 이력은 「文士 金文輯檢擧 暴露さらた破廉恥行爲」, 『京城日報』(1938년 4월 1일자); 「文團의 말성꾼 金文輯被檢」, 『滿鮮日報』(1940년 4월 5일자) 등에서 확인할 수 있다.
45) 인도와 중국을 배제하는 영국의 개인주의, 흑인종을 대접치 않는 미국의 민주주의, 인터내셔날을 저버린 소련의 적색 제국주의를 비난하고 유색 인종의 일치단결과 동아 해방을 외치면서도 동시에 중국의 비합리성과 열등성에 혀를 내두르는 이 의식. 대표적 사례로서 현영섭, 「내선일체와 총후청년의 임무」, 『조광』(1940년 5월호)을 참고

한 번 '멜론'을 되뇌이는 현룡≠겐노류노스케의 의식은 '조선어' 혹은 '조선적인 것'의 배제 위에서 구축되는 굴곡 많은 자기부정과 세계주의의 아이덴티티를 보여준다.

식민화된 의식이 꿈꾸는 세계성은 자신이 속한 식민 본국 자체를 초극하는 의지로부터 출발할 때조차도 종종 식민 본국의 힘과 언설에 의존한다. 현룡은 떠-'벌린다'. "난 이제 조선어 창작이라면 넌더리가나요. 조선어 따위는 똥이나 처먹으라고 해요 그게 멸망의 부적이잖소 …… 난 도쿄 문단으로 돌아갈 작정입니다. 도쿄의 친구들도 모두 그걸 열심히도 권하고 있어요"(p. 76)라고. 그러나 이러한 말을 하며 하나의 권위를 만들 수 있는 유일한 장소 역시 조선이다. 강간 미수로 끝난 현룡의 내선연애 실패담처럼 그가 남성성과 광기・활기를 유지할 수 있는 장소는 오직 경성뿐이기 때문이다. 모순된 말 같지만 내선이 온전히 결혼하면, 이 경계에서 폭력적으로 웅성화된 이 남자는 '거세'되고 말 것이다.

불행히도 소설 「천마」에서처럼 경성은 이미 완전히 고쿠고와 신사참배 행렬로 가득 찬 공간이 되어 간다. 조선 문단은 조선어와 일본어 사이의 소위 '용어' 논쟁과, 지방문학 논쟁을 초과하고 있었다. (고쿠고 문단이 성립된 한) "논리적으로 보면 도쿄가 중앙이 아니라도 상관없습니다. 어디까지나 지방이 모여서 하나의 중앙이 되는 것입니다. 반드시 도쿄가 중앙인 것은 아닙니다"46)(김종한)라는 동아 공통문학어의 의식에까지 추급해 들어

---

46) 「新しい牛島文壇の構想」(座談會), 『綠旗』(1942年 4月號, 綠旗聯盟, p. 80. 김종한은

가고 있었던 것이다.

협력과 광기를 통해 조선 문단에서 이미 배제된 현룡은 식민권력이 '조국 일본'을 조선 땅에 관철시킨 순간 중개자로서의 모든 위치를 잃어버리고 오직 산중으로 은퇴하는 길 — 거세의 길을 가게 된다. 그는 밀집된 유곽들의 단단히 닫힌 문을 두드리며, 외친다.

이제 난 조센진이 아냐. 겐노가미 류노스케(玄の上龍之介)다. 류노스케! 류노스케를 들여보내 줘(p. 103).

이 '조센진(朝鮮人)'이라는 말 옆에는 '요보'(ㅋㅍ; '요보'는 일본인들이 쓰던 조선인의 비칭(卑稱))라는 후리가나(振り假名)가 달려 있다. 그토록 조선어를 배제하고 싶어하는 그의 레테르는 역시 '요보'였기에 역설적으로 외국어·고쿠고를 잡종시키는 '조선어' 그것만이 어쩔 도리 없는 현룡의 출구였던 것이다.[47]

국민문학 개념을 적극적으로 해석하며 "김사량과 장혁주는 좋은 작가임에는 틀림없지만 뭐랄까 지방의 현실에 대한 불평 — 그것을 중앙에 가서 읍소하는 일면을 어찌됐든 갖고 있다. 12월 8일[태평양전쟁 발발]의 국민적 감격 후에는 그러한 문학은 존재 이유가 없어졌다고 본다." 이들의 문학은 고쿠고 문단 이전에는 언어적 배반자로, 그 이후에는 고쿠고 문학의 잉여물로 취급되었고, 해방 이후에는 민족어 개념에 의해 '재일문학'의 선구자쯤으로 낙착된다.

47) 조선의 개별성을 부정(否定)하기 위해 반도문단을 환대하는 일본 문인들의 의식 역시 「천마(天馬)」의 중요한 풍자 대상이다. 조선인을 부정함으로써 조선인 위에 서려는 현룡의 의식과 조선을 포섭하는 듯 배제하기 위해 관심의 대상으로 삼는 다나카(田中)와 오무라(大村), 가도이(角井)의 의식은 완전한 공명(共鳴)에 도달하고 있는 것이다. '조선(문학)'을 부정하기 위해 조선(문학)'을 환대하는 제국의 배려. "이번에 여보, 여보 하는 놈들 작품이 내지어로 번역된 걸 읽고 난 우선 안심했습니다. …… 조선의 지방적 문화도 역시 여기 와 있는 우리들 손으로 쌓아올려야만 하는 겁니다"(「천마

3) 내선어와 묵어默語 — '비인非人'의 언어

그렇다면, 작가가 생각한 조선어의 나아갈 길은 어떤 것이었을까? 김사량은 소설 속 등장인물 이명식의 입을 빌어 이렇게 말한다.

> 그들은 자신들의 손으로 조선의 문화를 일으켜 세우고 그 독자성을 신장시켜야하며, 이는 또 결국 전일본 문화에 대한 기여이기도 하며, 또 나아가서는 동양문화를 위하고 세계 문화를 위한 것이기도 하다는 등의 이야기를 하고 있었다. …… [중략] ……
>
> "조선어 아니고서는 문학이 불가능하다는 뜻이 아니외다. 나는 언어의 예술성만을 위해 이런 소리를 하고 있는 게 아니외다. 몇 백 년이라는 긴 세월 동안 고루한 한자의 중압 아래서 문화의 빛을 바라볼 수 없었던 우리들이 왜곡된 것이나마 점점 우리의 귀한 문자문화에 눈뜨고 있는 오늘 아니오 …… 조선어로 하는 저술이 이 사람들에

」, p. 90)라는 가도이의 말과 현룡의 모멸에 찬 조선민족론을 듣던 다나카는 결심한다. "이거야말로 조선 지식계급의 자기반성이라고 내지에 알려야겠다"(p. 93). 다나카로서는 동료 문인 오가타(尾形)의 조선론을 뛰어넘을 수 있다는 과신을 어디서 찾는가 하면, 다름 아닌 겐류의 온전히 부정적인 모습에서였다. "지나인은 모르겠다고 하는 무리는 우둔함의 극치일 따름이다. 불과 이틀 만에 조선인을 이해한 식으로 하자면, 난 나흘 정도면 충분히 알아낼 것이라고 마음7속으로 외치"고 있는 것이다. 다나카보다 먼저 조선을 들른 오가타가 30분 만에 알아낸 조선을, 다나카는 이틀만에 알아내지만 그는 자신의 발견을 중국에 연장할 수 있으리라 자부한다. "어쨌든 그러기 위해서는 이 기회에 현룡을 조선의 대표적인 인텔리로 써야겠다고까지 머리 속에서 착착 구상을 엮어 나가는" 다나카의 신중하고 예의바른 태도, 다나카를 묘사하는 김사량의 신중함은, 이를 대사가 아니라 사고의 흐름으로 처리되고 있기에 내지(문)인들의 무의식의 내부에까지 육박해 들어가고 있는 것으로 보인다.

게 문화의 빛을 던져주기 위해서도 그들을 즐겁게 하기 위해서도 절대적으로 필요한 것임은 논할 필요도 없는 일 아니오 …… 조선어는 분명히 규슈의 방언이나 도호쿠 지방의 사투리와는 다르오 물론 나는 또 내지어로 쓰는 걸 반대하는 것도 아니오 적어도 언어 쇼비니스트는 아니외다. 쓸 수 있는 사람은 우리들의 생활과 마음, 예술을 널리 전하기 위해 크게 일해 줘야 하오 그리고 내지어로 쓰는 게 흡족치 않은 사람, 실제로 쓸 수 없는 사람의 예술을 위해서는 이해심 있는 내지 문화인의 지지와 후원 아래, 매 해 번역기관이라도 마련하여 소개하도록 노력하는 것이 좋겠지요 내지어가 아니면 붓을 꺾어야 한다는 일파의 언설과 같은 건 너무도 언어도단이오"(「천마」, p. 78).

이명식의 이러한 언급은 김사량의 평문인 「조선문학풍월朝鮮文學風月」(『문예수도文藝首都』, 1939년 6월호)과 거의 완전히 일치하는데, 이 평문은 1939년 『문학계』 신년 대담에 대한 반박으로 쓰여졌다. 정지용, 임화, 유진오, 김문집, 이태준, 유치진 등의 조선 문인들과 하야시 후사오, 무라야마 도모요시村山知義, 아키다 유자쿠秋田雨雀, 장혁주, 가라시마 다케시辛島驍, 후루카와 가네히데古川兼秀 등의 내지 인사[48]들이 참석한 「조선 문화의 장래」(『문학계』, 1939년 1월호)가 그것이다. 여기서 하야시 후사오 등은 검열관 입회 하에 사실상의 조선어 창작의 폐지를 주창한다. "고쿠고 문제가 나왔는데, 이는 매우 중대한 것이라고 생각하오 우리들로서는 조선의 제

---

48) 조선 문인과 내지 문인의 분류는 원텍스트에 따른 것이다. 장혁주의 분류가 이채롭다.

군들에게 말씀드리자면 작품의 전체를 내지어로 썼으면 하오49)"(하야시 후사오)라고 말하고 있는 것이다. 독자 문화적 표현, 언어 예술의 특성, 개인적 어려움 등을 들어 여기에 다소 부정적인 입장을 보이는 임화, 이태준 등에 대해 하야시 후사오, 무라야마 도모요시 등은 '못 쓸 경우는 번역'하면 된다는 대안과 "조선어로 써야만하겠다는 건 정치적 문제 이외에는 아무것도 얻을 게 없다"는 다소 위협에 가까운 진단을 내리고 있다. 이태준은 묻는다. "그건 일본 문화를 위해서입니까, 조선 문화를 위해서입니까." "세계 문화를 위해서요."50) 하야시 후사오의 대답이다.

조선 문화를 부정적 중국의 상에 압착시키려는 총독부도서과장 후루카와 가네히데의 고압적 태도51)와 『춘향전』 등의 조선 문화를 환대하는 듯 대담 내내 '선생'의 자리에서 '갈 길'(고쿠고 문단에의 편입)을 제시하는 하야시 후사오 등의 모습은 묘한 대조 혹은 역할 분담을 보여주는 듯하다. 조선어는 곧 사라질 테니 내지어로 썼으면 한다는 하야시 후사오 등의 주장을 반박하며 감각과 감정이 언어와 맺는 관계라는 상식을 거론할 수밖에 없

---

49) 「朝鮮文化の將來」(座談會), 『文學界』(1939年 1月號), p. 276.
50) 앞의 책, pp. 277~279.
51) 도서과장은 '반도언론기관 취체(取締)의 총수'로 검열 기구의 우두머리였다. 후루카와(古川)는 동경제대 정치과 출신으로 1925년 총독부에 부임해 전매국, 행정, 경찰, 보안 직을 두루 거쳤으며, 1942년 함북지사에 오른다. 후루카와와 도서과장의 업무를 포함한 검열기구 전반에 대해서는 정근식, 「일제하 검열기구와 검열관의 변동」, 『대동문화연구』, 제51집(2005년 9월호)을 참고. 실제로 내선 문단의 교류를 이야기하는 좌담회들뿐 아니라 『國民文學』에 관한 논의에는 거의 매번 내지 문인 혹은 경성 주재 문인, 학자, 관리들이 참례하게 된다. 인용한 「천마」의 이 대화 자체도 경찰 입회하의 집회였다.

는52) 이태준, 임화, 김사량 — 그렇다면 소설 속의 이명식의 화법은 정히 다급하고 수세적으로 느껴진다. 그도 그럴 것이, 1940년에 들어서면 '국어'=일본 정신이라는 이데올로기는 정치적으로 더욱 심화되고, 태평양전쟁은 번역하는 주체나 읍소·전유의 길마저 철저히 봉쇄되는 기화가 되었기 때문이다.

신문·잡지의 폐간뿐 아니라 1943년 무렵에 이르면 대대적인 국어보급운동의 전개로 모든 공적 미디어뿐 아니라 행정, 가정에 이르기까지 완전한 국어 전용이 행해진다. 내선일체를 사실로서 인정하는 한에서의 평등 제휴, 즉 번역의 길과 제국어·문화 패권어로서의 일본어를 애써 중립적으로 해석해 '일본어'를 전유하는 창작의 길 모두가 막혀버리게 된 것이다. 완전한 침묵과 사바세계로부터의 은퇴 — 투옥이나 귀거래歸去來와 같은 — 라는 길만이 남았다. 그러나 이태준이 「해방전후」(1946년 8월)에서 묘사한 귀거래 혹은 강태공의 포즈가 좌절하는 과정을 보면, 이 길도 아마 가능하지 않았던 듯하다. 조선어학회사건(1942년)이 일어났고, 영어 과목이 폐지되고, 조선어를 포함해 모든 외국어가 스파이의 언어라는 상동증常同症에 가까운 집단무의식이 경성을 지배했다.53) 당시 경성 주재 러시아 영사 부인이던 파냐 이사악꼬브나 샤브쉬나는 '국민생활주관 둘째날' — 고쿠고 전용의 날의 풍경을 이렇게 기록하고 있다.

---

52) 金史良, 「朝鮮文學風月」, 『金史良全集 Ⅳ』, 河出書房新社, 1973, pp. 10~11. pp. 15~16.
53) 스파이 언어가 된 외국어(특히, 러시아어와 조선어, 영어)에 대한 묘사로는 田中英光, 「醉いどれ船」(1948년), 『田中英光全集 2』, 芳賀書房, 1965를 참고

이런 운동[신사참배·국어 전용·도보의 날·체조·근로정진 등]은 실제 생활에서 우스꽝스러운 상황을 연출했다. '일본어의 날'에 우리가 들렀던 신발가게 주인은 웃으며 다음과 같이 말했다. "우리 골목에서 일본어를 아는 사람은 고작해야 몇 명밖에 없어요. 그것도 다 국민학생이죠." 골동품, 우표, 화폐 등을 구할 수 있었던 서울 변두리의 작은 가게 주인은 다른 손님과 우리의 '꼬리'[감시역]가 없을 때 특히 이런 말을 했다. "오늘 우리 지역은 침묵의 날인데 한번 살펴보십시오. 조선어로 말하자니 두렵고, 일본어로는 말할 줄 모르고 알더라도 하고 싶지 않아, 그렇게 된 것입니다. 애국단 대표들이 우리 뒤를 엄격히 감시하고 있어 우리는 이렇게 전부 침묵하지요."54)

또 어떤 기록은 떠나가는 선배들을 위한 졸업 연회에서 누구도 '잘 가라'는 조선어 한마디 건네지 못하는 도쿄 언저리의 언어 상황과 그에 대한 울분이 빚은 참극을 전하고 있다.55) 관청은 조선어 전화를 받지 않고, 고쿠고가 아니면 공직에 있는 어느 누구와도 쉽사리 말할 수 없게 된 그때, 조선어는 소리가 없는 묵어默語가 된다. 말하는 존재로서의 어떤 사람들은 갑자기 '비인' 혹은 철두철미한 사인私人이 된다.

1938년의 시점에서 고쿠고 해득자는 '고쿠고를 대체로 해득

---

54) 파냐 이사악꼬브나 샤브쉬나, 『식민지 조선에서』, 김명호 옮김, 한울, 1996, pp. 103~104. 그녀에 따르면 이질 언어(영어, 러시아어, 독일어, 일본어)와 다양한 정보 루트로 다소 국제적인 분위기도 없지 않았던 조선에서 그들에게 유일하게 시종일관 금지된 것은 '조선어'(학습·미디어 접근)였다고 한다. 특히, p. 86. p. 91.
55) 「朝鮮語問題に對する在京朝鮮人學生の策動」, 『特高月報』, 內務省警報局保安課(1944年 4月號), p. 116.

하는 자'와 '보통 회화에 차질이 없는 자'를 모두 합해 전 조선인의 12.38%에 지나지 않았다.56) 일본, 일본인, '국어'라는 픽션을 사실로서 완성하기 위해서는 '국민문학'은 고쿠고를 가르치는 일 자체를 서사화하지 안 되었고, 모든 국민문학은 결국 스스로가 설정한 '사실'에 다른 현상들을 압착시키려는 의지적 · 계몽적 서사를 선택하거나 조선어 공간의 완전한 배제를 택했다. 그리하여 고쿠고 계몽에 관한 소설과 내선연애는 국민문학의 핵심 테마를 형성하게 되었다.57) 통계대로라면, 총독부는 강압적 언어 정책을 통해 단 5년 만에 고쿠고 해득자를 두 배 가까이 (22.15%) 증가시키기에 이른다. 그러나 조선어를 배제하는 순간 어쨌든 팔할이 문맹이 된다는 사실 자체에는 변함이 없었다. 내내 고쿠고라는 표현을 기피하는 한편 내지어-조선어라는 선택적 쌍을 전제하며 '문학 용어'와 '번역' 문제를 이야기하던 그런 자리는 사라졌다.

그러니까, 여기서 언급하지 않을 수 없는 사실은 신체제, 시

---

56) 近藤釰一編, 『太平洋戰下終末期朝鮮の治政』, 朝鮮史料編纂會, 1961, pp. 199~200.

국어해득표	인원	비율
1923	712,267	4.08
1928	1,290,241	6.91
1938	2,717,807	12.38
1940	3,573,338	15.57
1943	5,722,448	22.15

일제하의 언어생활에 대한 통계적 연구로는 이병혁, 「일제하의 언어생활」, 『일제의 식민 지배와 생활상』(『한국의 사회와 문화』 제14집), 한국정신문화연구원, 1990.
57) 이석훈=목양牧洋의 「永遠の女」과 같은 소설이 한 가지 사례일 것이다. 내지인 여성의 경성행과 교차하는 내선의 연애는 이 소설에서 숭고한 고쿠고-계몽의 이데올로기로 통합된다. 牧洋, 「永遠の女」, 『靜かなる嵐』, 每日新聞社, 1943.

국, 시장의 크기, 동양, 세계 문화, 보편성 등을 이야기하는 논의들에서 팔할이 넘는 조선인은 일본이라는 사실과 일본인이라는 미래를 위해 적극적・기술적으로 무시되지 않으면 안 되었다.58) 내지와 반도라는 커다란 정치적 주체가 전제될 때 내지 문단과 조선(고쿠고) 문단이라는 포함 관계가 논점이 되는 순간 조선어 화자・독자들은 모습을 감춘다. 그들은 '고쿠고'에 의한 계몽을 기다리는 '벙어리' 혹은 '순종하는 말더듬이', '자연에 갇힌 운명적 존재'라는 형태로만 국민문학에 모습을 드러내게 된다. 하위 조선어로 행해지는 그들의 언어를 고쿠고로 재현하는 일 자체가 커다란 작위作爲와 재현의 난점, 시국으로부터의 일탈을 가져오는 까닭일 것이다.

김사량은 이 가면의 지식인들, 고쿠고 공간의 언어적 픽션을 몇 번이고 가로지르면서 오히려 하층민의 삶 — 전향이 불가능한 삶에 주목한다. '내선어'로 말하거나 말하게 될 사람들이 그들이다. 실제로 김사량은 소설 내내 고쿠고라는 명칭을 극도로 절제하며 내지어, 조선어, 그 혼종된 형태로서의 '내선어'라는 명칭을 사용하고 있음을 발견할 수 있다. 고쿠고 외부에 있으면서 제국 일본 내에 속해 있는 인간의 모습 — '벌레', '이슬람교도', '돼지', '소'로 호칭되고 취급되는 (비)인간들의 비국어非國語, 비모어非母語. 일본인의 경계에서 포섭과 배제를 거듭하며 국가에 봉사하는 한편 정치의 내부・법의 외부에 있는 '예외상태의 존

---

58) 이러한 사례로 崔載瑞・菊池寬 外, 「新半島文學の要望」(座談會), 『國民文學』(1943년 4월호)을 참고

재'들은 제국의 통치성이 존재하는 한 상례적으로 존재할 것임을, 김사량은 암시한다. 숭고한 것과 미천한 것의 분할, 인간과 비인간의 분할을 공중에 매달지 않는다면 고쿠고로의 통일이 이루어진다고 해서 차별이 해소되는 것은 아니라는 것. 김사량이 언어적 잡종과 끝나지 않을 차별의 미래상으로 제시하는 내지 거주 조선인들의 '내선어'는 하층민들의 삶에 폭력적으로 침입한 언어적 잡종·유린의 흔적. 그리고 김사량이 종종 그려낸, 완벽한 고쿠고를 구사하지만 '이지메'에 시달리는 조선 아동. 김사량의 고쿠고 창작은 '일본' 혹은 '고쿠고'로의 통일 이후에도 결코 내선일체 혹은 차별의 완전한 해소는 이루어지지 않을 것임을 거듭 보여준다. 법에 쫓겨, 법의 언어도 법 밖의 언어도 아닌 기묘한 언어로 이야기하게 될 사람들.59)

'벌거벗은 삶$^{blosser\ Leben/bare\ life}$'은 예외의 형태, 즉 배제를 통해서만 포함되는 어떤 것으로, 정치 속에 붙들리듯 남아있다.60) 근대적 국가주권 개념과 법 - 정치의 교차 속에서 차별은 정교해지거나 이전되는 것이지, 결코 사라지는 것이 아니다.

그것은 마치 천황이 있는 한 '비인'이 생성되는 것과 같다. 법의 경계에서 예외를 결정하는 천황과, 법의 경계에서 예외로 내몰리는 사람들. 외부에 존재하면서 여전히 속하는 법과 정치 사이에 끼인 이 성스러운 자들. 이것이야말로 예외상태의 위상학

---

59) 金史良, 「光冥」, 『金史良全集 II』, 河出書房新社, 1973, p. 39.
60) 예외상태와 법·생명정치와 문학 언어에 대해서는 황호덕, 「벌거벗은 삶과 숭고」, 『프랑켄 마르크스』, 민음사, 2008을 참조

적 구조이다.61) 그것은 팔할의 조선인이면서, 또한 그 조선인을 '동물'로 명명하면서 스스로의 운명을 감내하는 허다한 내지인의 모습이 될 것이다.

자살과 순교: '협력'이란 무엇이었나

사르트르는 그의 유명하고 악명 높은 에세이 「협력자란 무엇인가」(1946년)에서 협력자들의 '사실' 혹은 '사실주의'에 대해 언급하고 있다.

> 협력자들에게는 강함에 대한 객관적인 평가 속에 출발하지 않는 모든 것은 여자들이나 공상가의 몽상에 지나지 않는 것으로 비춰진다. 그들은 저항을 하나의 가치 확인으로 보지 않으며, 단지 사멸하는 풍습이나 이데올로기에의 시대적 착오·집착으로 간주한다. 그들은 자신이 출발하고 싶었던 '사실을 선택'한 후 그 사실만을 인정한다. …… 협력자는 사실주의를 명목으로, 나머지 사실들을 감정勘定에 넣지 않기로 선택한다. 끊임없이 '사실의 엄격한 교훈'을 입에 올리는 이 인간은 자신의 교의에 유리한 사실만을 선택하는 것이다.62)

---

61) 조선인과 천황제를 연동시켜 관동대지진과 예외상태에 의한 주권의 구성을 논한 글로는 Sonia Ryang, "The Great Kanto Earthquake and the Massacre of Koreans in 1923: Notes on Japan's Modern National Sovereignty", *Anthropological Quarterly*, Volume 76, Number 4, Fall, 2003, pp. 731~748.
62) Jean-Paul Sartre, "Lendemains de guerre", *Situations 3*, Gallimard, 1949(1982). 아래의 일역본에서 인용. J. P. サルトル, 「協力とは何か」, 『シチュアシオン 3』, 佐藤朔 外 譯

그에 의해 협력자는 자기민족·특정 이념을 사랑한 나머지, 그리고 그 사랑에 배반당한 나머지 결국 철저히 증오하기로 마음먹은 사람들로 그려진다. "협력에 대해서 가장 좋은 심리적 해석을 대체로 만들어보자면, 이는 증오이다." 협력자들이 스스로가 속했던, 속하고 있는 집단과의 동화에 실패하는 그 순간 웅성화된 침략자의 폭력은 하나의 기회 혹은 환희로서 다가온다. "협력이라는 것은, 애초부터 토착 공동체에 잘 동화되지 못한 분자가 이국의 집단적 형태에 의해 포섭되어 버리는 것이다"(「협력」, p. 31).

그러니까 사르트르에게 있어서 협력자의 모습이란 지적인 판결이나 역사적 해석보다는 우선 사회적이고 심리적인 접근이 필요한 임상적 대상63)이다. 대개의 정신병리가 그러하듯이, 협력은 일종의 사회심리에 기인하는 것이면서도 그러한 병 자체의 표출은 "하나의 붕괴 현상으로서 어떠한 경우에 있어서도 개인적인 결정으로 나타나며, 계급적인 선택은 아니다." 사르트르에게 협력은 환원 현상이자 범죄 혹은 자살과 닮은 어떤 것이다.

그렇다고 할 때 우리가 이러한 정신병리학적 논의를 수용할 수 있는가의 여부와는 별도로 일련의 전쟁 협력에 어떤 자발성이 존재했다는 사실, 따라서 '결단'과 '신생'의 논리를 필요로 했다는 사실 자체는 폭넓게 인정할 수 있을 것이다.

이를테면 "자신들이 탐구자인 한에서 사실에 복종해야 할 필

人文書院, 1964, p. 38. 이하 모든 번역은 일역본을 기준으로 하며 (「협력」, p. 38)로 표시한다.
63) 사르트르는 프랑스의 동성애와 마조히즘적 환경을 대독 협력의 심리적 근원 중 하나로 설명했고, 이것이 바로 이 글에 고전적 악명을 던져주었다(「협력」, p. 40).

요와 스스로가 윤리적 대리인인 한에서 윤리적으로 그 사실을 승인한다고 하는 어떤 경향을 혼동"(「협력」, p. 36)함으로써 그들은 그렇게 한다. 그들은 단지 특정 '사실'을 수리하는 것뿐임에도 이를 윤리로서 믿어버린다. 왜냐하면 협력자들은 진보에 대한 막연한 신뢰와 함께, 스스로 앞으로 나아가는 존재이고, 이상적인 경계로 사람을 끝없이 가까이 상승시킬 수 있다고 가정하기 때문이다. 물론 그 심층 심리에는 증오와 이를 넘어서려는 힘에의 욕구(물론 자신의 힘은 아닌 그것)가 존재하며, 협력이란, 어떤 의미에서든 결국 자신들의 이익을 위한 선택(「협력」, p. 36)으로 간주된다. 왜냐하면, 어떤 절대 '사실'을 위해 미래를 희생하라고 하는 이론은 수상쩍은 것일 뿐 아니라 이기적인 욕망에 발원을 둔 것일 때가 많기 때문이다. 설령 본인은 의식하지 못하더라도 말이다.

소위 '일제 강점기' 혹은 식민지 기간 동안 한국에서 '협력'은 매우 구조적인 것이고, 대규모로 나타났다. 더구나 한 세대 이상 하나의 먹고사는 터전이었던 장소에서 직업이나 일의 성격 등을 기준으로 협력의 심급이나 강도를 재는 일 자체는 매우 어렵다(그래서 매번 분명한 '증거'를 가진 작가 및 저술가들이 곧 잘 협력자의 표본이 된다). 단적으로 말해, 사르트르의 말대로 사회적 생활이 강하게 기능하고 종교적·정치적으로 고여 있는 곳에서는 협력과 같은 현상이 일어나기 힘들다. 하지만 조선이라는 사실, 조선민족이라는 사실이 극히 유동적인 것처럼 비춰질 만큼 식민 혹은 점령 기간은 길었고, 그것이 저항이든 협력이든 그들의 언어 자체가 식민자로부터 주어진 것이었다. 무엇보다 허다한 '애국반' 서사가 증명하듯 사회조직 자체가 여타의 전쟁 협력 상황과는 비교가 안 될 정도로 철저히 조직화되어 있었던 것이다. 문단 통합과 언어 통합을 둘러싼 논의들과 고쿠고 상용에 있어서의 철저한 통치성의 개입이 좋은 증거이다. 협력자는 협력 이전에 이미 전체주의・고도국방국가 '안'에 놓여 있었다.

조선어해소론의 '선구자'인 현영섭이나 일본어로 작업한 구사회주의자들인 장혁주나 김용제는 '조선'을 하나의 움직일 수 없는 단위로 놓는 열렬한 민족애를 보여주는 한편 일본(어) 자체를 더 강력한 '사실'로서 인지하고 있었다. 어떤 의미에서, 적어도 문면文面에 있어 '조선' 자체에 대한 사랑을 언급하지 않고서는 조선민족해소나 조선어해소를 주장할 수조차 없었던 이 사람들. 그 사랑이 '조선'의 실재성과 강력한 집단의식을 증명함에도 불구하고 그들은 해소를 주장한다. 그러나 '조선'이라는 대주체의 낱낱, 즉 조선어가 해소될 때 완전한 '비인' 상태로 전락할 하나하나의 사람들에 대해, 그들의 문학은 언급하지 않는다. 그리고 이는 당대의 대부분의 '국민문학'에도 해당되는 문제이리라. 조선인이나 조선민족은 있으나 개별자로서가 아니라 스스로에 의해 대표 가능한 형태의 상상적 집단으로서 있다. 그들의 과오는 결국 사실상 지식인 계급을 대상으로 삼는 평등에의 집착을 통해 실재하는 단독자singularity들의 '다름'이나 조선어 화자들의 각각의 개별적 삶을 완전히 픽션화해버렸다는 데 있는지도 모른다.

김사량이 그러한 길을 회피할 수 있었던 것은 그로서는 '조선'

이라는 대주체와 함께, 특히 하층 계급과 그들의 언어에 주목하고 있었기 때문이 아닐까. 제국의 내부를 상정하지 않을 수 없었던 당시의 시대 분위기에서 그의 문학이 갖는 윤리성은 그러한 애매성 자체에 있었던 것이 아닐까. 그는 식민지적 지식인의 '현재'에 주목하면서도 내내 하층민의 사회적·언어적 상황들을 중심 주제로 다룬다. 이들의 형상은 매번 다르다. 조선과 제국 사이, 조선어와 일본어 사이 — 내선어, 지식인(상층 계급) 문학과 하층민의 서사화 사이에서 작업한 그의 소설은 식민지가 갖는 이중구속을 철저히 받아들인다. 아무리 없다고 가정되어도 '조선'은 있으며, 어떻게 있느냐 하면 '낱낱의' 벌거벗은 인간으로서 있다.

무엇보다 그는 그들의 말을 철저히 의식한다. 고쿠고로 쓰는 순간의 스스로에 대한 자기원시화 혹은 이그조티시즘화, 언어 선택과 국가 선택 사이의 친연성 등을 지속적으로 의식하며, 스스로 '번역'적 주체이기를 자처하는 그의 현실인식은 이 '말'을 중심으로(도) 펼쳐진다. 고쿠고를 통해 제국 일본을 의식하면서도 조선어를 쓰는 존재·내지어 안에서 파열하는 조선어의 흔적('내선어')에 그는 주의를 기울인다.

인종을 달리하는 피식민 상황에서 타자란 단지 신체의 이미지의 층위(타자=백인)에서 받아들여지며, 동일시할 수도 없고, 동화할 수도 없는 존재로서 나타난다. 흑인에게 역사적·경제적 리얼리티는 하나의 '그림'으로서 다가온다. 경제적 지배라는 식민의 역사는 백인 식민주의자들의 손에 의해 빈틈없이 상징적 명령Symbolic Order으로 만들어져왔다. 백인의 위치는 생물학적인 컬러로서 흑인이라는 심급을 복종시키고 다루는 것으로 채워졌다. 물론 이 컬러의 차이는 경제적인 것이 아니라 하나의 '보편적인' 차이로 의미화 되었다. 그렇다고 할 때, 조선에서의 그것은 '그림'이 아니라 '목소리'가 아니었을까.

인종적 동질성을 갖는다고 선전된 '내선' 관계에 있어서 강력한 '차이화'의 근거는 '목소리' — 즉 고쿠고 상달의 여하에 달려 있었다. 어떤 이들 — 특히 조선어해소론자들은 그렇게 믿었다. 그렇다고 할 때 동일 인종의 지배하에 있던 조선의 경우 이러한 상징적 명령은 '목소리'와 '언어' — 즉, 고쿠고라는 형태로 다가왔던 것 같다.

주지하다시피, 관동대지진 때의 조선인 학살에 있어서 조선인 판별의 최종 기준은 '고쿠고' 발음에 전적으로 의존해 있었다. 따라서 조선인과 함께 상당수의 말더듬이나 언어 장애자, 방언 사용자들이 학살되었다. 조선어란 법 밖에 있으면서(헌법역), 법폭력(통치역)의 대상이 되는 그런 '예외상태'의 언어였다. 골상학 따위의 도움을 받기는 했지만 조선의 경우 심급은 '고쿠고'였다. 따라서 조선어를 '고민의 종자'(최재서)로서 인식할 수밖에 없는 면이 없지 않았다. 만약 일본이 변하기 힘든 '사실'이라고 인정하게 될 때, 차라리 이 사실'만'을 상례=보통 상태로 조직하는 일이 최선처럼 보였을지 모른다. 물론 이는 차별의 구조는 그대로 둔 채 차별 대상을 중국이나 여타 지역으로 전가시키려는 결과를 빚을 테지만 말이다.

그러나 실제로 주체성은 언제나 상호 구성적인 것이기에 언어의 단일화가 결코 차별의 해소로 이어지는 것은 아니다. 김사량의 소설과 재일 조선인의 역사는 조선어해소와 차별이 본질적·필연적 관계는 아님을 방증한다. 그것은 그러니까, 적어도 일제 말 당대에 있어서 일차적으로는 '숨기 위한' 방법, 자기구성의 복잡성에 대한 회피, 개인 차원의 귀순임에 틀림없었다. 당연히, 숨을 수 없는 대다수 사람들이 존재했다. 그 땅에 살고 있던 수많은 몫이 없는 자, 배움이 없는 자들도 그중 하나이다. 이들을 배제하고 포섭하며, 지울 수 없는 차이를 만드는 메커니즘에 대해 쓰지 않는 문학이 윤리적인 것을 수는 없을 것이다.

조선어해소론. 시큐리티, 정치적 사실주의, 내선일체와 평등, 문학적 욕망, 보편성의 확보를 회전하며 돌아가는 원심력 강한 이 사유―협력의 운동은 그 순간 픽션의 기본 전제인 핍진성 밖으로 튀어나가면서, 하나의 어색한 판타지로 떨어지게 되는 것이다. 고쿠고와 국민문학이 지배한 경성 문단, 특히 조선어해소론을 해명하는 과정에서 우리가 대면해야 하는 것은 고뇌에 찬 목소리 혹은 뛰어난 사유들보다는 힘겹고 무미건조한 일관성일 때가 대부분이다. 각종 대담과 방침에 철저동화하는 저 지루한 동어반복의 '국민문학'들을 읽어나가며 우리는 생각한다. 이건 '사실'이 아니다. 그리고 '픽션'도 아니다. 그렇다면, 그들은 어떤 '사실'을 얻었으며, 어떤 종류의 소설을 썼던 것일까. 한 가지 분명한 것은, 그들이 믿은 '사실'에 대한 평가 여부를 떠나서 그들이 쓴 거개의 '픽션'은 너무 픽션이거나, 픽션에 이르지도 못했다는 사실이다. 극히 핍진하고 더 많이 애매한 한 줌의 귀한 것 — 겨우 존재한 몇 개의 글월이 있을 뿐.

물론 많은 사라진 자들, 빼앗긴 목소리들이 있었으리라. 지배자^{archons}란 기록관^{archeion}을 의미하고, 지배는 당연히도 스스로의 논리에 합당하지 않은 기록들을 재^{ash}로 돌린다. 그 재의 더미 — 입 밖으로 내어지지 못한 말들의 영원한 침묵. 들을 수 없지만 들어야만 하는 이것. 이제 더는 말할 수 없는 타자들 — 불태워진 목소리들을 상상하는 윤리 속에서 어쨌든 우리는 '쓰인 것'을 해명하는 '과학' 안에 머물 수밖에 없는 것이 아닐까. 나의 해명, 나의 결론은 여전히 애매하고, 그런 한에서 결론이 될 수 없는데, 어떤가 하면 적어도 지금의 나의 '사적' 아카이브에는 '다른' 말이 많지 못하다. 그것이 어렵다.

2

|

제국 일본과 번역 (없는) 정치
루쉰 · 룽잉쭝 · 김사량, '아큐(阿Q)'적 삶과 주권[1]

> 모두들 문학에 관련된 일로 이런저런 고민이 있으리라 생각합니다.
> 전통이라는 것이겠지요 …… 자신의 피에 흐르고 있는 전통적 정신이라는 것은 어쩔 수 없는 것이겠지요 …… 저는 그 속에서 귀형의 흔들리는 손을 보는 듯했습니다. 어쩌면 저의 독단일지도 모릅니다. 어쩌면 감상일지도 모릅니다. 부디 용서해 주십시오
> 용서해 주십시오
> ― 룽잉쭝龍瑛宗에게 보낸 김사량의 편지글 중에서(1941년 2월 8일)

'흔들리는 손': 비어秘語와 정치

글이 인간으로부터 비밀을 앗아갔다고 이야기한 사람은 데리다였다. 그에 따르면 처음부터 비밀이란 말할 수 없는 것일 때,

---

[1] 이 글은 <한국번역비평학회 2008년 봄철 학술대회 : 동양의 번역론과 서양 대작 번역의 사례들>(2008년 4월 12일, 고려대)에서 발표된 원고에 기초하여 작성되었다. 『대동문화연구』, 제63집(2008년 9월호)과 요크대학 아시아연구센터(York Centre for Asian Research)에서 개최된 "Behind the Lines: Culture in Late Colonial Korea"(2008년 9월 25일) 심포지엄에서 각각의 언어로 발표된 바 있는 글을 『번역비평』 편집진의 양해를 얻어 여기에 다시 수록한다. 이 자리를 빌어 최초 발표의 질의문을 작성해주신 국민대 정선태 교수와 프랑스/퀘벡의 이중언어 사례 및 1930년대 번역 문화에 대해 토론해주신 고려대 조재룡 교수, 요크대학 심포지엄에서 토론해주신 토론토대학의 자넷 풀(Janet Pool) 교수, 요크대학의 테오도르 구센(Theodore W. Goossen) 교수께 감사의 말씀을 전한다.

말해지지 않았을 때만 비밀일 수 있다. 그것이 발설되는 순간 혹은 쓰여지는 순간 이미 비밀은 사라진다. 한편 '사람이 비밀이 없다는 것은 재산이 없는 것처럼 가난하고 허전한 일'이라고 말한 사람은 이상이었다. 따라서 영혼의 풍요와 충만을 위해서라면 우리는 원리상 아무것도 말해서는 안 된다. 그러나 흥미롭게도 이상의 비밀은 그것이 어김없이 '문(文)'의 형태로밖에 제시될 수 없었다는 점에서 '비밀'이 아니라 누설, 즉 일종의 '고백'이었다. 말의 근본적 차원에서 이미 말해진 비밀이란 결코 비밀일 수 없다. 하지만 사적 진실과 허구적 양식화 사이에서 작업하는 문학, 즉 양식화된 고백은 공개된 장소를 향해 마치 '비밀'처럼 말하며 그래서 곧잘 법적 구속을 넘어 비의에 가득 찬 삶들을 우리에게 전하곤 한다. 문학이란 비밀과 공공성 사이의 비식별역에 자리 잡은 사적=공적 미디어라고 할 수 있다. 따라서 우리가 한 문학가의 사적 언어와 공적 저술을 그것이 글의 형태를 갖는 한에서 호혜적으로 취급하고 상호 참조하게 되는 것은 어쩌면 당연한 일일지도 모른다.

이와 같은 이야기를 하는 것은 한 통의 편지 때문이다. 여하튼 우리는 공개될 수 있는 가능성과 영원히 사라질 수 있는 가능성 사이에서 곧잘 편지나 일기를 통해 '비밀'을 말하곤 하는데, 그런 까닭에 사적일 수밖에 없는 편지글 안에서 우리는 때때로 가장 내밀하고도 진심어린 이야기를 듣게 된다. 공적 영역을 향해 직접 발설할 수는 없었던 '억압된 말', 그러나 공적 우편을 통과해 겨우 도달한 '완전히 억압될 수 없었던 말'(즉, 공개 가능성 위에 기초된 비밀)을 통해 그 시기의 사적 삶이 가진 공공성 전체를 사유해보는 일도 가능할지 모른다. 실제로 나는 다음의 편지글, 그러니까 식민지 조선의 한 작가가 제국 일본의 또 다른 식민지 작가에게 보낸 편지를 통해 그렇게 해보려 한다.

나는 '번역'에 대해 이야기할 것이다. 그러나 내가 지금부터 이야기할 문제는 어떻게 번역하거나 번역되는지에 관한 문제는 아니다. 오히려 번역은 어떤 상황에서 권장되거나 금지당하는지, 또 그러한 금지의 테두리 위에 머물며 어떻게 하나의 번역적 의식이 스스로의 잠재성을 보존하는지가 내가 해명하려는 문제이다. 공개되지 않았을 수도 있었을 한 통의 편지가 돌연 일본의 한 대만문학 연구자에 의해 비밀의 봉인을 뜯고 우리 앞에 던져져 있다. 이 한 통의 편지로부터 나의 이야기는 시작된다.

> 오늘 아침, 보내주신 편지 감사히 잘 받았습니다. 아득히 먼 저마다의 땅에서 태어나 똑같이 남의 말^{よその言葉}로 글을 쓰고 있기에, 귀형과 새로이 벗이 될 수 있었던 것이 무엇보다 기쁜 마음입니다. 소생은 소학교, 중학교 시절부터 대만이라는 곳이 좋았고, 또 소년적인 정열로 대만을 주목해온 사람입니다. 지금도 대만에 가보고 싶다는 마음만은 절실합니다. 형도 말씀하셨듯이, 남방의 꿈 많은 땅 대만은 우리들에게는 어쩌면 그리스와 같은 곳일지도 모르겠습니다. 거기로 떠나는 것, 그것은 어쩌면 로마로의 여행일지도 모르겠습니다. 그렇게까지도 생각해보곤 하는 것입니다. 그리고 또 무엇보다 형의 민족에 침잠해, 그 생활과 하나가 되어보고 싶다는 욕망도 있습니다. 올해나 해서, 여

름쯤에라도 사할린에 다녀올지도 모르겠습니다. 거기에 가 있는 동포의 생활을 살펴보려고 생각하고 있습니다. 대만에도 많은 조선 사람들이 가 있다고 들었습니다. 언젠가는 꼭 한번 들러볼 작정입니다. 형도 여가를 내어서 조선에 와주십시오. 그렇지만 자랑할 만한 것은 지금의 조선은 아닙니다. 형의 지혜라면 모든 걸 보아주실 테지요. 저희 나라〈にㄷ〉도 예술의 나라國입니다.

혹 형도 대만 출신의 시인 우센후황吳坤煌, 坤煌 군을 아시는지요. 우吳 군과는 생각지도 않게 한 [3~4자 해독 불가] 속에서 만났습니다만 이목구비가 수려한 사람으로 퍽 인상 깊은 분이었습니다. 지난해 북경에 갔다가 천진으로 돌아올 때 천진역의 플랫폼에서 우연히 마주쳤습니다. 그리고는 지금 이렇게 쓰고 있는 와중에 생각이 났습니다만, 소설을 쓰시고 계신 듯 느꼈습니다. 장원환張文環인가 하는 분은 더는 쓰고 계시지 않은 것인지요. 어딘가에서 읽은 듯한 생각이 드는데요 형도 그렇겠지만 모두들 문학에 관계된 일들로 이런저런 고민이 있으시리라 생각합니다. 전통이라는 것이겠지요. 이건 어떻게도 할 수 없는 것이겠지요. 자신에게 [2자 불명] 한 것, 자신의 피에 흐르고 있는 전통적인 정신이라는 것은 어찌할 수 없는 것이겠지요. 그렇게 말해놓고 나면, 결국 소중한 것이겠지요. 그걸 의식적으로라도 거부해서는 안 된다, 그걸 충실하게 살리면서, 새로운 자신의 문학을 굳건히 세워야만 할 테지요. 저 또한 통절히 느끼고 있는 것입니다. 역시 귀형은 대만인의 문학을 하고 있고, 또 해야만 할 것이며, 저는 조선인의 문학을 하고 있고, 또 해야 한다고 생각하는 것입니다. 당연한 것 같지만 진정 소중한 것이겠지요. 귀형의 「초저녁달背月」을 읽고, 저는 매우 강한 친밀함을 느꼈습니다. 역시 귀형이 있는 곳도, 제가 있는 곳도 현실적으로는 똑같은 것만 같아서 전율했습니다. 물론 그 작품은 현실폭로적인 것이 아니라 매우 있을 법한 일을 쓰려고 하신 작품이었습니다. 그러나 저는 그 속에서 귀형의 흔들리고 있는 손을 보는 듯 했습니다. 어쩌면 저의 독단일지도 모릅니다. 어쩌면 감상일지도 모릅니다. 부디 용서해주십시오. 용서해주십시오

 귀형은 저 모순이라던가, 그런 것을 쓰는 작가를 어떻게 생각하시는지요? 그렇게 훌륭한 작가는 아닐런지도 모릅니다만 분명 좋은 작가인 듯합니다. 루쉰魯迅은 제가 좋아하는 분입니다. 그는 위대했습니다. 귀형이야말로 대만의 루쉰으로서 자신을 쌓아올려 주십시오. 아니 그렇게 말해서는 실례일지도 모르겠습니다. 다만, 루쉰과 같은 범문학적인 일을 해 달라는 정도의 의미인 것입니다. 저도 되도록 좋은 작품을 쓰려고 합니다. 초조해하지 않으며 건실히 해나갈 작정입니다. 나중에라도 시간이 나면 또 편지합시다. 형도 거리낌 없이 척척 작업해 주십시오. 서로 격려하며 도와 나갑시다. 「빛 속으로」에 대한 형의 비평은 매우 적절했다고 생각합니다. 저도 언젠가는 그 작품을 개정할 수 있는 때가 오기를 진심으로 기다리고 있는 중입니다. 좋아하는 작품은 아닙니다. 역시 내지인을 향한(內地人向き) 작품입니다. 저도 잘 알고 있습니다. 그것을 너무도 잘 알고 있는 까닭에 두려운 것입니다.[2]

---

2) 이 편지는 텐리대학(天理大學)의 시모무라 사쿠지로(下村作次郎) 교수가 룽잉쭝의 허락을 얻어 복사한 김사량의 편지를 번역한 것이다. 발굴 자료의 사본을 제공해준 시모무라 교수께 감사드린다. 인용의 편의를 위해 해당 편지를 인용한 시모무라 교수의 연구서를 부기해둔다. 下村作次郎, 『文學で讀む台湾』, 田畑書店, 1994, pp. 210~212. '內地人向き'는 직역하면 '내지인을 향한 것'이 되지만 사전적으로는 '내지인용'이라고 번역된다. 맥락에 따라 두 가지 의미로 사용했다.

2월 8일

김사량은 룽잉쭝을 향해, 또 그 이전의 루쉰을 염두에 두며 이렇게 썼다. (당신의) '흔들리는 손'을 본 듯하다고 우선 피에 흐르는 전통과 '남의 말' 사이에서 흔들리고 있는 이 손을 기억해두기로 하자. 또 김사량은 스스로에 대해 이렇게 말하고도 있다. "내지인을 향해 쓴다는 것이 소름끼치도록 두렵습니다." 이 두려움 역시 기억해두기로 하자. 왜냐하면 이 두 개의 이미지는 어떻게 주권권력이 번역을 권장하는 한편 살해하는지, 또 번역적 의식은 어떻게 계속 그 자신의 경계 위에 머물며 스스로의 잠재성을 지탱해나가는지를 해명해가는 한 계속 우리들의 머릿속에 남아 있을 이미지가 될 것이기 때문이다.

일국의 경계 내부에 존재하는 모든 번역적 재현을 봉쇄하는 주권적 결정에 대항해 일국 내에 존재하는 모든 분절 지점들 위에 서고, 다시금 국가의 경계 위에서 계속 번역적 의식의 잠재성을 유지하려 했던 한 작가. 그는 왜 저 자연 상태에 가까운 해방지구를 향해 탈출할 수밖에 없었을까.

제국 문단의 두 문우^{文友}: 연옥에서 보낸 한철

김사량과 룽잉쭝. 그들은 어떻게 만날 수 있었던 것일까. "귀형이 있는 곳도, 제가 있는 곳도 현실적으로는 똑같은 것만 같아

서 전율했다"고 적는 이 친밀감은 어디서 기인하는 것일까. 단순히 내지 문단에서의 개인적 체험과 공감 때문일까, 아니면 일본 제국의 통치역을 사는 외지인들의 공통 경험 때문일까. 이 공감은, 그러니까 번역 없이 제국 문단의 언어(국어)이자 남의 말^{その言葉}로 작업하는 두 문우 간의 문제인 것일까 아니면 조선과 대만이라는 컨텍스트 안에 이미 내재하는 번역 가능성에서 기인하는 것일까. 이 친밀감과 공감의 근원을 우선 추적해보자.

1) 시간 — 방언은 번역될 수 있는가

김사량의 「빛 속으로」이 『문예수도』에 발표된 것은 1939년 10월이었고, 이 작품으로 그가 아쿠타가와상 후보에 오른 것은 1940년 2월이었다. 식민지 출신 작가로는 최초로 아쿠타가와상 수상식에 참석한 그의 손에는 어쩌면 「빛 속으로」이 재수록된 『문예춘추』가 들려 있었을지도 모른다. 한편 룽잉쭝의 「초저녁 달」이 같은 잡지 『문예수도』에 발표된 것은 1940년 7월호였다. 그러고 보면 필시 김사량의 편지에 적힌 2월 8일이란 1941년의 어느 하루였을 것이다.

이 해, 이 날짜가 갖는 의미는 생각보다 의미심장한 것일 수 있다. 우선 김사량이 아쿠타가와상 후보에 오른 1940년과 함께 1941년이라는 시간은 우리에게 조선문학의 운명과 관련된 허다한 사실들을 또한 떠올리게 하는데, 왜냐하면 1941년 2월 8일이라는 시간은 1940년 8월에 있었던 『조선일보』 및 『동아일보』의 폐간에서 1941년 4월에 행해진 한글 문예지 통폐합에 이르는 기간, 그러니까 『문장』과 『인문평론』의 폐간으로 대변되는 『국민문학』(1941년 11월호) 전야의 시간을 뜻하기 때문이다.

1937년 중일전쟁의 발발과 함께 이어진 일련의 전시체제의 구성은 1938년의 <육군특별지원병제도>의 공포(1938년 2월)와 <제3차조선교육령> 발포(1938년 3월), <국가총동원령>(1938년 4월)을 통해 본격화되는데, 이러한 움직임은 1941년 3월부터 행해진 <사상범예방구금규칙>과 태평양전쟁 발발 후인 1942년 5월 8일 일본각의에서 결의된 조선인에 대한 징병제 시행에 이르러 절정에 다다른다. 천황과 병사의 언어[3]가 공론장을 제패해가는 이 시간 위에서 바로 그 언어(일본어)를 통해 두 식민지 작가는 조선인과 대만인의 문학을 말하고 있었던 것이다.

한편 1940년을 전후한 시간은 식민 본국의 수도 ― 그러니까 도쿄라는 문예 수도에 일종의 조선붐과 같은 현상이 연출된 시기이기도 했다.[4] 장혁주가 극본을 쓰고 도쿄 신쿄新協 극단에 의해 공연된 <슌코우텐春香傳>(1938년 10월 25일~27일)을 기점으로 내지의 문예 잡지는 조선문학 특집과 기사들을 봇물처럼 쏟아내고 있었다. 마해송이 기쿠치 간菊池寬의 도움을 얻어 발행하고 있던 『모던니혼モダン日本』은 1939년 11월 '임시대증간 조선판'을 발행해 적잖은 성공을 거두었는데, 여기에는 제1회 조선문학상[5]을

---

[3] 당시의 일본어론(國語論)을 천황의 언어, 병사의 언어라는 측면에서 파악한 연구로는 安田敏朗, 『植民地のなかの「國語學」』, 三元社, 1998(2003)을 참고
[4] 1940년 전후의 조선붐에 대한 간명한 이해를 위해서는 渡辺一民, 『他者としての朝鮮』, 岩波書店, 2003과 中根隆行, 「地方としての朝鮮 上京する作家」, 『<朝鮮>表象の文化誌』, 新曜社, 2004를 참고
[5] <조선예술상>은 '우리나라 문화를 위해 조선 내에서 행해진 각 방면의 예술 활

수상하게 될 이광수의 『무명無名』이 김사량의 번역으로 게재되기도 했다. 마해송이 집필했을 것으로 생각되는 '편집 후기'는 당시의 상황을 요약적으로 적시하고 있어 흥미롭다.

> 『모던니혼』 10주년 기념 증간 '조선판'은 오늘날 조선 반도가 군사적·경제적·문화적으로 대륙과 연결되는 기반으로서 그중요성이 주창되면서 조선에 대한 인식이 절대적인 것이 되고, 식자들은 논외로 하고 전 국민의 애국적 관심이 팽배한 때에 간행되었다. 이는 시국에 걸맞는 절호의 것으로서, 조선총독부를 비롯하여 조선 명사의 찬동, 전국적인 지지성원은 그야말로 국민운동의 하나로서 나타난 바이다. 그 요망에 답하여 본사는 전원이 하나가 되어 결사적인 노력을 해나갔으며, 드디어 예상한 것 이상으로 훌륭한 성과를 거두어내었다. 이는 독자 여러분의 성원에 힘입은 것으로 마음으로부터 감사드린다.6)

1940년 3월 김사량의 「빛 속으로」이 『문예춘추』에 전재된 후 아쿠타가와상 후보로 오른 시간을 전후로 하여 이광수의 『가실』, 『유정』, 『사랑』이 한꺼번에 일본어로 번역되어 서점가를 장식한다. 앞장에서 논한 바, 그 외에도 『조선 대표소설집』, 『조선문학선집』 전3권이 출판되어 일본(어) 문단 내에서 조선문학에 대한

동을 표창하는 것을 목적'으로 하여 기쿠치 간의 자금제공에 의해 1940년 3월 『모던니혼』사 사무국에서 처음 시상되었다. 어떤 의미에서 '우리나라 문화를 위해 조선 내에서 행해진' 예술을 표창한다는 목적은 제국과 그 적들이라는 분절을 앞세움으로써 내지 대 반도의 구별을 은폐하는 과정의 일부이기도 했다.
6) 「편집후기」, 『モダン日本』(朝鮮版)(1939년 11월호). 이 호의 성공으로 모던니혼사는 이듬해 5월에 다시금 조선판을 발행하기에 이른다.

정전화 작업이 수행되었으며, 김소운의 조선 시집 『젖빛 구름』 (1940년 5월호)이 나온 것도 이때였다. 1940년 7월에 구성된 제2차 고노에 후미마로近衛文麿 내각이 기본국책요강基本國策要綱에 기초해 모든 정당정치를 해소하며 시작한 대정익찬회大政翼贊會는 문화부의 주요 사업 중의 하나로 '지방문학육성'이라는 과제를 제시하고 있었다. 여기서의 지방은 '외지'를 포함하는 것이었고, 그에 대한 관심은 일차적으로 '번역열'의 비등을 통해 나타났다.

1940년 4월 하야시 후사오가 『문예춘추』에서 되물은 질문이 쉽사리 이해되는 것도 이 순간이다. 과연 "합방 삼십년이 지난 오늘날 조선문학과 작가들이 내지 지식인 계급에 의해 거의 전적으로 간과되고 잊혀지고 있었던 사실은 지금 새삼 생각해봐도 불가사의하다." 그러니까 제국의 경계가 밀어 올려지면서 생겨난 지극히 "정상적인 대륙열 속에서 어떤 문학적 결과가 태어날 것임에 틀림없다는 것은 누구나 예상할 수 있는 바인데, 그렇게 하여 이미 나타나기 시작한 조금의 뜻밖의 결과 중 하나가 만주문학에 이어 조선문학이 내지 일본인의 관심을 끌기 시작했다는 사실이었다." 그러나 '대륙' 문학에 대한 이러한 관심interest은 많은 번역이 그러하듯 무목적이고 심미적 판단에 의한 것은 당연히 아니었다. 이 관심은 이해관계interest의 소산이었고, 따라서 번역붐의 '불가사의함'은 조선인 작가들에게는 결코 불가사의한 일도 아니었다. 임화의 다음의 언급은 좋은 답이 된다.

　조선문학을 급작스러히 밝은 서광 앞으로 끌어 내인 것은 역시 동경 문단의 새로운 환경이다. 물론 그것은 시국이다. 시국이 비로소 일본문학 앞에 지나와 만주와 그리고 조선이라는 새 영역을 전개시켰다. 이른바 대륙에의 관심이다. 만주 더구나 조선은 새삼스레이 시국이 전개한 새로운 영역에 속하지 아니 할지 모르나 그러나 지나라는 것이 일본의 앞에 출현하면서 만주, 그중에서도 조선이라는 것의 객관적 위치가 선명히 드러나고 그중요성이 새삼스럽게 인식된 것도 역시 사실이다. 다시 말하면 단순한 국내의 특수한 일 지방으로서가 아니라 지나사변이라는 돌연한 대사변을 통하여 대륙이라는 것의 한 부분 혹은 그것과 연결된 중요지점으로서 각개의 지역이 전혀 선연한 양자兩者를 정呈하고 일본문학의 전면에 출현한 것이다. 다시 말하자면 시국이라는 추상적인 것이 일본문학의 새로운 환경이 아니라 그 실은 대륙이라는 광대한 영역이 일본문학의 새로운 현실이 된 것이다. 주체적으로는 또한 일본민족의 새로운 환경으로서 대륙의 제민족이 등장한 것이다.[7]

다시 말해 이 번역붐이란 결코 "동경 문단이 조선문학을 똑바로 평가하기 시작한 결과라든가 혹은 그 간에 조선문학의 수준이 향상된 결과"가 아니라는 것이다. 문학 내적 과정이 없다 할 수 없으나, 기본적으로 이 조선붐을 불러일으킨 것은 일본민족의 새로운 환경으로서의 '대륙'이다. 그렇다는 것은 이 새로운

---

[7] 임화, 「동경 문단과 조선문학」, 『인문평론』, 제9호(1940년 1월호), pp. 40~41. 지방문학화 논의를 전유하며 '지방적으로 개화한 근대문학의 일종'으로서의 조선문학의 독자성/보편성을 주장하는 임화의 논의에 대해서는 서은주, 「일본문학의 언표화와 식민지 문학의 내면」, 『상허학보』, 제22집, 2007을 참고

환경이 장기화할 때, 혹은 새로운 환경의 통합이 가속화할 때 이 번역붐이 전혀 다른 방식으로 전화할 수 있음을 암시한다. 조선문학 번역붐에 관한 다음의 통계[8]를 보자.

연 도	1939	1940	1941	1942	1943	1944	1945	계
일본에서 발표된 일본어 소설	10	26	31	20	18	3	2	110
조선에서 발표된 일본어 소설	10	7	16	46	50	54	19	202
소계	20	33	47	66	68	57	21	312
번역 소설	4	42	16	2	1	0	0	63

이 표에서 알 수 있듯이 1940년은 내지에 있어 '뜻밖'의 조선붐에 의해 번역이 대량 생산된 해이다. 그러나 이러한 조선문학 번역붐은 1941년 이후에 급격히 사그라지고 있으며, 1942년 이후에는 거의 사라지다시피 하고 있다. 그에 비해 직접 일본어(=국어)로 쓰여 내지에 발표된 작품은 급격한 증가세를 보인다. 보다 구체적으로 보자면, 내지에서 조선 작가의 작품이 발표된 빈

---

[8] 윤대석, 「1940년대 한국문학에서의 번역」, 『현대소설연구』, 제17집, 한국현대소설학회, 2002, p. 318. 이 표는 호테이 도시히로의 「일제 말기 일본어 소설 연구」, 서울대 석사학위논문, 1996과 大村益夫·布袋敏博, 『朝鮮文學關係日本語文獻目錄』, 綠蔭書房, 1997을 기본 자료로 하여 윤대석이 작성한 것이다. 호테이 도시히로에 따르면 1939~1945년 8월 15일까지 적어도 202편의 일본어 소설이 조선인에 의해 발표되었다. 이중 이석훈이 24편, 정인택이 19편, 이무영이 14편으로 가장 많은 작품 수를 보여주고 있다. 布袋敏博, 「李無影の「靑瓦の家」について(解說)」, 李無影 作, 「朝鮮藝術賞第四回受賞作品)靑瓦の家」, 白川豊 監修, 『日本植民地文學精選集Ⅱ』, ゆまに書房, 2000 (영인본).

도는 1941년에 정점에 이르고, 이후 1942년부터는 급격히 줄어드는 모습을 보여주고 있다. 반면 조선에서 발표된 일본어 소설은 1942년 이후 급증세를 보이는데, 이는 『國民文學』 창간 이후의 조선 문단의 '국어화'로 인한 결과이다. 단적으로 말해 이 표는 1940〜1941년 사이의 기간이 이른바 외지 민족어 문학의 일본어 문단화, 조선문학의 지방문학화가 급속도로 진행된 시기였음을 보여준다.

그러나 이러한 과정은 이해와 번역 과정이었다기보다는 일종의 포섭 과정이었던 것으로 보인다. 그도 그럴 것이 1941년 말에 이르면 『신쵸』 등의 지방파 소설 특집에 조선문학이 만주문학, 대만문학, 오사카문학, 큐슈문학과 나란히 이름을 올리는 등 조선 문단 자체가 제국 문단의 '내부'로 급격히 포섭되는 양상이 뚜렷해지기 때문이다.9) 그런 와중에 여타의 문예지를 통폐합하며 창간된 『國民文學』(1941년 11월)이 소위 '국어 전용'을 택하면서 조선문학은 언어적 자율성을 완전히 상실해가는 모습을 보여주고 있었다.10) 다시 말해, 이 표는 조선문학 번역붐이라는 것이 결국 일본어 문단화, 지방문학화의 전단계였음을 명징하게 보여주고 있다. 그도 그럴 것이 다음과 같은 논의가 이상할 것이 없

---

9) 김사량의 소설 「며느리(嫁)」이 소위 '지방파' 문학 중 조선문학의 대표로서 게재된 『新潮』(1941년 12월호)의 '지방파 소설' 특집은 조선문학의 고쿠고(國語) 문단화=지방문학화의 전형적 사례 중의 하나이다.
10) "주지하다시피 『國民文學』은 연 4회 국어판, 8회 언문판이라는 새로운 방식으로 당시의 정세에 대처해온 것인데, 이는 과도기적 체제에 불과하며 모든 면을 국어로 편집한다는 것은 당초부터 예상되어온 바였다. 그 시기를 결정한 것은 징병제 실시 준비에 수반된 당국 및 총력연맹의 국어보급운동이다." 崔載瑞, 「國語雜誌への轉換」, 『國民文學』(1942년 5·6월 합병호).

는 시간을 그들은 살고 있었기 때문이다.

국어는 국가적 견지에서 비롯되는 특수한 가치적 언어이고, 일본어는 그러한 가치의식을 떠나서는 조선어, 그 외 모든 언어와 동등한 위치를 가지는 언어적 대상에 불과한 것이다. 따라서 국어와 일본어는 어떤 경우에는 내포를 달리할 수 있다. 방언은 표준어보다 열등하지 않고, 혹은 그 이상으로 연구적 가치가 있는 언어적 대상이고, 또 누구도 자기 방언에 모어로서의 그리움을 느낄 것이다. 그러나 국가적 견지는 이러한 방언을 가능한 없애려고 노력한다. 여기에 표준어 교육, 국어교육의 우위가 나타나는 것이다. 국어는 실로 일본 국가의, 또 일본 국민의 언어를 의미하는 것이다. 국가적 견지에서 비롯되는 방언에 대한 국어의 가치는 곧 조선어에 대한 국어의 우위를 의미하는 것이다. 방언과 조선어에 대하여 국어의 우위를 인정하지 않으면 안 되는 것은 근본으로 소급하면 근대의 국가 형태에 기초한 것이라고 하지 않으면 안 된다. 여기에서 또한 대동아 공영권에서 일본어의 우위라는 것을 생각할 단서가 열리는 것이다.[11]

'국어'의 가치라는 관점에서 보아 조선어와 일본어의 관계는 방언과 표준어의 관계이다(더구나 이 방언은 국어=국민이라는 가치에 의해 인위적 해소를 기다리는 방언이다). 어떻게 할 것인가. 조선인들로서는 제국이 구사하는 논리 – 가르침에 배치되는 것을

---

11) 時枝誠記, 「朝鮮における國語政策および國語敎育の將來」, 『日本語』, 第2卷 8號, 1942, p. 60.

이야기할 수 있는 상황은 아니었다. 가능한 것은 오직 일종의 '오해'의 방법을 통해서 가르침 자체를 달리 전유$^{專有, appropriation}$하는 길뿐이었다. 예컨대 '조선어방언론'을 받아 "내지에서도 사쓰마 사람이나 도호쿠 사람이 만나 제각각 태어난 땅의 방언으로 말하면, 조금도 이야기가 통하지 않지 않는가. 이 사람들은 따로이 표준어를 갖고 있어, 이를 통해 이야기를 나누는 것이다. 그렇다면 반도인과 내지인 사이에도 마찬가지로, 서로 표준어를 쓰면 이야기가 통하니까, 조선어를 하나의 방언으로서 반도 및 반도인 사이에 남겨 두어도 되지 않겠습니까"[12]라고 말하는 '의도적 오해=전유' 방식은 당대의 전형적인 화법이라 해야 할 것이다. 이러한 화법이 중요한 것은, 이를 통해 원래의 가르침 혹은 주장 자체가 일종의 아포리아에 부딪치기 때문이다. 예컨대 위의 조선 유학생의 질문에 일본인 교수는 이렇게 대답하고 있다.

국어의 방언은 그 배후에 있는 감정과 사상이 모두 정신생활을 공통으로 하고 있다. 진정한 일본 국민이라고 하는 신념으로부터 보자면, 역시 조선어를 그만두고, 국어만을 쓰지 않으면 안 된다.

본래 '조선어방언론'은 조선에 대한 호혜적 취급과 고쿠고의 우위를 주장하기 위해 구성된 것이다. 따라서 조선어가 방언이

---

12) 笹月淸美, 「國語·國家·國民」, 『文學』, 第8月 9號, 1940, pp. 102~103. "'반도 출신의 신(申) 군(君)'이 저자를 찾아와 총독부의 조선어폐지 정책에 대해 한 이야기." 식민지 국어학 및 조선어 방언론에 대한 자세한 분석은 安田敏朗, 『植民地のなかの「國語學」』, 三元社, 1998(2003)을 참고

라면 여타의 방언과 '병렬적' 위치에 놓이는 까닭에 그것이 일종의 화용론상의 '현실'인 한에서 표준어라는 요청과 함께 공존 가능해야 한다. 그러나 오직 조선어만을 분절해 소멸 대상으로 말하는 순간 이미 조선을 호혜적으로 다룬다는 '조선어방언론'의 취지는 무색해지고 만다. 내지와 외지의 통합을 기도하는 언설이 다시 그 분절을 확정하는 순간 '조선어방언론'은 고쿠고 전용의 다른 이름임이 폭로된다.[13]

그런 의미에서 지방문학화, 일본어 문단화의 징후에 대응해 조선문학이란 '세계문학이 지방적으로 개화한 근대문학의 일종'이라고 주장하는 임화의 논점은 의미심장하다.[14] 왜냐하면 그에게 지방성은 세계성의 특수한 개화 방식이었고, 또한 언어적 자율성을 포함한 것이었기 때문이다. 임화에 따르면 (내지에 번역된 외지 문학은) "각각 민족문학의 전통 위에서의 현대의 것이 아니고 또 일본 현대문학의 식민지적 출장소도 아닌 세계문학이 이 이십세기라는 시대에 지방적으로 개화한 근대문학의 일종이라

---

[13] 물론 황현산의 지적처럼 문학어 혹은 사상의 언어로서의 조선어는 일종의 방언 상태로 존재했는지 모른다. "식민지 시대의 한국어는 근대적이건 전근대적이건 간에 학문과 드잡이한 경험이 짧고, 섬세하고 복잡한 사고의 표현에 훈련이 부족한 상태에서 민족 방언으로서의 특수성을 아직 크게 떨쳐버리지 못한 상태였다. 게다가 그것은 한 국가의 공용어가 아니었다"(황현산, 「모국어와 시간의 깊이」, 유종호 외, 『현대한국문학 100년 ― 20세기를 어떻게 볼 것인가』, 민음사, 1999, p. 260). 그러나 여기에 일본어를 '국어' 혹은 표준어로 명확히 기입하는 순간 사태는 전혀 다른 방향으로 전화해 버리는 것도 사실이다.

[14] 이러한 주장 자체는 가와카미 데쓰타로(河上徹太郞)가 『文學界』 후기에 적은 내용이다. 그러니까 이러한 전유 방식 자체가 문제가 된다. 김사량 역시 가와카미의 독후감을 인용하며 조선(어)문학의 세계문학에의 공헌 가능성과 세계문학 및 일본문학의 풍부화, 다양화에의 역할을 강변하고 있다. 金史良, 「朝鮮文化通信」, 『現地報告』(1940年 9月號, 文藝春秋社. 『金史良全集 IV』, 河出書房新社, 1973, pp. 28.

는 것을 똑똑히 말할 수가 있다."15) 세계성 혹은 근대문학이라는 전체를 설정하는 한에서 모든 문학은 지방문학의 일종이며, 또 그것이 근대문학인 한 다시 세계성의 일부라는 임화의 주장은 결코 범범한 일반론이 아니었다. 왜냐하면 그의 논리는 '외지의 지방화'를 기획하는 '제국'이라는 주체와 그 이해를 괄호 안에 넣는 것으로, '지방' 담론에 대한 특별한 전유 방식의 일종이었기 때문이다. 조선문학을 설명하기 위해 별반 강조도 없이 제시된 가와카미 데쓰타로의 '지방' - '세계'의 연결이 임화에게 와서는 민족과 세계 사이에 어떤 권위나 중개자도 설정하지 않는 논의로 전화된다. 심지어 1941년 12월 진주만 공습을 기화로 국민문학적 열기가 비등점에 달한 순간에조차 "논리적으로 보면 도쿄가 중앙이 아니라도 상관없다. 어디까지나 지방이 모여서 하나의 중앙이 되는 것이다. 반드시 도쿄가 중앙인 것은 아니다"16)라는 식의 논리는 '국어문학國語文學=국민문학(국민문학)' 내부로부터도 터져 나오고 있었다.

그러니까 어떤 의미에서 '언어를 의식한다'는 생각 자체가 지방문학화=일본어 문단화 기획과는 배치되는 것이었다.17) 임화 이야기를 꺼내는 이유는 다름 아닌 김사량의 생각이 이와 유사한 것이었기 때문이다.

---

15) 임화, 「동경 문단과 조선문학」, 『인문평론』, 제9호(1940년 1월호), pp. 49.
16) 金鍾漢, 「新しい半島文壇の構想」(座談會), 『綠旗』(1942年 4月號).
17) 임화의 언어론에 대해서는 와타나베 나오키, 「임화의 언어론」, 『국어국문학』, 제138권, 2004를 참고

우리들이 근심해야 할 것은 어쩌면 이천만 이상의 인간이 일 분간에도 한 사람에 수백 마디씩 쓰지 않으면 안 될 조선어가 사라지리라는 것과 같은 걱정이 아니다. 오히려 진정 우리는 문학의 생장을 위하여 진지하게 반성하고 자각하고 근심해야 할 것이다. 이천만 조선인이 살아있는 동안은, 역시 그들을 상대로 하여 그들이 읽을 수 있는 문장으로 써야한다는 것은 너무도 당연한 것이 아닌가. 우리의 근심은, 그것을 긍정하는 것에서부터 시작된다. 어쨌든 나는 지금부터 번역 그룹이라는 것을 제창하려 한다. 이는 조선문학의 고전이나 현대 작품에 그치지 않고, 적어도 도쿄 문단이나 또는 세계 문단에 맞설 수 있는 걸작을, 지금부터 그룹이라거나 잘된 협회라도 좋으니 여하튼 어떤 하나의 조직을 만들어 번역하고 발표하자는 것이다. 조선의 작가에게는 불가능한 상담을 들고 나와 일본어로 쓰라고 말하는 것은 부당하다. 그 대신 조선어문학을 번역할 수 있는 조직을 만들어 도쿄 문단이나 세계 문단과의 교류를 꾀하며, 조선문학의 현상이나 조선문학이 진정 조선의 말로 쓰이지 않으면 안 되는 까닭을 고시告示해야만 한다.[18]

이천만 조선인을 위해서도, 또 감각과 감정을 다루는 예술이 갖는 언어 문제 때문에라도 '내지어로는 쓸 수 없다.' "경성제국대학 조선문학부 출신으로라도 번역회를 조직해 고전을 번역하고, 도쿄에 주재하는 문화인들이 힘을 합해 현대문학을 번역해

---

18) 金史良, 「朝鮮文學風月錄」, 『文藝首都』(1939년 6월호). 『金史良全集 Ⅳ』, 河出書房新社, 1973, p. 15.

나가야 하는 것이다." '언문'으로 쓰면 독자가 줄 테고 또 조선어 자체가 종래에는 사라질 것이니 '국어'(=일본어)로 쓰는 편이 낫다는 생각들19)에 맞서 김사량은 국어를 내지어로, 언문을 정음/민족어20)로 재규정하며 조선어문학의 역할을 거듭 강조하고 있다.

왜 모두 내지어로 쓰라는 것이 '불가능한 상담'일 수밖에 없는가. 첫째, 민족어의 존속은 역사발전이 증명한다. 둘째, 조선의 실정에 비추어 조선어 쓰기의 비애국성을 말하는 논리는 부당하다. 왜냐하면 내선일체의 이념 실현을 위해서도 조선인의 대다수가 읽지 못하는 내지어로 써서는 곤란하기 때문이다. 셋째, 조선문학은 조선 작가가 조선어로 쓸 때에만 성립하며, 이미 그러한 일만으로도 조선의 역량은 벅차다. 넷째, 내지어로 쓰는 순간 이미 조선 사회나 환경에서 촉발된 동기와 감정은 일본적 감정과 감각의 화를 입게 된다. 조선어와 일본어 창작을 같이 해온 경험을 통해 볼 때 내지어로 쓰게 되는 순간 "자신이 쓴 것임에도 불구하고 이그조틱한 것으로서 눈멀기 쉽다." 마지막으로 가장 근본적인 동시에 현실적인 문제로, 내지어로 쓴다 할지라도 실제로는 내지어로 예술적 형상화가 가능한 사람은 거의 몇 사람에 불과한 것이 실정이다.21) 그는 계속 '과도기'와 '번역'을

---

19) 대표적인 것으로 張赫宙, 「朝鮮の知識人に訴ふ」, 『文藝』(1937年 2月號)와 「朝鮮文學の將來」(좌담회. 장혁주, 유진오, 하야시 후사오 출석), 『文學界』(1939年 1月號)의 하야시 후사오의 발언을 참고

20) 민족어의 존속에 대한 김사량의 확신에 대해서는 金史良, 「朝鮮文化通信」, 『現地報告』(1940년 9월호), 文藝春秋社 『金史良全集 Ⅳ』, 河出書房新社, 1973, p. 26을 참고

21) 金史良, 앞의 책, pp. 26~27.

주장하며 내지어와 민족어 사이에 선다. 제국 혹은 '당국'의 문법을 습득한 위에서 발화하는 김사량의 말들은 이와 같이 제국의 언설장 자체를 흔들며 소위 '중심 언설' 내부에 균열을 일으킨다. 그리고 그러한 발화 방식은 "대동아공영권이라는 침략의 기치를 서양의 근대에 대항하는 연대감으로 받아들이는" 분위기가 팽배했던 문학의 세계에서 겨우 가능한 입점이었다.22)

여기서 다시금 최초의 편지로 돌아가보자. 그러니까, 왜 하필 2월 8일이어야만 했을까. 2월 8일이라는 날짜는 왠지, 그러니까 우연만이라고는 할 수 없는 힘으로 1919년 2월 8일에 있었던 도쿄 유학생들의 독립선언(과 그것을 기초한 이광수라는 이름)을 떠올리게 한다. 더구나 이 편지에 쓰여진 바에 따르면, 일본어로 쓰는 순간 혹은 '내지인을 향한內地人向ᄎ(내지인용)' 작품이 구성되는 순간의 김사량이 그 반사물로서 내내 '(조선인을 포함한) 외지인' 혹은 '조선어로 쓴 조선문학'이라는 존재를 의식하고 있음을 암시한다. 그렇다는 것은 "역시 내지인을 향한內地人向ᄎ 작품입니다. 저도 잘 알고 있습니다. 그것을 너무도 잘 알고 있는 까닭에 두려운 것입니다"라는 진술의 의미에 대한 중요한 단서를 준다.

---

22) 김달수(金達壽)는 당시를 회고하며 확실히 다케우치 요시미(竹內好)가 「근대의 초극」에서 말한 바 있는 그러한 이상이 김사량을 받아들인 일본문학 세계에서는 일부 존재했던 것으로 생각된다고 말하고 있다. 스스로가 조선문학 번역붐이나 「모던니혼」 조선판을 통해 민족의식에 눈떴다는 것이다. 흥미로운 것은 그가 이러한 조선붐이 프롤레타리아 문학 붕괴 후 폐색 상황에 빠진 일본문학이 일종의 저항 불가능한 상황에서 조선이나 조선문학을 끌고 나온 것 같다고 보고 있는 점이다. 「金史良特輯 民族と文學」(座談會), 金時鐘·金達壽·安岡章太郞, 『문예』(1971년 5월호), p. 202. 그의 이러한 언급은 제국 일본의 문학과 제국 일본의 통치 자체를 과잉동일시할 수 없음을 암시한다는 점에서 시사적이다.

우선 김사량은 이 편지를 쓰기 몇 달 전(1940년 9월) '내지어로 쓰는 순간 이미 조선 사회나 환경에서 촉발된 동기와 감정은 일본적 감정과 감각의 화를 입게 된다'고 썼다.23) 조선인의 감각이나 감정은 그 표현과 '불가리적不可離的으로 연결'되어 있다. 따라서 예컨대 슬픔이나 욕과 같은 감정 혹은 직관의 표현은 매우 에둘러서 밖에 번역될 수 없다. 다시 말해 김사량에 따르면, 언어 선택은 결코 중립적인 것일 수 없으며, 언어에 의해 동기와 감정 자체가 굴절된다는 것이다.24) 따라서 그가 번역 그룹을 제안하며 한 다음과 같은 발언은 '어떻게 조선인의 문학을 할 것인가'라는 룽잉쭝에게 건넨 다짐과도 연결된다. "나만 해도 번역하면서 조선어의 뉘앙스나 격률이나 어감 등을 되도록 살리려 공부해야하지 않을까 생각하는 것이다."

왜 그는 계속 번역이라는 기구 혹은 번역적 재현의 순간에 집

---

23) 金史良, 앞의 책, p. 27.
24) '내선일체'의 이념을 전파하기 위해서라도 조선어를 써야한다거나 제국문화, 세계 문화의 다양성을 위해서는 조선(어)문학을 남겨둔 채 번역을 통해 통합을 꾀하는 편이 옳다고 하는 그의 생각은 이후에도 지속적으로 견지된다. 그는 언설장 자체를 구성하는 대정익찬회 문화 '당국자'에게 이러한 생각을 피력해 '과도기' 또는 '현실'의 사정상 합당한 방안이라는 답을 얻어내기도 한다. 예컨대 「朝鮮文化問題에 對해서: 翼贊會文化部長 岸田・金史良 兩氏의 對談 本社 主催」, 『조광』(1941年 4月號). 또 「천마」의 등장인물 이명식(임화와 스스로를 중첩시켜 모델화한 것으로 이야기된다)의 다음과 같은 언급도 그런 견지에서 이해가능하다. "조선어는 분명히 규슈 방언이나 도호쿠 지방의 사투리와는 다르오 물론 나는 그렇다고 내지어로 쓰는 걸 반대하는 것은 아니오시다. 적어도 언어 쇼비니스트는 아니외다. 쓸 수 있는 사람은 우리들의 생활과 마음, 예술을 널리 전하기 위해 크게 일해 줘야 하오 그리고 내지어로 쓰는 게 흡족치 않은 사람, 실제로 쓸 수 없는 사람의 예술을 위해서는 이해심 있는 내지 문화인의 지지와 후원 아래 매 해 번역기관이라도 마련하여 소개하도록 노력하는 것이 좋겠습니다. 내지어가 아니면 붓을 꺾어야 한다는 일파의 언설과 같은 건 너무도 언어도단입니다." 金史良, 「天馬」, 『文藝春秋』(1940年 6月號). 『金史良全集 Ⅰ』, 河出書房新社, 1973, p. 78.

착하는가. 조선어의 뉘앙스와 격률・어감 등을 살리고 유지한다는 것의 정치적 의미는 무엇인가. 만약 공론장의 신문과 소설이 국민국가라는 공동체를 상상 가능하도록 했다면, 어떤 의미에서 조선문학은 민족국가가 없는 상태에서 민족 혹은 국가를 '상상'케 하는 역할을 수행해왔다고 할 수 있을 것이다. 식민지 조선의 거개의 신문잡지가 내내 '일본'이라는 통치역 자체를 언어적 차원에서 지워버린 채 '조선문학'과 '조선어'를 자명한 것으로 실체화해온 것이 사실이라고 할 때, 여기서 조선어와 조선문학의 존재는 그 자체로 국가 효과를 불러일으켜 왔다고 할 수 있다.[25] 지역^{region}, 식민지, 지방^{local}이 애매하게 착종하는 이름으로서 조선(문학)이 발화될 때, 또 그 반대편에 위치하는 여타의 외국(문학)이 언급될 때 분명히 그러한 언명들은 조선을 하나의 국가로 상상하고 전제하는 효과들을 불러일으킨다.

> 외국문학 수입에는 국어의 발달이 동반할뿐더러 모어 연구가 필요하게 된다. 번역문학이란 것을 생각해 보면 그 결과로서 번역은 여러 가지 부수적 효과를 볼 수 있는 것이다. 어느 나라를 막론하고 번역 시기라는 것이 있는 것이요 그것이 어느 정도까지 발달된 때에 비로소 그 문학 범위가 넓어질뿐더러 세계적 비평안으로서 문학을 논하게 된

---

[25] 이에 대해서는 김윤식, 「체험으로서의 한국근대문학사론」, 『한국근대문학연구방법입문』, 서울대출판부, 1999를 참고. 민족어로 이루어진 '소설의 구조'와 '국민국가의 인식 구조'가 같다는 베네딕트 앤더슨의 입론을 급진화시켜 김윤식은 '국민국가=문학'라는 등식을 만들어내며, 이를 통해 식민지 문학에 일종의 (유사)'국민국가'적 의미를 부여한다.

다. 따라서 국어가 발달되고 창작 범위도 훨씬 넓어질 것이다. '가갸날'과 번역 — 이러한 문제도 상당히 중요성을 가졌다.26)

위와 같은 아무렇지도 않은 진술의 이면에는 조선과 여타의 외국문학을 '번역 가능한 두 단위'로 보고 해당 언어가 속한 공동체를 병렬된 ('국가적') 실체로서 상정하는 상호형상화 도식 schema of configuration이 자리 잡고 있다.27) 이미 외국어를 전제하는 순간 국어=조선어라는 등식이 가정되며, 외국문학을 '번역'하는 순간 조선어와 여기에 대응하는 공동체는 그 대응물로서 상호형상화되는 것이다.

주지하다시피, 번역은 의미와 말의 등가성이라는 전제, 상호형상화 도식을 통해 하나의 언어와 다른 언어가 완전한 형태로 이미 존재하는 듯 가정하며, 그렇게 어떤 지역과 정체성을 자연화한다. 번역 과정 자체가 서로가 서로를 본질적인 경계·실체로서 확정해주는 역할을 수행하는 것이다. 번역이 전제하는 단일언어적 동질성이 근대 네이션의 형상을 창출한 요소 중의 하나라면, 조선어와 외국문학 — 그러나 조선문학과 일본문학이라는 도식을 극히 회피하는 한에서 구성된 — 의 분절은 '국가 효

---

26) 정인섭, 「'가갸날'과 외국문학 연구」, 『동아일보』(1927년 3월 19일자). 해외문학파의 번역론과 조선어 창달에의 관심에 대해서는 김병철, 『한국근대번역문학사연구』, 을유문화사, 1975(1998), pp. 476~508. 서은주, 「번역과 문학 장(場)의 내셔널리티 — 해외문학파를 중심으로」, 민족문학사연구소 편, 『한국근대문학의 형성과 문학 장의 재발견』, 소명출판, 2004.
27) 상호형상화 도식에 대해서는 Sakai Naoki, *Translation and Subjectivity*, Minesota Univ., 1997(사카이 나오키, 『번역과 주체』, 후지이시 다케시 옮김, 이산, 2005).

과', '정체성의 확정'에 중요한 기능을 하게 된다. 단적으로 말해 텍사스 사투리로 된 소설을 경상도 사투리로 번역하는 일이란, 조선과 미국이라는 이항대립적 형상 없이는 상상하기조차 힘들기 때문이다. 전라도 하급 계급의 사투리를 내지어로 옮기는 일은 쉽지 않을뿐더러, 그 자체로 언어 이면의 이질적 주체들을 상기시킨다. 따라서 조선문학이라는 전제와 그 외부의 외국문학이라는 참조항의 설정은 표준어의 유무와는 관계없이 이미 표준적 언어로서의 조선어와 동질적이고 배타적인 집단으로서의 조선을 상정케 한다. 원기표, 발신자에게 추정적인 언어공동체의 대표자 지위를 부여하고, 그렇게 함으로써 번역어, 수신자에 언어공동체의 대표 지위를 부여하는 번역 제도는 필연적으로 해당 사회 내부를 동질언어적인 것이자 균질적인 집단으로 형상화하게 된다는 점에서 매우 정치적인 효과를 가진다(바로 그런 이유로 정인섭이 말한 '국어[=조선어]의 발달'이라는 번역의 효과는 예사롭게 들리지 않는다).

특정한 정치체 내부에서 일어나는 번역도 사정은 그리 다르지 않을지 모른다. 자신을 타자들과 연관시킴으로써 발신자의 언어와 수신자의 언어 모두에 공동체적 지위를 부여하는 제도가 바로 번역이기 때문이다. 등가와 대응이라는 번역 기준이 작동되는 순간 해석은 곧바로 행위화된다. 파롤과 파롤 사이의 등가 교환은 즉시 두 개의 언어 체계라는 잠재성을 구성케 한다. 따라서 번역이 비록 제국 내부에서의 '통합'을 목적으로 내세운다 할지라도 번역은 언제나 이질언어적 분할 자체를 보존하는 '기능'을 수행한다고 해야 할 것이다. 다시 말해, 1940년을 전후한 고쿠고화, 지방 문단화의 열기 속에서 번역 위에 계속 머물 것을 주장하는 일 자체가, 번역을 고쿠고화 과정의 일부로서 혹은 상호형상화 효과를 파기하는 기획으로서 구획하는 제국 문화, 당국의 의도에 배치되는 일이 되는 것이다. 조선어를 국어의 방언으로 위상화하려는 시간에 번역 기구의 창설을 주장하는 일이 가진 함의는 생각보다 단순치 않다. 방언의 위치에 번역을 설정하는 한 그 방언은 방언이기를 멈추고 하나의 언어공동체를 상정하게 만든다. 번역의 제도화란 결국 분절 자체의 제도화에 다름 아니기 때문이다. 이 점에 대해 좀 더 이야기해보자.

번역이란 텍스트의 옮겨 적기와 독해가 모두 그러하듯이, 차이를 산출한다. 해석된 주제 및 이와 관계된 등기^{register} 사이의 구분이 이를 확증한다. 이 차이가 어떻게 처리될 것인가에 따라 의미가 실현된다. 그러한 차이를 문지방 공간$^{liminal\ space}$이라 명명해 볼 경우 이 문지방 공간은 주제와 등기 어느 쪽에도 속하지 않으면서, 해석 그 자체에 의해 열리는 것으로 주제와 등기 양자를 서로 분리시키는 공간으로 기능한다. 해석에 의해 발생하는 이 문지방 공간은 필연적으로 번역에 대한 저항을 잉태한다.[28] 적과 동지를 구분하는 정치적인 것이 장악한 시기, 이러한 문지방은 그 자체로 동질화된 공간을 방해하는 요소로 간주될 수 있으며, 실제로 그러했다. 왜냐하면 단일하게 해석될 수 있는 메시지를 기도하는 캠페인 국가는 스스로가 산출한 바로 그 공간을 좁

---

28) Wolfgan Iser, *The Range of Interpretation*, Columbia Univ. Press, 2000, pp. 4~5.

히려는 시도를 끊임없이 감행하기 때문이다.

그러니까 1942년 10월 1일을 기점으로 한 조선어학회 대검거, 언설장에서의 조선어의 급격한 퇴출은 무엇을 말하는가. 조선어 자체, 조선어의 표준어화 및 일국화 효과를 발생시키는 (번역 및 언어 정리와 같은) 모든 장치·시도가 금제의 대상에 놓이게 된 것에 다름 아니지 않을까.[29] 그렇다고 해서 공론장으로부터 조선어가 곧바로 사라진 것은 아니었으나 조선어는 조선어만을 아는 사람들에게 시국의 과제를 깨우치는 '동원'을 위한 하위 언어로 한정된 한에서만 그 사용을 허락받게 된다.

앞서 말했듯이, 지역 방언이든 사회 방언이든 방언이란 한 사회 전체의 관계성 속에 존재하는 한 거의 번역 불가능한 언어이다.[30] 특히 한 집단 내부의 관계와 위치에 따른 언어적 배치의 고려는 그 자체로 번역의 효과로서의 조선의 '고유한 정체성' 재현 이외에, 하나의 언어 공동체 및 정치체 내부에 존재하는 수많은 계급적·성적 분할과 결절들을 재현하도록 한다. 그리고 그렇게 하면 할수록 언어들 사이의 잡종화는 오직 단일언어적 법권력의 틀 밖, 즉 예외상태의 헐벗은 삶을 통해 모습을 드러내게

---

29) 조선어학회사건의 전말에 대해서는 2장의 03의 내용을 참고
30) 이러한 문제는 일본어 창작 이후에도 잔존하게 되는데, 왜냐하면 그 언어가 모국어가 아닌 한 일본어 창작 자체가 일종의 번역가능성 앞에 서는 일이 되기 때문이다. 예컨대 다음의 언급을 보라. "[일본어소설] 「푸른 기와집」을 쓰며 가장 곤혹스러웠던 것은 역시 언어였다. 지문은 어떻게든 쓸 수 있었지만 도무지 회화가 되지 않았다. 여인네의 말과 하녀의 말이 뒤엉켜서 신문사 사람으로부터 주의를 받기도 했다. …… 습관상 항상 조선어가 먼저 나오기 때문에 열중하여 쓰고 있을 때는 언문으로 한 행 쓰고는 밤중에 킥킥 웃은 적도 있다" 李無影, 「釜山日報 青瓦の家」, 『대동아(大東亞)』(1943년 3월), p. 150.

된다. 예컨대 「빛 속으로」보다 「천마」이 더 뛰어난 작품이라는 야스오카 쇼타로^{安岡章太郎}의 평가를 보라.

> 「빛 속으로」은 문학으로서 매우 순수한 작품이지만, 그러나 구체적으로 말하자면 「빛 속으로」은 일본어가 다소 망가져 있는 데가 있고, 그 점이 신경이 쓰인다. 고치고 싶어지기 때문이다. 「천마」에는 일본어가 망가져 있는 곳이 훨씬 더 많다. 대개 조선인이 거기에 있고, 또 말하고 있는 것처럼 들리는 곳도 있다. 그러나 서울의 거리를 배경으로 하고 있기에 그게 전부 살아난다. 그렇게 보자면 폭넓은 혼돈을 나타내는 게 「천마」에는 있는 것이다.31)

"하루오는 내지인입다^{春雄は內地人テス}"32) 또는 "포쿠데스요 포쿠 변소, 변소에 가구 싶어요"33)와 같은 방식으로 또, 일본어와 조선어 사이의 착종과 교대를 노출하는 김사량의 방법들. 그 속에서 계속 이질적인 것, 배제를 통해 포섭되는 것으로 남는 이 잉여들. 오해를 무릅쓰고 다소 거칠게 말해본다면, 김사량의 문학은 번역이 사라져가는 공간, 즉 조선어와 일본어의 분할이 고쿠고와 비언어의 분할로 옮겨가는 시간에 발생한 재현 불가능성의

---

31) 앞의 좌담회, 『문예』(1971년 5월호), p. 214.
32) 金史良, 『光の中に』, 講談社文庫, 1999, p. 44. 잘못된 일본어를 옮기기 위해 '~임다'라고 번역했다.
33) 김사량, 「유치장에서 만난 사나이」, 『문장(文章)』(1942년 2월호), p. 29. 두 개의 강조 모두 김사량의 것으로, 윗점을 통해 표현되어 있다. 이 소설은 1942년 4월 김사량의 두 번째 소설집에 번역되어 실렸으며, 그 과정에서 「Q伯爵」으로 제호가 바뀌었다. 金史良, 『故鄕』, 甲鳥書林, 1942.

공간들을 가로지르고 있는데, 이 고쿠고와 '방언', 언어와 비언어 사이의 비식별역이야말로 김사량이라는 일본어 작가가 일본어 안에서나마 주권적 힘을 보존하고 있던 장소였다. 왜냐하면 국어화(=일본어화) 이후에도 계속 남는 잉여―예외상태에서의 벌거벗은 삶의 존재 방식을 바로 그러한 예외적 순간에 계속 머물며 깨어진 언어로 보여주고 있기 때문이다.

2) 만남 ― 소수자 문학의 탄생, 장혁주 혹은 룽잉쭝과 김사량의 촉매

양쿠이^{楊逵}, 뤼허뤄^{呂赫若}, 룽잉쭝 등 대만인 작가들이 일본의 '내지'에 등장하기 시작한 것은 1930년대의 일이었다. 그중 가장 먼저 '내지' 문단에 등장한 것은 양쿠이로「신문배달부」[34](1934년)라는 작품을 통해서였다. 이 작품은 본래『대만신민보^{臺灣新民報}』에 연재되었으나 도중 게재 금지 처분을 받아 '전편^{前篇}'으로 중단된 것을 본인이 일본의 프로 문학잡지『문학평론』에 투고하여 입선 제2석(제1석은 공석)에 당선된 것이다. 물론 전편이 게재되었다. 흥미로운 것은 다음의 독후감과 같이 그러한 과정이 장혁주의 일본 문단 등단(『개조^{改造}』, 1932년 4월호)과 밀접하게 관련되어 있었다는 사실이다. 다음의 독자 편지는 암시적이다.

각고에 각고를 거듭해 조선보다 1년 늦게 우리 대만의 작가도 일본

---

[34] 이 작품의 한국어 번역이 나와 있다. 송승석 편역,『식민주의, 저항에서 협력으로: 일제말 타이완 일본어 소설선』, 역락, 2006.

문단에 진출했다. 「문평文評」[『文學評論』]에서 우리의 벗 양쿠이 군의 이름을 보았을 때 실로 환희로 가슴이 벅찼다. 일본 문단에 진출하기 위해 우리들은 열심히 경쟁했다. 이윽고 양쿠이 군이 앞에 나섰다. 우리들은 우선 대만문학의 새로운 발전을 축하한다. 물론 우리들 대만인이 일본 작가들에게 인정받았다고 하여 만족하는 것은 아니다. 「신문배달부」이 미숙한 신작품이라는 것은 부정할 수 없다. 창작 필법의 유치함 때문에 도저히 조선의 장혁주와 비교할 수는 없지만 장혁주의 작품에서는 양쿠이와 같은 식민지의 역사적 현실의 생생함이 다루어지고 있지 않다. 이 점에서 이 「신문배달부」의 가치가 인정되는 것이다. 우리들은 이 섬의 모습을 프롤레타리아의 눈으로 관찰하고 보다 깊이 파고들어 높은 수준의 예술작품을 구현하지 않으면 안 된다. 우리는 일본의 프로 작가가 앞으로도 따뜻한 손으로 식민지 문학을 육성하고, 지도해주기를 진심으로 희망하는 바이다.[35]

장혁주가 「아귀도餓鬼道」라는 작품으로 『개조』 제5회 현상입상작으로 뽑힌 것이 1932년 4월이고 보면, 위의 글에는 약간의 오식도 없지 않다. 다만 중요한 것은 양쿠이의 경우가 보여주듯 식민지인의 내지 문단에의 관심은 외지의 검열이 내지에 비해 심했다는 사실, '식민지의 역사적 현실의 생생함'을 내지인들에게 알리기 위한 의도 등으로 촉발되었다는 점이다. 무엇보다 장혁주의 등장이 대만문학의 내지 '진출'에 큰 자극제가 되었다는 것만은 이 글을 통해서도 추측 가능하다. 더구나 이들의 작품은 『산령山靈 ; 조선대

---

[35] 讀者投稿, 「植民地文學を指導せよ!」, 『文學評論』(1934년 11월號).

만단편소설집』(1935년)이나 『약소민족소설선弱小民族小說選』(1936년) 등을 통해 곧바로 중국어로 번역되었으며, 특히 장혁주와 양쿠이의 작품이 수록된 『산령』은 당시를 대표하는 중국 작가 중 한 사람인 후펑胡風의 번역으로 출판되기도 했다.36)

흥미로운 것은 룽잉쭝의 등단(「파파야가 있는 마을パパイヤのある町」) 역시 1937년 4월 『개조』를 통해서였다는 사실이다. 이후 룽잉쭝은 주로 『문예수도』에 소설, 수필, 평론을 발표하게 되는데, 주지하다시피 이 잡지는 김사량의 주요 활동 무대였다. 두 사람을 문우로 만들어준 『문예수도』에 김사량을 소개한 사람은 장혁주였는데, 주간이었던 야스타카 도쿠조保高德藏의 회고에 따르면 당시의 김사량은 장혁주의 소개장을 들고 그를 찾아온 것으로 되어 있다.37)

다시 편지로 돌아가 본다면, 거기서 우리는 어쨌든 두 개의 순환을 발견할 수 있다. 우선 장혁주의 도쿄 문단 등단을 기점으로 생겨난 소수자 일본어 문학이 조선-대만-중국을 잇는 고리로서 작용한 측면이 있었다는 것, 둘째 소수자 문학에 의해 촉발된 공감이 공동의 정전으로서 루쉰의 『아큐정전』을 향하고 있었다는 것이 바로 그것이다. 예컨대 이광수의 「만영감의 죽음萬爺の死」

---

36) 번역의 자세한 과정과 수록 작품에 대해서는 下村作次郞, 『文學で讀む台湾』, 田畑書店, 1994, pp. 210~212.
37) 안우식, 『김사량평전』, 심원섭 옮김, 문학과지성사, 2000, p. 123. 장혁주와 김사량의 관계에 대해서는 이 책의 곳곳에 제시되어 있다. 또한 이 둘 사이의 차이를 '과장'하는 과잉구별을 통해 탈식민적 자기 정체성을 구성하는 문학사적 틀에 대한 비판으로는 김철, 「두 개의 거울: 민족 담론의 자화상 그리기, 장혁주와 김사량을 중심으로」, 『상허학보』, 제17집, 상허학회, 2006을 참고

은 1936년 『개조』 8월호에 실렸는데, 그는 스스로의 작품에 대해 이렇게 쓰고 있다.

> 조선의 아귀^{阿鬼}를 그리고 싶었다. …… 일생은 노신의 아귀와 닮은 곳이 있고 인생의 표본으로서 대단히 재미있는 인물이다.[38]

그만큼 루쉰의 문학이 (반)식민지 상태의 '인생의 표본'이었던 셈이다. 말하자면 루쉰이 열어놓은 바로 그 지평 아래에서 외지의 문학 혹은 외지인의 일본어 문학의 번역 가능성이 생겨났던 것이다. 실제로 룽잉쭝은 『문예수도』(1940년 11월호)에 「두 개의 '광인일기'」라는 작품을 발표하고 있으며, 루쉰 서거 10주년에 즈음해 「중국 근대문학의 시조 — 루쉰 서세^{逝世} 십주년 기념일에 즈음하여」(『중화일보』, 1946년)를 발표하기도 했다. 그렇다면 도대체 김사량은 왜 룽잉쭝에게 대만의 루쉰이 되어 달라고 썼던 것일까. 루쉰에 대한 그 자신의 독해는 어떤 것이었을까. 이 두 개의 '흔들리는 손'은 왜 그렇게 루쉰이라는 이름을 사이에 두고 흔들리고 있었던 것일까.

---

38) 이광수, 「成造記」, 『李光洙全集』, 제8권, 삼중당, 1971. 『삼천리(三千里)』(1936년 1월호). 鬼의 웨이드식 발음은 'Quei'이며, 이로부터 '阿鬼'와 '阿Q'의 동일성을 해명한 논고들이 있다. 丸尾常喜, 『魯迅「人」「鬼」の葛藤』, 岩波書店, 1993을 참고. 「만영감의 죽음」의 한국어 번역이 출간되어 있다. 김윤식, 『이광수의 일어 창작 및 산문선』, 역락, 2007.

「아Q정전」과 「Q백작」: 루쉰과 조선문학

1) 물음 — 왕백작은 왜 Q백작이 되었는가.

글의 초입에 인용한 편지가 부쳐진 날짜를 대략 1941년 2월 8일 정도로 추측해볼 수 있다고 할 때, 우리는 이 시기에 발표된 김사량의 단편 「유치장에서 만난 사나이」(『문장』, 1941년 2월호)를 떠올리지 않을 수 없다. 그는 일본어 소설집 『고향』을 출간(1942년 4월)하며 이 소설의 제목을 「Q백작」으로 변경하는데, 바로 그 사이에 룽잉쭝과의 서신교환이 위치한다. 『문장』의 1941년 2월호 인쇄납본일이 1월로 되어 있고, 발행일이 2월 1일임을 볼 때[39] 룽잉쭝에게 보낸 편지는 「유치장에서 만난 사나이」을 쓴 얼마 후에 부쳐졌을 가능성이 크다. 이 편지에서 루쉰이 언급되고 있는 것과 김사량의 소설 창작은 어떤 관련이 있는 것일까.

우선 룽잉쭝이 김사량이 활동하던 『문예수도』(1940년 11월호)에 루쉰에 대한 글 「두 개의 '광인일기'」을 발표한 것은 「유치장에서 만난 사나이」의 창작보다 시기적으로 앞서 있다. 따라서 김사량이 이 글에 촉발되어 소설을 구상했을 가능성도 있고, 혹은 이미 소설을 쓴 시점에서 룽잉쭝과의 서신 교환을 통해 자신이 그린 인간상을 '아Q적 인간'으로 재인식했을 가능성도 있다. 루쉰을 '범문학적인' 인물이자 전통의 모순과 격투한 대작가로 평가하고 있던 김사량에 있어 이러한 제목 변경은 단순한 일만은 아니다. 연작을 염두에 두고 달린 '기일其一, 왕백작王伯爵'이라는

---
39) 『문장』, 제3권 제2호, p. 462.

기표가 'Q백작'이라는 기호로 변환되는 과정 자체에 이미 두 텍스트 간의 친연성이 암시되어 있는 것은 아닐까. "루쉰은 제가 좋아하는 분입니다. 그는 위대했습니다. 귀형이야말로 대만의 루쉰으로서 자신을 쌓아 올려 주십시오"라는 주문과 "귀형은 대만인의 문학을 하고 있고, 또 해야만 할 것이며, 저는 조선인의 문학을 하고 있고, 또 해야 한다"는 당위를 겹쳐 읽을 때, 결국 「Q백작」의 작가 김사량은 어떤 의미에서 조선의 루쉰을 머리 속에 그려본 것인지도 모를 노릇 아닌가.

그 실상이나 정황이 분명치 않은 대로, 김사량의 「Q백작」과 「아Q정전」의 관계에 대해서는 한 두 차례 주목된 적이 있다.[40] 그 이유는 제목의 연관성이나 루쉰과 아Q라는 이름의 크기 때문이기도 하지만 구체적 해석 차원에서는 전집 월보에 실린 다케우치 미노루(竹內實)의 독후감에서 기인한 점도 없지 않은 듯하다. 과연 다케우치는 "루쉰을 읽어본 적이 있는 독자라면 틀림없이

---

[40] 신채호, 이광수, 이육사, 김사량, 김산, 김학철 등이 루쉰을 스스로의 문학의 참조점 혹은 원점으로 직간접적으로 언급하고 있다. 이에 대해서는 김시준, 「노신과 한국인」, 『현대중국문학』, 현대중국문학회 편, 1997과 김윤식, 『한일문학의 관련양상』, 일지사, 1974를 참고. 예컨대 김윤식은 김석범(예컨대 『萬德幽靈奇譚』) 등의 재일문학을 김사량의 영향과 「아큐정전」의 계보 속에서 약술한다(앞의 책, p. 150). 이광수와 김사량의 사례를 통한 보다 종합적인 연구로는 임명신의 「한국 근대정신사 속의 魯迅 — 李光洙, 金史良 그리고 魯迅」(『중국현대문학』, 제30집, 한국중국현대문학회, 2004)이 있다. 다만 이 논문이 양자 사이의 관련을 주로 사료적·내용적 측면에서 연결짓고 있기에 제국 문학 내의 루쉰 읽기를 새삼 논하는 일이 불필요하지는 않으리라 생각한다. 참고로 위 글에는 인용상의 몇 가지 오식이 있다. 김사량의 「유치장에서 만난 사나이」가 발표된 시점은 '1939년 2월'이 아니라 1941년 2월이다. 앞서 말했듯이 이 기간에 룽잉쭝과 루쉰 이해를 포함한 서신 교환이 있었다는 점에서 이 사실은 중요하다. 루쉰의 문학을 의식한 근거로 제시된 다케우치 마코토(竹內實)의 글이 실린 『월보』도 전집 첫 번째 월보가 아니라 네 번째 월보이다.

Q백작과의 관계와 대비하며 음미하게 될 걸작"41)이라 평하고 있는 것이다. 특기할 것은 중국 최초의 루쉰 전집인 『노신전집』(전20권, 노신선생기념위원회편, 노신전집출판사, 상해, 1938년)이 출간되기 1년 앞서, 그러니까 루쉰의 사망을 전후한 1936~1937년 사이에 이미 일본에서 루쉰 전집이 간행되었다는 사실이다.42) 그도 그럴 것이, 개조사는 일찍부터 상해의 우치야마서점內山書店을 거쳐 루쉰과 접촉하고 있었고, 『개조』에 루쉰의 원고가 몇 차례 실리기도 한 사정이 있었던 것이다. 필시 루쉰에 대한 이러한 관심은 김사량이나 룽잉쭝에게도 전염되었음에 틀림없다. 이들 사이의 편지가 한 가지 증거가 될 수는 없을까. 더구나 루쉰은 이미 당대에 각종 언어로 번역되었으며,43) 조선에서도 추도문이

---

41) 竹內實, 「恐れの對象としての金史良」, 『附錄月報 4』, 『金史良全集 Ⅳ』, 河出書房新社, 1974.
42) 패전 이전에 간행된 일본에서의 루쉰 문학 번역은 대체로 다음과 같다. 『世界ユーモア全集: 第12卷 支那 篇』, 改造社, 1932. 『魯迅全集』, 井上紅梅 譯, 改造社, 1932. 『支那小說史』, 增田涉 譯, サイレン社, 1935(→『支那小說史』, 天正堂, 1938(재간행)→『支那小說史』 上·下, 岩波文庫, 1941~1942(재간행)). 『大魯迅全集』, 全7卷, 改造社, 1936~1937(제1권: 小說集/ 井上紅梅 外譯 제2권: 散文詩·回憶記·歷史小說/鹿地亘 外譯 제3권~5권: 隨筆·雜感集(1)~(3)/鹿地亘 譯 제6권: 文學史研究/增田涉, 松枝茂夫 譯 제7권: 書簡·日記附年譜·伝記/小田嶽夫, 鹿地亘 譯(「阿Q正傳」 수록), 『隨筆集: 現代支那文學全集 10』, 魯迅 外 著, 增田涉 外譯, 東成社, 1940. 『唐宋傳奇集』, 魯迅編, 吉川幸次郎 譯, 弘文堂書房, 1942. 위에서 볼 수 있듯이 1930년대 중반에 이미 두 차례 이상 '전집'의 이름을 단 출간 작업이 이루어졌음을 알 수 있다. 루쉰이 1936년 10월 19일 사망했음을 생각할 때 두 번째 『전집』은 이미 루쉰 생전에 기획되어 발간되기 시작한 것을 알 수 있다. 당대의 아시아 문학에 대한 비교적 낮은 관심에 비추어볼 때 루쉰에 대한 정전화 작업이 이미 전전 일본에서 거의 완성되었다는 사실은 극히 이례적이다.
43) 「아Q정전」은 발표 후 얼마 후인 1926년 5~6월 로맹 롤랑의 추천으로 「유럽」지에 프랑스어로 번역되기도 했다. 주정(朱正), 『루쉰평전』, 홍윤기 옮김, 북폴리오, 2004, p. 150.

적잖은 크기로 일간지를 장식할 정도로 잘 알려진 대문호이자 사상가였다.44) 한편 룽잉쭝으로서는 루쉰 전집을 포함해 자신이 등단한 『개조』의 출간물들에 주목하지 않을 수 없었을 것이다.

그러나 일본에서의 루쉰 전집 출간이 곧바로 일종의 '공감'이나 '강한 친밀감'을 뜻했던 것은 물론 아니다. 예컨대 다음의 고바야시 히데오의 언급이 그렇다.

> 일본인이 지나인支那人을 새롭게 이해하지 않으면 안 될 커다란 필요에 닥쳐 있는 오늘 지나의 민족성을 새로운 표현으로 쌓아 올린 충실한 근대문학이라는 것을 지나가 아예 갖고 있지 않다는 사실은 뜻하지 않은 장애가 되어 나타나고 있음을 우리는 깨닫지 않을 수 없다. ……
> 겨우 루쉰이란 사람이 아마도 좁게나마 깊이 중국인의 폐부에 이르렀음을 우리들에게 친숙한 표현으로 보여주었다. 하지만 베이징 거리에서 아큐의 얼굴을 찾아내기란 하얼빈 거리에서 무슈긴을 마주치는 것보다 내게는 어려웠다.45)

---

44) 혁명 문인 이육사의 다음의 추도문이 그러한 경우이다. 이육사, 「노신추도문(魯迅追悼文)」, 『조선일보』(1936년 10월 23일). 이 추도문에서 이육사는 양구안(楊銓)의 장례식(1932년 6월 20일)에서 루쉰을 만나 악수한 일화를 소개하며 그의 죽음을 애석해하고 있는데, 양구안은 좌익작가연맹(1932년) 인사로 창조사와의 혁명문학 논쟁으로도 유명한 작가다. 한일의 루쉰 이해에 대한 에세이로 김윤식, 「루쉰의 옛 집, 후지노 선생, 콜비츠 판화」, 『동양정신과의 감각적 만남』, 고려대출판부, 1997년. 한편 이육사는 루쉰의 소설 『고향』의 번역자이기도 하다. 『신조선(新朝鮮)』(1934년 10월호).

45) 小林秀雄, 「滿州の印象」, 『小林秀雄全集(제7권: 歷史と文學)』, 筑摩書房, 1978, pp. 13~14.

기본적으로 중국 문학에 대한 이해는 '문학적 관심'도 작가에 대한 관심도 아닌 패권 지역(민)에 대한 관심, 즉 중국 (민족성)에 대한 관심 그것이었다. 그런 의미에서 '아쉬운 대로' 루쉰의 아Q가 참고가 된 것이다(만약 랭보나 모차르트라면 결코 고바야시는 '민족성'을 전면에 내세워 이야기하지 않았을 것이다). 이러한 평가를 비슷한 시기에 발화된 다음과 같은 마오쩌뚱의 언급과 비교해 보면 그 낙차가 훨씬 더 분명해진다.

> 중국에서 루쉰의 가치는, 나의 견해로는 중국 제일의 성인으로 간주하여야 한다고 생각합니다. 공자는 봉건사회의 성인이고 루쉰은 신중국의 성인입니다.46)(「산베이공학陝北公學」에서의 강연, 1938년)

고바야시가 루쉰에게서 아Q라는 중국인 일반의 형상을 본 반면, 마오는 "루쉰의 뼈는 가장 단단하여, 그에게는 노예로서의 얼굴과 아첨꾼의 태도가 추호도 없었다. 이는 식민지 혹은 반식민지 인민이 지녀야 할 가장 고귀한 성격이다"47)라고 적었다.

루쉰의 광인과 아Q에서 전형을 보느냐, 아니면 그 전형이 제시한 '과제'를 보느냐에 따라, 또 루쉰을 그러한 전형에 얼마나 겹쳐 읽느냐에 따라서, 나아가 그 겹침을 하나의 끝 간 데 없는 회의주의로 보느냐 아니면 자기극복에의 열정으로 보느냐에 따

---

46) 쑨원, 『루쉰과 저우쭈어런』, 김영문·이시활 옮김, 소명출판, 2005, p. 482에서 재인용.
47) 毛澤東, 「新民主主義論」, 『毛澤東選集』, 제2권, 人民出版社, 1991, 제2판, p. 698(쑨위, 앞의 책, p. 482로부터 재인용).

라 평가는 달라질 수 있었다.

그렇다고 할 때 문제는 다시 번역 혹은 이와 같은 차이가 발생하는 문지방 공간liminal space이라 할 수 있을 텐데, 이는 아래와 같은 질문으로 환원될 수 있을지 모른다. 왜 김사량은 자신의 소설을 스스로 번역하는 과정에서 「아Q정전」을 연상케 하는 제목을 달고 있는가, 또 그것은 루쉰의 「아Q정전」에 대한 '어떤 해석'을 보여주는가. 더하여, 과연 번역 과정에서 어떤 내용상의 변화가 생겨났는가. 만약 커다란 변화 없이 개제가 이루어졌다면 이유는 무엇일까. 왕백작을 Q백작으로 옮기는 과정에서 그는 어쩌면 왕백작과 아Q를 유사한 인물로서 인지했을 가능성이 크다. 그러니까, 이 번역 과정은 일본에서의 루쉰의 번역 과정을 다시금 문제화하는 한에서, 제국 일본 내 모든 민족(혹은 지식인)이 그들 스스로(의 과제)를 어떻게 인식했는지를 암시해준다. 그 과정에서 김사량이라는 번역적 의식이 섰던 위치나 식민지와 제국 사이의 번역의 메커니즘이 일부 드러날 수도 있을 것이다. 단적으로 말해, 김사량은 아Q를 민중 일반이 아니라 식민과 혁명이 명멸하는 순간에 존재하는 지식인의 위치, 혹은 (어떤 의미에서 정체성이기도 한) 전통과 그에 대한 거짓된 극복 과정에 대한 은유로서 읽은 듯 느껴진다. 어째서 그러한가.

2) 번역 — 단일언어의 제국, 피식민자는 말할 수 있는가.

이야기를 전하는 '나'는 부산발 신경행 급행열차 식당칸에 앉아 각각 광고장이, 축산 회사원, 신문기자를 하고 있는 세 사람의 대학 동창과 이야기를 나누고 있다. 화제가 떨어졌을 즈음 도쿄지국에 근무하는 신문기자인 화자(김사량 자신이 『조선일보』 도쿄지국에 근무한 적이 있다[48])는 왕백작(조선어판)=Q백작(일본어판) 이야기를 꺼낸다. 기자는 Q백작을 도쿄의 유치장에서 처음으로 만났다. 기괴한 일본어 발음으로 당당함과 비굴함을 오가는 Q백작은 일종의 정신분열과 같은 상태에 있는데, 자칭 아나키스트인 그는 사상범 검거가 있을 때마다 스스로 혐의를 만들어 유치장에 들어가는 것으로 되어 있다. 모 지방의 도지사이자 백작인 사람의 아들로 알려진 그는 왕백작(조선어판)=Q백작(일본어판)으로 불리며, 어쨌든 그렇게 대접을 받는데, 유치장에서 그는 일종의 '죠우렌(常連, 단골)'으로 통한다. 스스로가 만든 혐의에 의한 체포와 증거 불충분으로 인한 석방을 반복하고 있었던 것이다. "누구에게나 싹싹하게 구는" 반면 "허풍을 떨며 사람들을 유쾌하게 하는" 희극적 성격의 캐릭터인 Q백작은 부정확한 발음, '아나키즘' 사상가라는 허풍, 비굴한 요구 등을 통해 극히 왜곡되고 희화화된 채 등장한다.

그 후 기자는 그를 '만주 광야로 이주하는 이민군'들이 탄 열

---

[48] 정종, 「천재작가 '김사량'을 말한다」, 『일본사상』, 제5호, 한국일본사상사학회, 2003년의 연표 및 작품목록을 참고 이에 따르면 그는 1939년 4월 5일 『조선일보』 사로부터 연락을 받고 서울로 가 학예부 기자가 된 후 6월 도쿄제국대학 대학원 입학과 함께 도쿄지국 기자로 도일한 것으로 되어 있다. pp. 301~302. 「유치장에서 만난 사나이」과 「Q伯爵」으로부터의 인용은 일본어본과 조선어본을 때에 따라 병용했다. 김사량, 「유치장에서 만난 사나이」, 『문장』(1941년 2월호). 金史良, 「Q伯爵」, 『金史良全集 II』, 河出書房新社, 1973. 이 소설 창작의 이면에는 어쩌면 이광수라는 이름이 자리하고 있는지 모른다. 왜냐하면 이 소설을 쓰기 1년 전 김사량은 『모던니혼』 조선판에 감옥을 무대로 한 인간 군상을 그린 이광수의 「무명」을 번역한 적이 있기 때문이다.

차 속에서 다시 보게 되는데, 기자에 따르면 그는 종종 이민열차를 타고는 남부여대의 처참함과 이별의 울음에 통곡하는 것으로 되어 있다. 기자를 만난 Q백작은 대뜸 '도쿄의 동지'라고 일본어로 말하다가는 또 통곡을 그치고는 "나두 통곡을 하고 싶어요 큰 소리를 지르며 통곡을 하고 싶어. 나는 울기를 좋아하는 거야 울기를. 그래서 나는 늘 이 이민열차에 오르군 하겠지"라며 조선어로 떠들어댄다. '광열적狂熱的인 사내가 빠지곤 하는 절망적인 고독감'으로 인해 그는 기자에게 자신에게 복수하려 한다고 소리친다. 이민열차를 타고 함께 울며 국경까지 갔다가 다시 돌아오기를 반복하는 Q백작. Q백작이 광기의 절정에 이르러 쓰러졌을 때 기자는 대전에서 호남선을 갈아타야 했던 사정으로 내리고 마는데, 내내 기자는 Q백작의 안위가 걱정되어 양심의 가책을 받았다고 말한다.

흥미로운 것은 기자가 이후에도 그를 몇 번이고 만난 것만 같은 생각이 든다며 지목하는 순간들이다. 강원도 산골에 홍수가 났을 때, 뗏목에 탄 서너 사람과 함께 '단말마의 소리를 내며' 떠내려가던 양복쟁이 — 홍수에 휩쓸려간 서울의 한 젊은 목재상인이 Q백작과 닮았었다. 종로에서 동대문으로 가는 전차를 탔을 때 본 경방단원警防團員 속에서 Q백작과 닮은 뒷모습을 보았다. 이야기를 듣던 나는 '과연'하며 다음과 같이 말한다.

> 그럴게야, 꼭 그게 Q백작임에 틀림없을게야. 그는 전쟁이 벌어져 기뻐할 걸. 왜 그런고 하면 지금의 우리나라는 현실적인 괴로움은 있지.

그러나 일정한 방향을 향하여 거국일치 체제로 매진에 매진을 거듭하고 있으니 말일세. 그는 인제는 생활의 목표와 의의를 얻어 메었는지 두 모르지. 경방단 반장쯤 넉넉히 지냄즉 한 걸.

소설은 그러나 "그러나 그 뒤 또 어떤 날 ……"하는 대화를 통해 결말을 열어 놓은 채 끝이 난다.

미묘하게 Q백작=왕백작의 환청을 듣도록 유도된 이 소설에서 Q백작의 변신과 목소리의 바뀜은 식민지 조선에 있어 매우 의미심장할 수밖에 없는 순간들을 구성한다. 미결수의 혀놀림이 이상한 일본어에서, 이민열차의 조선어 '통곡'으로, 다시 홍수에 떠내려가는 목재상의 '단말마의 소리'로, 종국에는 경방단 반장의 훈시하는 목소리로 옮아가는 이 변화에 주목해보자. 조선어본을 기준으로 왕백작=Q백작의 말과 목소리를 옮겨보면 아래와 같다. 확인 가능한 한에서 조선어 대화문인지 일본어 대화문인지를 괄호 안의 표지를 통해 구별하며 인용해보겠다.

1. 미결수로서의 Q백작: "포쿠데스요. 포쿠. 변소, 변소에 가고 싶어요"(일본어: 비굴). "하이 하잇"(일본어판에서는 군대식 목소리라는 지문이 첨가되어 있다). "실수없이 하게나 똥구래미가 있으면 …… 잘 부탁만하면 모치떡 사먹을 수가 있다네"(조선어: '꺼리는 듯한 낮으막한 조선말'에서 '비굴한 동정의 웃음'으로). "응 고맙네 ……"(불명: '가늘고 숨이 괴로움'). "나는 죠 - 렌[常連]이어서 머"(불명: '뻐기는 듯 히죽 웃더니'). "나야 아마 송국送局일걸"(불명: '기운 없는 목소리면

서도 어쩐지 내심 득의양양'). "나? 헤헤헤 그게야 누구 보구 말할 수 있난 헤헤헤/그런데 아나키스트란 무언가?"(불명: '공허한 눈을 헤번득이며 목구멍이 메인 듯한 목소리로'). "에헤헤 에헤 내가 그것이라우 바로 그것이야/이미 결국 나는 아나키스트란 말이야. 무슨 일이 나기만 하면 턱하고 부뜰려 오거던"(불명: '엉뚱하게 큰 소래'. '선전'). "우마꾸 야레요오"(일본어: '목이 갈한[마른] 듯한 큰 고함').

2. 이민열차에서의 Q백작: "동경의 동지!"(일본어: '술기운 때문에 이전보다 더욱 혀가 돌아가지 않는 국어를 쓴다'). "그런데 여보게 동경의 동지. 나는 자 자, 자네가 송국될 때 근심했다네. 아주 크게 걱정을 했었다네. 저것이 처음이어서 금시에 헤타바루 하지나 않을까 하구응"(일본어: '마냥 떠들어 대는 것'). "이게 무슨 소리야!/그러면 그렇지 그러면 그렇지"(일본어: '공포에 쌓인 것처럼 손발을 부들부들 떨'며 '아주 미치기라도 한 사람 모양'). "나도 통곡을 하고 싶어요 큰 소리를 지르며 통곡을 하고 싶어. 나는 울기를 좋아하는 거야 울기를./그래서 나는 늘 이 이민열차에 오르군 하겠지"(조선어: '광열적인 사내'의 '절망적인 고독감'). "네 네놈은 …… 날 보구 복수를 하려는 게지"(불명: '비명과 같은 소리'). "나는 아아 지금 당장 내 자신으로부터도 복수를 받고 있는 터이야. 목줄을 졸라매우고 있는 터이야. 희망두 없구 즐거움도 없구, 슬픔도 없구 그리고 또 목적조차 없구 ……. 아아 나는 이 이민열차에 탓을 때만이 행복인 걸 어떻거나? 나는 그들과 같이 울 수가 있구, 부르짖을 수가 있어"(불명: '괴로운 소리를 내며 신음'). "이눔 날 더러 가만 있으라구"('팔을 휘저으며 고함').

조선어본이든 일본어본이든 이 소설에는 내내 '조선말로', '국어로'와 같은 언어 표지가 대화문 사이에 지문으로 들어가 있다. 내지에서의 조선어와 조선에서의 내지어가 대화들에 마구 섞여든다. 그렇다면 이는 감옥이나 재일과 같은 이중언어(2개 언어 병용·diglosia)의 상황 때문일까? 반드시 그렇지는 않은 것이 이 언어의 계속적인 교체 자체가 왕백작=Q백작의 성격을 보여주고 있기 때문이다. Q백작은 복종의 언어와 제스처, 강한 반발의 언어와 민족어를 교대로 사용하는데, 그 사용 자체는 비의식적인 것처럼 표현되어 있다.

두 판본에서 눈에 띄는 차이는 조선어본에서는 단어 및 문장 수준에서 드러나는 디글로시아적 현상이, 일본어본에서는 '조선어'로 말함을 고시한 이후에는 단어 수준에서는 드러나지 않는다는 것이다. 디글로시아 자체가 조선 혹은 조선인에게만 일어나는 종속의 표지임을 소설의 에크리튀르 자체가 보여주고 있는 것이다. 오히려 어떤 의미에서 Q백작이나 '기자'와 같은 2개 언어상용자의 언어 간 코드 전환은 언어 통합이 급속히 진행되어 코드와 코드가 뒤섞이는 사회적 배경에서 발달하며, 그 자체로 민족 언어 집단을 식별해주는 자동적인 부호가 될 수 있다.[49]

조선어와 일본어 사이에 존재하는 언어만이 문제가 아니다. 실제로 Q백작의 언어는 번역 불가능한 비언어적 표지로 가득 차 있으며, 이 자체가 일본어와 조선어의 분할을 국어와 방언 혹은 언

---

49) I. F. Hamers & M. H. A Blanc, 『2개언어상용과 그 이론』, 이혜란 외 6인 공역, 한국문화사, 1995, p. 220.

어(=인간)와 언어 아닌 것(=인간 아닌 것)의 분할로 재분할하는 시도가 파생시키는 효과를 명징하게 드러내고 있다. 크레올화된 Q백작의 말은 거의 대부분의 경우 '부르짖음叫び과 같이', '비명과 같은 것으로', '괴롭게 신음苦しさうに呻く'하는 것으로, '통곡이나 아비규환叫喚의 목소리'처럼, '목구멍이 메인 듯한 목소리喉にからみつく様な聲'로서 밖에 제시될 수 없다. 단적으로 말해, Q백작의 언어는 언어와 비언어 사이에 존재한다. 아니 그 사이에서 예외상태의 언어 자체를 시험하고 있는 것이다. 그 방법은 희화화를 통해 나타나는데, 따라서 작가는 계속 진지한 것(제국 언설)과 이탈적인 것(미치광이의 비명) 사이에 자리 잡을 수 있게 된다. 김사량은 Q백작을 통해 통곡하는 조선어, 조르는 내선어, 공포와 규율의 일본어, 언어를 초과한 비명을 동시에 보여주며, 그런 분할들을 Q백작의 '광열'과 '병' 안에 새겨 넣음으로써 수많은 경계의 순간을 표시하게 된다.

이러한 이야기를 하는 것은, 이처럼 (자칭) 아나키스트에서 경방단 반장까지 포괄하는 Q백작의 변신이 Q라는 하나의 기표에 수렴되어 있는 다양한 전형성을 보여주고 있다는 점에서 분명 익명성을 통해 전체 중국을 환기시키는 「아Q정전」의 방법[50]과

---

[50] 루쉰 스스로가 말하고 있는 바 "아Q의 형상은 이미 내 마음 깊은 곳에서 몇 년 동안 자리 잡고 있었던 것 같다." 그 형상은 일종의 '국민성에 대한 그의 오랜 연구'와 관련되어 있었던 듯한데, 그는 이 소설의 러시아어 번역본 서문에서 이 소설을 통해 '현대적인 우리나라 인민의 영혼을 써내고' 싶었다고 말하고 있다. 또 「보류를 다시 말하며 재담보류(再談保留)」에서는 "「아Q정전」을 통해 우리 국민의 대체적인 약점을 폭로하고 싶었다"고도 쓰고 있다. 주정(朱正), 『루쉰평전』, 홍윤기 옮김, 북폴리오, 2004, p. 143.

닮아 있음을 말하기 위해서이다.

전통과 대결하기 위해 중국 전체를 노예로 간주하는 과격성, 그러니까 바보나 미치광이와 같은 표현으로밖에 전통 파괴자의 이미지를 말할 수 없는 루쉰의 고민은, 민중만이 노예가 아니라는 '신경착란'을 느끼면서 "자신도 또한 그들[가짜 혁명]의 노예인 것이 아닐까" 의심하는 수준에까지 이른다.51) 조금 맥락을 달리하지만 바보나 미치광이, 벌레, 이교도의 모습을 통해 제국의 언설을 문법의 경계에서 내파할 수밖에 없었던 김사량의 번민 역시 바로 이러한 전통과 (피)지배 문제를 동시에 육화시키는 데 있었다.52) "그들을 맞이하면서 기뻐 날뛰는 지기미의 모습은 석양을 업고 하늘을 향해 기도를 올리는 이슬람교도처럼 아름다웠다"53)고 할 때 이 벌레는 어쨌든 전통을 업은 채, 제국의 경계에 서 있게 된다. 번역적 과정이 폐색되어가는 상황 속에서 번역적 의식을 견지하며 전통에 집착한다는 것, 그것도 전통의 부정적 형상에 집착한다는 것은 어쨌든 그것을 완전히 부정하는 '개조' 방법보다 훨씬 강력한 이미지로 (조선인이라는) 존재의 현전과 (언어에의) 요청을 결합시킨다. 조선은 부정적 형상 안에서는 언제나 오롯이 자신의 존재를 강변하며, 그것이 부정적인 한에서 이 전통은 부정되어야 할 과제들을 분명히 한다. 「기자림」과

---

51) 히야마 히사오(檜山久雄), 『동양적 근대의 창출』(『魯迅と漱石』), 정선태 옮김, 소명출판, 2000, p. 167.
52) "당시 일본에 거주하던 우리 조선인의 민족적 행동과 사랑은 외양상으로는 이와 같이[(虫」=「지기미」) '기괴'한 방식을 빌리지 않고서는 밖으로 표출될 수 없었다. 아니 그렇게 쓸 수밖에 없었다"(김달수). 안우식, 앞의 책, p. 151.
53) 金史良, 「虫」, 『金史良全集 Ⅱ』, 河出書房新社, 1973, p. 22.

「벌레」이 그렇고, 「천마」과 「빛 속으로」이 그렇다.

물론 반식민지와 식민지의 차이만큼이나 「아큐정전」과 「Q백작」 사이에는 커다란 차이들이 존재한다. "「이Q정전」을 통해 우리 국민의 대체적인 약점을 폭로하고 싶었다"고 할 때 이 폭로는 우선적으로 중국(인)을 전제한다. 그러나 일본어로 작업하는 번역적 의식에게 이 폭로는 '내지인을 향한/내지인용'의 방법이 되는 까닭에, 조선의 존재 확인과 함께 자기모멸의 감정 및 원시성의 재확인이라는 결과를 초래하게 된다. "역시 내지인을 향한內地人向き 작품입니다. 저도 잘 알고 있습니다. 그것을 너무도 잘 알고 있는 까닭에 두려운 것입니다"라는 언급은 그러한 자각에서 나온 발언일 터이다.

풍자 대상에서 지식인 주체와 그 범주에 포함된 자신을 빼어버리지 않는 정신. 계속 문지방 공간에 위치하는 정신은 이처럼 풍자 대상과 저자를 분절하지 말라고 말하고 있다. 그리고 바로 이 점이야말로 '아Q적인 것'이다. 흔히 김사량의 소설은 사소설적 경향과 이그조티즘적 지역loccalty색을 제시하는 고발의 경향을 가진 것으로 이야기되어 왔다.54) 그런데 문제는 이 둘을 분리시켜 부정적인 속성을 특정한 (지식인) 인물에게 투사하는 순간 발생한다. 그도 그럴 것이, 「천마」 속의 부정적이고 분열적인 기생적 지식인상인 겐류玄龍로부터 김사량을 분리함으로써만 '민족작가 김사량'

---

54) 김사량에 대한 논의의 진폭에 대해서는 김철, 「두 개의 거울」, 앞의 책을 참고 다만 이 논문은 김사량과 장혁주의 근원에 잠재한 식민지적 자아와 해방 후의 '오독'을 강조한 나머지 신체제기의 이 둘의 행보를 과잉동일시하는 측면이 없지 않다.

이 탄생할 수 있기 때문이다. 하지만 다음과 같은 김사량에 대한 회고와 묘사들은 그의 고발이 일반의 조선인과 지식인의 분리 혹은 지식인으로부터의 스스로의 분리와는 거리가 먼 것임을 반증해 준다. '아큐적인 중국인' 전체를 폭로하는 루쉰의 방법처럼, 김사량에게는 극복 대상과 극복 주체가 일치했던 것 같다.

> 그의 작품의 핵을 이루는 휴머니즘. 궁핍하고 약한 자들에의 깊은 애정, 그것들과 그의 자기자랑自慢話 사이에는 어떤 관련이 있는 것일까. 어떤 심리에 의해 둘은 이어져 있는 것일까. …… 일본인은 결코 그런 경우[무산자운동을 하거나 했던 경우] 자신의 가문에 대한 자랑이나 큰 부자라는 자랑은 하지 않는 것이다. 우리들은 김사량 안에 있는 그런 모순이 이상하게 생각되어 웃음을 터뜨린 것인데, 그는 우리들이 그의 이야기를 신용하지 않아서 웃은 것이라고 오해해서 초조해 하는 기색으로 손짓까지 섞어 강변하고 있었던 것이다. 결혼 후에는 더하여 새신부 집안 자랑이 늘어났다. 그렇게 큰 부자, 명문가인 김사량의 집보다 오히려 몇 배나 좋은 가문, 자산가의 딸이라는 것이다. 무엇보다 부인 당자에 대해서는 별로 그런 자랑을 하지 않았다. 그런 점을 보면 그의 성벽性癖은 필시 조선민족의 공통성일지도 모르겠다. …… 김사량의 그 즈음의 자랑에는 고개를 절로 흔들 수밖에 없었다. "조선에서는 집안이 윗 클라스면 미국 유학. 중간 클라스면 일본 유학. 그 밑이면 자국에서 교육을 받는데, 그래서 어머니도 아내도 미국에서 교육을 받았다." 당시 최승희라는 조선의 무희가 굉장히 인기였는데, 그는 최승희의 「검무劍舞」의 선생은 자신이라고 했다. …… "나도

광주 사건이 없었다면 미국에 갔을 것이다"라며 일본 유학이 조금은 불만인 모양이었다. 그의 인간적 매력, 풍부한 재능과는 달리 그의 뽐내기는 너무 길었던 게 내게는 불가해하게 느껴졌다. 한데, 앞서의 이회성씨가 이렇게 대답해주었다. 결론적으로 '그건 그의 애국적 심정 때문이 아닐까요'라는 취지의 이야기였다. 과연 딱 맞는 이야기이다. 나는 20여년 만에 겨우 그 불가사의가 풀려 마음이 가벼워졌던 기억이 있다.[55]

김사량에 대한 이러한 묘사는 물론 일본인 나름의 편견이 깊이 개입되어 있는 것이라고 해야 할지 모른다.[56] 다만 그러한 내지인들의 시선을 포함해 중요한 것은 사실 여부보다는 김사량을 포함한 조선인들이 자신을 둘러싼 컨텍스트가 0이 되는 순간 위와 같은 성격으로 전화하게 될 가능성을 대체로 갖고 있었을 것이라는 사실이다.

어떤 의미에서 김사량이 마치 고백하듯 "[「빛 속으로」는] 멈추려 해도 멈출 수 없는 기분에 쫓기듯 쓴 작품의 하나였지만 「천마」 역시도 내가 썼다기보다는 오히려 쓰였다고 하는 편이 낫겠다는 생각이 든다. 이 작품 속에서 나는 주인공과 그것을 따르는 또 한사람의 나, 이 삼파전 속에서 피투성이로 격투를 벌인 듯한 느

---

55) 保高みさ子, 「金史良の愛國心」, 『文芸』(1971年 5月號), p. 229. 야스타카 미사코는 야스타카 도쿠조(保高德藏)의 부인이다.
56) 상황과 사람에 따라 바뀌는 김사량의 조울증에 가까운 밝음과 우울, 다변과 침묵(이에 대해서는 안우식의 앞의 책을 참고)은 식민자에게 어필하려는 피식민지 지식인에게 흔히 나타나는 현상일 수 있다.

낌이 들었다"[57]고 적었을 때, 그 말은 일단 문자 그대로 받아들여져야 한다. 그가 위치해 있던 계층 구조, 공론장이 아니라 자신을 둘러싼 배경을 상실한 공간에서, 오직 그 배경은 자신의 '말'에 의존할 수밖에 없었다. 따라서 그 순간 과잉 호소와 이해받을 수 없음에서 오는 침묵은 마치 신호등처럼 깜박이며 교대할 수밖에 없는 것인지도 모른다. 내지인에 가까이 가기 위해 온갖 악행을 일삼으면서도 조선을 위해 복숭아나무 십자가를 지는 겐류의 모순된 의식이나 이민열차에 타고 목 놓아 울고 신음하는 Q백작의 모습, 남^南과 미나미^南 사이에서 갈등하는 「빛 속으로」의 '나'는 피식민자의 특성을 분유^{分有}해 가진 각각의 개별적 양상이라고 해야 할 것이다. 그들 각자는 그들이 전체적 일관성을 보여주고 있지 못하다는 바로 그 이유로 인해 식민자의 특성을 분유해 가진 단수이면서 복수인 존재들이다.

'사소설 속에 민족의 비통한 운명을 풍부하게 짜넣은 작품'(사토 하루오^{佐藤春夫}의 아쿠타가와상 심사평, 『문예춘추』[1940년 3월호])이라는 평가 역시 그런 한에서 이해 가능해질지 모른다. 조선인 출신 일본어 작가로 존재하는 한 그는 민족 감정, 민족 신경 위에 놓이게 되며, 따라서 그는 언제나 스스로 '조선'이라는 전체를 함께 짜 넣는 번역가가 되지 않으면 안 되었다. 마치 루쉰 주위의 허다한 지식인들이 루쉰을 찾아와 혹 '아Q'의 모델은 자기가 아니냐고 물었듯이, 또 그렇게 루쉰 자신이 스스로 '아Q'의 일부가 아닌가 하는 신경착란에 시달렸듯이, 김사량의 주인공들은

---

57) 金史良, 「跋文」(光二中二), 『金史良全集 Ⅳ』, 河出書房新社, 1973, p. 67.

김사량이 나누어 갖고 있는 조선/전통/사^{私}와 구별될 수 없다. 바로 그러한 식별불가능성이야말로 하나의 가능성이었다고 이야기하는 편이 옳지 않을까.

더구나 루쉰의 문학과 달리 이들 일본어로 쓰여진 또 다른 아Q의 형상들은 기능이 사뭇 달랐다. 왜냐하면 그 자체로 이들의 형상은 정체되고 분열된 야만적 피식민자$^{\text{the savage colonized}}$의 형상을 제국의 식민자들에게 각인시키는 기능을 수행할 수도 있었기 때문이다. 김사량의 의식이 야마다 하루오와 미나미 선생의 접점에 스스로를 놓는 태도에도 불구하고 '내지인용' 발화라는 자의식에서 자유로울 수 없었던 것도 이 때문일 것이다. 그도 그럴 것이 아Q적인 것의 직시 다음에는 '막다른 길'도 있었던 까닭이다. 김사량이 아Q적인 것과 비판적 자아의 식별불가능한 지점들에서 선택한 길과는 다른 종류의 길이 바로 이 1941년의 언저리에는 가로놓여 있었다. 예컨대 이광수의 '전향'은 「만영감의 죽음」과 「무명」이 묘파한 아Q적 인간상들과의 결별 및 제국(국민)문학으로의 진입에 다름 아니었기 때문이다.

예외상태, 예외적 삶

조선어와 국어를 왕복하며 말하지만 어느 쪽도 발음의 규율이나 조리를 갖고 있지 못하다는 것. 한 문장 안에서 조선어와 일본어를 코드 전환해가며 말한다는 것. 이것이 갖는 의미는 오직 번역 불가능성 — 번역이 금지된 곳에서 오롯이 살아난다.

적잖은 경우 지배 집단은 분리와 배제를 통한 통치를 수행하기 위해 소수 민족 언어의 유지를 결정한다. 여기서 문화 및 언어의 경계는 곧 계층의 경계가 된다. 그들은 '분리'되어 통치된다. 좀 더 빈번하게는 다수 민족은 소수 민족에게 자신의 언어를 유일한 '법권리의 언어'로 부과하여 동화 정책을 실시한다. 한 개체로 살아남기 위해서 소수 집단의 구성원들은 결국 합법적 언어를 배워야한다. 아무리 개인이 2개 언어 상용자로 남을지라도 그는 발화 방식에 있어 지배 집단을 향해 상향적으로 결합될 것이다. 그런데 지배 집단은 그들의 권리를 인정하는 순간에조차 단지 집단 전체가 아니라 언어적 기준에 의거해 '개인'의 권리만을 인정한다(다수 집단에의 개인적 진입[passing]). 평등이란 그것이 어떤 것을 표방하든 '민족적' 내지는 다른 특성과는 무관한데, 왜냐하면 여기서의 평등이란 개개인에 대한 동등한 권리이지 결코 집합적으로 간주되는 집단에 대한 동등한 권리가 아니기 때문이다.

이렇게 되면 소수 집단의 구성원들은 그들의 지위가 불법적이며 오직 일치된 단체행동만이 자신의 위치를 향상시킬 수 있다고 믿게 되는데, 이러한 인식이 진전되어감에 따라 그들은 주변화라는 모험을 무릅쓰고 자치, 분리, 민족자결을 요구하며 경계 내에 머물거나, 이주를 요구하게 된다.[58]

---

[58] J. F. Hamers & M. H. A Blanc, 『2개언어상용과 그 이론』, 이혜란 외 6인 공역, 한국문화사, 1995, pp. 227~228.

1941년을 즈음한 상황은 한동안 조선의 지식계급 사회에 존재했던 이중언어적 상황을 완전히 종식시킬 것을 요구하고 있었다. 이 같은 상황에서 '같은 발화 혹은 대화에서 2개 이상의 언어를 교체하여 사용'하는 코드 전환의 순간을 표시한다는 것은 그 자체로 국어화 및 지방 문단화에 의해 배제된 공간을 제시해주는 일일 수 있었다. 특히 국어와 방언, 아니 언어와 비언어라는 새롭고 폭력적[59]인 분절 사이에 존재하는 내선어와 비언어적 화용을 끊임없이 고쿠고의 영역 안에 남기는 일 자체는 일종의 '단일문화권으로의 기입을 거부하는 번역' 행위로 정의내릴 수 있을지 모른다.

누가 Q백작인가. 소설 안에서 이미 그러하듯, 누구나 Q백작일 수 있고, 또 아닐 수 있다. 중요한 것은 모든 예외적 순간, 그러나 조선, 아니 (허다한) 조선인에게는 이미 상례화된 삶 속에서 얼굴을 드러내는 Q백작의 비명이 발화되는 순간 안에서 계속 머무는 것이다.

주권권력의 언어인 일본어에 포섭되어 있는 한편 계속 그 언어 밖으로 튕겨져 나오는 이러한 순간들을 '벌레', '소나 돼지', '이슬람교도' 같은 말로 표현하는 순간 김사량은 고쿠고로 대변되는 주권적 힘의 경계에 머물면서, 예외상태의 삶과 (비)언어의 영역 위

---

[59] 이 폭력은 그것이 실현하는 현재적 삶의 부인이라는 측면에서뿐만 아니라 수단 그 자체로서도 폭력적이다. 왜냐하면 이러한 분절이 그 자체로 이전과는 다른 방위 개념과 국민 개념을 통해 법정립적 폭력의 순간을 나타내기 때문이다. 발터 벤야민, 「폭력 비판을 위하여」, 자크 데리다, 『법의 힘』, 진태원 옮김, 문학과지성사, 2004를 참고

에 스스로의 힘을 놓게 된다. 조선어는 여기서 아직 잠재성으로 남아 있고, 그런 한에서 재현 혹은 대표representation될 수는 없지만 한편으로 고쿠고의 경계를 넘어가는 순간들이 제시presentation되는 한에서 일종의 비잠재성 — 즉 현실성으로 전개될 역능을 갖게 된다. 매끄러운 일본어의 공간에 홈을 만들고, 일본어의 파롤들을 초과하는 '랑그' 체계를 상상하게 하는 김사량의 방법은 역설적인 말이지만 그 자체로 주권적이다. 왜냐하면 주권권력이란 외부와 내부, 자연과 예외, 퓌시스와 노모스의 식별불가능성 그 자체이고, 통합됨이 없이 이 비식별역에 계속 머무는 한에서 그 결정은 외부를 상상하고 또 다른 법정립을 상정하는 주권적 행위이기 때문이다.60)

조선어의 비언어화에 따른 대규모의 예외의 출현은 어떻게 일본어의 틀 안에서나마 이 예외상태를 제시할 수 있을 것인가 하는 문제를 야기했다. 왜냐하면 조선 전체는 완전히 제국 일본의 내부이지만 조선인 중 어떤 경우의 예를 들더라도 그는 완전한 국민일 수 없었기 때문이다.

골상학과 민족성과 기질과 풍토와 애국심 등등의 분할에 의해 계속 발생하는 차이를 상기할 때, 또 그 차이를 캠페인과 명령을 통해 통합하는 정치적 장치를 생각할 때, 남는 가능성 중 하나는 그러한 경계들 위에 머물면서 그 경계 자체를 애매한 것으로 만

---

60) 이 절에서 제시된 개념군에 대해서는 조르조 아감벤, 『호모 사케르 — 주권권력과 벌거벗은 생명』, 박진우 옮김, 새물결, 2008년(Giorgio Agamben, *Homo Sacer — Il potere sovrano e la nuda vita*, Einaudi, Torino, 1995)의 이곳저곳을 참고

드는 일, 또 곧바로 현재적 분할 자체를 보여주는 일일 수 있었다. 테두리 짓기$^{ex-ceptio}$의 원리 자체를 보여주는 것.

주권적 결정에 의해 조선어가 공론장에서 추방되어 갈 때, 즉 벌거벗은 삶이 대량으로 발생하는 한편, 이 현상이 그 자체로 재현의 위기 속에 놓이게 될 때 김사량은 바로 그 언어와 비언어 — 일본어와 일본어 아닌 것이 착종하는 지점들 위에 자리를 잡음으로써 번역적 의식을 보존한다. 이 비식별역 위에서 그 경계를 질문하는 주체는 조선어와 조선인이라는 것을 계속 의식하면서 언어(국어)와 비언어(국어가 아닌 것)라는 제국의 주권적 힘에 의해 설정된 테두리를 맹목적으로 질문한다. 제국의 주권에 의해 조선어의 영역이 잉여의 영역으로 간주되더라도 바로 그러한 잉여가 발설하는 조선어 자체가 재현 불가능성에 놓이는 순간에조차, 벌거벗은 삶이 탱천하는 한에서 언어는 계속 이 예외적 삶을 향해 미끄러져 들어감으로써 스스로의 잠재성을 유지한다. 이렇게 말할 수는 없을까. 그는 고쿠고와 조선어(방언), 언어와 언어 아닌 것의 비식별역, 예외적 상황 안에 계속 남아 있음으로써 조선의 분리/독립이라는 잠재성을 비잠재성(현실성)의 영역으로 옮겨갈 뇌관을 계속 보유했다고.

대만 작가 룽잉쭝에게 보낸 편지를 통해 김사량은 루쉰의 「아큐정전」으로 대변되는 '아큐적 인간'의 형상에 대해 이야기한다. 그는 식민지 문학의 과제를 '피에 흐르는 전통적 정신'을 끌어안으며 '새로운 자신의 문학'을 건설하는 행위로 이해했으며, 똑같이 '남의 말^{その言葉}'로 작업하며 이 과제와 싸워나가는 룽잉쭝의

작품에 깊은 공감을 느꼈다. 김사량은 룽잉중의 소설에서 '흔들리는 손'을 본다. 이는 '내지인을 향한 문학'과 '조선(혹은 대만의) 문학' 사이에서 민족(어)의 잠재성을 보존하려는 그의 노력과도 깊이 관련된 문제였다. 예컨대 「아큐정전」을 의식하며 쓴 「유치장에서 만난 사나이」과 그 번역인 「Q백작」을 통해 그는 조선어 안에는 일본어의 흔적을, 일본어 안에는 조선어의 흔적을 깊이 남김으로써 민족과 국가 사이의 이중적 구속을 표현했다. 이러한 그의 방법은 특히 하층민을 다룬 서사에서 두드러지는데, 필자는 이를 문지방 공간에서 조선(어)의 잠재성을 보존하는 주권적 운동으로 설명했다. 왜냐하면 그의 문학은 제국 일본 안에 미만해 있는 '정체되고 분열된 야만적 피식민자'의 형상을 전유하는 한편 조선어와 조선인의 존재를 계속 '잊을 수 없는 타자'로서 의식하도록 만드는 방법을 취하고 있기 때문이다.

「천마」의 겐류나 「Q백작」의 형상이 의미하는 바는 무엇인가. 김사량은 지식인과 하층민, 계몽자와 야만인의 분할이 무력화되는 (반)식민지의 '아큐적 삶'을 묘파함으로써 국민화 과업을 통해 계몽적 지위를 유지하려는 전향자들에 맞섰던 것으로 보인다. 고쿠고와 조선어, 내지어와 조선어의 분할이 언어와 비언어의 분할을 통해 상례와 예외의 상황으로 조직되고 있는 상황에서 그는 지식인과 하층민의 분할을 지우고 하나하나의 조선인을 '벌레, 소와 돼지, 이슬람교도, 광인'으로 묘사하려 했다. 모든 예외를 국민화의 열기 속에 상례화시키는 기획 '위에' 서서 조선어의 비언어화에 따른 대규모의 예외상태의 출현을 묘사하는 김사량의 작업은 주권적이다. 왜냐하면 거기서 그는 제국과 그 외부의 결정을 제국 안의 본원적 분할을 다시 개시함으로써 해체시키고 있기 때문이다. 요컨대 일본어를 통해 지속적으로 조선어/예외적 삶으로 미끄러져 들어가며, 그가 택한 것은 '남의 말' 안에 조선어를 보존하고 예외의 상례성을 드러내는 일 — 즉, '통합 불가능한 타자'로서의 조선(어)의 잠재성을 유지하는 일이었다.

국어로 말하는 국민화의 기획 속에서 제국의 경계는 통치권과 그 외부 사이에 그어진다. 그러나 국어 안에 조선어를 보존하는 한에서, 또 광인의 크레올이 정치와 뒤엉키는 비식별역 속에서 이 경계는 제국 내부에서, 그리고 한 사람의 인간 안에서 다시 그어질 수밖에 없다. 만약 상례와 예외를 결정하는 것이 주권자라면, 역설적이지만 일본어 작품(상례) 안에서 조선(어)라는 예외적 순간을 계속 지정하는 행위는 충분히 주권적인 것이라 해야 할 것이다. 그러나 이처럼 경계 위에 머물며 계속 예외의 순간을 드러내는 그의 방법은 1942년 말을 기점으로 더 이상 실현 불가능한 것이 되었으며, 그의 문학은 『태백산맥太白山脈』을 기점으로 점점 유토피아적 비전과 갈등이 해소된 진공 상태를 향해 가게 된다. 이에 대한 해명은 차후의 과제로 삼고자 한다.

당대의 정치적·언어적·계급적 분절들을 보여주기 위해 다소간 논의를 에둘러 전개해온 것이 아닌가도 생각된다. 무엇보다 룽잉쭝과 루쉰/김사량 사이의 '관련'을 텍스트 자체의 분석을 통해 충분히 언급하고 증명하지 못한 점이 아쉽지만 마지막으로 김사량과 룽잉쭝의 해방 다음의 후일담으로 글을 마무리할까 한다.

그들은 어떻게 되었으며, 무엇을 썼는가, 혹은 쓸 수 없었는가. 룽잉쭝은 제2차세계대전 종결 후 약간의 기간 동안 글을 썼다. 그러나 국민당정부가 대만을 점령했고, 국민당은 곧 국민 정체성 강화와 일본식민지 잔상 불식이라는 기치를 걸고 일본어뿐 아니라 대만어(복건어 방언福建語方言)마저 공론장에서 추방했다. 많은 작가들이 국민당 정부의 언어 선택에 지지 입장을 밝혔다. 이러한 엄격한 언어 정책 속에서 일본어만을 유일한 문학어로 갖고 있던 룽잉쭝은 '정치적으로 강제된 새로운 모어에 대해 침묵'[61]하는 길을 택했다. 절필과 그에 이은 수 십 년간의 공용어北京話 공부에도 불구하고 룽잉쭝은 한 두 편의 중국표준어 작품을 남긴 채 영원히 문단 외부의 사람이 된다.

김사량의 낙오와 죽음에 대해서 말한다는 것은 그의 '흔들리는 손'을 떠올리는 일만큼이나 마음 무거운 일이다. 일본과 조선 사이에서, 중국공산당과 제국 일본 사이에서, 또 남한과 북한 사이에서 오직 번역적 의식으로 존재했던 김사량은 그렇게 해서 영원히 번역의 장소, 예외적 삶으로 남아 있다.

---

[61] 식민지 대만의 일본어 문학과 그 이후에 대해서는 Faye Yuan Kleeman, *Under an Imperial Sun*, Univ. of Hawaii Press, 2003을 참고.

3

엽서의 제국, 전체주의 국가의 공사 개념
조선어학회사건 재독(再讀)

> 사람이 비밀이 없다는 것은 재산이 없는 것처럼
> 가난하고 허전한 일이다
> — 이상, 「실화」(1939), 공개연도

식민지 경찰, 사문서 강탈자: 조선어학회사건의 사건성에 대해

조선어학회사건은 창씨개명과 함께 일본이 행한 가장 대표적인 악덕 통치의 표본이자 '민족(어) 말살'을 기도한 가공할 공적 폭력으로 이야기되어 왔다. 남한에서, 북한에서, 또 구제국의 상속자인 일본에서도

이를테면 조선어학회의 한글 운동은 민족국가건설이라는 과제 수행이 좌우 이데올로기를 초월해 합법적 틀에서 총결집된 것으로 이해되며, 조선어학회는 이러한 민족국가건설 과제를 해

방 이후로 넘기지 않고, 식민지 지배 하에서나마 초석을 쌓으려 했다.1) 이는 "일본 제국주의의 조선어 탄압에 저항하는 반일 민족 운동, 한자 문화와 일본 문화를 거부하고 민족 문화의 자주성을 불러일으키는 민족의식 운동, 민중의 문화 수준을 향상시키는 민족 문화운동"2)이었다. 북한에서조차 조선어학회는 "조선광복회의 하부 조직으로서 민족해방운동의 승리를 앞당긴 중요한 의의를 가진"3) 단체로 평가된다. 실제로 이 운동에는 (우로 약간 기우뚱 하는 대로) 좌우와 계급적 이익을 불문한 사회 지도층 인사들이 가담하고 있었고, 이들이 차후 남북 양쪽의 국가 건설과 언어 정책을 담당하게 되었기 때문일 것이다. 제국 일본이 행한 이 사건의 예심판결은 다음과 같이 시작된다.

> 민족운동의 한 형태로서의 소위 어문운동은 민족 고유의 어문의 정리·통일·보급을 도모하는 하나의 문화적 민족운동인 동시에 심모원려(深謀遠慮)를 품은 민족독립운동의 점진 형태이다.4)

요컨대 조선어학회에 대한 대대적 검거와 탄압은 민족해방 혹은

---

1) 조선어학회의 활동에 대한 총체적 연구로는 이준식, 「일제 침략기 한글 운동 연구 ― 조선어학회를 중심으로」, 『사회와 역사』, 제49권, 문학과지성사, 1996을 참고
2) 森川展昭, 「朝鮮語學會の語文運動」, 『朝鮮1930年代研究』, むくげの會編, 三一書房, 1982, p. 141.
3) 정순기, 『조선어학회와 그 활동』, 과학백과사전종합출판사, 2000, p. 35.
4) 「조선어학회사건 예심판결문」, 『語文研究』, 통권 제39·40 합본호, 1983, p. 482. 사건 관계 기록은 패전 전후에 관계 당국에 의해 소각된 것으로 알려져 있다. 위의 문헌은 사건 당사자인 건재(健齋) 정인승(鄭寅承)이 보관하고 있던 것으로 판결문 사본을 번역한 것이다.

민족국가건설 의지에 대한 일제의 최종적이고 극악한 탄압으로 인식되었다.

물론 이 조선어학회 회원들의 대대적 검거와 구금이라는 공적 행위는 대단히 권력 공학적인 것이자 동시에 상징적인 것이어서, 당대의 정치적 의지를 실현한 일목요연하고 정교한 통치 행위를 상상 가능케 하는 것이 사실이다. 이를테면, 결전을 앞두고 펼쳐진 요시찰 인물의 검속과 일망타진, 이어지는 정교한 고문과 자백, 사상범에 가해진 기약 없는 예심 기간과 장기 투옥, 옥사(獄死) 등의 법적 폭력은 그 폭력을 뒷받침하는 고쿠고 상용을 통한 국체명징, 내선일체 따위의 당대의 정치적 슬로건과도 에누리 없이 맞아떨어진다. 그러니까 조선어학회사건은 점령에서 식민을 거쳐 언어 포식과 동화에 이르는 식민 기획의 서사를 전형적으로 반복하고 있는 것처럼 보인다.

그러나 이 사건이, 출발에 있어 매우 우연적일 뿐 아니라 극히 사적인 영역으로부터 급작스레 번져나갔고, 이를 다루는 과정에서 제국 일본의 통치성이 상징적으로 드러나고 있음도 주목하지 않을 수 없다. 어떤 대단한 사건이라도 그 융기는 우연한 장소에서 갑작스럽게 일어나게 마련이고, 이 우연성이란 축적된 원인들의 비등점을 표시할 뿐이라는 듯, 이 사건은 그렇게 '우연'히 일어났다.

사건의 발단은 하나의 연애편지, 혹은 한 권의 여학생의 일기장이었다고 전해진다. 여기에 두 개의 증언이 있다.

A 연애편지 발단설 — 김윤경의 회고

홍원에서 함흥 '영성 여학교'로 통학하는 여학생에게 두둑한 편지가 날아들게 되었는데, 홍원 경찰서의 박동철(창씨 니이하라^{新原})이라는 형사는 우체국에서 이 편지를 뜯어보게 되었다 한다. 편지 내용은 연애편지로서, 끝에 일미^{日米} 전쟁이 일어나면, 결국은 일본이 패할 것과, 일본이 패하면 한국은 독립이 될 것이라는 것이었다. 그리하여, 그 관계 남녀를 너댓 쌍 잡아들이어, 그러한 사상을 넣어 준 배후 인물을 찾은 결과, 영생에서 교편을 잡고 있다가 어학회로 와서, 사전편찬에 종사하고 있던 정태진 씨를 찾아내게 되었다. 그리하여 1942년 9월 5일에 정태진 씨가 홍원으로 불리어 가게 되었다. 그들은 정태진 씨가 관여하고 있는 어학회에 더 눈초리를 향하게 된 것이다. 말하자면, 어학회사건은 홍원 학생 사건의 한 부산물이라 할 것이다.(증언년도, 1955년)[5]

B 여학생 일기장 발단설 — 이희승의 회고

조선어학회사건은 참으로 우연하고 사소한 데서 발단이 되었다. 이미 잘 알려져 있는 바와 같이, 이 사건은 한 여학생의 일기장 속에 있던 근거 없는 글 한두 구절로 비롯된 것이며, 거기에 한 가지 덧붙인다면 홍원경찰서의 한국인 형사 한 사람의 끈덕진 공명심으로 사건이 가능

---

[5] 김윤경, 「조선어학회사건 회고」, 『한결 金允經 全集 5』, 연세대학교출판부, 1985, p. 406. 동일한 내용의 회고는 「조선어학회 수난기」(앞의 책, pp. 141~142)에서도 발견된다.

했다는 점이다. 1942년 한여름 어느 날 함경남도 홍원읍 전진前津 정거장 대합실에서 홍원서洪原署 고등계 형사 후카자와深澤라는 자가 한국인 청년 한 사람을 불심 검문했다.

"자네 어디서 온 사람이야?"

모든 사람이 힘을 짜내 전쟁을 수행해가는 마당에 이 청년은 국방복 대신 한복 차림으로 머리에는 기름을 발라 멋지게 빗어 넘겼으니 한눈에 '불순분자'로 보였던 것이다.

"홍원읍 사는 박병엽朴炳燁이오"

청년은 퉁명스럽게 대답했다.

홍원 육영학원의 설립자요 어업조합장의 아들 박병엽은 메이지대학 상과를 졸업한 지식 청년이었고 반일 감정 또한 강했다. 지장일池章溢이라는 친구를 마중 나왔다는 말에도 형사는 쉽사리 물러서지 않았다.

잠시 후 지池 청년이 기차에서 내려 박朴 청년과 해후하고 나자 형사는 다시 지 청년을 검문했다. 그리고는 아무런 꼬투리를 잡을 수 없었으면서도 형사는 그들을 경찰서로 연행했다. 이들은 곧 풀려났지만 고등계 형사 3명은 다시 박 청년의 집으로 찾아가 가택수색을 했다. 그러나 박 청년의 방에는 책을 모조리 뒤져봐도 별 것이 없었다. 그런데 3명의 형사 중 야스다安田라고 창씨를 한 안정묵安正默이라는 한국인 형사가 박의 조카 박영옥朴英玉 양의 일기장을 찾아냈다. 사건의 발단이 된 일기장이었다.

그때 박영옥은 함흥 영생여학교 4학년 학생으로 여름 방학을 맞아 집에 와 있었다. 안정묵은 무엇이라도 한 가지 꼬집어 낼 욕심으로

"일기장이 재미난다"며 빌려가는 형식을 취했다. 그리고 그날 밤의 일이었다. 박양의 일기장을 읽던 안정묵은 무릎을 쳤다 "국어(國語)를 상용하는 자를 처벌했다"는 구절을 발견한 것이다.

국어라면 일본어가 아닌가. 일본어 상용자를 학교에서 처벌했다니 이런 반국가적 행위가 어디 있는가.
안의 눈동자는 공명심으로 빛났다. 더욱 담임교사의 검인까지 찍혀 있으니 영생여학교의 공식적인 확인까지 된 셈이다.

이튿날 안은 주임에게 이 사실을 보고하고 입건해야 한다고 주장했다. 사실 문제의 구절 중 '국어'란 우리말을 뜻하는 것으로 반항 심리에서 나온 표현이었으며, 담임선생은 내용을 읽어보지도 않고 사무적으로 검인을 찍어준 것뿐이었다.

박영옥 양은 당장 경찰서로 끌려와 닦달을 받았다. 그러나 구체적인 혐의를 잡지 못했다. …… [중략] …… 이 사건을 두고 경찰에서도 한때 고민이 많았다 한다. 안정묵의 마구잡이 수사로 사건을 벌여놓고 보니 이른바 피의자들의 진술 내용에는 구체적인 범죄 사실이 없었고, 더욱 물증이 없어 당황했다는 것이다.

홍원경찰서는 물론 함경남도 경찰부의 간부들도 긁어부스럼이 아닌가 해서 입건이 무리하다고 판단을 하고 있었던 것이다.

이 무렵 총독부 경무국 외사과장(外事課長)이 현지 시찰을 왔을 때 그들은 사건 처리에 대한 자문을 구했으나 그도 즉석에서 판단을 하지 못하고 '상부에 물어 지시하겠다'고 했다. 그 뒤 총독부는 '요시찰인 중에서 위험분자는 모두 검거하여 엄중히 처벌하라'는 예비검속령을 내렸다. 현지 경찰은 이 명령이 어학회 관계 인사들을 엄중 조치하라는

뜻으로 해석하고는 본격적인 고문으로 사건을 조작하기 시작한 것이다.(증언년도, 1959년)6)

이 사소하되 사소한 것이 될 수 없었던 개인들의 사연, 이 비밀이었지만 비밀이 될 수 없었던 글자들. 연애편지 혹은 일기장. 가장 사적인 글자(나는 편지와 글자를 동시에 의미하는 letter라는 어휘에 주목한다7))에서 가장 공적인 법적 언어로 전도되는 이 틀림없이 사소했을 사건은, 식민통치 혹은 근대의 공적 영역에 내재하는 어떤 '비밀'을 내비치고 있는 것처럼도 느껴진다. 조선독립이라는 '비밀'이 존재함으로 해서 그러한 비밀을 지시하는 문자들이 검거되는 상황은, 아무리 글자letter 자체가 일종의 외부성을 전제로 하고 있더라도 또 내적 고백이 결국 공적 자아상의 구축과 관계된 것이라 하더라도 무언가 극단적인 데가 있다. 혹시 이 사건의 단초들로부터, 제국이 텍스트 일반을 다루는 방식, 즉 글자·편지·문학·언어letter에 개입하는 통치성의 어떤 단서들을 찾아낼 수는 없을까.

사건과 정치적 의지, 이를 연결하는 통치성 사이의 부합을 자명한 것으로 전제하고 그 실현의 양상을 낱낱의 결과 목록으로 확인하는 역사적 작업도 물론 중요할 것이다. 그런 한편 당대의

---

6) 이희승, 「사건의 발단: 한 여학생의 일기장」, 『일석 이희승 자서전: 다시 태어나도 이 길을』, 선영사, 2001, pp. 146~149. 거의 동일한 증언의 원형으로 이희승, 「어학회사건 회고록」, 『사상계』(1959년 8월호).
7) Derrida, *The Post Card : from Socrates to Freud and Beyond*, trans. by Alan Bass, The University of Chicago Press, 1987.

정치성과 통치성이 상호 작용하는 원리를 파악하고, 이를 통해 '통치성' 그 자체를 묻는 일 역시 반드시 필요한 작업일 것이다. 하나의 전체주의적 이데올로기가 어떠한 과정을 통해 실현되는지, 그 통치성은 어떻게 개인들의 삶에까지 남김없이 육박해 들어갈 수 있었는지를 살펴보지 않으면 안 되는 것이다.

우편의 장악과 '내면'의 제거: 전체주의 국가의 언어관

앞서 보았듯이, 김윤경과 이희승의 회고적 진술은 약간씩 엇갈리는 데가 있다.[8] 더구나 이들의 증언 이외에도 사건의 발단에 대한 여러 이설이 존재한다. 대표적인 것만 해도, 박병엽이 일본어를 알고 있으면서도 일본인 경찰의 불심검문에 조선어로 답한 데서 기인했다는 설[9], 열차 안에서 여학생들이 나눈 조선어 수다에 발끈한 조선인 경찰 야스다의 가택 수색이 원인이 되었다는 설[10], 열차 안에서 고등학생들이 담배를 피운 것을 빌미

---

[8] 조선어학회사건의 발단에 대해서는 이설이 여럿 있다. 그러나 박성의, 「일제하의 언어·문자정책」, 『일제의 문화침략사』, 한기언·김정학·박성의·오주환 공저, 현음사, 1982, pp. 264~269에 따르면 대체로 이희승의 「어학회사건 회상기」 쪽에 어느 정도 신빙성이 두어진다. 박성의가 이희승에게 확인한 결과 이희승은 해방 후 사건 당사자인 박영옥, 박병엽, 이종술 제씨와 당시의 관계 형사들을 직접 만나 확인할 기회를 가졌고, 그 결과 사건이 어쨌든 남녀 학생들의 일기장의 압수 수색에서 비롯된 것만은 분명함을 확인했다고 한다.
[9] 한국어문연구회, 「조선어학회사건의 경위」, 『어문연구(語文硏究)』, 통권 제39~40호, 1983년.
[10] 이응호, 「정태진과 조선어학회사건」, 『한힌샘 주시경 연구』, 제 10~11집, 한글학회, 1998년.

로 형사들이 학생들을 조사 심문하게 되었고 학생들의 반항과 연행, 가택 수색, 일기를 압수하는 와중에 사건이 확대되었다는 설 등도 그중 하나다. 공식 관계 기록이 예심 판결문 이외에는 찾아 볼 수 없고 이러한 정황이 이 기록에는 존재하지 않는 한에서 지금의 우리로서는 어쨌든 증언으로부터 시작하지 않을 수 없다.

그러나 인용한 두 학자를 포함한 조선어학회원들의 증언에 기초했을 연구들은 조선어학회사건과 이 사건의 빌미가 된 한 여학생 혹은 남학생의 편지=문자들을 완전히 수미일관한 민족적 틀로 재생산하고 있는 측면이 있어, 사건의 추이를 객관적으로 파악하기에는 상당한 어려움이 따른다. 이 사소했을 사건의 시작점과 글자들은 어학회사건에 작용한 거대한 힘과 사건 해석에 있어서의 거창함, 정치적 의지에 의해 다소 과장적으로 서술되어온 듯하다.[11] 증언들의 틈을 제국과 해방 투쟁이라는 대항 주제를 통해 과잉 보충하는 '해석'들은 이 사건을 지나치게 단일하고 영웅적인 민족 서사 안으로 남김없이 통합하여 해석하려는

---

[11] '깔깔 웃어 대며 제각기 여름 방학 생활 계획을 발표하며 떠들어 대'는 여학생들의 조선어에 대한 조선인 출신 '일경' 야스다의 시비('어이, 나제['왜'라는 뜻의 일본어] 국어를 상용하지 않고 조선말을 쓰는가?')가 빌미가 되었다는 설. 이응호, 「정태진과 조선어 학회 사건」, 『한힌샘 주시경 연구』, 제10~11집, 한글학회, 1998. 북한의 기록에서 이 수다의 내용과 사건은 좀 더 수미일관된 민족 서사 형태를 갖춘다. "세상에 잘 알려진 조선어학회사건은 함흥영생고녀에 다니는 두 녀학생이 조선말로 주고받는 조선독립과 백두산에 대한 이야기에 주의를 돌려 미행하던 일제의 비밀경찰놈이 그중 한 녀학생의 일기장에서 조선어학회의 성원인 영생녀고의 정태진 교원이 '일어를 쓰는 학생을 처벌했다'는 구절을 발견하고 그것을 빌미로 조작해낸 사건이다." 정순기, 앞의 책, p. 42. 정순기의 논고에는 조선인 경찰 자체가 등장하지 않는다.

경향을 보여준다. 식민 권력이 "민족주의 편이었느냐 내선일체주의 편이었느냐 물으면서 그 밖의 중간 입장을 허락하지 않았"[12]음을 말하는 당사자들의 증언을 염두에 둘 때, 해방 이후의 해석적 틀은 애초에 제국의 양자택일적 질문에 의해 과잉결정되어버린 면도 없지 않다.

본래의 증언들은 "[법적 테두리 내의 연구회일 뿐] 이상대로요, 그 밖에는 아무 비밀도 없었던 것이 일호도 숨김이 없는 사실"(김윤경)이라거나, 사건의 전개를 갈음한 민족독립운동의 의도를 '억지 자백'의 결과(이희승)라고 하여 대체로 적극적 정치 연관이나 의도를 스스로 부인하고 있다. 그에 반해, 여기에 대한 '해석'들은 독립운동과 해방에의 기도라는 정치성과 의도성을 부각시키는 과정에서 언명된 적이 없는 '비밀'을 사후적으로 확정하는 양상을 보여준다.

어쨌든 이들 증언에서도 대략 일치되는 진술들이 여럿 있으니, 첫째 그들이 홍원에 포박되어 왔을 때 확실히 거기에는 사건의 발단 혹은 증인들로서 영생여학교 여학생들이 장사진을 이루고 있었다는 것, 둘째 이 사건이 한 남학생의 언동을 매개로 시작되어 영생여학교의 한 여학생이 쓰거나 받았다는 일기장 혹은 편지를 '거쳐' 급속히 확대되었다는 것, 셋째 이 사건을 확대시킨 장본인은 다름 아니라 이중언어 사용자인 조선인 출신 형사였고, 그의 호기심 혹은 편집증적인 노력으로 단 한 줄의 사문서가 하나의 거대한 '국체변혁'의 서사로 탈바꿈하게 되었다는

---

12) 김윤경, 앞의 책, p. 144.

점 등이다. 분명한 것은, 이러한 사건의 추이가 경찰의 불심검문과 영장 없는 가택수색·압수, 사문서 열람과 같은 사적 영역에 가해지는 공적 권력의 침입 없이는 불가능했다는 사실이다.

나는 여기서 증언의 이러한 엇갈림을 함께 다루기 위해 두 곳의 대목에 집중한다. 하나는 '편지'이고, 다른 하나는 '일기'이다. 위의 증언들에서 보이듯이, 편지라는 당사자 간의 절대적 비밀, 일기라는 개인 고유의 '비밀'들을 '비밀'로 존재할 수 없도록 하는 어떤 통치성의 흔적이 이 사건을 통해 노출되고 있다. 아무리 조선이 제국의 헌법역 밖에 있었다 하더라도 헌법에서 유추되는 통치의 기본 취지는 대개 "일본 신민은 법률에 정하는 경우를 제외하고는 신서[信書=편지]의 비밀을 침해받지 않는다"(「대일본제국헌법」 제26조)는 데 있었다. 법이 정한 바를 넘은 것이 드러나고, 이를 통해 편지=문자로 추급해 들어간 것이 아니라 편지=문자들을 절취하여 해석함으로써 어떤 사상을 법이 정한 바를 넘은 것으로 소추해버리는 이 방식 — 우리는 아마 언어 유통의 제국적 양상을 묘사해감으로써 제국의 담론 질서, 특히 제국의 공사 개념의 어떤 지점들을 조금 엿볼 수 있을지도 모른다.

이것은 수취인과 발신인을 투명하게 연결하는 정확하고 합리적인 수단으로 알려진 우편 제도 문제를 당대의 커뮤니케이션 일반의 사정 — '우편 불안' 혹은 '우편 통제'라는 개념을 통해 언급함으로써 가능해질 수 있을 것이다. 실상 편지든, 일기든 가장 사적인 언어에 공적 권력이 폭력적으로 개입해 이를 점유하고, 해석할 수 있다는 사실을 보여주었다는 점에서 이 사건에 대한 증언의 엇갈림이 해석적 엇갈림까지를 유도하게 될 것 같지는 않다. 어쩌면 자기 자신 혹은 단 한사람을 위해 쓰여졌을 몇몇 사소한 글자들letters이 죽음까지를 몰고 올 수 있는 그러한 시대[13], 법 테두리 내의 어떤 언어 활동이 언제든 '국체변혁 기도'('치안유지법' 위반)라는 법해체적 폭력 (혹은 '새로운' 법을 세우는 법정립적 폭력)으로 해석될 수 있는 그러한 시대를 그들은 살고 있었다.

1) 식민지 근대와 우편 — 우편 불안, 공사 혼연(渾然), 검열

홍원 경찰서에 잡히어 간 뒤 약 4개월 동안은 소위 '심문 조서'를 쓰지 못했다. 아무리 사람을 잡아 가면서 범죄 사실을 구성하려 한들 고문에 못 이기어 허투로 된 소위 '자백' 외에는 아무 다른 증거를 잡지 못했기 때문이다. 없는 '비밀'을 대라고 잡아 족치니 사람만 죽을 지경이었다. 그리하여 엉터리없는 죄를 구성하기 위하여 찾아낸 '비밀' 사건의 증거란 것이 이윤재 님이 상해에 갔다 온 일과 이윤재 님이 상해에 있는 김두○의 생활비 보조로 돈 200원을 얻어 보낸 일과 『동아일보』 기자 김두백이 상해에 출장갔다가 그 언니 김두○을 만나고 온 일과 김양수 님이 미국 유학을 마치고 돌아오는 길에 상해에 들리

---

[13] 홍원경찰서의 의견서는 원래 33인(공교롭게도 기미독립선언서에 서명했던 민족 대표와 같은 숫자다)의 내란죄 용의자를 보고했고, 그 외 증인 48명이 취조를 받았다. 최종 국면에 있어서 예심 공판에까지 붙여진 조선어학회원의 숫자는 12명이었다. 이들은 치안유지법에 있어서의 국체 변혁에의 기도(내란죄)라는 제1조의 항목이 적용되어 최고 6년에서부터 2년(집행유예 4년)의 실형을 선고받았다. 한징과 이윤재는 공판에 붙여지기 이전에 옥사했다. 이들 회원들은 광복 직후인 1945년 8월 17일이 되어서야 풀려났다.

어 김두○을 만나고 온 일과 '조선어연구회'를 '조선어학회'로 이름을 고친 일이었다[김두봉이 사전 편찬에 대한 조언과 자료를 제공하고, 이윤재 등이 그의 생활비를 부친 일에 대한 기록]. …… 그리고 '조선어연구회'라는 이름은 태평통[지금의 태평로]에 이도[伊藤韓堂]라는 일본 사람이 일본 사람 관리에게 한국말을 가르치기 위하여 조직한 같은 이름의 회와 혼동되어 우편물이 가끔 서로 바뀌어 전함이 있다는 이유로 이고루[고루는 이극로의 회]는 이름을 고치기를 주장했으나, 나는 그때 "연대가 더 오래고 역사가 있는 우리 회명을 고칠 까닭이 없다"고 반대했으나, 결국은 다수 의견을 좇아 '조선어학회'라고 1931년 1월 10일에 고치게 된 것이다. 이상대로요, 그 밖에는 아무 비밀도 없었던 것이 일호도 숨김이 없는 사실이다. 그러나 일본 제국주의의 횡포는 이것으로 트집거리를 삼아 상해 임시정부 요인 김 아무개와 연락하여 문화사업인 사전 편찬이란 가장 속에 숨어 내외 호응하여 조선독립을 기도했다고 생사람을 잡는 것이었다. 또 회의 이름을 고친 것은 재래의 회가 다만 연구에만 그치었던 것이었으므로, 민족주의의 선전과 독립을 기도함에는 회의 이름을 고침이 필요하고, 또 상해 임시정부와 연락할 때 상해에서 오는 '정부의 지령'이 일본사람의 같은 이름의 회로 오전되어 비밀이 탄로되면 큰일이라고 회의 이름을 고치게 된 것이라고 뒤집어 쓰이는 것이었다.(증언년도, 1949년)[14]

14) 김윤경, 「조선어학회 수난기」(1949), 앞의 책, pp. 149~150. '김두○'은 김두봉이다. 연안 중국공산당에 투신한 무장 항일독립운동가이자 해방 후 북한의 노동당 당위원장이기도 했던(1958년 연안파 축출과 함께 숙청된다) 김두봉(金枓奉 1889~1958년)은 3·1운동에 따른 망명 직전까지 중앙(中央)·보성(普成)·휘문(徽文)고등보통학

사건 당사자들의 상호 증언에 기반하여 쓰여지고, 또 박병엽을 비롯한 당사자들의 요구에 따라 덧쓰여진 이희승의 일기설이 현재로서는 가장 신빙성 있는 증언이라 할 때, 그 일기설은 또한 편지 — 즉 우편 문제를 포함하고 있다. 편지들이 조선인과 일본인이 각각 운영해 온 두 개의 '조선어학회'로 엇갈려 들어갔고, 따라서 조선인의 '조선어학연구회'가 '조선어학회'로 개명하지 않을 수 없었다는 단순한 사실은 전혀 단순하게 읽히지 않는다. 왜냐하면 식민 권력이 어학회가 가졌던 어떤 우편 불안을 지렛대 삼아 개명改名의 근거를 추궁했고(즉 왜 정부가 운영하는 우편 제도를 믿을 수 없었나), 결국 국체변혁의 논리에까지 도달했기 때문이다(그러니까, 정부를 믿지 않은 것은 정부에게 감추고 있는 것, 즉 비밀이 있기 때문이고, 정부에 감추어야 하는 비밀은 곧 국체변혁을 목적으로 한 행위일 것이다). 나는 이 괄호 안에 넣어진 제국의 해석적 권위에 주목한다.

어쩌면 제국의 실험실이라 해도 좋을 식민지의 문자 유통 양상을 통해 마음의 자유가 어떻게 '비밀의 영유領有'=공사의 통합이라는 제국의 통치성 속에서는 사라져 가는가를 여기서 밝혀볼 수는 없을까. 단적으로 말해, 실상 제국 안의 모든 봉인된 편지는 언제든 훤히 읽을 수 있는 '엽서postcard'로서 존재하지 않을 수 없었던 것이다. 편지를 완전히 '봉封'하는 것 — 즉 사전적 의미대로라면 글자들을 '열지 못하게 단단히 붙이'는 행위는 불가능

교에서 강사를 지냈으며, 주시경(周時經)에게 사사하여 조선어문을 연구했던 한글학자이기도 했다.

했다. 제국의 우편에는 의도된 수신자 이외의 다른 수신자가 항상 전제되고 있었고, 모든 우편 — 따라서 모든 글자와 텍스트는 모종의 우편 불안에 시달리지 않을 수 없었다. 더구나 그러한 편지=글자들의 최종 해석권은 언제나 식민 권력에 있었던 것이다. 그러면 제국의 반도에 있어서 우편이란 도대체 무엇이었을까?

나는 일단 여기서 우편 제도가 조선인들에게, 특히 문학적 서사를 통해 경험되는 최초의 순간, 혹은 하나의 삽화를 떠올려본다.

> 그럴 때 안승학은 마술사처럼 이 귀신을 부리는 재주를 그들 앞에서 시험해 보였다. 그는 엽서 한 장을 사서 자기 집 통호수와 자기 이름을 쓰고 편지 사연을 써서 우편통 안으로 집어넣었다. 그리고 그들에게 장담하기를 이것이 오늘 해 전 안에 우리 집으로 들어갈 터이니 가보자는 것이었다. 과연 그날 저녁 때였다. 지옥 사자 같은 누렁 옷을 입은 사람은 안승학의 집에 엽서 한 장을 던지고 갔다. 그것은 아까 써넣던 그 엽서였다. "참 조화 속이다"하며 그들은 일시에 소리를 질렀다.[15]

이기영의 『고향』(『조선일보』, 1933년 11월~1934년 9월)의 주인공인 안승학이 해 보인 이 '엽서' 마술은 어떻게 가능했을까. 그러니까 외적 조건에 있어서 소설의 배경이 된 천안 원터 마을은 일본에 의해 개설된 경부철도가 지나가는 장소였다. 경부철도는

---

15) 이기영, 『고향』, 문학사상사, 1994, p. 28.

이 마을에 철도와 함께 행정, 경찰, 우편을 들여온다. 안승학은 몇 마디 일본어와 우편 제도를 이용해 자신이 경험한 개화의 위력을 마을 사람들에게 시현해 보인다. 그는 목탄차를 통해 철도를 경험했으며, 서울을 다녀왔으며, 무엇보다 근대적 제도의 하나인 우편 제도를 통해 그의 능력을 '눈에 보이게' 증명했다. 『고향』의 이 인상 깊은 장면에서 마을 사람들은 이 '귀신놀이' 혹은 '조화'를 마름 안승학이 주도한 것으로 착각한다. 기능적 지식을 몸에 익힌 이들에게 철도·우편·교육(특히 일본어)·측량 등의 제도는 이 소설에서 극히 물신화된 채 나타나고, 신화를 극복하기 위해 고안된 이성의 결과인 근대의 제도들은 거꾸로 거대한 신화로서 변질된다.16) 계몽은 매 단계마다 더욱더 깊이 신화 속으로 빠져들어 간다. 계몽은 운명과 인과응보의 수레바퀴에서 빠져나가려 하는데, 그 수단은 계몽 스스로가 이 과정에 폭력을 가하는 것이다.17) 우편이라는 근대의 헤르메스는 '지옥사자 같은 누렁 옷을 입은 사람'으로 표현되기에 이른다. 죽음을 배달하는 우편배달부. 이 비유는 예사롭지가 않다. 그도 그럴 것이 헌병경찰도, 관리도, 군인도 모두 이 '지옥사자 같은 누렁 옷을 입은 사람들'이었던 것이고, 결국 모두가 이 신화에 지배당하는 순간 국방복의 황민皇民으로 다시 태어나게 될 것이기 때문이다.

그러니까 조선어학회사건은 이기영이 『고향』에서 보여준 경

---

16) 김윤식·정호웅, 『한국소설사』, 문학동네, 2000, 제3장 참고
17) M. 호르크하이머·Th. W. 아도르노, 「계몽의 개념」, 『계몽의 변증법』, 김유동·주경식·이상훈 옮김, 문예출판사, 1995, p. 35.

이를 정반대의 공포(신화)로 전도시키는 한편 그 경이 아래에 잠재해 있던 '불안'을 부각시킨다. 실제로 한징과 이윤재를 옥사시킨 하나의 우편물은 문자 그대로 '지옥사자 같은 누렁 옷을 입은 사람'인 경찰에 의해 개봉되었고, 그러자 이 연애편지 혹은 간단한 사무 통신들은 '죽음의 배달'로 탈바꿈하게 된다. 여기에도 일본어에 능한 학생이 있고, 철도 혹은 철도역이 나오고, 편지가 등장한다. 그러나 이번에는 엽서가 아닌 '봉해진' 편지가 문제가 되며, 봉인이 뜯긴 글자의 다발들은 순식간에 천황의 '통치역에 대한 불령선인不逞鮮人들의 참절僭竊'로 간주된다.

이 두 삽화를 비교할 때 우리의 주의를 끄는 것은 어떤 우편의 형식이다. 『고향』의 안승학이 자신에게 보낸 것이 공교롭게도 '엽서'라는 사실은 상징적이다. 봉할 필요가 없고, 값도 헐하며, 피차 관리하기 편하고 오해의 소지가 없는 '열린' 매체=엽서. 그는 숨기는 게 아니라 오히려 '과시'한다. 그런데 조선어학회사건은 바로 이 우편 제도가 갖고 있는 것으로 알려진 투명하고 신뢰할 만한 가치중립적 제도가 전혀 투명하지 않으며, 안정적이지도 않을 뿐더러, 극히 가치지향적인 것임을 낱낱이 증명해 보인다.

우선 이 사건은 한 남학생의 태도불량에서 기인했다. 그 태도불량이란 '모든 사람이 힘을 짜내 전쟁을 수행해가는 마당에' 두툼한 연애편지를 쓰고 있거나, 혹은 '국방복 대신 한복 차림으로 머리에는 기름을 발라 멋지게 빗어 넘긴' 채 역전을 얼쩡거리는 청년의 풍속을 의미한다. 이 풍속이 한 형사의 의심 혹은 혐오감을 부추긴다. 공교롭게도 그들의 악연은 바로 이 근대적 제도의 한복판에서 일어나며, '저승사자 같은 누렁 옷을 입은 사람'의 의지에 의해 확대된다. 이들은 철도 위에서, 혹은 철도역 앞에서 조우하며, 일본어와 조선어로 쟁론을 벌인 후 막 바로 우편 제도를 향해 돌진한다. 경찰과 철도와 우편 제도가 한꺼번에 도착했음을 증명이라도 하듯이 조선어학회사건을 둘러싼 증언들에는 일본이 들여온 근대 제도의 목록들이 서사의 마디마디에 흩어져 있다.

여하튼 이희승의 증언을 토대로 할 때 '고쿠고'에 응답하지 않은 이 이중언어 사용자 청년의 '조선어'는, 또 다른 이중언어 사용자인 조선인 형사의 불편한 심사와 권력을 불러들인다. 애초에 그를 수색한 경찰이 일본인 경찰이든 조선인 경찰이든 이 사건의 최초의 해석과 확대는 이 이중언어 사용자인 '조선인 일경日警'에 의해 이루어진다. 이 청년의 아버지가 유산 계급이자 토호였음에도 불구하고 아니 어쩌면 바로 그러한 계급적 질시로 인해 이 조선인 일경은 청년의 심중과 그 집의 한복판에 육박해 들어가, 그 사람의 비밀과 그 집의 서사를 통째로 '빌린다.' 아니 강탈한다. 그런데 어떻게.

그것이 가능했다. 식민지 경찰은 단순히 집 밖의 치안만 담당했던 것이 아니라 신고나 허락 없이도 집 안이나 봉투 안으로 들어가 불온한 글자, 비위생적 물건을 솎아낼 수 있었다. '헌병 및 경찰관헌은 공히 조선에 있어서 고유의 경찰 업무 이외에 각 호에 들어가 행하는 위생 사무의 장리掌理, 범죄 즉결, 민사소송의 조정, 검사사무, 집달리 업무, 도로의 수축, 산림 보호·식목 장려, 국경지대의 세관업무, 어업체취, 우편물보호, 벽지의 일본어[국어] 보급, 실업 지도, 징세의 원조, 강수량 관측, 해수구제에도 종사하여 행정 각 방면에 원조·공헌'18)할 수 있었다. 창설기의 경찰은 심지어 '풍속공안의 유지상에 필요한 경우에 개인(이 개인에는 조선인과 중국인이 포함된다)을 일주간 이내의 구금 백 원 이하의 벌금, 15대 이하의 태형을 처할 수 앗'었다.19) 조선어 사용과 스타일·복장을 문제 삼고, 편지를 뜯어보고, 사적 공간에 들어가 일기를 압수하는 그런 일은 '불법'이 아니었으며, 오히려 일상적 '업무'였다. 식민지 시대의 최대 작가 중의 하나인 채만식은 해방 직후의 한 구(舊)제국 경찰의 입을 빌어 이렇게 말하고 있다.

> 허기야 예전 순사라는 게 살인강도하고 다를 게 있었나! 남의 재물 강제로 뺏어 먹고, 생사람 죽이구 하긴 매일반이었지.20)

사적 공간에서 전횡하는 공공 권력. 그런데 이러한 '풍속공안'의 '취체'는 국어와 조선어가 상호 불통하는 언어적 환경에서는 이루어질 수 없다. 언어와 언어 사이의 불투명성 혹은 간극을 제거

---

18) 朝鮮總督府, 『施政二十五年史』, 朝鮮總督府, 1935, p. 35. 경찰 업무는 공식적으로 도로경찰 사항, 교통경찰 사항, 영업경찰 사항, 삼림경찰 사항, 식음료경찰 사항, 위생경찰 사항, 잡(호구조사, 채석 감시, 토사채굴 감시) 등으로 분류 가능하다. 이에 대해서는 『朝鮮總督府月報』, 號外, 朝鮮總督府, 1911, pp. 96~97을 참고
19) 『朝鮮總督府月報』, 號外, 朝鮮總督府, 1911, p. 96.
20) 채만식, 「맹순사」, 『채만식전집 8』, 창작사, 1989, p. 268.

하는 일이 급선무가 되었다. 조선어가 지배하는 '풍속'과 고쿠고로 정초·유지되는 '법'을 연결할 수 있는 사람들이 필요했던 것이다. 언어와 언어는 이중언어 사용자들에 의해 연결되었다. 경찰의 약 40~50%, 특히 하위 조직의 절반 이상이 한국인들이었으며, 한국인들은 만주국에서도 비교적 널리 이용되어, 잔인함과 부패로 악명을 떨쳤다.21) 이중언어 사용자들은 시절이 좋을 때는 양쪽 모두에게 중요한 존재로 간주되지만 이 양 언어 사용자들 간의 분쟁이 있거나 양 국가 사이에 전쟁이 있을 때는 바로 곧 소추되고, 양쪽으로부터 동시에 버림받는다. 이중언어 사용자들은 모어를 '국어'로 발견하는 일22)과 모어를 지배 언어(제국어)의 편제에 배속·통합시키는 일을 각자의 이데올로기적 스펙트럼 아래에서 각자의 방식으로 행해왔다.

　조선어학회사건에서도 가장 극렬한 취조와 고문 담당자들은 개명한 조선인들, '일경'이라는 애매한 말로 밖에 표현할 수 없는 식민 권력의 협력자들이었다. 협력자는 거의 언제나 이중언어 사용자로부터 나온다.23) 그들은 안면과 언어를 통해, 또 공적 권력을 통해 사적 공간으로 들어가고, 거기서 조선어·고쿠고

---

21) Bruce Cumings, *Korea's place in the sun : a modern history*, Norton Pub., 1997.
22) 이준식의 위의 연구는 조선어학회 담당자들과 지원자들의 대다수가 일어와 조선어, 영어와 조선어, 중국어와 조선어, 독일어와 조선어 따위의 이중언어 상황에 노출된 외국어 구사자들이었음을 통계적으로 보여준다. 이준식, 위 논문, pp. 68~69. "이들은 다른 언어와의 비교를 통해 한글의 우수성을 확인"했고, "세계사적 맥락에서 우리 민족의 문화적 전통을 자리매김하면서 민족의 독립을 도모하고 있었다."
23) 마르그리트 뒤라스, 「친독민병대원 테르」, 『고통(*La Douleur*)』, 유효숙 옮김, 열림원, 1997의 사례를 보라.

문서를 읽어냄으로써 사건을 제국에 유리한 방식으로 서사화시킨다. 야스다=안정묵은 조선어로 인사를 건네며 지방 유지 집에 들어가, 일본어로 된 일기장을 읽었을 테고, 거기에 찍힌 검인을 발견하고 공명심에 달아올랐으리라.

2) '국어'란 무엇인가 — '국어'를 둘러싼 조선어와 일본어 간의 경합

그것이 가능했던 것은 문제의 글자들에 대한 열람과 해석의 권한을 경찰이 갖고 있었기 때문이다. 문제는 '국어를 사용하는 자를 처벌했다'는 구절에서 과연 이 '국어'가 어떤 말을 뜻하는가 하는 것이었다. 그도 그럴 것이 1939년 <제3차조선교육령>에 따른 교육어에 있어서의 '국어 전용'이 대개 이 시기부터 일선에서 시행되었던 까닭이다. 이 말은 생각하기에 따라 조선어도 일본어도 될 수 있었고, 해석에 따라 서로 다른 파장을 가져올 수 있었다.

이희승은 다른 증언에서 애초의 이 사소한 글자들이 가졌던 지시 관계에 대해 이렇게 해석하고 있다.

영옥 양의 2학년 때 일기책 중에서 '모월 모일, 국어를 사용하는 자를 처벌했다'는 기록이 튀어 나왔다. 이 일기는 일본말로 적은 것이라 한다. 이것이 사건의 실마리가 되었으니, 일본 국어를 사용하는 자를 처벌한 것은 국시國是에 용납할 수 없는 반국가적인 처사라 하여 학교 당국을 문책하게 되었고, 담임교사의 검인까지 찍힌 일기책인지라 증거

물로 내세우게 되었다.24)

검거 당시 4학년이던 박영옥이 2학년 때였으면 1940년이 되고 이즈음 <제3차조선교육령>의 본격적 시행이 이루어졌으리라고 볼 때 '국어'=일본어로 일기가 쓰여진 것은 십분 이해된다. 그러나 이희승에 따르면 '국어'는 조선어를 반항적으로 높여 부른 말이고25), 따라서 박영옥의 의도를 유추하자면 일본어가 '국어'가 아니라 조선어가 '국어'라는 말이 될 것이다. 따라서 이 일기에서 '국어를 상용하는 자를 처벌했다'는 말의 진의는 '조선어를 상용하는 자'를 처벌했다는 말이 된다. 물론 조선어를 '국어'로 부른 일 자체의 불온성은 남지만 텍스트를 의도대로 읽는다면 사건이 그처럼 확장될 필요는 없어진다. 하지만 어찌됐든 야스다로서는 이 '국어'를 제국의 용례 그대로 일본어로 파악, 조선어를 금지시킨 일을 일본어를 금지시킨 일로 해석함으로써 사건을 확대시킬 수 있었던 것이다. 더구나 이 해석은 증거 능력조차 확보하고 있는 것으로 간주되는데, 이 일기 말미에는 학교 당국의 검인까지 찍혀 있었던 것이다.

내적 고백을 '국어'라는 비신체화된 언어로 할 수밖에 없는 상황, 개인의 일기를 학교라는 공식 기관의 교원에게 '검사' 받는

---

24) 이희승, 「어학회사건 회고록」, 『사상계』(1959년 8월호). 한자 표기는 한글로 바꾸었다.
25) 공론장에서 이러한 용례는 검열 대상이 되었다. 조선어=국어의 용례에 대한 전문 압수의 사례로 「교육용 일본어에 대하여」, 『조선일보』(1920년 5월 19일자). 정진석 편, 『日帝시대 民族紙 押收기사모음 I』, LG상암언론재단, 1998, p. 704.

상황 이 모두가 다시금 조선어학회사건을 통해 극적으로 반복된다.

'일경' 야스다=안의 해석은 이렇다. '국어라면 일본어가 아닌가. 일본어 상용자를 학교에서 처벌했다니 이런 반국가적 행위가 어디 있는가. 더욱 담임교사의 검인까지 찍혀 있으니 영생여학교의 공식적인 확인까지 된 셈이다.' 더하여, 이 '국어' 일기의 '국어'라는 어휘를 둘러싼 해석은 조선어학회사건의 민족 서사로의 정립 과정 속에서 다음의 상반된 변안을 낳는다. '일어를 쓰는 학생을 처벌했다(정순기, 국어=일어).' '오늘 국어를 한마디 썼다가 선생님한테 꾸지람을 받았다(이응호, 국어=조선어).' 국어=조선어의 해석(박영옥→이희승→이응호)과 국어=일본어(야스다→정순기)라는 해석의 대립과 혼란은 애초에 조선어라는 언어 자체의 불온성과 국가 표상적 기능을 상기시키면서 그러한 해석에 개입하는 제국의 규정(국어=일본어)과 제국의 언어 편제가 갖는 복잡성을 떠올리게 한다. 이러한 복잡성은 1945년 이후에도 여전히 '국어'라는 낱말을 제각기 다른 정치체의 표상으로 사용하는 구제국의 영토들(일본·남한·대만)이 보여주는 식민주의적 잔재로 인해 더욱 강화된다. 분명한 것은 야스다와 제국 일본의 법권력에 의해 이 용례가 '국어=일본어'로 해석되었고, 사문서인 일기는 담임의 검인과 함께 단숨에 공문서로 돌변하게 되었다는 사실이다.[26]

---

26) 정작 「조선어학회사건 예심판결문」에서는 애초의 일기나 편지, 또 '국어(國語) 상용자 처벌'과 같은 사건의 단초에 관한 어떠한 언급도 찾아볼 수 없다.

우리는 여기서 어떻게 제국의 언어 편제 속에서 사적 영역이 완전히 잠식되는지를 읽어낼 수 있다. 사적 공간의 개인과 개인의 사적 언어를 통해 공적 의지를 유추하고, 공적 판단을 내리는 일이 상시적으로 행해졌기 때문이다. 실제로 여학생의 일기장은 다른 일기장을 불러들이고, 그것들은 곧바로 하나의 증거가 된다. 예컨대 박영옥의 일기와 '국어'라는 표현은 이희승의 일기와 '국어(조선어) 관계 문헌'으로 연결된다. "내가 채비를 갖추는 사이에 그들은 내 방을 샅샅이 뒤져 일기장과 국어에 관한 책들을 챙겼다."27) 언제든 공권력에 의해 '공문서'가 될 수 있는 사적 글자들, 편지들letter들의 불안. 이 우편은 불안하다. 설령 그것이, 스스로를 향한 우편이라도 일억일심一億一心의 제국에 있어서 사적인 글자, 사적인 비밀이란 존재할 수 없었기 때문이다.

모든 것이 투명하고, '열려' 있어야 한다. 팩스턴은 저서 『파시즘의 해부』에서 이렇게 쓰고 있다.

> 만일 '혁명'이라는 말에 또 다른 의미를 부여한다면, 권력을 잡은 파시즘은 확실히 '혁명적'이라고 불릴 만한 몇몇 커다란 변화를 추진하기도 했다. 한창 세력을 떨치던 때의 파시즘은 공과 사의 경계를 허물어, 그 이전까지는 접근할 수 없었던 사적인 영역을 크게 줄였다. …… 개인과 집단의 관계를 새롭게 정립해서 공동체의 이익 밖에서는 개인의 어떤 권리도 누릴 수 없게 했다.28)

---

27) 이희승, 앞의 책, p. 139.
28) 로버트 O. 팩스턴, 『파시즘』, 손명희·최희영 옮김, 교양인, 2005, p. 43. Robert

비밀은 사라졌다. 우편은 극한까지 불안해진다.

3) 우편 불안과 그 해소 — 근원적 아포리아와 역사적 조건

이상적인 상태에 있어서의 우편 제도는 문자=편지^{letters29)}가 의도된 주소에 안전하게 도착하게 될 것임을 보증한다. 그럼에도 불구하고 체신장관까지를 포함해서 누구나 그러한 일이 항상 일어나지는 않는다는 것, 즉 잘못된 배달이 반드시 있음을 알고 있다. 우편 제도를 배달되지 않을 수도 있다는 측면으로부터 다시 생각해보는 것은, 일반적 의미에서의 도착 혹은 목적지^{destination}라는 개념을 다시 생각하도록 만든다. 예컨대 데리다에게 있어서 우편 불안이란, 메시지의 발송과 관계된 일반적인 쓰기의 경우와 재현적인 제도 일반에 모두 해당하는 비유이고 조건이다. 더구나 단순한 '배달' 문제가 아니라 이 우편의 내용과 의도까지를 문제삼는다면 그러한 위험은 더한층 배가된다.

무엇보다 메시지의 도착, 유통은 한 개인에게는 우연적인 소여로서 인지될 수밖에 없는 장소, 즉 공공 제도와 의지까지 통과해야 한다. 우편을 포함한 미디어, 컨텍스트, 상대방의 의지 등이 편지의 배달에 수없는 '사고'들을 일으킨다. 엄밀한 의미에서의 '도착하지 않음^{non-arrival}'이란 도착이라는 형태의 한계 지점이고, 따라서 도착의 한 형태임에도 불구하고 우리는 보통 '도착하

O. Paxton, *The Anatomy of Fascism*, Knopf, 2004.
29) Jacques Derrida, *The Post Card from Socrates to Freud and Beyond*, trans. by Alan Bass, The University of Chicago Press, 1987.

지 않을 가능성'까지를 포함하는 '도착'에 대해서는 생각하지 않는다. 데리다는 여기서 모든 문자=편지, 모든 텍스트가 어딘가로 도착해야 하지만 모두가 필연적으로 의도된 목적지로 가게 되지는 않는다는 사실을 승인하는 방법의 하나로 '비목적성/행방불명adestination'이라는 조어를 만들어낸다.

예컨대 전달되어야 할 텍스트가 연애에 관한 것이라고 할 때, 연인에게 부친 엽서는 우편 제도 사이에서 읽혀져 버리거나(당연히 그들은 읽는다, 최소한 주소라도), 설령 읽혀지지 않은 채 도착한다 하더라도 연인의 오해 가능성을 향해 '열려' 있다.[30]

> 모든 텍스트 — 그것이 '나는 너를 사랑해'라는 정확하고 적나라한 의도의 언어라 할지라도 — 는 의도한 대로 도착하지 않을 가능성으로부터 스스로를 완전히 해방시킬 수 없다는 사실로부터 출발하지 않으면 안 된다.

전혀 도착하지 않을 가능성=행방불명이란 어떤 의미에서 의도된 대로 도착하지 않을 가능성과 오해될 가능성의 확장된 형태에 지나지 않는다. '도착하지 않음'과 '행방불명adestination'.

---

[30] 데리다는 이러한 가능성을 필연적 조건으로 보여주기 위해 그의 저서 『엽서』에 등장하는 연인을 향한 엽서문들의 앞뒤나 중간을 지워버려 두서없는 것으로 만들기까지 한다. 이를 통해 '도착하지 않을 가능성·조건' 자체를 형식화하고 있는 것이다. 그는 종종 전화의 비유를 사용하거나 글 쓰지 않은 사람 소크라테스를 인유해 가며 '말'의 현전성을 글자의 반대편에 위치시켜도 연인과의 결정적 '거리'는 줄어들지 않는 것을 보여준다. Jacques Derrida, 앞의 책, p. 139.

도착을 바라는 엽서는 도착하지 않은 채 어딘가에서 죽어버릴 수도 있다. 아니 아예 이것은 도착하지 않을 수 있음을 전제로 함으로써만 시작될 수 있다.[31]

완전한 우편 제도를 전제로 하는 교육이나 계몽과 같은 진리, 사랑 혹은 DNA와 같은 가족, 내면의 고백과 같은 근대 사회의 지탱 원리들은 흔히 '죽은 편지$^{dead\ letter}$'가 될 수 있으며, 적어도 의도한 장소로 돌아올 때까지 행방불명인 채로 우편의 통로들의 그 어딘가 혹은 그 너머를 유령처럼 떠돈다.[32]

우편이란 원래 떨어져 있음 혹은 물리적 거리를 사이에 둔 사람들 사이의 '불안'으로부터 기원한 것이다. '내가 당신에게 나 자신을 쓰기 위해서는 거리'가 필요한 것이다.[33] 그리고 그 거리는 늘 불안을 낳고 그 불안이란 다름 아니라 행방불명의 가능성이다. 어쩌면 어학회 사건을 둘러싼 증언에서 보이는 편지의 절취와 뒤바뀜은 그러한 행방불명과 오독에 관한 가장 극단적이고 물리적인 사례라 할 것이다. '우편 불안'은 우편 자체에 근원적으로 존재하는 조건이다. 그런데 여기서 문제는 어떠한 사회에서 그러한 행방불명과 오해의 가능성이 가장 극대화되는가 하는 질문이 아닐까.

다시 말해, 수신인으로 설정되지 않은 독자가 언제나 전제되

---

31) Jacques Derrida, 앞의 책, p. 29.
32) 東浩紀, 『存在論的, 郵便的 : ジャク・デリダについて』, 新潮社, 1998, p. 86.
33) 앞의 책, p. 28.

어 있는 시스템이란 어떤 것인가. 대개의 경우 이 같은 우편 불안이 가장 크게 증폭되는 사회는 전달의 제도, 독해=의사소통의 메커니즘이 극단적으로 일원화된 사회라고 해야 할 것이다. 그런 의미에서 데리다가 우편(불안)의 속성을 '엽서postcard'의 예를 통해 설명하고 있는 대목은 상징적이다. 그도 그럴 것이, 엽서라는 양식에는 그것이 당도하기를 바라는 의도된 개인(수취인)이 있지만 그런 순간에조차 이 양식은 누구나 읽을 수 있게 '열려' 있다. 엽서는 바로 이 공적 영역과 사적 영역—공지公知/共知와 비밀의 경계를 애매하게 만들면서, 공공성의 포위 안에 있는 사적 글자들이 가진 불안한 운명을 보여준다.

공사公私를 압착하는 전체주의적 정치질서 속에서 특정한 사적 메시지는 제도를 향해 어떠한 은폐도 없이 개방되며, 그 순간 사적 메시지는 전체주의 국가의 일원화된 해석적 틀과 교권에 의해 의미가 결정된다. 글자·편지letters의 근원적 조건으로서의 우편 불안은 이 순간 극한까지 증폭된다. 역설적인 것은, 모든 언어의 통일을 꿈꾸는 전체주의 국가는 스스로를 그러한 불안이 없는 제도라고 주장한다는 점이다. 왜냐하면 모든 글자가 하나의 의미를 지시하는 곳에서라면, 어떠한 메시지든 전달 여부와 무관하게 이미 전달되어 있을 것이기 때문이다. 도착하지 않을 수도 있다는 편지의 근원적 조건에 대한 사유를, 우리는 정치적인 제도 문제와 관련해 보다 구체적으로 검토해볼 수도 있을 것이다. 엽서의 제국 — 1942년경을 전후한 제국 일본을 일단 이렇게 불러보자.

일경은 내내 비밀을 털어놓으라고 말한다. 그 비밀은 요컨대 조선독립=국체변혁=천황통치역의 참절이라는 '의도'이다. 이 예기치 못한 일방적 해석의 순간은, 그러나 반증될 수 없는 영역으로 판결되고34), 저 편지=글자들의 작성자들은 '그것이 뭐든, "나"는 당신이 "나"라고 말하는 것, 그것'이 될 도리밖에 없다. 어학회원들이 일경과 법권력이 불러주는 대로의 내란의 의도자들, 영토 절취자들이 될 도리밖에 없었듯이.

모든 메시지, 모든 텍스트는 예기치 않은 지역과 우편 제도의 회로들을 가로질러야만 배달될 수 있다. 바로 이것이 데리다가 "그토록 많은 문자의 좁은 길, 그토록 많은 편지왕래들, 그렇게 많은 중계들과 같은 걸 가로질러야만 우리는 겨우 진실을 말할 수 있다"35)고 한 이유일 것이다. 이 중계의 장악 — 이것이야말로 미디어의 지배를 의미한다. 우리가 부친 편지=문자들처럼 모든 진실은 잘못 구성될 수 있는 가능성, 컨텍스트를 벗어날 가능성(바로 내가 여기서 일본 제국의 언어 유통을 설명하기 위해 '곡해'하려 하듯이)을 통과하게 된다. 편지=문서의 서명자는 의도하지 않은 누군가에 의해 그것이 수령될 가능성이 있음을 알고 있고, 이에 대한 불안은 압도적인 의도 — 어떤 이데올로기나 정치성이 전횡하는 공간에서는 더욱 커질 수밖에 없다.

---

34) 예컨대 누군가를 사랑하는 데리다는 이미 엽서를 읽었을 연인에게 종종 전화를 건다. 의도와 해석 사이를 중재하기 위해 그렇게 한다. 그러나 본질적인 텍스트의 조건은 전화라고 해서 예외는 아니다. 이는 오해를 지연시키려는 간절한 노력의 일종이자, 한없이 촘촘한 의사확인의 차연(差然, differance)을 불러일으킨다.
35) 東浩紀, 앞의 책, p. 94.

이러한 우편 불안을 좀 더 확장시켜 나아갈 경우 우리는 이 열려있음으로부터 서명자가 의도한 수신자 이외의 의도치 않은 수신자의 존재를 쉽사리 상상할 수 있다. 그 경우 사랑이면 사랑, 사무면 사무에 관한 컨텍스트 위에서 작성된 텍스트는 완전히 다른 컨텍스트 위에 놓이며, 이러한 상황의 상이함과 수신자의 의도나 해석에 의해 애초의 메시지는 매우 심각하게, 아주 결정적으로 오독될 가능성이 있다. 우편 불안은 바로 이 컨텍스트 자체가 일원화되어 있는 사회 즉 전체주의 사회에서 가장 커진다. 전체주의 국가는 어떤 의미에서 우편 불안의 발본적 제거—즉, 모든 메시지의 통일을 통해 비밀의 해소를 지향하는 그러한 제도이다. 전체주의 국가는 우편 불안의 극점에서 불안 자체, 즉 비밀을 감지한 내면 그 자체를 제거하여 버린다.

다시 조선어학회사건의 단서들로 돌아가, 이 우편 제도를 둘러싼 불안의 '컨텍스트'에 주목해보자. 조선어학회사건의 경우를 떠올려 볼 경우, 우리는 데리다의 우편의 비유가 극히 근원적인 한편 정치적인 해석의 여지 또한 '열어 놓고' 있음을 깨닫게 된다. 단적으로 말해, 우편 제도가 만든 유령=죽은 편지 중 어떤 것은 '살해된' 편지일지도 모른다. 문자들의 행방불명 혹은 유령은 어떤 정치적 의도에 의해 발생할 수 있으며, 이 경우에 가장 많이 죽게 된다. 실제로 전쟁기의 제국을 산 누구든 스스로가 쓰고 있는 글자가 죽은 편지가 될 수 있음을 알고 있었다. 심지어 그 자신들 이외의 '다른^{Other}' 독자가 있다는 사실도 전시 제국의 한 우편 왕래를 들여다보자.

당신의 이름만으로 부치면 또 몰수될까 생각되기에, 아이들 이름으로 보내오. …… 정말로 소주蘇州는 아름다운 거리처럼 보였소. 당신이 아직 새댁이었을 즈음에 불렀던 <베니스의 뱃노래>와 같은 거리였소. 이번에 개선할 때에, 그때 새 신부를 들일 때처럼 긴장한 기분이 들었고, 다시금 인사를 갖추어 긴 세월 동안의 당신의 진실한 마음을 어떻게든 갚고 싶다는 생각을 했소.

당신으로부터의 기쁜 말씀, 저는 정말로 기쁘고도 기뻐서 울고 또 울었습니다. 황송한 말씀에도, 저희는 아무것도 도움이 되어 드릴만한 것이 없습니다. …… 개선하게 되셨을 때 (마치) 아내를 맞던 때의 기분과 같았다니, 당신으로서도 청년시대의 저 굳은 결심을 지니시고 계시는군요. 혹 서로가 저쪽 피안의 광명의 빛이 있는 곳에 놓일지라도 마음으로 얽혀, 보다 더 원만한 가정을 만들고 싶을 뿐입니다. 그 날을 기다리고 기다리겠습니다. …… 오늘은 우편이 매우 급하게 날 듯이 왔사온데, '항공'이라고 틀림없이 새겨져 있었습니다. 얼마나 기쁜 일이었을까 상상해보아 주십시오36)

편지의 첫 구절은 이 편지=문자들이 전쟁과 정치 속을 통과해 겨우 도착한 것임을 알려준다. 행방불명은 우연에 의해서만이 아니라 '다른' 독자의 다른 의도 때문에도 발생한다. 농밀한 감정이 간과하곤 하는 시국관, 그 어떤 비국민성을 살해하는 어

---

36) 藤井忠俊, 『兵たちの戰爭』, 朝日新聞社, 2000, pp. 75~76. 서간체의 상이에 따라 다소의 의역이 있다.

떤 눈들과 의지들(그렇게 우리는 여기서 사적 공간과 비밀의 영역에까지 육박해온 강력한 검열의 흔적을 본다). 검열이란 어떤 의미에서 공공성을 통해 대주체^{Subject}와 '대타자^{Other}'를 압착시키는 과정, 개인의 메시지에 대한 해석적 교권의 일원화 이외에 다른 것이 아니기에, 이 엽서의 제국을 검열의 제국으로 바꾸어 불러도 무방하리라.

사랑의 감정과 같은 내밀하고 비밀스러운 언어의 움직임을 허용치 않는 — 아니 그러한 농밀함이 제국의 언설 질서와 부합하기를 희망하는 제국의 의지는 우편의 장악과 해석의 교권 확보를 통해 실현된다. 애초에 조선어학회사건의 빌미가 된 그것, 그러니까 사적 감정에 진입해 분할하고 결정하는 공적 권력의 폭력이 여기서도 예외 없이 작용하고 있다. 편지들은 배달되어 가는 국면마다 국가라는 해석자, 거대 주체의 의지를 만나게 된다. 모든 사연은 국가를 향해 열려 있어야 하고, 그런 의미에서 공적 미디어뿐만 아니라 제국의 모든 편지=문자들은 '엽서'였다. 대개의 문자=편지는 국가의 의지에 달려 있었다. 우편에 존재하는 행방불명의 가능성은 과연 우연적 사건인데, 이 우연은 특정한 의지를 포함하는 한에서의 우연이다.[37]

실상 이 편지의 도착이 기적인 것은 우연성을 통과했기 때문이 아니라 정치적인 것과 물리적인 것을 포함하는 각종 위험을

---

[37] 데리다와 그에 대한 아즈마 히로키(東浩紀)의 독해가 말하지 못한 부분이 바로 이것이 아닐까. 우연의 정체를 묻지 않는 한 우편 불안이라는 근원적 조건은 커뮤니케이션 일반의 오해 가능성이나 언어 형이상학적 질문 이상의 것이 되기 어렵다.

통과해 어쨌든 물리적으로 전달되었기 때문이다. 이 '의도'는 어떤 경우 서명자의 '의도'를 훨씬 초과할 뿐만 아니라 서명자의 의도 자체를 규정해 버린다. 국가란 사실상 기록이나 문자의 보관·유통에 관여하는 강력한 해석학적 권위를 의미한다.[38] 데리다가 말한바 연인의 오해에 의해 서명자의 의도가 철저히 분쇄되는 경우와는 미묘하고도 결정적인 차이를 두고, 조선어학회사건에 있어서 중요한 것은 잘못 전달될 가능성이 아니라 거의 수신자의 위치에 육박해 들어가 발신자나 수신자보다도 훨씬 권위 있는 해석적 교권을 작동시키는 다른 '수신자'의 존재이다. 서명자와 수신자는 우편을 때때로 죽은 편지를 만드는 불안한 제도로 생각하지만 엽서 제국의 우편이라면 스스로야말로 가장 안정적이라고 주장할 것이다. 왜냐하면 우편 불안을 낳는 오해나 사라짐은 제국에게 사소한 것이거나 의도된 것이며, '오해'는 늘 검열자 — 해석적 교권의 결단과 판단에 따라 움직일 수 없는 '의미'로 확정되기 때문이다. 우편 제도의 운영자와 그에 개입하는 힘들은 '의도된 언어는 의도된 결과를 낳는다'는 투명성의 주장 — 우편 불안의 완전한 제거에 다름 아니다(제국의 프로파간다를 생각해보라).

애초의 사건 당사자였던 여학생들과 정태진을 연결하고, 정태진과 조선어학회를 연결하는 법 논리는 그러한 의미에서 상징적이다. 다른 독자 — 의도되지 않은 독자로서의 제국 권력은 모든

---

[38] 이에 대해서는 별도의 글에서 논한 바 있다. 황호덕, 「아카이브 밖으로」, 『프랑켄 마르크스』, 민음사, 2008을 참고.

메시지가 투명하고도 정확하게 의도한 장소에, 의도한 대로 도달할 것임을 믿어 의심치 않았다. 자신이 그렇게 해석하기를 결단하면, 그것은 그러한 의도·의미가 된다. 의도와 해석 사이의 거리는 물리적 강제를 통해 메워진다. 문서에서 문서로, 의도에서 의도로 바로 바로 옮겨가는 동시에 의미를 결정하는 해석적 교권 ― 제국의 공공성.

제12, 피고인 정태진은 다이쇼 15년[1926년] 3월 연희전문학교를 졸업하고, 약 2년간 함흥부咸興府 낙민정樂民町 소재 사립 영생여자고등학교 교원으로 근무한 후 도미하여 우스타 전문학교 및 콜롬비아대학에서 철학 및 교육학을 수업, 쇼와 8년[1933년] 4월부터 쇼와 15년[1940년] 5월까지 재차 영생여자고등학교(후일 영생고등여학교로 개칭) 교원으로 근무해 있던 자로서, 연희전문학교 재학당시부터 동교 교수 정인보鄭寅普, 이관용李灌鎔의 감화, 미국인 목사 비링그스의 선동 등에 의하여 조선 독립을 희망하고,

(一) 영생여자고등보통학교 재직 중 동교 생도에게 민족의식을 주입시켜서 조선독립을 위하여 활동케 함과 동시에 장래 모성으로서 자제를 민족적으로 육성케 할 것을 결의하고, 동교 교실에서 수업시간을 이용해,

(가) 쇼와 11년[1936년] 8월 경 당시 2년생 50여명에 대하여 문록역文祿役[임진왜란의 일본식 명칭]에 당시 전라남북도 남원의 김홍도金紅桃라는 여자가 남편과 같이 남장을 하고 종군하여 일본군과 싸운 사실을 예시하고, "여사如斯히 김홍도는 여자임에도 불구하고 남자와 같이

전쟁터에서 조선을 위하여 훌륭하게 싸웠음과 같이 제자弟子도 홍도와 같이 조선을 위하여 일하는 여성이 되어 주기를 바란다"는 요지

(나) …… [중략] ……

(二) 쇼와 16년[1941년] 4월 전기前記의 '조선어학회' 사무원이 돼서, 이래 쇼와 17년[1942년] 9월경까지 '조선어학회' 사무실에서 동회가 조선의 독립을 목적으로 하는 정情을 알면서도 전기前記『조선어사전』 편찬에 종사함으로써 상기 결사의 목적 수행을 위한 행위를 한 자로서 전기前記 피고인 이극로, 동同 이우식, 동 이인, 동 이법린, 동 정태진 등의 소위所爲는 각 범죄 계속에 관련되는 것이 됨.

이상의 사실은 공판公判에 부침에 족할 만한 범죄의 혐의가 있음.[39]

이외에도 (나) 일본 법륭사 그림이 원래 조선인인 솔거[정태진 자신이 담징과 혼동한 것으로 보임]의 것이라는 것을 통해 조선민족의 우수성을 가르친 일, (다) 평양성 함락 때에 기생 계월향이 고니시 유키나가小西行長를 껴안고 대동강에 익사하여 기개를 보인 일[이 또한 논개 사건의 오류 혹은 변형임], (라) 마의태자가 타민족에게 항복한 일을 부끄러이 여겨 금강산에 들어가 조국 부흥에 일생을 바친 일[이 또한 은둔과 부활 운동을 섞은 오류임], (마) 조선인이 본래 일본인보다 두뇌가 뛰어나나 파벌 투쟁과 내정의 폐습으로 망했으니, 자유를 얻도록 노력해야 할 일 등이 조선독립의 목적을 가진 선동이었다고 판단하고 있다. 놀랍게도 정태진

---

39) 「조선어학회사건 예심판결문」, 『어문연구』 통권 제39~40 합본호, 1983, pp. 499~450.

이 독립정신을 선동하기 위해 든 사례들의 목록은 대부분 오식이거나 민담 수준의 것으로, 역설적으로 조선사 교육의 부재를 확인시켜준다.

그러나 예심판사가 요약한, 정태진으로부터 학생들이 받은 감화, 조선어학회와 정태진 간의 의도의 일치 등은 너무나 자명해서 어떤 의도든 행방불명되는 법이 없다. 법 논리가 가진 진리 혹은 메시지의 전달은 너무도 투명해서 우편 불안 따위는 존재하지 않는다. 왜냐하면 여기서는 '오해'와 우편 불안이 존재하지 않기 때문이다. 아니, 무시되기 때문이다. 조선 독립의 희망=의도는 정인보, 이관용, 비링그스로부터 정태진으로, 정태진으로부터 학생들로 투명하게 전달되는 것처럼 묘사된다. 거기에 더해 조선어학회사건의 범죄 구성 논리를 살펴보면, 이러한 메시지의 투명한 전달과 해석이 하나의 폭력으로 작용하고 있음을 보게 된다. 그것이 발신자의 의도 ― 우편 불안 자체를 묻지 않고 있기 때문이다. 우편의 절취를 통해서조차 장악 불가능한 불투명성의 공간은, 법의 결정에 의해 메위진다.

언어 영역에 있어서의 법의 폭력이란 우편 불안이라는 원초적 조건을 정치적 검열로 전도시키는 힘을 의미한다. 말로부터 의도와 행동을 직접적으로 유추하는 이와 같은 해석학적 전제前提는 우편에 담긴 근원적 불안을 최대한 증폭시키며, 결국 미디어의 통일을 통한 메시지의 통일을 의도한다.

그들은 어휘 카드에서 '태극기는 대한제국의 국기', '창덕궁은 대한제국 황제 순종이 거처하던 궁궐'이라 주석한 것을 내놓고 '민족정신을 함양하기 위한 것이 아니냐'고 물었고, 심지어 '서울'에 대한 주석이 '도쿄'보다 길고 자세하다고 트집을 잡기도 했다. 그들의 요구대로 '민족정신의 함양을 위해서였다'고 시인하면 '그것은 곧 조선 독립을 궁극적 목적으로 한 것이 아니냐?'고 물었다. 그렇다고 하면 '반국가적'이라고 결론을 내리는 것이었다. 말하자면 삼단논법이다. 예정된 결론으로 이끌어가기 위한 유도심문이었던 것이다.[40]

민족운동의 한 형태로서의 소위 어문운동은 민족고유의 어문의 정리·통일·보급을 도모하는 하나의 문화적 민족운동임과 동시에 심모원려深謀遠慮를 품은 민족독립운동의 점진형태이다.

생각건대 언어는 인간이 지적·정신적이 되는 데에 있어 원천됨과 동시에 인간의 의사감정을 표현하는 외 그 특성까지도 표현하는 것으로써 민족고유의 언어는 민족간의 의사의 소통을 근본적으로 민족감정 및 민족의식을 양성釀成하고 이에 굳은 민족의 결합을 낳게 하고 이를 표기하는 민족고유의 문자가 있어 이에 민족문화를 성립시키는 것으로써 민족적 특질은 그 어문을 통해 다시 민족문화의 특수성을 파출派出해서 향상발달하고, 그 고유 문자에 대한 과시애착은 민족적 우월감을 낳고, 그 결합을 다시 더 견고히 하고 민족은 생생 발전한다.

그렇다면 민족 고유의 어문의 소장消長은 이에 기원하여 민족 자체의 소장에 관한 것으로써 약소민족은 필사적으로 이것의 보지保持에 노력함과 동시에 이것의 발전을 책策하여 방언의 표준화 문자의 통일

---

40) 이희승, 앞의 책, p. 152.

및 보급을 희구하여 쉬지 않는다.

그리하여 어문 운동은 민족 고유문화의 쇠퇴(衰頹)를 방지할 뿐만 아니라 그 향상 발전을 가져오게 하고 문화의 향상은 민족자체에 있어서 다시 강한 반성적 의식을 갖게 함에 이르게 하고, 강렬한 민족의식을 배양해서 약소민족에게 독립의욕을 낳게 하고, 정치적 독립을 달성할 실력을 양성하게 하는 것으로서 해(該) 운동은 18세기 중엽 이래 구주 약소민족의 반복되어 행하여 온 그 성과에 비추어 세계민족운동 사상 가장 유력, 또 효과적 향목(向木)에 이르렀다. …… [중략] …… '조선어학회'는 그래서 민족주의 진영에서 단연 불굴의 지위를 점하고 저들의 조선 사상계를 풍미하는 공산주의 운동 앞에 습복(慴伏)하고 아무것도 하는 일 없이, 혹은 자연소멸하고 혹은 사교단체에 의존하여 겨우 여단(餘端)을 보존해 온 민족주의 단체에서 단독 민족주의의 아성을 사수한 것으로써 중시하게 됨에 이르러 후단 기재의 그 사실과 같은 것은 어느 것이나 언문 신문 등의 열의 있는 지지 하에 조선인 사회에 이상(異常)의 반향을 불러 그중에서도 조선어편찬사업과 같은 것은 광고(曠古)의 민족적 대사업으로서 갈망돼 있던 것으로써 …… [후략] …….[41]

이희승의 증언도 그러하지만 공식 판결문으로 유일하게 남아 있는 기록에서도 메시지와 메시지 사이의 간극은 지나치게 넓어, 어떻게 이러한 가능성의 논리만으로 그토록 대규모 구속이 가능

---

41) 「조선어학회사건 예심판결문」, 『語文硏究』, 통권 제39~40 합본호, 1983, pp. 482~483.

했는가 믿기 힘들 정도이다. 제국은 민족과 민족어에 대한 근본주의적 이해와 상상공동체와 미디어, 내면성과 공공성에 대한 '탁월한' 해석을 보여준다. 이것은 막스 베버와 베네딕트 앤더슨 사이에 놓인 정치 논문으로 제시할 수조차 있을 만한 '탄탄한' 추론으로 이루어져 있다. 혹은 국어민족어natural language라는 말이 든 독립기로 혹은 국가창생의 시도로 간주되고 있기 때문이다.

사상은 어떤 의지에 의해 적어도 잠재적으로 실현될 수 있기에 실정법의 대상이 된다는 방식의 사고 형태가 여기에는 존재한다. 즉 모든 잠재성은 그야말로 현실성이라는 것이다. 여기서 언어는 의도와 사상을 반영하는 투명한 거울이 되고, 내면과 외면은 완전히 합치한다. 파시즘이란 폭력의 내면화 따위가 아니다. 오히려 그것은 내면 자체의 소멸을 통해, 즉 비밀의 소멸을 통해 완성된다. 모든 잠재성을 현실의 언어가 장악하는 순간 파시즘은 완성된다.

무산자, 비밀이 없는 사람: 제국의 공공성, 절취된 비밀의 세계

말할 것도 없이 조선어 연구 — 민족의식 함양 — 조선독립 기도라는, 치안유지법 구성을 위한 3단 논법에는 당대의 정치적 논법이 강력하게 작용하고 있었다. 이희승이든 김윤경이든 어느 누구든 애초에 마지막 결론인 조선 독립에의 적극적 기도 자체를 해방 이후에도 부정하고 있다는 사실이 이를 반증한다. 이 논법을 구성하고 있는 것은, 그러니까 결과가 아니라 '의도'이고 '의도'들의 투명한 전달이라는 믿음이다.

파시즘의 우편 제도는 제도 안에 비밀이나 불안을 남기지 않는 것을 특징으로 한다. 모든 것이 유리처럼 투명해야 한다. 공과 사 사이에는 이를 매개하는 국가라는 우편 제도 이외에 아무것도 없어야 한다. 비밀은 오직 신 — 예컨대 천황과 신민 하나하나 사이의 종교적 책임이나 의무로서 부과될 뿐이라는 것. 제국의 눈과 귀를 배제하는 농밀한 대화는 허용될 수 없으며 근본적으로 불온하다.

제국 헌법이 '비밀을 침해하지 않는다'고 써놓았음에도 불구하고 제국은 '비밀'(의 존재) 자체를 불온한 것으로 간주한다. 주소와 이름을 바꾸는 행위는 제국의 우편을 믿지 못하는 행위가 되기에, 이는 다름 아니라 숨겨야 할 비밀이 있음을 반증한다. 제국의 우편을 신뢰하지 못하게 하는, 숨겨야 할 비밀은 곧 법률이 정한 바가 아닌 일임에 틀림없으며, 그러한 의도는 국가를 위협하는 어떤 것에 다름 아니다. 만약 신민이 적극적으로 비밀을 지키려 한다면 이는 틀림없이 법률이 정한 범위 밖의 어떤 일이 될 것이며, 따라서 치안과 공공성이라는 국가 본래의 목적에 의거해, 그 비밀 안으로 들어가는 일은 정당한 것이라는 논리. 바로 이런 식의 담론 위에 구성된 우편 제도 안에서 편지들은 죽어갔다(그리고 죽고 있다).

아무도 비밀을 가질 수 없다. 비밀은 곧 제국에 숨기고 있는 것이 있음을 알려주고, 따라서 이는 반국가적이며, 반국가적인 사람은 신민이 아니기에 그의 권리는 침해되어도, 아니 박탈되어 마땅하다. 이러한 논리 속에 펼쳐진 것이 조선어학회사건의 단서가 된 '비밀' 절취였다. 제국의 공공성은 비밀이 없는 곳에서 비밀을 만드는 일을 통해서 스스로를 과시한다. 비밀의 영유와 비밀의 창생 — 어느 쪽이든 비밀의 말살과 관계된 이 해석적 교권은 '사상'에 관한 법이 존재하는 한, 여전히 살아있는 것이 아닐까.

그리고 엽서의 제국. 비밀은 사라지고 공사公私는 협착된다. 나는 그렇게 제국 신민들의 우편 불안 속에서, 제국의 우편에의 강력한 신뢰 속에서 파시즘의 한 양상을 본다. 행방불명된 편지＝문자는 언제나 행방불명된 사람의 수에 비례하는 법이다.

앞서 엽서가 열린 형식으로서 사적인 것과 공적인 것이 타협된 형식임을 말했다. 제국의 담론 질서는 모든 면에서 이러한 엽서와 같은 것 — 공공 영역을 향해 완전히 열린 것, 개인에게 붙여지지만 1억이 보아도 좋을 것이지 않으면 안 되는 어떤 것을 구상하고 있었다. 따라서 조선어는 그 자체로도 불온한 것이었다. 제국이 보기에 조선어를 통일하여 2,500만 명의 내부의 적을 양성한다는 것만큼 제국의 공공성＝치안을 위태롭게 하는 것도 없었으리라. 제국의 메시지는 '투명해야 한다.' 우편 불안을 제거한 곳에서 우편 불안이 극적으로 최대화된다.

단순히 문학어나 문화어를 어떤 것으로 할 것인가의 문제가 아니었던 것이다. 문화어에 있어서의 고쿠고의 제패는 문화 이상의 것, 내면과 외면을 중재하는 일 따위 이상의 정치성을 가질 수밖에 없었다. 파시즘이란 내면화하는 무엇이 아니다. 내면을 없애는 활동이야말로 파시즘의 본질이다. 사적 영역과 공적 영역 사이, 즉 우편, 미디어, 해석적 교권을 장악함으로 비로소 파시즘이 꿈꾸는 공공성은 실현 가능해진다. 이러한 우편의 장악은 궁극적으로 공공적 해석 — 메시지에 의해 사적 영역이 완전히 점유되는 일에 다름 아니다. 쓰여지지 않은 메시지는 아직 메시지가 아니고, 말해지지 않은 내면은 아직 내면이 아니라는 바로 그 이유로 인해 이러한 정치 속에서는 내면 자체가 성립될 수조차 없다.

우편 장악에의 과시. 이것이 바로 조선어 문학이 제국의 팽창과 함께 사라져주어야 했던 이유가 아니었을까. 조선어 — 비밀을 만드는 언어. 그런 언어는 공공성이 아니라 사인(私人)의 것 안에 머물러야 했고, 이를 공공적인 것으로 만드는 '비밀스러운' 어떠한 기도도 용납될 수 없었다. 이 시기의 국어론들과 언어 편제를 살피는 일은 그래서 더욱 중요해진다. 어떻게 개인들의 비밀은 사라지거나, 절취되었으며, 또 해석적 교권에 의해 변형되었는가.

이상은 소설 「실화」의 첫대목에서 이렇게 쓰고 있다. "사람이/비밀이 없다는 것은 재산이 없는 것처럼 가난하고 허전한 일이다."[42] 제국(의 조선)은 많이 가난했고, 또 허전했다. 크레믈린/크렘린 안쪽에서 효모처럼 부풀어 올랐다는 비밀의 양처럼 제국의

---

42) 이상, 『이상문학전집 2: 소설』, 김윤식 엮음, 문학사상사, 1991, p. 357.

기관들에는 기밀들이 쌓여갔다. 그러나 여전히 우편 불안은 해소될 수 없는 것으로 남는다. 프로파간다의 발신자들조차 수신자가 의도하지 않은 방식으로 메시지를 읽지 않을까 하는 불안에 떨었던 까닭이다. 평등의 이념으로 오해된 내선일체, 국민으로의 초대로 오해된 국체명징과 일시동인 등등과 같이 어느 경우에나 제국의 의도는 의도대로 배달되지 않았기 때문이다. 오히려 우편 불안 위에서 구성되는 적극적 오해의 전쟁이야말로 이 시대의 메시지들을 결정한 힘인지도 모른다.

3 생명정치, 말하는 동물의 비명들

1

|

경성지리지, 이중언어의 장소론
한 젊은 식민지 영화감독의 초상

사유 자체의 요소이자 생활 표명의 요소인
언어 역시 감각적 자연이다.
— 칼 마르크스 『1844년 경제학 철학초고』

그리니치빌리지의 전설: 명동 문학의 신화와 그 심리

 명동과 충무로는 흔히 한국 문화계의 산실, 공장 혹은 살롱 — 그러니까 한국 문화의 기준으로 이야기되어 왔다. 예컨대 식민지기와 해방 후 문학계를 잇는 비평적 권위였던 백철은 이렇게 쓰고 있다. "서울의 명동은 아직껏 딜런 토마스 같은 시인이 나오지 않아 유감이지만 한국의 시인과 작가들에겐 하나의 그리니치빌리지. 한국의 문학과 예술의 자유촌, 낭만의 거리, 그리하여 뮤즈들이 박쥐와 같이 환상적인 날개를 펴고 황혼의 하늘을 날 무렵 그 명동적인 분위기에 만취하여 선두를 걸어간"[1]다. 여기서 '명동은 항상 먼 나라(가령 파리……)와 통해 있'는 곳이자 '두 개의 구속 세계', 하나는 군대 생활, '어마어마한 법과, 인권과 자유가 없는 군*', 둘째는 가정 — 아내·아들에 대한 책임도 귀찮은 구속의 세계. 거기에서 벗어났을 때 '옛날로 돌아왔군! 아무 구속이 없던 옛날'이라고 외칠 수 있는 장소로서 나타난다. "여기에 다시 주인공이 빈약한 시* 고료를 호걸답게 탕진하면서 명동에서 주점 순례를 하는 장면을 가하면 이 작품도 충분히 명동적인 분위기의 것임을 수긍할 수 있다"(『백철문학전집 2』: p. 412). 이봉우의 명동 연작과 김장수의 명동문학에 대한 평을 기반으로 쓰여진 이 글에서 명동은 청춘, 해방, 자유, 철학, 미학의 아우라가 흘러나오고 모여드는 장소이자, 한국문학의 기준 — '그리니치빌리지'로 언급되고 있다.

'그리니치빌리지.' 그러니까 명동은 이곳 아닌 저곳('가령 파리……')을 매번 염두에 두면서 술에 취해 돌아오는 장소이며, 그런 의미에서 술에 취해 돌아오는 저녁이란 그 어떤 환각이 머무는 '시간'이다. 1950~1970년대를 점령하고 있는 이 명동발* 환각의 낭만주의 속에서 예술가들은 술에 취해 명동을 걸으면서, 동시에 '파리'라는 환각을 걸었다. 그것이 어디까지나 '환각'임으로 해서 그들은 매번 '왜 이곳은 파리가 아니냔 말이냐'라고 외칠 수 있었다. 환상과 현실의 경계를 오가며 마침내 꿈 깨고 마는 — 아니 술 깨고 마는 그 순간의 정치성이야말로 명동 낭만

---

1) 백철, 「그리니치빌리지의 전설 — 명동문학과 예술의 자유촌」(1955년 2월 15일). 『백철문학전집 2 : 문학가의 편력』, 신구문화사, 1984, p. 411.

주의의 어떤 본질이자 힘이었다. 왜냐하면 이 환각과 술 깸의 옥시덴탈리즘이야말로 그들이 분개하는 지점 — 독재 권력의 현실과 '자유로운' 영혼이 때때로 분규하는 순간이 될 터이기 때문이다. '파리를 보라.' 명동은 장소이자 낭만이었고, 문학인 동시에 (어쨌든) 정치일 수밖에 없었다. 더러 그 환각에서 영영 돌아오지 못하곤 했어도[2] 한국의 자유주의 문학의 미적 저항과 낭만성은 명동의 아우라와 완전히 데면데면한 관계만은 아니었다.

그러나 이렇게 술에 취해 '문학과 정치'를 논하는 명동 혹은 충무로의 이미지는 어떤 의미에서 식민지의 기억을 억압하고, 이를 다시 '낮 꿈' — '술 취함'의 작업으로 채운 결과라고 해야 옳을 것이다. 왜냐하면 이들 장소는 식민지기 내내 일본인들의 거리였고, 제국의 경제권이었으며, '국어(고쿠고로서의 일본어)'의 패권이 지배했던 장소였기 때문이다. 그곳에는 '낭만'이 아니라 잔혹하고 화려한 식민 무의식이 있었다. 그곳들은 그러한 '기억'을 억압함으로써만 낭만으로 비약될 수 있었다. 조선어로는 진고개(충무로 입구에서 광희문까지)로, 일본어='국어'로는 혼마치(本町: 충무로·명동)로 불렸던 '식민'의 땅에도 물론 '그리니치의 환각'이 없었던 것은 아니다. 그러나 그 환각은 김기림의 위태로운 「나비」처럼 현해탄을 넘어 제도帝都를 경유하지 않으면 안 되었으며, 그런 의미에서 거기엔 무엇보다도 '식민 무의식'이 자리

---

[2] 백철 역시 몇 년이 지난 1959년에 쓰여진 「시시프스의 신화가 없는 풍토 — 만성적인 安住圈」에서 명동 문학의 매너리즘에 대해 비판한 바 있다. 『백철문학전집 2』, p. 424.

잡고 있었다. 이곳의 "일본 상점가를 들어서보면 휘황찬란하고 으리으리하며 풍성풍성한 품이 실로 조선 사람들이 몇 백 년 두고 맨더러노았다는 북촌 일대에 비하여 얼마나 장한지 견주어 말할 바가 못 된다"3)는 '혼부라本ぶら'4)의 감상들은 경이와 감탄을 재료로 수치심과 열등감, 지배의 추인에 도달하는 과정들에 다름 아니었다. 설사 그곳을 통해 새로운 '감각'이 도착했다 할지라도, 메를로-퐁티의 말처럼 "의미가 전혀 배어 있지 않을 정도로 순수한 감각이란 존재하지 않는다."

식민지 도시의 도시 문화에 눈을 돌린 혹자들은 말한다.

> 백화점의 국적은 중요하지 않다. 파리에서건 동경에서건 백화점의 구성 원리는 동질성을 가지며 또한 대중들에게 그것이 소비 체험 속에서 환상을 제공하는 거처로 존재한다는 점에서도 그러하다.5)

그러나 그럴 리가 있겠는가. 모든 장소가 그러하듯이 이 도시란 계급과 민족과 의미의 전장戰場이 아니던가.

명동, 아니 메이지도리明治通 저편의 세계는 내적 국경의 저쪽이었고, 따라서 그곳은 '귀환의 장소'라기보다는 '여행의 장소'였

---

3) 노형석·이종학, 『모던의 유혹, 모던의 눈물』, 생각의나무, 2004, p. 123.
4) '本ぶら'는 도쿄의 긴자(銀座)의 산책을 의미하는 속어인 긴부라(銀ぶら)에서 유래한 말이다. 예컨대 "언니! '혼부라' 안하시려우?"(박태원, 『여인성장』, 영창서관, 1949, p. 206). 또는 "'날도 이렇게 풀렸는데 우리 혼부라나 한번 하고 들어가자꾸나'하고 백화점을 나서는 계숙의 외투 소매를 끌어당긴다"(심훈, 『영원의 미소』, 삼성당, 1993, p. 301)의 경우를 보라. '혼부라'에 대해서는 이경훈, 「미쓰코시, 근대의 쇼윈도우」, 한국문학연구회, 2000년을 참고
5) 이성욱, 『한국근대문학과 도시문화』, 문화과학사, 2004, p. 221.

으며, 그 여행은 의식적인 동시에 무의식 저편까지 들추어내는 여행이기도 했다. 어떤 사람들은 몸으로 그것을 알았다(기보다는 느꼈다).

예컨대 채만식의 단편 「종로의 주민」이 그려낸 영화감독 '송영호 군'의 장소 감각은 이렇다.

> 이야기에 팔려서, 오는 줄도 모르게 어느덧 종각 앞을 지나 광교를 건너고 있다. 화신 앞 네거리까지가 송영호 군에겐 거주 지역이고, 게서부터는 남쪽으로 혼마치本町를 둘러 명치정明治町 골목을 돌아 내려오는 건, 이를테면 여행을 하는 셈이다. 간혹, 네거리에서 다시 서쪽으로 약 이백 미터 가량 더 가서, ××영화의 사무실로 친구를 찾는 수도 있으나, 그 역시 두고 먹는 골은 아니다[6].

'두고 먹는 골.' 장소를 먹다. 장소는 감각 자체이자 신체의 질료를 이루게 될 무엇이었다. 「종로의 주민」에서 장소는 신체의 질료를 이루는 것처럼 표현된다. 따라서 근대의 장소를 단순히 '시공간이란 주체에 작용하는 경험의 형식'이라는 말로 환원해 이해해서는 안 된다.[7] 종로와 달리 혼마치도리本町通는 송영호 감

---

[6] 채만식, 「종로의 주민」, 『채만식전집 8』, 창작과비평사, p. 158. 이하(「종로」: p. 158)의 형식으로 본문 중에 표시하기로 한다.
[7] 필자는 이 논문에서 경성 전체를 중립적으로 이야기할 때는 공간(space)이라는 개념을, 이를 신체 정치적으로 논할 때는 장소(topos)라는 개념을 사용한다. 따라서 언어 혹은 장소 문제를 신체의 감각·지각 현상을 통해 논하는 이 글에서 '공간'이라는 말은 되도록 피했다. 장소와 공간의 차이와 문학적 양상에 대해서는 이 글의 말미를 참고

독에게 어쩐지 몸에 맞지 않는 옷처럼 느껴진다. 이 불편함은 어쩌면 '정다운 악우(惡友)' 강선필 군이 조선영화에 대해 늘어놓은 '아픈 소리'처럼 제국의 지방 예술가가 가진 한계일지도 모른다. "봉익이 김선달, 대동강 팔아먹드끼, 밤낮 그 잘난 장승만 팔아먹느라구, 들! …… 그러나마, 오십 년 전버틈 그림엽서 장수가 실컷 울겨먹고 난 찌꺽지!" 그러나 과연 그게 다일까. 일단 송감독의 하루를 따라가 볼 필요가 있다. 그는 어디서 와서 어디로 가며, 누구를 만나며, 왜 그럴 수밖에 없는가.

식민지 도시의 산책자: 내적 국경을 월경하는 신체

1) 식민지 도시 경성의 구조와 경계들

나는 여기서 조선 제1의 도시 경성이야말로 완연한 이중언어 상황의 도시였고, 사실상의 분할 통치(apartheid)의 공간이었다고 주장할 참이다. 모든 입을 제국의 목적을 향해 돌려세우는 '국어'의 제패와 '분할과 경계를 모르는 정치'에도 불구하고 아니 바로 그로 인해서 경성은 이중언어의 도시였다. 또한 무엇보다 굉장한 일본어 화자의 숫자로 인해 경성은 이중언어적 환경 속에 놓여 있었다. 제국 언어에의 열망 따위가 아니라 아주 도시와 그 인구들, 그들의 신체와 감각·지각 자체가 그랬다고 나는 쓰려한다. 모던 보이라는 게 있어서 그가 만약 경성을 걸었다면 이는 유려한 산책이 아니라 언제나 '월경'이자 '여행'이었고, 모던 경성의 희열 따위는 애초부터 조선의 것(만)은 아니었다고 증명할 참이다.

신체적 차이만으로는 쉬 구별될 수 없었던 언어적 차이의 경계들, 월경. 만약 식민지의 도시문화를 이야기하고 싶다면 국지적 현상들(백화점, 박람회, 카페)이나 경성/경성 밖의 도식뿐 아니라[8] 우선은 경성 그 자체의 특이성에 대해 이야기하지 않으면 안 된다. 그러나 어떻게?

1942년 시점의 조선 총인구 26,362,401명 중 일본인은 총 752,823명으로, 어찌 보면 2.86% 내외의 미미한 숫자인 듯하다.[9] 그러나 거의 같은 시점인 1940년 경성 총인구 935,464명 중 일본인은 총 154,687명으로 약 16.5%의 비율을 보여준다(같은 해인 쇼와 17년의 도쿄 총인구는 약 780만 명에 달했다). 그러나 이게 다가 아니다. 1936~1945년 사이의 16% 내외의 인구 분포는 일찍이 공업 지역으로 발달했던 영등포, 신설동, 왕십리 지역

---

[8] 이상 문학에 있어서의 '성천과 경성 — 문명과 야만의 대당(對當)', '도쿄와 경성 — 중심과 주변의 대당'을 식민지 도시문화의 근거들로 설정하는 이성욱의 『한국근대문학과 도시문화』(문화과학사, 2004년)는 그런 점에서 많이 아쉬운 텍스트, 혹은 미완의 텍스트로 남아 있다. 도시와 농촌, 혹은 경성과 도쿄라는 도식을 주석하는 일이란 의도와 상관없이 모던 보이들이 가졌던 식민지 도시와 제도(帝都) 사이의 식민 무의식을 복제하게 되기 쉽다. 이러한 도쿄-경성의 도식 속에서라면 '지리'는 쉽사리 전근대와 근대라는 시간적 전후 관계로 변형된다. 이렇게 될 때 식민지 도시화론은 직선적 개발 근대라는 시간관과 맞물려 식민주의의 정당성을 역으로 확인해주는 논리로 전락할 위험이 있다. 김윤식이 이상의 「산촌여정」에 대한 연구(『이상연구(李箱研究)』, 문학사상사, 1987년) 등에서 이 도식을 제안했을 때 민족문학사의 도식을 뒤튼 이 도시-시골의 변증법, 현해탄의 비유는 신선했다. 그러나 이제 형태를 바꾸어 반복되는 이 도식은 하나의 도그마가 되었고, 이식문학사 비판이라는 최초의 의도 역시 희미해졌다.

[9] 昭和十九年七月內務省作製, 『朝鮮及ビ臺灣ノ現況』, 近藤釰一 編, 『太平洋戰下の朝鮮及び臺灣』(朝鮮近代史料 朝鮮總督府關係重要文書選集 1), 朝鮮史料編纂會, 1961, p. 2.

을 1936년을 기해 경성부로 편입시키면서 일어난 결과로, 1915~1935년까지 경성의 총인구에서 일본인이 차지하는 비율은 내내 26~27%를 유지하고 있었다(이 '공업 지역' 노동자들 거개가 조선인이었음은 말할 것도 없다). 조선인의 경우 총인구 대비 경성 거주 인구가 가장 많은 때도 4%를 넘지 못한 데 비해 '반도' 거주 총일본인 대비 경성 거주 일본인 비율은 가장 낮은 때도 20%를 웃도는 집중도를 보여주었다.[10] 이는 식민자들의 약 46%가 식민 권력의 공무에 종사하고 있었고, 이들이 주로 경성을 중심으로 편제된 기관들에 배속되어 있었기 때문만은 아니다. 2,100만 명을 통치하는 246,000명의 식민 관료와 전문가들은 1937년 당시의 베트남의 프랑스인 비율 — 1,700만 명을 지배하는 2,920명의 식민지 행정 관료와 11,000의 프랑스 정규군 — 이나 이보다도 훨씬 더 비율이 낮았던 인도의 영국인 식민자들과 비교하면 어마어마한 수치의 구성이라 할 수 있었다.[11]

경성은 식민지 도시이자 제국의 '확장'이었다. 일본은 늘 식민지를 '식민지'라 부르기를 주저했다. '내지'와 '외지'의 구분이 이를 대신했다. 물론 관료들은 조선을 베트남, 인도, 아프리카와 열심히 비교해가며 통치했다(「총독부월보」은 종종 이 내용으로 가득 차 있었다). 그러나 동심원 구조로 확장된 제국은 조선을 헌법역 밖에 두는 한편 통치역 안에 두었고 이를 '합병'이라 불렀다.

---

10) 식민지 기간의 서울의 인구 변동과 분포에 대해서는 서울특별시사편찬위원회, 『서울건축사』(서울역사총서 2), 서울특별시, 1999, pp. 560~566을 참고.
11) Bruce Cumings, *Korea's place in the sun : a modern history*, Norton Pub., 1997, p. 153.

합병의 농도가 짙은 공간엔 식민(植民)이 아니라 대규모의 이민(移民) — 아니 이사가 이루어졌다. 공식적으로, 또 공법적으로 제국은 확장된 것이지, 식민지를 경영했던 것이 아니다. '일시동인'이라는 황칙 아래, 법권력은 3·1운동을 '내란'으로 규정하려 힘썼고 치안유지법의 제정 이후의 독립운동은 제국 통치역의 참절(僭竊)=국체변혁으로 규정되었다.12) 따라서 경성이 반도에 있으면서도 그토록 내지적이었던 것은 담론적으로도, 실제로도 이상할 것이 없었다.

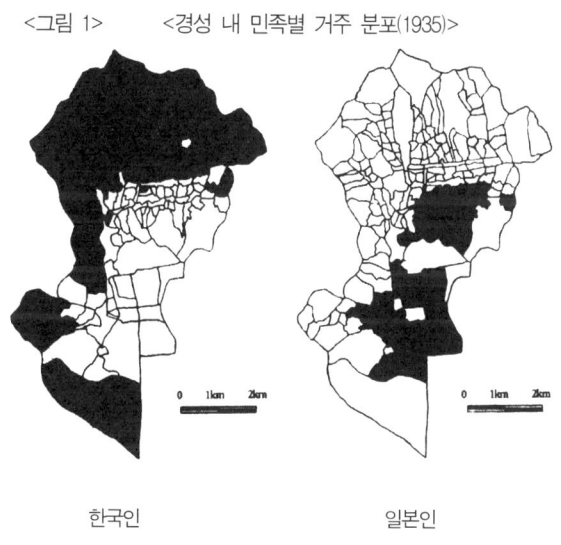

<그림 1>　　<경성 내 민족별 거주 분포(1935)>

한국인　　　　　　　일본인

---

12) '내란'을 둘러싼 법적 다툼에 대해서는 박걸순, 「3·1독립선언 공약삼장 기초자를 둘러싼 논의」, 『한국독립운동사연구』, 제8집, 1994년. 통치역과 법역의 차이에서 오는 동화와 차별의 양상에 대해서는 이철우, 「일제시대의 법제의 구조와 성격」, 『한국정치외교사논총』, 제 22집 1호, 2000을 참고

따라서 서울의 건축은 유럽의 보자르 양식$^{Beaux\ Arts}$, 네오 르네상스 양식과 같은 유서 깊은 제국주의 양식들을 모델로 한 일본 식민지 건축의 전형적 풍경들을 보여주고 있었다.13) 이와 관련해 <젊은 모습^{若い姿}> 같은 일제말 프로파간다 영화들을 보았을 때의 충격적인 경성의 모습을 잊을 수 없다. 언어와 의장에서 건축과 풍경까지의 표상 공간 — 경성은 '내지'였다. 조선인과 조선 건물이 좀 귀찮을 정도로 많은.

특히 일본인 대다수는 경성중에서도 땅이 질고 토질이 나빠서 '진고개'로 불렸던 경성 남부, 지금의 퇴계로 부근을 중심으로 상가 및 거류 지역을 형성하기 시작했으며, 오늘의 남대문로에서 태평로, 충무로, 을지로, 명동 등에 이르는 '남촌'에 살고 있었다. 이들 지역에서 일본인은 총인구 대비 60%를 상회하는 군집을 보여주고 있었다. 토지 소유를 기준으로 볼 때도 총독부 행정구역상 남부에 속하는 55개 동 중 총 48개 동과 서부의 44개 동 중 26개 동이 일본인 우세 지역이었다.14) 실제 거주 분포도상에서 보더라도 일본인은 남부와 서부에서, 조선인은 동부와 북부, 중부에서 상대적 우위를 갖고 있었으며, 이를 <그림 1>과 같이 지도상에 분포시켜 볼 경우 민족에 따라 북동과 남서로 거주 지역이 확연히 구별되는 양상을 확인할 수 있다15)(총인구

---

13) Bruce Cumings, *Korea's place in the sun : a modern history*, Norton Pub., 1997, p. 154.
14) 강병식, 『일제시대 서울의 토지연구』, 민족문화사, 1994, pp. 152~156. 반면 1915~1935년에 이르는 기간에 조선인은 동부 19개 동 중 10개 동, 북부 24개 동 중 15개 동, 중부 23개 동 중 20개동에서 우세한 분포를 보여준다.
15) 보다 자세히 분포도화된 「경성내 민족별 거주 분포」에 대해서는 이혜은, 「일제 침략기 서울의 민족별 거주지 분포」, 『향토서울』, 제52호를 참고(『서울건축사』, p.

대비 6할 이상을 기준으로 작성되었다). 경성의 절반은 반도 안의 '내지'였고 일본어 공간이었다.

1915~1935년 내내 경성 내 일본인 비율이 26~27%를 유지했다는 사실은 이 시기의 조선문학가들이 나날의 거리에서 맞는 사람 서너 명 중 한 명이 또한 일본인이었다는 과감한 추측을 가능케 한다. 만약 '모던한' 예술가들 둘이 만난다면? 흔히 이 "두 청년은 종로 큰길에 나타나서 그때 말로 혼마치(本町), 지금은 충무로가 된 진고개를 향한다. 두 청년은 충무로에 있는 다방 금강산이나 메이지세이카에 들러서 커피 한잔씩 마시는데 이 두 집의 차 맛이 서울에서 제일이라 칭찬하"[16])는 것도 잊지 않는다. 철골·철근콘크리트에 모던한 발코니풍의 수평 띠를 두른 이 세련된 3층 건물의 '나카니와' 곁에서 그들은 따뜻한 햇살을 받으며, 커피를 마셨으리라.[17] 어쩌면 이 청년들은 26~27%에 이르는 통계상의 일본인보다 더 많은 일본인을 만났고, 그만큼 더 자주 일본어를 들었으리라. 남쪽에 '근대'가 있었기 때문이다. 식민과 꼭 함께.

563에 재수록).
16) 조용만, 「李箱과 朴泰遠」(발문), 박태원, 『李箱의 秘愛』, 깊은샘, 1991, p. 8.
17) 메이지세이카(明治製菓)는 충무로 2가 63-1번지, 당시의 혼마치(本町目)에 건축된 철골 철근콘크리트조의 3층 건물이었다. 폭이 좁고 깊이 방향으로 길이가 긴 대지의 전면 부분을 모두 창으로 처리했고, 2·3층의 발코니풍의 수평 띠는 이 건물을 더욱 모던하고 경쾌한 느낌의 상업 건축의 전범으로 만들어주었다. 현재 남아 있지 않으나 규모는 작아도 조선에서 가장 세련된 건물 중의 하나였던 것으로 평가된다. 건물 중앙에는 중정(中庭)이 있어 채광과 환기에 유의했으며, 설계는 일본 도쿄에 있었던 모리야마(森格之助) 사무소에서 했다. 『서울건축사』, p. 763.

2) 식민지 도시 경성의 언어 상황 — 만연漫然 현해탄, 만연 고쿠고 심지어 이 '반도 안의 내지' — 경성 남부에서는 농담마저 이중언어적이었다.

'그 사람 발목 없는 사람이지'한다면 그 사람은 빈틈없다는 뜻이다. 발목抜目이란 일본말로 '누케메', 빈틈이란 말인데 발목이 없으니, 빈틈이 없단 말이 된다(조용만, 「이상과 박태원」).

이 두 청년, 이상과 박태원만을 꼭 집어 예외적 사례라고 할 수 있을까. 일본인들이 북촌이나 경성 밖으로 좀체 나가지 않았던 데 비해 조선인들에게 진고개란 경성의 도시(성) 자체였기 때문이다. <오빠는 풍각쟁이>라는 당대의 가요처럼 '명치좌 구경갈 땐 혼자만 가'는 풍각쟁이들은 또한 얼마나 많았을까(나는 이 '구경'이라는 말에 주목한다).

'자네 진고개 구경하얏나?' '하고 말고, 서울 갓다가 진고개 안 보고 구경이 무슨 구경인가.' '그래 엇더튼가. 시계줄 잡고 그네 뛰는 아색기 보앗나.' '보다 뿐이겠나. 지구뗑이 안고 쌩쌩 매암도는 아색기까지 보았지.'[18]

'진고개', '아색기' 운운하는 시정잡배들의 감각과 혼마치의

---

18) 『별건곤』(제29호), 1929. 노형석 글·이종학 사진 및 자료제공, 『모던의 유혹, 모던의 눈물 — 근대한국을 거닐다』, 생각의나무, 2004, p. 123에서 재인용.

메이지세이카에서 이중언어적 펀^{pun}을 즐기는 인텔리들 사이에는 물론 커다란 결락이 존재한다. 경성 남부의 공간, 아니 경성 전체가 성음^{聲音}을 숨긴 한자 기호들의 세계였다고 할 때 이러한 문자와 소리 사이의 유희는 소위 '국어 해득자'의 특권이자, 이중언어 상황을 형태소적으로 분절할 수 있는 사람들의 고급한, 보기에 따라서는 꽤나 시답잖은 유희에 속했다. 생애 동안 쓴 글의 과반에 가까운 작품이 일본어였던 이상의 문학은 그 얼마나 이중언어적인가.

물론 우리가 살피고 있는 쇼와 15년 전후, 그러니까 1940년을 전후한 경성의 이중언어적 상황은 그다지 정치문화적으로 유쾌한 놀이의 장소는 아니었다. 이중언어적 상황을 하나의 언어로 무리하게 통일하려고 일치시키려 할 때, 그 장소는 극히 정치적인 헤게모니의 공간으로 돌변하기 쉬운데, 경성이 전형적으로 그러했다. 그러니까, 전시 고도국방국가에 있어서 다언어 능력이란 흔히 스파이 혐의를 받기 쉬운 '밀정' 혹은 사상범적 자질일 수 있었다. 식민지 경성 문단의 정황을 빼어나게 묘사해낸 다나카 히데미쓰의 소설 『취한 배^{醉どれ船}』나 김사량의 「천마」를 보면 조선어·영어·러시아어·중국어·프랑스어 등 거의 모든 이중언어 능력은 (적어도 잠재적으로라도) 스파이 혹은 밀정의 언어로서 의심받고 응징되고 있다. 3·1운동 민족대표와 꼭 같은 숫자였다는 조선어학회사건 피검자들을 생각해보면 더욱 명확할 것이다.

눈앞에 적이 있고, 제국의 군인들은 구령을 부쳐가며 행군하고 있었던 것이다. 적은 동지뿐만 아니라 간첩도 생산한다. 내부에 있는 외부의 흔적 없이(예컨대 스파이와 이를 잡는 특고^{特高} 같은) 내부를 내부로 단일화하기란 쉽지 않았던 까닭이다.

과연 일본 정신은 전선에 있었고, 그리고 '국어'와 폭력의 하나된 결합으로 거기에 있었다. '대륙 기행' 『모료』(1938년 12월)를 통해 그가 "금일 일본이 행사하는 군대는 일본의 국체와 민족 이념의 표상에 다름 아니다"[19](「경주까지」)라고 말하고 있을 바로 그 시점 — 이 '가라(から=당^{唐}·한^{漢}·한^{韓})' 땅의 반도에서는 야스다 요주로가 그토록 열망하던 '야마토고토바^{和語}'의 제패가 결정되고 있었다. '국어 상용'을 규정한 <제3차조선교육령>(1938년 3월)을 발포하며 내려진 미나미 지로 조선총독의 「유고^{諭告}」는 이렇게 시작된다.

일전에 <육군특별지원병령>을 공포하고, 이제 다시 <개정조선교육령>의 공포를 보게 됨에 있어 강내^{疆內} 관민에 포고하여, 그 깊은 뜻을 환기한다. 무릇 조선 통치의 목표는 역내^{斯域} 동포를 진실로 하나하나 황국신민됨의 본질에 철저히 하여 내선일체로서 함께 다스려 평안케 하는 경사를 의지하여 동아의 일을 다스리는 데 있다. …… 국체명징·내선일체·인고단련의 삼대교육방침에 철저를 기하여 대국민된 지조·신념의 연성^{鍊成}을 기간^{基幹}으로 삼지 않으면 안 된다. 이에 교육시설의 확충 강화에 부단히 기도^{企圖}하는 것과 함께 새롭게 <조선교육령>의 개정에 의해 보통교육에 있어서 국어상용자와 그렇지 않은

---

19) 保田與重郞, 『保田與重郞全集: 第十六卷』, 講談社, 1987, p. 17.

자의 구별을 철폐하여, 내선인 균등하게 동일 규칙 아래에서 교육을 받는 길을 열게 된 차제이다.[20]

<조선교육령> 초두에 <육군특별지원병령> 이 제시되고 있는 사정도 그러하거니와 '제국'은 전쟁 중이었고, '국어'는 무엇보다 '병사들의' 언어였다. 그리고 총후봉공을 기치로 내건 제국의 모든 장소는 이 병사들의 언어와 정신을 내려받았다. 전쟁기의 협력 잡지『국민문학』의 국어 전용의 사정을 기록한 한 신문의 논조는 이렇다.

> 작년 가을 언문 문예지가 통합한 이후 조선 문단의 혁신을 목표로 탄생한『국민문학』은 이미 징병제 실시가 약조된 금일 오는 5·6월 합병호부터 순수한 국어잡지로 재출발하게 되었다.[21]

국어와 전쟁 사이의 병영국가적 관련에 대해 제국 내무성의 기록은 좀 더 구체적이다.

> 국어를 해득하는 자의 총인구 대비 비율은 대만이 약 62%(쇼와 18년 4월 현재[1943년 4월]), 조선이 약 20%(쇼와 17년 12월 현재)로서, 조선에 현저한 손색이 있다. 대만에 있어서는 학교 이외의 다수의 황민연성소皇民鍊成所를 설치하여, 또 조선에 있어서는 징병제 실시를 기한

---

20) 朝鮮總督府,『施政三十年史』, 朝鮮總督府, 1940, p. 780.
21) 「'國民文學'として再出發」,『경성일보』(1942年 5月 26日).

청년특별연성소 과정으로서 국어교육에 힘을 기울여 나가고 있다.22)

병기화^{兵器化}된 신체들 간의 연결 기구 ─ 국어. 병영의 입들은 '먹기 위해서라도', 또 균등의 환각을 위해서라도 국어로 말해야 했다. 경성은 바로 그러한 장소였다.

'문화정책'의 결과로 발표된 <제2차조선교육령>(1922년 2월 호)이 '국어를 상용하는 자'와 '국어를 상용하지 않는 자'를 구별하여 명문화함으로써 차별의 길을 연 것에 비해23) 징병 전야의 개정 교육령은 과연 에누리하나 없이 '균등'했다. 징병 ─ 죽음은 누구에게나 평등하지 않은가. 칼 슈미트가 『정치적인 것의 개념』에서 이야기하듯이, 이런 시기이고 보면 "오직 하나의 정치적 통일체, 하나의 정치적 공동체가 존재할 뿐이다. 순수한 단체적 결사를 넘어서 특별히 다른 어떤 것이며, 나머지 모든 결사들에 대하여 결정권을 가진 어떤 것인 권위적인 통일체를 창설하는 데에는 적과 동지를 집단적으로 구별하는 실제적인 가능성이 있다는 것으로 족하다."24) 만약 어떤 "국민이 그러한 수고와 위험을 두려워하게 되면 '외부의 적으로부터 자신의 보호'를 인수함으로써 그러한 국민으로부터 이러한 수고를 인수하고 그럼으로써 정치적 지배를 넘겨받는 다른 국민이 즉시 나타나게 된다.

---

22) 昭和十九年七月內務省作製, 『朝鮮及ビ臺灣ノ現況』, 앞의 책, p. 20.
23) 鈴木敬夫, 『朝鮮植民地統治法の研究』, 北海道大學圖書刊行會, 1989, p. 192. 이러한 규정은 문면상의 현실론과는 달리 학제상의 불일치를 통한 진학, 취직, 급료 등의 사회 생활 전반의 차별을 염두에 둔 것이었다.
24) 칼 슈미트, 「정치적인 것의 개념」, 『입장과 개념들』(김효전·박배근 옮김), 세종출판사, 2001, p. 97.

그렇게 되면 영원한 보호와 복종의 관계에 힘입어 보호의 주체가 적을 결정하게 된다."[25] 제국은 동지도 적도 결정해주었다. 적(타도영미)의 개념과 함께 폭넓은 동지의 개념(내선일체, 만선일여, 오족협화) 역시 생산된다. 이미 속해 있는 것을 하나의 몸·정신으로 만드는 이 제국 병영 혹은 제국 '호텔'.

'내선일체' 혹은 '나이센잇따이', 동지와 정치적 공동체 사이에 어정쩡하게 이중언어적으로 걸쳐있는 이 미묘한 개념들. 조선은 통치역에 이미 속해 있는데, 공식적으로는 외부였던 만주와 하나(만선일여)로 취급되고, 이는 다시 내선일체의 기치 속에 통치역 안으로 돌아온다. 조선은 제국 자신이면서, 또한 제국의 동지가 된다. 성기를 맞부딪는 일 혹은 도 닦는 언어들로 구성된 일체一體, 일여一如 같은 한자어들은 이중언어적 상황을 동아라는 지리와 동문동족同文同族이라는 한자 표상에 의해 은폐하는데, 어쨌든 이처럼 제국이 결정한 적과 동지 개념에 의해 조선은 전면적인 동지, 아니 정치 공동체의 일부가 되지 않으면 안 되었다. 그리고 이 정치체를 연결하는 기관은 '일체(몸 섞기)'라는 성적 메타포가 암시하듯이 '말=입'에(도) 있었다.

요컨대 병사들이여, 국사로 생각하고 국어로 말하라. 국체를 지켜라. 그리고 '국민'들이여 일본 정신이 전선에 있으니 이를 좇아라.

일찍이 <제1차조선교육령>(1911년 8월)은 식민 종주국의 언어인 '국어(일본어)의 보급'을 식민지 교육의 근간(보통교육 전체

---

[25] 칼 슈미트, 앞의 책, p. 102.

시간의 40%)으로 삼았으며, 이러한 기조는 3차에 이르는 <조선교육령> 개정 과정에서 더욱 강화되었다. 겨우 '말하게 된 입'이 '정치 없는 문화'(사회계약[국어] 밖의 언어로 수험되는 문화 정책)를 시험하게 되었을 때 한 압수 논설은 이렇게 썼다.

> 조선인 우리는 정신이 있다 하여도 남의 정신이요, 입과 혀가 있다 해도 남의 구설口舌이 되어 목후沐猴의 초인楚人 꼴이다. 어찌 분통치 않으리오26).

논설은 전쟁에서 졌고, 그래서 식민화되었다는 사실을 매우 전통적인 수사를 통해 발설하고 있다. '초나라 사람 되기楚人'와 '원숭이 되기沐猴'가 그것이다. 조선어를 '국어'로, 제국의 '국어'를 '일본어'로 표기하는 이 불온한 논설과는 상관없이 조선어 비중은 20.7%(<제1차「조선교육령>[1912년], 보통학교 기준)에서 11.7%(<제2차조선교육령>[1922년])로, 다시 0%(<제3차조선교육령>[1938년])로 격감을 거듭한다.

주목을 요하는 것은 "조선어를 가르치는 데 있어서 항상 국어와 연결을 유지해야 하며 때에 따라서는 국어로 말하게 해야 한다"27)는 규정이 보여주듯이, 상황 자체는 늘 이중언어적이었고, 지향 자체는 늘 단일언어적이었다는 사실이다.

---

26) 「교육용 일본어에 대하여」, 『조선일보』(1920년 5월 19일자). 정진석 편, 『日帝時代 民族紙 押收기사모음 I』, LG상암언론재단, 1998, p. 704.
27) 文部省內教育史編纂會編修, 『明治以來教育制度發達史』, 제10권, 1939, p. 658.

이러한 흐름들은 언제나 이중언어를 현실로 인정하는 한편 '국어의 제패' – 단일언어주의에 의한 이중언어 상황의 종식을 목표로 삼고 있었다. 이러한 경향은 무엇보다도 전쟁 즉 '적' 개념의 전면화와 함께 더욱 강력한 동력을 전달받았다. 병사의 언어 혹은 공적 영역의 언어로서의 국어는 크게는 전쟁과 정치를, 또 문화에 있어서는 '경성국어문단'의 창출을 낳게 되는 기화이기도 했다. 이 신체제의 문장들은 과연 '경국의 업'에 근사했고, 내선일체는 또한 내선연애의 서사로 이어졌다. 그러나 내가 여기서 설명하고 있는 것은 그 '경국의 업'이 실현되는 현실적 장소들에 노정되는 때로는 격렬하지만 사소하게 나타날 수밖에 없었던 언어적 전투·감각의 결렬에 관한 것이다.

채만식이 그려낸 「종로의 주민」 — 송영호 군의 장소감과 언어 사용을 통해 이중언어 '상황'과 단일언어 '주의' 간의 파란, 식민지 도시의 신체 지각을 읽어나가 보자.

장소적 육체와 그 경계: 고쿠고 공간과 조선어 공간

1) 「종로의 주민」, '거주 구역'과 '남부 일주' — 송영호 감독과 (검열 당한) 이쁜이

매번 '충무로의 꿈과 좌절'이라는 클리셰를 동반하곤 하는 한국 영화의 환유 — 그 옛날의 '본정통' 혹은 '혼마치도리'를 걷는 일. '혼부라' 혹은 직업전선으로의 이 걸음을 빈한한 감독 송

영호 군은 왜 굳이 '여행' 혹은 '남부 일주'라고 표현해야만 했을까.

송영호 군이 외출을 한다. 오늘도 빈털터리의 '무금속 외출'이다. 하숙집을 나서려던 바로 그때, 친우 강선필 군이 방문하게 되면서 그의 외출은 평소와는 다른 예기치 않은 길을 걷게 된다. 문자 그대로 '다른 길'을 걷게 된다는 것이다. "에구, 저 망나니를 또 만났으니." 데뷔 7년간 단 한편의 영화 밖에 찍지 못한 33세의 불운한 총각 감독 송영호 군에 대한 강선필 군의 촌철한 비아냥과 우정 어린 충고들이 산책 내내 이어진다. 그 자체로 채만식의 당대 조선 문화 비판이라 할 만한 이 구절들. 제국의 로칼^{local}이라니! 지방문화적 이그조틱함 — '그 잘난 장승만 팔아먹고 있는' 조선 영화의 진부한 감각, 신여성의 맵시를 '정신적으로다 포착해서 필름 위다가 살릴, 형화할 자신과 재주'가 모자란 영화판, 무직업 7년에도 '골낼 줄 모르는 비금속'성의 친우 송영호 군에 대한 안타깝고 뾰족한 걱정이 연이어지는 가운데 드디어 문제적 인물, '이쁜이'가 거론된다.

담배? "아니 …… 난 저기, 우리 이쁜이한테 가서 살래여." "뭣이? 정말이냐?" 강선필 군은 조금 다급해진 나머지 당장 이쁜이가 있다는 화신으로 가자고 말하지만 송영호 군은 이렇게 답한다. "차 한잔 먹구우!" 도시의 산책은 과연 도시인의 신체에 맞는 연료가 필요하다. 이 대목에서 강선필 군은 "이왕 커필 먹으려거든 커피다운 걸 먹고 다녀!"(강선필 군은 필시 메이지제과 커피를 떠올렸을지 모른다)라고 핀잔을 하고 있지만 "송영호 군에겐 이 모리나가나 또 저편짝 아세아 앞을 그냥 지나기란, 밤마다 마을을 가던 동네 사랑을 그냥 지나기처럼 섭섭한 것이었다"(「종로」: 156). 사랑방의 감각과 카페의 감각 사이에 있는 송영호 군의 이 묘한 상태.

그들은 결국 '이뿐이'에게 간다. 그러나 그것이 이 소설을 총후銃後 내내 원고지 상태로 묵히게 되는 원인이 될 줄이야. 연애는 아니고, 구경('이뿐이 구경')이며, 그런 까닭에 도색물일 까닭도 없겠으나, 문제는 이 '이뿐이'라는 별호別號가 심히 '불온'하다는 데 있다. '이뿐이'라는 명명법이 왜 문제적인가 하면, 강선필 군의 평가처럼 '이쁜 것과는 거리가 멀어서'가 아니라 '이쁜 짓'과는 거리가 멀어서이다.28) 일단 송영호 군에게만은 '이뿐이'가 왜 '이뿐이'인가 하면, 두어 달 전부터 갑자기 '섬뻑 눈에 고이게' 된 화신백화점 담배매장 여점원인 그녀가, 요즘 같은 비상시국에 암말 않고 '아무 때나 곽도 없이 두 갑이나' 선뜻 내어 파는 그야말로 '이쁜 짓'만 골라하는 '이뿐이'이기에 그렇다. 그러나 '민족 자본' 화신백화점으로 말하자면 알다시피, 누구보다 신체제에 충실코자 했던 '배급보국配給報國'에 미성微誠을 다하옵는 폐사弊社'였고, 스스로 '동로動勞는 총후훈銃後訓의 제1조'라고 광고해오지 않았던가.29) 보기에도 '움직여 일하는 것動勞'과는 거리가 먼 송영호

---

28) 오영진의 국민 시나리오 「孟進士邸の慶事」(『國民文學』, 1943년 4월호)의 주인공 이름도 이뿐이(イブニ)다. 그러나 그녀는 이그조틱하고, 지방적이며, 무엇보다도 이쁜 짓에 — 주인들(주인, 아씨, 남성)의 간택을 기다리는 정물로서 충실하다. 그녀는 로칼하고 이그조틱하게, 성차적이고 순종적으로 반도 내외의 남성 주체들의 미감을 만족시킨다. 이 작품의 성립과정과 변천에 대해서는 이영재, 『제국 일본의 조선영화』, 현실문화연구, 2008을 참조

군에게 '배급보국에 미력하나마 성의를 다하는 폐사'의 직원이 곽도 없이 담배를 썩썩 내준다는 이 사소한 청춘 드라마의 감정이야말로 일찍이 이 작품 전체를 통째로 압수한 총독부로서는 극히 밉살스레 보였을 대목이리라. 이 '비국민'이 도대체 무엇이 이쁘다는 말인가! 고도국방국가체제 확립이라는 국민총력운동에서 보자면 '물자배급에의 협력'과 '자원에의 애착'30)이 보이지 않는 이 소설은 지리멸렬한 서사와 달리 정치적으로는 극히 불온한 것일 수 있다.

'사소한 연애 감정의 이야기에 전문 삭제라니' — 과연 가혹하고 두서없는 검열이라고 혀를 내두르며 다시 읽어보면, 새삼 검열관의 안목과 '무사無私'한 법적용에 '감탄'하게 된다. 룸펜들의 지리멸렬한 나날도 그러하거니와, 미운 짓 아니 역적질을 '이쁜 짓'으로 적어 놓았으니 취조를 면하고, 전문 삭제로 그친 것만 해도 과분하다 하겠다. 마취의 통제가 얼마나 중요한 통치의 일부였는가는, 반도의 한 지방법원의 형사 사건 기소의 50~70%가 '연초전매령'과 '주세령' 위반이었다는 사실31)로도 증명

---

29) 『춘추(春秋)』(1941년 11월호), p. 16.
30) 실생활 방면의 동원을 상징하는 「총력연맹실천요강」의 실천 대강은 제1 — 사상통일, 제2 — 국민훈련, 제3 — 생활력확충이었다. 烏川僑原, 「국민총력운동의 의의와 실천요강」, 『춘추』(1941년 신년호), p. 147. 제3 — 생활력확충은 자유주의, 개인주의의 극복과 전체·국가로의 헌신을 의미하며, 이러한 논의와 담론이 당대의 여성잡지와 대중잡지를 장악했다.
31) 이철우는 1926, 1931, 1936, 1941년의 광주지방법원 순천지청의 형사사건부 분석을 통해 이 시기 형사 기소 사건의 반수 이상이 술·담배의 국가 통제와 관련되어 있었음을 밝혔다. Lee, Chulwoo, "Modernity, Legality, and Power in Korea Under Japanese Rule", Gi-Wook Shin and Michael Robinson, eds., *Colonial Modernity in Korea*, Harvard University Asia Center, 1999, pp. 40~42.

된다. '이쁠' 리가 만무했다.

1941년 2월 20일에 탈고되어 『삼천리』에 기고된 이 소설은 원래대로라면 해방 공간(『제향※날』, 1946년)이 아니라 '총후'에서 발표되어야 했다. 그러나 검열과 전문 삭제라는 군사적 메타포에도 불구하고 그것이 불온적이었던 것은 날 - 정치적이라기보다는, 아마 심층 정치문화적 사유 때문이었던 것으로 생각된다. 그도 그럴 것이, 이 소설의 룸펜들은 어떠한 '이념'과도 무관해 보이는 자들이요, 실상 소설은 적어도 표면적으로는 이념과는 별무상관인 '장소'의 소설로 쓰여졌기 때문이다.32)

장소라고? 이 소설의 주인공은 역시 종로라고 해야 옳을 것이다. 왜냐하면 표면적인 주인공인 송영호 군에게 있어 종로는 그야말로 몸 그 자체, 스스로의 일부이기 때문이다. 이 감각을 조금 드러내보자.

---

32) 물론 그렇다고 이 소설이 시대의 기준에 비추어 '건전'했다고 보기는 어렵다. 검열사유서를 확인할 수는 없으나 그 불건전성 혹은 불온성은 세 가지로 추측해볼 수 있다. 첫째, 빈 담배곽을 가져가야 다른 한 갑을 살 수 있는 '배급'의 본의를 어긴 채 곽도 없이 담배 두 갑을 내주는 판매원 처녀를 감히 '이쁜이'라 칭했으며, 이런 작당을 '이쁜 짓'으로 묘사했다. 둘째, 총동원에 힘써야 할 이때 산보와 카페로 그득 찬 룸펜들의 한심한 일과를 그렸다. 셋째, 총후봉공(銃後奉公)과 관련된 문화영화를 예술영화에 대립시켜 허섭쓰레기 같은 일로 묘사함으로써 선전전의 대의를 훼손했다. 채만식의 『제향날』에 수록된 여섯 편의 작품 중 두 편은 전문 삭제를, 나머지는 적어도 한 번씩은 검열에 제출했다가 '삭제의 적인(赤印)을 맞았다.' 채만식은 이를 출판하는 일이 해방된 오늘에서 보자면 "무의(無意)한 줄로 말하는 이가 없지 아니하냐" 1937~1941년에 이르는 총후 시기의 조선문학이 "작품의 혁명적인 내용에 있어서나, 혹은 순수한 예술적인 면에서, 또 혹은 그다지도 엄밀한 검열과 가혹한 문화 말살정치 밑에서 그래도 붓끝만은 굴복하지 아니하고 그만침한 것들을 써내었다는 각각 작가들의 지조라는 것이 엿보인다는 점에 있어서, 오늘날 다시금 세상에 나어놓아 조금치도 부끄럼이 없는 — 오히려 소리쳐 자랑을 하여도 좋을 작품들이 허다히 있다"고 말하고 있다(「제향날」 作家 小記). 『채만식전집 8』, p. 607.

곽도 없이 담배 두 갑을 단숨에 사내는 시범을 보인 송영호 군은 강선필 군에게 이뿐이가 이뿐이가 된 자초지정을 들려준다. 바로 이 대목에서 송영호 군의 예의 그 장소감 — '거주 구역'과 '여행'의 감각 혹은 미각(채만식은 경성의 조선인 거주 지역을 '두고 먹는 골'이라고 표현했다)이 돌출한다. 그런데 이 경계는 왜 하필 모리나가森永인가. 모리나가 역시 혼마치의 내지 기업들처럼 '일본에 서양과자를 보급시키자'라는 미국 유학생 모리나가 타이이치로(森永太一郞: 1865~1937년)의 일본적 꿈의 실현이자 제국주의적 확산이 아니었던가. 그러니까 도자기 중개에 실패하고 양과자로 성공한 모리나가33)와, 근대의 첨단 매체로 여전히 장승이나 파고 있는 조선 감독이 될 법한 결합인가.

그런데 장소적으로 보면 그게 썩 어울리지 않는 것만도 아니다. 모리나가 캔디 스토어는 경성우편국(중앙우체국) 옆 충무로 길로 들어가자마자 우체국 담장에 이어져 있던 곳이다. 모더니스트 이상이나 박태원이 즐겨 다녔다는 메이지제과나 기타무라 상회와 같은 개방적인 외벽과 달리 1층의 점포와 쇼윈도를 제외하고는 폐쇄적인 양식을 고수하고 있었고, 군의 물자부족에 조응해 외벽 마감 역시 타일로 두른 그런 공간34)이었다. 적당히 모던하고 적당히 진부한 '군'에게는 맞춤인 셈이다. 하지만 무엇보다 서울역과 비슷한 붉은색 벽돌로 만들어진 르네상스식 경성우

---

33) 北川晃二, 『太一郞物語: 森永太一郞という男』, オリオン社, 1963을 참고. '모리나가 세이카(森永製菓)'는 1944년 일본육군과 합작으로 일본 최초로 페니실린을 만드는 데도 성공한다.

34) 서울특별시시편찬위원회, 『서울건축사』(서울역사총서 2), 서울특별시, 1999, p. 762.

체국과 그곳의 담장 옆의 모리나가는 혼마치로 들어가는 '입구'35) — 그러니까 제국의 문턱이었다. 그는 이 장소를 스스로의 신체적 경계로 삼고 있었던 것이다.

하여튼 좀 더 모던한 강선필 군의 팔에 이끌려 '경성우편국 앞의 고소한 커피 냄새 훙건한' 유혹을 건너 이들은 "미쓰꼬시[지금의 신세계 백화점 본점]로 올라가 한잔씩 먹고, 내려와서 본정통 어귀부터 천천히 더듬어 간다. 광문당을 거쳐, 대판옥을 들러, 가네보오로 다리 마루쩡까지"(「종로」: p. 160).

소설은 '드디어 남부 일주의 여행을 마치고 둘이가 정자옥 앞에서, 다시 종로를 향하여 걷기 시작'했다고 썼지만 실제로 오후 네시까지의 남부 일주기는 기껏해야 '광문당에서 관능적이라 소문 자자한 모랑의 『밤이 열리다』 한 권 산' 것밖에 기록되어 있지 않다. 모리나가의 저편에 대한 기록은 채 열 줄을 넘기지 못한다. 채만식은 송영호 군의 궤적에 놓인 모든 지명을 한글식으로 읽고 기록한다. 무엇 때문일까.

회심의 영화 기획이 엎어지고, 겨우 문화 영화 <인조견이 되기까지>로 생계비를 벌게 된 송영호 군의 저 장소감으로 돌아가보자. 명치좌에서의 이뿐이와 우연한 조우 기회를 숫기 없게 놓친 송영호 군은 문화 영화를 찍고 돌아와 다시 종로로 향한다. 석양이 다 되었는데도 '종로가 궁금하여 하숙집을 나'선 것이다.

---

35) 사진상으로도 모리나가 저쪽부터는 완전한 일본어 간판들과 일본 복식의 세계이다. 노형석·이종학, 앞의 책, p. 60.

이뿐이? 물론 보고 싶었다. 그러나 특별히, 이뿐이만 보고 싶어서가 아니었다. 이뿐이, 모리나가, 커피, S를 비롯하여 여러 사람 아는 친구들, 이러게들이 있는 종로. 종로가 궁금한 것이고, 이뿐이가 보고 싶은 것도 그러한 종로가 궁금함의 일부분이었다. …… [중략] 언제고 시골을 다녀온 때면 그러하듯이, 종로는 송영호 군에게 새삼스러이 반가웠다. 모든 것이 다 눈에 익은 그대로요, 차악 안기었다. 사실이지 송영호 군은, 그의 하숙집을 나와서 공원 앞을 지나 네거리까지 이르는 그동안이, 가령 장인^{匠人}으로 치면 수십 년 갖고 쓰던 연장과 같은 것이었다. 하나도 생소하고 어색함이 없이 가늠이 잘 들어맞는 것이었다. 어디는 무슨 가게가 있고, 어떤 가게는 몇 층이고, 진열창은 어떻게 생기고, 간판은 어떻고, 점원은, 주인은 어떻게 생긴 사람이고, 가로수는 어떤 포기가 어떻게 생기고, 포도는 어디께가 상하고, 어디쯤엔 무얼 파는 노점상인이 앉았고 …… 이렇게 눈을 감아도 훵하니 알아 낼 수가 있었다. 그리고 그런 것들이 모두가, 잘 맞는 낡은 구두처럼 임의롭고 정다운 것이었다. 송영호군은 맘껏 종로를 정다워하면서, 이윽고 모리나가까지 와서 우선 전화를 했다(「종로」: 167).

그러니까, 모리나가'까지' 와서 전화하는 것이다. 송영호 군은 이렇게 신체화된 장소의 한계에서, 원격 공간으로 어물쩍 넘어간다. 장소, 채만식의 표현대로라면 신체적 '임의^{任意}로움'이 문제인 것이다.

이 소설의 초반은 박태원이 이상을 테마로 그려낸 짝패들 소설처럼 일종의 도회적 우정에 대한 소설처럼 보인다. 그러나 이뿐이의 등장 이후 소설은 갑자기 연애소설인가 싶게 이동한다. 그러나 이 또한 '연애는 아니고' 썩 허망한 감정의 소극(笑劇)임이 드러날 때, 이 소설은 '장소'의 소설로 되돌아온다. 그 모든 일이 '종로'라는 신체화된 장소들에서 일어나고 있으며, 그 장소만이 송영호 군에겐 위안이고 주체의 확인이며 하나의 사건이다. 그에게 종로는 수의근(隨意筋)처럼 임의롭게 움직일 수 있는 의지의 연장 — 즉 신체에 가까이 간다. 채만식은 이 '몸이 연장된 장소'를 의지의 실현 이상의 무엇으로 이야기하는 듯하다.

소설은 내내 종로에 대한 주인공의 육체적 밀착과 그에 얽힌 감정을 언어화해간다. 그것은 착 안기며, 눈에 익으며, 가슴이 잘 들어맞는 것이자 장인의 오래 쓴 연장처럼 혹은 잘 맞는 낡은 구두처럼 자유로운 것이다. 이처럼 완전히 육체를 향해 자연화된 장소들을 마르크스가 말한 신체의 확장 — '비유기적 신체'라고 부를 수는 없을까.

2) 모리나가, 비유기적 신체의 한계 지점 — '국어' 공간의 신체와 '조선어' 장소의 신체

마르크스는 『1844년의 경제학·철학 초고』에서 외적 세계로서의 자연을 '비유기적 신체'라는 말로 표현하고 있다. 유기적 육체 안에 갇혀 있는 인간의 생존은 자연을 자신의 비유기적 신체로 느끼고 교호함으로써 얻어지는 '생활'에 다름 아니라는 것이다. 그렇다고 할 때 장소들의 점유, 아니 점유를 넘은 신체화는 장소 전체를 자신의 비유기적 신체로 느끼는 일, 즉 어떤 종

류의 감각의 착란을 동반한다. 인간의 신체, 인간이 횡단하는 장소는 단순한 육체성에서 벗어나 감각·지각·장소·육체가 하나된 결합에 접근하게 된다. "자연이 인간의 몸 자체는 아닌 한에서, 말하자면 자연은 인간의 비유기적 몸inorganic body이다."36) 몸의 구멍과 피부를 통해 비유기적 몸, 즉 자연으로 연결되는 인간 기계organic machine. 마르크스는 노동 개념과 관련된 자연에 대해 그렇게 말했지만 우리는 도시 속의 생존과 생활 세계가 이미 자연과 더 이상 구별되지 않음을 알고 있다.

나아가 동시에 자본주의 문명의 사적 소유 제도는 유적類的 실존을 가능케 하는 감각, 비유기적 몸(자연)과 교호하는 인간의 모든 감각기관을 '가짐所有'이라는 감각으로 대체하여 버린다. 그럼으로써 사적 소유에 의존하는 자본의 체제를 영구적인 것으로 구축할 수 있기 때문이다. 혼마치야말로 바로 그러한 공간이었다.

애초에 빈한한 감독 송영호 군은 '비금속'의 처지였다. 도시는 근대인의 자연이지만 자본에 점유당한 '관리되는 자연'(아도르노)이다. 도드라지는 점은 그럼에도 불구하고 그가 미디어적 확장 — 영화라는 '연결'의 매체에 인생을 걸어왔다는 점이다. 제국의 자본주의 — 경성 남부의 거리에 있어서 '가짐'이라는 감각의 권능은 오감五感을 포함한 모든 육체적·정신적 감각들을 대신하여

---

36) Karl Marx, "Economic and Philosophic Manuscripts"(1844), *Early Writings*, tans. by Rodney Livingstone & Gregor Benton, Penguin Books, p. 328. 이하의 논의는 이 책과 칼 맑스, 『1844년의 경제학·철학 초고』(최인호 옮김), 박종철출판사, 1991의 번역을 대부분 참고했다.

거의 모든 인간의 감성과 행위를 결정적으로 좌우했다. 그러나 송영호 감독의 운명 같은 무소유가 그러한 유혹을 유혹이 아니라 '구경'의 감각으로 뒤바꾸어 놓고 있는 것이다. 경성 북쪽의 '이들'은 가질 수 없고, 그래서 경성 남쪽의 '그곳'은 구경의 공간으로 남는다. 신체를 훑고 지나가는 후끈한 미혹의 대상은 그렇게 여전히 비신체적 영역으로 남아 있었다.

우리가 여기서 "사적 소유의 지양은 모든 인간적 감각들과 속성들의 완전한 해방이다"(『초고』: 302)라는 마르크스의 감성적 해방론을 거론하는 것은 물론 좀 과하고도 호들갑스러운 일이다. '다르게 느끼라, 다르게 향유하라'는 마르크스의 명제가 이미 '다르게 태어났다, 다르게 느낀다'라는 박탈의 양식으로 전도되어 있기 때문이다. 그러나 이 신체가 제국의 자본 혹은 제국의 지리(그것은 장소가 아니라 '지리'이다)와 어떤 결렬 관계에 있다고는 말할 수 있을 것이다.

나는 채만식이 왜 남부를 건너뛰는지, 왜 종로를 '착 안는지'를 설명하고 있다. 젊은 마르크스는 헤겔의 철학을 감각론적으로 전도시켜, "사유 자체의 요소이자 생활 표명의 요소인 언어(조차)도 감각적 자연이다"(『초고』: 307)라고 말했다. 요컨대 그 언어는 어떤 생략(일주기 없는 남부 일주)과 한계(모리나가)를 통해 자신이 살고 있던 장소와 존재의 조건을 드러낸다. 나무 한 잎, 노점 노인 하나까지를 쓰는, 채만식의 조선어는 혼마치를 단숨에, 통째로 통과해버린다. 그러니까, 채만식은 경성의 국어를 비자연화하고 있었던 것은 아닐까. '국어'의 공간을 조선어적 신체 외부에 두고 싶었던 것은 아닐까.

채만식은 다른 '길'을 걷는다. 비유가 아니라 실제로 그렇다. 송영호 군의 산책과도 같이. 나는 여기서 단순히 채만식과 같은 '민족' 작가들이나 조선의 지식인들의 삶이 하숙집, (파고다) 공원, 종로 네거리, 모리나가, 화신에 이르는 동선을 좀처럼 초과하지 못했으라고 말하는 것이 아니다. 더구나 이상, 박태원과 같은 모더니스트들의 장소적 횡단을 반복해 강조할 생각도 전혀 없다. 국경의 월경 — 현해탄 콤플렉스를 묘사하는 일보다 더 어려운 것은 '숨겨진 차원'으로서의 내적 국경을 보여주는 일일 수 있다. 현해탄은 만연해 있었고, '국어' 또한 그러했다. 그처럼 만연한 공기 속에서 내적 국경을 묘사하는 일이, 바로 저 '감각적 자연의 언어' — 조선어를 통해 비유기적 신체의 비유로 제시되고 있다고 말해보면 어떨까. '국어' 공간의 담론 질서 속에서 제국적 신체의 암이나 혹처럼 간주된 '조선어'에 대해 그 나름으로 항의하고 있었던 것은 아닐까.

채만식은 '국어적 공간'을 신체와 언어의 저편에 두는 그런 방식으로 '국어'를 거부 — 적어도 '비자연화・비신체화'하고 있었던 것은 아닐까. 이뽄이를 '멀끔하게 좋게 생긴' 남자에게 속절없이 빼앗기는, 아니 '때우고, 놓치고 마는' 그런 서사를 통해 그는 어떤 '빈 입'의 공허를 보여주고 있는 것은 아닐까.

과연 이 시기 채만식의 연작들은 그가 한 번도 쓴 적 없는 '빈 입', 빈 집, 빈 사상, 빈 주머니, 비어버린 소설의 소재들(실은 금지된 그것)에 대해 그가 그토록 혐오했던 일본 사소설식의 어조로 써나가고 있다. 소설로 쓸 수 없는 소설, 말할 수 없는 말에 대해서. 만연 현해탄, 만연 고쿠고(국어) — 상징보다 더욱 포착하기 힘든 감각이 만연한 감각이자 정서이기에 나는 그렇게 경성 지리의 숨겨진 차원을 여기서 보고 감탄한다.

송영호 군은 내내 '종로로 돌아왔다'고, '본정과 명치정을 일주하고 맴돌았다'[강조는 인용자]고 쓴다. '현해탄'이라는 상징 속에서 식민지의 사유는 거의 대개 반도 – 내지라는 어떤 절대적 지리의 토대 위에 언급되곤 한다. 현해탄이라는 망망한 공간은 거의 언제나 근대의 양과 무의식을 재는 시간화된 지리의 언어에 의해 점유되어 왔다. 공간은 '근대'라는 지표를 통해 진보와 문명의 흐름 안으로 시간화되었다. 이러한 진보적 시간의 사상 속에서 장소를 사는 주민의 '감각'은 곧 사라져갈 허무한 것이 되고 만다. 그런 의미에서 푸코의 다음과 같은 말은 현해탄이나 근대적 시간, 주체 개념이 얼마나 허약한지, 허약할 뿐 아니라 진화와 식민의 논리에 얼마나 '착 안기는' 무엇인지를 생각해보게 한다.

> 비평은 공간의 가치절하에 의해 수행되었고, 이것이 동시대를 압도해 왔다. 베르그송과 함께였을까 아니면 그 이전부터 그랬던 것일까? 공간은 죽은 것, 고정된 것, 변증법적이지 않은 것, 부동의 것으로 다루어져 왔다. 반대로 시간은 풍부함, 비옥함, 삶, 변증법적인 것이었다. 삶의 연속성, 유기적 발전, 의식의 진보 혹은 실존의 기획과 같은 진화의 오래된 도식과 함께한 역사에 있어서 공간적 개념은 반역사적인 공

기를 가진 것처럼 보였던 것이다. 그들은 이식^{implantation}과 분할^{delimitation}, 그리고 대상들의 한계 설정, 도표의 양식, 영토의 편제가 역사적인 것, 즉 말할 것도 없이 권력의 공정 — 역사적인 것들에 어떠한 도움을 제공하는지를 전혀 모르고 있다.37)

공간 — 특히 장소는 시간으로 환원되어 언급될 수 없으며, 그 자체로 충분히 역사적이고 이데올로기적이다. 그리고 무엇보다 '감각'적이다. 초두에 언급한 백철의 '명동 그리니치빌리지'론이 암시하듯 경험 형식으로서의 공간은 '시간' 속에서 밀도가 재어져 왔지만 장소는 그 자체로 충만한 의미이다.

경성은 언제나 지도 위에 존재하는 '절대적 공간'으로 표시되거나 도쿄 혹은 메트로폴리탄과의 거리를 재는 '상대적 공간'으로 인지되어 왔으며, 어떤 '관계적 공간'으로서는 비평적 술어를 얻지 못해왔다.38) 아름다움이나 가여움 혹은 야만의 이그조틱함으로 이미지화되거나, 얼치기 모더니티 혹은 안심해도 될 빈약성으로 심상지리화^{心象地理化}된 내지의 반도 감각은 말할 것도 없다.

흔히 공간성은 시간성 혹은 역사성의 상대어이고, 지리^{geography}는 인문^{biography}의 상대어라고들 해왔다.39) 그리고 그런 의미에서라면 지리는 '인간의 삶과 문학^{人文}'의 반대쪽에 외따로 있는 것처

---

37) Michel Foucault, "Questions on Geography", in C. Gordon(edit), *Power/Knowledge : Selected Interviews and Other Writings 1972~1977*, pp. 70~71.
38) 이러한 분류는 데이비드 하비에 의해 제안되었다. David Harvey, *Geographical Knowledges/Political Power*, UCI Welleck Library Lecture(2005년 5월 17일~5월 18일).
39) Edward W. Soja, *Postmodern Geography*, Verso, 1989, p. 22.

럼 아니면 그 삶을 전체적으로 규율하는 보다 형이상학적이고 우주론적인 질서의 일부로서 인식되어 왔다고 말해도 좋으리라. 물론 이러한 도식은 천문·인문·지리를 나누는 전통적 지리지(地理志)의 관점 속에도 상존해왔다. 서울 건너의 남쪽을 다룬 한 지리지는 이렇게 쓰고 있다.

> 고금의 역사를 쓰는 자들이 대대로 천문지(天文志)와 오행전(五行傳) 같은 것은 말하면서도 왜 지리는 말하는 사람이 없는가. …… 지리란 해와 달과 별의 이른바 삼광(三光)이 그려내는 하늘의 무늬인 천문에 대비해 땅의 결을 말함이다. 천문이 삼광이 그려낸 무늬인 데 비해 지리를 구성하는 것은 산으로 날줄을 삼고 물을 씨줄로 한다.[40]

그 전제에 천지인(天地人) 3재의 움직임이나 운동 — 그러니까 연결이 없는 것은 아니겠으나 이러한 우주론적 담론의 틀에 있어, 개개인 간의 신체화된 감각이나 장소의 구체적 역사성들은 희미해지고 만다.

그러나 장소론적 사유 속에서 보자면, 지리는 인간의 삶 자체이고, 공간은 역사의 전장이다. 신체는 스스로 '몸 둘 바'를 알고 있는데, 장소가 신체의 확장이기에 그렇다. 방위와 축적이라는 절대적 지리 개념에 의해, 혹은 문화적 산물로서의 모더니티의 역사성과 식민지-제국이라는 상대적 지리 개념에 의해 점유되어 온 경성. 그러나 어떤 감각과 사고의 한계들을 표시하지 않는

---

[40] 홍경모(洪敬謨), 「序」, 『重訂南漢志』, 오성·김세민 역, 하남시 역사박물관, 2005.

한에서라면 백화점, 박람회, 카페가 몇 개였던 그 무슨 상관이겠는가. 공간의 '모더니티'라는 일반 논리 속에서 언급되는 그 많은 도시론인들 무슨 소용 있겠는가. 삶의 경계들을 표시하지 않는 사고, 식민지 도시를 근대의 양으로 재는 사고는 결국 아무것도 알지 못한다.

이식을 거부하는 몸 혹은 환부에 가서 서있는 몸이 거기에 있다. 우리는 우리의 신체가 공간 안에 있다고, 더욱이 시간 안에 있다고 말해서는 안 된다. 그것은 공간과 시간에 거주^{residence}한다.41) 그것은 지각의 현상으로도 그러하지만 정치적 주체 — 시민권의 확보를 위해서도 그렇다. 채만식이 '종로의 주인'이라는 가짐의 감각이 아니라 「종로의 주민」이라는 삶의 감각을 표제로 삼았던 것도 우연만은 아니리라. 구경과 여행을 식민지적 삶의 보편 양식으로 과장해서도 안 되고, 하나의 장소를 역사의 시간 위에서 본질화하거나 단계화해서도 안 된다. 언제나 그렇듯이 제일 잘 말하는 방법은 '한계'를 드러내는 일이다.

애도^{哀悼} 게이죠, 호상^{好喪} 게이죠: 공간에서 장소로

식민지 도시의 편제를 묘파한 「종로의 주민」의 주인공이 다름 아닌 장소들 자체라고 했지만 어쨌든 이 소설의 중심축은 '송영호 군'과 '이뿐이'의 실패한 연애담이다. 장소는 송영호 군 자체

---

41) 메를로-퐁티, 『지각의 현상학』, 류의근 옮김, 문학과지성사, 2004.

이기에, 여기에는 흔히 우리가 내러티브를 분석할 때 거론하는 그런 종류의 갈등은 존재하지 않는다. 다만 이 장소의 소설에 장소적 갈등이 있다면, 이는 모리나가의 남북 사이에서 일어난다. 그러나 모리나가 남쪽의 주민 – 메이지도리를 신체의 일부로 삼는 사람이 한 사람도 등장하지 않기에 이 갈등은 보기에 따라서는 지리멸렬한 종류의 것이다.

식민지 문학에 일본인이 그토록 드물게 등장하고 있다는 사실은 불가사의하다. 대량 이주에 의한 사회 재편에도 불구하고 경성 혹은 조선 전체를 배경으로 한 소설들에는 혼혈아와 같은 문제를 다룬 것이 거의 한 손에 꼽을 정도뿐이다. 문학 내적으로 보아 이는 일본인이라는 식민자를 다루는 순간 정치적 이슈들이 한꺼번에 문제시되고, 그러한 이슈들이 결국 검열이나 정치적 입장에 대한 유추의 단서가 될 수 있었기 때문일지 모른다.

그러나 또한 여기에는 인종적 유사성을 더욱 정교한 분리 정책apartheid과 차이의 확보를 통해 마름질하려 했던 제국의 식민 정책도 개입해 있었을 것이다. 예컨대 이른바 '내선결혼'이 이슈화 가능할 정도의 양적 팽창을 보여주지 못했다는 사실 역시 그 구체적 사례 중 하나일 것이다. 「내선인통혼민적수속內鮮人通婚民籍手續」에 대한 보고[42]는 1930년대 말 이후의 '내선일체' 논리가 이러한 현실적 분리를 강제적으로 압착시키는 것이었음을 드러내준다.

---

42) 내선결혼이 공론장에 등장한 것은 영친왕의 결혼이 기화가 되었다. 실제로 그 이전에는 내선결혼 자체가 호적상의 문제를 야기했고, 편법적으로만 허용되었다(『朝鮮』, 1921年 9月號 p. 95). 정작 내선일체론이 본격화되는 1934년 이후 중일전쟁 이후의 통계를 얻지 못해 아쉽다.

1925년을 기준으로 내선결혼의 총수는 360쌍인 것으로 조사된다. 이러한 숫자는 1933년에는 1,029쌍으로 늘어나지만 경이적인 숫자는 아니다.

1925년	1933년
내지인 남성 조선인 부인 125	내지인 남성 조선인 부인 589
조선인 남성 내지인 부인 203	조선인 남성 내지인 부인 377
조선인으로 내지인 집에 입적 23	조선인이 내지인 집에 입적 48
내지인이 조선인 집에 입적 9	내지인이 조선인 집에 입적 15
<1925, 『조선』, 1926년 7월호, p. 38>	<1933, 『조선』, 1934년 5월호, p. 135>

500만 이상이 될 부부 중 1,000명의 (국제결혼 아닌) 국제결혼이란 리얼리즘적 전형이 되기에는 부족한 숫자다. 물론 제국과 조선의 문학이 식민지 문제를 회피해온 측면을 무시할 수는 없다. 그들은 다루지 않았고, 또 다룰 수 없었다. 조선문학은 더욱 리얼한 눈앞의 소수자들 — 계급적·정치적 소수자를 다루는 데 정력을 기울였다. 식민지와 도시성, 문화적 잡종 현상이란 제국 정치에 있어서도, 민족 정치에 있어서도 다루기 쉽지 않은 주제였다. 염상섭이 「남충서」(1927년)를 왜 오직 경제와 관련해서 써나가려 했는지, 그러나 왜 결국 미완의 것으로 남겨둘 수밖에 없었는지를 생각하면 쉬울 것이다. 내선결혼에 관한 문학은 근본적으로 정치적 협력의 비유인 경우가 대부분이었다.

도시의 거리를 산책하며 서로 다른 모어를 쓰는 사람을 만나 연애하고 결혼하는 따위의 일은 좀체 일어나지 않았다. 일어날 수 없었다. 농촌에는 일본인이 드물었고, 도시는 민족에 따른 선연한 분리 거주가 이루어지고 있었다. 눈에 보이지 않았고, 글로 드러내기 힘들었으리라.

흔히 한국 식민지 문학의 특성으로 이야기되곤 하는 인종 문제의 빈곤, 공간의 농촌 편중, 식민지성의 농민문학화 등은 실제의 반영이면서, 이러한 요소들의 대상화에 있어서 겪게 되는 식민지 작가들의 어려움을 암시한다. 식민자의 차별 담론은 동화의 표방과 함께 더욱 정교해졌으며, 어떤 의미에서 조선 작가들은 차라리 이러한 식민지의 잡종성을 거의 의식적으로 '간과'함으로써 내적 국경을 표시하고 있었는지 모른다. 메이지제과에는 모던과 제국이 함께 있었다. 식민지 문학의 일본인 배제는 일본 문학의 조선인 배제와 연동하는 듯 보이면서 실제로는 차별에 대한 저항의 성격을 갖는다. (어떤) 경성 문학은 그런 의미에서 조선이 '식민지'라는 사실을 가장 표상적으로 드러내는 장소의 소설에 육박한다(나는 채만식의 「종로의 주민」과 함께 김사량의 일본어 소설 「천마」를 염두에 두고 있다).

채만식은 「종로의 주민」을 통해 바로 이러한 식민지 도시 경성을 정면으로 언급한다. 역설적인 말이지만 이것이 '정면'의 묘사인 이유는 채만식이 식민지 도시의 '측면' — 즉 경성의 반쪽만을 다루었기 때문에 가능했다. 「종로의 주민」은 식민지 도시 경성에 커다란 문턱이 있었음을 지각과 감각의 수사를 통해 알려주며, 식민지 경성의 연애가 어떤 것인지를 말해준다. '구경의 공간'에서 거주의 짝을 찾기란 쉽지 않은 일이다. 각각의 장소들을 신체화하고 있던 내선內鮮의 남녀들이 한 몸(일체一體)이 되기 위해서는 좀 더 높은 수준의 정치성이나 좀 더 발본적인 수준의 공간적 협착이 필요했다. 송감독은 조선의 이쁜이를 만나고, 조선인의 거리를 걸으며, 메이지제과의 문턱 모라나가에서 멈춘다. 어떤 의미에서 1942년의 「종로의 주민」은 내선일체의 공기와는 무관하다는 듯 쓰여졌다. 하지만 당대의 사정들을 들여다보면 이 소설이야말로 이 증언이 공간의 단일언어적 협착에의 두려움에 소극적이나마 어떤 저항을 하고 있음을 알게 된다.

시대를 지우고 이 도시 계열의 소설을 읽는다면, 혹자는 이렇게 물을 수 있다. 어쩌면 송영호 군으로 말하자면, 식민자 측에서 행해지는 이식과 분할, 그리고 대상들의 한계 설정, 영토의 편제 — 즉, 권력의 공정에 무의식적으로 순종하고 있는 사람에 지나지 않은 것이 아닐까? 그러나 모두가 그러한 공간을 넘어 스스로의 장소를 벗어나려 했던 바로 그 장소, 그 시간에 그 문턱을 또렷이 보여주는 이 공정 자체가 권력의 공정에 반해 있다고 말하는 편이 옳으리라. 검열의 흔적이 저항을 증명해주지는 않는다. 그러나 검열이 늘 자신이 행한 일을 사회적 안전보장으로 자임한다는 점에서, 삭제된 글자들은 문제적 대상 — 해명의 도화선이 된다. 그때 무엇이 '불온'한 것이었는가.

최근 20년 동안 새롭게 정의되어온 '공간'은 그간의 새로운 정의에 있어서 보다 기획적^{strategic}이고 보다 포괄적이며, 일종의 전략들의 싸움터로 인식되어 왔다. 그런 의미에서 '공간'이라는 범주의 사용은 그 나름의 의의도 크다. 우리는 파리나 뉴욕, 라틴 아메리카의 도시들에 대한 공간 연구들을 통해 공간이 자본의 순환을 위한 기획이나 식민주의의 표상적 재현이라는 틀 속에서 설명될 수 있음을 알고 있다. 미셸 푸코나 데이비드 하비 등에 의해 공간이 규율의 형식, 정치적 기획의 신체화로 설명되어 온 이후 식민지연구 역시 공간 문제를 중요한 테마로 다루고 있다. 요컨대 공간 분석이라는 기획은 정치와 문화의 기획들을 드러낸다는 의미에서 중요한 '의미가 있다.'

그러나 공간^{space}이 전략이자 이데올로기라면, 장소^{topos}는 신체의 감각 혹은 지각 현상에 가까운 것으로 나타난다. 감각^{sense}은 신체 내부로부터 시작해 외부와 연결되고, 지각^{perception}은 신체 외부로부터 내부에 이른다. 장소^{topos}에서 문제가 되는 것은 신체이자, (전략이 아니라) 문제^{topic} 자체이다(한국 문학에 있어서의 장소와 공간에 대한 좀 더 자세한 해명은 별도의 기회를 기다려 논할 수 있을 것이다). 여전히 공간^{空間}이라는 말에는, 주관에 작용하는 경험의 시공간적 형식이라는 칸트적 뉘앙스가 따라다닌다. 한국어의 공간은 여전히 계획과 건축을 기다리는 '텅 빈 공터'로서 이미지화된다. '장소'는 진부하지만 구체적이다. 한 개인의 경험적 진실을 다루는 문학에서 우리는 그 경험의 진폭을 '장소'라는 개념을 통해 훨씬 가까이 이해할 수 있을지 모른다.

언어가 혀와 입과 허파라는 신체의 발화 기관을 이용해 의지의 표명을 '임의롭게' 하듯이 장소는 팔과 다리와 오감을 통해 인간의 신체를 자연 세계로 이어준다. 아니 언어와 장소는 신체 자체이거나, 적어도 확장된 신체·연장된 몸이다.

만약 어떤 개인이 어떤 언어, 혹은 어떤 장소에서 아주 구체적인 신체의 불편이나 위화감을 경험하게 될 때 그 언어와 장소는 틀림없이 그의 것이 아니다. 그러나 때때로 우리는 어떤 강력한 요청과 명령에 의해 말을 잃거나 길을 잃게 된다. 아니, 우리는 비신체적 언어나 비신체적 장소에서 언어와 장소감 모두를 '동시에' 잃는다. 「종로의 주민」이라는 조선어 소설은 '국어(일본어)'의 '공간'에 들어서자마자 언어화에 실패한 채 그 공간을 '맴돈다.' 그 공간이 완전히 낯선 것이 아님에도 불구하고 송영호 군의 경우는 그렇다. '국어'를 택한 「천마」(김사량)의 겐류가 조선인 거리의 묘사에 어려움을 겪는 것과 비교할 때, 과연 장소와 언어는 신체이고 지각이다. 경성의 남쪽은 일본인의 '장소'이되 부유하는 공간이다. 그들이 떠나려 하거나, 떠나왔다고 믿기에.

이 신체화된 말과 장소를 버릴 것을 요구할 때, 또 이 요구가 정치적・경제적・사법적 구속이나 폭력과 연결될 때, 이 신체는 일종의 '점령 상태'에 빠지게 된다. 이는 신체의 '강점强占'으로 표현될 수 있다. 하나의 신체가 두 개의 장소에 있을 수는 없으며(채만식의 아포리아), 마찬가지로 하나의 장소를 두 개의 신체가 점유하는 것도 불가능하다(나쓰메 소세키의 아포리아). 그것을 가능하다고 믿게 하는 이데올로기와 가능한 척 하도록 하는 폭력이 있을 뿐이다. '일제 강점기'라는 역사적 시대 구분이 여전히 유효할 수 있다면, 그 강점의 실체를 미분微分해가서 만나는 것은 바로 날것 그대로의 우리의 벌거벗은 삶이 될 것이다. 이 벌거벗은 삶이 자신의 감각들로부터 스스로의 의지를 실현해가려 할 때, 이 삶은 반쪽짜리 감각을 통해서 해나갈 수밖에 없고, 당연히 그는 세계의 반만 느낄 수 있는 일종의 '반편'이 된다. '조센진노 빠가.' 그러나 감각은 그 자체로 단독적인 것이기에 완전한 감각이란 어디에도 없다. 1942년 무렵의 조선에 있어서 그 감각을 '반편'의 감각으로 만드는 것은 신체적 강점을 행하는 식민자의 감성일 뿐이다. 장소와 언어는 그래서 식민지 도시의 표상 체계, 감각적 경험의 중요한 지표가 된다.

"금일 일본이 행사하는 군대는 일본의 국체와 민족 이념의 표상에 다름 아니다"(야스다 요주로)라고 했을 때, 거기에 없는 것은 바로 그들의 신체와 감각이다. 그 병사들의 장소와 몸이란 국가적인 상상을 통해서만 짐작 가능할 뿐이다. 「종로의 주민」이라는 소품 — 이 픽션은 그 '신체 없는 이념의 픽션'됨을 극히 에둘러 표시하고 있다. 신체는 정치적 표상이라기보다는 자연이라는 비유기적 신체를 향해 열린 지각이고 감각이다.

나는 오랫동안 식민지 시대의 도시론과 문화론이 갖는 이데올로기적 함정에 대해 의식해왔다. 그리고 이러한 논의가 경성 모더니즘론과 명동의 낭만을 통과해 어떤 '망각'에 이르는 과정에 대해 모종의 의혹을 가져왔다. 그러나 도시 문화론에는 간단히 식민성의 간과라고만 비판될 수 없는 의의들도 없지 않았다. 도시성과 얽힌 많은 가치(해방된 여성, 욕망, 연애, 소비, 모드)들이 식민지 당대부터 오늘에 이르기까지 수많은 대중잡지와 매체들을 통해 시종일관 마초적이고 보수적인 비판들을 받아왔기에, 또 그러한 도시문화 연구들이 기왕의 민족문학사적 맹목성들을 제어하고 탈구축하려는 전략의 일부였다는 점에서 이 주제는 간단히 말하기 어려운 복합성 역시 갖고 있다. 그러나 분명한 것은 그들이 스스로의 한계와 문턱들에 대해서는 좀처럼 언급하지 않아 왔다는 사실이다. 간소하나마 이 글이 식민지 도시 문제에 대한 기왕의 논의의 경계들을 조금이라도 밝혀주었다면 다행이겠다.

채만식은 이 작품이 수록된 작품집 제목을 '넋 잔치'라는 뜻에서 『제향날』이라 붙였다. 해방된 '서울'을 살고 감각할 수 있었기에 비로소 빛을 보게 된 이 작품에서 '게이죠(경성)'의 죽음이란 호상에 다름 아니었던 까닭이다. 이 잔치 같은 초상의 문객으로 시간병자時間病者 그리니치 씨가 참석했다는 것, 그의 병이 풍토화되어 후기 식민지인의 장소들에서 낭만화되었다는 것도 부기해둘 만한 사건이다.

2

|

전향과 저항의 생명정치
'국교도'의 변비, '이슬람교도'의 설사

언어라는 바로 그 이름으로 한 사람에게서
그의 언어를 빼앗는 것, 모든 합법적인 살인은 거기에서 시작된다.
— 롤랑 바르트

저便秘症患者는富者집으로食鹽을얻으려들어가고자希望하고있는 것이다.
— 李箱

죄수, 창부, 인부: 『속수국어독본連修國語讀本』의 독자들

언어제국주의에서부터 보편 언어의 꿈을 간직해온 에스페란토어와 컴퓨터 언어에 이르기까지 인간의 언어를 하나로 통일하려 해온 경향과 사고를 '단일언어주의monolingualism'라 통칭할 수 있다면, 언어의 다양성이 가진 의의를 인정하고, 이를 서로가 배우는 일을 통해 의사소통을 도모하려 해온 사고를 '다언어주의multiligualism', 혹은 '이중언어주의bilingualism'로 범주화해 볼 수 있을 것이다. 특히 사회언어학에서 말하는 멀티링규얼리즘 혹은 바이링규얼리즘이란 복수의 언어를 병용하는 개인의 능력 혹은 한 사회의 다언어 병용 상태를 일컬으며, 언어 정책이나 언어 계획에 있어서의 그것은 언어 병용의 적극적 가치를 인정하고, 이를 보장하고 추진하려는 입장을 뜻한다.

물론 다언어주의라고 하더라도 현실적으로 언어와 언어 사이에는 언제나 서열이나 권력 관계가 존재할 수밖에 없다. 따라서 우리는 다언어주의를 흔히 어떤 이상이라기보다는 '국어'라는 단일언어주의에 의한 타자의 배제나 제국주의적 언어 포식을 비판하기 위한 현실적 태도로서 언급하곤 한다. 대동아공영권 구상 속의 '국어'론(이하, '국어'는 '대일본제국'의 고쿠고를 의미한다)이나 지구화 속의 영어 공용화론에 맞서 있는 조선어론·한글론은 언제나 민족 신화·제국주의 비판에 의지하기보다는 (그러한 무의식을 배면에 깐 채) 다언어주의, 문화다양성론에 호소하곤 한다.

어쨌든 현실적인 의미에 있어서 '이중언어 상황^{diglossia}'이란 어떠한 '지향'이라기보다는 실재하는 불편이나 불가피한 괴로움, 차별을 회피하기 위한 '학습'의 강박으로 경험되는 것이라 해야 옳을 것이다. 다언어주의 혹은 이중언어주의라는 '주의^{主義}'와 다언어 혹은 이중언어 '상황' 사이에는 커다란 낙차가 존재한다. 여기서 논하려는 것은 바로 이 '이중언어 상황'을 둘러싼 신체의 처지, 생명정치의 문제들이고, 나는 식민지 감옥을 그러한 언어의 생명정치가 가장 극적으로 드러나는 장소들로서 언급하게 될 것이다.

한국에 있어서 이중언어라는 개념을 언급할 때, 우리는 흔히 식민지 엘리트들이나 유학생 출신 문학자들, 식민 정부의 '협력자'들을 떠올리기 쉽다. 그러나 따지고 보면 이중언어라는 '상황'이나 '강박'은 하층계급 속에서 더욱 강력하게 자리 잡고 있는지도 모른다. 국제도시의 창부, 국제항의 부두노동자, 만주국의 부랑자들, 하와이나 신대륙으로 팔려간 반半노예 노동자들은 국제회의의 외교관이나 유학을 경험한 인텔리 문학가들, 식민국의 관리나 국제상사의 비즈니스맨들 이상으로 다언어 상황에 노출되어 있다고 해야 할 것이다. 그들에게 그러한 다언어적 상황은 상승 욕구의 계기라기보다는 무엇보다 '생화[벌이]'의 문제가 된다. 엉터리 일본어와 단어와 문장 개념이 사라진 러시아어, 성조가 사라진 중국어와 브로큰잉글리시로 말하는 부랑자와 창부들의 이중언어 혹은 다언어 상황은 김동인의 「붉은 산」과 같은 정전들이나 허다한 만주 체험의 서사화들, 파란만장한 이산의 삶을 다룬 영화들 속에 드물지 않게 등장하는, 그러나 쉽게 간과되어온 하위자들의 '말하기' 방식임에 틀림없다.

예컨대 제국의 조선인 부두노동자들을 깨우는 조선인 아편중독 부랑자의 목소리. '회–잇 오키로 오키로 지칸다!'(어이, 일어나! 일어나, 시간 됐어). 다음 장면에서 마치 감옥의 창살과도 같은 부두노동자 숙소가 보인다. 마침내 남자. '영창에 창살이 쭉 늘어서는 시간에 발광하는' 이 사상범 출신 학생의 비명은 '조선어'이다. "나를 왜 가두었느냐고 같이 아파서 누워 있는 사람들을 죽인다고 덤비며 날뛰는"[1] 그 신체, 그 언어.

입=항문, 어떤 '그것'의 정체 — '예, 하이', 그리고 '아이고'

1) '고쿠고' 세계의 오물들 — 정치적 삶과 벌거벗은 삶, 형무소의 입들

예컨대 만주와 상해를 다룬 적잖은 소설들에는 종종 이렇게 말하는 사람이 등장한다.

문을 들어서자마자 과연 붉은 옷을 입은 여자가 내 앞에 나타나서 방글방글 웃으며 서슴지 않고 말을 건넸다. '곤방와.' 양복을 입은 나와 박 군을 일본 사람으로 본 것이다. '체! 조선놈은 예 와서도 행세 못한 담'하며 중얼중얼 하노라니 박 군은 '부요부요'하고 손짓을 하며 앞으로 걸어갔다. 여자는 달려들어 나의 소매를 잡아 다니며 '니혼진 스케베이!'하고 붉게 칠한 야드르한 입술을 쏙 내밀었다.[2](유진오, 「상해의 기억」)

---

1) 김사량, 「지기미」, 『삼천리』(1941년 1월호). 『한국소설문학대계 17 · 강경애/김사량』, 동아출판사, 1995, p. 520, p. 524. 1941년 당시 약 140만 명의 조선인들이 내지에 있었으며, 그중 77만 명이 노동자였다. 여기에 더해 패전까지 적어도 50만 명 이상이 추가로 '내지'로 취업하거나 징용당해왔고, 그 결과 전쟁이 끝날 무렵 한국인들은 일본 산업노동력의 1/3을 점하고 있었다. 또한 비슷한 숫자의 조선인이 만주와 아메리카에 있었다. 전 인구의 2할 이상이 자기가 태어난 고장이 아닌 장소에서 해방을 맞았고, 이는 세계사적으로도 유래가 없는 이산의 삶이었다. Bruce Cummings, *Korea's place in the sun: a modern history*, Norton Pub., 1997, p. 177. 조선 총인구의 11.6%에 달하는 이 고쿠고-조선어, 일본어-중국어-러시아어-조선어의 이중 · 다중언어 상황이 과연 특수한 현상인가.

2) 玄民, 「上海의 記意」, 『文藝月刊』, 1931, 文藝月刊社, pp. 63~64. 띄어쓰기와 표기법은 현대식으로 고쳤다. 이하 「상해」: 페이지로 표시. '니혼진 스케베이!(日本人, すけべい!)'는 '일본인 호색한!'이라는 뜻이다.

이와 같은 '대륙'의 다언어 상황은 사회계약의 이완, (피)식민 상황 및 전쟁 상태를 표시하며, 거기서 성기를 빼는 야드리한 입술은 더 많은 '생화'를 벌기 위해, 더 많은 종류의 말을 하지 않으면 안 된다. 그런 의미에서 이 입술은 정치적 입술을 빼앗긴 결과로서의 벌거벗은 삶, 그것일지 모른다.

이러한 이중언어 상황은 전장戰場 혹은 이완된 법의 장소뿐 아니라 사회계약(법)과 단일언어주의가 가장 강력하게 적용enforce되는 장소 속에도 있다. 식민지 감옥이 바로 그곳이다. '기쇼(기상起床)', '텡켕(점검點檢)', '나나햐꾸 나나쥬 용고'(774호), '예, 하이', '나니유에 하야꾸 헨지오 시나이(왜 빨리 대답 안 해)?', '이리 와'3), '짝'. 이러한 소리들은 특별히 번호화된 신체들과 강력한 명령체계를 보여주는 예외적인 장면인 듯하면서도 실제로는 학교나 공장의 기숙사, 군대, 감옥 어느 쪽에서 들려와도 하나도 이상할 게 없는 소리들이다.

이를테면 식민지 감옥을 본격적으로 다룬 거의 최초의 소설이라 할 수 있는 김동인의 「태형」(1922년)이나 김남천의 「물」(1933년), 이광수의 「무명」(1939년) 등 감옥을 배경으로 한 소설들에는 거의 언제나 노골적이고 폭력적인 고쿠고가 하나의 명령어로 등장한다. 일본어를 음차한 이 한글 — 혼종적 에크리튀르는 식민지적 이중언어 상황을 표시하는 한편 이 상황을 폭력적으로 단일화하는 힘을 재현하고 있는 것이다. 사회계약으로부터 추방당

---
3) 김동인, 「태형」, 『동명』, 1922년 12월 17일~1923년 4월 22일. 임형택 외(外) 편, 『한국현대대표소설선 1』, 창작과비평사, 1996, p. 197에서 인용.

한 자들이 사회계약의 언어인 '고쿠고'로 내몰리는 풍경은 이들 소설의 중요한 모티브들 중 하나일 것이다. 그들은 뒤틀린 고쿠고로 물과 밥과 약을 조른다(사실 그것이 이 소설들의 서사 전부이다). 그리고 보다 온전한 '국어'로 말하는 작가는 이 동물화된 삶을 빠져나오기 위해 발버둥 친다.

"그 옆에 바로 똥통과 타구가 놓여 있는 앞에 앉아 있는 간도 친구는 『속수국어독본』을 엎어놓고 불알과 생채기에 다무시[백선] 약을 바르"며 조선어로 잡담하다가 "나니 하나시데 이루카[뭐라고 떠드는 거야]"4)라는 공포의 소리에 놀라 혼비백산한다. 그들에게도, 아니 그들에게야말로 고쿠고(국어)는 '속히 수(數)하지' 않으면 몸이 괴로울 무엇인 것이다. 먹으면서 싸고, 싸면서 말하는 이 입 — 감옥 안의 이 번호화된 신체는 부름에 답하고, 그럼으로써 '교도'된다. 그 부름에 답하는 것을 통해서, 정확히는 신체적 복종과 규율을 소리로 표시하는 일을 통해서만이 일본어는 '국어'가 된다. 이 먹으면서 싸는 분할 불가능한 신체가 함유하는 정치성이랑 어떤 것일까?

"그것(Ça)은 작동하고 있다. 때로는 흐르며, 때로는 멈추면서, 도처에서 그것은 작동하고 있다. 그것은 호흡을 하고, 그것은 열을 내고, 그것은 먹는다. 그것은 똥을 싸고, 그것은 섹스를 한다. 그럼에도 '한데 싸잡아서 그것(le Ça)'이라 불렀으니 얼마나 잘못된 일인가. 도처에서 이것은 여러 기계들이다. 게다가 결코 은유가 아

---

4) 김남천, 「물」, 『대중』, 1933년 6월호 『한국소설문학대계 13·김남천』, 1995, p. 295.

니다. 이것들은 서로 연결하고, 접속하여 기계의 기계가 되는 것이다'(『앙띠 오이디푸스』). 통상 '그것^{Ça}'은 이어지는 말인 "도처에서 그것은 여러 기계들이다"라는 말과 함께, 복수로서의 '욕망하는 기계들'인 그것 — 불어의 Ça, 독어의 Es, 영어의 It 혹은 Id로 읽힌다.

한편 그것은 기계들$^{it\ is\ machines}$. 따라서 지시대명사^{Ça}로 읽힐 수도 있다. 한 사상적 비평의 시험자는 이 먹고, 싸고 섹스하는 '그것$^{it\ Ça}$'을 입이라고 말한다.5) 그에 따르면 문제는 분할할 수 없는 것에 대한 근원적 분할에 있다. 폴리스의 탄생과 함께 서구 정치학에서 입은 두 개로 분할되었는데, '말하는 입'과 '먹는 입'이 그것이다. 따라서 폴리스의 정치성이란 '먹는 입'(벌거벗은 삶)과 '말하는 입'(법적 주체) 사이의 경계를 끊임없이 결정하려는 반복에 다름 아니었다는 것이다. '먹는 입'을 정치적으로 배제하는 일을 통해 폴리스는 '말하는 입'의 정치를 구상하게 된다.

그러니까 이러한 분할을 비판하고 있는 들뢰즈와 가타리가 말한 내재성으로 충만한 기계란 자아도 초월자도 없는 순수한 기계, 분할도 경계도 모르는 새로운 정치를 의미하는 것이라고 해야 할 것이다. 왜냐하면 법적 인간이란 늘 운명에 주박된 벌거벗은 삶에 대한 공포를 상상하는 한에서만 합법적이고 정치적인 삶의 내부에 머물 수 있기 때문이다. 이러한 분할은 정치성 밖으

---

5) G. Deleuze et F. Guattari(1972), *L'Anti-Œdipe*, Editions de Minuit, p. 1 말하는 입과 먹는 입의 분할이라는 서구 정치학의 전제, 법과 폭력, 언어 문제에 대한 주목할 만한 비판문으로 김항, 「말하는 입과 먹는 입 : 법−권리에서 몸−생명의 정치로2」, 『말하는 입과 먹는 입』, 새물결, 2009를 참조

로 내몰린 인간뿐 아니라 실제로는 그 안에 있는 인간 역시 규율하고 있는 것이다.6)

하지만 생각하기에 따라서는 '그것'이란 또한 성기와 항문까지를 아우르는 무엇이기도 하다. 이를테면 '그것'은 유방이나 입이나 성기, 항문 전체를 아우르는 '구멍orifice'인 것이다. 그러니까 입은 하나의 사례, 무의식이 출현하는 여러 구멍들 중 '하나ie'를 의미하는 것일지 모른다. '구멍'으로서의 그것은 어쩌면 복수 부정관사des ça까지도 내장하고 있는지 모른다. '결코 은유가 아니다'라는 말을 과격하게 읽자면, 들뢰즈와 가타리가 말한 '그것'은 다름 아니라 '구멍'(들) 전체를 의미하는 대명사일 수 있다.7) (물론 그렇다고 Ça가 Id가 아니라는 말은 아니며, 은유가 아닌 한에서 개념으로서의 무의식일 수도 있다). 어쩌면 그것이란 입 자체라기보다는 '구멍' 전체라고 해야 하지 않을까? 왜냐하면, 그것은 호흡하고, 먹고, 싸고, 섹스를 하기 때문이다. 단수로 표시하더라도 복수로 읽히는 '구멍(들)'(해당 대목에 대한 문헌학적 해석을 의도하는 글이 아니니, 나는 일단 그것을 구멍이라 읽어 보겠다).

---

6) 벌거벗은 생명과 정치적 삶의 구분과 그 불가능성에 대해서는 Giorgio Agamben, *Homo Sacer : Sovereign Power and Bare Life*, trans. by Daniel Heller-Roazen, Stanford Univ. Press, 1998[조르조 아감벤, 『호모 사케르: 주권권력과 벌거벗은 생명』, 박진우 옮김, 새물결, 2008]. 인간과 비인간을 분할하는 주권, 또 생명정치와 문학 언어에 대해서는 황호덕, 「벌거벗은 삶과 숭고」, 『프랑켄 마르크스』, 민음사, 2008을 참조
7) 기왕의 원고에 추고하면서 '그것(*le ça*)'의 해석을 둘러싼 논쟁이 한국에서 있었음을 알게 되었다. 논쟁에 대해 상론하지 않는 대신 다음의 문헌을 병기해둔다. 이종영, 「파시스트 들뢰즈와 가타리가 반(反)파시즘을 말하다」, 『문학과사회』(2002년 여름호). 김재인, 「파시즘과 비인간주의 사이에서 외면당하는 들뢰즈와 가타리」, 『문학과사회』, 2002년 가을호. 이 논쟁에 대한 브리핑으로 로쟈, 「브리핑: "말하는 입과 먹는 입"」(20050705).

내가 주목하는 것은 바로 그것ᵉ ᶜᵃ — 구멍의 복합성이다. "그것은 똥을 싸고, 그것은 섹스를 한다"라고 할 때의 그것은 그러니까, '성기'와 '항문'을 아우른다. 단적으로 말해, 앞서 말한 '먹는 입'이란 어떤 의미에서 동물적인 운명만을 부여받은 자가 놓인 신체적 상태, 즉 '입=항문'⁸⁾의 존재성을 의미하는 것이 아닐까. 물론 여기서의 동물은 추방과 유기, 감시와 처벌의 대상으로서의 벌거벗은 삶을 의미한다. 갑작스럽겠지만 바로 그런 입과 항문을 압착시키고 말을 빼앗는 생명정치 기획은 내가 보기에 이미 실현된 적이 있다. 식민지(감옥)가 바로 그곳이다. 고쿠고 패권 하의 조선어적 신체 — 입도 있고, 말도 있으나, '말하는 입'은 아닌 이 상태. 그리고 그러한 상태를 벗어나기 위해 '입'의 분할을 받아들이고, 고쿠고적 삶으로 전향하는 어떤 죄수들.

식민지의 생명정치적 상황에서 주목해야 할 것은, 분명 인간 기계의 분할을 수행하면서도 '말하는 입'과 '먹는 입'을 압착시키는 어떤 정치성이다. 예컨대 배급을 얻기 위해서는 고쿠고로 말해야 하고, 고쿠고로 말하는 한에서 국체명징과 일본 정신에 도달해야 마땅한 그 신체적 규범의 사고를 우리는 떠올려본다. 「황국신민의 서사誓詞」과 「황국신민체조」(1937년)로 인고단련된 기계는 분명 폴리스의 언어인 고쿠고로 말하지만 그는 여전히 사회계약 문턱에 놓여 있다. 통치역 안에 놓여 있으면서, 헌법역

---

8) 나는 여기서 '입=항문'의 '='를 등호를 의미하는 상징계의 기호이자 유기적 기계(organic machine)의 분절되지 않은 '그것'과 기관[臟器]의 생리를 의미하는 기표로서 사용한다.

밖에 놓여 있는 조선인들에게 고쿠고의 위치는 애매하다. 고쿠고로 말하지 않는 한 배급을 주지 않는 곳, 고쿠고로 말하는 데도 시민권을 얻을 수 없는 곳, 실은 조선어의 공간인데도 고쿠고의 통치역 안에 놓여 있는 곳. 그곳에서 어떤 인간/동물들은 '그것'으로 말하고, 그것으로 빨고, 그것으로 싸고, 그것으로 호흡한다. 아주 역설적으로 말해서, 이곳의 인간/동물들은 구멍을 통해 주린 배를 채우고, 소화시키고 배설하기 위해, 고쿠고를 익힌다.

'그것le ça'은 정말로 여기서는 전혀 분할되어 있지 않다. 분할된 언어를 단일화하고, 입이 가진 다중기능의 분할을 '극복'하게 하는 중심에 고쿠고라는 언어 기계가 있다. 이를 통해 그들은 말하는 입으로의 분화 이전에 이미 국가적 신체로서 속히 명징해지고(국체명징國體明徵), 제국으로 접속된 기계(내선일체)가 되며, 경계를 넘어 연결된다(만선일여). 말할 줄 아는 입은 항문을 외면하려 하지만 그는 사회계약의 한계 장소인 감옥에서 또한 그것을 본다. 아니, '말하는 입political subject'과 '먹는 입biological subject'은 식민지 안에서 어떤 압착을 경험하게 된다.

그 속에서 작가의 분신들은 두 언어 사이를 왕복하는 이중언어 사용자이자 계급적 우위자로서 하나의 권력을 갖고 있는 듯이도 보이고, 두 언어의 권력적 낙차를 곤두박질치며 텅 빈 입을 차입差し入れ과 사식私食으로 달래고 있는 것으로도 보인다. 감금의 장소에서 어쨌든 이 지식 계급들은 돈과 언어(국어)를 통해 외부와의 연결을 어렵사리 유지한다.

흥미로운 것은 성적 본능과 성기의 향유가 완전히 금지된 이 감옥 소재 소설에서 '먹고, 못 견디게 굴고, 똥질하고, 자고, 이 네 가지만을 위해 살아가는 사람'[9]들 사이에는 늘 '쓰고 생각하는 사람'이 있고, 그들은 하나같이 이 '똥'들을 넘어 어떤 변심^{變心}의 통로에 이르고 있다는 사실이다. 똥구덩이 속의 법적 폭력을 회피하기 위해 법$^{droit/loi}$을 구성하는 선명하고 깨끗한 논리들에 복종하기로 결심하는 일 — '전향'의 문법.

이광수의 단편 「무명」의 잡범들 — 특히 인상 깊은 윤이라는 캐릭터와 대조해볼 때 무언가 수상쩍은 깔끔함, 인색함, 완고함이 발견된다.

> 윤의 입은 잠시도 다물고 있을 새는 없었고, 쨍쨍하는 그 목소리는 가끔 간수의 꾸지람을 받으면서도 간수가 돌아간 뒤에는 곧 쨍쨍거리는 목소리로 간수에게 욕설을 퍼부었다.

윤은 먹지 않으면 말하고, 말하면서 똥통에 올라가고, 똥통 밑에 있을 땐 똥통 위에 앉은 사람을 괴롭힌다. 작가는 이에 대한 혐오로 하나의 소설을 구성하기에 이른다.

'민족작가' 이광수의 전향의 기점 혹은 전향 전야의 마지막 문학적 불길로 말해지는 「무명」은 말하자면 '청결한' 소설은 아니다. 염상섭의 『만세전』이 '구더기 들끓는 조선'의 이미지로

---

[9] 이광수, 「무명(無明)」, 『문장(文章)』(1939년 2월호), p. 7. 이하(「무명」: 페이지)의 방식으로 인용.

1920년대를 장식했다면, 「무명」은 '갇혀서 똥질밖에 할 수 없는 장소로서의 조선'의 이미지로 한 시대의 대표 소설이 된다. '윤똥질'이라는 택호를 가진 인상적 캐릭터부터 민노인, 정홍태 등 할 것 없이 소설 안의 잡범들은 대개 '똥똥에 올라가는' 인간으로 묘사되고 있기 때문이다.

그렇다면 작가는? 요컨대, 이 작가는 누추한 장소에서 홀로 '깨끗하다.' 이광수는 이 똥 혹은 똥 같은 말로 가득한 지옥의 이미지를 통해 자기연민의 극에 이르고, 그럼으로써 어떤 전향의 근거들을 설득하고 있었던 게 아닐까. 앞으로 살펴보겠지만 여기서의 전향이란 언어적으로는 '고쿠고'로의 전향이며, 계급적으로는 조선의 부르주아지에서 제국의 부르주아지로의 전향이다. 제국 일본에 있어서의 전향이란 대개 문학 내재적인 개념으로서가 아니라 정치적·사상적 입장과 관련된 태도 혹은 활동에 있어서의 강제적 변화를 의미한다. 특히 사회와 국가가 개인에게 강제하는 폭력에 의해 지식 계급이 양심에 반해 마르크스주의적 입장 혹은 여타의 주장을 철회하고 입장 변화를 선언하는 것을 우리는 전향이라고 부른다.[10] 전향이 제국 일본의 헌법역안(내지)에서는 마르크스주의와 자유주의를 포함한 합리적 사상으로부터 일본 정신으로의 이행, 즉 천황제에 대한 굴복으로 나타났다고 할 때[11] 문제는 조선에게는 돌아갈 조국이 없었다는 사실이다. 돌아갈 수 있는 곳이라야 새로 발견해야 할 '일본'(정

---

10) 本多秋五, 『轉向文學論』, 未來社, 1964, p. 185.
11) 이에 대해서는 吉本隆明, 「轉向論」, 『藝術的抵抗と挫折』, 未來社, 1985를 참고

신) 말고는 없었다. 그런 까닭에 외적 폭력이 그대로 동일화하기 힘든 외재성(제국 일본)을 의미하는 조선에 있어서 전향은 '민족의 배반'이라는 보다 복잡한 뉘앙스를 띠게 되었다. 그러나 전향론에 관한 패전 후 일본의 적잖은 평문들이 지적하는 대로, 전향에는 거의 언제나 하나의 '논리'가 서고, 그에 대한 자기서술이 존재하며, 또한 그 논리는 갑작스러운 것이라기보다는 이미 스스로의 내부에 잠재해 있던 것일 때가 많다. 문학적 전향을 문학 내적으로 설명하는 일은, 그러니까 어렵지만 가능하고 또 해야 할 일이다.

 필자로서는 결국 '똥질'에 대한 기록으로 일관된 이 전향 문학에 있어서 '똥질'에 대한 어떤 태도야말로 전향의 비밀이 존재하는 장소가 아닐까 하는 다소 난폭한 가설에 도달할 수밖에 없었고, 지금 그걸 증명해 볼 참이다. 만약 전향의 8할이 감옥을 통과해 일어났고 전향 논리의 저변에 '벤끼(便器)'의 서사들이 놓여 있다면 이 똥으로 가득한 감옥을 이야기하지 않고 어떻게 전향을 해명할 수 있단 말인가. 나는 여기서 '똥질'하는 신체, 즉 '입=항문'의 반대편에 존재하는 어떤 전향의 전환점으로서 '고쿠고'(로 된 법)에 대한 어떤 심적 변화에 주목하게 되었고, 이것이 '전향'과 모종의 관련이 있음을 지금 여기서 밝히려 한다.

2) 이광수, 싸지 않는 남자 ― 승화와 협력, 구멍이란 무엇인가

 「무명」은 작가 이광수가 수양동우회 사건으로 투옥된 후 몸소 경험하게 된 실제의 감옥 체험을 기반으로 쓰여진 소설이다. 그

는 출옥 후 병상에서 소설 「무명」을 문하생 박정호에게 구술했고, 이 소설은 김사량에 의해 '국어화'되었다. 이광수는 김사량이 번역한 「무명」으로 기쿠치 간의 기금 제공으로 시상된 제1회 조선예술상을 수상하기도 했다.[12]

이 상은 '우리나라[일본] 문화를 위해 조선 내에서 행해지는 각 방면의 예술 활동을 표창하는 것으로서 목적을 삼는' 취지에서 시상된 것으로, 이 상의 수상과 함께 이광수의 『가실』, 『유정』, 『사랑』이 일시에 '국어화'되어 본토의 서점가를 장식하게 된다.[13] 이 소설로 말하자면 결과적으로 쇼와 15년[1940년] 전후의 조선붐 속에서 '조선'의 문학 수준과 사정을 대표하고 있었던 셈이 된다. 이광수는 이 소설을 계기로 조선민족 최대의 작가에서 [조선이라는] '지방문학'의 대표자로 거듭나게 된다(실제로 '국어화'된 무명의 삽화들은 내용과는 전혀 무관한 한복 입은 조선 기생들, 조선 여인들, 조선의 건축물들로 매 장을 장식한다). 그의 소설은 쇼와 15년 전후의 '조선붐'의 연장선상에서 읽혔으며, 병참기지론이 문학 담론을 장악한 시점에서 '조선성'의 환유로서 기능했다.

화자인 '나' — '긴상'으로 불리는 작가의 분신은 같은 병감病監에서 지내게 된 민, 윤, 정, 강의 감옥 안에서의 행태를 관찰하고 있으며, 그에 의해 그들의 삶은 '빛이 없는(무명無明)' 것으로 묘사된다. 중심적으로 그려지는 두 인물인 민과 윤의 갈등이 바로 그렇다. 본디 대지주의 마름이었던 민노인은 관리하던 마름을 일

---

12) 李光洙, 「無明」(金史良譯), 『モダン日本』(1939年 11月號, 10~12, モダン日本社.
13) 渡邊一民, 『<他者>としての朝鮮』, 岩波書店, 2003, p. 81.

방적으로 떼이자 새로 온 마름의 집에 불을 질러 잡혀온 늙은 방화범이다. 윤은 위조인감 사기범으로, 욕 없이는 하나의 문장을 구성할 수 없을 정도로 매우 '천박한' 인간으로 그려지고 있다. 이들은 소설 내내 '똥'으로 인해 다툰다. 먹으면서 말하고, 말하면서 싸는 일 — 욕과 변과 말을 둘러싼 갈등은 이 소설의 얼개, 아니 내용 전체이다.

그들은 소설 내내 설사를 하고 그런 까닭에 작가에 의해 입과 항문이 곧장 연결된 '입=항문'적인 신체로 묘사되고 있다. 말하는 입과 먹는 입이 분할되어 있지 않은 것이다(아니, 그것들은 압착되어 있다). 그러니까 우리는 해명의 열쇠 역시 이 입과 항문의 언저리에서 찾지 않으면 안 되고, 바로 그러한 견지에서 읽어 나갈 때 우리는 이 소설에는 매우 불가사의한 생략이 존재함을 알게 된다. 그러니까, '작가는 싸지 않는다.'

모두가 많이많이 누고 싶어하는데, 작가는 싸지 않는다. 다들 싸면서 말하고, 말하면서 먹는다고 한탄하는 이 입은, 전혀 쌌다고는 쓰지 않는다. 놀랍지 않은가. 사식을 다투는 민과 윤의 동물적 충돌을 그려내는 장면에서 작가는 분명 먹기도 하고 말하기도 했다. 그러나 어찌된 일인지, 어디에도 쌌다는 문장은 나오지 않는다. 여기에 바로 해명의 지점이 있는데, 왜냐하면 이 '싸는' 구멍의 인간을 부정함으로써 '나'는 겨우 '인간'으로 도착되기 때문이다.

흔히 비극의 원리로 말해지는 카타르시스가 배설이라는 말에서 시작되었음을 상기할 때, 이 비극은 뭔가 이상하다. 만약 우리가 문학을 통해 은밀한 배설의 기쁨을 누리기도 하고, 우리 안의 오물들과 악취를 바라보며 존재와 삶의 이면을 들여다보기도 한다면, 그래서 거기서 가장 일차적이고도 근원적인 몸의 욕망을 확인하게 된다면14), 이 소설은 과연 바로 그 '뒤'로 밀려나버린 뒷간적인 것을 부단히 앞으로 끌어내려는 작업 — 즉, '문학'처럼 보인다.

다소 과감하게 말해본다면, 근대의 문학적 쓰기, 특히 일부 모더니즘 문학은 늘 이 배설을 의식하는 가운데 삶의 한계들을 넘나들고 사색해왔다. 예컨대 제임스 조이스의 『율리시스』(1922년)는 그런 의미에서 의식의 흐름과 장(腸)의 흐름 사이에 있는 글쓰기와 글읽기에 대한 중요한 비유를 제공한다. 소설의 주인공 블룸은 변기 위에 앉아 신문의 현상공모소설을 읽고 있는데, 배설과 독서를 함께 하는 블룸의 용변=독서는 대개 이렇게 진행된다.

> 조용히 그는 읽었다. 억제하면서, 첫째 단을, 그리고 압력에 굴복하면서, 그러나 억제하면서, 다시 둘째 단을 읽었다. 반쯤까지 와서, 그의 최후의 저항에 억눌리면서, 그는 계속 읽었다. 그리고 그의 창자가 조용히 개운해지도록 사라지도록. 어제 있었던 약간의 변비^{constipation}가 완전히 가시도록, 끈기 있게 계속 읽으면서, 지나치게 커서 치질이 재발하지 않아야 할 텐데.

이 정치적 눈·말하는 입과, 날것의 삶 — '먹고 싸는 구멍'을 오가는 문학은 '읽기'란 '싸기'의 일종이라고 말하고, 실제로 이

---

14) 황도경, 「뒷간의 상상력」, 『욕망의 그늘』, 하늘연못, 1999, p. 96.

두 가지 행위는 문장 안에서 동시에 진행된다. 변소 안에서 사색하고 책 읽고, 또 '싸는' 이 사람. 더욱 흥미를 더하는 것은 주인공 블룸이 바로 이 변소에서 아내와 같이 소설을 하나 써볼까 결심하게 되고, 그러한 블룸의 의식을 따라가는 과정에서 바로 이 배설의 의식이 배치되고 있다는 사실이다. 실제로 조이스의 빚쟁이였던 로버트와 그의 다른 소설 「죽은 사람들The Dead」의 주인공인 그레타 콘로이가 등장하고, 블룸은 갑자기 아내와 그의 친구 보일란의 관계가 불안해진다. 문학적 언어와 배설, 성과 경제, 실제 삶과 소설이 바로 이 똥누는 일=독서를 둘러싸고 펼쳐진다. 그리고 블룸은 일(독서와 용변)이 끝나자 "현상소설의 중간을 날카롭게 찢어서 그걸로 자기(의 항문)를 훔친다."[15] 조이스는 이 장면을 통해 소설과 삶, 배설, 성, 돈, 욕망을 분리 불가능한 전체로서 그려간다. 그러니까, 어떤 의미에서 모더니즘 이후의 작가란 누구나 싼다고 고백하는 사람일지 모르고, 문학이란 정치적 삶과 벌거벗은 삶의 분절불가능성을 증언하는 '그것Ça'에 대한 증언일 수 있다(오해를 피하기 위해 말하건대, 나는 여기서 그 어떤 우열도 말하고 있지 않다. 존재를, 욕망을, 몸을, 구멍을 인지하는 어떤 방식들에 대해, 그리고 그러한 방식을 낳은 제도와 통치에 대해, 그리고 그러한 통치성과 함께 구성되는 앎과 태도에 대해 나는 말하고 있다).

---

15) James Joyce, *Ulysses*, Vintage, 1990, pp. 68~69. 배설과 탈리얼리즘, 똥과 조이스 소설의 형식에 관한 대강의 이해를 위해서는 Stanten Henry, "The Decomposing Form of Joyce's 'Ulysses'", *PMLA*, Volume 112, Number 3, Publications of Modern Language Association of America, 1997를 참고.

그런데 정작 이 배설형^型 사소설 「무명」의 주인공은 싸지 않는다. 모두가 잘 먹고 잘 싸야한다는 강박에 시달리는 장소에서조차 '변기 위에 올라앉은 작가'의 모습은 발견되지 않는다. 작가는 갇혀 버린 모든 것이 보여주는 그 더러움이 스스로에게서 비롯되었으며, 스스로의 안에 있다는 사실을 인정하고 싶지 않은 것으로 보인다. 더구나 작가는 이 싸는 일을 통해 '유명^{有明}, enlightenment'의 '나'와 무명^{無明}의 '저들'이라는 분절을 만들어내고 있기까지 하다.

작가임에 틀림없을 이 '나'는 못 견디게 굴지 않으며 — 즉 시정의 말 따위는 하지 않으며, 심지어 잠도 자지 않는다(무명의 주인공은 내내 불면을 호소한다). 왜 깔끔하고 인색하고 완고한가 하면, 이 '나'는 안 싸고, 차입을 끊고, 또 법과 양심(차입의 공여금지)을 지키기 때문이다. 그의 과묵함은 오직 승화된 형태로서의 관찰과 쓰기를 통해서만 해소되는 듯이 보이며, 언제나처럼 꽉 다문 입은 규칙적으로 먹는 한에서 싸지 않는다. 그는 쓰는 일을 싸는 일의 정반대편에 위치시킨다. 그는 말하는 순간에조차 거의 '머릿속'으로 발화한다.

혹자는 아마 물을 것이다. 남 '싼' 이야기만 하고 '나'의 그 일을 적지 않는 일이 그렇게 중요하냐고. 필자는 지금 바로 그렇다고, 왜 아니겠냐고 말하고 있다. 왜냐하면 무엇보다도 서사 자체에 있어서 먹고 싼 이야기를 빼고 나면 이 감옥 소설은 한 글자도 남지 않기 때문이고, '싸는 일'에 대한 입장은 '쓰는' 우리들에게 매우 중요하기 때문이다. 이 싸는 일을 둘러싼 파란을 통해 이 소설 이후 본격화되는 이광수의 전향과 협력에 관한 몇 가지 단서들을 찾아낼 수는 없을까.

조르주 바타이유는 「입」이라는 짧은 에세이에서 이렇게 말한 적이 있다. 어떤 동물이 뭔가를 취하려 할 때 입은 그 시작이며, 동물들에게 그것은 뱃머리와 흡사하다. 한편으로 이들 동물적 삶의 특별한 경우들에 있어서 입은 또한 주위의 동물들을 겁주기 위해 사용된다. 그러나 인간은 야수들처럼 그렇게 간단한 구조를 갖고 있지는 않으며, 어디서부터 인간이 시작되는지를 말하기란 거의 불가능하다. 인간은 아마 두개골의 꼭대기에서부터 시작되는 것 같지만 두개골의 정수리는 다른 누군가의 주의를 끄는 것이 불가능한 거의 대수롭지 않은 부분이라고 바타이유는 비꼬듯 말한다. 인간에게 있어서 다른 동물의 턱이 하는 유의미한 역할을 수행하는 것으로 알려진 기관은 눈이나 이마이다. 그러나 바타이유는 이 지점에서 과연 실제로 그런가, 인간은 실제로 '인간'이되 '동물'은 아닌 것인가라고 묻고 있다.

확실히 문명화된 사람들 사이에서 입은 원시인들 사이에서는 여전히 존재했을 상대적으로 두드러진 성격을 잃어버렸다. 어쨌든 입의 폭력적인 의미관련은 숨겨진 상태를 유지하고 있다. 문명 속의 '입'은 정치에 의해 근본적으로 장악되어 있다. 물론 그것은 종종 문학적으로는 사람들이 서로를 죽일 때 쓰이는 '불같이 벌건 입'과 같은 카니발적인 표현과 함께 갑작스레 우세를 탈환하기도 하는데, 바타이유는 바로 거기서 인간의 삶의 어떤 숨겨진 차원을 발견하고 있는 듯하다. 그는 인간의 삶의 중요한 순간은 여전히 이 입을 통해 야수적인 집중을 보여준다고 말한다. 분노는 인간으로 하여금 스스로의 이를 갈게 하고, 공포와 극악한 고통의 순간에는 입을 통해 찢어지는 비명^{scream}이 음성화된다. 고통이나 폭력 따위에 압도된 개인은 미친 듯이 목을 늘이며 머리를 뒤로 젖힌다. 그리고 이러한 위치에 있어서 인간의 입은 평균적인 동물의 구멍으로 돌아가게 된다.

파열음의 충격은 비명이라는 형식 속에서, 마치 입을 통해 몸 밖으로 직접적으로 분출되는 것처럼 보인다. 이러한 사실은 동물생리학 아니 생리학 자체에 있어서의 입의 중요성을 알려준다. 신체의 선후 관계나 상위성을 따지는 데 있어서 중요한 것은 입이 심층심리적 충격과 관련된 구멍^{orifice}이라는 사실이다. 이 구멍은 인간이 어떤 충격을 두뇌 혹은 입이라는, 적어도 두 가지 방법으로 해방시킬 수 있다는 사실을 보여준다. 이러한 충격이 폭력적으로 되는 한에 있어서 그는 어쩔 수 없이 그들을 해방시키는 동물적인^{bestial} 방식에 의지할 수밖에 없다. 반면 완고하고 엄격한$^{규칙을\ 잘\ 지킨다는\ 뜻에서의\ strictly}$ 인간적 태도는 그런 의미에서 지독한 변비^{constipation} — 고압적 행정장관^{magisterial}의 금고^{金庫}처럼 모양 좋은, 굳게 다문 입을 한 얼굴로서 나타난다.16) 바타이유의 이러한 생각을 우리는 인간과 동물 사이에서 비명을 지르는 '입=항문'과 완고하고 엄격하게 굳게 다문 정치적 입(입≠항문, 막혀 있는 기관)이라는 두 개의 구멍으로 도식화해 볼 수 있을 것이다.

---

16) Georges Bataille, *Visions of Excess : Selected Writings, 1927~1939*, translated by Allan Stoekl · Carl R. Lovitt · Donald M. Leslie, Jr, Minnesota University Press, 1985, pp. 59~60.

고통에 대응하여 싸거나 싸지 않는 태도는 바로 이 입의 역할에 의해서도 이해 가능한데, 그런 의미에서 '악악대는' 입과 '꽉 다문' 입은 인간이 고통을 견디는 두 가지 태도임에 틀림없을 것이다. 문제는 이 굳게 닫힌 구멍이 다른 구멍들, 특히 '입=항문'이 보여주는 고통에 대한 어떤 반응을 동물의 흔적이자 빛을 잃은 어둠(무명無明)으로 분절함으로써 어떤 인간됨 ― 고압성·주인됨·공평함·행정적 통치성 따위로 이월해간다는 데 있다. 「무명」의 승화된 언어는 고통의 근원을 묻지도 저주할 수도 없기에, 차라리 고통에 반응하는 타자들의 모습을 저주하고 외면하려 하는 것처럼도 보인다. 이 입은 내재적으로 막혀 버린 흐름을 상징계의 작업을 통해 연결하고 있는 것은 아닐까. 요컨대 법과 명령과 위생과 국어 쪽으로 말이다.

모두가 수인으로 평등해야 할 장소는 차입을 통해 어쨌든 권력의 장소가 되는데, '나'는 차입이 권력의 원천임에도 불구하고 결국 저들의 싸움과 저들의 똥을 회피하기 위해 사식을 중단한다. '나'는 그 순간 처음으로 '콩밥'을 먹는다.[17] 그럼으로써 엄격함과 공평함, 준법을 시현해 보이는 것이다. 이 결코 쌌다고는 말할 수 없는 앙다문 입술은 이렇게 쓴다. "첫째로는 법을 어기는 것이 내 뜻에 맞지 아니 하고 둘째로는 의사가 죽을 먹으라고

---

[17] 식민지 감옥의 식생활을 짐작할 수 있게 해주는 한 간수의 증언을 인용해두기로 하자. "콩이 6분, 조가 2분, 쌀이 2분쯤 되는 것인데, 반찬은 아침에는 된장국을 먹이고 점심에는 김치와 장국을 주고 저녁은 삶은 나물을 주고 열흘에 한 번씩 생선을 사서 먹입니다"(「만 2개년의 春을 迎하는 독립선언사건 囚人의 생활」, 『동아일보』(1921년 3월 1일). 정진석 편, 『日帝시대 民族紙 押收기사모음 I』, LG상암언론재단, 1998, p. 127).

명령한 환자에게 밥을 먹이는 것이 죄스러워 양심에 법을 어긴 다는 가책을 받게"(「무명」: 8) 된다. 하지만 이 말의 전후에는 먹자마자 싸고 싸면서 말하는 남자들, 그러니까 지나치게 싸는 사람들인 윤과 민, 정 등에 대한 강렬한 혐오의 문장들이 배치되어 있음을 볼 수 있다. 소설 속 화자의 '준법' 의욕의 이면에는 '나'의 차입을 나눠먹은 윤과 민의 더 많이 싸면서 더 많이 말하는 '입=항문'에 대한 저항감이 잠재하고 있는 것이다. 화자는 감옥에서의 권력과 계몽에의 의지를 희생하고, 법과 인간을 택한다. 물론 이는 화자가 '법'을 매우 언어적·정치적 차원에서 경험하고 있기 때문일 것이다. 작가의 분신이라고 할 밖에 없는 이 '범법자'는 고쿠고로 발화되는 법과 명령, 깨끗함, 규율과 같은 것을 온몸으로 받아들인다. '입=항문'이 고쿠고라는 상징 체계 저편의 벌거벗은 삶을 의미했다면, 그 반대편에 위치한 '법=명령=위생=입=국어'의 도식에서의 '='은 언어적 연결에 의해 상징화·담론화된 세계의 정치성을 의미한다. 그러니까, 생물학적 신체와 법적·정치적 신체를 구분하는 계기로서 '고쿠고'가 존재하고 있었던 것은 아닐까.

작가의 분신인 '나'는 '입=항문'의 세계로부터 도망 중이고, 필자는 이런 일을 일단 '전향'이라고 불러보려 한다. 그도 그럴 것이 '입=항문'의 반대쪽에 '법=명령=위생=입=국어'가 있기 때문이다. 정치적·문화적으로 분화된 입은 '그것'의 분절을 통해서 항문을 결단코 은폐하고, '법'으로 승화된다. '나'는 의사의 진단과 감옥의 규율과 간수의 명령과 제국의 법을 하나로 분류

한다.

　유일하게 '나'의 혐오를 피해가는 강(전 신문기자이자 협박범)은 이렇게 말한다.

> 댁이 의학은 무슨 의학을 아노라고 걸핏하면 남에게 약을 처방을 하오? …… 욕심은 많아서 한 끼에 두 사람 세 사람 먹을 것처럼 먹고는 약을 처먹어, 물을 처먹어, 그리고는 방귀질, 또 똥질, 트림질, 게다가 자꾸 토하기까지 하니 그 놈의 냄새에 곁에 사람이 살 수가 있나? …… 그 알콜 솜도 나랏돈이오(「무명」: 36).

그리고 나는 이렇게 말한다. "나로 인해서 곁에 사람이 법을 범하고, 병이 덧치게 하는 것은 차마 못 할 일이었다"(「무명」: 11).
　그렇다면 이들 준법의 인간이 상정하는 법은 어떤 것일까. 일단 그들에게 법은 제국의 '명령'(제령制令, 칙령勅令, 의용依用)이다. 따라서 '먹는 입'에 압착된 운명을 회피하기 위해서는, 법을 인지하고 명령에 대답하는 '말하는 입'으로의 승화sublimation가 요청된다. 이 승화는 '이미' 제국의 체제를 구성하는 언어를 전제하며, '고쿠고의 상달'은 그 필요조건을 이룬다. 그들에게 시빌리티, 위생, 제국의 법, 고등교육, 고쿠고는 '법'으로서 동일한 무엇이 아니었을까. 민과 윤은 항상 불복하고 억울해하지만 '나'와 '강'은 공소를 순순히 받는다. 정이 강에게 공소를 권하자 강은 "나는 공소 안 할라오 고등교육까지 받은 녀석이 공갈취재를 해 먹었으니 그년 중역도 싸지"라고 말하며, 간수의 공소 여부 확인에

'후꾸자이 시마스 후꾸자이 시마스'(무명: 53)[18]라고 답한다. 이 고등교육 받은 자의 반성하는 능력은 불륜 공갈의 파렴치범인 강이 가장 긍정적으로 묘사되는 이유이기도 하다. 법을 말하는 입(승화된 입)과 먹는 입(벌거벗은 삶)은 각각 제국에 속한 입과 그것으로부터 소외된 입으로 나뉘어진다. '먹는 입'은 이러한 분절 과정을 통해서 제국의 법 통치 속에 있으면서 제국적 시빌리티 밖에 있는 허다한 조선인을 상징하게 되는 것이다.

이광수의 「선행장善行章」은 그런 의미에서 이러한 반성적 지식인상의 전형적 사례라 할 수 있다. '고쿠고' 시험에 낙제해 선행장을 박탈당한 아들을 두고 나누는 부부의 대화를 보라.

> 그래도 당신 모양으로 저 잘못한 것을 반성하는 힘은 있습니다. 그거 하나만은 면[아들의 이름]한테서 취할 점이죠. 나는 안해가 어미로서 제 자식의 결점을 바로 보는 눈에 탄복했다. 그리고 내 성질을 닮은 것을 새삼스레 인식했다.[19]

이 개조론자, 반성론자의 법 관념, '국어'관은 전향론과 관련해 부기해둘 필요가 있다. 어떤 의미에서 전향자란 선善한 '국어'=고쿠고로서 전향서를 쓸 수 있는 사람, 그렇게 함으로써 제국적 '선행善行'에 가까이 가는 사람일 것이다.

---

18) "伏罪します, 伏罪します"(복죄하겠습니다, 복죄하겠습니다. 복죄(伏罪), 즉 형벌에 복종한다는 뜻.
19) 이광수, 「善行章」, 『家庭の友』, 1939월 12월호에 실린 한글 소설. 이경훈 편, 『진정 마음이 만나서야말로 — 이광수친일소설 발굴집』, 평민사, 1995, p. 335.

'고쿠고'를 통해 법으로 승화된 자들에게 입은 오직 '말'이고, 먹는 입과 비명과 항문은 타인들의 저주스러운 동물적 움직임을 통해서만 흔적을 남기고 있다. 과연 나와 신문지국 기자였던 강 등 고쿠고를 배운 이들은 별반 싸지도 않는다. 싸면서 먹고 말하는 '그들'은 '인간'으로 도착되기(인간으로 '남는' 것이 아니다)를 원하는 앙다문 정치적 입에 의해 완전히 '낯선 것'이 된다. 쌀 수 없는 그의 얼굴은 그렇게 점점 더 굳어간다.

다음과 같은 프로이트의 언급은 우리의 의문에 답하는 한편 그 의문을 더욱 밀고 나아가게 해준다.

> 성적 자극을 일으키는 주요 요소는 신체 부위[생식기, 입, 항문, 요도]의 말초적 자극이다. 그런 까닭에 그런 신체 부위는 '성감대'라고 불린다. …… 일반적으로 이 성감대들 중에서 오직 한 부분만이 성생활에 이용되며, 그 밖의 나머지 부분들은 성적인 목적에서 벗어나 다른 목적으로 나아가게 된다. 그리고 이 과정을 '승화^{sublime}라고 부른다.[20]

내내 똥과 성性과 밥을 함께 말하는 '입=항문'은, 이러한 논리대로라면 승화되지 못한 삶의 표식에 다름 아닐 것이다. 프로이트는 우리들의 '구멍'에 대해 다음과 같이 말한다. "[항문이란] 문명이 요구하는 교육에 의해서 성적 목적에 기여할 수 없게 되어

---

20) Sigmund Freud, "Character and Anal Erotism", *The Standard Edition of the Complete Psychological Works* Vol. 9., Trans. and ed. James Strachey · Anna Freud, Assisted by Alix Strachey and Alan Tyson. London: Hogarth, 1959, pp. 169~175.

버린 우리의 성적 본능의 한 구성 요소"이다. 그러니까, 승화되지 못한 신체, 분절되기 이전의 신체로서의 '입=항문'적 인간은 부르주아 (성)윤리의 적극적 극복 대상이 되는 것이다. 따라서 여전히 '입=항문'인 '인간/동물'들이란 이 싸지 않는 (척 하는) '인간'들에 의해 무명無明의 존재들 — 문명의 저편에 있는 타자들로 외화되어 버린다. 그리고 그 외화를 통해 지배 대상이 된다(김사량의 「천마」에 등장하는 것처럼 유치장이 내내 돼지우리[豚箱(ぶたばこ)]로 불렸다는 사실을 기억하자). 작가의 눈에 비친 잡범들의 세계는 그러하다. 이광수가 싸지 않는 남자를 그려내고 있을 때, 또 프로이트가 항문성애를 발달의 최하위 단계 쪽에 배치할 때 두 사람은 동일하게 이 항문의 기피를 통해 20세기 초중반을 산 세계 부르주아지들의 제국적 '시빌리티'를 공유하고 있었던 것이 아닐까?

병든 윤은 차입에의 기대, 즉 선물과 돈 타령과 자기연민과 공범·동료·간수에 대한 저주 속에 죽어간다.

> 항문성애가 자기애적으로 적용될 때 반항심이 표출된다. 반항은 다른 사람들의 요구에 대항하여 자아가 내보이는 중요한 반응이다. 처음에는 대변에 대한 관심이 선물에 대한 관심으로 바뀌고, 그 다음에는 돈에 대한 관심으로 바뀐다.[21]

---

21) Sigmund Freud, "Transformation of Instincts with Special Reference to Anal Erotism", *SE* Vol. 18., 1955.

이것이야말로 '입=항문', 그러니까 이광수가 그려낸 윤의 초상이다. 인감위조 사기꾼인 윤의 '그것'은 과연 먹는 동시에 싸고, 싸는 동시에 말하며, 그는 민이 싸려 할 때마다 스스로의 말(욕)을 섹스와 돈에까지 추급해간다.

> 돈은 다 두었다가 무엇하자는 게여. 흥흥, 옳지 열아홉살 먹은 기집이 젊은 서방 얻어서 재미 있게 살라고?(「무명」: 6)

대변에 대한 관심에서 오촌 당숙의 돈(선물)에 대한 갈구로 이전해가는 이 거세된 수형자의 항문성애적(혹은 구강성애적) '퇴행'은 감옥에서 압축적으로 반복된다. 내내 인간 미달로 그려지는 윤에게 결여된 것이란 말할 것도 없이 '문명' ― 즉 빛이다. 그는 거의 동물이다. 그러니 누가 고쿠고를, 법을, 위생을, (정치적 언어로 분절된) 입을 거절하겠는가. 이광수 전향 문학의 비윤리성은 바로 여기에 있다. '입=항문'을 가진 것으로 묘사된 '동물'적 삶 혹은 계급적 타자로부터 스스로를 구별해냄으로써 '국어'의 세계, 아니 '법=명령=위생=입'이 분절된 '인간'의 영역으로 투항해가는 이 한 줌의 문명. '지독한 변비 ― 고압적 행정장관의 금고처럼 아름다운, 굳게 다문 입'(그는 과연 그들과 상대하기를 거부하고 변비와 불면 속에 머문다). 우리는 거기서 이광수라는 '인간'의 초상을 본다.

3) 고쿠고, 인간과 동물을 분절하는 이 기계

입=항문이 과연 어떤 결여나 미발달의 산물이든 아니든, 어쨌든 이 작가의 분신은 지배 부르주아지 세계의 법=윤리에 의지해 하나의 해방을 꿈꾼다. 단적으로 말해, 그 해방은 작게는 감옥으로부터의 해방이고, 크게는 계급과 민족적 울타리로부터의 해방이다. 그의 배반은 민족적인 것인 동시에 계급적·문명적인 것이 아니었을까. '입=항문'을 분절하는 과정에 법이 있고 제국의 고쿠고가 있고 또한 폭력이 있었다고 말해보면 어떨까. 충격적인 폭력을 입과 항문을 통해 해방시키는 인간/동물의 상황을, '인간'으로 분절하여 승화시키는 과정 — 감옥의 인간/동물들 전체(조선어와 조선인됨을 포함한 그것)를 스스로의 외부로 소외시키는 방식을 통해 이광수는 그들을 그리로 보낸 행정장관—총독의 권위적으로 닫혀진 입을 모방하고, 감옥의 타자들은 그 순간 비문명—무명^{無明}의 존재들로 소외된다. 서서히 배급—국어—국체명징의 세계로 빨려 들어가는 과정, 아니 승화되어 해방되어 가는 이러한 신체들을 우리는 전향자라 부른다.

그렇다면 식민지(감옥)의 상황은 이중언어 상황이라고 해야 옳을까 아니면 언어 분할, 언어 지배, 언어 폭력의 상황이라고 해야 옳을까. 쉽지 않은 대로, 그들이 모여와는 별도로 소위 '국어'와 연관된 폭력과 공포=계약을 통해 명령어로서의 일본어를 콩밥 먹듯 신체의 질료로 소화시키고 있다고 말해도 좋을 것이다. 그 '소화'는 용이치 않으며, 그런 까닭에 매번 소화불량과 식체를 동반할 수밖에 없다. 필자가 보기에 조선어 화자의 이러한 언어적 어려움은 이 소설 속에서 '설사'라는 질병과 비유적으로 연동되고 있는 듯하다.

이광수가「무명」에서 그려낸 깨어진 '국어'와 감옥 속의 물똥은 그런 의미에서 놀랍게 수미상관한 비유의 일종이라 해야 할 것이다. 말이 깨어진 자들에게는 사식私食이 없으며, 콩밥과 죽을 먹은 이들은 여지없이 '피똥' 혹은 '물똥'을 싸고 만다. 그들은 그렇게 죽어가거나, 이중언어(의 기억을 가진 국어) 기계 — 국체가 되기를 강요받는다. 늘 구타와 먹이의 금지는 (제)국어와 함께 온다.

이중언어로 작업하는 인텔리들은 이중언어 상황 — 정확히는 '비언어(조선어)'를 '언어(국어)'로 매개하는 일을 통해 제국의 엘리트 혹은 상류사회로 '연결'된다. 이 연결은 '입=항문'이라는 원초적 조건을 분절시켜 '정치적 입' 즉 고쿠고로 승화시킨 결과일 수 있다. 그리고 벌거벗은 삶들은 경제적·사회적 소외의 결과로 먹고 말하는 구멍과 싸고 섹스하는 구멍이 한데 뭉개진다. 실제로 그들은 먹자마자 싼다. 이중언어 상황으로 '추방'되는 것이다.

이것이 문제적인 이유는 '분절' 자체의 구조가 작동하는 한에서 그들의 '말'은 배설과 압착된 것으로 간주되기 때문이다. 들뢰즈·가타리의 새로운 정치 기획이 발견한 분절을 모르는 입이라면 '국어'의 외부에서 이미 실현된 적이 있다고, 아주 아이러니컬하게 말해 볼 수 있으리라. 벌거벗은 삶, 분절을 모르는 '그것'들. 분절하는 구조 안에 있으면서, 그 말이 배설처럼 규정되는 이 신체들의 상황은 인간적인가 동물적인가. 쉽지 않은 대로, 언어를 매개하지 않는 — 아니, 신체화되지 않은 언어와 폭력을 통해 규율되는 식민지적 신체의 속성을 우리는 여기서 짐작해 볼 수 있을 것이다.

이중언어 상황 속의 지배어는 언어라기보다는 폭력이고, 홉스의 언명처럼 폭력과 명령은 언제나 언어=사회계약의 성립을 동반하여 찾아온다. 이 '고쿠고' 세계에서 정치적 언어를 잃은 조선인들의 언어는 그렇다면 어떤 것이었을까. '말하는 입'을 '먹는 입' 위에 뭉개버리는 힘에 의해 이 조선인 화자의 음성은 오직 구호와 비명, 저주와 뒤틀린 소리로 고쿠고 안에 존재의 흔적을 남기고 있다.

"아이고 …… 아무것도 묻지 말아주세요"[22] アイゴ, 何も訊かないで下さい. 혹은 "아이고 ― 아이고 ―, 나를 치는 거야. 그래, 쳐, 쳐라! 나 한 사람쯤의 목숨이 뭐냐. 죽여다오. 순교자라는 것은 죽임을 당하는 것이도다.[23]

'아이고, 아이고'アイゴーアイゴー와 같은 비명이야말로 식민지 일본어 문학에 짙게 배인, 정치가 박탈된 벌거벗은 입의 그림자가 아닐까. 두 언어 사이에서 뭉개진 입들의 흔적이 바로 이 '아이고'라는 비명 안에 남아있는 것이 아닐까.

일본에서 출간된 한 조선 문화 사전[24]의 첫 표제어인 이 '아

---

22) 金史良, 『光の中に』, 講談社, 1999, p. 42.
23) 발광한 조선 청년은 이렇게 말한다. 金史良, 「蟲」, 『金史良全集 Ⅱ』, 河書書房新社, 1973, p. 18. 이 작품은 반도의 조선어로 먼저 발표(「지기미」, 『삼천리』, 1941년 1월호)되고, 작가 자신에 의해 '국어화'되었다(『新潮』, 1941년 7월호).
24) 梶井 陟, 「アイゴ」, 伊藤亞人 監修, 『朝鮮を知る事典』, 平凡社, 2000. 이 사전은 '아이고'에 대해 이렇게 적고 있다. "조선어의 감동사. 감정을 순간적으로 표현할 때

이고'라는 가타가나 글자들을 들여다본다. 이 비명은 현해탄뿐 아니라 심지어 태평양을 건너 영어 속에서도 살아남는다. "Aigo …… please leave me alone."25) 이것은 언어인가. 이 분절을 모르는 입. 이중언어적 분할을 찢으며, 국어권을 빠져 나가는 동물화된 삶의 비명들. 말하는 입과 먹는 입 사이에서 그 분절의 수상함을 맹목적으로 묻고 있는 이 '비명'들.

"히도쯔[하나], 후다쯔[둘]." 간수가 세어가는 소리와 함께 "아이구 죽겠다, 아이구, 아이구!"26) 조선어와 일본어는 각각 수인과 감시자, 피지배자와 지배자, 맞는 자와 때리는 자, 먹고 싸고 주절대는 입과 말하는 입으로 명백한 분할을 갖고 재현되고 있다. 그러한 분절 사이, 혹은 이중언어 상황 사이에서 터져나오는 '비명'이야말로 입=항문 속에 남아 있는 '말하는 입'의 유일한

쓴다. 슬플 때, 기쁠 때, 화가 날 때, 질렸을 때, 사람과 오랜만에 만났을 때, 힘을 쓸 때 등등 그 표현 범위는 매우 넓다. 아이구, 오이쿠, 에－구, 여자 말로서 '아이구머니'와 같이 소리와 형태를 변화시키면서 그때 그때의 감동·감탄을, 뉘앙스나 정도, 남녀의 다름 등을 미묘하고 풍부하게 표현해낼 수 있다. 또한 장례식에서의 곡성을 가리키는 명사 '애호(哀號)'는 전혀 다른 말로서, '애호'의 조선음은 에－호이다. 애호는 본래 중국 고대의 풍습이었는데, 형식화된 장례식의 중요한 의례이며, 그것을 업으로 하는 곡인을 시켜 哀號를 시키기도 했다. 이 의례는 조선, 일본에도 전해져, 한국에서는 지금도 볼 수 있다." 재일한국인 소설가 유미리 역시 많은 소설에서 이 '아이고'(アイゴ)를 교체 불가능한 언어로서 쓰고 있다.
25) Kim Sa-ryang, "Into the light", trans. by Christopher D. Scott, 2005, unpublished(forthcoming). 번역자는 '아이고'를 한국어 절규(Korean exclamation)라고 주석하고 있다.
26) 김동인, 「태형」, 앞의 책, p. 213. 이 작품의 일본어본은 이 부분을 다음과 같이 번역하고 있다. 「ひとーつ、ふたつ」看守の數えあげる聲とともに、「ああ、あああ ……」悲鳴がわれわれの暑さに麻痺した耳を突ん裂く。長章吉 譯 「笞刑」, 『朝鮮短篇小說選』上, 大村益夫·長章吉·三枝壽勝編譯, 岩波書店, 1984, p. 38. 조선에서 태형은 민도(民度)를 이유로 3·1운동 직후까지도 남아 있었고, 이후에도 경찰범처벌규칙에 의해 법적 구타는 감옥 밖에서 행해졌다. 鈴木敬夫, 『朝鮮植民地統治法の研究』, 北海島大學圖書刊行會, 1989, pp. 82~85.

흔적이라고 할 수는 없을까. 먹는 입의 유일한 정치적 호소 방식이라고 말한다면 과연 지나친 것일까.

법은 계약이 아닌 공포의 명령으로 존재하기 마련인데, 더구나 식민지에서의 그것은 언어적 결락을 동반하는 것이기에 언어와 함께 보다 강력한 신체적 규율을 개입시킨다. 만약 이 벌거벗은 사람들에게 조선어가 신체의 언어라고 한다면, 일본어는 '신체의 동작'과 함께 하는 언어라고 해야 할 것이다. '하이^{はい}'와 '예'를 섞어 말할 때, 구타가 돌아오는 이 장소의 소리와 정치성. '아이고^{アイゴ}'는 식민자의 언어에 하나의 이질적인 비명으로 남은 피식민어의 흔적을 보여주고 있다. 일본어란 시빌리티와 폴리스의 언어라기보다는 동력기, 전달 장치, 작업기와 같은 것인지도 모르겠다. 이를 움직이는 동력·원천은 근원적으로는 자본이지만 그 기계 자체는 (힘과 공포를 동반하는) 말—'고쿠고'인 것이다.

'예, 하이'라는 갈라진 혀를 조정하며 '힘=공포=계약'은 '그것$^{le\ ça}$'을 '그것'인 채로 단일화해 보인다. 아니 뭉개놓는다. 내재성으로 쫓겨난 이 기계는 기계$^{organic-machine}$이라기보다 기계^{instrument}였으리라. 그들에게 '고쿠고'란 폴리스의 언어라기보다는 동력기였다. 벌거벗은 삶—생명을 움직이게 하는 이 이중언어 사회의 분절 기계. 가장 법적인 공간이자 가장 사회계약으로부터 멀리 있는 역설의 장소—감옥에 이중언어 상황이 있고, 가장 공공적인 미디어(문학 혹은 신문)들에 또한 그것이 있으며, 가장 벌거벗은 거친 삶 속에 또한 이중언어 상황이 있다. 동물이자 맹목적 기계인 신체 — 아니 구멍들이 있다. 가장 잘 차려입은 자들의 장소와 벌거벗은 삶들의 장소에서 입은 그렇게 갈라진 채, 또한 뭉개진 채 있다. 전자가 후자의 배제 위에 존재하려 들 때, 우리는 그걸 '전향'이라 불러도 좋으리라.

감옥과 고쿠고, 전향의 모멘툼

미셸 푸코에 앞서, 정신병자와 수형자들의 사회적 상황을 연구했던 어빙 고프만은 감옥 혹은 정신병원과 같은 소위 '완전시설total institution'에서는 먼저 해당 수용자의 소지품을 몰수하고, 고유한 이름의 사용을 중지시키는 것을 통해 외적 세계의 아이덴티티를 부정한다고 말한다. 즉, 개인성의 상징에 해당하는 소지품 대신 입감자 전원에게 균일한 지급품을 쓰게 하고, 이로써 개인의 아이덴티티를 말살함으로써 하나의 '정상'적 삶—평균적 삶의 의미를 각인시킨다는 것이다.[27] 따라서 지급품 이외의 소유물을 갖고, 배급 이외의 음식물을 섭취한다는 것은 단순히 경제적·사회적 우위를 표시하는 것일 뿐만 아니라 잃어버렸던 개인성을 제한적으로나마 회복하는 계기로 작용한다고 할 수 있다. 차입은 위생 면이나 영양, 물질적 우위, 계급성 등을 표시할 뿐 아니라 최소한의 아이덴티티의 확보라는 점에서 「무명」의 화자가 여타의 수형자들과 스스로를 구별짓는 정신적 가치를 표상한

---

27) Erving, Goffman, *Asylums : Essays on the Social Situation of Mental Patients and Other Inmates*, New York: Doubleday, 1959, p. 18.

다고 할 수 있다.

다시 말해 화자인 '나'—이광수의 분신은 여타의 사람들과 같은 수형자이기는 하나 주위의 아이덴티티를 상실한 자들과 달리 개인성 혹은 자아를 보전하고 있다. 윤은 당숙의 차입으로 '나'와 같은 '수건'과 '비누'를 쓰게 되자 '나'와 동등해졌다고 느끼고, 말투 역시 서로를 존중하자는 뜻에서 '하오'체의 문명한 말로 바꾼다. 윤의 그러한 행동을 '나'는 한심해하지만 실은 윤의 행동이란 감옥의 생리를 몸소 체험한 자 특유의 매우 수미일관한 반응일 것이다. 모든 반복이 그렇듯이, 윤의 행동은 단지 '나'의 행동의 반복이기에 희극적으로 보이는 것뿐일지도 모른다.

등장인물들의 배설 행위에 있어서 화자인 '나'(김)는 내내 관찰자 입장에 있으며, 그 자신의 배설에 대해서는 전혀 쓰지 않는다. 그러면서 화자는 바로 이 배설 행위 외부의 '말하는 개인'—공적 주체로서 스스로를 위치시키고 있다. '나'는 분명 감옥 안에 있는데, 또한 홀로 '인간'인 채 항문 외부에 있는 듯이 말한다. 동물과 항문의 비유로 가득 찬 윤, 민, 정의 행위들에 대해 화자는, 이를테면 '참여적 관찰자' 입장을 견지하고 있다고 말할 수 있을 것이다. 같은 장소에 몸을 두면서도 어디까지나 화자는 '문명'—말하는 입을 가진 '다른' 자로서 여타의 수형자들과 접촉한다. 이 참여적 관찰자는 차이를 발견하는 듯이 쓰고 있다. 하지만 실제로 참여적 관찰자란 언제나 차이를 만들고, 그 차이 속에서 스스로를 어디에 기입해야 할지를 생각하는 사람에 가깝다.[28] 참여적 관찰자는 하나의 '인물'이 아니라 어떤 세계의 '구조'를 쓰고 있으며, 그 자신이 그러한 구조의 일부다.

인류학의 현장조사 작업이 그러하듯이 '나'는 이 수형자들 위에서 작용하고, 실제로 그들 삶을 움직이고 그들의 신념 체계에 관여한다. 사식도 그러하거니와 윤은 죽음을 앞두고 화자에게 영혼의 구제를 위한 방법을 구한다. "긴상! 나무아미타불을 부르면 죽어서 분명히 지옥으로 안 가고 극락세계로 가능기요?"(「무명」: 55). '나'는 답한다. "정성으로 염불을 하세요 부처님의 말씀이 거짓말 될 리가 있겠습니까?" 이 사투리와 표준어의 선명한 대립을 가로지르던 '빛'이 이제 막 방언(조선어)과 국어(일본어) 사이를 빠르게 절단하고 있던 시간의 이 대화.

이 참여적 관찰자의 시선은 분명 20세기 초두의 문명이 발달한 서양으로부터 미개지 혹은 동물의 세계로 들어간 자들의 인류학적 시점 혹은 곧 돌아올 자들의 여행기를 연상시킨다. 인류학적 인간들이 종종 문명－야만의 경계를 획정하는 '객관적 관찰'을 통해 스스로를 문명으로 재확인하고, 야만 쪽에 문명화에의 희구를 새겨 넣는 것처럼 이 감금된 주체는 이야기의 초점을 수형자들에게 돌리는 '관찰' 기록을 통해 감옥 밖으로 도착된다. "병감이라는 극한 상황 속에서의 인간성을 윤이라는 인물을 통해 유례없는 통찰로 그려낸 것이 단편 「무명」이었다"[29]고 할 때

---

28) James Clifford, *Routes : Travel and Translation in the Late Twentieth Century*, Harvard Univ. Press, 1997, p. 20.

29) 김윤식, 『이광수와 그의 시대 3』, 한길사, 1986, p. 951. 김윤식은 이 소설의 가치하락을 마지막 장면의 '설교'에서 찾고 있지만 실은 이 소설은 그의 어느 작품보다 '설교'가 없는 작품이고, 또한 어느 작품보다 대상인물들을 외적인 채로 남겨두고 있는 적극적 소외(alienation)의 산물이다.

이 '통찰'은 틀림없이 '참여적 관찰'에 다름 아닌 것이다. 그는 이 '돼지우리豚柵' 속에서 안간힘으로 인간임을 주장하기 위해 육체와 그것에 묶인 조선의 생명정치 전체를 스스로부터 외화시켜 버린다(그리고 실제로 '나'만이 병보석을 통해 그 '돼지우리'를 빠져나온다).

그 자신 병감의 수형자이기에 '나'의 병 역시 위중할 것이나 '나'는 스스로의 몸에 대해서는 좀처럼 말하지 않는다. 왜냐하면 저 분비물을 토해내는 병감의 '몸'이야말로 그가 혐오해마지 않는 부정적 조선성의 표상들이기 때문이다. 민의 지쳐 말라버린 몸, 그 말라버린 몸에서 나오는 배설물, 정의 지독한 구취, 윤의 설사에 대한 놀랍도록 상세한 묘사는 관찰자의 신체를 놀랄 만치 피해간다. 이 참여적 관찰자는 배설하는 인간/동물에 대해 때로는 연민을, 때로는 혐오를, 드물게는 계도를 극히 자연주의적으로 배치해나간다.

이광수가 『무정』과 같은 소설들을 통해 보여준 여성의 신체/남성의 정신이라는 이분법은 유명한 것이었다. 그러나 이 생산하지도 못하는 불모의 몸들—병감 안의 수형자들의 몸은 그러한 이분법보다도 하위 범주에 위치지워져 있는 것으로 보인다. '나'는 병감의 수형자들과 함께 연애보다도 훨씬 강렬한 육체적 접촉들을 하고 있지만 '나'자신의 육체성은 좀처럼 서술되지 않는다(이광수에게 있어서 연애의 강렬함은 그것이 한편으로 육체성을 끊임없이 상기시킴에도 불구하고 그로부터 계속 멀어지고자 하는 데서 비롯된다는 것을 염두에 두자). 이 '나'에게는 입과 눈만 있고, 항문과 몸뚱이는 없기 때문이다. 그는 이 남자만의 장소에서 서구 근대의 에피스테메—신체로부터 분리된 사고를 객관적인 것으로 중시하고, 신체를 물질적인 것에 주박된 것으로 하위에 배치하는 바로 그 사고를 거의 무의식적인 수준에까지 펼쳐 보인다. 그렇게 함으로써 스스로의 문명화된 위치를 간신히 확보하고 있는 것이다. 오랫동안 이광수 문학에 있어서 '계몽'의 대상이었던 이들은 바로 이런 식으로 '무망한 무명'의 존재들로 결정적인 소외를 맞이한다. 이광수는 감옥—반도의 행위자이기를 그치고 관찰의 주체—제국으로 귀순하며, 바로 그러한 전향을 통해서 (제국의) 행위자로서 도착된다.

흔히 리얼리스트들은 그들이 혹은 '우리가 왜 똥이냐'고, '왜 돼지우리 안에 빠졌느냐'고 맹렬하게 질문할 것이다. 모더니스트들은 "우리는 똥이고 소설이란 대개 똥통 위에서 읽혀진다"고 어렵사리 인정할 것이다. 물론 여기서 배설물이라는 메타포의 의미는 서로 다르다. 문제는 이 전향자는 '그들은 똥'이라고 쓰고 있다는 사실이다. 이광수의 전향이란 바로 이와 같은 것이지 나 않았을까.

전향의 아이러니: 근대의 초극과 전근대의 복수

「무명」은 사법상의 전향과 문학적·사상적 전향 사이에 위치한 이광수 나름의 전향 소설이라 할 수 있다. 수양동우회가 악명 높은 치안유지법의 적용 대상이 됨으로써 '동우회 회원들의 운명은 이제 춘원 이광수의 거취에 달려' 있었다. "이광수가 당국에 대하여 전향을 표명하면 혹은 용서가 될 수도 있겠거니와 이광수가 버티면 동우회 40~50명의 생명은 형무소에서 결말을 지을 수밖에 없"30)는 상황에서 그는 전향을 택했다. 이광수는 곧 예심 보석을 받아 회원들과 함께 소위 '사상전향회의'를 개최, 조선신궁을 참배하고 「사상전향 신술서申述書」을 작성해 재판장에게 제출했다.31) 이광수는 공산주의자는 아니었지만 "조선 독립을 달성하자는 것은 우리 제국의 영토의 일부를 참절僭窃하여 그 통치권의 내용을 실질적으로 축소하고 이를 침해하는 것과 다름 없으므로, 치안유지법상 소위 국체변혁을 기도한 것으로 해석하는 것이 타당하다"32)는 치안유지법의 논리 구조에 따라서 국체변혁을 기도한 국사범이 되었고, 치안유지법 사범이 된 이상 전

---

30) 김동인, 『김동인전집 6』, 조선일보사출판국, 1988, p. 72(김윤식, 앞의 책, p. 952에서 재인용).
31) 전향은 판결문에서 무죄의 한 근거로서 언급된다. 범죄 행위가 아니라 범죄적 사상에 가해진 법이기에 전향은 무죄의 근거가 될 수 있었다. 수양동우회 사건의 전말에 대해서는 김윤식, 『이광수와 그의 시대 3』, 한길사, 1986을 참고
32) 치안유지법과 식민지법에 대해서는 水野直樹, 「植民地獨立運動に對する治安維持法の適用」, 淺野豊美·松田利彦編, 『植民地帝國日本の法的構造』, 信山社, 2004, p. 436을 참고. 식민지의 독립 기도는 1931년 이후 일관되게 치안유지법에 의해 단죄되었다. 그 논리는 '조선독립=제국 영토의 참절=통치권의 내용 축소=국체변혁'이라는 도식에 의해 정당화되었다. 물론 국체와 통치권을 규정한 「대일본제국헌법」(1889년)이 식민지와 무관하게 성립된 것이기 때문에 식민지의 영유는 국체에 필수적인 것은 아니지만 천황의 통치권역인 제국은 확대될 수는 있어도 축소될 수 없다는 논리에 의해 정당화되었다. 수양동우회 사건에 치안유지법이 적용되었다는 것은 이 법이 규정하는 국체 변혁의 시도를 부인하기 위해 법적·선언적으로 '전향'하지 않을 수 없음을 뜻한다. 이광수의 문학적 변전을 전향 문제와 곧바로 연결 지을 수밖에 없는 이유이기도 하다.

향과 국체에의 헌신을 증명하는 수밖에 달리 방법이 없었는지 모른다. 다만 우리가 여기서 문제 삼고 있는 것은 그 논리와 심리이다.

신체제로의 전향론자의 대표격이자, 관헌들에 의해 전향자의 '모범'으로 이야기되곤 했던 하야시 후사오林房雄는 조선 작가의 전향을 논하는 자리에서 여전히 미심쩍다는 듯이 다음과 같이 말한 적이 있다. "조선 작가는 전향을 한다하더라도 돌아갈 조국이 없다."33) 자유민권에서 제국주의로의 전향이 그러했듯이, 일본에서 전향이란 늘 외래 사상에서 일본 정신으로 귀착되는 어떤 사상적·정치적·폭력적 움직임을 의미했다.34) 그런 의미에서 하야시 후사오의 말은 틀림없이 스스로의 경험에서 우러나온 일본적 전향의 핵심을 말하고 있다. 사회주의 계열의 작가가 아니라 언제나 '민족'을 앞세웠던 이광수와 같은 작가에게는 '조국 일본'의 발견과 헌신과 같은 더 한층 강한 전향에의 포즈가 요구되었던 것도 이 때문일 것이다.

그러나 나는 이 말이 정곡을 찔렀다기보다는 조선에서의 전향 문제를 단순화하는 원형적 사고로서 이해한다. 전향 이후의 이광수의 고전에의 집착과 일본신화에 대한 관심을 보면, 분명 그는 일본낭만파나 하야시 후사오가 갔던 길을 걸은 것처럼 보인다. 물론 이는 고쿠고=일본 정신=고전이라는 신체제의 관례화된 사고 문법에 대한 이광수 나름의 대응이었을 것이다. 그러나

---

33) 崔載瑞, 「朝鮮文學の現段階」(座談會), 『國民文學』(1942年 8月號)를 참조.
34) 本多秋五, 『轉向文學論』, 未來社, 1964, p. 219.

그 동기에는 시빌리티 문제가 깊게 각인되어 있음을 간과해서는
안 될 것이다. 친일 비판 속에서 불려나오곤 하는 소위 '민족 반
역'이라는 대규모적인 현상, 즉 '전향'을 정치적·도덕적 문제로
환원해 버릴 수는 없다. 그의 전향은 첫째는 계급적인 것이고,
둘째는 시빌리티의 산물이다. 그의 전향 후 문학의 중요한 계열
들 중 하나로 자리하고 있는 소설들, 즉 변소를 치고, 거리를 청
소하고, 파리를 잡는 소설들을 그는 무엇보다 중요한 '보국'으로
이야기하기 때문이다.

이광수의 협력문학론의 이율배반은 민족을 위해 민족을 배반
했다는 데에도 있지만 이는 사후적인 판결이고 회고일 뿐이다.
'국어'를 배워 우수한 일본 정신을 아는 일을 '문명화의 길'로
삼아 스스로를 '합리화'하면서도 동시에 반서양, 반이성, 반합리
주의를 실천해야 했던 이 사람의 걸음은 수미일관된 한편 모순
된 갈짓자 걸음이다.

그는 말하는 입으로 귀순하는 과정 속에서 '법=명령=위생=
입=국어'의 계열체를 '온몸'으로 받아들인다. 그리고 그는 그
밖의 모든 몸들이 내뿜는 언어와 분비물과 비명들에 눈감기로
한다. 조선어는 언어가 아니라 배설이 된다. 항문은 '말하는 입'
에 의해 분할되어, 비인非人의 기관으로 간주된다. 이 비인의 언어
역시 배설과 같은 것으로 분할되어 배제되어 버리는 것이다. 조
선어는 '국어'의 전역사 혹은 방언이 된다. '분비하는 신체'로부
터 '배우고 가르치는 정신'으로의 민족 개조를 꿈꾸었던 이 사람
은, 이제 바로 그 계몽=문명화에의 열망의 극한 지점에서 또 다

시 '입=항문'적 신체들 전체를 문명의 외부로 배제시키는 동시에 제국의 국민으로 다시금 조명한다. 새로운 국가적 신체(들)의 행동을 요구하는 것이다. 스스로를 고쿠고를 말하는 일본 문명의 신체로 전환시킴으로써 이광수는 오랫동안 그를 괴롭혔던 신체와 정신의 이원론을 '극복'하기에 이른다.

> 지원병훈련소를 보는 것은 두 번째인데 볼 때마다 가장 많이 느껴지는 것은 신체와 정신의 개조입니다. 소화기의 개조, 근육의 개조, 피부의 개조, 이것은 지원병들이 공통으로 감사하는 바이니와 습관의 개조를 통해서 되는 정신의 개조는 그 이상인가 합니다35)(「천황께 바쳐 쓸데 있는 사람」).

'입=항문'의 벌거벗은 삶은 말하는 입-정치적 주체에 의해 동물화 혹은 인간화되어야 할 대상으로 분류되고, 일본 정신은 고쿠고와 얽힌 가치들에 의해 황국적 신체를 유일한 '인간'의 모습으로 선언한다. 고쿠고 병영은 그렇게 제국적 인간을 대표하게 된다. 고쿠고라는 기계의 검증을 통해 조선인도 '병사가 될 수 있'게 된 것이다.

알다시피, 미셸 푸코는 감금을 주체와 영혼이 생산되는 본질적 테크놀로지로서 언급하며 이를 주체화·신민화·복종화 subjection 라고 불렀다.36) 그러나 실제로 법이란 그 정당화 도식에 있어서 자

---

35) 이광수, 「문사부대와 지원병」, 『삼천리』(1940년 12월호).
36) Michel Foucault, *Discipline and Punishment*, translated by Alan Sheridan, Vintage, 1995, p. 31.

유로운 개인—주체를 이미 '전제'한다. 주체의 '생산'을 말하기 이전에 이미 그 주체를 생산하는 것으로 알려진 법은 이를 이해하고 실천하는 '사법적 주체'(=법의 신민)를 설정하기 때문이다. 모든 국가의 헌법이 말해주듯이, 규율이 만들어낸다는 주체 이전에 법적 주체가 이미 있다. 그런 한편 법을 적용하는^{enforce} 폭력 없이 법적 주체의 준법을 기대하기란 난망한 일이다. 법의 기원과 주권의 성립을 이야기하는 폭력 모델과 언어 모델(사회계약 모델)은 실제로는 법의 서로 다른 기원이자, 쌍생아에 가깝다. 문제는 이 양자를 호혜적으로 다루는 방법이다.

푸코가 알려주는 것은, 법(=국어)을 모르는 법적 주체라 하더라도 주체는 처벌을 통해 그것이 '있다'는 것을 알게 되고, 이를 통해 '주체화'된다는 사실이다. 모두가 감옥에 가서 주체가 되는 것은 아니지만 법이 이미 '있고' 이를 유지하기 위해 국가가 폭력을 행사할 수 있음을 알기에 법적 주체들은 '주체'이기를 멈추지 않는다. 폭력이 신민=주체를 낳는 원리를 식민지만큼 잘 보여주는 사례가 있을까? 폭력적 기원이 은폐된 언설공간, 법적 상해, 위생적 삶을 여기서 물어야 하는 것이 아닐까?

그렇다고 할 때 폭력과 말은 늘 같이 오되, 언어와 함께 온다. 따라서 언어의 개입 없는 규율은 최소한의 사회계약조차 부재하는 단순 폭력에 다름 아니다. 왜냐하면 복종을 반복 가능한 테크놀로지로 만드는 것은 언어라는 동력 장치 혹은 명령이기 때문이다. 언어 없는 폭력은 맹목이다.

그러나 식민지의 주체들은 법이 있다는 것은 알지만 이 법이 무엇인지는 결코 알지 못했고, 그런 의미에서 여전히 식민지의 언어는 우리로 하여금 법과 규율의 모순과 근본적 허약성을 문제삼도록 한다. 사회계약의 '언어'가 존재하지 않거나 순전히 '타자'의 언어인 곳. 대부분의 식민지인들은 분명 이중언어적 상황을 살면서도 공용어로서의 국어를 공포로서 두려워할지언정 언어로서 이해할 수는 없었던 것이 아닐까. 이 언어의 개입이 미약한 가운데 강요된 규율은 근본적으로 완전하지 못한 것이었고, 일본의 패전 이후 구식민지의 주체들은 식민지 법뿐만 아니라 준법과 질서 자체로부터 한꺼번에 해방되어 버렸다. 언어를 매개하지 않는 '폭력'으로서의 법은, 폭력의 봉인이 풀리자 내전 혹은 방임적 상태를 불러 들였다.

물론 카프카의 「법 앞에서」라는 유명한 단편이 말해주는 것처럼, 크게 보아 법은 거의 언제나 그것이 무엇인지 알 수 없는 상태에서, '이미 존재하는 것'인지도 모른다. 그러나 식민지에는 법을 지키는 문지기와 말이 통하지 않는 아주 많은 시골사람들이 있었고, 이 이중언어적 상황에서 양자를 매개하던 '개명한' 시골사람들은 「무명」이 쓰여진 1939년의 시점에서 각자의 첫 번째 문지기를 통과해 이 알 수 없는 법의 두 번째 문지기 앞으로 향해 가고 있었던 것 같다.

야만에서 문명으로 빠져나온 이광수. 그는 어렵사리 로컬리티(조선 '지방')의 대표자가 됨으로써 제도帝都에 이르렀지만 아이러니컬하게도 결국 '시골사람'이기는 마찬가지였다. '입=항문'의 장소를 빠져 나오기 위한 안간힘으로 가득한 이 소설을 통해 이광수는 '법=명령=위생=(말하는) 입'의 장소로 전향했지만 실제로 이광수라는 환유가 대표하게 된 것은 '입=항문'이라는 장소로서의 조선의 이미지였던 것으로 보인다.

그는 오직 '입=항문'을 분절함으로써만 제국에 말을 걸 수 있었다. 이 시빌리티를 간절히 희구했던 수형자는 귀순한 장소에서 그가 빠져나왔다고 믿은 시골성의 대표자인 자신을 발견한다(제국의 문학잡지 속에서 조선문학은 흔히 오키나와, 도호쿠, 규슈 문학과 함께 지방문학의 일부로 분류되었다). 비슷한 시점에서 최재서와 같은 사람은 "파리 함락은 소위 근대의 종언을 의미하는 것으로 최근까지도 구라파 문학의 유행을 쫓아왔던 조선문학은 처음으로 이러한 사태에 즈음해 눈이 떠졌다고 해도 좋을 것이다"(「조선문학의 현단계」, 『國民文學』[1942년 8월호])라고 말했지만 소위 '근대의 종언' 이후 조선문학을 기다린 것은 시골성 — 지방문학의 운명에 지나지 않았다.

'고쿠고'로 작업해야 했던 작가들은 내내 이 시골성 혹은 로컬리티의 재현을 요청받았고, 실제로 그것에 응답했다. 조선은 더욱 봉건적이고 잔혹한 장소로 표상될 수밖에 없었다. 제국문학의 보편성에 접근하기 위해서는 조선의 경우, 더욱 더 협력과 전쟁 문학이 아니면 안 되었다. 막 넘어온 근대의 다음에는, 조선이 이미 넘어왔다고 믿은 온갖 전근대의 신화들이 기다리고 있었다. 그러한 봉건성의 압력을 그리는 신화적 사건·토속 따위나 국책문학이 아니라면 이 전향문학은 쓸 수 있는 것이 거의 없었다. 「무명」의 조선예술상 수상은 정확히 조선의 지방화와 연동된 것이었고, 주지하다시피 제국의 지방문화란 근대의 초극을 꿈꾸는 반서양, 반(서양)문명, 반개인주의, 반자유주의의 장소였다. 문명화된 개인이 되고 싶었던 이 '규율된' 영혼은 제국의 한복판에서 '영미귀축'에 대해 반근대와 반문명을 말하는 수많은 제국의 신체들과 마주한 채 서양과 싸우는 로컬하고 이그조틱한 '시골' 사람들로 분류되었다. 전향의 아이러니라는 게 있었다면 아마도 거기에 있었을지 모른다. 감옥 안에서 문명으로 전향했던 이 사람은 출옥과 함께 (서구) 문명에 맞서 또 한 번 반근대를 향해 전향하지 않을 수 없었다. 이 변비로 굳어진 얼굴은 이제 강박적으로 언어들을 쏟아내기 시작한다. 한 줌의 전향자와 식민 본국의 고쿠고 화자들을 향해. 입과 항문이 왜 똑같이 빨간 색인지를 알지 못한 채 "저 변비증환자便秘症患者는 부자富者집으로 식염食鹽을 얻으려 들어가고자 희망希望하고 있는 것이다."

3

|

인간, 동물, 그리고 기계
조선문학 혹은 제국 일본의 크레올

> 아이고 — 아이고 —, 나를 치는 거야. 그래, 쳐, 쳐라!
> 나 한 사람쯤의 목숨이 뭐냐. 죽여다오.
> 순교자라는 것은 죽임을 당하는 것이도다.
> ― 김사량, 「지기미」(1941년) 중에서

언어와 인종: 일본 식민주의와 일본어

세계 식민사에 있어 유일하게 동일 인종, 동일 문화권을 동심원적으로 확장하는 방법을 통해 지배해 나아간 국가가 있다. 제국 일본이 바로 그렇다. 여타의 서구 제국과는 달리 일본은 식민지 경영에 있어서 법이 공허해지는 바다나 눈에 보이는 인종적 차이를 식민화의 테크놀로지로 소유하지 못했다. 제국 일본의 식민지 경영이 내포한 근본적 난관이 바로 이 지점에서 시작되었다.

우선 뒤늦게 제국주의적 영토 분할에 참가한 제국 일본은 스스로의 지배를 서구 제국의 식민 지배와는 다른 것으로 '정당화'

해야 했다. 식민지를 '외지'라 부르며 일시동인이나 내지연장주의와 같은 '동화' 정책을 수행했던 일본의 정책자·이데올로그들이 가장 자주 펼쳐든 슬로건은 '서구에 대항하여 동아시아를 근대화한다'는 것이었다. 반면 동일 인종, 동일 문화권(한자문화권)을 지배해야 했던 일본으로서는 식민자와 피식민자를 식별하는 매우 정교한 차별의 논리를 생산하지 않을 수 없었다. 왜냐하면 문명인에 의해 계몽되는 야만인이라는 전제 없이는 식민주의란 성립조차 불가능했기 때문이다. '고쿠고', 즉 일본어는 바로 이러한 식별을 위해 사용된 가장 유용한 매개인 한편 또한 동화정책에 있어서는 가장 커다란 난관이었다.

주지하다시피 식민지말의 국가총동원체제 하에서 무엇보다 중요했던 것은 전쟁 동원이었다. 조선 및 조선인에 대한 최대한의 물적·인적 동원을 위해 제국 일본은 조선인에게 동일한 의무와 동일한 지위를 부여하거나 그렇게 되리라고 선전하지 않으면 안 되었다. 제국 일본이 감행한 소위 '조선어 말살 정책'은 무엇보다 지원병제(1938년)와 징병제(1942년)라는 계기를 통해 급진화되었다. 왜냐하면 적과 아군이 완전히 갈리는 전쟁에 있어서 하나의 군대는 동일한 언어를 사용하지 않으면 안 되었기 때문이다. '충용한 제국 신민'으로 조선인을 동원하기 위해서 우선 조선인들로 하여금 제국의 국어를 사용하도록 해야 했다.

그러나 그 순간 조선인과 일본인의 경계는 매우 애매한 것이 되고 만다. 바로 이 틈바구니에서 제국 일본의 전쟁에 대한 협력을 통해 식민지 상황의 극복을 시도했던 일군의 '국민문학' 주창자들이 탄생했던 것이다. 징병제와 의무교육, 국어 상용(=일본어 상용)과 차별해소를 연동시킨 논의들은 이들이 즐겨 사용한 협력의 논리였다. 『國民文學』이라는 일본어 잡지에 의해 대표되는 소위 친일협력문학은 바로 이와 같은 제국 일본의 식민지 지배가 갖는 아포리아 안에 존재했으며, 그 자체로 전쟁에의 협력을 통해 식민지 상태의 극복을 시도한 매우 정치적인 시도였다.

그러나 일본어 사용자가 불과 20%에도 이르지 못하고, 협력과 차별해소를 연동시키는 교환 논리 자체도 금압의 대상이 되는 상태에서 그러한 문학적 시도는 매우 반인민적인 발상이자 무모한 시도에 다름 아니었다. 소위 '국민문학'에 등장하는 인물들이 대부분 동화를 통해 지배 구조의 상층부에 접근 가능했던 지식인들이나 협력 언설의 근간인 일본어 식자층에 국한되어 있던 것도 바로 이 때문일 것이다. 조선어로 말하는 팔할의 '현재' 인민을 포기한 채 오직 일본어 화자로서의 자신의 조건과 식민 권력의 '선의'에 가탁된 불확실한 미래에 모든 것을 거는 일의 결과는 우리가 아는 바 대로이다.

하지만 그러한 파국적 상황에서나마 '가능한' 문학적 윤리를 펼쳐 보인 작가도 없지 않았다. 소위 '내지어'를 통해 식민주의 자체를 비판한 작가, 제국대학에서 공부하고 제국어로 작품을 쓰면서도 내내 피식민자들의 장소에 섰던 김사량이 바로 그런 존재일지 모른다. 제국의 '외지' 출신 작가로서는 처음으로 아쿠타가와상 후보 작가가 된 김사량의 대표작 「빛 속으로」(1939년)를 통해 단일언어주의 하에서의 언어 정치가 어떠한 것인지에 대해 이야기해보기로 하자.

크레올과 전유 방법: '남의 말'로 쓴다는 것

자신의 이름을 스스로 정한 사람은 아무도 없다. 이름 자체는 늘 타자들에 의해 주어지며, 그러한 이름에 따라 한 사람의 개인성이나 아이덴티티도 결정된다. 그런데 322만호, 2,600만 명이 넘는 사람들이 한 번에 스스로의 이름을 창안해야 했던 사건이 있었다. 창씨개명(1939년 11월)이 바로 그렇다. 「빛 속으로」(1939년 10월)는 창씨개명 이후의 조선인의 운명을 예감적으로 보여주는 글이다.

제국대학에 재학하며 빈민들의 자녀를 가르치는 '남南' 선생이라는 사람이 있다. 「빛 속으로」의 주된 갈등은 이 '남' 선생이 어떻게 불리느냐 하는 문제에 있다. 애초에 '나私=와타시'로 등장했던 소설 속 화자는 아이들에 의해 '미나미 센세南先生'로 불린다. 그러던 어느 날 한 조선인 청년이 '나'를 찾아오고, 그는 조선어로 '선생남'이라 부르며 나에게 말을 건다. 그 순간 '미나미 센세'였던 나는 곧바로 한 아이(야마다 하루오)에 의해 '조선인'으로 호명당하며, 조선인인 한에서 '조셴진 빠가'가 되고 만다. 조선인 어머니와 혼혈 아버지 사이에서 태어난 야마다 하루오 미나미—제국대학—일본어와 남—조선인—조선어 사이의 비식별역에 위치한 나. 이 '두' 사람이 어떻게 갈등하고 보듬으며 스스로의 복합적 아이덴티티를 받아들이게 되는가가 이 소설의 주요한 내용을 이루고 있다.

이데올로기에 호명당함으로써, 타자에 의해 불림으로써 하나의 개인이 '주체'가 된다고 말한 사람은 알튀세르였다. 여기서 주체화란 하나의 언어 혹은 언설 체계에 의해 호명당함으로써 한 사람의 개인이 주체 혹은 신민^{subject}이 되는 과정에 다름 아니다. 일본어와 그것이 내포한 제국의 언설 질서에 의해 호명될 때 미나미 센세는 계몽의 최상위에 선 제국대학의 사회주의적 지식인이다. 그러나 조선어 선생님 혹은 '남 센세'로 호명되는 순간 그는 어쩔 수 없이 제국 질서의 하위자인 조선인의 자리로 되돌아온다. 조선어로 호명될 때 깜짝 놀라는 '나', '나는 물론 조선 사람이오'라고 대답하면서도 '어쩐지 자신의 대답이 약간 떨리고 있는 듯' 느끼는 '나'. '나'는 언제나 동일한 '나'이지만 '나'의 의미가 언제나 한결같은 것은 아니다. 어떻게 호명되느냐에 따라 한 사람의 존재는 서로 다르게 의미화되기 때문이다. 동일한 한자 문화권, 동일 인종 사이에서 발생한 식민지 지배 문제, 제국 일본의 식민지 경영이 내포한 난관의 한복판에서 '식민주의' 문제를 다루고 있는 이 소설에서 김사량은 일본어와 조선어라는 문제를 통해 차별의 근원에 대해 심각한 질문을 던지고 있다. 말과 식민주의의 관계가 그것이다.

도쿄 빈민가를 배경으로 한 이 소설에서 조선인들은 온통 혀가 잘 돌아가지 않는, 깨어진 일본어로 말하며, 그런 한에서 절대로 일본인의 경계 안쪽으로 들어가지 못하고 있다. 제국대학 학생인 '나'의 잘 단련된 발음조차 늘 감시 대상이 되며, 하루오의 어머니인 정순은 자신과 하루오가 완전한 일본인(내지인)임을 계속 주장하지만 그런 주장의 언어는 온통 조선어의 흔적에 의해 뒤틀려 있다. 심지어 완전한 일본어를 쓰는 소년 야마다 하루오조차 내면화된 인종적 불안으로 인해 뒤틀린 삶을 살아간다.

이 소설을 포함한 김사량 문학에 대한 세 가지 차원의 질문이 있다. 거기에 답하며 그의 문학과 오늘의 현실이 어떻게 관계되는지에 대한 이야기로 이 장을 맺을까 한다. 첫째 김사량은 왜 일본어로 작품을 썼는가. 그는 '내지인'들을 향해 조선인들의 비참한 현실을 호소하기 위해 쓴다고 했다. 하층민 조선인들의 크레올화된 일본어를 통해 제국의 통치성 자체를 비판하는 자리에 서고자 했던 것이다. 예컨대 김사량은 같은 식민지 출신 작가인 대만의 룽잉쭝에게 이 소설이 '내지인용'이라고 고백한다. 그렇다는 것은 그가 일본어의 정치성을 인식하면서도 일본어를 일종의 세계문학으로의 입구로서 인식했음을 뜻하는데, 해방 후 김사량의 문학은 식민주의 자체를 언어적 수준에서 내면화하고 있다는 가혹한 비판(이태준)에 처하게 된다.

둘째, 이러한 전유와 호소 방법을 인정한다는 전제 하에 우리는 이렇게 물을 수 있다. 과연 일본어 창작 자체가 가진 위험은 없었는가. 김사량 자신이 누차 말하고 있듯이 일본어로 쓰는 순간 감정이나 표현법, 사고방식이 급격히 일본적인 것에 의해 침해당하는 일이 불가피하게 발생한다. 왜냐하면 일본어 독자들을 전제하는 순간 조선의 이미지나 현실은 그들이 받아들일 수 있는 방식으로밖에 표현될 수 없기 때문이다. 무엇보다 하나의 언어에는 그 언어를 쓰는 사람들의 사고방식 자체가 녹아 있는 것이다. 김사량은 식민지인들의 일본어 소설이 결국 '피에 흐르는 전통'과 '남의 말' 사이에서 '흔들리고 있는 손'에 의해 쓰여진 것이라 말했다. 다시 말해, 남의 말로 그 남을 비판하는 소위 전유專有의 방법 자체는 어떤 파국의 순간에나 존재할 수 있는 매우 희미한 가능성이자 위험한 가능성이라는 것을 그 자신 모르지 않았다는 것이다. 김사량이 선택한 하층민/빈민가 자체가 기왕의 조선의 이미지를 급진화한 것이고, 어떤 의미에서 그의 작품이 제국의 지방성 구축에 공헌했다는 비판이 제기되고 있는 것도 이 때문이다.

셋째, 일본어든 다른 어떤 언어든 하나의 언어가 자신의 모어를 버린 채 선택될 수 있는 가치일 수 있을까, 하는 문제이다. 알다시피 김사량은 5년 내외의 짧은 기간 동안 일본어로 전집 네 권 분량의 작품을 썼다. 그러나 그는 문단이 일본어화되고 있는 현실에서 내내 조선어로 써야 한다고 주장했다. 왜냐하면 조선어만을 소유한 조선인들이 절대 다수인 현실에서 일본어의 역할은 처음에 말한 내지에 대한 호소, 세계 문학으로서의 가능성 이상도 이하도 될 수 없었기 때문이다. 만약 고쿠고 상용을 그대로 받아들인다면 조선어 화자들의 말은 '비언어'로 떨어질 것이고, 그 순간 그들은 '벌레', '이슬람교도', '소돼지'와 같은 인간/동물로 전락할 것이기 때문이다. 그는 번역이라는 통로를 주장하며, 스스로 조선어와 일본어 사이를 왕복하며 늘 경계의 영역에 서고자 했다. 아니 그 자신이 어색한 조선어 문학어와 어색한 일본어 문학어 사이를 왕복하는 비식별역을 체현하고 있었다고

하는 편이 옳을 것이다.

요컨대 그는 조선인의 인간됨을 증명하기 위해 일본어로 썼다. 그러기 위해서 그는 깨어진 일본어와 조선어로 말하는 사람들의 동물화된 처지를 작품의 주된 주제로 삼았다. 그리고 그는 언어가 일종의 기계적 매개 — 국가의 국어 — 가 아니라 살아 있는 인간의 선언이자 증거임을 '깨어진' 일본어를 통해 말하고 있다(그의 일본어 소설에는 거의 언제나 조선어의 흔적이 내삽되어 있다). 메커니즘화된 국가 언설의 반대편에 서서 살아 있는 인간들의 장소를 계속 제시한다는 과제 속에서만 그의 일본어는 정당화 가능한 것이었다.

모어母語란 무엇인가

현실 그 자체로부터 조금 이야기해보자. 영어로 말하기. 예외적 순간이 모든 상례적 삶을 조직하고, 예외 속의 능력이 인간을 나누는 절대적 기준이 되어 가는 오늘날, 다시 김사량을 읽는다. 영어강박에 강력하게 붙들린 한국의 오늘을 언어정치학의 관점에서 문제제기하며 '언어'와 '인간'을 질문할 때 우리가 처음으로 떠올리는 순간이 식민지 혹은 식민지의 일본어이기 때문이다.

물론 외재적 힘에 의해 강요된 일본어와 '자발적 선택'의 형식을 취한 영어 몰입 사이에는 커다란 차이들이 존재한다. 하지만 분명한 것은 언어를 선택한다거나, 언어를 특정한 '목적'과 관계시키는 움직임은 언제나 강한 비윤리성을 포함하고 있다는 사실이다. 왜냐하면 일본어든 영어든, 그에 대한 선택은 선택이 불가능한 자들에 대한 배제와 '포기'를 동반하기 때문이다. 물론 단일언어주의는 인간의 오랜 이상이었고, 또 구체적인 삶에서 종종 부딪히는 '실용적 필요'이기도 하다. 그러나 더 중요한 것은 '실용'의 근거를 묻는 일이다. 인간은 단순히 사는 것이 아니라 행복하기 위해 산다. 그 행복은 언제나 일종의 '느낌'이고 지금 이 순간과 관련되어 있다. 잊지 말아야 할 것은 미래를 위해 지금을 양보하라는 주장은 언제나 틀렸다는 사실이다. 장혁주나 김사량 같은 조선 문인들의 일본어, 강용흘의 영문학, 재일조선인 문학이 표시하는 것은 행복이 아니라 '고통'이며 선택이 아니라 강요된 조건 속의 몸부림과 분열이다.

아리스토텔레스의 사례를 참고하며 하이데거는 인간과 동물과 신의 존재론적 차이를 유한성^{mortality}과 언어^{language}라는 표지를 통해 구별했다. 인간은 유한하나 언어를 소유하고 있다. 신은 언어를 가지지만 무한하다. 동물은 유한한 존재이나 언어를 소유하지 않는다. 여기서 언어는 수단이 아니라 존재의 조건이나 근원이다. 유한한 인간에게서 그들의 언어를 빼앗고, 새로운 언어 속에서만 인간의 지위를 부여하려 할 때 허다한 인간은 인간도 동물도 아닌 어떤 것, 즉 벌거벗은 삶의 영역으로 추방되고 만다. 인간은 언어를 가진 '생명체'이다. 이때의 언어란 형이상학적인 말^{logos}을 뜻하지만 이 '말'은 살아있는 인간의 신체에서 터져 나오는 '목소리$^{\text{phone/voice}}$'를 통해서만 존재한다.

언어란 결코 선택이나 실용적 도구가 될 수 없다. 유한한 존재에게 100년 후의 행복이나 자식 세대의 행복을 말하며 현재를 포기하라고 할 수 있을까. 80세 남짓한 삶의 몇몇 예외적 순간을 위해 전 인생을 저당 잡힌 인생은 행복한가. 인간은 무한한 존재가 아니다.

타자의 언어를 익히는 일 자체는 언제나 윤리적인 요청이자 매우 정당한 주문이다. 그러나 나의 이익을 위해 타자의 언어, 특히 힘 있는 언어를 익히려 할 때 그것은 일종의 폭력에의 동참으로 전락하고 만다. 일본어나 영어에 대한 욕망이 어떤 타자들을 배제하는지, 어떤 인간들을 비인간으로 만들게 될지를 생각해보는 일은 그래서 중요하다. 김사량의 글을 포함해 식민지말의 문학이 우리에게 가르치는 것은, 바로 지금 고통스러운 비명을 지르는 사람들을 구제할 수 있는 언어가 어떤 것인가 하는 물음이다. 남의 말을 배우되, 나의 삶과 남의 삶 모두에 호혜적인 방식으로 배워야 한다. 영어를 배우되, 잘 배우고 즐겁게 배워야 하는 이유는 무엇인가. 그것이 타자와 소통할 수 있는 가능성을 열어주는 한편 또 다른 타자에 대한 폭력을 내재하기 때문이다. 한국어를 지켜야 하는 이유는 무엇인가. 여전히 우리가 들어야 할 고통의 목소리가 한국어 사이에서 들려오고 있기 때문이다. 우리의 행복과 행복했던 순간들이 이 한국어 목소리를 통해 존재했고 존재할 것이기 때문이다. 작위와 폭력을 동반한 채 언어를 배우는 일이 결코 윤리적으로 정당할 리 없다.

한용운은 그의 유명한 시 「님의 침묵」에서 "님은 갔습니다. 아아, 사랑하는 나의 님은 갔습니다"라고 말하며, "아아 님은 갔지만 나는 님을 보내지 아니 하였습니다"라고 썼다. 그러면서도 「예술가」에서는 "'즐거움'이니 '슬픔'이니 '사랑'이니 그런 것은 쓰기 싫어요./당신의 얼굴과 소리와 걸음걸이를 그대로 쓰고 싶습니다./그리고 당신의 집과 침대와 꽃밭에 있는 작은 돌도 쓰겠습니다"라고 읊었다. 혹은 부처이고 그래서 신인, 혹은 잃어버린 연인이고 그래서 조국인, 이 님. 잃어버린 모든 것에 대한 멜랑콜리에도 불구하고 이 시인은 집과 침대와 꽃밭과 작은 돌 전부로부터 그 어떤 돌아옴의 '언어'를 토해낸다. 언어를 통한 다시 드러냄. 님은 감각적인 사물들 각각에 깃들어 있으면서, 그러나 여기 남은 경험적 사물들의 총화를 넘어서 존재한다. 사물들은 그 자체로 존재하는 것이 아니라 유한한 생명으로 하여금 이곳에 존재하지 않는 님을 확인시켜주는 매개로서 존재한다. 사물은 여기에 있으면서 또한 저기에 있는 님, 희망의 증거로 있다. 언어와 예술은 바로 이 사물들 안에서 님을 본다. 쓴다. 말한다. 듣는다. 말없이, 말을 부정당한 곳에서, 과연 어떤 개별자에게 구원이 있을까.

죽어가는 사람은 누구나 모어(母語)로 기도한다고 한다. 모어를 빼앗겼던 자는 더 빨리 생을 마감한다고 한다. 김사량, 아니 식민지 말의 몇몇 문인들과 대담하던 일본 문인들이 살아간 생애의 길이를 보며 깜짝 놀란다. 악인들이 편히 잠드는 것일까. 그들의 절반을 채 못살았던 '반쪽발이' 김사량의 반토막난 삶과 언어에서 우리가 읽어야 할 것은 무엇일까. 과연, "언어라는 바로 그 이름으로 한 사람에게서 그의 언어를 빼앗는 것, 모든 합법적인 살인은 거기에서 시작한다."

4 국가의 기예와 그 사상적 구도

1

|

메커니즘으로서의 국가와 비봉쇄적 국가
『국민문학』 전후의 조선 문단이 생각한 국가, 기술, 통치

　　1939년 제2차세계대전의 발발은 벌써 피할 수 없는 '근대' 그것의 파산의 예고로 들렸으며 이 위기에선 '근대'의 초극이라는 말하자면 세계사적 변민에 우리는 젊은 시인들은 마주치고 말았던 것이다. 이러한 일들이 일본 제국주의의 조선에 대한 점점 고조로 향하는 정치적·문화적 침략의 급한 '템포'와 집중사격과 함께 닥쳤으며 따라서 생활의 체험을 통해서 실감되어 왔던 것은 물론이다. 1945년 8월 15일까지 약 5~6년 동안의 중단과 침묵은 다름 아닌 우리 시단의 세계와 자신에 대한 이중의 커다란 고민을 품은 침통한 표정이었다. 8월 15일은 분명 우리 앞에 위대한 '낭만(로맨틱)'의 시대를 펼쳐 놓았다.
　　― 김기림, 『바다와 나비』의 「머리말」 중에서(1946년 4월).

인간·동물·신, 그리고 기계: 근대 국가의 출현과 정치형이상학의 변전

　언어와 죽음은 인간에게 고유한 사건^{Ereignis}이다. 그렇다는 것은 정치라는 인간 특유의 공간이 언설과 생명을 통해 생겨나고 유지된다는 것을 의미한다. 하나의 인간이 가진 언어가 부정되거나 말살될 때 그의 삶은 정치 영역에서 추방되어 단순한 삶, 즉 벌거벗은 생명으로 유기된다. 그리고 인간이 더는 죽지 않을 때, 그것은 이미 신의 영역, 구원 이후의 세계에 가까이 간다.

아리스토텔레스의 사례를 참고하며 하이데거는 언어와 유한
성^{mortality}이라는 개념을 통해 인간과 동물과 신을 분절했다. 신은
언어를 가지는 동시에 무한하다. 동물은 유한한 존재인 한편 언
어를 소유하지 않는다. 그런데 인간은 유한한 생명이면서 또한
언어를 소유하고 있다. 여기서 언어는 수단이 아니라 존재의 조
건이나 근원이며, '말'이라기보다는 앎과 정치의 전체^{logos}이다.
인간은 죽을 수 있기 때문에 생을 유지하는 모든 체계들을 만들
어내며, 언어 안에서 서로를 하나로 여기며 문명을 만들어낸다.[1]
인간은 언어를 가진 '생명체'이며, 이 생명체들은 하나의 주권
아래에서 생을 유지하며 행복을 꿈꾼다. 이렇게 '죽음'의 공포에
맞서 하나의 주권 아래 모인 인민들의 정치체를 우리는 '국가'라
부른다. 국가에 대한 고찰은 서구의 형이상학을 지배해온 언어
와 죽음이라는 두 구성 요소에 의해 이루어져왔다. 인간이 정치
적 동물이라는 것은 그런 의미에서 인간이 언어를 가진 유한자
라는 말에 다름 아니다.

그런데 바로 이 유한성과 생명이라는 형이상학적 분절을 초과하는
존재가 근대에 출현했다. 근대 국가, 그러니까 메커니즘으로서의 국
가가 바로 그것이다. 예컨대 근대 국가에 대한 가장 앞선 통찰을 보
여준 사상가 홉스는 국가$^{Civitas/Commonwealth}$를 다음의 네 요소를 통해 설명
한다. 1) '하나의 인격체' 안에서 통일된 다중$^{the\ Multitude\ united\ in\ one\ person}$이

---

[1] 언어와 유한성을 통해 형이상학=정치사상을 사유하는 방식을 살피기 위해서는 Giorgio Agamben, *Language and Death*, trans by Kare E. Pinkus with Michael Hardt, Univ. of Minnesota, 1991을 참고할 것. 이하 *Language* 페이지로 표시.

요구된다. 국가는 인간에 의해 지배된다.

> 리바이어던의 생성이란 만인에 대한 만인의 계약에 의해서 대표되는 '인격', 단체의 생성을 의미하며, 이는 반대로 계약 체결자인 다수자를 통일적 인격, 즉 국가로 높이는 과정이다.

또한 홉스에 따르면 죽을 수밖에 없는 인간은 죽지 않는 인격 혹은 2) '가사可死의 신deus mortalis'을 만들어내며 그 안에서 영원한 존재를 상상한다. 이것이 바로 주권자의 국가이다. "왕은 결코 죽지 않는다"[2](칸토르비치). 그의 생물학적 신체는 죽지만 그의 정치적 생명은 영속한다. 보댕 이래로 "주권이란 국가의 절대적이며 영구적인 권력"을 의미해왔다.[3] 국가의 종교적 성격은 여기에서 기인한다. 국가는 평화와 방어를 통해 생명의 연속과 영원성을 상상케 한다. 그러나 이 국가는 그것이 국민의 희생에 의해 '지켜지지 않을 때' 소멸하게 된다는 점에서 가사의 신이기도 하다.[4] 한편 무엇보다 국가에 대한 홉스의 표상은 그의 저서의 제목 그대로, 전설상의 동물인 리바이어던을 통해 표현되었다. 죽음의 공포에 의해 만인을 평화롭게 강제하는 가사의 신은 폭력의 독점을 수행하는 거대한 동물로서 이미지화되어 있다. 국가

---

2) 이 명제에 대해서는 아감벤, 『호모 사케르: 주권 권력과 벌거벗은 생명』, 박진우 옮김, 새물결, 2008, pp. 191~196.
3) 장 보댕, 『국가론』, 임승휘 옮김, 책세상, 2005, p. 41. 이 책은 Jean Bodin, *Les six livres de la République*(1576)에서 「서문」과 첫 두 장을 번역한 것이다.
4) Thomas Hobbes, *Leviathan*, XVII, Penguin Classic, 1985[1651], p. 227. 물론 이 가사의 신은 불사의 신에게 신세지고 있다.

의 주권(자)5)이 인간의 형상을 하고 나타난다 하더라도 그것의 권능은 3) 리바이어던이라는 괴수 즉 위대한 전설의 동물이 환기시키는 박력에 의해 비로소 표현 가능해진다.

그러나 홉스 국가론의 서장에는 신과 인간과 동물을 나누는 서구 형이상학=정치학의 오랜 기준을 한꺼번에 뒤흔드는 또 하나의 비유가 등장한다. 4) 국가는 기계, 하나의 인조인간이다.

인간의 기술^{art}은 자연 중에서 이성적이고 가장 훌륭한 창작품인 인간을 모방하는 데까지 나아갔다. 이 기술에 의해 위대한 국가$^{COMMON-WEALTH}$ 혹은 국가^{STATE}, 라틴어로는 시비타스^{CIVITAS}라 불리는 리바이어던이 창조되었는데, 그것은 하나의 인조인간$^{Artificial\ Man}$이다.6)

---

5) 국가에 대한 정의는 처음부터 교회권력에 대항하는 주권자의 형상과 함께 등장했다. 다수를 결합시키고, 통일성을 부여하는 것은 주권 아래서 이루어지기 때문이다. 이 주권자는 단 한 사람일 수도, 여러 사람일 수도, 또 모든 사람일 수도 있으며, 각각의 경우에 따라 군주정, 귀족정, 민주정이라는 형태를 띠게 된다(장 보댕, 앞의 책, p. 168). 보댕이나 홉스는 단 하나의 주권자가 있는 경우를 가장 긍정적이라고 보았고, 루소가 여기에 반박하여 사회계약론을 구성했음은 잘 알려져 있다.
6) Thomas Hobbes, 앞의 책, p. 81. 신과 동물(獸), 동물과 인간, 인간과 기계의 신화적 융합으로서의 리바이어던은 곧 '국가'를 의미하는가. 칼 슈미트에 따르면 홉스의 사유는 국가론이라기보다는 주권자론에 가깝다. 이 모호한 짐승-인간-신은 지배자(Governer) 혹은 사제(rector)이며, 따라서 이 기계 혹은 인조인간은 슈미트에 의해 주권자로 의미화되곤 한다. 정치적 통일체로서의 국가는 아니다. 이 사제가 가지는 거대한 권력(igens potensia) 때문에 거대한 리바이어던에 비유된다. 이 인간과 신과 동물의 비식별역 안으로 들어간 이 괴수는 주권자이다. 무엇보다 그는 결정하고 집행한다. 그렇게 하기 위해서 '예외적 권리'의 영역에 선다. '국가란 다수의 가족과 그들의 공유물로 이루어진 주권에 의한 정당한 통치(droi gouvenement)'이며, '주권이란 국가의 절대적이며 영구적인 권력'이다. "주권자는 결코 명령권을 박탈당하지 않으며, 고소나 경합 또는 소송의 대상이 될 수 없다." 칼 슈미트, 『홉스 국가론에서의 리바이어던』, 김효전 옮김, 교육과학사, 1992를 참고. 오늘날 문제가 되고 있는 국가를 일종의 메커니즘 혹은 경영체/테크놀로지의 일부로 보는 관점은 18~19세기 독일 공법학에서도 자주 발견된다.

중요한 것은 앞서의 국가 혹은 주권자를 겹쳐놓은 세 정의, 즉 신 – 인간 – 동물과 관련된 정의가 갖는 고전적 느낌과는 달리 '기계/인조인간'과 관련된 국가에 대한 메커니즘적 규정은 완전히 새로운 표상이자 정의라는 사실이다. 홉스의 관심사는 '국가'와 '주권자'를 통해 봉건적·귀족적·교회적 힘에 대한 저항권이 초래하는 무정부 상태를 극복하고, 중세적 다원주의에서 벗어나 예측 가능하게 기능토록 하는 중앙집권화된 국가의 단일성을 만들어내는 데 있었다.[7] 그리고 그 과정에서 이 단일 주권자의 전횡을 제어하기 위해 명백히 집행의 원리로서 '기계적 메커니즘'을 불러들였다.

다시 말해 행정의 기본 원리는 집행이다.[8] 베버는 관료제의 속성을 목적을 묻지 않는 (혹은 물을 수 없는) '집행'에서 찾았는데, 그것의 핵심은 시스템화된 관료 조직과 합리화된 집행 기술들에 있었다.

이러한 메커니즘으로서의 국가론은 식민지말 조선이 생각했던 국가론들을 살피는 데 있어 매우 중요한 입사점을 제공하는데, 왜냐하면 천황으로부터 방사선적으로 퍼져나가는 민족적 인륜과 내선동조론에 전적으로 의탁된 일본주의보다는 이쪽이 훨씬 더 복잡한 양상의 언설들을 생산해냈기 때문이다. 이 글에서

---

7) 칼 슈미트, 「메커니즘으로서의 국가」, 『홉스 국가론에서의 리바이어던』, 김효전 옮김, 교육과학사, 1992, p. 251.
8) 막스 베버, 『행정의 공개성과 정치 지도자 선출 외』, 이남석 옮김, 책세상, 2002(Max Weber "Verwaltungsöffentlichkeit und Auslese der politischen Führer", *Gesammelte politische Schriften*, Tübingen, 1988).

나는 이 시기의 국가를 둘러싼 언설에서 새롭게 살펴보아야 할 것은, 천황제 가족국가의 '인륜'이나 '협력'보다는 바로 이 시스템으로서의 국가 이해가 아닐까 하는 가설을 몇 가지로 증명해 보려고 시도해볼 생각이다. 근대 국가 아래에서 인간은 어떤 것이 되며, 어떻게 사유하는가. 이 글에서는 제국 및 식민지의 국가론이 전제하고 있던 사유의 도식을 다음의 네 가지 가설을 통해 해명하고자 한다.

첫째, 당대의 제국 일본은 전쟁이라는 계기를 통해 메커니즘으로서의 국가, 기술화된 관료 지배의 국가로 전화하고 있었다. 이러한 전환은 한편으로는 군부의 독주에 대한 대응이면서, 실제로는 전쟁 동원을 위한 '합리적'이고 기술적인 집행으로 현실화되었다.

둘째, 민족적 인륜 개념에 의해 봉쇄되어 있던 일본 국가의 봉인을 풀기 위해 식민지 조선의 사상계는 다양한 형태의 시도를 하게 되는데, 그 기반은 메커니즘으로서의 국가론에 의해 제공되었다. 예컨대 국가를 비봉쇄적인 것으로 이해하고 구체적 실천을 통해 건설되어야 할 것으로 파악하는 방식이나, 제국을 일종의 텅 빈 기표 즉 무적無的 보편의 장소로 삼는 논리는 국가를 건설 및 생산을 통한 실천과 중립적 집행 기관으로 규정하려 했다.

셋째, 전시총동원과 생산에의 요청 속에서 (기술)관료 및 과학 기술자들의 집행 능력과 생산 능력이 강조되면서 관료와 기술자는 당대의 문학 및 문화 담론 속에서 새로운 시대의 인간형으로서 표상되게 되었다. 팽대해진 병참기지론에 의한 산업 기반의 이전, 전쟁 수행을 위한 관료조직의 비대화는 식민지인들에게 '참여'와 '기회'의 환상을 제공했으며, 그 환상은 기술자난(難)과 피식민자 출신들의 관료 사회 진출로 인해 확장되었다.

넷째, 문학을 포함한 예술은 이러한 지배의 기술화와 국가 메커니즘론에 의해 기술과 봉합되었다. 즉 물적 생산을 위한 기예로서의 과학기술과 국민문화의 생산과 건설을 위한 기예로서의 예술이 국가의 기예techne로서 봉합되었던 것이다. 스스로에게 부과된 과업의 외부, 즉 결정의 근거를 묻지 않는 이 예술은 실제로는 극도로 기술화된 실천, 즉 명령의 집행에 가까운 것이었다. 그 순간 '예술'은 초월이 아니라 직분이 되며, 따라서 예술과는 무관한 것이 되어 간다. 이 장에서는 메커니즘으로서의 국가, 시스템으로서의 정치, 지배(와 자기)의 테크놀로지9), 예술과 기술의 봉합이라는 전제 위에서 운위된 식민지 사상권, 문학계의 언설들을 검토하게 될 것이다.

---

9) 테크놀로지, 메커니즘, 시스템이라는 세 용어는 규율권력과 생명정치를 통해 정치를 언급하는 경우에 있어 일종의 개념의 성좌를 형성한다. 예컨대 미셸 푸코의 강의록 『안전·영토·인구』에서 이 세 개념은 거의 같은 뜻으로 사용된다. 테크놀로지(technologie)는 복수의 '기술(technique)'이 복합적으로 기능하는 배치이자 구조를 가리킨다. 그런데 '테크놀로지'라는 개념은 이 강의록을 비롯한 푸코의 후기 저작들에서는 시스템(systéme), 메커니즘(mécanisme), 장치(dispostif)와 거의 동의어처럼 쓰이고 있다. ミシェル・フーコー, 『安全・領土・人口』, 高桑和己 譯, 筑摩書房, 2007, p. 35의 역주 참고

'창조적 관료'?: 고도국방국가론과 시스템화

후지타 쇼조^{藤田省三}에 따르면, 1930년대 중후반을 통해 비등했던 근대국방건설이라는 열망은 어쨌든 그 자체로 사회 구조의 합리화를 기도하고 있었다. 이 시기를 파시즘이라는 반근대의 흐름 속에 파악한다 하더라도, 그것이 곧 근대성 혹은 근대주의의 한 형태로서의 '근대고도국방국가'론과 완전히 모순된다고는 볼 수 없다. 파시즘 자체가 근대의 극복을 내걸고 나온 극단화된 근대 기획이거나, 근대초극의 이름을 한 근대의 충격적 완성이었기 때문만은 아니다. 쇼와 공황에 따른 계급대립을 잠재우기 위해 제시된 '사유공영의 원리'는 제국대학 시절 마르크스주의의 세례를 받고, 전향 후 관료가 된 사람들에 의해 히로다^{廣田} 내각의 슬로건이 되었으며, 이 원리를 통해 쇼와 일본은 국가주의와 마르크스주의가 결합된 국가사회주의적 형태를 띠게 된다.

즉 기술, 메커니즘, 경영(기술), 고도국방의 지배 원리가 이 시기에 이르러 달성되어야 할 합리적 체제로서 확립되기 시작한 것이다.[10] "국가와 우리들 사이에 하나의 계급이 존재하는 것은 좋지 않다"(농지제도개혁동맹)는 주장은 '일군만민'의 천황제 논

---

[10] '합리화'는 노동 문제에 관한 용어로도 사용되었다. 제1차세계대전에서 패배한 독일은 경제재건을 지향하여 <제국합리화본부>를 설치하고, 국가를 통해 산업 합리화를 진행시켰다. 이는 물론 노동자의 작업량을 극대화하는 것을 지향하고 있었으나 독일노동조합총동맹 등의 노동조합도 복지증진 및 분배 구조의 합리화를 전제로 협력했다. 후발 산업국으로서 국가사회주의적 경제 합리화라는 흐름에 동참한 국가가 바로 일본이었다. 石塚正英·柴田隆行 監修『哲學·思想飜譯語事典』, 論倉社, 2003, p. 105.

리와도 모순되지 않았으며, 천황은 그때 농지 관리와 자본 관리의 주체이자 근대 국가의 주권자로서 표상되었다. 그리고 관료들은 그 과정에서 공영共榮/公營을 실천하는 기술자 혹은 집행자로서 나타났으며, 스스로 그렇게 자임했다.

주지하다시피, 치안유지법 이후의 제국 일본에 있어서는 메커니즘의 정점이자 주관적 미학론의 대상인 천황과 직접적 교신을 희망하는 것 이외에 어떠한 지배 논리도, 어떠한 혁명 논리도 허용되지 않았다. 그 과정에서 계획적으로 국가를 감독하고 경영하는 주체로서 소위 '창조적 기술자creative engineer' — 관료technocracy가 지배의 주체가 되어 모든 것을 관장하게 되었다.[11] 그리고 이 창조적 기술자의 범위는 관료에서 점차 생산과 건설의 주체로서의 과학기술자들을 포괄하게 되었다. 그런 의미에서 인적 지배와 종種적 결속으로서의 인류적 (민족)국가로부터 메커니즘에 기반한 시스템 국가로의 이동이야말로 1930년대 중후반을 지배한 국가론의 핵심이었다고도 할 수 있을 것이다.

그렇다고 할 때 고도국방국가론으로 표현된 이 시기의 분위기는 기왕의 민족적 분할이나 인적 연쇄에 의한 지배 구조를 원천에서부터 극복하려 했던 일군의 사람들에게는 (적어도 잠재적으로는) 변화와 기회의 공간을 열어주었으며, 또한 이는 근원적·구체적 목적을 물을 수 없는 가장 잔혹한 기계적 결정이 전면화되게 될 것임을 예고하는 것이기도 했다.

---

[11] 고도국방국가론과 메커니즘으로서의 국가론, 경영 기술론의 연동에 대해서는 藤田省三, 『天皇制國家の支配原理』(第二版), 未來社, 1966(1994)을 참고

군부의 등장 자체가 각종 쟁의와 마르크스주의, 시스템에의 요구, 강력 내각에의 요구가 만나 이루어진 것이며, 거기서 군부는 고도국방국가론을 운용하고 결단하는 대리자에 다름 아니었다. 그럴 수 있었던 것은 적어도 1930년대 말까지는 군부의 '결정'을 제어하는 힘이 정치 영역 내에 존재했기 때문이다. 천황을 대신할 인물로 군부에 의해 내세워진 인물은 과연 공경公卿의 집안에서 나왔는데, 고노에 후미마로近衛文麿는 전우동맹으로서의 유신 세력이 자연사한 후 결단 불가능한 상태에 빠진 제국 일본을 떠맡았다.12) 고노에 내각은 중국의 끈질긴 항전을 타개하고 전쟁의 논리를 아시아라는 범주 안에서 재확인하기 위해 1938년 말 두 차례의 성명, 즉 제2차, 제3차 고노에 성명을 발표한다.

요컨대 '동아의 영원한 안정을 확보할 신질서 건설'에 매진하기 위해 "신질서 건설은 일본 – 만주국 – 중국의 3국의 상호제휴, 정치·경제·문화 각 방면의 호조연환互助連環 관계 수립을 근간으로 동아에 있어서의 국제정의 확립, 공동 방공防共 달성, 신문화 창조, 경제 결합의 실현을 기하는 데 있다"(1938년 12월 3일)13)는 것이 성명의 골자였다. 중국(및 만주국)을 동아 신질서 건설의 주체로서 인정한 것이다.14) 식민지 조선의 지식인들로서

---

12) 그러나 통수권을 지니지 못한 그의 결단은 군부의 폭주에 대응해 국가의 체면을 지키는 일에 한정되었던 측면이 많다. 후지타 쇼조에 따르면 합리적 추론에 의한 능동적인 결단은 책임을 수반하지만 일본형 결단에의 요구는 자살적 정신만을 양산했다. "국가의 운명을 한 몸에 지고 자살하는 가운데 처음으로 초월적 자각이 생겨나는" 일이 반복되게 된 것이다.
13) 池田浩士, 『大東亞光榮圈の文化建設』, 人文書院, 2007, p. 12에서 재인용.
14) 이에 대해서는 임성모, 「동아협동체론과 '신질서'의 임계」, 백영서 외 편, 『동아시아의 지역질서』, 창작과 비평사, 2005를 참고.

는 중국까지가 포함된 건설의 주체에 조선을 어떻게 기입할 것인가가 문제였다.

중국의 저항에 직면하여 제창된 동아 신질서 구상은 고노에 내각 하에서 조직된 쇼와연구회로 전향한 마르크스주의계 학자와 자유주의계 학자들이 모여들어, 군사독재정권화의 위협에 대항하는 '동아협동체'론15)과 같은 논리들을 생산해냄으로써 구체화될 수 있었다. 이를 기화로 일본주의나 황도주의와 같은 적나라한 종^雜의 논리는 세^勢가 잠시 주춤하게 된다. 중국의 저항에 부딪혀 나온 논리이기는 하지만 이러한 주장은 경제블록적 사고방식만이 아니라 자본주의 이념의 극복을 내세우고, 아시아 연대에 기반한 국가연합을 세계사의 단계로서 전망케 한 점, 중국 민족주의에 대한 공감이 존재하는 점 등에서 인접 민족들로부터도 적잖은 공명을 얻었다.16)

본토에 있어 협동주의는 논자에 따라 내포를 달리했다. 하지만 계급 대립 및 정당정치, 의회주의를 부정하고 직능적 질서를

---

15) 1930년대 말의 중일전쟁 시기 일본에서 시작되어 조선, 만주, 대만 등지로 확산된 논의로 당대 일본에서 생산된 논의 중 가장 공명의 폭이 컸다. 동아시아 지역의 제 민족과 국가를 초극하는 협동체 건설을 주장하는 정치 이론으로, 당시의 고노에 수상의 브레인 집단이었던 쇼와연구회를 중심으로 구상되었다. 미키 기요시(三木淸), 오자키 호쓰미, 로우아마 마사미치(蠟山政道), 오자키 호쓰미(尾崎秀實), 신메이 마사미치(新明正道), 가다 데쓰지(加田哲二), 스기하라 마사미(杉原正巳) 등이 주요 논객이었다. 이에 대해서는 米谷匡史, 『アジア/日本』, 岩波書店, 2006; 酒井哲哉『近代日本の國際秩序論』, 岩波書店, 2007. 차승기, 「추상과 과잉 — 중일전쟁기 제국/식민지의 사상연쇄와 담론정치학」, 『상허학보』, 21집(2007년 10월호).

16) 임성모, 앞의 책, p. 173. 임성모의 논점은 어떤 의미에서 하시카와 분조(橋川文三)의 논지를 요약하는 과정에서 도출된 것이다. 그러나 이러한 가능성은 스파이 조르게 사건을 기화로 좌장격인 오자키 호쓰미가 체포·처형되고, 이 단체 자체가 명목상의 좌우합동조직인 대정익찬회에 통합되면서(1940년 10월 12일) 운명을 다했다.

지향한다는 것, 국가와 사회의 구별 및 국가가 지닌 권력성을 말소함으로써 '국민적 협동체', '지역적 협동체'의 도의적 성격을 강조하는 점, 자본주의의 수정 및 '극복'을 지향하는 점에서 공통된 인식의 기초를 갖고 있었다. 무엇보다 모든 것에 우선한 '전체'의 우위에 가치를 둔다는 점에서 전체주의로의 경사가 확연했다. 총력전을 위한 생산력 확충이 요구되는 시점에서 자본의 통제와 노동력의 보전 등 국민경제와 국민생활의 합리적 통제가 요청되고 있었고, 이는 내각 직속의 통합국책수립기관인 기획원(1937년 10월)의 등장과 소위 '혁신 관료'들의 대규모적 배치로 현실화되었다. 이러한 움직임에 자연과학자 및 기술자를 필두로 한 경제학, 사회정책, 노동과학 등 각 영역의 학자와 지식인, 사회운동가들이 생산력 이론을 중심으로 개입·참여함으로써 전시국책은 사회운동화하게 되었다.17)

그러나 시대의 추이는 내각과 관료 조직이 군부를 제어할 힘을 상실한 채 전쟁 수행을 위한 집행 기관으로 전락해가는 형세였고, 고도국방가의 원리나 동아협동체론 역시 이를 제어할 만한 힘을 갖지 못한 채 군부 산하의 정책 기관으로서의 한계를 노정하게 되었다. 청년 장교들의 쿠데타인 2·26사건(1936년) 후에 부활된 군부대신현역무관제(軍部大臣現役武官制)가 내각 및 정책에 대한 실질적인 비토권 행사로 나타나면서18) 군부 자체가 결단의

---

17) 北川賢三, 『戰爭と知識人』, 山川出版社, 2003, pp. 55~58.
18) 군부대신을 현역 무관 중에서 임명하는 이 제도는 러일전쟁 후인 1913년에 폐지되었으나 중일전쟁 직전인 1936년에 부활했다. 문민통치(文民統制)의 반대말로도 사용되었다. 소위 '군의 총의(總意)'를 빌미로 육군과 해군은 자신들의 의지에 부합

'대리자'라기보다는 결단 기구에 근접한 거부권 행사자로 전화했던 것이다. 1940년 요나이 내각이 하타 슌로쿠畑俊六 육군대신의 단독 사임으로 붕괴를 맞게 되는 등 군은 실질적이고 구체적인 형태로 정치 질서 전체를 장악해나갔다. 군부의 이와 같은 정치 통제는 예컨대 제국대학에 교련을 도입하고 총장 관선제를 주장해 지식계에 큰 파문을 일으킨 문부대신 아라키 사다오荒木貞夫(1938년 5월~1939년 8월) 전前 육군대장의 경우와 같이 사회 전반에 작용하고 있었다.

참여 과정에서 나타난 저항의식의 허약성 역시 치명적이었다. 그도 그럴 것이 모순의 해결을 위해 요청된 생산력 발전에 대한 기대는 결국 국가에 모든 기대를 거는 사고방식으로 나타났기 때문이다. 국책에의 참여參畫야말로 체제 비판에 가담할 수 있는 거의 유일한 방법으로 생각되었기에 마르크스주의자뿐 아니라 마르크스주의의 세례를 받은 많은 관료와 지식인들에게 시스템 구축을 위한 협력이야말로 유일하게 열린 가능성일 수 있었다.

제2차 고노에 내각이 성립(1940년 7월)되고 신정당 운동의 결과로 대정익찬회(1940년 10월)가 전국민적 단일정당으로 출현함에 따라 모든 사회단체를 일원적으로 조직화하는 '신체제'(1940년 10월~)가 시작되었을 때까지도 익찬회 문화부 외 각 분과에서 지식인들의 참여는 전방위적이었다. 그러나 합리화와 과학화

되지 않는 총리대신 혹은 내각일 경우 군부대신을 추천하지 않음으로써 내각 자체를 붕괴시킬 수 있었다. 실제로 1937년 우가키(宇垣一成) 내각, 1940년에는 요나이(米內) 내각 등이 이 제도에 의해 사산되었다. 이 제도에 대해서는 筒井淸忠, 『昭和十年代の陸軍と政治 軍部大臣現役武官制の虛像と實像』, 岩波書店, 2007을 참고

의 기치 아래 행해진 체제 수락적인 비판이 가진 한계 역시 뚜렷했다. 전시국책에의 협력과 참여 형식으로는 어떤 비판도 기술적 비판에 머물 수밖에 없었고, 생산력 이론 역시 많은 경우 전향 이론으로서 기능했기 때문이다.[19)]

어쨌든 분명한 것은 메커니즘으로서의 국가론, 시스템 국가론의 일본적 양식인 고도국방국가론과 신체제론, 새로운 국제질서에 대한 대안으로 제시된 동아협동체로 말미암아 식민지에서도 이를 일종의 전유해야 할 논리 혹은 수행적 과제로 인지하는 일군의 사상사적 시도들이 등장했다는 사실이다.[20)] 이러한 흐름을 새롭게 도래할 국가란 무엇인가라는 질문 속에서 수행 과제화할 경우, 식민지의 사상권이 돌파해야 할 가장 강력한 국가 이해는 무엇보다도 민족적 인륜과 종種이라는 개념이었다.

인류의 국가와 메커니즘으로서의 국가: 식민지 조선의 비봉쇄적 국가론

국가 창설의 목적과 관련해 가장 일반적인 정의는 '안전', 즉

---

19) 北川賢三, 『戰爭と知識人』, 山川出版社, 2003, pp. 59~60.
20) 침략 전쟁과 외지 경영을 통해 일본 내지의 개혁을 주장하는 동아연맹과 관동군 일부의 주장보다는 아시아 해방을 표방하며 제국주의적 팽창의 억제와 일본 국내의 변혁을 주장하는 일본의 전향 좌파의 주장이 식민지의 좌파 지식인들에게는 훨씬 설득력 있는 것으로 비춰졌다. 특히 미키 기요시와 고야마 이와오(光山岩男)와 서인식 사이의 사상 연쇄에 대해서는 차승기, 「'근대의 위기'와 시간 — 공간 정치학: 교토학파 역사철학자들과 서인식」, 『한국근대문학연구』, 제4권 제2호, 2003, p. 10을 참고

유한한 생명의 보호에 관한 것이다. 주지하다시피 '인간이 인간에게 늑대인 상태' 즉, 위험한 인간 혹은 위험에 처한 인간은 '지배의 필연성'을 불러들이며 이것이야말로 주권의 기초이다.[21] 인간의 위험성을 시인 혹은 주장하는 것은 비르투virtù:용기, 즉 국가를 형성하는 힘의 시인으로 이해되었다. 홉스는 인간이 인간에게 늑대인 자연 상태로부터 벗어나 개인의 생명을 지키기 위해 자신의 수중에 있던 폭력을 국가에 넘기는 용기를 실현했고, 따라서 국가는 개인들 각각의 '안전security'을 목적으로 한다고 했다.[22] 처음부터 국가는 '전쟁 상태'를 상정 혹은 가정하지 않으면 성립할 수조차 없는 것이다. 개인의 보위를 위한, 그러나 실제로는 국가 자체의 보위를 위해 일국 내의 모든 인간과 재화를 동원하는 가장 효율적인 방법을 생각하는 합리적 정신을 우리는 '국가 이성'이라 부른다. 그런 의미에서 전쟁 상태, 예외 상태는 하나의 국가를 구성하는 상례the rule를 파악하는 중요한 지점이 된다.

물론 인간은 서로 말하고 듣는 경험 안에서 하나이다. 언어를 통해서 하나가 된다기보다는 언어라는 가능성 안에서 이미 하나

---

21) 레오 슈트라우스, 「칼 슈미트의 '정치적인 것의 개념'에 대한 주해」, 칼 슈미트, 『정치적인 것의 개념』, 김효전 옮김, 법문사, 1992, p. 172로부터의 인용.
22) "국가의 목적, 그것은 각각의 안전이다." Thomas Hobbes, *Leviathan* XVII, Penguin Classic, 1985[1651], p. 223. 이와 유사한 언급은 이 책의 서문에서 이미 발견된다. "인민의 안전을 지키는 것은 국가의 임무이다. Salus Populi(the people's safety) its Businesse"(*Leviathan: Introduction* 81). 동물과 인간, 일본인의 경계를 안전의 계보학 속에 묻는 일을 통해 정치적 생명을 얻기 위해 죽음으로 이월하는 전쟁, 주권, 국가의 연계를 논한 논고로 金杭, 『セキュリティの系譜學 生と死のはざまに見る帝國日本』, 東京大學博士論文, 2008년을 참고

인 것이다. 그러나 인간이 언어 안에서 하나인 순간에조차 폭력의 가능성은 잠재한다. 인간은 스스로의 유한성에서 기인하는 유약함을 집단의 구성을 통해 넘어서려 한다. 언어를 매개로 한 사회계약은 전쟁에의 공포 위에서, 혹은 그것과 함께 생겨난다. 따라서 언어 안에서 하나라는 것과 국가를 통해 하나하나의 생명이 보존된다는 것은 늘 함께 고려되어야 할 공동체의 근원이다.

그런데 이 모두는 안전의 위협에 대응하는 예외의 결정 — 즉 적의 결정이라는 문제와 관련된다.[23] 정치적 공동체 — 적어도 주권자는 언제나 '적' 혹은 '외부'의 결정에 의해 내부를 구성한다. 근대 국민국가군으로 뒤덮인 세계에 있어서 이 '적敵'은 적에 대한 헤겔의 정의처럼 오랫동안 국가 혹은 '민족의 적'에 한정되어 왔다. 헤겔에게서

> 적이란 살아 있는 전체성에서 부정되어야 할 타인으로서 인륜적^{sittlich} (도덕적인 의미가 아니라 '민족이라는 영원한 것'에 있어서의 '절대적 생명'이라는) 입장에서 이질적인 것이다. …… 쌍방에 동일하게 성립하는 부정이 투쟁의 위험이다. 인륜상 이러한 적이 될 수 있는 것은 민족의 적뿐이며, 적 자신도 한 민족인 경우에 한정된다. 이 전쟁은 가족 대 가족의 전쟁이 아니라 민족 대 민족의 전쟁이며, 따라서 증오 그 자체는 무차별한 것이 되며, 모든 개인성은 없어진다.[24]

---

[23] 제국은 동지도 적도 결정해 주었다. 적(중국, 영미) 개념과 함께 폭넓은 동지 개념(내선일체·만선일여·오족협화) 역시 생산된다.

헤겔에게 있어서 적을 규정하도록 하는 인륜이란 가족/씨족 공동체에서 발원하여 민족을 거쳐 국가에 이르는 사회적 윤리=명령을 뜻한다. 인륜의 어원은 Sitte에서 유래하며, Sitte는 공동사회를 지배하는 관습/풍습으로, 개인은 그것을 타율적인 명령으로 느끼지 않고 자기 자신의 본질로 여긴다. 도덕^{Moralität}에서는 흔히 이상과 현실, 당위와 존재의 대립 분열이 있을 수 있는 반면 인륜에 있어서는 합법성과 도덕성이 일치하며, 따라서 인륜은 객관화된 이성적 의지로서 이해된다. 이것은 가족·시민사회·국가로 전개되는데, 민족과 인종 간의 최종전쟁을 표방했던 1930년대를 전후한 시기에 있어 국가는 가족과 시민사회의 통일로써 자각된 인륜적 유기체, 즉 '민족'에 기반을 두고 있었다. 국가^{Staat}나 민족^{Volk}(물론 이 둘은 엄격히 구별되어야 하지만)을 통해 개인과 개인을 묶는 인륜을 구성하는 관념은 '15년 전쟁기'의 제국 일본에 있어 매우 일반적인 사고방식이었다.

예컨대 당대의 공영권, 생활권 이념이 어떠한 것이었든 '국가는 인륜적 실체'라는 인식은 광범하게 받아들여졌으며, 그러한 국가는 예컨대 "전통을 가진 각각의 민족의 자기 형성으로부터 시작해 이러한 주체와 환경 간의 상호형성, 주체 즉 세계라는 자각을 통해 국가의 형성으로 나아가는"[25] 것으로 인식되었다. 애초부터 독일의 광역권 혹은 생활권으로부터 기인한 (대동아)공영

---

24) 칼 슈미트, 『정치적인 것의 개념』, 김효전 옮김, 법문사, 1992, p. 75.
25) 西田幾多郎, 「國家理由の問題」, 『岩波講座: 倫理學』, 第8卷, 岩波書店, 1941, p. 36. p. 58.

권이라는 공식적 이념26)은 민족 대 민족의 결합을 염두에 둔 것이 아니었으며, 민족적 결합은 '윤리'나 '사상'의 영역이 아니라 '정치'와 '동원'의 영역에 종속되어 있었다. 생활 및 공영의 운용 및 결정 주체는 일본'민족'에 전적으로 한정되어 있었다.

대표적인 대일협력자이자 미얀마의 독립정부 수상이었던 바 모우는 전후의 회고에서 도조 히데키와의 대화들을 떠올리며, 대동아공영권 개념에 대해 다음과 같이 평가하고 있다.

[공영권 주장은] 단 하나의 목적과 관심 밖에 없었다. 일본 국민의 이해, 이익이 그것이었다. 동아시아 나라들에게 있어서는, 단 하나의 사명만이 존재했다. 그것은 일본국과 영원히 연결되었던 몇몇, 즉 만주국이나 조선과 같이 되는 것이었다.27)

민족에 기반하고 있기에 여타의 민족을 '이해^{interest}'의 범주 안에 결코 포함시킬 수 없었다는 것이다.28)

---

26) 공영권 개념과 생활 세계로서의 대동아를 일상의 감각 속에서 해명한 글로 김수림, 「제국과 유럽: 삶의 장소, 초극의 장소 — 식민지말기 공영권・生存圈과 그 감각, 그 기율, 그리고 조선문학」, 『상허학보』, 제23집, 상허학회, 2008을 참고. "그들은 제국의 통화 흐름(엔[円] 블록)과 군사적 동선(만주사변과 중일전쟁 그리고 '만철'), 그리고 '공간사상(Raumgedanke)'에 입각한 역사철학적 비전(대동아공영권)이 뒤엉킨 제국이라는 지리적 시스템의 비유기적 신체로서 종속된 존재들이었다." 광역권의 경제적 결정요인에 대해서는 칼 슈미트, 「광역 대 보편주의」, 김효전・박배근 역, 『입장과 개념들』, 세종출판사, 2001, p. 427을 참조.

27) Ba Maw, *Breakthrough in Burma, Memoirs of a Revolution, 1937~1946*, New Haven: Yale Univ. Press, 1968년. 鶴見俊輔,『戰時期日本の精神史』, 岩波書店, 1982, pp. 71에서 재인용.

28) 물론 이 언급에서도 볼 수 있듯이, 공영권에서의 조선의 지위는 일본민족과 항구적으로 연결된 것이다. 따라서 조선이 일본민족의 범주에 포함되는지의 여부는

당시 일본 철학계의 중추였던 니시다 기타로(西田幾多郎)는 헤겔의 이러한 민족, 국가, 인류의 도식을 받아들여 급진화시킨 대표적인 인물이다. 그는 「국가이유의 문제」라는 글에서 이렇게 쓰고 있다.

> 국가는 각각의 종적(種的) 주체의 하나로서 환경에 있어서의 상호한정으로부터 발전하여, 주체 그 자체에 환경이 포함되지 않으면 안 된다. 많은 국가가 하나의 세계에 있어서 성립하면 할수록 이렇게 말할 수 있다. 오늘날 생활권이라거나, 공영권이라거나 하는 것을 말하는 이유가 여기에 있다. 오늘날 국가의 기초를 민족에 둔다 하는 것과 나의 세계성이라고 하는 것은 상반된 것이 아니다. …… 국가가 민족적이 된다고 하는 것은 하나의 개성적 세계가 된다는 것이 아닐 수 없다. 단순히 생물적·종적 방향을 말하는 것이 아니다. 피가 고귀한 것이 아니라 문화를 맡은 피가 고귀하다는 것이다.[29]

니시다의 최종적인 정의에 따르면, "오늘의 문제는 종적(縱的) 세계의 자각도 아니고, 횡적 세계의 자각도 아니며, 각 민족적 사회가 역사적·세계적으로 자각을 구하고 있는 시대"[30]이며, 황실

다양한 '미래' 혹은 '과거'에 투사되어 좀 더 복잡한 양상을 띨 수밖에 없었다. 신화와 미래를 통해 조선과 일본의 동조성(同祖性) 혹은 공동운명을 주장한 논의로는 최남선과 현영섭의 것이 대표적이다. 이 책의 2장과 3장을 참고할 것.
29) 西田幾多郎, 앞의 책, p. 60~61. 이 글에서 니시다는 '국가 이성(raison d'Etat/ratio status/the reason of state)'을 '국가이유'라는 창설과 존속의 원리 속에서 번역하여 논하고 있다.
30) 西田幾多郎, 앞의 책, p. 61.

을 통해 과거와 미래를 포함하는 절대 현재를 살고 있는 일본에서 주권은 제정일치의 종교적인 성질을 가진다.31) 문화를 맡은 피가 고귀하다고 할 때, 여기서 중요한 것은 문화가 아니라 그것을 '맡을 만한' 피이며, 그것은 계통적으로 하나인 특정한 민족이다. 이 민족이 환경적 한정과 대응·대결하며 건설하는 문화가 바로 '대동아공영권'이라 할 때, 여기서 여타의 민족은 '환경적 한정' 바로 그것이 된다.

따라서 문제는 이러한 '인류의 국가'론이 식민지 및 일본 영유권 내의 민족들에게 있어 어떤 사상적 가능성 혹은 차질을 발생시키는지 하는 점이 될 것이다. 니시다의 구상은 '세계사의 철학'을 비롯한 여타의 논의들을 통해서 보다 심화된 방식으로 '정치화'된다. 예컨대 고야마 이와오高山岩男는 인종이라는 주체적·내면적 계기와 지리라는 객관적·외면적 계기의 통일체인 근원적 실재가 '생명'이라고 하여, 이것이 노동적·기술적 계기를 통해 역사적으로 전개된 것이 인간사회라고 보았다. '종種'이라는 생물학적 개념은 역사적 전개를 통해 생겨나는 인륜적 형태形를 통해 일정한 질서와 제도를 구성하며, 그럴 때 하나의 국민이 된다.32) 인종이라는 생물학적 개념과는 다른 '민족'이라는 '문화적·문화사적 개념'이 있기는 하지만 그에게 민족은 역사적 현실로서의 생산노동과는 거리가 먼 추상적인 것에 불과했다. 니시다의 논의와 약간의 차이를 두고 고야마는 피에 대한 국가의 결정적

---

31) 西田幾多郎, 앞의 책, p. 58.
32) 高山岩男, 『世界史の哲學』, 岩波書店, 1937, p. 210.

우선성을 주장한다. 역사적 현실의 구성원이 '인륜적 공동체'라 할 때, 그 공동체란 민족이나 인종이 아니라 '국가'의 모습을 갖는다는 것이다.

고야마가 묻고 있는 것은 오히려 국가란 무엇이며, 역사적 현실의 구성원은 누구인가 하는 문제였다. 그것은 '국민'인데, 이는 인종과 민족이라는 인륜에 의해 구성된다. 역사적 현실을 취급하는 입장에서 보아 정치적인 것의 근원성이라는 측면에서 그 성원은 언제나 '국민'으로 파악되어야 한다. 왜냐하면 "인간의 종적 생명은 사회단체로서 처음으로 현실적인 것이 되고, 사회단체를 형성하지 못하는 생명과 같은 것은 현실에서는 존재할 수 없기 때문이다." 피와 성(姓)이라는 자연적인 내재적 질서가 노동적·기술적 계기를 통해 하나의 경제공동체가 될 때에야 사회단체가 성립한다. 아니, 이 사회단체 없이는 생명 자체가 상정될 수도 존재할 수도 없다. 종적 생명이라 불리는 한에서 현실의 인간은 오직 인륜적 조직체로서만 존재 가능하다. 문화를 건설하는 피에 의해 질서화되고 구조화된 '인륜적 형태'가 국가이다. 여기서 인륜은 기원이 아니라 건설과 관련된다.

"역사적 현실의 구성원은 이와 같은 인륜적 조직인 공동체[의 성원]이 아니면 안 된다."[33] 그러나 이 공동체는 민족도 인종도 아니고 국가이다. 국가를 둘로 분절할 때, 이는 생명 기체로서의 인종과 문화공동체로서의 민족으로 나뉠 수 있지만[34] 이는 국가

---

[33] 高山岩男, 앞의 책, p. 212.
[34] 국가라는 역사적 현실이 모든 것을 입법한다. 국가로부터 소급해갈 때 발견되

라는 현실적 제도로부터 추출한 것에 지나지 않는다. 니시다와 달리 고야마에게는 국가가 피와 문화에 선행하는데, 그도 그럴 것이 노동적·기술적 계기로서의 경제공동체와 제도적 조직이야말로 그에게는 유일하게 현실적인 것이기 때문이다.

고야마는 인류적 공동체란 애초부터 현대에 있어서 노동적·기술적 경제공동체로서 하나의 '시스템'(정확히는 제도적 조직)이라고 주장한다. 종도 민족도 모두 여기서부터 '소급'할 때 사고 가능한 것이다. 바로 이 '경제공동체'와 '인류적 조직체'의 기술적·노동적 계기야말로 거듭되는 식민지의 획득 혹은 생활권 개념의 핵심이다. 그가 파악하기에 바로 이러한 토지 혹은 환경 획득을 위한 전쟁이야말로 '국가를 낳는 신업國産みの神業'[35])인 것이다.

여기서 핵심적인 질문은 이런 것이다. (일본) 국가의 전진과 환경의 변화에 따라 종적 생명의 인류적 조직 역시 범주가 변화하는가. 경제공동체의 변화에 따라 인류적 공동체의 범위 역시

는 것은 개인-가족-인종/민족-국민이라는 연쇄이다. 따라서 국가는 언제나 종에 기반한 인류적인 것으로 나타나며 이 연쇄의 앞자리는 모두 국가라는 현실적 제도로부터 추출된 것에 지나지 않는다. 그에게 보다 중요한 것은 문화로서의 민족이라기보다는 자기존속을 위한 생명기체로서의 인종이다. "국가는 한편으로는 자기 자신의 존속을 유지시키도록 하는 생명기체로서, 언제나 인종적 요소를 갖는 동시에 다른 한편으로는 문화 공동체에 기반한 통일로서 언제나 민족적인 요소를 갖고 있다. 인종이라거나 민족이라 불리는 것은 국가에 본래 포함되어 있는 이 양면을 고립적으로 추출함으로써 발견되는 것일 따름이다"(高山岩男, 앞의 책, p. 216).
35) 高山岩男, 앞의 책, p. 5. 종(種)의 시간적·공간적 전개인 역사, "우리는 이 창조 행위에 있어 국가를 낳는 신업에 참여하는 것이다." 그러니까, 국가가 전쟁을 하는 것이 아니라 전쟁에 의해 국가가 계속 '창조'될 수 있는 것이다. 따라서 논리적으로 보자면, '국가를 낳은 신업'에 참여하는 한에서 공동경제권의 인민인 조선인 역시 일본이라는 '인류적 조직'에 스스로를 기입(inscription)할 수 있는 여지가 없지 않다. 물론 고야마가 실제로 그러한 가능성에 대해 어떤 생각을 갖고 있었는지에 대해서는 별도의 논의가 필요할 것이다.

변화하는가. 체제와 현실 '내에서의' 문제 해결에 골몰했던 일군의 조선의 지식인들에게 문제는 결코 과거가 아니었다. 내선동조론 자체도 내선일체라는 노동적·기술적 계기에 의해 소급된 신화에 불과한 것이었기 때문이다. 문제는 생산과 건설과 같은 보다 현재적인 요청과 관련되어 있었다. 도래해야 할 역사의 창조 단위인 종*은 봉쇄된 것인가, 개방된 것인가. 소위 '국가를 낳는 신업'에의 참여는 조선인을 일본인이라는 종, 인류 안에 포섭시켜 줄 것인가. 지금은 '국가 창생'의 순간인가, 아니면 '국가 확장'의 과정인가. 인류적 조직의 새로운 구성 속에서도 '조선'을 유지하는 방법은 과연 있는가.

이와 같은 제국의 근원적 윤리와 그것이 도출하는 질문 안에서 국민문화라는 개념과 동아협동체라는 '이상'을 시현할 수밖에 없었던 식민지 지식인들에게는 국가=민족의 '봉쇄적' 성격, 어떠한 횡적 결합도 부정하는 피에 기반한 '인륜'의 이념을 돌파하는 것이 가장 큰 과제가 아닐 수 없었다.

그런데 그러한 과제는 피에 대한 서로 다른 정의의 틈바구니에서 찾아진 것 같다. 즉 현재를 국가가 생성되는 바로 그 순간, 노동적·기술적인 경제공동체인 제도적 조직의 시작점으로 볼 때 이 피의 범주는 다르게 설정될 수도 있을 것이다. 단적으로 말해, 국가라는 제도적 조직이 피라는 내적 질서에 선행한다고 파악할 경우 피 자체는 '사후적'으로 구성된 원천일 수 있다. 즉 국가 창생의 그 순간에 스스로를 세우는 일이야말로 과제의 핵심일 수 있었던 것이 아닐까? 요컨대 인류과 국가 사이의 전도에 의해, 즉 (다민족국가로서의) 제국을 인류에 앞세워놓을 때 비로소 '참여'의 환상은 생겨날 수 있었다.

국가는 민족적 인류가 아니라 다른 방식 — 그러니까 메커니컬한 기능을 통해 새롭게 정의되지 않으면 안 되었다. 왜냐하면 개인 - 가족 - 인종 - 민족 - 국가와 이를 모순 없이 결합하는 인류라는 개념은 분명 조선민족의 상징적·실질적 멸절로 유도될 것이었기 때문이다. 이는 곧 생활권 내에서 조선 민중이 일본민족의 '환경에 있어서의 한정'으로 제한되게 됨을 의미했다. 그런 한에서, 국가가 전쟁을 하는 것이 아니라 전쟁에 의해 국가가 계속 '창조'될 수 있다는 논리를 파고들어 전쟁을 일종의 기회의 공간, 절박한 물음의 공간으로 인식하는 일은 매우 중요한 사상적 과제일 수밖에 없었다. 전쟁이라는 신업神業에의 개입이 반도인들이 걷게 될 운명을 결정할 수도 있었기 때문이다. 중요한 것은 인류적 공동체 개념을 메커니즘으로서의 국가론, 제도적 조직 문제로 전회시켜 다시 구성하는 일이었고, 여기서 인간은 살아 있는 생명이라기보다는 일종의 기계 즉, 전쟁이라는 기예의 일부가 되었다(바로 그러한 환경 속에서 인간은 국가라는 거대한 인조인간 내부에서 움직이는 보다 작은 기계들이 되며, 테크노크라트는 그 자체로 인간의 대표적 모습이 된다).

그러니까 예컨대 박종홍이나 유진오가 이야기하는 '비봉쇄적 국가'나 서인식이 끌어들인 '동아협동체'론, 또 교토학파의 '근대초극론'이나 관료들이 구상한 '고도국방국가론'을 통해, 또 그러한 국가의 개인들을 연결하는 최재서의 '문화/교양'의 이념을 통해 1940년을 전후로 한 식민지 조선의 국가 개념을 재구해보는 일은 그와 같은 종(種)적 연쇄의 부정이 여전히 '국민국가' 비판의 핵심적 논지를 이루고 있는 오늘날 다시금 시도해 볼 필요가 있는 것으로 생각된다.

다시 말해 종에 기반하지 않은 국가 개념의 실체와 좌절을 생각해보는 것은, 더 이상 민족적 광영이 아니라 개인 및 생명의 안전과 영달을 위해 '국가라는 시스템'을 요구하고 있는 오늘날의 국가 개념을 사유하는 데 어떤 암시를 제공해 줄 수도 있을 것이다.

네이션(nation)이 아니라 스테이트(state) 그 자체에 대해 먼저 사고해야 할 필요가 있다. 물론 이 설명은 역사적인 한에서, 현재적이지만 충분히 현실적인 것은 아닐지 모른다. 칼 슈미트와 한나 아렌트가 공히 세계적 내전(Weltbürgerkrieg)이라고 보았던 냉전을 지나, 자본의 전지구적 승리가 도래시킨 새로운 비상사태인 전지구적 내전(global civil war)을 경험하고 있는 현재의 상황에서 '정치적인 것'과 민주주의, 생명정치의 재발명은 물론 앞서와 같은 근대 국가론 혹은 고전적 정치 개념으로 충분히 설명될 수 없을지 모른다. 그러나 전쟁과 함께 창설되는 국가주의(statism)는 냉전·게릴라전·내전·국지전과 같은 개념을 넘어 본격적으로 '전쟁'이 다시금 재귀해 있는 지금 새롭게 문제화되고 있음에 틀림없는 것으로 보인다.[36]

---

[36] 장-뤽 낭시는 냉전의 종식과 걸프전 이후 내전(stasis)이 아닌 다수의 주권자 간의 '전쟁'이 귀환하게 되었다고 말한다. 제2차세계대전 이후의 내전화 양상이 주권

미리 말하건대, 우리가 대면하게 될 인식도 넓은 맥락에서 보자면 오늘의 상황과 유사한 측면이 있다. 현해탄의 양쪽에서 이루어진 전시의 사상적 시도들을 대체로 '자본주의 극복'과 '주권국가적 봉쇄 체제'의 초극이라는 두 가지 측면에서 설명하는 일이 가능할 것이다. 이 두 가지 테제는 17세기 이래 서구의 주권국가, 국민국가 체제와 그 경제 양식인 자본주의를 초극의 대상으로 하는 것으로 앞서 말한 헤겔의 '적' 개념과는 상이한 포스트-헤겔주의적인 세계상을 그려보려 한 시도였다.

물론 그것의 성패 여부나 당대의 국가 논리와 맺는 관련의 강도・방향을 간과할 수는 없을 것이다. 하지만 분명한 것은 적어도 중일전쟁 이후 1945년까지의 식민지 조선에서 '(일본) 국가'를 (처음으로) 묻는 일, 그러면서도 국가 '이후'에 관한 질문을 개시하는 일이 본격적으로 이루어지고 있었다는 사실이다. 거기서 국가는 무엇이었는가. 국가 안에서 삶을 영위하는 인간은 어떻게 정의되었는가. 지배의 기술은 어떻게 이민족, 다른 계급들, 개인들을 통치성의 영역 안으로 끌어들일 수 있었던 것일까. 그리고 그에 대한 저항 혹은 대응은 조선에 있어 어떤 방식으로 나타났는가. 이러한 문제를 '기술', '시스템화', '메커니즘으로서의

자들 간의 전쟁이라는 양식으로 귀환하고 있다는 것이다. "전쟁이라는 이념 자체가 우리들 사이에서 시민권을 되찾았다. 국민국가와 전쟁은 기원에 있어서 주권의 기예-테크네에 의해 수행된다는 점에서 동일한 작동 원리를 갖는다. 전쟁에 있어서의 주권자(의 의미)에 주의를 기울인다면, 전쟁은 테크네로서, 기예(art)로서, 주권 자체의 성취 혹은 작품화로서 확실성을 갖게 된다는 것을 곧바로 알 수 있을 것이다. 주권=지고성은 우리 서양의 상징체계로서의 결정적이고 저항하기 힘든 구두점이다." Jean-Luc Nancy, "War, Law, Sovereignity-Techne", *Rethinking Technologies*, ed. by Verena Andermatt Conley, Univ. of Minnesota Press: London, 1993, p. 102.

국가'37), 국가 내의 차이들을 통합하는 '문화' 이념이라는 키워드를 중심으로 논해 보고자 한다.

이와 관련해 한국 근대사의 가장 극적인 한 순간으로 돌아가 '국가'에 대해 다시 숙고하는 일이 가능할 것이다. 국가의 이익과 민족의 이익이 일치하지 않고, 민족의 이익과 계급의 이익이 일치하지 않음이 가능한 또렷이 드러나는 곳. 나아가 인간의 단순한 생명이 비로소 정치화되기 시작하면서, 동시에 생명이 국가라는 인조인간의 일부로서 기계화되기 시작한 그 시간으로부터 다시금 물음을 시작할 수 있을 것이다. 그러니까 박종홍은 이렇게 물었다. 국가라는 계약적 결합 사회와 일치하지 않는 민족이라는 종적 공동체가 급속히 유와 무의 중간 상태#로 향해가는 이때, 윤리와 문화는 어디로 가고 있는가. 이 '비봉쇄적 국가' 안에서는 어떤 일이 일어날 것인가. '문화의 창조를 위한 투쟁과 국가 건설을 위한 성전'이 교차하던 그 시간38)으로 돌아가 보자.

---

37) 비히모스와 리바이어던의 대립을 문제 삼는 일을 통해, 나는 이미 한국 근대에 있어서의 국가론의 계보에 대해 논한 적이 있다. 황호덕, 「아카이브 밖으로」(2005), 『프랑켄 마르크스』, 민음사, 2008.

38) '비봉쇄적 국가'란 박종홍, 「현실파악의 길」, 『인문평론』, 제3호(1939년 12월호)에 제시되어 있는 시대 정의다. 이와 유사한 방식으로 조선문학의 앞길을 설명하는 논의로 유진오, 「조선문학에 주어진 새 길」, 『동아일보』, 1939년 1월 10~13일(유진오, 『구름 위의 만상』, 일조각, 1966[1980])을 참고. 만주와 동아의 현실 앞에서 유진오는 다음과 같이 쓰고 있다. "조선의 계몽운동도 세계문학과의 교류 없이 16세기적인 신경으로서 고립적·봉쇄적으로 진전시켜 갖고는 영구히 끝날 날이 없는 것"이다.

사유공영과 무적 보편, 민족(들)을 잇는 고리

1) 전향 이후, 사유공영과 내선일체, 인정식의 문제 해결형 전향

주지하다시피 인류적 국가 개념에 '대응'하여 새로운 '근원'을 설정하려 할 때, 피식민자들이 쉽게 떠올린 것은 내선동조론과 같은 것이었다. 국가의 원천이라 할 '인륜'과 '종'의 영역으로 소급해 들어가 조선을 거기에 직접 기입하는 방법이 그것이다. 김성률金聲律의 『사실로 본 내선일체』나 현영섭의 『조선인의 나아갈 길』이 그러한 경우이다.39) 그러나 급조된 동조론들은 현실적인 분할과 차별을 민족성의 기원(일본민족)으로 돌아가면 극복될 것으로 낙관하는 이념상의 초월에 불과했다. 더구나 신화론 자체의 박력에 비추어 보더라도 '자신의 과거의 아직 도래하지 않은 부분을 열어젖히는 시원의 힘'을 '신의 뜻 그대로의 옛 길'로 제시하는 최남선의 신화론40)에도 한참 못 미치는 주장들이었다.

대표적 전향 마르크스주의자이자 농업경제학자였던 인정식은 "내선일체의 근본이념은 조선 민중을 철저히 황민화하는 데 있다고 나는 확신한다. 그것은 무조건적인 지상명령 형태로서 요청되고 있다"라고 전제하며 다음과 같이 쓰고 있다.

---

39) 鶴見俊輔, 『戰時期日本の精神史』, 岩波書店, 1982, p. 110. 이 부분은 다나카 히데미쓰의 소설 『취한 배』에 대한 그의 평가에서 기인한 진술이지만 이 경우에도 적합한 해석처럼 보인다. 물론 현영섭의 철저일체론, 동조론은 '과거'보다는 '미래'에 기투된 급진적 민족해체론으로, 일본민족과 일본문화 전체의 재구성을 시도하고 있었다. 그러나 그가 동조론을 통해 조선민족 전체의 해소론을 주장하고 있었다는 점에서 그의 내선일체는 종에 대한 과잉 의식의 소산이었다.

40) 예컨대 崔南善, 「神ながらの古を憶ふ」, 『東亞民族文化協會パンフレット』, 제3편, 1934를 참고

첫째로 內地人과 朝鮮人이 同根同祖의 血緣的 關聯을 가졌다는 것은 필금 김씨를 기다리지 않는다고 할지라도 소학교 아동이라도 다 아는 일이다. …… 다만 문제는 현금의 內鮮人을 通古斯時代의 옛날에 회귀케 하여 감정에 있어서 의욕에 있어서 일체화하게 하자면 어떠한 事實的 계기가 다시 요구되는가를 발견하는 데 있다. …… 나는 이 현실적 계기를 內鮮人의 운명의 공통성과 또 이를 실증하는 동아의 정세에서 찾을 수 있다고 생각한다. 事變 이래의 동아의 정세의 급격한 변화가 전조선 민중에 향해 중대하고 존중한 교훈을 준 것이다. …… 제국의 신민으로서만 조선인의 존재는 容許되며 또 제국의 신민으로서만 미래의 행복을 얻을 수가 있다는 것을 민중은 실로 이 사변 하의 일상생활을 통해서 깨닫게 된 것이다. 이러한 자각이 촉진되어 온 이상 남은 문제는 반도 민중을 감정적으로 훈련하는 데 있을 것이다. 또 이 감정적 훈련의 단계에 있어서 同根同祖의 史實的 관련성을 보여준다는 것은 하나의 촉진 요소로서 중대한 의의를 가질 것이다. 그러나 …… 요컨대 민중에게 제시하는 내선일체의 이념은 항상 현실에서 증명되어야 한다.41)

전제로서 '국가'와 '국민'이 있고, 여기에 합당한 방식으로 균질적인 국가를 만들 것. 내선일체의 이념을 내선 간의 경제적 균형으로 실현해 보여줄 것. 인정식이 보기에, 예컨대 현영섭의 조선어해소론과 같은 견해는, 전인구의 8할이 농민이고 문화가 아니라 생계에 붙들려 있는 한 실현 불가능할 뿐 아니라 허황된 것

41) 印貞植, 「內鮮一體의 文化的 理念」, 『인문평론』(1940년 1월호).

이었다. 국어(=일본어)의 일상적 사용 역시 그런 의미에서, 황도경제의 원리에 의해 이러한 불균형이 해소될 때에야 가능하다는 것이 인정식의 주장이었다.42)

"현금에 있어서는 위선爲先 황민화의 정신적 훈련을 위해서도 조선어의 폐기가 아니라 도리어 그의 광범한 활용이 필요하다는 것은 더 말할 필요도 없다"는 주장의 진의는 명백하다. 내선동조론 그 자체보다는 이를 기화로 황도경제라는 국가 시스템 안쪽에 조선을 기입하자는 것, 일본의 '역사' 및 '국가 창설'의 전개를 조선의 반봉건적 농업경제 및 산업 재편의 계기로 삼자는 것이 인정식의 복안이었다. 인정식이 보기에 내선일체의 이념은 원천이 아니라 현실 속에서, 그러니까 노동적·기술적 경제 공동체로서의 제국 일본이라는 '시스템'-'제도적 조직' 속에서 증명되어야 하는 것이다. 그런 의미에서 인정식을 비롯한 전향 사회주의자들은 시스템론을 전유하는 방식을 통해 하부구조 결정

---

42) "다음으로 현영섭씨의 소론이 氏 자신의 말로는 이상주의라 하지만 사실은 이상주의도 아무것도 아니다. 확실히 사고하는 방법에 있어서는 옛날의 『아나―키즘』의 무체계적인 잔재를 많이 엿볼 수 있다. …… 이것은 무의미한 로맨티시즘의 수음(手淫)이 아니면 치인(癡人)의 꿈에 떨어지기가 쉽다. 가령 조선어를 폐기하자는 씨의 독담을 고려해 보자. …… 전인구의 팔할이 농민으로 구성되어 있다는 것은 우리가 잘 아는 사실이다. 그런데 이 농민의 대부분이 수지(收支)의 불균형과 식량의 부족을 면치 못하고 있으며 따라서 그들의 생계비에서 문화를 위한 또는 교육을 위한 지출이란 전무에 가깝다는 것도 우리가 잘 아는 사실이다. 그러므로 이들에게 조선어를 폐기하라는 것은 사실 아무말도 하지 말라는 것과 다름이 없다. 국어를 일상용어로서 전반적으로 사용하자면 위선 황도경제의 원리 밑에서 이러한 한계가 폐지되어야 한다. …… 현금에 있어서는 위선 황민화의 정신적 훈련을 위해서도 조선어의 폐기가 아니라 도리어 그의 광범한 활용이 필요하다는 것은 더 말할 필요도 없다"(印貞植, 앞의 책). 여기서 비판되고 있는 책은 玄永燮의 『朝鮮人の進むべき道』(綠旗聯盟 京城, 1938년)이다.

론을 포기하지 않고 있었던 것이다. 어떻게 이러한 일이 가능했던 것일까.

후지타 쇼조의 간명한 규정에 따르면 총력전국가가 요구하고 있던 정치 원리는 한 마디로 말해 지배의 비인격화, 즉 메커니즘에 의한 지배였다.[43] 이러한 요구에 따라 메커니즘이 전 사회를 덮게 되면 될수록 거대한 인격의 존재가 요구된다. 그 결단자가 보편자가 되는 까닭에 초월자와 경험적 인격이 동일화되고, 여기에 근대정치의 패러독스가 있다는 것이다. 특히 일본의 경우는 이 패러독스를 발견하지 못한 채 전통적 지배 원리가 잔존하여 국가 원로와 같은 심정적 권위자가 이를 대체하게 되었다. 즉 번벌藩閥과 같은 인적 네트워크로 인해 지배 구조의 합리화는 더뎠고, 더구나 소위 메이지 유신의 원로들이 사라지고 나서는 '결정자'의 부재라는 거대한 공백 상태에 빠지게 되었던 것이다.

일본의 총력전 체제의 요구는 본래 강력한 지배 인격인 천황을 대리하는 강력한 지배 인격을 어떻게 만들어낼 것인가에 맞추어졌고, 만주사변 이래 이는 강력한 내각, 군부 내각의 출현으로 이어졌다. 이러한 움직임 속에서 2·26사건을 기화로 히로다 내각이 태어났으며, 히로다가 내세운 국정 지표가 소위 '고도국방국가'였다. 이는 곧 국민총동원 논리로 이어졌다.[44] 앞서 살펴

---

43) 藤田省三, 『天皇制國家の支配原理』(第二版), 未來社, 1966(1994) 참고.
44) 이미 1936년의 시점에서 국가총동원이라는 어휘가 공론장에 등장하고 있다. "근대국방은 그 범위가 정치, 경제, 교육, 종교, 예술의 정신적 변이나, 연이어 물질적 양방면에 있어서 모든 국민생활의 각 부문에까지 확장되는 것이며, 국방은 단순히 군비를 확충하고 무력전쟁의 준비를 가다듬은 것만으로는 부족하다. 국방의 충실은 국민생활 전 부문에 걸쳐 일원적으로 통제 계획하여 갑자기 어떤 일이 있을

보았듯이, 이러한 움직임은 내정에 있어서는 고도국방국가론으로, 또 광역권 질서와 관련해서는 제국의 판도 전체와 연결된 동아협동체론으로 전화해갔다.

물론 동아협동체론에서 식민지 문제는 애초부터 주요한 논제가 되지 못했다. 일시동인에서 내선일체로 강화된 내선 관계를 이미 전제하고 있었기 때문이다. 조선 문제에 가장 전향적이었던 미키 기요시조차 "외지에서도 반도인의 인적 지위의 향상을 도모해 내선일치의 취지를 철저하게 하는 것이 적절하다"는 지적 후 곧바로 "일만지日滿支 일체라는 것과 내선일체라는 것은 일체성의 의미에서 같지 않다"라고 주장하던 형편이었다.45)

그러나 조선의 전향 사회주의자들은, 마찬가지로 전향 사회주의자들이었던 식민 본국의 관료 및 지식인들이 내놓은 사유공영의 원리 및 사실과 이상을 아우르는 동아협동체론에 즉시 공명했다. 인정식은 "동아협동체의 건설이란 것은 이리해서 단순히 정치적인 새로운 판도로서의 의미만을 가지는 것이 아니라 다시 동아 각 민족의 공존과 자주성을 기저로 하지 않으면 안 된다는 점에서 전동아의 사회재편성을 또한 의미한다"46)고 보았으며,

---

때는 즉시 국가총동원이 가능하도록 준비해야 한다." 堀內誠, 「國論」(1936年 8月號) (藤田省三, 『天皇制國家の支配原理』[第二版], 未來社, 1966[1994], pp. 163~164에서 재인용).
45) 이에 대해서는 이준식, 「파시즘기 국제 정세의 변화와 전쟁인식 ─ 중일전쟁기 내선일체론자들을 중심으로」, 방기중 편, 『일제하 지식인의 파시즘체제 인식과 대응』, 혜안, 2005를 참고
46) 印貞植, 「時局과 文化」, 『문장』(1939년 12월호), p. 176. "신동아新東亞라는 것은 홍모紅毛 제국주의에서 해방된 동양인의 동양건설이란 점에서 동양적인 따라서 지역적인 의미만을 가지는 것이 아니라 공산주의도 또 자본주의도 한결 같이 배제하

그 체제의 핵심을 근세 초기의 민주주의와 대비되는 '현대의 전체주의적 독재 정치'로 규정했다. 그에게 무엇보다 중요한 것은, "국외적으로는 이 협동체의 원리는 민족 문제 — 식민지 문제 해결에 대해서도 새로운 광명을 던진다"는 것이었다. "농민과 지주, 노동자와 자본가 등 대립적인 이해관계를 초극하는 새로운 국가적인 입장이 언제든지 최고의 기준이 될 것"47)이라는 기대 속에서 볼 때 (일본) 국가는 부정의 대상이 아니라 오히려 갈등의 조정자이자 공영 원리의 강력한 집행자로 기대되었다.

이와 같이 전쟁 수행을 위한 목적합리성 하에서 국가 내적 모순, 민족적 모순을 해결한다는 희망은 '이데올로기 없이는 생존할 수 없는' 전향 사회주의자들이 마지막 순간까지 갖고 있었던 유일한 해결책이었으며, 이 점에서 "전향은 두 민족에 속하는 작가들을 잇은 하나의 계기"48)가 되었다. 그리고 그것의 이상은 고도국방국가라는 메커니즘으로서의 국가 아래 일본민족=일본국가라는 봉쇄를 넘는 일, 즉 '동아협동체'의 이념이었다. 물론 이러한 인정식의 시도는 제국의 대륙 침략이 확산되고 위로부터의 개혁이 사실상 무산되면서 일본 긍정적인 '세계사의 철학'과 '동양/서양 문화유형론'에 의해 좌초된다. 당연한 말이지만 조정자로서의 국가가 기능하기 위해서는 갈등이 드러나야 하고, 이를 대표하고 언어화하는 사회 — 적어도 입법적 기구가 필요하

는 새로운 사회 원리 위에 건설되어야 한다는 점에서 역사적으로 또한 미증유의 대업인 것이다."
47) 인정식, 앞의 글, pp. 175~177.
48) 鶴見俊輔, 『戰時期日本の精神史』, 岩波書店, 1982, p. 110.

다. 하지만 제국 일본은 바로 이 사회적 조정 능력을 사상한 채 '국가'의 결단자만을 요청하고 있었다.

2) 무적 보편과 비봉쇄적 국가 — 서인식, 박종홍, 유진오의 경우

이러한 일자一者에 의한 강력 지배의 움직임과 제도적 전환 속에서 조선의 사상계는 또 어떤 사유의 지평을 펼쳐내고 있었을까. 서인식은 '다多가 다인 특수성을 유지하면 그대로 일이 될 수 있는 무적 보편성', 즉 개인과 민족이 횡적으로 '결합'하여 국가와 제국을 이루는 과정에 대해 이야기하고 있었다. 개인과 국가, 민족과 제국이라는 양자가 대립적인 것도 위계를 갖는 것도 아니라는 것을 증명하기 위한 시도로서 그가 전유하고 있는 것은 니시다 기타로의 '무적 보편'이라는 개념이었다.

> 모든 개체가 개체로서 독립하여 있으면서 그대로 곧 전체가 될 수 있는 구조를 가진 세계이다. 다多가 다로서의 특수성을 유지하면서 그대로 곧 일一이 될 수 있는 일종의 무적 보편의 성격을 가진 세계이다. 그런데 이러한 구조를 가진 세계는 무한대의 원과 같이 도처가 중심이 될 수 있다. 그것은 한 말로 말하여 개個가 곧 보편이 될 수 있기 때문이다. 따라서 이러한 구조를 가진 세계에는 중심과 주변이 있어 갖고 지배와 귀속의 관계를 형성하는 일이 생길 수 없다. 이러한 세계 구조 안에서만 개인을 초월한 전체가 곧 개인에 내재할 수 있으며 민

족을 초월한 세계가 곧 민족에 내재할 수 있는 것이다.49)

즉 서인식으로서는 일본 혹은 국가의 주도성 아래 수행된 다에 대한 포섭 논리를 전유하여, 개인과 민족이 특수성과 독자성을 유지한 채 일자에 포함되는 체제를 구상하고 있었던 것이다. 일이 먼저 있는 것이 아니라 다가 먼저 있어서, 그 다 안에 이미 일이 내재하는 원리를 그는 '무적 보편'이라 재규정했다.

서인식의 주장 혹은 희망은 무엇보다 '세계'가 민족에 내재하는 협동체였다. 그 점에서 그의 생각은 소위 세계사의 변증법을 극한까지 밀어붙인 논의였다. 이와 같은 희망은 일자 없이 살 수 없되, 개個 자체를 보존하려 했던 전향자들에게 적잖은 영향을 미친 것으로 생각된다. 예컨대 서양의 몰락이라는 세계사적 현실을 직시하고, "동양과 동양 세계를 다원 사관의 입장에서 새로이 반성하되", "동양이라는 개념은 서양이나 구라파라는 말이 가지는 통일성을 아직껏은 가져보지 못했다는 건 명심해"50) 두는 태도는 김남천과 같은 작가의 소설 언어에까지 육박해 들어

---

49) 서인식, 「문화에 있어서의 전체와 개인」, 『인문평론』(1939년 10월호). 반면 "오늘날 우리가 살고 있는 이 시민사회의 세계 구조는 이와 달라서 말하자면 일종의 유적(有的) 보편의 구조를 갖고 있다. …… 그러므로 이러한 세계 구조에는 필연적으로 중심과 주변이 생기게 되고, 그 사이에 지배와 귀속의 관계가 형성되지 않을 수 없다. 국제적으로는 오늘날의 동양과 서양의 관계나 본국과 식민지의 관계, 국내적으로는 계급과 계급의 관계나 개인과 개인의 관계 — 어느 것이나 현대 시민사회의 이러한 세계 구조에서 기인하지 않은 것이 없다." 서인식, 앞의 글, pp. 97~98.
50) 김남천, 「경영」, 채호석 편, 『김남천 단편선: 맥』, 문학과지성사, 2006, p. 258; 김남천, 「맥」, 같은 책, p. 329.

와 있었다.

한편 국가나 보편이라는 가치 위에 축조된 이와 같은 서인식의 논의와 달리, 박종홍에게 당대의 '국가'는 애초부터 비봉쇄적인 것이자 건설되어야 할 것으로 인식되고 있었다. 박종홍은 국가와 개인을 사유하는 데 있어서 국가를 불변하는 권역이나 실체로 보기보다는 비봉쇄적인 국가라는 '현실'로서 파악했으며, 국가 자체를 '건설되어야 할 성전聖戰'으로 간주했다.

> 유의 부정이 끝나는 곳에서 무의 부정도 끝나기 때문에 유즉무有卽無인 것이오 이것이 나는 '중中'의 특점이라 생각한다. 소위 모순적 자기동일의 근본초점은 이 '중'에 있는 것이다. [중략] 이때 현성되는 현실은 심신 최고의 구체적 실천을 매개로 파악한 것이니만치 구체적 보편으로서 문화사회인 것이요 비봉쇄적 국가인 것이다. 그러나 또 하나의 일상적 현실인 것이다. 자각적인 일상적 현실인 것이다. 현실에서 현실로 현실파악의 길! 그것을 일상적 현실이 구체적 실천을 매개로 자각하는 과정이요 문화의 창조를 위한 투쟁이요, 국가의 건설을 위한 성전이다.51)

"기체적基體的 사회가 종족공동체인데 비하여 계약적 결합사회는 그 자체로 세계적 성격을 가진다." 박종홍의 주장에 따르면, 우리는 신체적 노작勞作을 수반한 구체적 실천의 매개적 전환을 통해 기체적인 일상적 현실을 부정할 때에만 ― 즉 종적 공동체

---

51) 박종홍, 「현실파악의 길」, 『인문평론』, 제3호(1939년 12월호), pp. 10~11.

의 부정을 통해서만 정당하게 국가를 파악할 수 있다. 이성과 노작[노동]이 함께하는 역사적 실천을 통해 보편성의 세계를 획득할 수 있다는 것이다. 그에게 있어 소위 '현실파악'이란 '출발점의 현실이 부정적으로 매개되어 혁신 창조된 새로운 면모를 가지게 될 때'인데, 이 논리 안에서는 국가라는 것은 이미 비봉쇄적인 것이고, 건설되어야 할 것이다. 따라서 그와 함께 문화 창조를 위한 투쟁이 하나의 요청으로서 제기된다.

그 내포가 다소간 모호한 대로, 그의 이러한 생각은 유진오의 비봉쇄적 문학 개념이나, 최재서의 문화 개념을 통해 매우 구체적인 '실천'을 얻게 되는 것으로 생각된다. 유진오는 1939년 시점에서 본 프로문학 운동의 의의를 개괄하며 이렇게 말하고 있다. 여기서 핵심적인 것은 '봉쇄성'의 극복과 조선적인 것의 세계문화로의 번역 가능성인데, 이는 바로 1939년의 시점에서 요구되는 문화적 지평으로 설명되고 있다.

> [프로문학 운동은] 조선에 있어서 시대에 뒤늦은 시민적 문화가 봉쇄적으로 발전할 수 없는 것이라는 것을 실지로서 증명한 것이었으며, 또 그럼으로써 세계 문화의 발전수준과 보조를 맞추지 않고는 정말 조선적인 문화의 건설은 불가능하다는 것을 계시한 것이었다. 이 최후의 말은 일견 모순되는 말 같으므로, 조금 설명을 붙일 필요가 있는 듯하다. 일부의 사람들은 조선은 후진사회이니만큼, 비약해 세계적인 문학을 낳을 수 없는 것이니, 그보다 우선, 가장 조선적인 문학을 수립해야 할 것이며, 그럼으로써 비로소 세계적인 단계에 오를 수 있는

것이라고 생각하고 있다. 이 말은 우선은 정당하다. 그러나 단순히 조선적인 것은 아무리 그것을 수집하여도 세계적인 것이 될 수 없는 것이다. 만일, 이것만을 극단으로 강조한다면, 그것은 결국 일개 지방문학에 타墮하고 마는 것이니, 이것을 면하려면 세계적인 조류와 보조를 같이 하면, 인간적·일반적인 감정과 신경으로 조선적·특수적인 생활을 파 들어가야만 하는 것이다. 이렇게 해서 이것에 성공하여야만 조선적인 것은 그 가장 높은 단계에서 종합 수립되는 것이며, 그럼으로써 세계적인 것에 어떠한 기여를 할 수 있는 것이다. 괴에테를 보라. 푸쉬킨을 보라. 그 글은 각자 자국의 계몽운동의 완성자이면서, 동시에 당시의 세계문학의 첨단에 섰던 것이다. 조선의 계몽운동도 세계문학과의 교류 없이 16세기적인 신경으로서 고립적·봉쇄적으로 진전시켜 갖고는 영구히 끝날 날이 없는 것이며, 이런 점을 비록 그 자신 의의적意義的으로 할 것은 아니라 하더라도, 거친 외과수술로써 조선의 문학인 앞에 보여준 것이 즉 좌익운동이었다고 할 수 있는 것이다."52)

유진오에게 세계성 없는 민족 문화는 진정한 시민 문화가 아니다. 따라서 그가 보기에 당대의 시국과 세계성의 접속은 좌익운동이 개시한 민족적 봉쇄의 극복을 상속한 움직임이었으며, 제국 일본의 팽창은 조선 문화의 봉쇄성을 극복하는 계기이기도 했다.

---

52) 유진오, 「조선문학에 주어진 새 길」, 『동아일보』(1939년 1월 10~13일)(유진오, 『구름 위의 만상』, 일조각, 1966년(1980년), pp. 352~353에서 재인용).

전향자들의 이러한 근과거 이해는 비봉쇄적 국가, 비봉쇄적 문학이라는 측면에서 이전 시기와 동아 질서를 잇는 일관된 요구를 발견하고 있었던 것 같다. 다시 말해 유진오의 경우에서 발견되듯이 신체제는 조선의 문인 및 지식인으로 하여금 조선 문화의 봉쇄적 성격을 세계 문화의 발전 수준에 의해 외과적으로 수술하려 했던 마르크스주의적 시도를 연상시키고 있었던 측면이 있다. 즉 제국의 팽창에 따른 소위 '세계사의 변전'을 조선 문화의 고립성을 극복하는 계기로서 호출하려 했던 것이다. 이러한 시도는 동시에 종적·인륜적 형태에 의해 봉쇄된 일본 국가를 '다인 일'로 재구성할 것을 요청하는 메커니즘에의 요구이기도 했다.

그러나 이후 본격화된 신체제와 전시 상황 속에서 보편의 지위는 '일본 국가'로 한정되게 되는데, 왜냐하면 일본 국가야말로 보편의 '매개자'이자 그 자체가 세계사적 과제를 실현하는 '실천자'로 규정되었기 때문이다. 오히려 여기서 흥미로운 부분은 유진오가 '지방과 세계'의 대강을 통하여, '국가'를 생략해버리고 있다는 점이다. 지방문학과 세계문학 사이의 매개항을 의도적으로 생략하고 있는 셈이다.

3) 생산과 건설의 문학론 ─ 문학과 기술의 봉합

협동체의 이상을 말하며 국가라는 메커니즘을 강조하는 식민 본국의 사상계에 귀 기울일 때, 일군의 식민지 지식인들에게 1939년을 전후한 시간은 보편적 문화 사회, 비봉쇄적 국가를 향해가는 문화 건설, 국가 건설의 시기로 다가왔다. 그렇게 이해하고자 했던, 아니 그렇게 쓸 수밖에 없었던 일군의 사람들에 의해 하나의 문학적 조류가 형성되고 있었던 것이다.

당시의 과제와 상황을 『문장』의 주재자인 이태준과 『인문평론』의 주재자인 최재서는 다음과 같이 서술하고 있다. 바야흐로 예술이 국가의 기예화되는 순간을 우리는 여기서 목도하게 된다.

우리가 발견하고, 지적하고, 선양할 바 대상은 민중 속에 있고, 전국가적인 사태에 있고, 시대라거나, 세기란 팽대한 국면에 있는 것이다. 이제 동아의 천지는 미증유의 대전환기에 들어있다. 태양과 같은, 일시동인의 황국정신은 동아대륙에서 긴 - 밤을 몰아내는 찬연한 아침에 있다. …… 모름지기 필봉을 무기삼아 시국에 동원하는 열의가 없어선 안 될 것이다(『문장』, 창간사, 1939년 2월).[53]

근대전은 소위 총력전이래서 최후의 승패는 결국 총후국민의 저력에 의하여 결정된다고 한다. 이리하야 사변에 대한 책임은 문화인의 어깨 우에도 매한가지로 놓여져 있지만 아모래도 문화인의 직접적인 활동이 기대되는 것은 사변처리에 있어이다. 더욱히 우리의 당면한 것이 단순한 전화의 뒤처리라는 소극적인 것보다 모든 반국체적인 사상을 물리치고 참으로 자주적인 문화를 건설한다는 적극적인 것임을 상각할 때 문화인으로서 중대한 책무를 느끼지 않을 수 없다.[54]

---

53) 「권두에: 시국과 문필인」, 『문장』, 제1호(1939년 2월호), p. 1.
54) 「문화인의 책무」, 『인문평론』, 제2호(1939년 11월호), p. 1.

1937년 7월 7일의 노구교 사건, 고노에 정권의 국민정신총동원 실시, 무한삼진 함락, 선린우호·공동방공·경제제휴를 3원칙으로 하는 <대지국교조정방침對支國交調整方針> 선언 등이 이어지는 가운데[55], 1939년 2월 『문장』, 1939년 10월 『인문평론』이 창간된다. 당시 조선은 1935년 카프가 해산되고, 다수 문인들의 실질적 전향에 뒤이은 휴머니즘 논쟁으로 실상 1938년 이후는 '사실수리론'이 급속히 확장되고 있던 상황이었다. 어떤 의미에서 있는 것 자체를 있어야 할 것으로 전변시키는 '궤변'과 '복화술'만이 조선의 장래를 이야기하고 있었다.

국가총동원법 제정(1938년 4월 1일)을 통한 총력전체제 성립과 사상통제, 국가와 정신을 접속시키는 '문화' 개념의 등장 속에 '근대국방은 그 범위가 정치, 경제, 교육, 종교, 예술의 정신적 영역 및 물질적 양방면에 있어서 모든 국민생활의 각 부문에까지 확장되'고 있었다. 이러한 상황에서 (어떤) 문학은 국방국가와 바로 접속되게 되는데, 중요한 것은 이 시국에의 요청이 '생산과 건설'의 담당자인 국가와 '과학기술'을 향하고 있었다는 사실이다.

서인식은 마르크스주의를 포함한 자유주의, 개인주의, 근대사상이 '서양적인 것'으로 공격당하는 상황 속에서도 생산과 건설의 과제 속에 오직 서구 원천의 과학기술만이 문화적 앙양의 대상이 되고 있는 상황에 대해서 다음과 같이 쓰고 있다.

---

55) 이에 대한 최재서의 반응으로는 「사변삼주년기념일을 마지하며」, 『인문평론』 (1940년 7월호), p. 2~3을 참고

그야 어쨌든 오늘날 주목할 경향의 하나는 정신은 냉대 받음에도 불구하고 과학적 기술만은 열병에 가까운 수요를 일으키고 있다. 더욱이 이 땅에서는 시세의 소치所致로 합리적, 실증적 정신은 '서양의 것'이라 하여 송충이와 같이 혐기嫌忌되는 반면에 그가 만들어내는 생산기술만은 생산력 확충을 위하여 무상명령적으로 요구되고 있다. ……
그러나 설사 파행적이라 하더라도 자연과학의 발달이 존속하는 한 문화의 안전감을 상실한 현대인은 한 가닥의 희망을 그곳에서 부치지 않을 수 없다. 왜? 문화의 세계성과 보편성을 최후로 보증하는 다름 아닌 그 자연과학만은 당행으로 이 사회에 밥과 옷을 제공하는 학문인만큼 현대에 있어서도 함몰될 가능성이 적기 때문이다.[56)]

모든 단단한 것이 녹아내리는 가운데 '과학'만이 홀로 단단함을 드러낸다. 그것만이 부인할 수 없는 근대(국가)의 핵이기 때문이다. 과연 거기서부터 희망의 원리를 개시할 수 있을까.

일본이라는 국가가 있다. 이 국가는 국가의 총역량이 집중된 상태를 향해 가고 있었다. 이 국가의 지식^{Wissenschaft}은 전향의 모멘트를 통과해 근대의 초극이라는 명제에 근접하고 있었다. 그러나 '서양적 원천'의 모든 것을 초극하려는 논리에도 불구하고 과학기술 자체는 여전히 도구이자 요청으로 남아 있었다. 위의 글에서 서인식이 마르크스주의적 경제학의 관점에서 과학적 기술 신봉을 비판하고 있는 것은 사실이다. 그러나 현대에 있어서 문

---

56) 서인식, 「과학과 현대 문화 — 특히 과학 데이에 기(寄)함」, 『동아일보』(1939년 3월). 차승기·정현종 편, 『서인식전집 I』, 역락, 2006, p. 172.

화의 세계성과 보편성을 최후로 보증하는 것은 '과학'이라고 상정하고 있다는 점에서 그의 비판은 과학 정신과 기술 즉, 과학 자체에 대한 믿음과 상극하고 있는 것은 아니다.57) 그리고 여기서의 문화의 세계성이나 보편성과 같은 개념은 분명 일본의 팽창과 관련되어 있으며, 그러한 공간은 일본 자본-과학기술-국가라는 동체(同體)에 의해 보증되고 있었다. 그런 과학에 희망을 거는 일이란 무엇이었을까.

국가론 혹은 그 확장인 동아협동체론 안에서의 세계사적 주체의 역량 함양을 위한 결정적 과제는 과학정신과 기술 발전에 있는 것으로 이야기되고 있었으며, 당시 조선의 (기술화한) 지식인들58) 사이에서 '과학기술'은 모든 분과 학문의 모범이자 그 자체로 조선의 '신코스'에 다름 아닌 것으로 주장되었다. 이와 같은 양상을 집약적으로 보여주는 것이 잡지 『조광』이 1940년 11월에 행한 「과학에의 돌진 ― 교육 조선의 신코스」라는 좌담회이다. 이 좌담회에는 서인식을 비롯해 안동혁(고등공업교수), 최희영(경성제대병원 위생학 교실), 박치우(사회평론가), 이갑섭(회본사 『조광』측) 등이 출석했으며, 주제도 매우 광범위했다. 예컨대 과학문명 달성의 필요, 향학의 실정과 문화과학에의 편중, 시국과 과학교육, 과학지식의 대중화, 기술의 대중화 문제, 조선에

---

57) "현대의 위기는 합리적 실증정신이 만들어낸 과학 문명의 과잉에서 배태된 것이라고, 기계가 인간을 학대하고 물질이 정신을 억압한 데서 현대의 위기가 도래했다는 것이다. 이리하여 그들은 과학을 공격하기에 여념이 없는 모양이나 이것은 누가 보던 무실(無實)한 무고이다." 서인식, 앞의 책, p. 171.
58) 「과학에의 돌진 ― 교육 조선의 신코스」, 『조광』(1940년 11월호).

특수한 연구 제목, 연구소 설치의 급무가 그것이다. 좌담회에서 펼쳐진 이와 같은 주제들이 의미하는 바는 결코 가치중립적인 것이 아니었다. 왜냐하면 과학에의 접근은 조선의 특수성으로 이야기되는 봉쇄성과 반봉건적 낙후성의 탈각을 의미했기 때문이다. 다시 말해 당대 낙후 지형과 그 중력에 의해 과학이 일종의 협력 논리로 밀어올려졌다는 것이다. 이 시기와 해방 후의 조선의 기술 상황과 '기술'에 대한 관심의 증대에 대해서는 안동혁의 회고를 참조할 수 있다.

> 1939년에 이르는 10여 년간 그들은 사회 계급의 아류이며 보조원에 지나지 못했다. 공무원으로서는 만년기수萬年技手[현재의 기사], 공장에서는 일생 평사원, 그나마도 한국인에게는 차례가 안와서 대부분 중등교원이 고작이었다. 이차대전의 풍운이 감돌기 시작하면서 기술 수요는 늘기 시작하여 전쟁 중에 정점에 이르렀다. 이 무렵에 두성회斗星會[경성공업전문 응용화학과 동창회]는 제법 활기만만한 듯 보였다. 1945년 종전까지 우리 회원의 대부분은 공장에서 생업 제1선에 있었다. 나는 호전가好戰家는 아니다. 다만 기술 인력의 사회수요에 직결하고 있는 실증으로서 이 두 개의 현저한 사실을 기술하는 데 지나지 않는다.[59]

---

59) 안동혁, 『잔상(殘像): 안동혁선생고희기념문집』, 한양대학교 산업과학연구소, 1978, p. 506. 해방 후 안동혁은 서울대 공과대학 창설과 한양공대, 인하공대의 창설에 관여했으며, 상공부장관(1953)과 한양대 교수 등을 지냈다. 그 자신 관료이자 과학자였고, 또 교육자로서 전형적인 테크노크라트였다.

조선의 지식인들에게 고도국방국가와 시국은 조선 현실에서 미비한 과학지식과 기반시설이 확충될 수 있는 기회의 시기를 뜻했다. 물론 여전히 조선총독부의 과학기술 인력 정책의 기조는 일본인 기술자와 기능 인력이 대규모로 대륙에 진출하는 데 있었다. 즉 "산업 분야에 관해서도 특히 일본인 기술자 및 기능자의 대량 진출을 도모하여 일본인의 증강에 의한 통치의 진전을 기함과 동시에 반도 기술 수준의 향상을 촉진하는 것은 끽긴喫緊의 요무"라는 것이 총독부의 정책 기조였다.[60] 그러나 "내지와 중간지대가 되어 아국의 대륙방면에 대한 병참기지로서 국방상 경제상 비상히 중요한 위치를 차지"하는 조선의 지위 변동으로 인해 관공립 숙련공 양성소와 다수의 기술학교 설립, 1938년을 전후해 조선인 주도로 시도된 공업학교 및 대동공전 설립, 군부와 직접 연결된 경성제대 이공학부(1941년) 설치 등이 급속히 진행되었으며, 전황이 긴박해짐에 따라 인문계 대학들도 급속히 공업전문으로 재편되었다. 잡지 『과학조선』 역시 1938년 12월부터 속간되었다. 각종 기능자 양성소나 직업학교의 단기 과정을 통해 배출된 공장 및 광산 기능 인력이 대부분이기는 했지만 중일전쟁 후 처음으로 대규모 중화학공업을 중심으로 한 기계, 전기, 광산 기술 인력이 양성된 것만은 사실이었다.[61] 간단한 예로,

---

60) 朝鮮總督府, 『第七七回帝國議會說明資料(臨時會議)』, 1941월 11월. 안병직, 「국민직업능력신고자료의 분석」, 안병직 외 2인 편, 『근대조선공업의 연구』, 일조각, 1993, pp. 121~123 참고
61) 김근배, 『한국 근대 과학기술인력의 출현』, 문학과지성사, 2005, p. 413. 물론 일본에서 조선인 이공학 전공자는 전체 대학 졸업자의 약 5%로 정도에 불과했고 식민지 전 기간에 걸쳐 일본에서 약 200명, 그 외 지역에서 약

1940~1943년까지 학업을 마친 공업학교 졸업 조선인 1,487명은 대표적인 갑종 학교인 경성공업학교가 15년 동안 배출한 206명의 7배에 달하는 숫자였다.62)

최재서 류의 '건설', '생산', '협력'의 문학론은 이와 같이 전쟁, 노동 기회, 병참기지화, 기술 인력에 대한 요구와 따로 떼어 생각하기 힘들다. 그의 국민문화 건설론은 '신질서'의 건설을 위한 에토스로서의 문화의 확보에 강조점을 두고 있는 한편 전쟁하 식민지 조선에서의 생산력 팽창, 과학기술담론 등과 궤를 같이 하고 있었다.

4) 문학과 지성의 기술화 — 최재서의 국민문화론과 직분론

다시 말해 팽창 중인 제국 일본으로의 귀속이나 협력 자체가 동아와 동양이라는 이름 아래 집결할 것을 요구하고 있었다고 할 때, 이는 일본이라는 국가를 근간으로 하면서도 민족을 넘어서는 새로운 정체성의 성립도 필요로 하는 것이었다. 즉 국가적 에토스('국민으로서의 인간')를 포함하면서도 이를 넘어서는 동양적·세계적 에토스에의 요구(동양인으로서의 인간, 세계인으로서의 인간)가 문제였던 것이다.

국가가 처음 문제시되는 그 순간, 민족과 국가가 일치하지 않는 식민지에서 이 문제는 애초부터 블록과 세계를 염두에 두는

200명이 약간 넘는 기술 인력이 배출되는 데 그쳤다. 김근배, 앞의 책, p. 489.
62) 김근배, 앞의 책, p. 370.

비봉쇄적인 방식으로밖에 제기될 수 없었다. "문학이 민족협화의 매개로서 소용될 때 그것은 무엇보다도 철저하고 광범한 효과를 가져 올 수 있다."[63] 즉 최재서 등이 보기에, 병참기지 속의 기술 인력이 전쟁하는 국가의 물질적 생산력을 지탱하듯이, (국민)문화는 전쟁하는 국가 — 블록화하는 제국의 영향권을 정신적으로 연결하는 막중한 책임을 지닌 존재였다. 최재서가 이 지점에서 '문화'의 중요성을 역설한 것도 바로 이와 같은 의미에서 이해 가능하다.

> 위선 국민이라는 개념만 하여도 결코 동질적인 인간으로서 구성되는 단순한 것은 아니다. 다종다양의 혈통과 성능과 직업의 인간을 통일된 에-토-스로써 포괄하는 단일적인 개념이다. 이 경우에 에-토-스를 어디다 구하느냐 하는 것이 위선 긴급한 문제이다. 우리들 자신에 있어 국가적 에-토-스는 일점 의심할 바가 없이 소소하지만 우리가 우리의 의식을 확대하여 동양인, 세계인으로 진출할 때엔 과연 그 에-토-스를 어디다 둘 것인가? 명민한 두뇌까지도 잠시 당황하지 않을 수 없다. 하물며 각 수준 사이에 어떻게 유기적인 연결을 맺어 놓을 것인가? 여기에 문화인에게 주어진 중대한 과제가 있고 또 동양 민족 전체의 협력이 필요한 것이다.[64]

문화 전체가 개개인의 주견이나 희망에 따라서 일일이 좌우되지 않는

---

63) 최재서, 「신질서와 문학」, 『인문평론』(1940년 6월호).
64) 최재서, 「신질서와 인간문제」, 『인문평론』(1940년 3월호).

것이 사실인 동시에 그 문화는 결국 그 문화권을 형성하고 있는 개인의 질과 의사에 따라서 결정된다는 것도 또한 엄숙한 사실이다. 이같이 전체적인 문화의 운명에 대하여 개인의 책임과 운명에서 생각하는 것이 교양의 정신이다. 현대는 무엇보다도 개개인의 교양이 문제되는 시대이다.[65]

요컨대 최재서는 일본 국가를 중심에 둔 유기적 동양이라는 관념의 성립을 '문화', 또 그것이 개인들 안에서 나타나는 '교양' 문제에서 찾고 있었던 것 같다.

전체로서의 문화를 좌우하는 것이 개인이라면 문화 전체는 개인적 책임 하에 쌓아올려지는 교양에 의해 결정되는 것이다. 따라서 각각의 개인은 유기적 전체 안에서의 위치에 따라 그에 합당한 교양을 갖추지 않으면 안 되는데, 그런 의미에서 이 교양은 전체 내에서의 개별적 직분과 연결된다.

이듬해 최재서는 『국민문학』을 창간하며 이 잡지의 책무를 '직역'과 '직분'의 관점에서 규정했다. 예컨대 그는 이렇게 말하고 있다.

> 조선 문단의 전환이라 할까. 혁신이라 할까. 이 긴박한 정세 속에 조선 문단은 빨리 체제를 정비해서 직역봉공職域奉公을 해야만 한다는 소리가 여기저기 들려오고 있습니다. 그러한 기운을 조장한다는 의미에서 『國民文學』이 태어난 것입니다.[66]

65) 최재서, 「문화인의 책무」, 『인문평론』(1939년 11월호).

여기서 문학은 동양 민족이라는 전체 속에서의 특정한 직역이며 그 책무는 긴박한 정세 속에서 통일된 에토스를 도출하는 봉공에 있다. 문화인의 책무는 각각의 개인을 전체 속에서 정위定位시키는 일 — 즉, 국책수행에 기여하는 설득력 있는 언어의 제공에 있었다.

과연 최재서는 『국민문학』 창간호 권두언인 「국민문학의 요건」에서 '국민문학'을 '고도국방체제'에서 '자기의 천직을 깨닫고 적극 국책수행으로 매진'하게 하는 일로 정의했다.67) 각각의 생산력이 각 개인의 분과화된 기술, 분업 속의 위치 확보에 있듯이 '국민문학'은 국책수행을 위한 정신의 기술을 펼쳐 보이는 데 있었다. 이것이 조선 문단의 사명임을 최재서는 여러 차례에 걸쳐 거듭 확인하고 있다. 고도국방국가체제라는 메커니즘 아래서 각각의 위치에서 각자의 기술로 봉공하는 직분의 인간 — 기술화된 인간이야말로 '국민문학'이 그리려 했던 인간상에 다름 아니었던 것이다. 『인문평론』의 주조음이었던 문화 전체와 교양의 관계는 『국민문학』에 있어 국가와 개인의 직분의 관계로 변화되며, 생산과 건설의 과제가 이 변화를 추동했다. 국민문화 안으로 구겨져 들어간 동양인 — 세계인의 에토스 — 즉 국민문화 형성에 각자의 기술로 봉공하는 직분의 인간―기술자로서의 인간의 창조야말로 그 시점에서 허용된 유일한 '인간학'이었던 것이다.

---

66) 創刊紀念座談會, 「朝鮮文壇の新しい再出發を語る」, 『國民文學』(1941年 11月號)에서의 최재서의 발언.
67) 崔載瑞, 「국민문학의 요건」, 『國民文學』(1941年 11月號).

기술과 예술: 전체주의 국가의 기예들

고도국방국가와 동아 신질서를 맞은 문학인들의 사명과 직분에 대한 당대의 논의들에서는 어떤 무의식이 전제되어 있다. 즉 문학은 비판이나 재현이 아니라 생산 그 자체와 관여되어 있어야 한다는 사고가 그것이다. 문학 행위를 기술적 산출 행위와 동일시하고 양자 모두를 국가 건설의 기예^{art}로 인식하는 사고야말로 '국민문학'의 본질이었던 것이다. 문학가들도 기술자와 같이 봉공하는데, 국민문학의 건설에 관해 그렇게 한다는 것이다.

그렇다고 할 때 인간을 포함한 모든 것은 이를 부리는 하나의 정신 아래 종속되게 되며, 모든 분과학문과 사상들은 하나의 주권 아래서 기술화된다. 아니, 모든 것이 기술화되는 가운데, 이 기술들은 스스로의 목적으로 하나의 주권 혹은 주권자를 창설하게 된다. 메커니즘으로서의 국가, 시스템으로서의 국가, 집행하는 권력이 결단자의 존재를 거의 매번 망각하는 한편 제도와 무의식 차원에서는 항상 상정하게 되는 이유이다.

국민문학 속의 개별자들은 각각의 위치를 고수하며 스스로의 기능을 배가시킬 것을 요구받는다. 그러나 아무도 목적 그 자체에 대해서는 질문할 수 없다. 목적 그 자체는 주권자의 결단에 맡겨지며, 문제시되는 것은 오직 수행을 위한 기술뿐이기 때문이다. 그들은 '결정'에 따라 '생산'하는데, 그들이 생산하는 것은 오히려 주권이다. 왜냐하면 그들의 집행과 수행이란 모든 것을 결정하고 종합하는 주권자 없이는 무위의 노동이기 때문이다.

즉, 주권 및 주권자sovereign의 측면에 주의를 기울일 때, 전쟁은 일종의 테크네techné로서, 기예로서 주권 자체의 성취 혹은 작품화로서 자신을 분명히 한다.68) 요컨대 바로 이 테크네-산출 행위야말로 주체의 재건이라는 테제가 무너진 공간을 지배한 새로운 인간형의 미덕으로 칭송되었다. 국가 아래서의 생산과 전쟁의 결단·수행이 국가 그 자체를 창출하는데도, 그들은 자신들이 주권 자체를 작품화하는지도 모르고 주권자의 결정에 '따른다'고 믿는다. 국가를 위해 '무언가'를 산출한다고 믿지만 그들이 산출하는 것은 실제로는 주권자이고 또 국가이다. 전쟁이라는 비봉쇄적 국면 아래서 식민지인들은 생산력과 국민문학 건설에의 요청에 의해 예술가이자 기술자가 되며, 또 국민이 된다. 아니 실제로 이 셋은 하나가 된다.

나는 이 장에서 당대의 일본 국가가 전쟁이라는 계기를 통해 메커니즘으로서의 국가로 전화하고 있음을 밝히려 했다. 보다 구체적으로 말해, 제국 일본은 고도국방국가 창조를 위한 집행 원리 속에서 창조적 관료와 기능화된 지식인, 애국적 기술자들의 국가로 변전하고 있었다. 이 과정에서 정치는 전쟁 수행을 위한 기능적 조직으로 전화하는 한편 그 집행 권력으로서의 관료제를 더욱 강화하게 되는데, 이러한 사회 분위기 속에서 기술 관료 및 과학기술자들의 집행 능력과 산출 능력은 새로운 시대에 합당한 인간형 혹은 덕목으로 제시되게 된다.

---

68) Jean-Luc Nancy, "War, Law, Sovereignity-Techne", *Rethinking Technologies*, ed. by Verena Andermatt Conley, Univ. of Minnesota Press: London, 1993.

국가를 일종의 피나 종의 원리, 혹은 민족적 인륜의 원리가 아니라 메커니즘으로 이해하는 관점은 인륜과 종에 기초한 국가 개념에 의해 소외되어왔던 식민지 지식인들에게는 일본 국가를 새롭게 발견하는 계기가 되었던 것처럼 보인다. 법폭력과 세계대전의 기운 속에서 전향의 길을 택했던 옛 사회주의자들에게는 이미 정치체를 메커니즘으로 보는 사고가 존재하고 있었다. 그들이 가진 간국가적international 사고방식은 조선의 사상계를 일본 국가를 중심에 둔 협동체 혹은 비봉쇄적 국가 건설이라는 과제로 유도했다. 즉 전쟁을 수행 중인 제국 일본의 제도적 조직, 건설과 생산에 적극적으로 참여함으로써 조선 인민 전체를 비봉쇄적 국가, 협동체 안에 새겨 넣으려는 움직임이 나타났던 것이다. 아니 실제로는 그러한 움직임 이외에는 어떤 것도 허용되지 않았으며, 이 같은 움직임 역시 일본의 주도성과 우위를 간과하는 한 때때로 경고의 대상이 되었다.

생산과 건설의 과제 속에서 새롭게 과학기술자 및 관료들이 새로운 인간형으로 제시될 수 있었던 데에는 병참기지화에 따른 조선의 산업재편과 기술 교육의 확충이 중요한 계기로 작용했다. 즉, 전쟁 수행을 위한 필요에서 주창되고 시행된 병참기지화는 눈에 보이는 형태의 산업 재편과 기술 교육을 통해 일군의 새로운 인간들을 산출하고 있었다. 이러한 인간 유형은 과거의 종합적·비판적 유형의 지식인과는 전혀 다른 형태의 분업화된 기술 인력의 모습으로 나타났으며, 흔히 이들은 '신세대'로 불리곤 했다.

고도국방국가체제 아래서 각자가 가진 기술로 국가를 위해 봉공하는 인간, 직분에 충실한 기능인이야말로 '국민문학'이 그리려 했던 인간상이었다. 전쟁 수행과 산업 재편의 연속된 움직임 속에서 문학 및 문화의 위치 역시 크게 변동하고 있었는데, 과학기술의 지위는 문학예술에게 일종의 모범이었다. 문학예술의 역할은 국가 건설의 전제가 되는 문화적 동일성을 창조하는 일로 이해되었으며, 그런 한에서 문화 전체를 구성하는 개인의 교양이 문제시되었다. 그러나 직분 하의 교양은 이미 교양이 아니라 기능이다. 『국민문학』은 국가와 개인의 관계를 직분과 봉공의 관계로 설명했으며, 스스로가 제시한 국민문화 건설이라는 과제를 물질적 생산에 맞먹는 산출 행위로 규정했다.

그 과정에서 문학을 포함한 예술은 이러한 지배의 기술화와 국가론적 사유에 의해 직분론의 형태로 귀착되었다. 국민문화의 생산과 건설을 위한 기예로서 문학예술과 일국의 물적 생산을 위한 기예로서의 과학기술이 봉합될 때 모든 것은 주권자의 기예^{techne}로 화하게 되었다.

따라서 국민문화 건설을 국가 건설을 위한 신업神業으로 이해했던 그들의 신념은 아이러니하지만 틀린 것은 아니었다. 이보다 크게 문학을 규정한 사례도 없으며, 문학이 이처럼 작아진 사례도 없었다. 그것이 크다는 것은 문학을 포함한 예술이 고대 이후 한 번도 자신의 행위를 직접적 산출 행위라 주장했던 적이 없는데도 그들이 그렇게 믿었기 때문이며, 그것이 작다는 것은 비판력과 탈제도화라는 요청 속에서 자율성을 획득한 문학이 이처럼 제도친화적인 직능으로 화한 적도 없었기 때문이다.

2

|

테크네의 에티카
기술 지배와 협력

인간 존재의 주체성은
국가(들)이라는 모습 속에서 순수하게 구현된다
― 하이데거

국가와 기술: 전쟁 상태 혹은 보호하는 국가의 상례

채만식의 「치숙」(1938년)이 그려낸 인간형은 식민지에서 태어나 일본어로 교육받은, 따라서 3·1운동이나 사회주의의 선풍과는 별무관계인 새로운 세대의 전형으로 이야기되곤 한다. 보통학교 4년을 마치고 일본인 상점에서 일하며 일본 여자와의 결혼을 꿈꾸는 '나'는 민족주의나 사회주의와 같은 종적, 경제적 민족·국가 이해와는 매우 큰 거리를 가진 인물이다. "나라라는 게 무언데? 그런 걸 다 잘 분간해서 이럴 건 이러고 저럴 건 저러라고 지시하고, 그 덕에 백성들은 제각기 제 분수대로 편안히 살도록 애써주는 게 나라 아니요?"69)라는 질문. 혹 이 물음을 국가에

69) 채만식, 「치숙」, 『채만식전집 7』, 창작과비평사, 1989, p. 267.

대한 철저한 기술적 이해로 생각할 수는 없을까.

임화는 이러한 시대 분위기를 향해 이렇게 말한다.

> 인생 혹은 소여의 조건을 먼저 움직이지 못할 것으로 향수하고, 그것을 비판하는 대신 해석하고 그것을 부정하는 대신 긍정하고, 그리고 그 가운데서 일생의 '스케줄'을 꾸며 보는 것이 오늘날의 당연한 인생 태도가 되지 않았는가 한다.[70]

마치 누구든 화적패로부터 "우리 조선놈 보호히여 주니 오죽 고마운 세상이여? 응? 제 것 지니고 앉아 편안허게 살 태평세상, 이걸 태평천하라고 허는 것이여 태평천하!"[71]라고 외치는 이 감각을 통해 종의 원리로부터 분리된 새로운 인간형을 발견할 수 있는 것은 아닐까.

'외적에 대한 보호'와 함께 정치적 지배를 인수한 국가가 보호와 복종의 영원한 관련을 통해 스스로를 기초지우는 일을 설명하며 칼 슈미트가 제시한 국가론의 기본 명제 '나는 보호한다, 그러므로 구속한다 protego ergo obligo.' 이 언명은 개별 인간의 이성에 대응해 국가이성(국가이유)을 설명하는 말로 자주 인용되곤 한다. 여기서 국가는 일종의 개인의 안전의 확보와 경제적 번영을 위

---

70) 임화, 「소설과 신세대의 성격」, 『문학의 논리』(1939년 6월호). "나는 오직 새 '쩨네레-슌'들이 어떠한 영역에다가 제 진로를 구하던지 간에 오늘날에 있어 그들이 구(舊) '쩨네레-슌'과 구별되는 점이 무이상주의적 성격을 갖고 있다는 점을 지적하고 또한 그것이 자연주의적 경향의 재흥의 길로 기울어지지 않는가 하는 나의 감상을 피력하면 그만이다. …… 자연주의의 망령이 눈앞에 가까워 옴을 느낀다."
71) 채만식, 「태평천하」, 『채만식전집 3』, 창작과비평사, 1989, p. 191.

한 지배 및 조절 메커니즘으로서 정의되는데, 이러한 생각이 일종의 긍정적 태도로서 전면화된 시기가 바로 1930년대 말이었던 것으로 보인다. '나는 보호한다, 그러므로 나는 구속한다'라는 원리에 의해 작동하는 국가와 안전의 연계, 국가와 경찰 혹은 국가와 지배 기술의 연계를 식민지말의 경우보다 잘 보여주는 사례는 아마 드물 것이다. 왜냐하면 인류적 원리에 의한 민족국가론이 자연화된 한국 현대사에서 국가를 민족이나 종족과 같은 매개도 없이 논하는 일은 거의 한번도 '국가론'의 중심이 되지 못했기 때문이다.

과연, 백철은 그의 소설 『전망』을 통해 소위 '사실수리' 이후의 새로운 인간 유형으로 김형오의 사생아 영철을 제시하는데, 영철이 가진 명랑한 지성은 과학과 기술에의 관심으로 표현되고 있다. 여기서는 더 이상 기술에 붙들린 인간이 주체성을 상실한 모습으로 등장하지 않는다.

> 김형오는 벌써 오늘에 올 타입이 아니고 과거를 대표한 인물이었다. 역시 이제부터는 영철 군과 같은 인물이 금후의 시대를 대표한 타입이다. 그것은 이제부터의 영웅은 모두가 수학자나 박물학자가 된다는 생각은 아니다. 김형오와 같이 정치에 야심을 두고 나가는 인물이라도 그 생활의 태도에는 영철군의 빛나는 지혜와 과학자의 이성과 냉정을 잃지 않고 나가는 타입이 아닐까?[72]

---

72) 백철, 「展望」, 『인문평론』(1939년 12월호).

"본래 근대라는 체구가 금일에 이르러 모순을 가진 것이라면, 그리고 어떤 사건이 우연적으로 초래되어 한 현실을 이룬 경우에도 그것이 역사의 궤상에 올라선 한, 그 현실도 모순을 갖고 있으며 그 한에서 허부와 실부를 구별하고 그 실부에서 유리한 어떤 필연적인 것을 찾아내는 것, 그것이 내가 역사를 신뢰하는 최대한도의 생활정열"[73]이라며 '시대적 우연의 수리'(1937년)를 주장하던 백철은 새로운 인간에 대한 탐구의 첫 과제로 소위 과학기술자 유형의 인간을 선택한다.

마찬가지로 '자기의 창작 방법을 리얼리즘으로 정하고 이념에서 현실로 새로운 출발을 도모'[74]하던 유진오와 김남천은 각각 예의 저 시정市井의 문학론과 고발과 관찰의 문학론을 시험이라도 하듯이 『화상보』(『동아일보』, 1939년 12월 일자~1940년 5월 3일자)와 『사랑의 수족관』(『조선일보』, 1939년 8월 1일자~ 1940년 3월 3일자)을 통해 과학자 혹은 기술자 유형의 인물을 그려 보이고 있다. 이광수의 『개척자』(1918년) 이후에 사라지다시피 했던 과학자/기술자 유형의 인물이 부활한 것은 그러나 계몽 이념의 구체화 따위와는 무관했다.

그것은 무엇보다도, 전향자의 무력감이 생활과 생산에 대한 강박을 불러일으킴으로써 성립된 '전망'이었다. "'기술자의 생활 상태'라는 것을 막연히 머릿속에 되풀이해 뇌어보"며, "우리와

---

73) 백철, 「문학과 생의 문제」, 『삼천리』(1939년 1월호).
74) 이원조, 「현역작가론」, 『조선일보』(1940년 8월 5일)(이동영 편, 『오늘의 문학과 문학의 오늘: 이원조문학평론집』, 형설출판사, 1990, p. 414에서 재인용).

는 아무런 공통된 사색도 경험하지 않으면서, 다른 개념과 범주를 갖고 세계를 해석"하는 사람들을 동경하는 태도, 그러면서 그들에 앞날의 기대를 거는 분위기가 정치가 폐색된 한 시대를 풍미하게 된 것이다. 시대에 대해 많은 의문들을 가지면서도, 성경과 수양 강화를 읽어나가며 국어(=일본어)를 익히고, "부단한 노력, 바르게 살고 훌륭한 사람이 되고 세상에 난 보람이 있게끔 될려고 무진히 노력하는" 청년들은 예컨대 철공소로 나아가 '기술'을 배우기 위해 투신한다. 예의 저 직분론을 실천하는 인간형들이 문학적으로 시험되고 있었던 것이다.75)

특히 유진오는 "통일적인 세계관의 건설이 불가능한 현대에 있어서 억지로 그것을 만드는 것이 곧 위대한 길일까? 그렇지 않을 것이다. …… [중략] …… 아무튼 오늘의 정세 하에서 섣불리 미숙한 철학을 내두르니 보다는 편편(片片)한 시정의 사실 속으로 자신을 침체(沈滯)시키는 것이 훨씬 더 위대한 첩경인 것이다"76)라는 견해를 폈다. "고도의 모랄과 철학적인 통일로써 위대한 작품을 제작함은, 만일 그것이 가능만 하다면 훌륭한 것임에 틀림없다. 그러나, 나의 보는 바에 의하면, 그것은 지금 막힌 길이요, 혼돈의 세기가 요구하는 문학은 오직 사실의 문학이 있을 뿐이다"라는 인식이었던 것이다. 그러나 바로 이 사실의 수리라는

---

75) 김남천, 「구름이 말하기를」, 『조광』(1942년 6월호~1942년 11월호). 물론 노골적으로 사실의 장 — 즉 시정을 주장하는 유진오의 견해와 달리 김남천은 내내 궁극적 수준의 전향에까지는 나아가지 않은 채 주체의 '해석'을 지운 '풍속' 묘사에 머물려 한다.

76) 유진오, 「조선문학에 주어진 새 길」, 『동아일보』, 1939년 1월 10~13일(유진오, 『구름 위의 만상』, 일조각, 1966(1980), pp. 352~353으로부터 재인용).

'있음'의 논리를, 행위로 전도시킬 수밖에 없었다는 데 당대 문학의 곤경이 있었음은 말할 것도 없다. 고도의 모럴과 철학적인 통일 없이 그릴 수 있는 사실의 인간 — 그것이야말로 기술화된 인간, 직분의 인간에 다름 아니었기 때문이다.

기술과 예술: 국가 창생의 한 길

기술·직분·국가를 연계적으로 사유하는 이 미완의 소설에서도 이러한 관점은 당시로서는 상당히 일반화되어 있던 시대 분위기이자 철학적 논제였던 것으로 보인다. 그도 그럴 것이 하이데거는 이렇게 쓰고 있다.

> 기술은 존재자 그 자체(자연 및 역사)를 산정할 수 있는 제작 가능성$^{die\ berechenbare\ Machbarkeit}$으로 만들어내는 것, 즉 피제작성^{Machsamkeit}을 부여하는 작위성^{Machenshaft}을 의미한다. 본디 존재의 생기$^{Wesung\ des\ Seins}$로서의 작위성이 기술을 낳는다. 기술의 조작은, 인간이 본질에 있어서 주체^{Subjektum}로서 규정되는 한 인간의 의지나 비의지로부터 떼어낼 수 없다. [그런데] 인간 존재의 주체성은 제諸국가^{Natione}라는 모습 속에서, 순수하게 구현된다. 국가 공동체$^{Gemeinschaft\ einer\ Nation}$는 인간의 주체성에의 고립화를 극한까지 추진한다. 존재자의 존재가 대상적·상태적인 것의 피표상성과 피제작성(Vor-und Hergestelltheit des Gegen-und Zuständlchen)에 기반해 이해되는 것에 의해 처음으로 기술이 지배한다(*GA* 66, 173f).

기술에 의한 존재자의 지배가 정치적인 것의 본질이다. 즉 하이데거의 기술론은 몰정치적인 것이 아니라 어떤 의미에서 국가론과 관련된 과잉정치적인 것이었다. 여기서 기술이란 목적에 대한 수단이 아니며, 도구나 기계의 조작 혹은 사용도 아니다. 그리스어의 테크네가 본디 지(知)를 의미하는 것처럼, 기술 자체가 지의 존재방식인 것이다. 존재자가 제작가능성이라는 것은, 여기서 그것이 어떤 대상성으로서 표상되고 있음을 전제로 하기 때문이다. 작위성은 근본적으로는 존재자의 존재가 피표상성(앞에 세워지는 것^{Vorgestelltheit})을 뜻한다고 할 때, 인간 존재의 주체성은 기술을 통해 국가라는 모습 안에서 구현되는 것이다. 거기서 주체란 기술 지배에 의해 피표상적이고 피제작적인 위치로 규정되며, 국가의 기술이 이 주체를 구현하고 또 지배한다. 어떻든 확실한 것은 국가사회주의는 기술적인^{technical} 이상체 — 오늘날에는 예술^{art}과 과학기술$^{techno\ science}$, 이 두 가지 영역으로 나누어 생각하는 — 로 받아들이지 않으면 여전히 이해할 수 없는 상태로 남아있을 뿐이라는 사실[77]이다.

물론 국가사회주의가 그렇게 거칠고 단순한 방식으로 정의될 수 있는 것은 아니다. 국가사회주의는 공개적·비공개적으로 경찰력에 의존해 구축된 '통치성'과 '사회의 군대화', '생체 권력' 또는 이전 제국의 영향을 받은 전제주의, 정치와 경제가 유착된

---

[77] Phillppe Lacoue-Labarthe, *Heidegger and the Politics of Poetry*, trans. by Jeff Fort, Univ. of Illinois, 2007년. p. 5. 국가사회주의에는 본질적으로 기술적인(technique) 유토피아가 포함되어 있다. 우리는 이 테크닉이 어원상 예술과 (과학)기술이라는 두 의미를 갖고 있음을 기억해야 한다.

환경, 국가 테러리즘 등의 요소에 의해 조직적으로 구성되었다. 그래서 국가사회주의자들은 심지어 갑작스러운 자본의 공황을 극복한 운영자처럼 여겨지기도 했다.

그러니까 '우리 독일인'은 정신적이고 역사적인 현존재의 '시원^{Anfang}'이라는 힘 아래 놓여 있다. 그리고 무엇보다 그것은 그리스어 — 최초에는 과학, 지식, 정신, 철학으로 번역된 — 테크네^{techne}의 힘에 의해 구현되고 지배된다. 테크네는 최초로 서구인들로 하여금 품성과 언어를 통해 서로가 서로를 붙잡는 민족적/국민적^{national} 동질성^{Volkstum}을 조직했다. 그리고 신화는 이 동질성을 '역사'에 각인한다. 우선은 테크네에 의해 최초로 동질성이 생겨나는데 신화는 이를 역사에 각인시킴으로써 자기를 동일화하거나 고유화하기 위한 수단을 제공하는 것이다.[78]

이러한 기술자의 형상에 의탁한 문학에 대한 새로운 규정이 중요한 이유는, 이러한 생각 속에서라면 문학과 국가, 지식과 국가가 궁극적인 수준에서 기술화될 수도 있기 때문이다.

당대의 전향 지식인들, 나아가 여러 평론가들은 신세대 논쟁을 비롯한 당시의 논의·흐름들을 문학이 기술화되고 있는 증거로 여겼으며, 그런 점에서 신세대 문학인들을 일종의 '기술자'로 간주했다.

> 세대란 역사적 개념인 만큼 신세대라면 구세대에 비길 만한 시대적 의식이나 역사적인 문학 정신없이는 신세대라고 할 수 없는데 몇몇

---

78) Phillppe Lacoue-Labarthe, 앞의 책, p. 6.

분의 수일秀逸한 신인의 업적을 추장推奬하는 심정으로써 그것을 신세대라 일컫는 것은 다만 그네들의 고도한 기술에 현혹된 나머지 과도한 말을 한 것이 아닌가 한다.[79]

소위 '아이데알리즘'이 사라진 곳, 내셔널리즘도, 소셜리즘도 퇴조해 버린 곳에서 유일한 주가에 의해 구현되는 피제작성·표상성을 '사실'로 직시하고 '기술'을 연마하는 데 매진하는 청춘들. 문학의 영역도 예외는 아니었다. 위의 인용이 의미심장한 이유는 당대의 문인들이 한결같이 사상과 기예를 별도의 영역으로 분절하여 의식함으로써 어떤 모순에 봉착하고 있었기 때문이다. 고도의 기술만이 남았다. 그렇다면 도대체 여기서의 기술이란 무엇인가. 기술이 지배하는가 아니면 기술을 지배하는 다른 무엇이 있는 것인가. 근대의 초극에 대한 일본에서의 논의가 중요한 참조점이 된다.

'근대초극론'의 파국 혹은 노예가 준 패배

동양이 서양을 의식하게 된 것과 마찬가지로 서양이 동양을 의식하게 된 계기도 테크놀로지 때문이었다. 폴 발레리는 1차대전 발발 직후에 쓴 「정신의 위기」라는 글에서 자신이 유럽=세

---

[79] 이원조, 「침체, 모색의 시기 — 문단 일년 보고서」(1939년 12월 8일자)(이원조, 『오늘의 문학과 문학의 오늘』, 이동영 편, 형설출판사, 1990, p. 387에서 재인용).

계라는 도그마에서 깨어난 순간을 청일전쟁(1894년)과 미국-스페인 전쟁(1898년)이었다고 고백했다. 왜냐하면 이 극동과 극서의 두 국가 모두는 유럽으로부터 유출된 테크놀로지를 구사하여 승리했고, 그 순간 유럽은 세계 그 자체가 아니라 세계의 일부로 전락했다는 것이다. 발레리는 '유럽'을 정신적 깊이나 문화로부터 발견하려 하지 않았으며, 오히려 그 핵심을 '기술'이라 보았다. 그는 외부 세계의 적대에 의해 유럽이 멸망하더라도 이 적대가 기술에 의한 것인 한 이는 유럽이 세계를 제패한 것을 역으로 증명하는 일이라고까지 말한다.[80] 물론 이 진술에는 "거의 모든 것이 유럽에서 나왔다"(발레리)는 유럽중심주의적 사고방식이 전제되어 있음에 틀림없다. 하지만 중요한 것은 그보다는 처음부터 근대에 대한 인식이란 유럽-비유럽을 막론하고 '기술' 문제에서 발원했다는 사실이다.

하야시 후사오나 가와카미 테쓰타로우의 경우에서 볼 수 있듯이, 대부분의 당대 지식인은 "살아 나아가기 위해서는 실용적인 면에서는 유럽 문명을 수입하지 않을 수 없었"음을 인정하고 있었다. 하야시 후사오를 비롯한 이들은 바로 이 '살아 나아가기 위한 실용'=즉 자기보호와 자본주의 경제에 기인한 태평양 전쟁을 "간신히 문명개화에 일단 종지부를 찍은" 사건이라 주장한다. 하야시 후사오는 서슴지 않고 "문명개화가 메이지 유신 후의

---

[80] 柄谷行人,「近代の超克」,『<戰前>の思考』, 講談社文庫, 2001, p. 123. 가라타니 고진은 발레리의 이러한 관점이 시학(詩學)의 영역에까지 침투해 있었다고 지적한다. 발레리에게 시학은 기술 문제였고, 가와카미 테쓰타로우는 바로 그런 이유에서 발레리를 '기계의 신비주의'라고 비판한다.

유럽 문화 채용, 그리고 그 결과인 유럽에 대한 굴복이라고 생각합니다"[81]라고 말한다. 근대는 곧 서양 문명이고, 서양 문명은 곧 과학기술임을 긍정하면서도, 이를 마치 일본의 정신에 의해 초극할 수 있는 영역으로 간주하는 듯한 태도가 이 좌담회 전편에 흐르고 있다. 좌담회가 마무리되는 시점에 이르면 그러한 진술들은 몇 번이고 반복된다.

> 정신이 초극할 대상에 기계문명은 없습니다. 정신에게 있어서 기계는 안중에도 없습니다(가와카미 테쓰타로우).
> 혼은 기계를 싫어하기 때문에. 싫기 때문에 그것을 상대로 싸우는 일은 없습니다. 기계는 정신이 만들었지만 정신은 정신입니다. 기계적 정신이란 없습니다(고바야시 히데오).
> 기계라는 것은 하인이라고 생각합니다(하야시 후사오).[82]

가와카미 테쓰타로우는 마치 근대초극 논의에 종지부를 찍듯이 다음과 같이 언급하며 「현대 일본인의 가능성」이라는 논제로 좌담회를 마무리한다.

---

81) 河上徹太郎 他・竹内好編, 『近代の超克』, 富山房, 1979. 이 책 중 이틀에 걸친 『문학계』 좌담회 부분(「근대의 초극」)과 교토학파가 중심이 되어 이루어진 세 차례의 좌담회(「세계사적 입장과 입장」, 「동아공영권의 윤리성과 역사성」, 「총력전의 철학」, 이상 『중앙공론』[1941년 11월호~1942년 11월호])를 편집・번역한 한국어본이 출간되어 있다. 이경훈・송태욱・김영심・김경원 옮김, 『태평양 전쟁의 사상』, 이매진, 2007, pp. 106~107.
82) 앞의 책, p. 261(이경훈 외, 앞의 책, pp. 125~126).

발레리의 모든 문명론의 결론도 결국 기계의 신비주의에 다름 아닌
데, 그 점 때문에 저는 발레리도 결국 보잘 것 없다고 생각합니다. 그
러므로 저보고 말하라면, '기하학적 정신'은 하나의 '정신'입니다. 이
것은 정신이 싸울 대상이 전혀 아니며, 또 근대 기계문명의 업적과 직
접 관계가 없습니다. 요컨대 정신이 볼 때 왜 기계가 보잘것없는가?
그것은 기계가 초래하는 새로운 어떤 것$^{Etwas\ neues}$이 언제나 양의 문제
를 벗어나지 않기 때문입니다. 기계와 싸우는 사람은 찰리 채플린과
돈키호테만 있으면 됩니다.[83]

시학詩學의 영역에까지 침투에 있던 발레리의 '기술'에 대한 해석
을 가와카미 테쓰타로우는 '기계의 신비주의'라고 비판한다. 그
들에게 기술은 '하인'이었고, 따라서 사고의 대상이 아니라 명령
의 대상이었다. 즉 여러 기술을 부리는 하나의 혼으로 충분하다
는 것.

하지만 처음부터 일본에 있어서 근대란 서구화=문명화=실
학實學=과학=아메리카니즘이었다.[84] '문명'=특별히 기능적인
제도화와 '문화'=국가의 특수한 정신國粹 사이의 다툼과 변증 속
에서 근대화·서구화의 주장은 늘 그에 대한 도전의 물결(국수·
전통)에 의해 조율되고 설명되어야 했다.[85] 근대주의와 일본주의

---

83) 앞의 책, p. 263(이경훈 외, 앞의 책, pp. 128).
84) 좌담회 석상 중의 스즈키 시게타카(鈴木成高)의 발언. 앞의 책, p. 341(이경훈 외,
앞의 책, p. 108).
85) Tetsuo Najita and H. D. Harootunian, "Japanese Revolt Against the West: Political
and Cultural Criticism in the Twentieth Century", Peter Duus, ed., *The Cambridge History
of Japan*, vol. 6, Cambridge Univ Press, 1988, pp. 716~717.

의 상극과 교통, 이것이야말로 근대 일본의 활력이자 딜레마였다. 이러한 딜레마에 급속히 노출된 시기가 소위 15년 전쟁기의 일본이었음은 말할 것도 없다. 다케우치 요시미는 '근대의 초극'론(1942년 9월~10월)이야말로 이른바 일본 근대의 아포리아의 응결이라고 말한 바 있다. 복고와 유신, 존왕과 양이, 쇄국과 개국, 국수와 개화, 동양과 서양이라는 전통적 기본 축 위에 놓여 있던 대항관계가, 총력전 단계에서 영구전쟁에 대한 이념적 해석을 강요하는 사상 과제를 목전에 두고 일거에 문제로 폭발한 것이 소위 '근대의 초극' 논의였다는 것이다.[86]

그러나 이 좌담회 및 특집에서 근대의 극복이란 곧 그 핵심층인 문명론의 실질적 내포인 과학 및 기술에 대한 분명한 입장을 필요로 한다는 사실을 언급하는 사람은 겨우 시모무라 도라타로우 정도였다. 아무도 자신들이 도구적 연관과 기술의 주문呪文에 걸려 있다는 사실을 알아차리지 못하고 있었던 것이다. 근대의 초극, 과연 "이는 예컨대 정치에 있어서는 데모크라시의 극복이며, 경제에 있어서는 자본주의의 극복이었던 것이며, 사상에 있어서는 자유주의의 극복을 의미한다."[87] 그러나 실제로 전쟁을 수행하거나 근대를 극복하는 것은, 그런 것만이 아니다. 그것은 간단히 말해, 과학—기술—기계라는 도구 연관이고, 이 연관을 지배하는 국가라는 시스템이며, 그 순간 관료와 군인과 민간인

---

[86] 竹內好, 「近代の超克」(1959), 『日本とアジア』, 筑摩學芸文庫, 1993, pp. 225~256(다케우치 요시미, 『일본과 아시아』, 서광덕·백지운 옮김, 소명출판, 2004, p. 136).
[87] 廣松涉, 『'近代の超克'論: 昭和思想史への斷想』, 朝日出版社, 1980(히로마쓰 와타루, 『근대초극론』, 김항 옮김, 민음사, 2003, pp. 175~176).

은 점차 식별불가능한 주권의 대리자로서 행세 혹은 그렇게 하도록 강요당하게 된다.

그런 의미에서 문명개화에 반대하는 양이의 사상을 '일본의 로망'으로 간주한 야스다 요주로의 문제제기나 소위 '근대의 초극'을 어떠한 물질도 없는 무^無의 장소에서 시현해보인 교토학파의 세계사적 입장도 여전히 충분히 해명되었다고 할 수 없을지도 모른다. 간단히 말해 극복 대상이 매우 제도적인 문제들 — 민주주의, 자본주의, 자유주의 — 이었음에도 불구하고 바로 이 근대 일본을 생산해내고 전쟁을 수행토록 하는 물적 제도에 대한 해명에 대해서는 이 좌담회를 포함한 당대의 논의나 차후의 해석이 충분했다고는 말하기 어렵다. '근대 열'의 중심인 기술 혹은 도구적 합리성, 시스템 문제는 그 초극을 논하는 순간 정작 휘발되어버린 것이다.

야스다 요주로가 문명개화의 전적인 부정을 설파할 수 있었던 것도 바로 이와 같은 공백 때문이었다. 그는 동도서기나 화혼양재와 같은 분할 자체에 반대했다. 그러나 전선의 화기^{火器}들은 문명개화라는 범주에서 빼주었을 뿐 아니라 일본 정신의 소재^{所在}를 병사들의 신체에 의탁했고, 대륙의 지배를 일종의 예술로 간주했다. 이른바 '대륙을 지배하는 통치의 예술'을 설명하며 야스다는 이렇게 말한다.

> 일본 — 그 범위의 너비를 알 수 없는 이것 — 은 지금 최근의 나와 같이, 그 형태는 다를지 몰라도, 선명한 낭만적 목표를 그려나가고 있

는 것이다.88)

그렇다면 이 낭만적 목표 즉 전선을 밀고 올라가는 것은 무엇인가. 그는 이를 화기火器나 제도에서 찾지 않았으며, 그 도구를 병사들의 신체라고 했다. 금일 일본이 행사하는 군대는 일본의 국체와 민족 이념의 표상에 다른 것이 아니다.89)

자본주의 자체가 생산력의 극적인 동원을 통해 확장되는 것이라고 할 때 이는 노동뿐 아니라 기계, 과학, 기술, 원료 등의 복합적 문제계를 산출하게 된다. 중일전쟁이나 태평양전쟁이 바로 이러한 기술적 응용력의 회전을 위한 자원 동원과 시장에 관한 문제 — 즉 블록화 문제와 관련해 발발되었음은 주지의 사실이다.90) 문명개화의 종언이라는 명제와 근대의 전쟁을 수행하는

---

88) 保田與重郎, 「戰爭と文學」, 『保田與重郎全集』, 第十六卷, 講談社, 1987, p. 178.
89) 保田與重郎, 「慶州まで」, 앞의 책, p. 17.
90) 공황 타개를 위해 블록화를 도모한 만주사변, 중일전쟁, 이 블록을 유지하기 위한 태평양전쟁의 경제적 발발 요인에 대한 간략한 설명으로는 앤드루 고든, 『현대 일본의 역사』, 김우영 옮김, 2005, pp. 371~393을 참고. 전쟁의 경제적 발발 요인과 선전전에 필요한 논리 사이의 괴리에 대해서는 吉田裕, 『アジア・太平洋戰爭』, 岩波文庫, 2007, pp. 23~29을 참고. 애초부터 일본의 각의는 전쟁의 목적을 대내외적으로 설명하는 데 있어 상당한 어려움을 겪었고, 실제로 그 명분 자체가 계속 흔들렸다. 전쟁의 결의가 이루어지던 1941년 11월 2일의 시점에서 도조 히데키는 이에 대한 답변을 갖고 있지 않았으며, 12월 8일 오전에 공포된 선전 조칙은 영미에 의한 대일 포위망으로 인해 '제국의 존립이 위태롭게 되었음'을 자위권 차원에서 강조하고 있다. 하지만 같은 날 오후에 방송된 라디오 담화에서는 '아시아를 백인의 손으로부터 빼앗아 아시아인 자신에게로 되돌려준다'는 것을 내세웠고, 이 방송을 요약한 9일자 『아사히신문』에서는 '백인'이라는 단어 대신 '앵글로색슨의 이기적 지배'를 근절시켜야 함을 강조하고 있다. 1941년 12월 10일에 이르러서야 '대동아신질서건설'이라는 명분이 제시되었지만 전쟁 명분은 계속 '자존자위'와 '대동아공영권건설' 사이에서 흔들렸다. 동맹국인 독일과 이탈리아에 대한 배려, 대소련 중립조약에 따른 소련에 대한 배려로 인해 '아시아 해방'을 초과한 수준의 노골적 인종전쟁론의

일본 국가, 생의 약동과 관계된 낭만적 정신과 죽음을 앞에 둔 국민병이라는 모순 속에서 펼쳐지는 야스다의 '아이러니'는 바로 이와 같은 '문명'의 공백 속에 시현된 낭만이었고, 이러한 점에서는 여타의 논의를 훨씬 '초극'해 있는 것이기도 했다.

서양과 근대라는 한 쌍에 대해 훨씬 래디컬한 비판을 행하고 있었던 것은 오히려 국가사회주의자들이었다. 국가사회주의적 열기는 천황대권으로 대변되는 폭력의 독점뿐 아니라 산업으로 이름 붙여진 기술/노동력/과학의 총체적 독점을 향해가고 있었다. 예컨대 쇼와 유신과 관계된 <전일본애국자동투쟁협회>의 강령은 전쟁을 기화로 한 일본의 개혁 방향에 대해 이렇게 쓰고 있다.

> 우리는 망국적 의회를 복멸覆滅하여 천황친정의 실현을 기한다. 우리는 산업대권의 확립에 의해 자본주의의 타파를 기한다. 우리는 국내 계급대립을 극복하여 국위의 세계적 발양을 기한다.[91]

국가의 결정, 즉 천황 대권이 자본의 다른 이름인 산업까지도 회수할 수 있다는 과감한 설정은 사유공영의 원리를 훨씬 초과하는 주장이었고, 자본주의라는 말로 대변되는 물적 기반, 생산력,

---

전면화는 엄격히 조절되었다. 중국과의 전투 상태를 포함한 전쟁 상태의 규정을 위해 '대동아전쟁'이라는 정식 전쟁명이 채택되게 된 사정에 대해서는 鶴見俊輔, 『戰時期日本の精神史』, 岩波書店, 1982, pp. 68~69을 참고

91) 廣松涉, 『「近代の超克」論: 昭和思想史への斷想』, 朝日出版社, 1980(히로마츠 와타루, 『근대초극론』, 김항 옮김, 민음사, 2003, p. 104).

분배 제도를 '대권'이라는 이름을 통해 총체적으로 수중에 넣으려는 시도였다.

전향 사회주의자나 농본주의자들, 나아가 인민대중을 포함한 제 세력에게 커다란 호소력을 지닐 수밖에 없는 강령이 바로 이와 같은 '국가'를 하나의 분배 기구화하는 주장이었다. 국가가 법폭력에 의한 지배를 넘어, 기술 지배를 통한 자본의 지배로 나아가는 바로 이 지점에 일본 파시즘의 국가사회주의적 속성이 존재했다.

그러나 폭력과 제 산업을 천황 대권 아래 복속시키려는 생각에는 기본적인 전제가 있었다. 천황 대권 아래서는 민주주의와 자본주의, 자유주의가 만들어낸 모든 소외 관계가 해소된다는 믿음 혹은 희망이 그것이었다. 과연 천황이라는 무적 보편의 장소에 그와 같은 내포를 기대해도 좋은가, 라는 질문에 대한 대답은 물론 긍정적일 수 없다. 그러나 전 인민을 국민병화하는 전쟁 열기가 그것을 가능한 것처럼 느끼게 했던 순간도 존재했던 것이다.

왜 '전쟁'이 기회처럼 보일 수 있었을까? 그런 기회가 실제로 존재하기나 했을까? 총력전은 무엇보다 물질적 생산의 전 과정을 전쟁이라는 특수한 목적에 맞도록 조직하는 체계이다. 이 순간은 화혼과 양재가 겨우 일치하는 지점처럼 보이지만 실제로 여기에는 '승리'라는 목적만이 존재하지 개인도 천황도 사회도 남김없이 '전체화'된다. 정치와 노동과 사상이 완전히 하나의 목적에 종속된 이 상태에서 가장 큰 소외^{alienation}가 발생하게 될 것임은 말할 것도 없다. 재산과 법권리뿐만 아니라 국가의 창설 목적인 '각개의 생명의 보호'라는 요청 자체도 양도되기 때문이다. 주지하다시피 국가의 목적은 성격상 언제나 전체의 안전이 아니라 개별적 인간 각각의 안전$^{\text{particular security}}$이다. 홉스는 국가를 늘 쪼갤 수 있는 개별자들의 집합으로 생각했다. 따라서 국가가 지키려는 것과 시민들이 지키려는 것이 더 이상 일치하지 않는 곳에서 이 용기는 주권자의 교체와 국가이유의 재설정까지를 겨냥한다.

> 통치자에 대한 신민=주체의 의무는 통치자의 힘이 지속적으로 신민=주체를 보호할 수 있을 때까지만 유지된다. 왜냐하면 자기 자신 이외의 그 누구도 자신을 보호해 줄 수 없을 때, 스스로를 보호할 타고난 권리는 그 어떤 계약에 의해서도 폐기될 수 없기 때문이다(『리바이어던』, XXI, p. 272).

국가는 보호를 위해 창설되지만 실제로 개인들이 목숨을 걸고 지키는 것은 국가(의 주권)이다. 이러한 아포리아를 가장 극적으로 드러내주는 공간이 아마 식민지였을 것이다. 동아협동체에도 그리고 내지에도 소속되지 않는 조선은 '비봉쇄적'이라 불리는 국가 형태에 대해 생각했다. 그러나 여기서는 국가들 사이의 어떠한 공간도 무용하다.

전시 상황이 전제하는 국제적^{international}이라 불리는 법=권리의 이 '사이^{inter}'가 의미하는 바는 무엇일까. 혹 이 공백은 국가 그 자체에 내재하는 문제가 아닐까. 혹 식민지야말로 전쟁과 법권리와 주권 창설 사이의 관계를 가장 명확히 보여주는 장소가 아닐까. 식민지인들에게 과연 어떤 종류의 '공동의 것으로 하는 그 무엇$^{\text{mise en commun}}$'(이것 없이는 법=권리도 있을 수 없는데)이 존재할 수 있었을까. 허용된 것은 오직 전쟁에의 참여, 아니 동원을 통해 국가 창생의 그 순간에 개입하는 것밖에 없었다. 식민지인들에게 국가란 최대치에서조차 전쟁에 의해 창설되고 있는 것에 다름 아니었다. 전시 상황을 앞에 두고 발설된 '비봉쇄적 국가' 혹은 국가 창생의 순간이라는 말은 그렇게 이해되어야 한다.

애초에 지켜야 하고 함께 존재하는 그런 '공동의 것으로 하는 그 무엇'이란 없었다. 식민지는 그러한 공동체 혹은 공통체의 부재를 가시적으로 보여주는 공간이다. 전쟁이란 법권리와 주권을 창설하는 기예^{techne}의 일종으로 파악가능한데[92], 하지만 그 기예가 실제로 창설하는 것은 국가라기보다는 늘 주권자였다.

1940년 전후의 일본, 무엇보다 식민지 조선은 사회 전체가 전쟁이라는 목적에 의해 완전히 구조화되고 있던 시공간이었다. 기술이 문제이면서, 기술 자체는 물을 수 없는 곳에서 테크노-이코노믹한 네트워크가 대권의 이름 아래 모든 인간과 물화와 제도를 제^{諸} 주권자의 감시 하에 구조화하고 있었다. 이 테크노-이코노믹한 네트워크화는 어떤 사상의 개입도 비껴가는 한편, 모든 사상을 통제한다는 점에서 철저히 도구적이었다. 전쟁이

---

92) Jean-Luc Nancy, "War, Law, Sovereignity-Techne", *Rethinking Technologies*, ed. by Verena Andermatt Conley, Univ. of Minnesota Press: London, 1993, p. 105.

창설하는 것은 오히려 주권자였다. 왜냐하면 법권리에 대한 그 어떤 질문도 전시 상황에서는 질문될 수 없었기 때문이다. 전쟁에 의해 공허한 공간으로 옮겨지는 법권리 문제를 제국과 식민지 사이의 사상 연쇄만큼 잘 보여주는 사례가 달리 또 있을까. 전쟁만큼 기술의 지배를 '훌륭히' 완성하는 기예가 달리 또 있을까. 여기서는 모든 물음이 묻기 이전에 이미 조직되며, 모든 질문은 기예의 정련精練을 위한 도구가 된다.

앞서 필자는 근대의 초극에 대한 논의들이 기술 문제에 대해 거의 아무것도 말하지 않았다고 했다. 반면 식민지에서는 모든 지식과 담론들이 기술화되고 있었다고 썼다. 제국의 한복판에서 정신적 도약으로서의 낭만이나 문명사적 전환으로서의 세계사가 이야기될 때, 바다 건너의 식민지에서는 사실 내로의 체념과 그 안에서의 기회 담론이 직분론이나 기술 차원에서 논의되고 있었다. 모든 것을 물었지만 기술을 물을 수 없었던 곳과 아무것도 물을 수 없었지만 던져진 과제에 대한 기술적 접근만은 허용되었던 곳. 이 심연 사이를 매개하며 저 전쟁이라는 기예가 산업과 제도와 인간을 조직하고 있었다. 전쟁을 통해 주권자의 국가가 비로소 현해탄 양쪽을 아우르며 창설되고 있었다. 아니 그렇게 믿지 않는다면, 어떤 논리적 사고도 불가능해지는 곳이 식민지 '내부'였다. 그 주권자가 저 문명의 기술에 완전히 패배하는 순간까지, 이 주권의 기예는 계속된다. 부리는 정신과 섬세한 기술은 왠지 제국과 식민지의 정신적·경제적 구조를 닮아 있다. 그러나 실제로는 이 모두가 주권의 기예techne였던 것이다.

기술 지배, 피식민 협력자의 논리 구조

주지하다시피 '근대초극론'이 간과하고 있었던 것, 혹은 언급하지 않은 문제들에 대한 비판은 2000년대 이후에도 일본근대사상사 연구에서 가장 많이 토론된 역사적・사상적 주제 중 하나였다. 그리고 이를 식민지말 문학 및 사상 연구 영역에서 파악할 때, 새로운 접근이 가능하다는 것이 이 장의 논지였다.

우선 근대=서구화[93)]를 넘어서기 위한 '근대초극론'의 모든 이디엄이 근대라는 일상의 경험과 사상권 안에서 나왔고, 그런 의미에서 '근대초극론'은 '근대에 의한 근대초극'이라는 아이러니한 상황의 반복이라는 지적이 있다.[94)] 다케우치 요시미, 마쓰

[93)] 물론 근대화가 곧 서양화인가에 대해서는 이견이 있을 수 있다. 그도 그럴 것이 '주체'의 구성 여부라는 관점에서 아시아의 근대를 서양에 대한 '저항'이라는 맥락 속에 의미화하는 다케우치 요시미와 같은 입장 — 요컨대 일본에 근대는 없었다는 주장도 있을 수 있기 때문이다(이러한 관점이 가진 의미에 대해서는 孫歌, 『竹內好というう問い』, 岩波書店, 2005를 참고). 그러나 적어도 근대의 초극에 관한 대담에 있어 메이지 일본 이래의 근대를 '서양의 근대' 혹은 '서양 근대의 영향 아래 있는 일본'이라는 틀에서 파악하는 사회자 가와카미의 견해에 이의를 제기한 사람은 거의 없을 것이다.

[94)] Harry Harootunian, *Overcome by Modernity: History, Culture, and Community in Interwar Japan*, Princeton Univ. Press, 2003. 물론 이 책은 양차 대전 사이의 '전간기(戰間期)'의 사상계를 대상으로 한 논의이다. 그러나 이 책의 저자는 전시 일본의 사상계를 전간기 사상의 파국이 아니라 극단적 진전으로 파악하고 있는 것으로 보인다. 요컨대 전통문화를 다시 세우는 것을 통해 '천박한' 근대화=서구화를 극복해야 한다는 언설, 프롤레타리아 독재나 부르주아지 지배와 각을 세우는 농본주의에 기반한 복고적 황도주의(皇道主義)는 전전(戰前) 일본에 만연해 있던 사고였다. 그런 의미에서 도사카 준(戶坂閏)은 해석학적인 과거 회귀야말로 오히려 끝없는 변화와 불안을 야기하는 도시화 및 산업사회화의 상황 속에서 반복되는 '근대의 산물'임을 주장했던 몇 안 되는 철학자 중 한 사람이었다. 하루투니언은 이 책을 통해 도사카 준의 문제의식을 재생시켜 야나기타 구니오(柳田國男), 와쓰지 데쓰로(和辻哲郎), 미키 기요시 등의 철학이 일종의 '근대의 초극'을 겨냥했음에도 결국 근대적 언설에 머물 수

모토 겐이치, 히로마쓰 와타루 등이 함께 행한 비판들도 이러한 맥락에서 이해가능하다. 그러니까 『분가쿠카이』그룹이나 교토학파와 같이 "'서구 지성'으로 무장되어 있던 지식인들 사이에서 '서구 지성'과 '일본의 피' 사이의 상극이 생겨났"던 사실에 대한 '지적 전율'을 '망각'의 저편이 아니라 역사 속에 정위시켜 그 '논리'와 '책임'을 묻는 일95)은 전후의 전쟁 책임론과 전후 일본 비판이라는 문맥뿐 아니라 탈근대론과 전쟁의 부활이라는 새로운 문맥 아래서 거듭 재독되었다. 특히 번역적 재현과 이식^{移植}에 의해 구성되는 주체성 혹은 문화적 아이덴티티 문제에 대한 관심은, '근대초극론'을 탈근대 논의로 이전시켜 역사적으로 문제화하기 위한 가장 중요한 모멘트 중의 하나로 취급되어 왔다. 근대 자체의 횡단적 전달성과 이식성^{transplantation}을 강조하는 이 논의는 순수/불순이라는 이항 대립의 비역사성과 무사상성에 대한 지적에 주안점을 두고 있다. 요컨대 '근대초극론'을 지배하고 있는 정서는 본연/자연^{nature}의 일본에 대한 갈망이다. 그러나 그러한 본연성에 대한 갈망 자체가 근대의 기획일 뿐 아니라 달성 불가능한 갈망인 것이다. 본연주의 및 자연주의적 주장에도 불구하고 "일본의 진정한 본성은 그들이 제거하고자 하는 불순함^{impurity}

밖에 없었던 이유들을 밝혀낸다. 그러나 '불안의 은폐를 위한 전통 회귀'라는 동서양 양쪽의 근대 '경험'을 설명하며 중심적 위치에 놓이게 되는 도시화와 소비사회화라는 '일상'의 흐름은 메이지 이래의 사상 연쇄의 분석과 당대 일본의 공업화 및 세계 자본주의 내의 위치 등에 대해서는 별다른 설명을 제시하고 있지 않다. 즉 전쟁의 기원과 실제적 집행 논리에 대해서는 적절한 설명을 제공하고 있지 못한 것이다.
95) 松本健一,「解題」, 河上徹太郎 他・竹内好編『近代の超克』, 富山房, 1979(2004), pp. v~vi.

에 의해 이미 오염되어 있는 것이었다."96) 본연의 일본과 역사적 형상 사이의 모순을 일종의 '불순물impurity'로 보고 이를 제거하여 일본 정신의 순수성purity을 추출하려 했던 데에 '근대초극론'의 가장 큰 모순이 있었던 것이다.

 이러한 지적들은 물론 그 자체로 옳다. 하지만 이러한 논리 속에서는 그들을 주박하고 있던 문명·기술 문제가 결코 질문될 수 없으며, 문화의 상부구조만이 교체 가능한 것으로 '믿어졌다'는 사정 또한 이해할 수 없다. 어떤 의미에서 이데올로기를 이데올로기로서 비판하는 주장 자체가 역사적 과정을 약소평가하는 난장이의 관점이었다고 할 때, 다케우치 요시미 식으로 말해, 그것은 어찌 보면 피로 피를 씻는 일에 다름 아니었던 것이다. 왜냐하면 '근대초극론'에 대한 비판들 역시 한결같이 문화적 표상이나 아이덴티티 측면에 국한되어 있기 때문이다. 문명론=과학기술이라는 근대 일본의 기원에 대한 질문으로까지 거슬러 올라갈 때, '근대의 초극'에 관한 이 좌담회 전체는 일종의 난센스에 지나지 않는 것처럼 보인다. 그도 그럴 것이 전쟁이란 무엇보다

---

96) Richard Calichman, "Introduction: The Dissolution of Cultural Identity", *Overcoming Modernity: Cultural Identity in Wartime Japan*, Columbia Univ. Press, 2008, pp. 4~5. 『근대의 초극』 영역본 편자인 리차드 캘리치만은 불순함(impurity)과 외부(outside)라는 개념을 통한 '부인(disavowal=Verleugnung)의 메커니즘'이야말로 '근대초극론'의 모순이 집적된 장소임을 지적한다. '근대의 초극은 우리들 자신의 초극'이라고 말한 시모무라 도라타로(下村寅太郞)나 '유럽 문명은 이미 국제화되어 실제로는 지금 우리들 자신의 일부'임을 지적한 스즈치 시게타카(鈴木成高)의 경우를 제외하고는 근대라는 횡단적 전동장치와 이식성(transplantation)을 깨달은 사람은 거의 없었다. 그럼에도 그들의 문제제기는 정당하게 취급되지 않았다(앞의 책, pp. 15~18). 그러나 캘리치만의 지적 역시 문화적 표상의 측면에 국한되어 있으며, 문명론=과학기술이라는 근대 일본의 물질적·인식론적 기원에 대한 질문으로까지 소급되고 있지는 않다.

기술과 기술에 의한 생산력 사이의 대립이기 때문이다.

물론 조금 다른 국면에서 이 시기는 기술론이 가장 비등했던 시기이기도 하다. 내부에 대한 통치술로서의 기술이 그것이다. 국가기술적 이론에 있어서 정규의 직무 수행에 필요한 조치의 번잡함과 기나긴 합의 방식은 긴급사태에 있어서는 늘 위험으로서 간주된다. 그러니까 신속한 결단을 불가능하게 만들 수 있다는 뜻에서 전쟁 상태를 전제로 한 국가에 있어 독재는 사활의 문제로서 표현되기도 했다.[97]

예컨대 마키아벨리의 『군주론』이 말하고 있는 것은 이와 같은 의미에서 전적으로 지배의 '기술', 관계의 '기술'이었다. 절대적 기술 본위(Technizität)가 그 이상의 정치적 목적에 무관심한 태도를 보이는 것은 기술자나 관료의 경우 사물 제작에 대한 기술적 관심은 있으나 만들어진 물건이 봉사해야 할 그 후의 목적에 대해서는 어떠한 관심도 가질 필요가 없기 때문이다(『독재론』: 31).

이와 같은 기술관은 근대 국가의 성립에 개입했던 독재 문제에 대해서도 직접적인 함의를 가진다. 독재 체제는 늘 민중, 교양 없는 대중, 다채로운 동물, 플라톤이 말하는 '다채롭고 머리가 여럿인 야수'(『정체』)를 비합리적인 것으로 보고, (국가) 이성에 의해서 지배되고 인도해야 할 우중愚衆으로 간주한다. 민중이 비합리적이라면 계약은 불가능하며, 남는 것은 책략이나 힘에 의해 지배 기술뿐이다. 여기서 지배의 집행을 위해서는 합리적

---

97) 칼 슈미트, 『독재론』, 김효전 옮김, 법원사, 1996, p. 29. 이하 (『독재론』: 페이지)의 방식으로 표기.

기술이 요구되었던 것이다. 여기서 지성은 논증하지 않고, 지령한다. 합리주의, 순기술 본위, 집행이 독재의 3대 요소인 것이다. ① 하나의 혼이면 충분하고 나머지는 기술적 공정이 알아서 할 것이라는 생각은 무엇을 의미하는가. ② "기계는 노예이고, 기계를 부리는 하나의 정신으로 족하다"는 말이 함의하는 것은 바로 이와 같은 독재의 완성인 것이다. ③ 실제로 노예는 기계가 아니라 하나의 혼이면 된다고 말하는 그들 자신이다.

무엇보다 중요한 것은 이러한 기술=독재가 특별한 시기에 나타난 특별한 사태가 아니라는 것이다. 베버는 관료제의 속성을 이와 같이 목적을 묻지 않는 '집행' — 왜냐하면 결정은 주권자가 하기 때문이다 — 에서 찾았다.[98] 요컨대 주권자의 전횡을 제어하기 위한 원리로서의 행정 권력의 집행, 즉 기계적 메커니즘은 실제로는 결단자로서의 주권자를 전제한다. 그러나 그러한 집행이 기계적이라는 바로 그 이유로 인해 결단의 주체나 결단의 근거는 늘 애매한 것이자 비합리적인 것으로 남는다. 고도로 기술화되었으나 그러한 집행의 근거를 묻지 않는 관료와 완전체로 상상되었으나 결단의 근거를 물을 수 없는 주권자. 어떤 의미에서 이러한 주권과 집행의 역설을 극명히 보여준 것이 제3제국과 제국 일본이었다.

기술, 합리화, 실용, 선진의 이름으로 삶을 압도하고 규율하는

---

[98] 막스 베버, 『행정의 공개성과 정치 지도자 선출 외』, 이남석 옮김, 책세상, 2002년. 의회제를 채택하고 있는 모든 국가에 일반적으로 나타나는 결정의 불투명성과 관료들의 기만에 대응하는 의회민주주의의 가능성을 설파하는 그의 입론은, 그러나 오늘날 그다지 큰 울림을 주지는 못한다.

권력 아래에서 모든 정치적 잠재력을 무장해제시키려는 시도가 창궐해 있는 시대를 우리는 살고 있다. 이와 같은 공기는 자본의 영역을 넘어 이미 대학과 일상적 삶의 안쪽으로 진군해 들어와 있다. 따라서 지금 여기서 기술, 합리화, 시스템 문제를 다시 질문하는 일은 역사적 문제일 수만은 없다. '경제 전쟁'과 구조 조정으로 대변되는 기술화된 이성이 의식 내부에까지 파고들어와 있고, 스스로의 삶을 낙오로부터 구하려는 순치順治된 삶이 현 인류의 가장 중요한 욕망이 되어 있다.

1930년대 말을 전후한 시기의 기술 지배에 대한 비판적 이해는 당시의 공기를 (일부) 반복하고 있는 오늘의 사회적 흐름과 삶의 재편을 설명하는 데에도 유력한 설명력을 제공할 수 있을지 모른다. 패전 직후 출간된 가장 중요한 독일 비판의 하나인 『독일의 비극』을 통해 마이네케는 히틀러의 제3제국을 낳은 가장 중요한 계기 중의 하나로 이성인을 압도하는 공작인工作人의 존재를 거론하고 있다. 히틀러 정권의 핵심을 이룬 테크노크라트의 존재를 마이네케는 기술적 인간으로 규정했으며, 이들의 신념을 '계산하는 지력, 탐욕스러운 에너지, 조잡한 형이상학'으로 특징지었다. 그에 따르면 이러한 기술적·공리적 정신은 과거 프로이센 군국주의라는 선행 형태를 띤 바 있었는데, 그러한 지배 방식의 핵심은 '참모본부적인 사고'에 있었다.[99]

한편 장-뤽 낭시와 조르조 아감벤은 우리 시대를 1930년대의 비정상적 에너지, 그러니까 '주권'의 정통성이 귀환한 시대로 규

---

99) F. 마이네케, 『獨逸의 悲劇』, 李光周 옮김, 乙酉文化社, 1973년.

정하고 있다. 또한 이러한 주권 개념의 전형적이고 과잉된 작동이 법과 제도의 안정과 합리적 선진화라는 이름으로 재귀하고 있다는 점에서 '기술'을 둘러싸고 펼쳐진 식민지말의 언설은 재독해 볼 여지가 충분히 있다.

비상사태/예외상태의 결정을 통해 완성되는 주권에 있어서 전쟁은 이를 성취하고 작품화하는 테크네, 기예로서의 의미를 갖는다. 한나 아렌트가 묘사한 아이히만의 초상을 떠올리는 한에서, 인간이 기계 장치의 최종적인 단계, 즉 핸들 조작자로 존재하게 되는 순간 주권자는 비상사태의 이름으로 전쟁을 테크네의 완전한 실현으로 시현해 보이게 된다. 기계적 공정의 마지막인 핸들만을 손에 쥔 노동자의 삶과 아이히만의 섬뜩한 범속함은 그리 멀리 있지 않다.

어떤 의미에서 두 차례의 세계대전 이후의 시대정신, 또 걸프전 이후 노골화된 '상시적 전쟁 상태'는 계량 가능한 일반적 '정통성'의 등장을 의미했다. 이를 간단히 요약하자면 자본제 민주주의의 세계화된 승인과 테크노-이코노미의 세계적 복합체에 의한 세계 지배를 뜻한다고 할 수 있다. 이와 관련해 전후에도 여전히 살아남은 철학으로 이야기되는 하이데거와 프랑크푸르트학파 사이의 결렬은 기술 비판이라는 맥락을 끌어들일 경우, 그처럼 화해 불가능한 것만도 아니다(실비오 비에타$^{Silvio\ Vietta}$). 예컨대 뛰어난 하이데거 해석자 중 한 사람인 라쿠-라바르트는 "국가사회주의는 기술적인^{technical} 이상체로서 예술과 과학이라는 두 요소를 통해 설명되어야 한다"고 말한 바 있다(주지하다시피, 이

기술적 이상체의 결과는 근대 형이상학과 인간학에서 가장 멀리 떨어져 있는, 두렵기까지 한 최종적인 해결 — 기계와 기계적 공정에 의한 집단학살로 나타났다). 이 말은 파시즘에 대한 가장 오랜 해석 중의 하나인 '정치의 예술화'나 '도구적 이성의 무한 질주' 등등의 말을 연상시키지만 실제로 더욱 중요한 것은 다른 곳에 있는지 모른다.

문제는 기술 자체라기보다는 이 기술적 '이상체' 안에서 예술과 기술과학, 아름다움과 실용이 '인류'라는 이름으로 완전히 조화되게 된다는 것이다. 1930년대 말, 혹은 1940년을 전후로 한 시기의 제국 일본, 식민지 조선이 바로 그러한 움직임 안에 있었으며, 지배의 기술이 문제시 되는 오늘날 이 시간은 여전히 우리에게 맹목적 질문으로 존재한다.

인간은 어느 정도는 자연에 속한다. 하지만 자연과 역사를 확연히 구별하며, 인간학 기계를 작동시키는 것도 인간이다. 인간은 그러한 장력 속에 존재하는 이중적 존재이다. 벤야민은 인간과 비인간을 분절하며 지배하는 이 기계를 멈출 것을 제안하며, 이 '멈춤'을 하나의 구원의 계기로서 이야기한다.

> 제국주의자들의 가르침에 따르면, 자연의 지배란 모든 테크놀로지의 본성이다. 그러나 어른에 의한 아이의 지배가 교육의 의미라는 식으로 공언하는 교사를 누가 믿을 수 있을 것인가. 교육이란 필시 무엇보다도, 세대 간의 관계에 필수불가결한 질서이기에, 만약 굳이 '지배'라고 말하고 싶다면, 이는 아이를 지배하는 것이 아니라 세대 사이의

'관계'를 지배하는 것이 아니겠는가. 마찬가지로, 테크놀로지라는 것 역시 자연을 지배하는 것이 아니라 자연과 인간 사이의 관계를 지배하는 것이다. 확실히 종^種으로서의 인간은 몇 만 년도 전에 발전의 종국에 이르렀으나, 종으로서의 인간(의 테크놀로지)은 겨우 발단에 이르렀을 뿐이다.[100]

가공의 기술이나 지배의 기술이 아니라 관계의 '지배'로 나아가려는 노력. 벤야민의 모델 — 정확히는 벤야민에 대한 아감벤의 해석에 따르자면, 결정적인 것은 인간과 자연 사이의 간격을 합치시키지 않고, 놓여 있는 그대로의 성좌^{constellation}로서 받아들이는 일이다. 그것을 합치시키려는 어떤 시도도 결국에는 예외상태를 결정하고 (비)인간을 배제·포섭하게 된다. 가혹하게 지배하는 법폭력에 스스로를 넘겨주게 되는 것이다. 여기서 우리는 예외상태나 보통 상태가 아닌 어떤 '정지 상태^{at a standstill}'의 도래라는 벤야민식의 정치신학적 언술 구조를 다시 한 번 대면하게 된다. 벤야민은 자연과 인간 모두를 공중에 매다는 일^{suspension} 속에서 우리는 동물도 인간도 아닌 어떤 것 — 아직 우리가 명명할 수 있는 이름을 가지지 못한 것으로 다시 태어난다고 말한다.

과격한 비유가 허용된다면, 언어란 그러한 '구원된 밤'의 성좌를 이루는 한편 실제로는 그러한 밤의 출현을 예감하며 벌거벗은 생명 쪽에서 빛나는 별과 같은 것이라 해야 할 것이다. 따라

---

100) Walter Benjamin, *One-Way Street*, trans. Edmund Jephcott, in *Selected Writings Volume 1*, 앞의 책, p. 487.

서 '진정한 예외상태(구원된 밤)'를 출현시키는 예술의 임무란, 벌거벗은 삶과 정상적 삶을 구분하는 분절화 자체를 공중에 매다는 극한의 경험을 제시하는 데 있다. 결정된 분절과 그 내에서의 지배의 기술이 아니라, 결정과 분절 자체를 멈추는 일이 요청되는 것이다. 그것이 식민지/피식민지이든 인간/비인간이든, 지배/피지배이든, 이것이 어려워 보이는 것은 비유 때문이 아니라 우리가 걷어차야 할 현실적 난관들 때문이다.

3

|

제국 관료들의 식민지 기억
집행권력 책임면죄론 비판

총독의 소리를 들어라: 지배 당사자들의 말

말할 자리에서 말하는 것, 말할 위치에서 말하는 것이 말의 내용보다 더 중요할 때가 많다. 그런 의미에서 이 자리, 나의 위치는 오늘의 주제에 걸맞지 않을 뿐 아니라 앞으로 할 이야기도 논제와는 크게 벗어나는 이야기가 될지 모른다.[1] 이 자리에 모인

---

[1] 이 글은 <植民地官僚の世界: 第2回 學習院大學東洋文化硏究所・成均館大學校東アジア學術院共同ワークショップ>, 學習院大學東洋文化硏究所, 2008년 10월 17일(금요일)에서 발표된 것이다. 자료의 성격과 나 자신의 개입 동기를 드러내기 위해 책으로 묶으며, 발표 당시의 글을 되도록 손대지 않고 자구만 수정했다. 이 자리를 통해 사고와 원고를 가다듬는 데 도움을 주신 <식민지관료연구회> 여러분에게 감사의 말씀을 전한다.

다른 연구자 여러분들과 달리 나는 식민지 관료 그 자체를 연구해온 역사학도도 아니고, 가쿠슈인^{學習院}대학 동양문화연구소 소재 우방협회 관련 자료나 녹음기록을 접하고 다루어본 시간이나 경험도 대단히 일천하다. <조선총독부 관계자 녹음기록> 중에서 필자의 전공인 한국근대문학과 관련된 것이라고는 진학문의 회고2)와 이한직의 한국문학 강의3)가 거의 전부였고, 더구나 이한직 관련 녹음은 들어보니 이병기와 백철이 함께 쓴 교재용 『한국문학사』를 요약하여 전달한 것에 불과했다. 만보산 관련 자료4) 등 문학작품의 '주변 정황'을 알려주는 자료들은 적지 않았지만 직접적으로 문학 연구와 연결될 수 있는 성격의 녹음기록은 아니었다.

물론 이 자리에 서게 된 동기가 전혀 없었던 것은 아니다. 나는 최근 몇 년 동안 식민지말 문학에 대해 연구해왔는데, 주지하다시피 이 시기 문학잡지나 단체에는 적잖은 관료들이 직간접적으로 개입해 문학계를 '지도하고' 있었다. 관료와 문학가를 협업하도록 한 사상사적 경로, 기술적 과정이 있었던 것이다. 이 시기의 통치성과 문학 자체의 기술화 과정을 살피면서 관료군 bureaucracy의 사고나 의도에 대한 어떤 '실감'을 얻고자 했던 것이

---

2) <秦學文: 体験を語る 朝鮮問題第1・2講>, <未公開資料 朝鮮總督府關係者 錄音記錄>, 請求記号 T 82, T 83: 目錄 8159. 이 기록은 한국문학, 만주 경험 등등을 언급하고 있어 자료로서의 가치가 적지 않다. 기회가 닿는다면 차후에라도 다루어 보고 싶다.
3) <李漢稷: 朝鮮の近代文學について>, <未公開資料 朝鮮總督府關係者 錄音記錄>, 請求記号 T 95, T 96, T 99, T 101: 目錄 8322.
4) <万宝山事件後朝鮮內排華暴動事件の回顧>, <未公開資料 朝鮮總督府關係者 錄音記錄>, 請求記号 T 392, 目錄 8076.

이 자료에 주목한 이유였다. 나아가 식민지 소설에서 가끔 등장하는 하급 경찰이나 관료(지망생)들의 내면을 재구하며 지배 테크놀로지와 자기 테크놀로지의 관계에 대해 생각하게 된 것도 공동 연구에 참여하게 된 계기 중의 하나였다.

그러나 가쿠슈인대학의 동양문화연구소를 찾아 녹음기록들을 들어보지 않았다면, 역사학자들 앞에서 '사료'에 대해 발표를 해보겠다는 위험천만한 생각은 아마 하지 못했을 것이다. 녹음기록을 들으며, 나는 때때로 그 장소 그 시간에 있는 듯한 기분을 느끼지 않을 수 없었다. 때로는 전직 식민지 관료이자 전후 조선연구자들에게는 역사 강사들이기도 했던 이들을 붙잡고 따져 묻고 싶은 마음이 용솟음쳐 안절부절못하기도 했다. 무엇보다도 그 육성은 나에게 놀라운 '사실 효과'와 임장감臨場感을 불러일으켰다. 그리고 나는 이 육성녹음의 형식 그 자체, 이 자료의 성격이나 효과에 대해서 내 자신의 문제의식 안에서 이야기해보고 싶어졌다. 마치 구식민지 출신 학생들이나 제국 일본의 통치·정치에 비판적인 조선사 연구자들이 어떤 절박함 속에서 우방협회 인사들과 대면하는 용기를 내었듯이, 나 역시도 조금 다른 의미에서 이 생생하고 그래서 흥미로운 한편 계속 신경을 건드려 온 녹음기록을 남겨주신 전후 초기 '조선사' 연구자 선생님들 앞에서 이 자료의 문제성을 비판적으로 이야기하며 조언을 얻고 싶다.

언어를 다루는 문학연구자로서 내가 이 글에서 해명하려 하는 문제는 다음과 같은 것이다. 트라우마적 기억을 내보이며 가해자를 고발하는 '증언'의 반대편에 구식민자들의 '회고'가 있다. 기억하고 싶지 않지만 계속 떠오르는 과거(증언)를 기억하고 싶은 과거(회고)에 대치시킬 때 어떤 이야기가 가능할까? 피해자의 증언 앞에서 가해자 없는 폭력을 만들어내는 식민지 옛 관료들의 '회고'는 과연 어떠한 논리를 통해 구성되는가. 오직 피해자의 목소리^{voice}만이 진실에 접근하는 유일한 길을 내는 '증언'과, 기술적 집행과 선한 의도를 표방하며 가해와 피해라는 구도를 사산^{死産}시키는 '회고'조의 말^{logos}들은 어떻게 다른가. 증언의 시대와 역사 수정주의 시대가 동시에 우리 앞에 도착한 이유는 무엇일까. 나아가 이른바 경험적 진실을 강조하며 대치하는 두 개의 주장 속에서 역사연구자와 문학사가가 취해야 할 입장은 어떤 것이어야 할까. 가쿠슈인대학 소재 우방문고의 <조선총독부 관계자 녹음기록>의 사료적 가치를 검토하는 가운데 이러한 문제에 대한 약간의 답이나마 얻을 수 있었으면 한다.

기억의 정치학?: 역사와 기억 사이의 식민지

'기억'과 '구술', '회고'와 '증언'이 사실과 자료에 의해 구축된 아카이브에 진입하여 역사학의 관심을 끌게 된 것은 비교적 최근의 일이다. 하지만 '기억을 둘러싼 투쟁'만큼 횡단 학제적이고 통국가적인 키워드를 별반 발견할 수 없을 정도로 기억과 정체성에 대한 연구는 최근 문학·역사학·인류학·문화연구 등에서 주요 논제가 되어 있다.

물론 역사는 공적 기록의 집적물이자 각 사건에 대한 평가의 연속체인 반면, 기억이란 본디 사적인 사건들이 남긴 이미지의 단편이자 연쇄이다. 따라서 종래의 역사학 연구에서 '기억'은 흔히 부정확한 것, 조작되기 쉬운 것, 자신의 편의에 맞춰 정당화된 것으로 간주되어 왔으며, 무엇보다 변화하기 쉬운 '정치적인 것'에 휘둘린 결과로 이해되어 왔다.

그러나 신역사주의의 등장 이래 많은 역사가·문학비평가들에 의해 '역사History' 역시도 내러티브 형식을 띠며, 이 내러티브는 즉시 네이션에 대한 헌신이라는 발화수반 행위illocutionary act를 불러일으키게 된다는 사실이 지적되어 왔다. 네이션과 이를 강화하는 특정한 나레이션의 연동이라는 문제5)를 통해 이야기로서의 문학과 사실로서의 역사 사이의 거리는 갑작스럽게 압착되었다. 특히 1989년 『역사와 기억』이라는 전문학술지의 등장과 함께 기억에 관한 연구는 한국의 역사학 영역 안에서 일종의 시민권을 획득한 것처럼도 보이며6), 그에 따라 기억에 기반한 구술사oral history는 역사서술의 새로운 장르로 부각7)되어 왔다. 한국 역사학계에서 기억 문제를 역사학의 중심 논제로 전면화시킨 한 역사학자는 이렇게 쓰고 있다. "특정한 기억을 전유한 역사는 사

---

5) Homi K. Bhabha ed., *Nation and Narration*, Routledge, 2000, pp. 2~3.
6) 최갑수, 「홀로코스트, 기억의 정치, 유럽중심주의」, 『사회와 역사』 제70호, 2006년 6월호, pp. 103~104; 임유경, 「북한 소설과 기억의 정치학: '비전향장기수 주제'를 중심으로」, 연세대 대학원 석사학위논문, 2008.
7) 안병직, 「한국사회에서의 "기억"과 "역사"」, 『역사학보』 제193호, 2007, p. 275.

람들의 삶과 욕망, 실천과 사유를 특정한 방향으로 유도하는 기억의 정치학이다."8)

그런데 얼른 보더라도 이 '기억'의 복권이 단일한 맥락에서 일어난 일이 아님을 쉽게 짐작할 수 있다. 거기에는 적어도 두 가지의 커다란 맥락이 존재하는 것처럼 보인다. 집단적 기억 혹은 집합적 기억collective memory에 대한 비판과 개인적 기억의 복원 — 증언 문제가 바로 그것이다.

우선 이 흐름에서 보다 두드러진 경향은 집단적 기억을 문제 삼는 쪽이었다. 어떤 의미에서 최근 10여 년간의 한국근대사 및 한국근대문학연구는 일국(문화)사 서술 과정에서 강화된 공적 기억과 내셔널리즘에 대한 탈구축 작업이었다고 해도 과언이 아니다. 예컨대 소위 "공적 기억public memory에서 사라진 사건"9)들을 부각시킴으로써 공적 기억을 단일회로 속에서 조직하는 저항사나 민족사 개념을 비판하려는 시도, "서사로 조직되지 않는 역사는 인식되지 않는다"고 할 때 문제는 "역사적 담론의 거점을 탈구축하는 동시에 재구축"10)하는 것이라는 주장 등은 공히 문화 및 사회의 역사를 유동적인 기억의 맵핑mapping으로 보면서 이 맵핑 과정을 주재하는 헤게모니와 권력들을 문제삼는다. 친일과 반일의 폐쇄회로 속에서 '적극적 망각과 소극적 망각의 협업'을 통해 식민지 기억과 국가 이념을 조직하는 방식을 비판하며, '회색 지

---

8) 임지현, 「전유된 기억의 복원을 위하여」, 『기억과 역사의 투쟁』, 『당대비평』(2002년 특별호), 삼인, 2002, pp. 3~4.
9) 김철, 『국민이라는 노예』, 삼인, 2005, p. 116.
10) 공임순, 『식민지의 적자들』, 푸른역사, 2005, p. 259, p. 388.

대'라는 문제계를 제안하는[11] 탈구축적 역사 비판 역시 크게 보아 이 범주에 포함될 것이다.

공적 기억을 문제 삼는 이들 연구들은 공히 기억에 관한 다음의 두 가지 명제 혹은 전제에서 출발하고 있는 듯하다. 집단의 존엄을 위해 선택된 민족적 기억national memory이 서로를 본 적도 들은 적도 없는 사람들에 의해 공유되어 상상의 공동체의 전통으로 각인된다.[12] 그렇다고 할 때, '개인의 기억 속에는 집단적 성격이 내재한다.' 따라서 '개인의 기억'과 '집단적 기억'은 서로 간섭하는데, 역사에서는 후자의 간섭력이 언제나 더 압도적이다. "개인은 사회적 기억의 틀에 의존함으로써 기억을 소환해낼 수 있고, 각각의 기억은 사회적 기억에 녹아드는 순간에야 교육 내용, 개념이나 상징으로 변형되어 의미를 가지게 되며 사회적 사상 체계의 일부가 된다."[13] 물론 이러한 생각은 베네딕트 앤더슨 이래의 '상상의 공동체'론에 접속된 연구로서 앤더슨 스스로가 『상상의 공동체』 증보판에서 「기억과 망각」이라는 장을 덧붙인 바 있다. 소위 상상의 현실을 만들어내는 것이 만들어진 전통, 즉 집합적 기억이라고 할 때, 상상의 공동체는 '기억의 공동체'이기도 하다.[14] 일부러 비워 놓은 무명용사 기념비나 무덤에 대

---

11) 윤해동, 『식민지 근대의 패러독스』, 휴머니스트, 2007, p. 235. 이러한 문제의식의 원점은 윤해동, 『식민지의 회색지대』, 역사비평사, 2003년에서 찾아볼 수 있다.
12) 기억과 아이덴티티라는 개념의 위상에 대해서는 John R. Gillis, *Commemoration: the politics of national identity*, Princeton Univ., 1994, 서문 참고
13) Maurice Halbwachs, *On Collective Memory*, translated by Lewis A. Coser, Univ. of Chicago, 1992.
14) 石田雄, 『記憶と忘却の政治學―同化政策・戰爭責任・集合的記憶』, 明石書店, 2004, p. 246.

한 의례에서처럼, 우리는 기억하는데, 무엇보다 상상을 통해 그렇게 한다. 단적으로 말해, 기억 작업memory work은 누구에 의해, 어떤 목적을 위해, 무엇이 기억되거나 망각되어야 하는가를 결정하는 복잡한 계급·성·권력 관계 속에서 결정되며,15) 그 과정에서 '국민국가 체제'라는 정치 구조가 최종심급으로서 지목되어 비판되어 왔다.

그러나 새삼 기억이 문제시되는 이유, 혹은 기억이 역사에서 극히 긴요한 문제로 등장한 것은 이와 같은 집단 기억 혹은 집합적 기억 때문이라기보다는, 그러한 집단적 기억이 완전히 배제해버린 '사건'들과 그에 대한 '증언'들 때문이었다. 즉 '증언의 시대'(엘리 위젤)로 일컬어지는, 대량 학살과 그러한 학살 자체를 지워버린 사료의 잿더미로 인해 오직 살아남은 인간의 말만이 사료가 되는 상황이 바로 그것이다.

아우슈비츠에서 살아남은 작가 엘리 위젤은 현대를 '증언의 시대'라 불렀다. 협의의 기억 개념에서 보자면, 어떻든 기억은 개인에 속하고 또 살아 있는 개인의 발화를 통해서 나타난다. 그렇다고 할 때 젠더와 인종과 권력의 위계에 의해 결정되는 일국사 중심의 내러티브는 더 이상 육성에 의존할 필요가 없기 때문에, 이에 대한 비판은 무엇보다도 그로부터 배제된 '개별적 기억'을 출발점으로 하여 수행되어야 한다는 것이다. 그것은 세계사적으로는 홀로코스트, 동아시아에 있어서는 전시 '종군위안부' 및 난징대학살에 대한 증언에 의해 첨예한 문제로 부각되었다

15) John R. Gillis, 앞의 책, pp. 3~4.

(물론 이러한 개인의 기억은 국민국가의 공적 기억에 회수되곤 한다). 특히 동아시아 역사 연구에 있어서 기억과 증언이 중심 문제로 부각된 데에는 종군위안부의 증언, 학살의 기억과 공개 거부된 증거를 포함해 불타버린 증거들, 새로운 역사교과서와 민족사관 등을 둘러싼 역사 분쟁이라는 현실이 자리하고 있으며, 이러한 길항은 집단 기억에 대한 개인 기억의 대치라는 문제를 통해 나타나곤 했다. 불타버린 재, 남겨진 트라우마 속에서 증언은 대학살의 시대라 일컬어지는 현대사에 있어서 가장 중요한 나레이션 방식이 되었다.

심지어 일본의 한 철학자는 고대 그리스에서는 비극이, 근대 유럽에서는 소설이 시대를 대표하는 문학 장르였듯이, 현대에서는 홀로코스트 등 정치 폭력에서 살아남은 사람들이 가해자를 고발하고 트라우마적 기억을 말하는 증언이 시대를 대표하는 언어 장르가 되었다고까지 말하고 있다.16) 이러한 증언은 무엇보다 역사수정주의revisionism에 대한 저항이라는 형태를 띠고 나타나고 있다. 다시 말해 '증언'은 잿더미가 된 증거들 위에서 오직 인간의 목소리만이 증거가 되는 한계 상황을 염두에 둔다.

물론 이 외에도 일상사 및 개인사, 역사 대중화 시도 등이 '기억'의 복권에 중요한 역할을 한 것은 사실이지만 한국과 일본에서의 논의는 아무래도 공적 기억='내셔날 히스토리' 비판이라는 맥락과 증언의 시대로 일컬어지는 20세기의 식민지 및 전쟁

---

16) 다카하시 데쓰야, 「한국어판 서문: 내셔날리즘을 넘어서」, 『일본의 전쟁 책임을 묻는다: 기억의 정치, 망각의 윤리』, 이규수 옮김, 역사비평사, 2000.

범죄·정치 학살에 대한 증언 문제와 떼어 놓고 생각하기 힘들다.17)

그렇다고 할 때 오늘 우리가 다루게 될 우방협회 녹음기록의 성격은 어떠한 것일까. 분명 이 기록들은 기억과 목소리의 복권 과정에서 그중요성이 부각되었다. 소위 기억의 정치학이 내셔날 메모리와 개인사 및 일상사, 기념commemoration 문제나 학살 및 정치적 폭력에 대한 문제 속에서 논의되어 왔다고 할 때, 소위 '가해자'로서 통념화된 구식민지 관료들의 '육성기록'이 연구자 및 언론으로부터 이례적인 주목18)을 받게 된 이유는 무엇일까. 우선

---

17) 한국에 있어 증언 관련 자료의 집적은 1990년대부터 본격적으로 시작되었다. 1993년에 서울대학교 교육연구소의 특수사업센터로 발족한 한국교육사고는 국내외에 있는 한국교육관련기록들을 집성하고 기록에 기초하여 교육연구를 수행하는 기관이다. 한국교육사고는 정식으로 발족하기 이전인 1991년부터 장기수를 비롯한 한국현대사의 산증인들로부터 구술자료를 수집한 결과 1,000여개에 달하는 녹음테이프 자료를 소장하고 있다. 전담 연구자가 구술자를 대상으로 수년간에 걸쳐 구술자료를 수집한다. 아직은 수집 단계에 집중하고 있어서 공개나 활용은 활발히 이루어지고 있지는 못한 상황이다. 한국정신대연구소는 일본군 위안부와 근로정신대 출신 할머니를 대상으로 한 구술자료를 100여건 이상 수집하여 웹사이트(truth.bora.net)에 올리고 일부는 증언집으로 출간했다. 한국교육사고와 마찬가지로 전담 연구자가 구술자를 대상으로 수년간에 걸쳐 구술자료를 수집하는 방식을 취하고 있다. 장기수와 관련자(80여명)를 대상으로 구술자료를 수집하고 있는 현대사구술기록보존연구회를 위한 후원모임은 한홍구·한모니카·김귀옥·김진환 등 몇몇 연구자들이 중심이 되어 구술자료수집을 수행하고 있다. 이 외에도 몇몇 연구자들이 주제에 따라 개인적으로 수집 작업을 수행하거나 특정한 주제와 관련된 지역의 연구단체에서도 구술자료를 수집하고 있다. 다만 수집 단계에서 갖추어야 할 녹취문과 상세목록이 구비되지 못한 경우가 많고, 녹취문 작성의 기본원칙이 지켜지지 않은 녹취문도 많이 볼 수 있다. 녹취 후 녹음 테입 자체를 폐기하는 경우도 있다. 현재까지 증언 관련 최대 집적물은 국가 예산을 통해 계속 갱신되고 있는 광주민주화항쟁 관련 기록이다.

18) 「植民地 支配 實態 證言」, 『朝日新聞』(2000년 8월 8일자). 『동아일보』는 2000년 8월 7일자 인터넷판과 8일자 신문에서 「"조선인은 억압할 수 없는 민족", 조선총독부 日간부 육성기록」이라는 제목으로 『아사히신문』을 인용해 이 기록의 존재를 보도했으며, 한국유일의 통신사인 연합뉴스는 2004년 8월 12일자로 장장 9회에 걸쳐

자료의 형태를 보자.

기억의 전장戰場: 유호분코 녹음기록의 자료적 특성과 의미

우방협회의 <조선총독부 관계자 녹음기록> 자료의 문제적 성격은 그 형태와 형식으로 인해 생겨나는 것으로 보인다.

첫째 이 담화 양식은 식민지연구사에서 매우 보기 드문 인적 구성을 가지며, 그로 인해 논쟁적 양상으로 전개되는 경우가 다대하다. 넓은 의미의 '피해자'로 간주될 만한 구식민지 주체가 중요한 가해자로 지목되는 구식민통치의 수행자들에게 '심판/재판' 방식이 아닌 대화 혹은 '가르침'의 방식으로 담화하는 형식은 식민지사 연구에서 유래를 찾아보기 어려운 사례라 할 수 있다.

식민지사, 제국사 비판의 문제권에 진입한 일군의 청년 학자들은 미야타 세쓰코宮田節子의 회고대로 식민통치에 대한 대규모적 망각 속에서 생겨난 사료 부족으로 '살아 있는 사료'들과 대면할 것을 결심한다.19) "조선총독부의 고관과 총독 지배를 비판하는

이 녹취록의 내용을 소개했고, 이 기사들은 대부분의 한국 신문들의 인터넷판 및 가판에 전재 혹은 요약되어 실렸다. 이 기사를 쓴 기자는 <제168회 이달의 기자상 취재보도부문>을 수상했다.
19) 조선근대사료연구회의 해체와 구식민지 관료들로만 이루어진 조선문제연구회로의 재편은 이와 같은 사료 부족이 해결되는 시점의 도래, 연구의 형식 상의 강사 학생이라는 관계 혹은 세대 구성의 해소와도 관계가 있을 것이다.

학생들의 이른바 오월동주吳越同舟라고도 할 이 조선근대사료연구회"20)의 성격은 구식민지 출신 유학생들의 참여로 피해자와 가해자의 동주同舟라는 측면으로까지 확대된다. 미야타 세쓰코 자신의 평가를 인용하자면 이런 식이었다.

> 한편 이 <녹음기록>에서 주목할 만한 점은 바로 그 당시 조선에서 황민화교육을 받았던 네 명의 조선인도 출석했다는 사실이다. 그것은 <고이소小磯國昭 총독 시대 개관 — 다나카 다케오田中武雄 정무총감에게 듣는다>와 <아베安部信行 총독 시대 개관 — 엔도 류사쿠 정무총감에게 듣는다>에서도 나타나는데, 식민지 체험자와 총독부의 최고 위정자가 함께 식민지기 당시의 정책을 둘러싸고 의견을 피력한 예는 달리 그 유類를 볼 수 없을 것이다. 위의 네 명은 김규남金奎南, 신국주申國柱, 박창희朴昌熙, 박종근朴宗根이다. …… 이처럼 일본통치 하에서 식민지를 체험한 그들이 전달해 주는 민중의 모습은 대단히 생생하여 다른 데서는 얻기 어려운 귀중한 자료가 되고 있다.21)

어떻게 이런 일이 가능했을까. 강덕상은 500여 차에 이르면서도 거의 결석자를 내지 않은 이 모임의 분위기를 다음과 같이 회

---

20) 미야타 세쓰코 해설 감수,「호즈미 신로쿠로 선생과 <녹음기록>」,『식민통치의 허상과 실상』, 정재정 옮김, 혜안, 2002, pp. 11~12(宮田節子 解說・監修,「穗積眞六郎先生と『錄音記錄』」,編輯協力 岡本眞稀子・河かおる・田中隆一・宮本正明,「未公開資料 朝鮮總督府關係者 錄音記錄 (1): 十五年戰爭下の朝鮮統治」,『동양문화연구』, 제2호 별쇄(2000년 3월호, pp. 3~4). 이하 앞의 책들에서의 인용은 (『식민통치』, pp. 11~12:「十五年戰爭」, pp. 3~4)의 방식으로 인용한다.
21)『식민통치』, pp. 33~34:「十五年戰爭」, pp. 20~21.

고하고 있다. 그에 따르면 "조선 통치의 실태와 그 공죄를 후세에 남기기 위해 가능한 한 사료·자료를 수집하고 싶어한 우방협회와 아직 일본의 어느 대학에도 조선근대사 강좌가 없었던 시절에 이 연구회를 과외 조선사 세미나라고 여겼던 학생들과의 동상이몽, 그러면서도 무언가 동지적인 따뜻한 분위기가 떠돈 연구회"22)였다는 것이다.

둘째, 위와 같은 인적 구성으로 인해 여타의 말하고 듣는 입장의 구술 채록과는 달리, 이 기록들은 일관된 내러티브의 구성을 곤란하게 하는 '담화' 양식이 두드러진 자료이다. 식민 정책의 시행자들과 이를 연구하는 학생들 간의 만남으로 인해 회고 양식이나 기본적 공감 위에서 듣는 구술 채록과 달리, 기억이나 서사가 이를 듣고 판단하는 연구자들이 소유한 '사실'이나 '가치판단'에 의해 계속 도전받는 장면을 쉽게 목도할 수 있다. "하지만, 선생(님)!"이라는 표현이 돌출하는 장면들을 생각해보면 쉬울 것이다. 그러니까 "미리 준비해온 이야기도 그러하지만, 질의응답 과정에서 돌연 튀어나온 이야기들에는 그의 인간됨과 본심이 드러나 있어 흥미진진하다. 문헌자료로는 결코 알 수 없을 각 선생들의 개성과 시대 분위기가 잘 나타나 있는 것이다."23) 의도로서의 경험 대 사실로서의 경험이 대치하고, 그 과정에서 기억이 심문되는 장면은, 많지는 않지만 이 녹음기록의 가장 인상적인

---

22) 강덕상, 「조선사료연구회의 호즈미 세미나에 참석하기까지」, 미야타 세쓰코 해설 감수, 『식민통치』, p. 338(이 글은 번역서를 위해 집필된 것으로, 『東洋文化硏究』, 제2호에는 실려 있지 않다).
23) 『식민통치』, p. 44; 「十五年戰爭」, p. 28.

부분들 중 하나이다. 예컨대 각종 법제, 특히 치안 법제에 의해 행해진 법폭력을 문제삼는 장면에서 이와 같은 부딪힘은 두드러진다. 예컨대 내지와 외지의 법적 체계가 동일했고, 따라서 식민지에 법적 차별이 존재했다는 것을 부정하는 다나카 다케오田中武雄의 진술에 대한 강사와 학생들 간의 논쟁을 보자.

> 강덕상: 아까 선생님께서는 태평양전쟁에 돌입하기까지 전시체제가 특별한 조치를 취하지 않았다고 말씀하셨습니다만, 쇼와 13년[1938년] 9월 시국대책위원회(?)라는 게 만들어졌고, 쇼와 16년[1941년]에는 경제적인 면입니다만, 2월이 되면 치안유지법과 국가보안법입니까, 이게 일본에 시행되기도 전에 조선에 특별히 먼저 시행되었습니다. 2월에요. 예방구금령 같은 것도 조선에서 먼저 시행되었습니다.[24]
> …… [중략] ……
> 다나카: 그것[일본의 삼심제와는 다른 이심제 재판], 이건 변명은 아닙니다, …… 그것은, 인민이 형사처벌을 받는 것에 대해 국가의 심리를 간략하게 한 것은 일본과 비교하여 조선을 인권적으로 더 가벼이 했다고 할까, 침해라고 할까, 인권을 더 경시했다는 말을 들어도 무어라 할 수 없습니다. 하지만 사상 면에서 꽁꽁 얽어매어 조선인의 행동을 억압하려는 목표를 갖고 있었던 것은 아니예요. 이는 지금의 공판으로 옮겨졌기 때문에 그리 된 것이지만, 무엇을 치안유지법의 형벌 대상으로 삼을 것인가 하는 문제에서는 일본이나 조선 모두 동일했다는 사실은 말할 수 있어요. 그러니까 사상적으로 내지와는 다르게 특

[24] 『식민통치』, p. 180: 「十五年戰爭」, p. 117.

별히 조선을 더 탄압했다고 하는 것은, 치안유지법을 들어 얘기할 때는 맞지 않는다고 할 수 있습니다. 이것만큼은 말할 수 있습니다.
…… [후략]

김규남: 그것과 선생님, 조선형사특별령 …….

다나카: 잠깐 기다려요, 이것만.

김규남: 아니, 관련성이 있어서 하는 얘기인데요. 조선의 형사특별령이라는 것은 시행령이예요. 그것과 어떠한 관계가 있을까요.

다나카: 그것은 지금 대답할 수 없습니다.

김규남: 전시조선형사특별령시행령이라는 …….

다나카: 그것은 어떤 내용이었나.

김규남: 내지와 다른 내용이라는 게.

김규남: 내용은 결국 인권이 유린되고 …….

다나카: 아니 아니 …… 구체적으로 말해서.

…… [중략] ……

김규남: 기억이 뚜렷하지 않아 잘 모르겠습니다. ……

…… [중략] ……

다나카: 그렇다면 모든 형사법령에 대해, 내지에서는 시행하지 않았던 것을 조선에서만 특별하게, 간이적(簡易的)인 특별조치를 취한 것이 인권을 유린한 것은 아닐까 라고 말할 수 있을지도 모르지. 그렇지만, 나는 아직 인정하지 못해요. 이걸 좀 더 연구한 후에, 지금이라도 좀 더 연구한 후에. 만약 그렇다면 인정하지.[25]

…… [중략] ……

---

25) 『식민통치』, pp. 183~184: 「十五年戰爭」, p. 118.

다나카: 치안유지법에 따라 단속해야 하는 사상, 행위의 대상은 조선
도 내지도 다르지 않았다는 점입니다. 다만 검거 방법에서 조선쪽이
훨씬 더 준엄했을 수도 있다. …… 일단에서 이루어진 공산당 검거는
상당히 심했습니다. 그러니까 공산당에 관한 한 일본도 상당했으니까
요. 특별히 치안유집법의 단속 대상이 조선과 일본에서 달랐다고 할
수는 없다고 봅니다.[26]

인용문에서 볼 수 있듯이, 전 경무국장 다나카 다케오의 진술
은 학생들의 개입 ─ 특히 사실과 가치 판단에 의해서 지속적으
로 방해받고 도전받고 있으며, 그 과정에서 다나카는 말할 수 있
는 것과 없는 것, 말해도 좋은 것 혹은 인정해도 좋은 것과 그렇
지 않은 것을 계속해서 다시 나누고 있다. 때때로 인간적 망각을
방패로 삼기도 한다. 바로 이러한 부인과 (때때로 의도적인) 망각
의 지점과 관련해 조선근대사료연구회의 연구 주제, 나아가 일
본의 조선근대사 연구의 주요 논제가 설정되었음은 말할 것도
없다.[27]

셋째, 소위 '강사'와 청취자 사이의 세대적 구성, 통치 입안자
와 피치(被治) 경험자라는 위계에 의해 '거기 있었음'이라는 개인적

---

26) 『식민통치』, p. 186; 「十五年戰爭」, p. 120.
27) 예컨대 치안유지법의 적용상의 차이, 나아가 이 법이 애초에 독립 운동 자체를 겨냥한 것이었음을 논증하는 연구로 미즈노 나오키(水野直樹), 「植民地獨立運動に對する治安維持法の適用」, 淺野豊美・松田利彦編 『植民地帝國日本の法的構造』, 信山社, 2004를 참고. 앞서 보았듯이 식민지의 독립 기도는 1931년 이후 일관되게 치안유지법에 의해 단죄되었다. 그 논리는 '조선독립=제국영토의 참절=통치권의 내용 축소=국체변혁'이라는 도식에 의해 정당화되었다.

체험, 개인적 진술 문제가 매우 첨예하게 대립하는 양상을 보여준다. 통치의 '의도'를 설명하는 구관료와 통치의 '결과'를 비판하는 연구자들에 의해 지속적으로 특정 기억의 과잉사실화가 발생하고 있다. 이는 다음과 같은 문제를 고구하게 한다. 즉 집합적 기억에 의해 주조된 개인적 기억이 체험적 진실을 앞세울 때 특정 사실이 식민통치의 주요 특징으로 힘주어 강조된다는 것. 더구나 이 진술들은 체험 자체의 핍진성으로 인해 공박하기 힘든 '사실 효과'를 불러일으킨다. 개인의 진실을 강변하는 부분에서, 이 자료의 사료로서의 위험이나 시대적 전체성을 성급히 판단하게 만드는 착시 현상이 두드러지게 나타나는 것이다. 특히 기존 사료를 보완하는 성격을 갖는 통치 구조나 행정 조직, 식산정책과 같은 부분보다는 <15년 전쟁 하의 조선 통치> 관련 기록이나 <민족운동 및 '치안' 관련 기록> 같이 통치의 의도나 피해—가해 문제가 개입되는 부분일수록 이 녹음기록의 형식이 갖는 특이성은 보다 선명해진다. 다음의 사례도 그중의 하나이다.

> 다나카: 그것[피지배 민족으로서의 조선민족에 대한 생각]은 일반적으로 말하자면, 조선민족은 아까부터 말했던 대로 교육이 보급되고 경제력이 배양되면 독립운동이라는 것이 맹렬해지고 독립사상도 웅성해진다는 면을 이미 염두에 두고 있었습니다. …… [후략]
> 박창희: 저 자신의 경험을 말씀드린다면, 좀 뭐하지만 1945년 당시 중학 1학년생이었는데 소학교 3학년 무렵부터 조선어가 폐지되고 일

본어를 국어로 배웠습니다. 조선 역사 같은 건 배우지 못했고 그저 집에 돌아가서 때때로 사람들과 얘기를 나누는 정도였습니다. 그러나 부모형제도 이런 얘기를 나눌 때는 대단히 조심했어요, 말하는 것을. …… [후략]

다나카: 예, 예.

박창희: 만일 8·15라는 것이 없어서 그런 사고방식을 그대로 갖고 자랐다면 제 자신 현재 어떻게 되어 있을지 알 수 없어요. 오히려 나는 아버지가 소위 천장절天長節에 국기를 게양하지 않는 데 대해 반발하기도 하고 기념식 참석에 지각하거나 하면 부끄러워했는데, 어릴 때 그런 식으로 교육받는다면, 저절로 독립을 생각하게 되리라고는 아무래도 생각할 수 없습니다.

다나카: 아, 자네의 경우.

미야타: 민족적으로 무교육이었다는 …….

다나카: 알겠네, 알겠어. …… [중략] …… 조선민족이 과연 그만한 지역과 그만한 인구를 갖고 독립 형태를 취해 살아가는 것이 진짜 민족으로서의 행복일까. 아니면 일본과 하나가 되어 일본인으로 융합되어, 진짜 일본인이 되어 살아가는 쪽이 조선민족으로서 행복한 일이 아닐까 라는 사고방식도 다분히 있었을 것이라고 생각합니다. 일본에서는 오히려 그 편이 많았겠지요.[28]

위의 기록에서 볼 수 있듯이, 구관료들의 진술은 회고록과 같은 직접적인 자기 발화와 일관된 내러티브를 통해서가 아니라

---

[28] 『식민통치』, pp. 189~191: 「十五年戰爭」, pp. 121~123.

눈앞에 있는 구식민지인들의 '직접적 반박' 속에서 수행된 것이며, 이 과정에서 관료들은 스스로의 책임 범위에 대해서 계속 의식할 수밖에 없게 된다. 이는 책임져야 할 것과 기술적인 집행 사이의 범위를 기억 속에서 재조정하는 것으로 나타나기도 하고, 의도의 차원과 결과의 차원을 분리하는 진술로 나타나기도 한다. 당시 학생들이 갖고 있던 지식의 범위나 대면 상황에서 오는 극한 갈등의 회피로 인해 이 논쟁은 예컨대 '선의善意의 악정惡政'[29]이라는 표현과 같이, 의도와 결과 사이의 모순이라는 일반론으로 귀결되는 경우가 많다. 즉 하나의 사안에 대한 평가에 있어서 대개 화해할 수 없을 것으로 보이는 갈등은, 자주 관료들이 주장하는 '의도'와 학생들의 제기하는 '결과적 사실' 사이에서 '의도는 좋았을지 모르지만 결과가 나빴다'는 식으로 봉합되곤 한다. 어떤 의미에서 조선근대사료연구회는 식민통치의 선한 '의도'를 강변할 수 있는 장을 제공한 측면이 없지 않았으며, 또 그렇게 행해진 육성의 효과로 인해 매우 설득력 있게 들리기도 한다. 이는 비록 과거의 상황이기는 하지만 피식민자와 식민자의 논쟁이 어디까지 가능하고 어디서부터 불가능해지는지를 보여주는 사례로서 의미심장한 분석의 지점들을 표시해 준다.

넷째 이 녹음기록들은 원본 오픈 릴테이프, 보존용 CD, 공개용 MD, 문자화된 기록 형태로 존재하는데, 중요한 것은 저본이 육성기록이라는 점이다. 따라서 채록되어 윤문된 형태뿐 아니라 현대 미디어에 의해 정동情動, affection이 그대로 노출되는 임장감을

---

[29] 강덕상, 앞의 책, p. 339.

동반한다. 그러니까 이 자료가 거듭 미디어에 의해 호들갑스럽게 보도될 수 있었던 이유는 리얼리티를 주조하는 현대 미디어와의 친연성과도 깊이 관련되어 있다. 연구회의 기록은 일차적으로 "고위 관리들의 직접 증언 자료로서, 지배 정책·탄압 실태를 재구성"한 "적나라한 강점 실상 진술"이었으며, 연구사적으로는 "사료 부족에 따른 역사 공백을 메워"[30]주는 역할을 수행했다. 한편 육성기록의 미디어적 성격으로 인해 이 기록은 지금도 여전히 현재적 유용성을 가진다. 예컨대 한국의 8·15특집 다큐멘터리 초입에 "일본의 패전이 조금이라도 더 늦었다면 독립 반란은 감당할 수 없었을 것이다"라는 내용의 식민지 관료의 육성이 인용되기도 했다.[31] 이 녹음기록을 만든 조선근대사료연구회의 중심인물 중 한 사람인 강덕상이 말한 바, "자료상 먼 과거인 줄로만 알고 있었던 것이 눈앞에 사실로서 존재한다는 사실을 실감"[32]은 '기술복제시대'로 인해 현재도 여전히 반복 가능한 경험으로 살아 있다. 또한 이 육성기록은 채록 과정, 특히 2008년 현재 9회까지 연재된 해제 기록들을 통해 기억과 사료/사실이 경합하는 방식으로 구성되어 있다는 점에서 사실뿐 아니라 허위 및 이를 발생시킨 무의식까지도 문제삼도록 만든다. '기억의 오류'는 추후 확인된 사실관계와 더불어 때때로 진술의 의도나 의식적인 기억의 선택 문제를 제기하도록 만들고 있다.

---

30) 「조선총독부 식민통치 녹취록의 의미와 파장」, 『연합뉴스』(2004년 8월 12일자).
31) 책임프로듀서 서재석 외, <대륙횡단발굴 한국독립전쟁 3부작>, KBS 제1TV, 2001년 8월 14일~16일.
32) 강덕상, 앞의 책, p. 343.

다섯째, 조선근대사료연구회에 참여한 학생들의 면면을 생각할 때, 이 자료는 구식민지 관료들을 통해 식민통치의 실상을 살피는 식민사 연구뿐 아니라 전후 일본 및 한국 사회를 묻는 자료 혹은 전후 일본의 조선사 연구의 성립 과정을 묻는 연구로서도 중요한 의의를 가진다. 이와 관련해 이 연구회의 성립 자체가 식민지연구뿐 아니라 전후 일본 및 한국·조선민주주의인민공화국의 정치 비판 과정에서 촉발된 것임을 상기해야 한다. 이 기록이 시작된 근과거에는 이 대담을 성사시킨 미야타 세쓰코와 호즈미 신로쿠로의 노력이 있었다. 그런데 보다 먼저 있었던 사건으로서 나는 강덕상의 조선인 선언을 상기시키고 싶다.[33] 재일이라는 것이 인종 문제가 아니라 어떤 의미에서 선언 문제라는 점에서, 이는 '증언'의 영역이며 지금도 그렇다. 강덕상은 자신이 한국식 혹은 조선식 이름을 '되찾고' 조선사 연구를 결심하게 된 이유를 아래와 같이 회고하고 있다.

> 대일본제국의 해체는 재일한국·조선인에게는 민주도 해방도 가져다 주지 않았던 것이다. 나는 이러한 차별과 배외, 제3국인 취급을 스스로 경험한 멀지 않은 과거에 비추어 보더라도 절대 용납할 수 없는 부조리의 강요라고 생각했다. 자기의 내면 회복과 현실의 부조리에 맞서기 위해 그것을 역사에 묻는다, 이것이 근대사를 선택한 이유였다.[34]

33) 『식민통치』, pp. 5~6; 「十五年戰爭」, pp. 3~4.
34) 강덕상, 앞의 책, p. 346.

무엇보다 식민지 혹은 제국은 과거가 아니라 '현재형'으로 연속되고 있었고 이에 대한 대면은 전후 비판 문제와 식민지연구를 접속하도록 만들었다. 예컨대 강덕상, 가지무라 히데키梶村秀樹는 식민지 및 제국의 경험이 채 청산되지도 않은 상태에서 재개된 한일국교정상화 회담에 대해 깊은 회의를 느꼈다. 그리고 그러한 과정을 통해 식민지사 연구의 의욕을 새롭게 다지게 되었다. 한일국교정상화 교섭을 통해 드러나는 후기식민지와 구제국의 관계를 보며 이들은 다음과 같은 대화를 나눈 것으로 되어 있다.

> 당시 이케다池田 수상에게 영향력을 미칠 수 있는 사람은 아스오카 모[우익사상가]이니까, 그쪽과 미리 교섭을 시작하는 편이 좋을 것이라는 이야기도 귀에 들렸다. 가지무라는 이것이야말로 제국 의식이라고 했던 것이 생각나는데, 나도 옛날 주인과 하인의 관계가 재현된 것 같아서 기분이 별로였다. 일본이 조선의 분단을 이용하여 재침략하려는 것처럼 보이기도 하고, 한국을 지배하는 친일파의 존재가 궁금하기도 했다.[35]

이 '강사'들은 당대 일본 사회에서도 관변 조직 등에서 중요한 지위를 차지하고 있었다. 따라서 이들이 그러한 연속 속에서 청산되지 않은 역사를 발견하게 된 것은 당연했다. 더구나 한일 양쪽의 식민권력 및 그 하수인들이 다시 조우하는 장면에서는

---
35) 강덕상, 앞의 책, p. 342.

더욱 그랬을 것이다. 그리고 그러한 경험이 이들의 차후 연구가 갖는 성격을 결정지었다고 해도 과언이 아닐 것이다. "우방협회로 모인 사람들[가지무라 히데키, 미야타 세쓰코, 강덕상 등의 젊은 연구자들]은 다 변혁을 담지한 행동파라는 측면을 갖고 있으며, 사학적으로 말하자면 전후 일본의 조선 근대사학을 만들어나간 견인차였다는 생각이 든다"36)는 회상을 떠올려본다. 과연 실제로 그랬던 것 같다.

여섯째, 대담 및 회고 양식 속에서 느낀 불만은 이들 학생 연구자들로 하여금, 증언이란 무엇인가라는 심각한 질문을 하게 만든 것으로 보인다. 강덕상은 이 연구회를 회고하는 글의 마지막에서 다음과 같이 덧붙이고 있다.

> 한반도, 대만, 중국, 필리핀 등 일본의 가해 역사 속에서 아직 치유받지 못한 상처가 욱씬거리는 사람들이 많은 것이 현실이다. 나는 그런 사람들과의 화해·공존을 생각하는 사관이야말로 힘 있는 사관이며, 그러기 위해서는 우리 재일교포 각자의 개인사를 일본 사회에 대해 호소하고 역사의 산 증인이 되는 것이 필요할 것이라 믿는다.37)

이와 같이 재일과 여타의 소수자의 증언을 잇는 관점은 조선 근대사료연구회의 경험 이후에 강화된 것처럼 보이는데, 예컨대 강덕상은 『학살의 기억, 관동대지진』의 「에필로그」을 다음과 같

---

36) 강덕상, 앞의 책, p. 338.
37) 강덕상, 앞의 책, p. 347.

은 구절로 마감하고 있다.

> 내 부친 강영원姜永元에 대해 회고해보면, 참으로 캄캄하고 별도 보이지 않는 골짜기에 갇힌 세대였다. 말하려 해도 슬픔과 분노가 복받쳐 올라 말이 되지 않아, 오로지 눈물만이 마음을 표현해내는 길이었다고 자주 말하곤 했다. 무려 6,000명의 생명을 헛되이 하지 않기 위해서라도 민족의 독립이 얼마나 중요한 것인가를 곱씹어 보기 바란다.[38]

위의 언급들은 두 가지로 해석 가능하다. 우선 위의 언급은 일본의 구식민지관료 및 전후 일본 문제와 대면하면서 재일 연구자와 한국(사) 연구자들이 역사의 주체이자 목표로서 '민족'(의 독립)을 설정하게 되는 과정을 보여준다. 가해를 부인하는 전후 일본에 대항해 피해의 '민족사'를 '부인할 수 없는 사실'로서 제시하는 작업이 그것이다. 그리고 '부인'에 대한 '사실'의 대치는 미야타 세쓰코의 작업들에서 특징적으로 나타나는 사실 서술 중심의 연구 경향으로 유도되었다. 강덕상은 이 연구회의 과정에서 자신이 발견한 것은 자신의 내면에 달라붙은 뿌리와 같은 민족으로의 회귀였다고 말한다.[39] 하지만 조선근대사료연구회의

---

[38] 강덕상, 『학살의 기억, 관동대지진』, 김동수·박수철 옮김, 역사비평사, 2005, p. 388(姜德相 『關東大震災』, 中央新書, 1975).

[39] "호즈미 교수, 곤도 조교수 이하 차차 등장하는 '거물 강사'와 논의할 수 있는 이 세미나에서 속출하는 문제들에 자극 받아서였는지 아니면 지적 욕구의 고양 때문이었는지 모르겠지만 그 후 10년 동안 계속된 이 세미나(주 1회씩 열린 이 정례모임은 500회에 이르렀다)에 주요 멤버들은 거의 결석 한 번 하지 않았다. 이 열의는 나의 경우 내면에 달라붙은 뿌리와 같은 민족으로의 회귀였던 것 같다." 강덕상, 앞의 책, p. 338. 비판 대상으로서의 식민지 관료가 연구의 '교사'가 되는 아이러니

대담을 통해 강덕상 등은 이와 같은 구헤게모니의 재확인이나 식민 권력의 회고, '말할 수 있는 자'의 말이 아니라 소수자의 증언이 보다 중요한 것이 아닌가 하는 의식에 도달한다.40) 그런데 또한 주목해야 할 것은 이들이 망각과 선택적 기억에 의해 단일 회로화된 공적 기억에 저항하는 근거로서, 말할 수 없는 자들의 문제, 증언 문제를 역사의 핵심 과제로서 이해하게 되었다는 점이다.

조선사 연구자들과 우방협회 인사들의 녹음기록은 애초에 심판이 아니라 불타버린 아카이브를 선택적으로 보충하는 '자료'로서 존재했던 것으로 보인다. 그러나 이 과정은 자신이 행한 것과 대면하는 과정이자, 피해자와의 대면을 포함하는 것이라는 점에서 그 가치는 매우 단독적인 것이었다. 전후 일본에서 다수의 조선사 연구자를 탄생시키는 한편 그들에게 '질문'과 '문제계'를 제공한41) 조선근대사료연구회의 녹음기록들의 결과는 어떤 것이었을까. 누구도 알 수 없는 의도(대개는 선한 의도로 강변된)를 포함한 일종의 '회고^{memoir}' 형태를 가진 기억과의 투쟁 속에서, 또 '거기 있었음'이라는 강력한 사실 효과에 대항하기 위한 투쟁 속에서 이 연구회 참가 연구자들을 포함한 일본의 조선

를 강덕상은 가감 없이 회상한다.
40) 말할 수 있는 자의 회고가 아니라 말할 수 없었던 자의 증언을 들어야한다는 그의 문제의식은 피해자와 가해자 양쪽의 증언을 다수 포함하는 姜德相『關東大震災』(中央新書, 1975년)와 같은 저작물로서 나타난다. 증언이 제기하는 문제의 해결을 향한 도정으로서의 연구들이 그것이다.
41) 예컨대 위의 지원병제도의 강제성을 부인하는 관료에 대한 신국주의 경험적 질의를 해명하는 연구로 제출된 姜德相『朝鮮人學徒出陣』, 岩波書店, 1997.

사 연구는 실증주의적 정치 비판으로 유도된 측면이 있는 것처럼 보인다. 특히 '일본인'으로서 존재하는 구식민지관료들에 대치하며 '민족'으로 회귀하는 재일 연구자들의 경우나, 식민 지배의 정당화에 대항해 '가해/피해'의 과정을 선명히 하는 연구자(미야타 세쓰코) 혹은 사회구성체 및 조선 사회의 역량을 강조하는 연구자(카지무라 히데키)를 탄생시킨 것이야말로 이 <녹음기록>의 가장 중요한 성과가 아닐까 생각된다.

집행자의 면책권: 관료 레토릭 비판

1) 회고록 양식의 윤리성을 묻는다

앞서 언급한 <녹음기록>의 의의 혹은 특징은 역시 생생한 진술이자 기억의 장이라고 할 회고록[42]과의 비교를 통해 보다

---

42) 회고록(memoir)은 흔히 자서전과 혼동되기도 하지만 '외적 사건'과 '역사적 토픽'을 강조한다는 점에서 자서전과 구별된다. 자서전을 쓰는 사람은 자기 자신을 주제로 삼는 데 반해 회고록을 쓰는 사람은 역사적 사건에 직접 가담하거나 그것을 가까이에서 목격한 사람들로, 회고록을 쓰는 목적은 그 사건들을 설명하거나 해석하는 것이다. 예를 들어 17세기 영국의 청교도혁명에 대한 많은 회고록이 나왔는데, 그중 가장 유명한 것이 에드먼드 러들로와 존 레레스비 경이 쓴 『회고록(Memoirs)』이다. 특히 20세기에는 많은 정치가나 군인, 관료들이 자신들의 체험을 회고록의 양식 안에 담았다. 제2차세계대전에 관한 유명한 회고록으로는 영국의 몽고메리 자작이 쓴 회고록(1958)과 샤를 드골이 쓴 『전쟁 회고록(Mémoires de guerre)』(1954~1959년)이 있다. 회고록은 비록 자서전과는 다르지만 자서전의 규약을 공유한다. 사건과 의도에 대한 정당화를 동반하고, 망각과 기억을 나누는 '책임 범위'의 준칙에 철저하기 때문이다. 반면 verbal evidence, testimony, witness로부터 온 증언은 법적·신학적 의미에서 오직 인간의 말만이 증거가 되고 또 고백만이 사실에 이르는 길일 때 등장한다. 무엇보다 거기에는 '항의(testimony)'라는 뜻이 개입되어 있으며, 인간의 삶과 말이 증거이고 사람의 눈만이 그때 그곳의 사건

잘 나타나는 것 같다. 회고록은 넓은 의미의 자서전과 같이 진실성과 성실성sincérité을 공포하는 장르인 한편 '속임수' 효과를 가진다. 속임수가 포함된 진실성 — 포괄적인 의미에서의 자서전의 범주는 "허구fiction의 질서가 아니라 거짓mensonge의 질서"43)이다. 즉 리얼리티 문제가 아니라 진실성 그 자체가 문제가 되며, 이는 자서전이 언제나 일관된 삶과 선한 삶이라는 의도와 내러티브에 의해 구성되는 이유이기도 하다.

그럼에도 불구하고 의도와 결과를 중재하고 평가하는 권위는 곧바로 글쓰기로 돌입해, 허다한 '말'에 대한 '글'의 우월적 권위를 설립한다. 글쓰기écriture가 음성언어parole 속에서 실전失傳되거나 거부된 목소리를 복원시키리라 믿기 때문이다.44) 흔히 글쓰기는 말 속에 있는 구멍을 메우기 위해 거기에 존재하는데, 어떤가 하면 이러한 글쓰기로 대리보충된 목소리를 통해서 어떤 특정한 목소리에 다시 생이 부여된다.45)

그렇다고 할 때, 예컨대 녹음기록을 통해서 우리가 볼 수 있는 것은 계속되는 추급 과정에서 '말'이 변하고 또 생각이 변화한다는 것이다. 예컨대 가장 강력하고 직설적인 언어를 구사했던 전 경무국장 다나카 다케오의 진술 역시 변화했다. 글로 확정되기 이전에, 다른 말parole들의 체험이 계속 개입해오기 때문이다. 필자

을 증명하는 상황이 전제되곤 한다. 필립 르죈, 『자서전의 규약』, 윤진 옮김, 문학과지성사, 1998(Philippe Lejeune, *Le pacte autobiographique*, Seuil, 1975).
43) 필립 르죈, 앞의 책, p. 30.
44) 자크 데리다, 『그라마톨로지』, 김웅권 역, 동문선, 2004(Jacques Derrida, *De la grammatologie*, Minuit, 1967) 참조.
45) 필립 르죈, 앞의 책, pp. 168~169.

로서는 그들이 갑자기 진심을 말한 것이 아니라 오가는 말 속에서 '진심本音'이 생겨났다고 믿는다. 호즈미 신로쿠로는 이 연구회 참여를 전후한 다나카의 심정을 다음과 같이 회고하고 있다.

> 조선인의 심정을 가장 진지하게 이해할 수 있었던 것은 만세운동 때 독립운동의 거물들을 직접 심문해 본 경찰 간부들이었을 것이다. 다나카는 생전에 나와 둘만 있을 때 '그때만큼 괴로운 적이 없었다. 그들의 마음을 잘 이해하고 있었다. 그러나 내 직무가 경찰이니 그들을 동정하면서도 내가 할 수 있는 것은 아무것도 없었다'는 말을 자주 반복했다.46)

그러나 문제는 이와 같은 진심을 피력했다는 것에 있지 않다. 오히려 이들의 말 속에 '전쟁 책임' 및 '식민 지배 책임'에 대한 물음에 답하는 관료 및 '지배하는 인간'들의 가장 전형적인 대응이 잠재해 있다는 점에 이 기록의 의미가 있는 것이다.

> 김규남: 예를 들면 그건[창씨개명] 강제가 아니다, 조선의 민사령이나 호적령 같은 것이 있어서 그런 정책을 실시하라고 말씀하셨지만 역시 실질적으로 아래로 내려가면 강제로 실시된 것이죠
> …… [중략] ……
> 박종근: 황국신민서사라든가 창씨개명이라든가 해서 주로 조선인들이 뭔가 의견을 상세히 낸다던가 하는 일들을 예로 들어서 ……

46) 穗積眞六郎, 『わが生涯を朝鮮に』, 財団法人友邦文庫, 1974, p. 266.

오노 로쿠이치로: 응, 그거야 아주 많았지. 이렇게 저렇게 청원이나 진정 같은 것을 하는 사람들이 많았어요. 사실 우리 쪽에서는 그게 좀 지나치지 않나 하고 생각하는 사람까지도 있었고. 우리는 그런 점도 상당히 고려하기는 했지만 어쨌든 지금처럼 말단에서는 역시 그런 일이 일어날 수 있지요.[47]

신국주: 이 [조선]장학회가 결성된 후[1941년 2월]에는 일본에 유학하려면 일단 이 장학회를 통하지 않으면 안 되게 되었고, 거기에는 경찰서의 서명이 필요했어요. 그런데, 조선의 실태를 보면 경찰, 특히 시골 경찰의 위세를 총독에다 빗대었어요. 즉 경찰관의 위세가 총독보다 더해서, 우리 같은 사람도 경찰서의 서명을 받기 위해 교장이 가도 해주지를 않았어요. 만든 뜻이 설사 좋았다 해도, 실제로 조선인 학생이 일본을 건너 진학하는 길마저 허락되지 않았다는 것을 체험을 통해 알게 되었습니다.[48]

대개의 경우 관료들은 자신들의 '의도'의 공정성을 강조한다. 그리고 정책의 결과가 정당화 가능할 경우에는 자신들의 '업적'을 강조하며, 적극적으로 연구회의 주제를 설정한다.[49] 그러나

---

[47] 『식민통치』, pp. 115~116; 「十五年戰爭」, p. 67.
[48] 『식민통치』, p. 196; 「十五年戰爭」, p. 125.
[49] 예컨대 간도 문제나 재만 조선인 보호 문제가 그런 경우이다. 宮田節子 監修, 田中隆一 解說編輯協力 岡本眞希子・河かおる・田中隆一・宮本正明, 「未公開資料 朝鮮總督府關係者 錄音記錄 (2): 日本統治下の在滿朝鮮人問題」(1959년 2월 18일자), 『東洋文化硏究』, 제3호(2001년 1월호). 이 기록을 들으면 '중국인' 혹은 중국사 연구자와 만나면 어떤 대답이 나올까 궁금해지는 대목이 있다.

정책의 결과에 대한 책임 추궁에 대해서는 또 다른 태도를 취한다. 결과 추궁에 대해 더는 ('정당하고 합리적인') 의도로서 대응할 수 없을 때 나타나는 관료들의 가장 전형적인 레토릭은 다음과 같다.

첫째, 이를 '말단의 잘못'으로 돌린다. 즉 집행 과정의 잘못으로 돌리는 것이다. 둘째, 그러한 정책 결정이 '자신의 의사'에 반하여 일어난 것이라고 강변한다. 즉 결단자 혹은 결정자가 자신이 아니라는 것이다. 나는 경찰이었기에 소요에 대해서는 진압 말고 달리 길이 없었다거나 창씨개명이나 동화 정책에 반대했지만 수행할 수밖에 없었다거나 하는 반응이 그러한 사례이다.[50] 위의 삽화는 그런 의미에서 집행자로서의 경찰 및 관료들의 존재가 갖는 의미 및 책임 범위에 대한 중요한 암시를 제공해준다.

주지하다시피, 행정의 기본 원리는 집행이다. 그리고 그 집행을 제어하는 것은 의회이다(그리고 현대에 있어서는 시민사회도 여기에 포괄적으로 포함된다). 막스 베버는 근대관료제의 속성을 목적을 묻지 않는 (혹은 물을 수 없는) '집행'에서 찾았다. 합리주의, 순수기술 본위, 집행이 독재의 3대 요소라고 할 때, 중요한 것은 이러한 기술화된 독재와 이에 대한 집행이 근대 국가의 관료체

---

[50] 예컨대 총독의 대방침에 따른 '도리 없는 협력'. "창씨개명은 역시 문제가 일어나지 않도록 본인의 자유의사로 하게 해야 했습니다. 총독의 대방침이라 도리가 없었지만 경찰 협력은 좀 피해 가려 했고 또 그걸 요구했습니다. 그래서 정무총감의 의뢰통첩에 경찰은 협력하지 않는다는 것이 명기됐습니다. 지방 주재소 정도에서는 몰라도 전체적으로는 개입하지 않으려 했습니다. 이게 전화위복이 됐습니다"(총독부 경무국장 미하시 고이치로[三橋孝一郎], 〈朝鮮における警務行政の回顧〉, T 261, 目錄 8268).

제 내에 상례적으로 자리한 근본적 속성이라는 사실이다. 이러한 속성은 선출된 의회나 의사결정에 참여하는 '사회'를 갖지 못한 예외적 상황 속에서 더욱 극대화되어 나타난다. 이를테면 식민지나 전시 상황이야말로 대표적인 예외 상태라고 할 것이다. 전시의 식민지라면 말할 것도 없다. 근대 국가 체제에 내재한 집행의 원리, 즉 기술화된 이성의 합리적 계산이 관료들로 하여금 정책의 근거나 의도, 결과를 물을 수 없도록, 아니 묻지 않도록 했던 것이다. 의도와 결과를 묻는 기계적 공정 자체도 여기서는 생략된다.

즉, 잘못된 결과는 명령 체계에 대한 복종과 그 위에서의 합리적·기술적 집행에도 불구하고 나타난 것 — 즉 '상위 결정자'들의 책임이거나, 합리적 결정을 배반하고 의도를 오해하여 집행한 '하위 집행자'들 책임이라는 것이다. 애초의 의도나 결과적 과오가 아니라 '집행'(과정)을 통해 사건을 재구성하거나 방어하는 말하기 방식들은 이와 같이 정치 집단의 행위 속에서 개인의 행위를 증발시키는 구조에서 유래한다 하겠다. 우방협회 <녹음기록>은 이러한 면책의 구조를 가장 전형적으로 반복하는 기록물들인데, (자신의) 집행의 선한 결과에 대한 자부심이 집적되는 경우가 압도적이다.

특히 이러한 면책의 구조와 섭리는 회고록에서 가장 강력하게 나타난다. 단적으로 말해 많은 경우 회고록에서는 책임이 개입되는 그와 같은 사건들 자체가 기록 대상에서 삭제되는 것이다. 총독부 관리들의 회고록을 통해 이를 살펴보기로 하자.

주지하다시피, 회고록[51])의 보편적 양식 혹은 이 양식을 지배하는 내러티브에의 욕구는 자신의 행위에 대한 '긍정'인 경우가 대부분이다. 대개 개인의 고생담, 사회적으로 성공한 사람으로서의 자부심으로 가득 찬 이들의 기록에서 가장 눈길을 끄는 것은 식민지기의 정책 집행의 (선한) 결과에 대한 정당화이다. 아니, 대개는 정당화 가능한 사건들만이 기록되어 있다고 말해도 과언이 아니다. 회고록의 내러티브를 결정하는 사고방식을 서너 가지로 유형화하면 다음과 같다.

첫째, "관도官途[벼슬길]에 임하여 국운의 진전에 관여한다"[52])官途に就いて國運の進展に關すべし, 쓰보이 사치오(坪井幸生)는 회고 혹은 사고방식. 예컨대 이 부류의 인간들은 자주 "조선의용군 등의 활동은 어떤 경우든 일시적인 기세극氣勢劇으로 끝난 것으로, 조선 내에는 거의 영향이 없었다"거나 "전시 하의 조선은 전후에 이야기되는 평가와는 반대로, 전혀 아무런 빈틈없이 전의戰意 고양, 일본 국력의 중요한 구성 부분으로서, [내지]일본과 일체적으로 기능했다"는 식의 진술을 개진한다. 물론 그것이 자발성에 의한 것인지, 탄압에 의한 것인지는 묻지 않는다. 실제로는 자신들의 '집행' 결과를 조선인들의 자발적 협력으로 전도시키는 서술은 이러한 회고들의 전형적인 문법이다. 이를 테면 '국운'을 앞세웠지만 '국운이 다해' 귀

---

51) 이 회고록들을 중요한 자료로 삼은 식민지 관료 연구로 張信, 「일제하 조선인 고위관료의 삶과 의식 — 고등문관시험 행정과 합격자를 중심으로」, 松田利彦編 『日本の朝鮮・台湾支配と植民地官僚』(國際シンポジウム30, 國際日本文化硏究センター, 2007)을 참고. 장신에 따르면 이들 회고록들은 현저한 상호참조를 통해서 일종의 장르를 구성하며, 개별 인물평이나 사실에 대한 평가나 정당화 방식 역시 공유하고 있다.
52) 『ある朝鮮總督府警察官僚の回想』, 荒木信子 協力, 草思社, 2004, p. 62.

환하게 되었다는 서술을 보자. 쓰보이는 조선인들의 온건한 반응에 대해서 "반일이니 배일이나 하는 것은 일시의 유행병이며, 인정이나 은애恩愛는 민족이나 정치를 넘어서 인간의 본심이었다"는 식으로 서술한다. 자신은 (일본) 민족이나 (제국) 정치를 넘을 필요가 없지만 상대는 그것을 넘어야 한다는 전제는 도처에서 발견된다. 만주사변이나 중일전쟁에 대한 서술이나 소련 스파이와의 방첩 대결에 대한 서술에서 분명 그는 국운을 위해 '집행'한다. 그러나 그러한 집행 과정이나 정보 획득 과정에서 '인정이나 은애'와 관련된 기록은 없다(당연히 고문의 기록도 없다). '특수한' 방법들을 사용했다는 것 역시 거의 암시하지 않고, 자신의 '공적'만을 강조한다. 다시 말해 책임과 관련된 부분은 서술 자체에서 삭제하고, 공적과 관련된 부분은 극히 강화하는 방식이 회고록들을 지배하고 있다. 문제는 이러한 개인사 서술의 규약이 그것을 넘어 역사수정주의적인 서술들에 직접적인 '실감'을 제공할 때이다. 책임에는 관여하지 않고, 치적에만 관여하는 이 정신이 문제적인 것은 그것이 전후 일본 사회의 역사 인식으로 직접 매개되고 있기 때문이다. 소위 '국운에 대한 관여'는 제국 일본의 정치적·경제적 이익의 수호와 깊이 관련되어 있다. 이 구식민지 경찰 관료는 실감과 경험으로 말한다.

> 지금은 당시의 조선을 이러쿵저러쿵 매도하고, 비난하는 자가 적지 않다. 하지만 그중에 몇 사람이나 그 실정을 견문하고 체험했는가. 그런 주장은 타당성 있는 증거 자료에 기반한 확고한 입론인 것인가. 다

분히 의심스러운 부분이 적지 않다. 나는 감히 당시의 보안과에 재직했던 사람의 하나로서, 실지實地의 소견을 그대로 밝혀 두고 싶은 것이다.

그리고 이러한 서술 다음에는 마치 기다렸다는 듯 3·1운동, 내선일체 등에 대한 해설자[협력: 아라키 노부코荒木信子]의 역사수정주의적 해석이 덧입혀진다. 앞서 말한 것처럼, 글쓰기를 통해 생생히 육성을 메우는 회고록은 그것이 일관되게 구성된 내러티브이자 청산되지 않은 집단 기억이 개입한53) 것임에도 불구하고 목소리의 효과를 통해 특정한 해석 ─ 그러니까 특정한 공적 기억에 강한 생기를 불어넣는다.54)

둘째, "조선을 개척한다."55)朝鮮を拓く. 호즈미 신로쿠로(穗積眞六郞) 여기서는 식산과 산업이라는 테마가 강조되며, 정치적 과오에 대해서는 대체로 '비판적'이다. 반대로 식민지의 피압박 민중을 계도하며, 주어진 위치에서 산업 진흥에 임한다는 생각이 강하다. 양자의 차이는 식민지 조선에서 받은 배치, 행한 업무와도 깊이 관련되

---

53) 坪井幸生의 앞의 책에는 각 장마다 '독자의 이해'를 돕는다는 형식으로 3·1운동이나 중일전쟁에 대한 매우 급진적인 수정(일본 면책론)이 제시되어 있다. 노골적 수정주의가 개입된 아라키 노부코의 해설적 박스 기사는 쓰보이 사치오의 '체험'에 대한 강조로 인해 강한 '사실 효과'를 불러일으킨다. 예컨대 이런 식이다. "[조선인들은] 자신의 의지에 의해 직업이나 학업을 위해 [내지로] 건너온 사람들이 대부분이었다." 坪井幸生, 荒木信子 協力, 앞의 책, p. 158. 이러한 두 서술의 조응은 중일전쟁의 발발 원인 등에 대한 묘사에서 극에 달한다. 과거와 현재가 그야말로 '협력'하고 있는 것이다.
54) 필립 르죈, 앞의 책, pp. 168~169.
55) 穗積眞六郞, 『わが生涯を朝鮮に』, 友邦協會, 1974, p. 38.

어 있다.56)

셋째, 조선인 관료들의 기록에 자주 보이는 것으로 산업 진흥에의 의욕, 조선인의 비애, 입신출세의 극적 성공담이 교차하는 기록도 주목을 요한다.57) 실제로 중일전쟁을 전후한 시기부터의 식민지기의 신문 자료들을 보면, 조선 청년이 고진감래 끝에 고등문관시험에 합격한 사례를 '조선 청년의 자랑'58) 등으로 보도하는 경우를 적잖이 볼 수 있다. 고등문관시험 합격은 점차 문중의 자랑이자, 고향의 자랑이 되어갔다. 환영회와 축하회 개최에 대한 보도나 회고도 식민지 말에 발행된 신문들에서 자주 산견된다.59) 어려웠던 과거, 고학을 통한 중등과 대학 과정 졸업, 금의환향, 전도 찬양60)은 이들에 대한 관례화된 수사였다. 심지어 조선인 관료들에 대한 차별대우를 조선인 전체에 대한 차별로 여겨 이들을 비호하는 기사 역시 빈번했다고 한다.61) 즉, 조선인 관료가 겪는 차별이 조선인의 수난을 상징하게 되는 꼴이다. 이러한 상황에서 이들은 자신들의 고학과 고등문관시험 합격, 총

---

56) 이러한 논리는 식민지 근대화론이나 양심적 지한파론과 연관되어 있어 좀 더 복잡한데, 더구나 호즈미는 조선근대사료연구회의 산파역이라 이 자리에서 간단히 논하기 어렵다. 이 계열에 대해서는 다른 논고를 통해 검토하고자 한다.
57) 任文桓, 『강물은 흘러간다』, 신예원, 1982.
58) 「조선 청년에 또한 자랑 高文도 陸續 파쓰」, 『매일신보』(1936년 11월 10일자).
59) 「蘇鎭愛氏 환영회」, 『동아일보』(1939년 11월 28일). 「高文合格 兩軍 축하회 성대」, 『동아일보』(1939년 12월 28일자). 尹吉重, 『이 시대를 앓고 있는 사람들을 위하여』, 호암출판사, 1991, p. 52.
60) 「高文試驗 통과한 金善太君 환영회」, 『조선일보』(1939년 11월 3일자). 물론 이러한 고생담, 입신출세담은 위의 坪井幸生의 회고록 등에서도 발견되는 것이고, 일본인 관료들의 기록에도 빈출하지만 그러한 고난을 조선인을 대표하는 고난으로 내러티브화하지는 않는 것 같다.
61) 張信, 앞의 책, p. 373.

독부 근무 등을 조선의 고난과 조선의 과제 수행을 대표하는 행위로서 정당화하곤 했다. 또한 해방 후 국가 건설 과제에 참여했다는 알리바이로 인해 산업 진흥(근대화)의 주역이라는 서사가 식민지와 후기식민지 사이를 매개하는 경우도 발견할 수 있다.

식민지 관료들의 기록에서 공히 드러나는 문제는 산만해 보이지만 일관된 내러티브로 인해 논쟁적인 사안들이 거의 등장하지 않을 뿐 아니라 식민지 관료라는 경험에 대한 정당화 역시 매우 포괄적인 방식으로 이루어진다는 점이다. 책임이 구체적인 사안과 질의에 대한 응답이라고 할 때, 애초에 그와 같은 정치적·역사적 논제를 물을 수 없는 양식인 것이다. 그러한 양식이 불러일으키는 사실 효과에 대해서는 따라서 매우 비판적인 접근이 필요하다.

물론 관료가 전범戰犯과 동일시될 수는 없다. 천황이라는 예외의 결정자, 전쟁 상태의 결단자도 처벌하지 못한 상황에서, 의사결정에 '직접' 관여하지는 않은 것으로 생각되는 식민지 관료를 전범으로 취급하는 것은 어쩌면 지나친 일일지도 모른다. 일본의 패전 후 식민지 관료를 법적으로 심판한 조선민주주의인민공화국 역시도 조선인 관료들을 단지 관료라는 이유에서가 아니라 '친일파'라는 이유에서 처벌했으며, 형법상의 처리 외에 피선거권·선거권 박탈과 같은 조치를 취한 이유도 이들이 '악'을 범해서라기보다는 새로운 국가에 합당한 정상적인 '판단'을 할 수 없는 존재라고 간주했기 때문이다. 집행만 하고 판단하지 않는 자들에게는 정치적 주체의 지위를 부여할 수 없다는 논리다. 녹음기록을 들어보면, 서로의 감정이 가장 고양되었을 때 총독이나 군부의 잘못된 결정이었다는 식의 진술이 흘러나오곤 하는데, 더는 어떻게 추궁할 수 없는 상태가 연출되는 장면이 없다고 할 수 없다.

하지만 전혀 다른 입장도 있다. 앞서 언급한 『독일의 비극』의 저자 마이네케는 히틀러의 제3제국을 낳은 가장 중요한 계기 중의 하나로 이성인을 압도하는 공작인의 존재를 지적한다. 관료란 그 대표적 사례이다. 권력에 의한 문화의 대체 현상을 낳은 이 공작인은 직접적으로는 관료를, 보다 넓게는 과학기술자들까지를 포괄했다. 마이네케는 히틀러 정권의 핵심을 이룬 테크노크라트의 존재를 기술적 인간으로 규정하며, 이들의 특징을 '계산하는 지력, 탐욕스러운 에너지, 조잡한 형이상학'으로 요약했다. 집행 장치에도 '형이상학'은 존재했고, 맹목적인 신분 상승을 위한 탐욕스러운 에너지 자체까지도 책임 추궁의 대상이라는 것이다.

마이네케가 염두에 둔 것은 경찰국가였다. 어떤 의미에서 일본은 사법국가라기보다는 관료국가 및 경찰국가의 복합체로서 존재했다는 지적을 고려할 때, 이와 같은 생각은 결코 식민 지배의 책임 문제에서 관료들이 자유로울 수 없음을 알려준다. 특히 경찰 관료와 행정 관료가 구별되지 않았을 뿐 아니라 일종의 순환보직 형태를 가지기도 했던 조선의 경우는 더욱 그렇다. 입안자가 집행했고, 집행자가 검수했으며, 서류와 고문도구가 하나의 손에 쥐여졌다.

조선근대사료연구회는 일종의 심문되는 기억의 장이었다고 할 수 있다. 그러나 한편으로 회고록 일반이 보여주는 긍지와 면죄의 나레이션에서 완전히 자유로웠던 것은 아닌 것 같다. 주권자의 결정과 관료의 집행이라는 원리에 의해 책임을 면제하는 서술로 유도되는 장면을 어렵지 않게 발견할 수 있기 때문이다. 여기서는 거꾸로 천황제와 군부파시즘이 보호막이자 알리바이가 된다. 이를 테면 '나'는 한 국가의 관료이며 "국가란 다수 가족과 그들의 공유물로 이루어진 주권에 의한 정당한 통치이다"(보댕). 그것이 정당하다고 결정된 한, 집행 역시 정당하다. 이런 식의 전제 위에서 진술들이 펼쳐지고, 이러한 '집행자'로서의 성격과 '기획자'로서의 성격이 이러한 연구회 자체를 가능하게 했는지 모른다. 그들은 역사 연구의 장뿐 아니라 사실의 차원에서도 면책 대상일 수 없다.

요컨대 '기획자'로서의 긍지와 '집행자'로서의 면책免責이, 이들을 옛 피식민자, 자신들의 비판자 앞에 설 수 있게 한 것이다. 책임 추궁이 계속되는 경우 (일본) 국가 혹은 결단자의 행위로 귀속시키거나 비인격적인 법 기능에 책임을 이전시키면 그만이기 때문이다. 심지어 이들 구관료들은 정보를 독점하고 있었으며, '학생'들은 곧잘 이들의 화법에 전이당하기도 했다.[62]

따라서 책임 범위에 따라 기억과 망각을 병치시켜 운용할 경

---

[62] "예를 들면 그건[창씨개명] 강제가 아니다, 조선의 민사령이나 호적령 같은 것이 있어서 그런 정책을 실시하라고 말씀하셨지만 역시 실질적으로 아래로 내려가면 강제로 실시된 것이죠"(김규남)라는 진술은 그러한 결정 과정 자체를 충분히 알 수 없는 상태에서 유도된 것이나 다름없다.

우 이 망각 부분을 추궁할 수 있는 능력이나 정보가 '학생'들에게는 충분히 없었던 것 같다. 막 사료의 잿더미 위에서 시작하고 있었기 때문이다.

과연, 행정의 원리란 집행의 기계적 과정에 귀속되는가, 개인의 운용에 귀속되는가. 구관료들은 대개 개인의 운용을 강조하다가도 문제적인 부분에서는 '집행'의 기계적 과정을 방패로 삼는다. 이것이야말로 관료들의 행위가 '악의 평범성'이라는 표현63)으로 요약되는 군인 및 전쟁 수행자들의 의식 구조와 유사성을 갖는 이유이다.

극단적으로는 집행의 수행자가 집행 원리의 '피해자'로 둔갑하는 구조가 발생되기도 하는데, 이는 예를 들어 귀환(引き揚げ) 서사의 배치로 인해 가능해지곤 한다. 자신도 전쟁과 식민 지배의 피해자라는 것을 애써 드러내는 데 있어, 험난했던 본국으로의 귀환 과정만큼 적절한 '체험'은 없기 때문이다. 대개의 조선인 관료들의 회고록들이 고등문관시험 합격에서 절정을 이루는 데 비해, 일본인 관료들의 회고록이 본국 귀환 과정에서 절정에 이르는 것도 이상할 것이 없다. 거기서 그들 모두는 놀랍게도 전쟁의 '피해자'인 것이다.

어떤 의미에서 집합적 기억의 연속성과 국가의 연속성이 비판되지 않는 한 국가적 결정의 집행에 따른 긍지와 (무)책임이라는 구도는 그대로 남는 것이라고 해야 할 것이다. 여기서 상론할 수

---

63) 한나 아렌트, 『예루살렘의 아이히만』, 김선욱 옮김, 한길사, 2006(Hannah Arendt, *Eichmann in Jerusalem: A Report on the Banality of Evil*[1963], Penguin, 2006).

는 없지만 어떤 의미에서 기계적 집행 원리에 근거한 무책임의 구조와 책임을 떠안기 위한 '일본민족' 연속론 사이의 대립 혹은 상호 보충이야말로 '제국 일본'에 대한 전후의 두 비판축이었다. 이를테면 결단 없는 결단주의가 낳은 거대한 무책임의 구조나 기술적 집행의 무결정성을 천황제 파시즘의 핵심 원리로 이해한 마루야마 마사오의 입장과 정치적 연속체로서의 '일본'과 그 구성원의 책임을 함께 물을 것을 요청한 다케우치 요시미의 '방법으로서의 내셔널리즘/아시아'는 대립되는 한편 서로를 보충하는 면이 있다.64)

심문되는 기억의 문제를 제기하는 한편 어떻게 식민지 및 전쟁 책임 문제가 공소화되거나 회피되는가를 매우 생생한 방식으로 보여주는 기록들이 여기에 있다. 그 자체로 식민지 지배 책임을 떠안는 초기적 시도이기도 했던 우방협회 녹음기록 및 자료의 특성은 소위 전후 일본과 한국에 있어서 책임과 기억/망각을 질문하는 장소로서 여전히 매우 결정적인 분석의 지점들을 제공하는 것 같다.

당대의 자료적 한계로 인해 추궁되어야 할 '사실'의 영역을 구식민지 관료들이 더 많이 확보하고 있는 문제점도 없지 않았다. 더구나, 이들 구식민지 관료들은 이 녹음된 연구회 석상에서 어디까지나 '강사'였다. 그로 인해 식민지 지배의 실질적 과정과 책임 문제에 대한 질문들은 '집행'의 원리 속에서 중단되곤 한다. 집행 그 자체를 문제 삼기 위해서는 집행에서 상부의 결정이

---

64) 石田雄, 『記憶と忘却の政治學』, 明石書店, 2004을 참고

어디까지이고, '집행'의 실제 사실이 어디까지인지를 계속 분절하는 일이 필요하다. 그러니까, 문제는 행위의 구체성을 통해 집행의 범주 자체를 개인의 영역까지 소급해 가는 일인 것이다. 하지만 '학생'들이 더 많은 정보를 갖고 있었다면 아마 이 만남은 실현되지 못했을 것이다. 그렇게 개인에게까지 도달한 '집행'의 원리는 전범 재판이나, 식민지 지배 그 자체에 대한 재판이 일어나지 않는 한 거의 불가능한 것이기 때문이다. 심판이 아닌 한, 모든 게 양심과 진술에 맡겨진다. 그런데 양심의 고백은, 그것이 면죄나 최후의 심판이 전제된 신 앞이 아닌 한 하나의 내러티브 속에서 여전히 가장 내밀한 비밀을 감춘다.

2) 정치로서의 말과 정치를 묻는 목소리

인간은 정치적 동물이다. 이 말은 동시에 인간이 말하는 동물임을 뜻한다. 말^{logos}을 매개하지 않는 정치^{polis}란 불가능하기 때문이다. 인간은 동물과 공유한 소리^{phone}를 정치의 영역에서 추방하고, 형이상학적인 말^{logos}을 통해 정치체를 구성했다. 그렇게 해서 인간의 정치는 그저 살아가는^{zôon} 종들과는 달리 선과 악, 정의와 불의의 공동체에 기반하게 되었다. 그러나 '말'은 언제나 살아있는 인간의 신체에서 터져 나오는 '목소리^{Voice}'를 통해서만 존재한다. 언어와 목소리를 구별하는 일은 가능하지 않을지 모른다.[65]

---

[65] 언어라는 것은 그것의 달성 여부와는 별도로 항상 '의미'를 가져야 한다고 믿어졌다. 그런 의미에서 '아/아이고'하고 외치는 동물의 목소리는 언어에서 배제되지 않으면 안 되었다. 다시 말해 언어는 동물의 소리를 배제하는 형태로 포함할 수밖에 없다. 이 소리와 언어(적 의미)의 비식별역을 아감벤은 phōnḗ 혹은 영어 대문자

'목소리' 자체가 언어의 근거이다. 아니, 그렇게 되어야 한다. 때로는 울부짖는 이 목소리는 여전히 정치에서 배제되는 형식으로 우리들 삶 안에 포함되어 있다. 아니 전쟁과 학살과 같이 인간을 인간 이하로 떨어뜨려 벌거벗은 삶으로 내모는 예외적인 상태에서는, 오직 이 인간의 비명 섞인 목소리만이 현재를 사는 인간의 상례^{rule}적 삶이 어디에 와 있는지를 알려주기도 한다. 20세기는 그래서 살아있는 육체를 뚫고 파열하는 목소리, '증언의 시대'라 불린다.

초입에서 말했듯이, 기억의 정치학은 아우슈비츠라는 '사건', 즉 '기록될 수 없었던 사실의 압도적 힘과 그것이 요청하는 윤리'에 의해 아카이브를 중시하는 역사학과 문자를 중시하는 문학의 영역에 새로운 각성을 가져왔다. 예컨대 아카이브에 대한 정열이 역사나 정치에 대한 물음으로 바로 이어질 수 없다는 사실을 간파한 데리다는 아카이브가 보여주는 공공성, 공적 기억이란 기껏해야 이 공적 비밀들 위에 구축된 재^{ash}에 불과한 것일지도 모른다고 말한다. 그에 따르면 어떤 아카이브도 기호들을 하나의 시스템 속에 모으는 위탁된 목적 없이는 존재할 수 없다. 아카이브에의 열정은 당연히 떼어내거나 격리되어 마땅하다고 판단되는 어떤 분열이나 혼종성, 비밀들을 제거한다. 증언이란

를 써서 'Voice'라고 불렀다. 그에게 이 배제를 통한 포함을 포착하지 않는 언어 혹은 정치에 대한 사유는 결코 생명정치화 과정을 포착해볼 수 없다(『호모 사케르』: p. 44). 살아있는 인간의 증언과 비명을 포함하는 소리(phone)와 말(logos) 사이의 비식별역을 표시하기 위해, 여기서 나는 목소리(Voice)와 소리(phone)를 잠정적으로 구분해 사용했다. 즉, 비명과 함께하는 증언과 같은 목소리(Voice)야말로 정치=말의 경계·문턱이라 파악했다.

어떤 의미에서 바로 이 아카이브의 재이다. 따라서 이질적 요소를 제거하는 아카이브의 이러한 할당적 기능은 반복과 재생산을 내포한다. 그리고 어떠한 이질성도 추방하는 이 동일성의 반복은 필연적으로 그 자신의 죽음을 예감케 한다.66) 동일한 것의 되풀이, 즉 반복의 끝에는 소멸만이 존재한다. 아카이브의 확충이 해결하는 역사적·정치적 과제는 생각처럼 크지 않을 수도 있다는 것이다. 목소리, 증언은 따라서 늘 문자 그 자체의 조건을 환기하고 질문하는 장소^{topos}로서 매우 전복적인 의미를 갖는다.

'전승될 수 없었을 가능성'이라는 문제에서 기인하는 목소리의 중요성은 단지 기록자의 태만이나 권력의 조작 때문에만 중요한 것은 아니다. 살아남았다는 점에서 증언해야 하지만 살아남았다는 이유로 죽음 그 자체에 얽힌 사실을 '증언할 수 없는' 살아남은 모르모트들.67) 그들이야말로 증언의 가능성과 구원적 불가능성을 증거하는 사례라 할 것이다. 어떤 의미에서 증언은 산 자를 위한 것이 아니라 죽은 자를 위한 것이고, 살아서 증언하는 사람은 죽은 자에 대한 의무를 지는 방식으로만 살아 있는 인간들의 삶에 일종의 윤리를 새겨 넣을 수 있다.

예컨대 관동대지진, 사형당한 조선인 BC급 전범, 징병의 희생양들, 우키시마호 폭침 사건 등의 증언을 통해 여전히 살아서 정

---

66) Jacques Derrida, *Archive fever: a Freudian impression*, trans. by Eric Prenowitz, The University of Chicago Press, 1996, p. 35.
67) 이에 대해서는 프리모 레비, 『이것이 인간인가 — 아우슈비츠 생존 작가 프리모 레비의 기록』, 이현경 옮김, 돌베개, 2007년. 프리모 레비, 『주기율표』, 이현경 옮김, 돌베개, 2007.

치적 장에서 기능하는 헤게모니들의 언어^{logos}와 대치하는 일이야말로 조선사 '학생'들의 과제이자 우리의 과제인 것이다. 의미가 기억의 형태로밖에 존재할 수 없었던 역사, 증언이라는 전승 방식 자체를 묻는 일이지, 회고의 다발을 늘려가는 일이 아니다.

어떤 회고들은 피비린내 나는 유치장에서 진술서의 지장指章과 함께 이루어지기도 한다. 자서전을 쓰도록 강요하는 국가, 제국 일본과 대한민국을 산 적잖은 사람들이 경찰 및 검사의 취조에 응하여 그들 자신의 '최초의 자서전'을 집필했다. 자술서의 형식을 가진 이 기록들은 겨우 살아남은 자의 회고록이기도 하고 뒤틀린 방식으로 도달한 증언이기도 하고, 무엇보다 관헌들의 기록이기도 하다. 한국의 한 역사학자는 이들의 삶을 묘사하며 이렇게 쓰고 있다. "그들의 삶을 묘사하고자 하는 작가가 있다면 그는 시위, 수배, 망명, 지하운동, 체포, 투옥, 탈출, 유학, 좌절, 운동선 이탈, 재기, 총살 등의 용어를 빼고서는 글을 짓지 못할 것이다."68) 그리고 체포와 투옥 사이에 '자서전'이 있고, 증언의 '흔적'도 있다. 이런 구절은 또 어떤가. "그[「고려공산당원 박헌영 외 2명의 공술 보고의 건」]에 따르면 취조 범위는 극히 넓었다. 경찰의 추궁은 한두 가지 '범죄 사실'에만 한정되지 않았다. 경찰의 관심사는 세 청년의 일생 전반에 걸칠 정도로 폭넓었다. 세 사람[김단야, 박헌영, 임원근]은 출생 이후 체포되기까지 경력을 세세히 진술해야만 했다. 특히 상해로 '도항'한 이후의 행적에

---

68) 임경석, 「트로이카」, 『잊을 수 없는 혁명가들에 대한 기록』, 역사비평사, 2008, p. 73.

대해서 집중적인 추궁을 받았다."69) 관헌의 기록을 통해 공적 기억의 밖으로 튕겨나간 증언의 '흔적'을 더듬는 일은 굳이 역사학도가 아니더라도 식민지 사료를 손에 댄 사람이라면 누구나 종종 경험하는 일이다.70) 그리고 이 흔적은 이들의 죽음들 위로 겨우 살아남은 사람에 의해 '증언'된다.

> 그때 나라고 하는 것의 존재가 여간 크지 않았어. 만일 내가 (경찰에게) 잡혀버리면 큰일이네. 아무것도 없어져 버려.71)

이 말의 함의 역시 이러한 증언의 불가능성이라는 심급에서 이해되어야 하지 않을까.

그러니까, 최선의 상태에서의 역사는 사실의 기록에 관한 문제를 넘어, 그 사실의 '전승가능성'의 조건을 묻는 일이 된다. 역사가, 철학자, 번역가, 비평가의 무한한 임무를 떠올리며 우리는 다시금 이렇게 묻게 된다. 모든 말하는 존재의 윤리적인 계약의 진정한 임무를 당신은 구성해 냈는가.

따라서 결코 쓰여진 적이 없는 것을 읽거나 또는 쓰여진 것들

---

69) 임경석, 앞의 책, p. 40.
70) 예컨대 이런 '만남'의 사례를 보라. "그 사람[윤자영: 1896~1938년]을 처음 알게 된 것은 일본 경찰의 정보문서를 통해서였다. 내가 대학원에 막 진학했을 때였다. 일본 관헌 문서 외에는 민중운동사에 관한 이렇다 할 자료를 찾기 어렵던 시절이었다. 운동사를 전공하려는 사람이라면 으레 일본 측 관헌 자료를 헤집고 다니곤 했다." 임경석, 「만남」, 『잊을 수 없는 혁명가들에 대한 기록』, 역사비평사, 2008, p. 40.
71) 한국정신문화연구원 현대사연구소 편, 「구술자료 김소중 소장본」, 『遲耘 金錣洙』, 1999, pp. 83~84.

을 말소하는 표상으로서의 증언은 우리 시대의 가장 중요한 역사적 논제인지도 모른다. 예컨대 '증언' 문제를 우리 시대의 철학적·정치적 과제로 재등장시킨 사람 중의 하나인 아감벤은 역사가의 임무에 대해서, 또 비평가의 임무에 대해서(이 둘은 그에게 같다) 다음과 같이 쓰고 있다.

> 과거는 망각과 조롱으로부터가 아니라 오히려 그 전달의 결정적 양식 determinate mode으로부터 구해져야 한다72).

어떤 의미에서, 역사에서 유산으로서 가치를 찾는 일은 (증언해야 할 것들 전체가) 사라질 수 있다는 가능성을 윤리적·역사적 요청으로서 받아들이는 일보다 훨씬 교활한 방법일지 모른다.73)

증폭되는 회고 및 가짜 증언들이 증언의 시대에 도착해 있다. 그러나 실제로 역사철학이 아니라 역사로 작업하는 사람들에게 다시금 구체적 의무를 부과하는 진술들도 있다. 옛날을 '말'한다고 해서, 모두 살아 있는 '목소리'는 아닌 것이다. 가짜 말들, 집합적 기억에 봉사하는 회고들과 대치해야 하는 것이다.

---

72) Giorgio Agamben, "Language and History", in Daniel Heller-Roazen trans.(ed), *Potentialities: Collected Essays in Philosophy*, 1999, Stanford Univ. Press, 1999, pp. 59~60.
73) 왜냐하면 무한한 해석으로 운명지워진 역사, 해석학에 열려버린 역사 속에서는 짐만이 늘어날 뿐 그것들을 다루는 일은 늘 어려운 것이 되기 때문이다. 벤야민(에 대한 아감벤의 해석)에 따르면, 전승의 내용들은 어떤 전달해야 할 과거도 없는 보편 역사 속에서 해소되는데, 그 순간 보편 언어가 '경축의 말' 혹은 구제 이후의 세계로 도래한다. 물론 구원이 그렇듯이, 이 말 자체는 현실 자체를 '설명하는 사고'라기보다는 그러한 변혁을 요청하기 위한 '한계개념'에 가깝다. Giorgio Agamben, 앞의 책, pp. 60~61.

아무도 증언할 수 없었던 '사건'들도 존재한다. 모두 살육되었기 때문이다.

> 망각의 구멍은 존재하지 않는다. 인간적인 어떤 것도 완전하지 않으며, 망각이 가능하기에는 이 세계에 너무나 많은 사람들이 존재한다. 이야기를 하기 위해 단 한사람이라도 항상 살아남아 있을 것이다.[74]

증언조차 불가능했을지 모를 멸절의 가능성, 그리고 결코 망각의 시도에 의해서는 멸절할 수 없는 너무도 많은 사람들의, 아니 단 한 사람의 기억. 이것이야말로 증언과 역사의 한계개념이자 비평이 말하는 구제의 개념일 것이다. <조선총독부 관계자 녹음기록>은 역설적으로, '회고'의 말을 넘어 '증언으로서의 목소리'로 우리를 유도하는 반면교사인 것이다.

'증언의 시대': 사실의 역사학, 책임의 역사학

가쿠슈인대학 우방협회 문고 내 <조선총독부 관계자 녹음기록>은 최근 한국 근대사, 특히 조선총독부의 조선지배 정책을 다루는 데 유용한 자료로서 폭넓게 이용되고 있다. 녹음기록 자체가 정책 생산 배경과 집행 과정을 식민통치 당국자의 입으로 전달하고 있어 기존의 공식 발간 자료의 한계를 보완하는 측면

---

74) 한나 아렌트, 앞의 책, p. 324.

이 있기 때문이다. 이 자료를 문제 삼으면서 이 글을 통해 논증하려 했던 것은 크게 세 가지였다.

첫째, 최근 역사학계 및 문학사 연구에서 중요한 논점이 되고 있는 구술 및 녹음기록의 자료적 성격을 '증언'과 '회고'라는 측면에서 부각시키려 했다. 증언과 회고는 공히 기억에 의존하고 있지만 전자는 그때 그곳에 대한 피해자의 기억과 목소리가 갖는 유일성에 근거하고 있음에 비해 후자는 지배적인 정치 언어^{logos}에 의해 구성되는 측면이 강하다. 말하는 자가 과거와 맺는 관계나 현재의 위치가 상이하기 때문이다. 증언이 은폐된 역사의 드러남/드러냄, 즉 문제계의 등재에 관여하는 데 비해, 회고는 책임 소재 및 의도와 결과 사이의 불일치에 대해 강조하는 경향이 농후하여 이면사^{裏面史}적 측면이 강하다.

둘째, 역사학자가 피해자의 증언, 즉 목소리로서의 '사료'를 대할 때 가져야 할 태도를 상기해보는 데 있어 <조선총독부 관계자 녹음기록>은 여러 시사점을 준다. "말하려 해도 슬픔과 분노가 복받쳐 올라 말이 되지 않는" 목소리를, 은폐되어 있는 자료들을 발굴함으로써 언어로서 복원해내고 이를 통해 특정 사안이 갖는 정치성을 재점화하는 일이야말로 '재일' 역사학의 과제였는데, 이 과제의 원점에 이 녹음기록이 반면교사로 놓여 있었던 것이다. '가해자'의 발화와 대면하는 일을 통해 수행된 역사 학습 과정에서, 검증되어야 할 사실을 확인하는 '역사학도의 열정'은 관료들이 행한 기억의 조작 지점을 중심으로 점화되었다. 기억의 조작이 강화되는 장소에 머물며 '사료'를 모아가는 일은,

기억을 심문하는 녹음의 장소뿐 아니라 차후의 '연구'들 속에서도 수행되었다. 관료들의 '말'이 주저하는 지점이야말로 당대의 사실과 차후의 역사 서술을 물을 수 있는 중요한 지점들이 되었던 것이다.

셋째, 필자는 <조선총독부 관계자 녹음기록> 자체가 가진 정치성에 주목함으로써 관료를 비롯한 '책임자'들의 회고(록)들에 드러나는 중요한 발화법인 '자백 가능한 것(집행)'과 '자백 불가능한 것(범죄)'의 분절을 문제삼았다. 물론 역사학(자들)은 일찍부터 회고록이나 자서전을 사료로 이용할 때 기록자의 '조작된 기억'에 속지 말 것을 강조해왔으며, 대개의 경우 기억 자료는 다른 기록과의 비교를 통해 사실로 확정된 것만 사료가 될 수 있었다. 따라서 이 글에서는 '조작'이나 '사실의 선택'이 어떤 틀을 통해 일어나는지를 해명했다. 심문되는 기억의 장인 <녹음기록>에서 식민지 관료들은 선한 의도를 내세우는데, 이것이 나쁜 결과에 의해 추궁될 때면 자신은 집행자일 뿐임을 강조한다. 회고록의 경우, 입신출세주의와 애국심의 결합, 식민지 개척과 근대화 논리 간의 결합, 입신 성공담과 내선인 차별 문제를 뒤섞음으로써 근대(화)주의나 민족적 공분을 유도하는 방식들이 지배적이다. 양쪽 모두에서 이들은 공히 자신들의 '업적'과 관련해서는 기획자였음을 강조하며, 책임 문제에 있어서는 기술적 집행자였음을 강조한다. 공적은 강조하되 책임은 방기하는 관료 회고록의 일반적 레토릭, 다시 말해 남기고 싶은 것과 남기고 싶지 않은 것의 분절은 식민 지배의 정치적·윤리적 책임 소재를 묻고 당대에 입법하는 일국사의 틀을 생각해보는 데 중요한 암시점들을 제공한다. 화자가 일방적으로 이야기하는 회고록이나 자서전과 달리 '심문'하는 형식으로 진행된 <녹음기록>은 자백 가능한 것으로서의 '집행'과 자백 불가능한 것으로서의 '악/범죄'가 분화되는 지점을 보여주는 자료로서도 의의가 특별하다.

식민지기에 대한 연구는 흔히 친일 문제(조선인), 식민 지배 책임 문제(일본인)와 맞물리면서 통치의 피해자는 있을지언정 가해자는 없는 지경에 이르곤 한다. 단적으로 말해 이 자료는 역사에 있어서 책임을 묻는 방법에 대한 암시점들을 제공하는 동시에 책임 문제가 공소화되는 이유를 생각해보는 데도 유용하다.

관료 연구 및 녹음 자료의 가치와 문제성에 대해 언급하며 글을 마치고자 한다. 이는 연구사에 대한 비판이라기보다는 우리들 자신에 대한 주문으로서의 성격을 갖는다. 우선, 관료 집단에 주목하는 한 사무와 집행의 기술적 과정만이 부각될 위험이 존재한다. 집행의 의도와 계기는 '구술'들 속에서 자의적으로 구성되는 측면이 강하다는 사실을 염두에 두어야 한다. 둘째, 정보의 흐름과 집행 '과정'이 중심에 놓임으로써 집행의 '대상' 자체는 몰각될 위험이 언제나 상존한다. 관료 조직이나 임금 구조, 인사 등에 대한 연구가 축적되어 다행스럽고 연구의 밀도도 도를 더해가고 있지만 그러한 연구 자체가 최초의 의도를 배반하는 기능화된 구조 분석은 아닌지도 생각해볼 필요가 있을 것이다. 집행과 조직에 대한 강조는 집행 대상을 이면으로 물러나게 하기도 한다. 그 사례로 나는 한 경무국장의 회고록(『한 총독부 경찰

관료의 회상』)의 사례를 들었다. 스파이로부터 얻은 '정보'만이 존재하고 정보를 가진 '대상'은 여전히 수단화하는 서술이 아무렇지도 않게 이루어지는 이유에 대해서 묻지 않으면 안 될 것이다. 셋째, 이 기록의 가치는 회고回顧/懷古가 아니라 심문 문제와 역사에 있어서의 전승의 가능성 혹은 불가능성 문제를 부각시키는 데도 있다. 이 기록의 성립과 가치와는 별도로 이 기록에 대한 적대의 가능성도 생각해볼 수 있다. 적이야말로 정치적인 것에 관해 가장 많은 것을 알려주기 때문이다.

노다 마사아키는 중국에 억류된 일본 군속들의 심판 과정을 통해 매우 흥미로운 심문과 단죄, 반성의 사례를 제시한 바 있다. 정신분석학적 방법을 통해 전범의 의식을 고찰한 이 책이 대상으로 삼은 것은 중국 잔류 일본인 전범, 관료 집단이다. 저우언라이周恩來가 이끄는 중국 당국의 전범 우대 정책에 대해 저항과 교만으로 일관하던 군속들은 시간이 흐름에 따라 석방 가능성을 점치며 자백 가능한 것(집행)과 자백 불가능한 것(범죄)의 분절을 행한다. 의식 · 무의식 모두에 있어 그들은 어떠한 죄도 부인한다. 그런데 여전히 일본인/중국인이라는 테두리 안에 존재하던 이들은 일종의 '자서전' 쓰기 혹은 '집행 과정에 대한 상세한 묘사' 속에서 점차 개인의 몫, 죄의 발견에 이르게 된다. 그 순간 집행이 아니라 자신이 행한 것이 먼저 떠오르고 집행과 명령은 뒤로 물러나게 된다. 가해와 피해의 '사실'이 비로소 성립하게 되는 것이다. 물론 그러한 변화를 유도하는 과정에는 법과 물리력과 윤리의 동시적 개입이 놓여 있다. 명령 조직 속의 집행에서 분명 개인이 져야 할 몫은 한정적이다. 그러나 피해자가 있는 이상 가해 역시 구체적 인간에 의해 이루어졌다고 보지 않으면 안 된다. '집행'에는 언제나 개인의 판단과 행위라는 몫이 있다는 것을 인지해가는 일은 그래서 중요하다. 그리고 마침내 그들은 피해자와 대면한다. 피해자가 죽었을 때는 그의 가족과 대면한다. 심지어 나중에 그들을 지키며 우대하던 간수들이 피해자의 가족들 중 선발된 사람이라는 것이 알려진다. 인간과 인간이 만나고 죄와 면죄가 비로소 성립한다.75) 그리고 돌아온 그들 중에 많은 이들이 일본 국가의 전쟁 범죄와 식민지배에 관한 전전·전후 비판의 글들을 남겼다. 왠지, 이러한 사례를 상기하며 이 글을 끝맺고 싶다.

오늘날 식민지 지배 및 협력 문제, 집단 학살과 국가 폭력 문제의 성격을 묻고, '청산'하는 일은 대개 역사학의 과제가 되어 있다. 이 말은 이중적인 함의를 갖는데, 그것은 정치가 그것을 묻지 못했다는 의미이기도 하고, 역사 안에서야말로 공소 시효가 없는 심문이 가능하다는 것을 의미하기도 한다.

자백 가능한 것과 자백 불가능한 것을 분절하는 일. 그러니까 자백을 받아내는 일은, 그러나 '역사의 법정'이나 현실 정치의 무대에서는 근본적인 수준에까지 이르지 못한다. 바로 그렇기 때문에 살아 있는 목소리, 증언을 듣는 것이야말로 사실과 역사,

---

75) 野田正彰, 『戰爭と罪責』, 岩波書店, 1998. 심판 없는 반성 혹은 회고는 없다. 담론 속의 심문과는 다른 형태로서 법적 구속력 아래서 책임의 경계를 확정하고, 이를 통해 죄책을 개인의 마음속에 불러일으키는 과정을 함께 고려하지 않는 한 '회고'들의 가치는 제한적일 수밖에 없다.

책임을 묻는 장소가 된다. 당연히 이것은 시간과의 싸움이다. 책임을 물을 수 있는 근거인 '사실'을 구성하는 일이야말로 역사학자의 일이라고 할 때, 이 법정은 아마 끝나지 않는 심문의 장소일 것이다. 역사는 사실이자 이야기라는 말로는 부족하다. 문제는 이 이야기의 말투와 틀을 심문하기 위해 '목소리'를 듣는 일이다. 목소리의 사유를 개시하는 일이다.

결 론

0
'비인(非人)'의 땅, 후기식민지로부터의 단상

내 조국을 떠날 때/사랑하는 동무는/깃발을 메고 돌아오라 했거니/······ [중략] ······/우랑찬 자유의 노랫소리로 변할 때까지/동무야 싸우자/형제야 싸우자/못내 뜻을 이루고 싸우다 죽으면/이내 가슴 위에 돌을 세워다오/돌 위에 새겨라/'조국 해방 만세'라고
— 김사량, 「조선의용군」 중에서.

그러나/사자는 사자 시대의 향수를 지니고 있다./독사는 독사시대의 향수를 지니고 있다.//그런데/너는 도대체 뭐냐, /용병을 자원한 사나이./제값도 모르고 스스로를 팔아버린 노예.//그러나/너에겐 인간의 향수가 용인되지 않는다./지금 포기한 인간을 다시 찾을 순 없다./갸륵하다는 건 사람의 노예가 되기보다는 말의 노예가 되겠다는/너의 자각이라고 할까./먼 훗날/살아서 너의 집으로 돌아갈 수 있더라도/사람으로서 행세할 생각은 말라./돼지를 배워 살을 찌우고/개를 배워 개처럼 짖어라.//고 적어놓은 네 수첩을 불태우고/죽을 때 너는 유언이 없어야 한다.
— 이병주, 「8월의 사상」 중에서.

시민이 된 후 동물이 된다

1944년 1월 20일. 자유로운 영혼이면서도 식민지 백성으로 태어난 사나이, 죽음을 회피하기 위해 노역에 종사하는 노예, 그리고 마침내 인간이 되기 위해 병사를 '자원하지 않으면 안 되었던' 4,000여 명의 조선 청년들이 입영 열차에 몸을 실었다. '애비는 종이었'기에 "혓바닥을 느러트린 병든 수캐만양 헐떡거리며 나는 왔다"[1]고 적던 이들이 드디어 군인이 된 것이다. 「2·8

---

1) 서정주, 「自畵像」, 『未堂 徐廷柱 詩全集 1』, 1991, 민음사, p. 35. 이 시에는 다음과

독립선언서」을 썼던 『무정』의 지사(志士) 이광수는 「군인이 될 수 있다」(1943년)는 감격 속에 황은을 말하고, 「기미독립선언서」(1919년)를 썼던 최남선은 화랑도 정신으로 총 쏘는 법을 배워 「보람 있게 죽자」(1943년)고 쓴다. 식민지라는 통치역을 통과해 이제 막 헌법역의 문턱에 선 사람들. 천황이라는 주권자에 의해 독점된 일반의지를 지키기 위해 병사가 되어 떠나는 그들의 모습을 떠올리는 것에서 나의 이야기는 시작된다.

국가의 시민^{citoyen}이 되고 나서, 처음으로 인간^{homme}이 된다. 루소가 『사회계약론』에서 한 말이다. 조선학도 출진. 내선일체와 황도조선이라는 기치에 의해 제국 일본의 일반의지에 압착된 이 사람들은 군인이 될 수 있다고, 또 그렇게 인간이 될 수 있다고 믿었을지도 모른다. 국가라는 '일반의지'와 자신을 하나로 느끼고, 이를 위해 죽을 수 있는 존재만이 '인간'으로 도착(倒錯)될 수 있기 때문이다. 이것이 도착인 이유는 이 '인간'이 어떤 일반의지의 소멸과 함께 종언을 고하게 되기 때문이다. 여기 개처럼 짖고 돼지처럼 먹는 운명을 타고난 사람이 있다. 제국 일본의 학병으로 종군한 후 환멸 가득한 후기식민지의 대중작가가 된 이병주(1921~1992년)는 이렇게 읊고 있다.

그러나/사자는 사자 시대의 향수를 지니고 있다./독사는 독사 시대의 향수를 지니고 있다.//그런데/너는 도대체 뭐냐, /용병을 자원한 사나

같은 부기가 달려 있다. 次一片昭和十二年丁丑歲仲秋作 作者時年二十三也이 한 토막은 쇼와 12년 열네 살 한 가을에 쓰여졌다. 작자는 올해 23세이다.

이./제값도 모르고 스스로를 팔아버린 노예.//그러니/너에겐 인간의 향수가 용인되지 않는다./지금 포기한 인간을 다시 찾을 순 없다./갸륵하다는 건 사람의 노예가 되기보다는 말의 노예가 되겠다는/너의 자각이라고 할까.//먼 훗날/살아서 너의 집으로 돌아갈 수 있더라도/사람으로서 행세할 생각은 말라./돼지를 배워 살을 찌우고/개를 배워 개처럼 짖어라.//고 적어놓은 네 수첩을 불태우고/죽을 때 너는 유언이 없어야 한다.//헌데 네겐 죽음조차도 없다는 것은/죽음은 사람에게만 있는 것이기 때문이다./죽을 수 있는 것은 사람뿐이다./그밖의 모든 것, 동물과 식물, 그리고 너처럼/자기를 팔아먹은, 제값도 모르고 스스로를 팔아먹은,/노예 같지도 않은 노예들은 멸하려 썩어/없어질 뿐이다. ······2)

왜 용병인가.

일제 때 수인(囚人)들은 고통 속에서도 스스로를 일제의 적으로서 정립시킬 수 있었다. 그런데 일제의 용병들은 일제의 적으로도, 동지로서도 어느 편으로도 정립할 수가 없었다. 강제의 성격을 띤 것이라곤 하지만 일제에게 팔렸다는 의식을 말쑥이 지워버릴 수 없었으니 말이다.3)

---

2) 이병주, 「8월의 사상」(1980), 『그 테러리스트를 위한 만사』, 한길사, 2006. pp. 277~278.
3) 이병주, 앞의 책. p. 276.

전선에서조차 적과 동지를 결정할 수 없었던 그들은 병사에서 풀려나자마자 어떤 언어로도 스스로를 설명할 수 없게 되어버린다. 애초부터 정치적인 것이 될 수 없었던 그들은 '개를 배우고' '돼지를 배워야' 겨우 살 수 있었던 존재에 다름 아니다. 이 존재는 스스로를 인간 '그 밖의 어떤 것', 그러니까 '개/돼지'라 말한다. 시민과 국민과 인간을 잇는 일반의지와 그 방위자라는 국가의 서사는 국가의 봉인이 풀려버린 자리에서 공소한 것이 되고 만다. 국가를 위해 죽음 앞에 선 시민에게만 인간의 자격이 있다 한다. 과연 그런가. 제국은 죽어버렸다. 그때, 그는 인간도 시민도 아니며 동물을 배우지 않으면 안 된다. 시민이 되고 인간이 되는가. 아니다. 시민이 되고 동물이 된다.

게다가 이병주가 느낀 환멸은 자신의 언어가 전달 가능한 것이 아니라는 자각으로 인해 증폭된다. '돼지를 배워 살을 찌우고 개를 배워 개처럼 짖어라'고 적어놓은 수첩을 불태우고 죽을 때 너는 유언이 없어야 한다고 작가는 쓰고 있다. 일반 의지와 무한을 위해 내걸었던 죽음 — 시민의 자격을 얻기 위한 종군을 '대한민국' 국가 아래에서 어떻게 쓸 수 있을까. 그가 전달할 수 있는 유일한 것은 전달(불)가능성 그 자체뿐이다. 그러니까 우리가 읽는 것은 불태운 수첩 그 자체이다. 수첩에 적으려는 의지와 그것을 불태우려는 자괴 사이의 격투로 인해 그의 소설은 언제나 서사 미달의 '체험적 수기'로 낙착된다.

한편 작가 이병주가 중국 전선에 서 있는 그 순간, 그러니까 1945년 2월 조선을 출발해 마침내 6월 2일 연안의 해방구로 탈출해간 한 작가가 있었다. 조선의용군 선발대와 함께 귀국길에 올랐던 대표적 이중언어 작가 김사량(1914~1950년)은 이렇게 쓰고 있다.

> 내 조국을 떠날 때/사랑하는 동무는/깃발을 메고 돌아오라 했거니 /…… [중략] ……/우렁찬 자유의 노랫소리로 변할 때까지/동무야 싸우자/형제야 싸우자/못내 뜻을 이루고 싸우다 죽으면/이내 가슴 위에 돌을 세워다오/돌 위에 새겨라/'조국 해방 만세'라고[4]

중국 전선에서 서로에게 총부리를 겨누어야 했을 이 두 사람. 이미 분단을 살고 있던 이 두 사람의 '언어'는 다르다. 이병주가 돼지를 배워 살을 찌우고 개를 배워 개처럼 짖어야 한다고 '적어놓은' 수첩을 찢고 유언을 잃어버리던 장소에서, 김사량은 자신의 무덤 앞에 서 있을 '조국 해방 만세'라는 비명碑銘을 떠올린다. 조국과 동무와 함께 싸운 김사량의 언어가 전승 가능성 안에서 유한한 생명의 영속성을 새겨 넣고 있다면, (결과적으로) '용병을 자원한 사나이'의 언어는 내내 '수첩을 불태우고 유언이 없어야 한다'는 전달 불가능한 경험의 전달을 향해 있다.

유한성mortality 안에 있는 생명이 인간이 되기 위해서는 언어라는 전달 가능성 혹은 영속성immortality 안에 접속되어야 한다. 인간

---

[4] 조정래, 『태백산맥 9』, 해냄(2003). p. 184에서 재인용. 조정래는 이 작품을 '항일 무장투쟁을 그린 김사량의 <조선의용군>이라는 연극에 나오는 시'로 소개하고 있다.

이란 결국 말하는 동물, 말하는 유한자에 다름 아니기 때문이다. 유한한 인간은 말이라는 전달 가능성 안에서 영속을 꿈꾸고, 그러하기에 기꺼이 죽음 앞에 설 수 있는 것이다. 인간은 죽지만 그냥 죽는 것이 아니라 무엇인가를 위해서, 어떤 일반의지를 위해서 죽으며, 이 의지와 함께 기록됨으로써 기꺼이 죽는다. 김사량이 목숨을 건 군대는 해방군이 되었고, 마침내 그는 '언어'를 얻고 '인간'을 얻었다. 과연 이것을 민족적 공분公憤이나 역사의 필연이라 말해 놓고 안심해도 좋은 것일까. 방패ㅅㄷㄱ가 자신을 찌르는 창이 되고, '비적匪賊'의 목소리가 해방전쟁의 비석이 되는 이 상황을 제국의 용병과 인민의 군대 사이의 차이라고 간단히 정리할 수 있을까.

이병주를 종군하게 한 제국은 죽어버렸다. 전달 가능성은 시민=국민, 국가=영속이라는 틀 안에서만 구성 가능한 것인 까닭에 스스로 노예이자 동물임을 자처한 이병주의 언어는 처음부터 전달불가능성의 경험 안에서 말^{logos}과 목소리^{phōnē} 사이의 비식별역에 놓이게 된다. 아니다. 국가라는 작위 자체가 이처럼 동물과 공유한 살아 있는 삶의 목소리를 정치의 영역에서 추방하고, 형이상학적인 말^{logos}을 통해 정치체를 구성하는 일에 다름 아님을 그의 소설은 보여주고 있는 것이다. 인간의 정치는 말을 통해 그저 살아가는^{zōon} 종들과는 달리 선과 악, 정의와 불의의 공동체에 기반하게 된다. 그러나 그 과정에서 필연적으로 지배적 정치의 말에 회수되지 않는 개별적 삶의 목소리는 언제나 말^{logos}에는 도달할 수 없는 '목소리'가 된다. 어떤 의미에서 말과 목소리의 분절 자체가 정치인 까닭에 그러한 분절을 멈추는 일이야말로 정치 비판의 궁극적 과제이자 문학의 과제인 것이다.[5]

전승이란 내용이 아니라 전승 가능성 그 자체를 의미한다고 할 수 있다. 왜냐하면 내용의 전달은 늘 하나의 단일한 서사와 프레임을 필요로 하기 때문이다. 전달 가능한 것만이 전달된다. 그럼에도 작가 이병주는 소설조차 될 수 없는 '체험적 수기', '패배의 기록'을 쓰고 또 썼다. 환멸은 내러티브가 될 수 없기에 탐정소설적 모티브와 같은 양식적 장치만이 그 '소설'을 겨우 지탱한다. 친일 인텔리에서 황군의 학병으로, 국가건설기의 계몽가에서 빨치산으로 전화하는 어떤 동세대인의 삶을 다룬 『관부연락선』(1972년), 빨치산을 다룬 최초의 본격 장편으로 반공사관과 현실사회주의 양자를 비판 대상으로 삼았던 『지리산』(1985년), 노비 출신의 친일 제국 대학생의 출진과 고뇌를 다룬 미완의 장편 『별이 차가운 밤에』(1989~1992년). 어떤 의미에서 이병주에게 정치의 극단이자 벌거벗은 삶의 문턱인 황군과 빨치산 이야기야말로, 또 역사 서사에 대한 회의(懷疑)야말로 그의 간절했던 소

---

[5] 말과 목소리 사이의 분절을 서구 형이상학 및 정치학의 근원으로 보는 사유방식은 아감벤의 저작 전편에 걸쳐 나타난다. "어떻게 해서 생명체가 언어를 갖게 되었는가"라는 아리스토텔레스의 질문을 아감벤은 "어떻게 해서 벌거벗은 생명은 폴리스에 거주하게 되었는가"라는 질문으로 해석한다. 말하는 동물=인간은 자기 안의 자기 목소리를 없애버리는 동시에 보존함으로써 로고스를 갖게 되었다. 마찬가지로 정치적 동물=인간은 (동물과 공유하는) 벌거벗은 생명을 폴리스 내부에서 '예외'로서 배제함으로써 폴리스에 거주할 수 있었다. 조르조 아감벤, 『호모 사케르』, 박진우 옮김, 새물결, 2008, p. 44. 어떤 의미에서 바로 그러한 배제와 포함의 관계야말로 정치 혹은 국가권력이 조직되는 동시에 그것으로부터 해방되는 장소인 것이다. 목소리가 된 말, 말을 파열시키는 목소리야말로 문학의 언어라고 할 때, 문학은 여전히 '정치적'이다.

설쓰기의 원점이자 종착지였다. 그도 그럴 것이 그에게 '문학이란 필패(必敗)의 역사'이자 '패배의 기록'이기 때문이다.6) 누구보다도 앞서 '민족을 단위로 생각하는 것의 어색함'(1980년)을 이야기하며, 말과 정치의 문턱에 이르렀던 사람. 그는 전달 불가능한 삶을 적고 또 적는 스스로를 '말의 노예'라 불렀고, 그런 소설을 '불태워져야 할 수첩' 혹은 '남길 수 없는 유언'이라 형용했다.

하나의 생명이 정치와 말의 작위에 의해 인간과 동물로 분절되는 순간이 여기 있다. 제국 일본의 조선인학도병, 중국인민해방군의 조선의용군, 광복군이 된 황군, 조선민주주의인민공화국(군)조차 배신한 빨치산, 국군인 사회주의자. 일반의지와 무한을 위해 내걸었던 죽음, 그러나 결코 시민이나 인민, 국민에 가닿을 수 없었던 그들의 삶은 과연 전달 가능한 것인가. 만약 그러한 전달이 현재의 말=정치 안에서 불가능한 것이라면, 어떻게 이 목소리들은 '언어화'될 수 있을까. 각각 해방 전과 해방 후의 관점에서 유태림(柳泰林)의 삶에 대한 독점적 해석권을 주장하는 『관부연락선』의 일본인 E와 조선인 나. 역사를 둘러싼 한일, 남북 간의 투쟁이 산 생명의 목소리 속에서 예감적으로 펼쳐지는 순간이 여기 있다. 이병주의 『관부연락선』, 또 이가형의 『분노의 강』이나 한운사의 『현해탄은 알고 있다』와 같은 학병 세대의 소설

---

6) 이병주, 「序文 — 패배의 기록」, 『관부연락선(關釜連絡船) 상』, 기린원, 1980년. 이병주의 자서는 이렇게 시작된다. "태산까지도 억눌러 버리는 무거운 침묵 속에서 밤의 나락(奈落)을 기듯 하며, 흐느끼는 울음소리가 있었다." 다시 말해, "흐느낌과 외치는 소리를 마냥 들으며 이 『관부연락선』을 썼다"고 할 때 이 옮겨 쓰기는 말이 아니라 목소리의 옮김이지만 여전히 말의 질서 안 혹은 경계에 있다. 그는 민족을 의심하며 '다른' 역사에 스스로의 잘 전달되지 않는 경험을 기록한다.

들이 종종 옛 일본인 학우의 편지로부터 촉발되거나, 스스로를 일본인 혹은 철저일체론자[7]들의 관점에 놓아 보는 일을 통해 구성된다는 사실은 의미심장하다.

제국 일본과 대한민국에서 군대를 다녀온, 혹은 다녀온 이야기를 접하며 산 누구라도 안다. 군인이 되는 것이 소위 '사람'으로 대접받는 길이라는 것을, 또 군인이 되는 순간 그 누구도 인간일 수 없음을. "인격은 학생복을 싼 옷 꾸러미와 더불어 고향으로 보내 버리고 병력의 한 단위로서 스스로의 육체와 정신을 규제해야 하는 노예의 나날"[8], 그러니까 "어느덧 먹는 것과 잠자는 것 외엔 아무것도 생각하지 않는 동물이 되어버린 스스로를 느끼"[9]는 자각만이 '인간'의 유일한 흔적이 되는 곳. 병사는 그렇게 시민의 외부, 적의 면전에서 '인간'은 아닌 채로 서 있는 정치의 방패 외에 다른 것이 아니다.

군인이 된다는 것은 시민으로부터 떨어져 나와 적 앞에서 선다는 것을 의미한다. 프랑스 혁명 이후의 징병제를 통해 모든 시

---

7) 내선일체의 주장은 크게 두 개의 태도로 대별된다. 조선 '민족'이 하나의 단위가 되어 '제국' 일본이라는 보편성 아래 하나의 특수로서 복무하는 방법을 모색한 경우를 내선제휴론이라 부를 수 있다면, '일본' 제국이라는 사실만을 인정함으로써 조선인 각각이 완전히 일본인이 되는 길을 제시한 견해를 소위 '철저일체론' 혹은 '동화일체론'으로 명명할 수 있다(내선제휴론의 불온성을 비판하며 후자의 길을 강조한 사례로 津田剛, 「今日の朝鮮問題講座(1) — 內鮮一體の基本理念」, 綠旗聯盟, 1939, p. 36). 조선어 자체가 정치의 영역에서 추방되는 것에 반대하며 민족어 존속론 혹은 언어 선택과 번역제도를 주장한 것이 전자이고, '국어의 상달과 같은 필사의 노력으로 혼의 저 끝까지 일본인이 되는 완전한 몰아(沒我)의 방법, 즉 '행자(行者)의 도(道)'를 택한 것이 후자이다. 임화와 김사량, 그리고 이광수와 현영섭이 각각 대표적인 사례이다.
8) 이병주, 앞의 책, p. 66.
9) 이병주, 앞의 책, p. 72.

민은 잠재적으로 군인이 될 수 있게 되었으며, 그런 한에서만 인간으로 도착될 수 있게 되었다. 그러니까 집합적으로는 국민peuple이고, 주권에 참여하는 개인이라는 의미에서 시민citoyens이고, 국가의 법률에 종속된다는 뜻에서 신민臣民(sujets)인 이들은 루소의 말대로라면 이제 '인간'이 되었을 법도 하다. 그러나 어떤가 하면

> 전쟁은 사람과 사람의 관계가 아니라 국가와 국가의 관계이며, 거기서 개인은 인간으로서가 아니라 또 시민으로서가 아니라 단지 병사로서 우연히도 적이 되는 것이다. 조국을 구성하는 자로서가 아니라 조국을 지키는 자로서.[10] 국가는 개인들 각각의 '안전security'을 목적으로 한다고 했다.[11]

그러나 국민의 예 혹은 예외인 병사는 시민의 밖에 있으며, 국가와 국가의 '관계' 속에서 늘 적으로 나타나는데, 그런 한에서 죽여도 좋은 '인간 아닌 것'이 될 수밖에 없다. 적을 정당하게 대접하고 인정하는 것이야말로 정치적인 것의 개념이자 인간성의 전제라고 주장한다 하더라도[12] 우리는 물리적인 살해 가능성 안에서 적이 언제나 '인간'일 수 없음을 안다.

인간의 잔혹함은 같은 인간을 죽이는 데 있는 것이 아니라 인

---

10) ルソー,『社會契約論』, 桑原武夫・前川貞次郎 譯, 岩波書店, 1954, p. 24(장 자크 루소,『사회계약론』, 이환 옮김, 서울대 출판부, 1999, pp. 13~14 참조).
11) Thomas Hobbes, *Leviathan*, XVII, Penguin Classic, 1985[1651], p. 223.
12) 예컨대 칼 슈미트,「1963년판 서문」,『정치적인 것의 개념』, 김효전 옮김, 법문사, 1992.

간을 인간 아닌 것으로 선언하는 능력에 있다. 국가를 하나의 사회계약으로 생각할 때, 국가의 적은 '사나운 짐승이나 해로운 동물'(로크)이 되며, 국가를 씨족에 기반한 인류의 공동체로 볼 때 적은 늘 '살아 있는 전체성에서 부정되어야 할 타자'(헤겔)로 나타난다. 어느 쪽이든, 인간은 없다. 군인이 될 수 있고 시민이 될 수 있는가. 시민이 되고 인간이 되는가. 아니다. 동물이 되고 군인이 된다. 시민이 되고 동물이 된다.

단 한 번도 인간일 수 없었던 (후기)식민지의 소설가의 다짐 — "사람의 노예가 되기보다는 말의 노예가 되겠다"는 자각은 그런 의미에서 '인간'과 '동물'을 분절하는 정치 그 자체를 묻겠다는 의지로 이해되지 않으면 안 된다. 이때의 '말'은 실제로는 '말들'이며, 목소리이기도 하다. 왜냐하면 해방과 분단, 혁명과 반혁명이 중첩된 한국 근대사 속에서 정치^{polis}와 그것을 구성하는 말^{logos}이란 늘 말의 목소리화 혹은 어떤 인간의 동물화와 함께 성립할 수 있었기 때문이다.

이방인·이교도가 되고 동물이 된다

목소리의 배제가 벌거벗은 삶뿐 아니라 말하는 인간 그 자체의 유기를 낳게 되는 순간은 김사량의 일본어 소설 속에도 있다. 조선어로는 가닿을 수 없는 정치, 조선어(화자)의 배제 위에 구축된 '국민문학'이 말 못하는 비인^{非人}을 대규모로 생산하고 있던 식민지말의 조선 혹은 도쿄의 어느 골목으로부터 들려오는 '벌레', '돼지', 혹은 '이슬람교도'들의 비명. 이 '지기미'들을 보라. 여전히 재일조선인문학의 표지인 '아이고'라는 비명을 통해 돌출되는 국어라는 말 안의 조선어 목소리들은, 왜 말을 목소리에 압착시키는 정치로는 참된 폴리스를 구성할 수 없는지를 보여주는 한편 문학/언어란 왜 말하는 것이 아니라 듣는 일인지를 보여주는 의미심장한 순간들을 보여준다. 그는 비명을 듣고, 들은 대로 쓰는 사람을 자처했다.

비명으로서 존재하는 조선어를 기입하던 이 내선어 작가는 식민지가 왜 여전히 정치를 묻는 궁극의 장소인지를 '비명'지르는 '목소리'를 통해 선연히 보여준다.13) 목소리만 가진 백치도, 이방인도, 식민지인도 듣는다. 그러나 말하는 자는 어떤 목소리나 비명도 듣지 않는다. 과연 그러한 순간 폴리스나 말은 공동체의 근원이 될 수 있을까. 김사량은 제국 일본이라는 폴리스의 언어인 '고쿠고'를 통해 제국 일본이라는 폴리스=로고스를 극단에서 파열시키고 있었다. 내선어라는 크레올을 통해, 국어를 내지어로 되돌려보내는 그의 일본어는 왜 문학이 여전히 말의 한계^{limit}이자, 그런 한에서 목소리의 흔적일 수 있는지를 생생히 보여준다.

따라서 『국가』의 최종 목적^{telos}이 언어 그 자체$^{autos\ ho\ logos}$의 성취이자 종말이라는 플라톤의 주장은 곧이곧대로 이해되어야 한다. 왜냐하면 '전제를 갖지 않는 시원$^{arkh\bar{e}\ anypothetos}$'이야말로 인간 존재

---

13) 黃鎬德, 「便秘と下痢, 轉向の生政治 ―『無明』の李光洙, 植民地監獄の穴たち」, 『思想』(2007년 2월호).

의 본질적 내용에 기초한 공동체를 상상 가능하게 하기 때문이다. 소위 하나의 네이션이나 한 언어, 심지어는 해석학에서 이야기하는 의사소통의 선험성과 같은 전제를 토대로 삼는 인간 공동체란 참된 공동체가 아니다.14)

"Aigo ······ please leave me alone"15)이라고 밖에는 번역될 수 없는 "아이고, 아무것도 묻지 말아 주소"16)라는 비명의 목소리. "아이고 — 아이고 — 나를 치는 거야. 그래, 쳐, 쳐라! 나 한 사람쯤의 목숨이 뭐냐. 죽여다오. 순교자라는 것은 죽임을 당하는 것이도다. … [중략] … 나를 왜 감옥에 처 넣은 거냐. 응, 이 악마놈들아! 아, 무서워 아이고우-우, 용서해주세요, 한 번만 용서

---

14) Giorgio Agamben, "The Idea of Language", in Daniel Heller-Roazen trans.(ed), *Potentialities: Collected Essays in Philosophy*, 1999, Stanford Univ. Press, 1999, p. 47. 아감벤이 네이션을 언급하는 몇 안 되는 순간 중의 하나에 '듣기'가 있다. 만약 네이션이나 언어, 의사소통에 기반한다면 백치와 이방인, 식민지인은 결코 공동체의 일원이 될 수 없다. 중세의 수도사 가우닐로(Gaunilo)는 이러한 해석학적 의사소통 개념을 비판한 대표적 인물 중 한 사람이다. "그러한 백치나 이방인이 생각하는 것은 어떻든 참된 무언가, 즉 음절과 글자의 '소리' 자체가 아니라 들려온 '목소리'의 의미이다. 그러나 그 의미는 그 목소리가 보통 의미하는 것이 무엇인지를 아는 누군가에 의해 인지된 바의 것이 아니라 그러한 의미 따위는 전혀 모른 채, 지각된 목소리의 의미를 재현하려 애쓰는 영혼의 운동에 의해서만 생각할 수 있을 뿐인 사람에 의해 인지된 바의 의미이다"(앞의 책, p. 42). 어떤 목소리(vox), 인간의 목소리만 있을 뿐 그 진술의 의미를 파악하는 것은 불가능한 사건이 분명히 존재한다. 문제는 거기서부터 언어의 경험과 정치를 생각해보는 것이다. '더 이상' 순수한 소리의 경험은 아니지만 아직 의미에 대한 경험은 아닌, '이러한 목소리만의 사유(cogitatio secundum vocem solam)'는 사유에게 본원적인 논리적 차원을 열어주는데, 이는 의미라는 규정적 사건이 일어나지 않은 상태에서의 언어의 순수한 발생을 지시하면서 (동시에) 의미 있는 명제를 넘어서서도 여전히 사유가 가능하고 공동체가 생겨날 수 있다는 것을 알려준다. 여기서 문제시되는 것은 의미 있는 말하기의 차원이 아니라 의미화 작용 그 자체를 의미할 뿐인 그러한 목소리의 차원이다.

15) Kim Sa-ryang, "Into the light", trans. by Christopher D. Scott, 2005, unpublished (forthcoming).

16) 金史良 「光の中に」, 『金史良全集 I』, 河出書房新社, 1973, p. 28.

해주세요. 신이시여, 신이시여"17)라는 울부짖음. 백치, 이방인, 식민지의 하위 주체들은 말할 수 없지만 비명을 내지르거나 울부짖는다. 그럼으로써 흔적을 남긴다. '아이고'라는 문자야말로 이 흔적에 다름 아닐 것이다.18) 그런데 이것이 흔적일 수 있는 것은, 그 비명이 들려오기 때문이다. 말하는 인간은 듣는 인간이기도 하다. 우리는 비명을 듣는다. 인간이 전달할 수 있는 것은 언어라는 전달가능성 자체라는 명제가 만약 성립가능하다면, 이 비명, 울부짖음, 감탄사야말로 이 명제를 성립시키는 극적인 장소에 다름 아닐 것이다. 그러니까 폭력의 회피가 사회를 만드는 게 아니라 언어 안에서 존재하는 전달가능성 속에서 이미 공동체가 일종의 잠재태로서 미리 존재하고 있는 것이다. 듣지 않는 폴리스는 그런 의미에서 공동체가 아닌 것이다.

1936년에 쓰여지고 1940년에 개작된 김사량의 일본어 소설 「토성랑土城廊」에서부터 이야기를 시작해보자. 봉천奉川행 열차가 옆으로 달리는 평양의 토성 위로 집들이 서 있다.

> 검은 열차는 선로 옆에까지 닥쳐온 홍수에 조심스럽게 삑, 삑 기적을 울리면서 완만한 커브를 그리고 있었다. 그 너머로는 붉고 웅장한 높

---

17) 金史良, 「蟲」(1941), 『金史良全集 Ⅱ』, 河出書房新社, 1973, pp. 18~19.
18) 조선/한국에 관한 기본 지식을 집적한 일본의 한 사전에서 '아이고'에 대한 정의는 애호(哀呼)의 조선어 표기로 '잘못' 알려져 있다는 지적에서 시작된다. 즉 이 단어는 어떤 구체적인 의미, 상황, 사물을 지칭하는 것이 아니며, 슬프거나 놀라거나 원통할 때 쓰는 감탄사라는 것이다(梶井陟, 「アイゴ」, 伊藤亞人 監修 『朝鮮を知る事典』, 平凡社, 2000). 감탄사는 지시대상과 지시어 사이의 관계가 이미 모호한 말=목소리라는 점에서 말 속에 남은 목소리의 흔적이다. 어떤 의미를 전달하는 것이 아니라 그 자체를 전달하고 있는 예라고 할 수 있을 것이다.

은 감옥 건물과 굴뚝이 숲을 이룬 희뿌연 도회지 하늘이 지그시 이 풍경을 바라보고 있다.[19]

열차와 감옥과 굴뚝이 있는 식민지 도시의 풍경의 경계에 토성랑이 있다. 성 밖의 사람들.

잿빛 사냥모자. 코있는 데까지 깊이 눌러 쓴 중절모자. 젖어서 푸석푸석한 머리칼. 여자들의 머리수건……. 그리고 그들 모두는 맨발이었다. 저 멀리 북쪽 돌다리를 화물자동차가 경적을 우렁차게 울리면서 달리고 있었다.[20]

산미증산계획 하에서 수행된 토지 집중 — 소작권 이동통지서와 함께 추방된 이들이 가장 나중까지 지닌 것은 그러니까 맨발이다. "무언가 보이지 않는 거대한 힘에 의해 생활 기반을 침식당해" 소작권을 빼앗긴 채 질질 끌리듯이 고향을 떠나온 선달先達 가족. 밀주를 만들다 구류되고 "오십 원의 벌금을 내는 통에 소를 내놓고 가재도구를 팔아넘길 수밖에 없었던" 말더듬이 사내. 외아들이 강도라는 죄목으로 끌려간 후 발광해 "양복 입은 남자만 보면 언제나 발작을 일으키며 '납치범, 납치범'하고 악을 써대는 노처"를 가진 덕일德一. 그리고 무엇보다 부족도, 법도, 가정

---

19) 金史良, 「土城廊」(1936▶1940), 『金史良全集 I』, 河出書房新社, 1973, p. 57(번역은 다음 책을 참고했다. 김재용·곽형덕 편역, 『김사량, 작품과 연구 1』, 역락, 2008).
20) 金史良, 앞의 책, p. 52.

도 없는 자(호메로스) 원삼元三 영감. "부모가 노비여서, 태어난 이후 머리털부터 발톱 끝까지 어느 것 하나도 제 것이 아닌" 이 사람(아닌 것). 유기^{abandon}되어 주변부^{ban}로 밀려난 맨발의 존재들이 여기 있다.

그렇다고 그들이 추방된 곳이 저 도시국가 밖의 숲인 것도 아니다. 주인공 원삼 영감은 성 밖에서 살지만 성 안에서의 짐꾼일로 생업을 삼는다. 토막민 안에서도 전락의 심급은 있다. 본래 '산에서 내려온 곰'이었던 영감은 조합원 병길처럼 자신이 성 안에서 살림을 차릴 수 있으리라고도 생각해 보고, 또 본래는 자작농이었던 임생원이나 선달의 모습에서 미치광이나 주검이 될 자신의 근미래를 보기도 한다. 그런데 이런 곳에도 어김없이 관官의 명령을 받은 양복쟁이들이 찾아든다.[21] 때로는 감옥에 가두기 위해, 때로는 30전錢의 지대납입고지서를 들고 미치광이 노파는 이들 양복쟁이들의 정체를 식별하지 못한 채 부르짖는다. 아니, 어떤 의미에서 경찰이라는 '유괴범/납치범'과 지대 징수원이라는 '도적놈'과 기차라는 철거반을 식별하지 못하는 이 노파의 판단이야말로 놀랍도록 정확한 것이라 말해도 좋을 것이다. 성 밖에 거처하는 사람들에게, 아니 정확히는 성의 문턱이라는 인간과 동물의 비식별역에 거처하는 사람들에게 법은 오직 위법과

---

[21] 『제방(堤防)』(1936년 10월)에 실린 애초의 소설에서 이들 양복쟁이들의 정체는 평양부청(平壤府廳)에서 입찰을 받은 다카기 상회(高木商會)의 직원들로 되어 있다. 마치 법과 법 밖의 비식별역에 사는 사람들에게는 공권력과 사기업 사이의 집행자가 필요하다는 듯이. 그러나 1940년에 발간된 소설집 『故鄕』(甲鳥書林)에 실린 개정판에서는 이들 경찰이나 지대수금원 모두가 양복쟁이로 표현되어 있다.

추방의 표식을 통해서만 모습을 드러낸다.

성 안과 밖의 경계, 토성랑을 찾아주는 것은 양복쟁이들뿐이 아니었다. "그들은 커다란 장부와 검은 가죽 부대를 안고서 움집 사이를 휘젓고 다녔다. 눈에 띄게 시시각각 수량이 불어나고 있는 붉은 물살은 토성랑 하부를 단숨에 집어삼키고 있었다."[22]

지대고지서에 목을 매달기도 전에 홍수가 먼저 이들을 찾아온다. 그리고 그 순간, 이 피 흘리던 존재들은 피 흘림 없이 쓸려 내려간다. 아들과 돈과 있을 곳을 빼앗기고 '납치범, 납치범'이라 외치며 날뛰는 미친 사람들을 기다리는 것은 법이기도 하고 자연이기도 하다. 「기자림箕子林」이나 「물오리섬」에서도, 전쟁의 막바지에 쓴 『태백산맥』에서도 홍수와 같은 자연의 폭력은 법폭력이 비등점에 이르는 순간 도래한다. 그의 작품 속의 재앙은 늘 법과 함께 도착하는데, 그런 의미에서 그들의 자연은 인위적으로 구성된 자연 상태이기도 하다. 법과 재앙의 동시 도착 속에서 포섭과 유기는 더 이상 구별되지 않는다.

한편 「토성랑」에서 이러한 폭력들을 추동하는 근원적 힘은, 토성랑 옆을 지나 대륙으로 향하는 기차 그 자체인 것 같다. 그들을 생의 저편으로 추방하는 것은 법이기도 하고 홍수이기도 하고, 무엇보다 '기차의 대가리' 그것이다.

바로 그즈음 토성랑의 토막민의 철거 문제가 다시 불거졌다. 조선을 관통하는 선로가 토성랑 앞쪽을 지나게 되면서 국제적 체면상이나 도

---

22) 金史良, 「土城廊」, 『金史良全集 I』, 河出書房新社, 1973, p. 53.

시미관상으로 이를 도저히 내버려둘 수 없다는 것이었다. 토막민들은 토성 한 곳에 모여 어수선했다. 그날 밤의 일이었다. 봉천행 급행열차가 토성랑 앞에 다다랐을 때, 날카로운 기적과 함께 거칠게 급정거를 했다. 까딱하면 전복될 뻔한 순간이었다. 선로 위에는 돌이 산처럼 쌓여 있었는데, 전등을 비추자 그 돌들이 시뻘건 피로 물들어 있었다. 그 후로 임생원은 보이지 않게 되었다.[23]

그러니까 추방된 그들을 기다리는 것은 세 가지 폭력이다. 법, 자연, 그리고 기차. 인위적으로 만들어진 자연 상태에 유기된 채, 홍수라는 자연의 폭력에 노출되는 이들의 삶을 결정하는 것은 무엇보다 기차라 해야 할 것이다. 왜냐하면 맨발의 토막민들로서는 한 번 타본 적도 없을 국제선 기차가 이곳을 지나는 순간, 거대한 폭력이 시작되고 완성되기 때문이다.

인간뿐 아니라 귀신조차도 동물로 길러내는 이곳에서 단 한 사람만이 스스로 죽음을 택한다. 임생원은 기차에 몸을 던져 죽는다. 그럼으로써 그는 곰, 벌레, 돼지로 불리는 자들이 살아가는 땅 '토성랑의 수호신'이 된다. 왜 그들은 곰, 벌레, 돼지로 불리는가. 장부張簿의 이름조차 읽지 못하는 그들의 말을 듣는 '인간'은 아무도 없기 때문이다. 따라서 그들은 스스로를 정치 안에 전달할 수 없기 때문이다. 그런데 오직 동물과 인간이 함께 가진 울부짖음이, 죽음의 순간 비명으로 터져 나올 때 그들의 목소리는 '말^{logos}'의 영역에 흔적으로 남겨진다. 우리가 듣는 것은 바로

23) 金史良, 「土城廊」, 『金史良全集 I』, 河出書房新社, 1973, p. 46.

이 비명, 기차의 폭음을 뚫고 나오는 비명이다. 아니 더 정확히 말하면 그것은 '들려온다.' 그것은 이미 일본어도 (그리고 조선어도) 아니다. 그것은 인간의 말도, 동물의 소리도 아니다. 그럼으로써 이 죽을 수 있는 자의 비명은 제국의 언어를, 더 나아가 말과 목소리를 분절하는 폴리스 자체를 되묻는다.

그런데 제국의 언어로 쓰는 한에 있어서, 제국의 언어를 의식할 수밖에 없는 한에 있어서 '목소리에 의해 생겨난 숨결$^{flatus\ vocis}$'을 물었던 김사량의 소설에서 비명이 사라진다. '해방된 조국'에서 조선어로 쓰기 시작한 시점이다. 토성랑을 지나가는 제국의 기차에 깔려죽은 자, 그 산산이 조각나는 몸의 비명을 새기던 이 작가는 해방 이후 기차를 만드는 노동 영웅을 '조선어'로 그려내게 되었다.

기계가 되고 인간이 된다

돌아온 '인간' 김사량의 작품들이 보여주는 기능적 성격, 혁명문학으로서의 경직성은 그가 오랫동안 다루어온 비인非人의 삶에 비추어 경이로울 정도로 낯선 것이다. 해방 후 이 혁명가가 강조하는 것은 노동 영웅 기술자, 기차 만들기였다. 말하자면 이런 식이다.

내가 왜 저까짓 왜놈들 전쟁 잘하라구 일 잘하겠군. 그러나 이제는 영락없이 우리나라거든. 하나라두 더 많이 내가 밀차바퀴를 깎아야 우리나라 건설사업이 완성해지거든.

    깜돌이 너만은 어서 학교 다니며 공부해 좀 더 훌륭한 기술자가 돼야한다. 밀차바퀴가 아니라 기차 대가리두 만들 수 있는.

    소련 가 기차 대가리 맨드는 법을 배워올랜다.[24]

이 조선어 소설은 비명의 장소를 잃었다. 왜일까. 혹 조선어가 정치어가 되는 것과 함께 말과 목소리 사이에 존재했던 문학 자체도 '말'에 압착되어버린 게 아닐까.

'미제에 맞선 해방전쟁'과 기차 만들기로 요약되는 김사량의 해방 후 문학을 사회주의 국가 건설기라면 흔히 있는 기술력·생산력에 대한 관심으로 해석할 수도 있을 것이다. 심지어 그는 평양 주물공장의 아들로 태어났다.[25] 그로서는 기술 자체가 선한 목적과 관계하는 순간을 그려낸 것인지도 모른다. 게다가 김사량은 1950년의 '조국해방전쟁'에서 죽었고, 그가 조선어로 소설을 쓸 수 있었던 기간은 극히 짧았다. 아직 미래태였던 '조국'은 식민지의 유산이 남겨놓은 수많은 갈등으로 들끓고 있었으나, 청산의 가능성 속에서 희망은 타오르고 있었다. 따라서 당시 쓰여진 그의 소설이 왜 더 이상 폴리스에 대한 근원적인 질문에 닿아있지 않느냐고 묻는 것은 부당한 일이리라. 그러나 그렇다고 하더라도 정치어로서의 일본어와 단순한 삶의 비명으로 압착되어버린 조선어

---

24) 김사량, 「차돌의 기차」, 『風霜』, 민주조선출판사, 1947(김재용·곽형덕 편역, 『김사량, 작품과 연구 1』, 역락, 2008. p. 315. p. 321로부터 인용).
25) 장형준, 「작가 김사량과 그의 문학」, 『김사량작품집』, 평양문예출판사, 1987, p. 1.

사이에서 '인간'을 묻던 그가 '기차를 만드는 사람' 이야기로 해방기의 건설을 장식했다는 사실이 쉽게 이해되는 것은 아니다.

나의 질문은 이런 것이다. 과학기술의 중립성에 대한 믿음이야말로 근대성의 핵심이고, 과학적 합리성에 접속된 존재야말로 근대적 인간이었다고 할 때 후기식민지는 여전히 식민지의 기계적 인간관의 연장선상에 있는 것이 아니었을까. 나는 김사량의 해방기 작품에서 근대 정치를 사는 '인간'을 규정하는 또 다른 도식, 그러니까 인간-기계의 '혁명적' 형상을 보고 전율한다. 왜냐하면 정치 과정에서의 기술의 도구화란 말^{logos}이 목적이 아니라 수단과 관계하는 바로 그 시점에서 일어나기 때문이다. 거기에는 식민지와 후기식민지, 보다 근원적으로는 근대 국가의 본원적 원리로서의 가치중립적 근대성이 가로 놓여 있다. 그러니까 기차로서의 근대가 그 사이를 관통한다.

한국을 대표하는 문학사가 김윤식은 이러한 기술적 합리성의 구조를 '증기기관으로서의 근대'라 불렀다. 증기기관으로 표상되는 근대성이란 철도제도, 학교제도, 우편제도, 행정제도, 학교제도, 군사제도 등에 다름 아니며, 이른바 갈릴레이의 이념성이 제도적인 측면에서 전면적으로 수용되어온 것이 한국의 근대성이라는 주장26)은 그의 작업 전편에 걸쳐 있다. 어떤 의미에서 증

---

26) 김윤식, 「우리 근대문학 연구의 한 방향성」, 김성기 편, 『모더니티란 무엇인가』, 민음사, 1994, p. 244. 내가 보기에 김윤식의 의도는 식민지와 후기식민지를 잇는 에피스테메가 무엇인지를 설명하는 데 있었다. 식민지를 단순히 민족 수난이나 수탈의 정치공간으로 보지 않는 그에게 '증기기관으로서의 근대'란 식민지와 후기식민지의 연쇄를 설명하는 중요한 지표였다.

기기관을 만든 측량술 자체가 주인이 되고 일상적·현실적 삶이 이에 종속되는 이른바 식민지적 본말전도 현상이야말로 근대성 그 자체라는 것이다. 증기기관이 군림하고 그 척도에 따라 삶이 종속되는 본말전도를 그는 '가치 중립성으로서의 근대'라 불렀고, 근대주의로 번역되는 모더니즘이나 과학을 표방한 사회주의 역시도 결국 증기기관을 만든 합리적 정신의 '공정^{工程}'에 굴복했다고 말한다.

근대의 '인간'이란 무엇이며, 어떤 때 인간은 인간이 아닌 것이 되는가를 해명하는 데 있어 '증기기관으로서의 근대'론은 중요한 시준과 비판점들을 제공한다. 무엇보다 이러한 규정은 제도를 만드는 정신이 아니라 제도와 시스템으로서의 정신을 앞세운다. 명백히 막스 베버의 근대성=근대화론의 관점27)에 기대어 있는 그의 논의에서 핵심은 제도의 이식과 이식 후의 정신화에 관한 인식에 있다.

식민지 조선 최대의 사회주의 비평가이자 문학사가였던 임화가 조선의 근대문화를 '이식문화'라고 규정했던 사실은 유명하다. 그리고 비평가이자 문학사가였던 임화를 자신의 페르소나로 삼고 있는 한에서, 김윤식에게 임화의 이식문화론이야말로 "근

---

27) 김윤식이 말한 자연의 수학화나 계량화될 수 있는 수식으로 표현되는 객관적 세계는 근대성의 출현 원리이기도 하지만 자본주의의 전제조건이기도 하다. 베버가 자본주의의 전제조건으로 규정한 합리적 기술, 물적 획득 수단(토지, 시설, 기계, 도구의 사적 소유, 시장의 자유, 계산 가능한 법률, 자유로운 노동, 경제의 상업화와 같은 요소야말로 근대성론을 근대화론이라는 개발 개념으로 전화시킨 원동력이자 식민주의의 핵심 원인인 것이다. 막스 베버, 『사회경제사』, 조기준 옮김, 삼성출판사, 1982, p. 293.

대정신을 내용으로 하고 서구문학의 '장르'를 형식으로 한 조선의 문학"28)을 의미하는 것이었다. 이때의 근대정신이란 양식과 제도 그 자체를 의미하는데, 왜냐하면 "새 양식의 수입은 새 정신의 이식"29)이기 때문이다. 근대정신이란 근대 양식, 즉 제도 그 자체를 의미했다.30) 그런 까닭에 제도와 양식이 만들어내는 분절들을 공중에 거는 맹목적 물음으로부터, 그러한 양식을 기정사실로 인정하고 받아들이는 기술화된 정신으로의 이동이야말로 '전향'의 문법이고 식민지적 근대성이었던 것이다.

하지만 마르크스주의를 포함하는 기하학적 아름다움에의 심취를 가치중립성으로 파악했던 임화와 달리, 농민소설가 이기영은 당초부터 그러한 기하학적 아름다움을 추악한 것으로 인식했다. 이기영의 『고향』은 식민지적 근대에 맞선, 그러나 역설적으로 식민지 근대의 적자일 수밖에 없었던 인간 군상을 가장 심층적으로 보여주는 소설이다. 우편제도와 기차와 같은 근대적 제도의 정체를 가장 먼저 파악했던 친일 마름 안승학은 '가치중립성으로서의 근대'를 가장 먼저 알아차린 인물이었다. 경부선이 개통되고 마을 사람들이 기차와 정거장과 전봇대를 경이의 눈으로 보고 있을 때 안승학은 가장 먼저 기차를 탔고, 가장 먼저 우편을 알았고, 가장 먼저 일본어를 배웠고, 가장 먼저 군청 고원[雇員; 임시직원]이 된다. 그리고 무엇보다 '마술과도 같이' 마을의

---

28) 林和, 「신문학사의 방법」, 『문학의 논리』, 학예사, 1940, p. 819.
29) 林和, 앞의 책, p. 837.
30) 金允植·鄭豪雄, 『한국소설사』, 예하, 1993, 이곳저곳을 참고하라.

지배자가 된다.31) 가치중립성으로서의 근대론에 있어서 계몽적 사회주의자와 친일 개화인은 양자의 적대 관계에도 불구하고 전혀 다른 인간은 아니다. 왜냐하면 양자 모두 근대를 제도=과학, 제도=기술로 이해하고 있었기 때문이다.

기차로서의 근대론을 극단까지 밀어붙이면 다음과 같은 결론이 나온다. 즉 안승학에게 처세이던 개화가 농민운동가 김희준에게는 과학으로서의 계몽이 되지만 본래 개화와 계몽은 같은 말enlightenment의 번역어이다. 요컨대 기계, 즉 증기기관/기차가 근대의 양식이라면 근대적 인간의 정신은 본질적으로 계산가능성이자 예측가능성을 뜻한다. 따라서 근대의 정신이란 결국 '기계의 정신'이 될 수밖에 없다. 계몽은 누가 하는가. 민족지사도 하지만 식민 당국도 한다. 지주와 지사와 관리 사이의 관계는 대립이기도 하고, 경합이기도 하다.32) 식민 권력은 개화시키는 한편 어떤 계몽은 저지한다.

---

31) "그는 맨 먼저 개화를 했다." "우편소가 새로 생긴 것을 보고 이웃사람들은 그게 무엇인지 몰라서 겁을 잔뜩 집어먹고 있었다. 짐승같이 늘어선 전보대에는 노상 잉하는 소리가 들렸다. 그것은 전신줄을 감은 사기 안에다 귀신을 잡아넣어서 그런 소리가 무시로 난다는 것이고 그리고 우편소 안에는 무슨 이상한 기계를 해앉히고 거기서는 무시로 괴상한 소리가 들리었다. …… 그럴 때 안승학은 마술사처럼 이 귀신을 부리는 재주를 그들 앞에서 시험해 보였다. 그는 엽서 한 장을 사서 자기집 통수와 자기 이름을 쓰고 편지 사연을 써서 우편통 안으로 집어넣었다." 이기영, 『이기영선집 1: 고향』, 풀빛, 1989, p. 89.
32) 예컨대 이광수의 『흙』(1933년)에서 허숭은 브나로드 운동에 나서자마자 도쿄제대 출신 학생, 경찰과 관리라는 경합자들을 만나게 된다. 허숭은 스스로를 근대 지식과 집행력을 매개하는 존재, 앎과 실천을 매개하는 의지의 담지자로 설정한다. 제국 일본의 식민 당국과 조선인 지식인 사이의 경합과 이를 매개하는 과학주의, 시스템사회론에 대해서는 이영재, 「제국과 조선, 계몽 주체를 둘러싼 경합」, 『제국 일본의 조선영화』, 현실문화연구, 2008을 참고

"조선 사람에게 무엇보다 먼저 과학을 주어야 하겠어요"라고 부르짖었던 이광수의 문명개화론이 '차바퀴가 궤도에 갈리는 소리'와 '자기 몸에 피 돌아가는 것'과 '지구의 돌아가는 소리' 간의 동일시와 함께 개시되는 것을 생각해보라.33) 한국근대문학의 상처이자 '아버지'인 이광수의 과학기술에 대한 낙관적 언급을 김사량의 해방기 문학과 겹쳐 읽을 때 우리는 근대적 인간의 또 다른 전형을 대면하게 된다. 그런 의미에서 안승학이라는 친일 개화인을 간단히 반민족적이라거나 비인간적이라 이야기할 수는 없다.34) 떠돌이에 불과했던 안승학은 기계가 놓이자 개화에 앞장서고, 스스로 군청의 노동기계가 되어 모든 법권리와 황금에 접속한다. 식민 권력에 철저히 접속된 기능적 지위 아래에서 안승학은 마법 같은 과학의 힘으로 부자가 되고, '인간'이 된다. 그러니까 기계가 되고 인간이 된다.

식민지말의 김사량 문학이 했던 일은 그러한 인간-기계를 공중에 걸고, 기차를 멈추는 일이었다. 그의 이중언어 문학이 가

---

33) 이광수, 『무정』(1917년), 『이광수전집 1』, 삼중당, 1962, pp. 169~170. 기계에 투사된 소년들의 모습은 다음의 구절 속에도 있다. "민족적 생활력이란 전기를 발하는 발동기의 동력의 원천되는 불"이기에 "소년들아, 너희는 일심으로 너희의 온통을 저 아궁이에 집어넣어 전동(顫動)하는 저 지침(指針)의 방향을 돌리지 아니 하려는냐." 이광수, 「소년에게」(1921), 『이광수전집 17』, 삼중당, 1962, p. 240. 계몽된 인간과 증기기관 사이의 수사학적 유비 관계를 민족 개조론과 민족 사이보그라는 개념으로 논의한 글로 이경훈, 「영문법・스포츠・사이보그」, 『오빠의 탄생』, 문학과지성사, 2003, p. 213을 참고
34) 김윤식, 앞의 책, p. 244. 과연 김윤식의 말대로 "자연의 계량화와 그것의 정밀화를 추구하는 근대적 이념성이란 윤리의 과제가 아니라 과학이었기 때문이다. 가치중립성의 세계였던 것." 김윤식의 문학사관에 있어 친일개화론자와 반일계몽가의 본원적 동질성을 확인하는 방법론적 중립성이야말로 한국근대문학 '전체'를 구제하는 유일한 방법이었던 것이 아닐까.

진 폭발력은 그러한 근원적 부정의 순간에 의해 점화될 수 있었다. 안승학과 같은 인물에 의해 소작권을 박탈당했을『토성랑』의 토막민들은 안승학이 인간으로 대접받는 것과 함께, 인간으로부터 추방된다. 기차에 충돌하는 벌거벗은 삶, 맨발은 그 자체로 인간이 비인간으로 분절되는 극단의 순간을 표시하는 한편 그 자체가 인간의 선언이기도 한 지점을 보여준다. 태생이 아니라 생산된 것으로서의 비인^{非人}이 거기에 있다. 불가촉천민은 아니되, 불가불 포섭되어야 할 예외로서 존재하는 그들이야말로 기차로서의 근대가 생산한 벌거벗은 생명인 것이다.

유기된 존재들 — 기차에 부딪히는 일을 통해서만 '말하는 생명'으로 돌아오는 이들의 삶에서나마 듣는 일은 가능했을까? 기계가 되고 인간이 될 수 있었을까? 그렇다. 기계의 메커니즘 안에서 그것을 이해하는 자만이 인간이 된다. 진정 기계가 되고 인간이 되는가. 아니다. 기계 앞에서 인간의 동물화는 인간 존재의 상례적 잠재태가 된다.

기계는 노예이고, 기계를 부리는 하나의 정신으로 족하다[35])고 태연하게 말하며 제국의 메커니즘 자체 안에서 기능하는 식민주의자들만이 '근대의 초극'이라는 기치 아래서 '인간'으로 도착될 수 있었던 것이 아닐까. 김사량의 이중언어 문학이 멈추려 한 것이 바로 그러한 메커니즘이었다고 할 수는 없을까. 말과 목소리

---

35) 화혼양재나 동도서기론에도 불구하고 일본의 근대는 정신과 제도 사이의 불가분리적 결합이었다. 그럼에도 기계라는 양식 자체를 서양적 근대성으로 초극하려 했던 데 '근대초극론'의 한 비극이 있었다. 河上徹太郞 他・竹內好編,『近代の超克』, 富山房, 1979, pp. 239~240.

사이에서, 정치와 자연 사이에서, 동물과 기계 사이에서 개시되는 김사량의 질문은 그러니까 폴리스 그 자체에 대한 물음을 향해 있다. 언어와 생명을 다시 묻는 일을 통해 인간과 그들이 거주하는 폴리스에 대한 질문을 재점화하고 있는 것이다.

그러면 피흘림을 통해서만 말하는 인간으로 복귀하는 존재와 '인간'이라 믿는 기계를 근원으로부터 분절한 것은 도대체 무엇이었을까.

메커니즘으로서의 국가, 주권권력의 동물 생산력

앞서의 장들에서 말한 바, 언어와 죽음은 인간에게 고유한 사건^{Ereignis}이다. 아리스토텔레스 이래로 말하는 동물이야말로 인간의 형이상학적 지위이자 정치의 근원적 가능성이었다. 그런데 바로 이 유한성과 생명이라는 형이상학적 분절을 초과하는 존재가, 근대에 이르러 출현하게 된다. 근대 국가, 그러니까 메커니즘으로서의 국가가 바로 그것이다. 예컨대 국가란 신도 인간도 동물/괴수도 아닌 하나의 '기계'로 정의되었다.

전통적인 신-인간-동물이라는 3분*과 관련해 인간학적 구도 안에서 국가를 설명하는 고전적 국가 이해와 달리 '기계/인조인간'과 관련된 국가에 대한 메커니즘적 규정은 완전히 새로운 인식이었다. 사회계약에 기반한 민주주의와 의회제에도 불구하고, 이 기계로서의 국가론은 근대 국가의 행정체계로서, 또 제 사회영역 및 기술들의 통제 원리로서 개별 근대국민국가 내에서 전면적으로 실현되었다. 다시 말해, 근대 국가 만들기의 본원적 과정은 시스템화된 관료 조직과 합리화된 집행 기술들에 의존한다.

특히 이것을 제어하는 의회제나 법이 기능적 외부로서만 존재하는 식민지에서, 이러한 집행의 원리는 가장 강력하게 실현된다. 어쩌면 식민지란 처음부터 익찬체제翼贊體制이자 '비상사태'였으며, '조치'의 장소였는지 모른다. 예외가 모든 것을 결정한다고 할 때 이 예외는 주권권력의 분절 행위를 통해 실현된다. 식민지란 바로 그러한 분절을 극대치까지 보여주는 장소이다. 식민지는 분명 헌법역 밖에 있는 통치역이자 상례 안에 있는 예외이지만 이 예외 자체가 상례를 조직한다. 근대의 실험실 식민지로부터 제국 행정의 극한적 집행이 수험되고 다시 제국 통치로 이입되는 과정에 대해서는 많은 예가 있다.

조선 등으로부터의 통치 인재의 유입과 통치술의 역逆-전파, 만주국의 통치모델화를 통해 식민지 통치양식이 헌법역 자체를 재구성시키는 과정을 생각해보라.36) 치안유지법이나 사상범예방구금과 같은 정치 관련 법규들과 조치들조차 식민지에서의 취체取締를 참고했다.37) 「황국신민의 서사」(1937년)가 조선인 관리

---

36) 山室信一, 「帝國日本・日本の構成と滿州國」, ピーター・ドウス/小林英夫編, 『帝國という幻想』, 青木書店, 1998.
37) 淺野豊美・松田利彦編, 『植民地帝國日本の法的構造』, 信山社, 2004.

의 손에서 만들어져 내지로 역수입되는 과정38)이야말로 정치와 통치와 말의 완벽한 결합이 아닌가.

국가가 언제나 작위이자 픽션일 수밖에 없었던 식민지라는 예=예외는 법의 조치화, 법 안에 비상사태, 정치의 기술화를 조직하는 제국 일본이라는 집행 권력을 '전형적'으로 보여준다. 고등문관의 나라, 법관이 관리가 되고, 경찰이 도지사가 되고 총독이 총리가 되어가는 땅. 식민지란 근대 국가의 예외이면서 예이고, 따라서 하나의 한계개념이다.

비명을 듣는다: (후기)식민지 혹은 인간을 묻는 장소로부터

하나의 요소가 전체의 배치를 바꾸기도 한다. 메커니즘으로 정의된 국가가 식민지를 통해서 회전하면서 어떻게 인간과 동물과 신이라는 서구 형이상학—정치학의 분절을 강화하고 변화시키는지를 우리는 식민지 조선의 사례를 통해 본다.

국가가 언제나 하나의 픽션으로 존재하는 한편, 따라서 자연화된 국가를 상대화하는 작위들을 가장 선명히 보여주는 이 공간 속에서 우리는 새로운 동물들, 과거와는 다른 국민국가라는 기계에 의해 생겨난 동물들을 보게 되는데, 이 동물은 인류의 국

---

38) 石田雄, 『記憶と忘却の政治學 — 同化政策・戰爭責任・集合的記憶』, 明石書店, 2004, p. 156.

가가 해체되고 메커니즘으로서의 국가가 전면화되는 오늘날 길거리에 나앉거나 공항과 출입국 관리소에 억류된 인민들 — 아니 법권리 없이도 법에 묶인 어떤 살아 있는 종에 대해 생각해보는 데에도 중요한 시준점이 될 수 있을지 모른다. 인간에 대한 물음은, 그런 의미에서, 인간을 인간 아닌 것으로 선언하는 정치적 지평을 묻는 일 속에서만 가능한지 모른다. 인간은 탈환되어야 할 것이라기보다는, 공중에 걸려야 할 분절인 것이다.

한때 '식민지'였으나 지금은 '준제국'으로서의 지위를 꿈꾸고 있는 대한민국이라는 장소에서 정치와 말이란 과연 무엇일까? 혁명가와 철거민, 동물이 되고 인간이 되는 사람이 사는 이곳은 여전히 목소리의 땅이며 말을 공중에 거는 땅이다.

김사량이 소설 「향수」(1942년[일본어])에서 그려낸 혁명가 부부를 다시 떠올려본다. 국가를 되찾기 위한, 아니 만들기 위한 투쟁이 주권권력의 비상한 조치들로 인해 '동물'로서의 혁명가를 생산해내게 된 과정을 보며 전율하던 김사량의 모습이야말로 '인간/동물'과 정치가 맺는 근대적 관계의 전형이 아닐까. 흔적을 말끔히 지워버리며 법을 피해 다니는 혁명가는 오직 법권력에 체포되어 한갓 고기[肉]로 이미지화됨으로써만 통치의 말 안에 흔적을 남긴다. 법으로는 포착되지 않는 외부에 존재하면서 자기말소와 비밀을 통해 움직이는 혁명가, 혁명가를 쫓으며 비상하게 움직이는 비밀경찰의 집행.

혁명가를 쓰레기로 양산하는 시간. 유죄/무죄라는 법개념이 완전히 상실된 전체주의 국가에서 문제시되는 것은 범죄가 아니라 '살 자격이 없는 인간'이며, 그때 모든 주민은 용의자가 된다. 경찰과 관료와 밀정이 더 이상 구별되지 않는 집행기관 속에서 이들 모두는 주권적 결정의 극단화된 현현으로서 나타난다.39) 혁명가가 되고 동물이 된다. 아니, '동물'이 된 그들을 통해서 인간은 하나의 요청으로서만 모습을 드러낸다.

도쿄의 조선인 빈민 지대, 식민지 도시의 감옥, 평양의 토성랑, 만주의 일본대사관 지하실, 남산의 안기부 지하실이라는 망각의 굴로 던져져 오직 살과 피와 뼈의 덩어리로서, 그리하여 주검을 통해서만 법 안에 등기되는 사람들. 혁명가들의 '조치'와 주권권력의 비상사태는 거기서 만난다. 그런 예외적 장소를 나는 식민지라 부르며, 근대의 예라 느낀다. 피 흘리는 생명들 한가운데를 질주하는 기차에 함께 올라 만주로 향하는 혁명가와 밀정密偵과 조선인 병사들, 말하는 생명과 집행하는 기계 사이의 현기증 속에서, 이병주와 김사량이 던진 질문은 일종의 '중단'으로서, 중단된 채 남아 있다. 여전히 거기서부터 묻는 일이 가능하고, 또 필요한 것이 아닐까?

추락과 추방/분단과 내란을 배제적으로 포함한 채 정치 앞에 서 있는 대한민국의 목소리를 듣는 일은 아키하바라의 전자상가,

---

39) 이러한 생각은 비상사태(Ausnahmezustand)와 조치(Maβnahme)라는 개념을 통해 혁명가와 비밀경찰이 법과 맺는 관계를 분석한 오타케 고지(大竹弘二)의 글과 이혜령(李惠鈴)의 사회주의자 형상 분석에 빗짒다. Otake Koji, "Beyond the Law, Politics of Secret", *Horizon of Political Thought*, Workshop, Yonsei University, 2009년 2월 16일(일본어 프로시딩). 李惠鈴, 「감옥 혹은 부재의 시간들 — 식민지 조선에서 사회주의자를 재현한다는 것, 그 가능성의 조건」, 『대동문화연구』, 제64집, 성균관대대동문화연구원, 2008년.

아프가니스탄의 사막, 티베트 고원의 탁한 바람 위에 쓰러져 있는 구제국舊帝國의 가능성을 묻는 일과 다른 것일 수 없다.

죽게 내버려두는 공장제 쇠고기와 검경행정복합체檢警行政複合體의 선언에 다름 아닌 법에 대치한 채, 오직 기계의 마지막인 핸들에만 걸려 있는 노동기계의 생명.

비정규직의 삶이 상례적 삶이 된 세계에서 지구적 가내 동물oikonomikon zoon, 자기 신체의 사생활에 갇힌 노동하는 동물animal laborans이 되기를 거부하며 말과 목소리의 중간 상태에서 비명을 지르는 인간들. 그러한 비명을 듣는 일이야말로 후기식민지의 인간이 식민지를 통해, 근대사를 통해 배운 유일한 앎이다. 그들이야말로 바로 우리들(의 잠재태)이기에 그 어떤 죽음이나 목소리도 우리에게는 여전히 맹목적 질문이다. 공중에 걸린 고기肉가 되지 않기 위해, 인간을 공중에 거는 장소, 거기가 바로 우리들의 땅, 우리들의 '조국'이다.

에필로그
향후 과제, 감사의 말을 겸하여

1.

최근 몇 년간 한국학 연구에서 식민지(말)의 정치문화적 현상만큼 뜨거운 논쟁 대상이 되어온 문제도 별반 없을 것 같다. 중일전쟁에서 '대동아전쟁'에 이르는 전시의 한국근대문학에 대해서도 그간 적지 않은 논고와 저술들이 있었다. 친일 시비나 대한민국 건국의 정당성 문제를 둘러싼 논쟁을 비롯해 식민지기 및 해방 전후에 대한 (재)인식 자체가 함의하고 있는 현재성이 적지 않기 때문이기도 하고, 보다 거시적으로는 포스트콜로니얼리즘/후기식민주의로 대변되는 인문학계의 이론적 방향전환이나 우리 사회 안의 내셔널리즘 비판 움직임도 이 시기에 대한 재조명이 거듭되어온 이유들일 것이다.

계급사, 민중사, 민족사의 시각을 비판하며 1990년대 이후 대두된 사상사적 전회에서, 식민지말이라는 시기가 가진 함의는 다대하고도 다양했다. 식민지와 후기식민지 사이의 사상적·인적 연쇄를 통해 식민지말로 소급되곤 하는 파시즘 비판, 대중을 조직하는 방식과 국민병제도, 전쟁에 수반되는 충성과 재화의 동원을 식민지말 총동원체제로부터 연역하려는 국민국가 비판, 국가와 관료의 주도 속에 행해진 인간과 재화의 배치 및 제도의 구성을 개인과 사회의 권리라는 관점에서 해체하려 한 국가이성 비판, 식민지와 후기식민지 사이의 물적·인적·제도적 연쇄를 전후 경제성장의 원천으로 보고 이를 통해 기왕의 부정적 근대화론을 분쇄하려는 (신)자유주의 등은 공히 '식민지(말)'의 제도, 관념, 문화를 주요한 착점으로 삼아 왔다. 새로운 정부 아래서도 이 시대는 여전히 역사 및 현실을 둘러싼 갈등의 뇌관이 되고 있으며, 이 뇌관은 더욱 팽팽해져 거의 폭발 직전에 와 있다.

하지만 이 책을 통해 내가 염두에 둔 것은 이와 같은 충돌에 대한 보다 직접적인 개입을 위한 지식의 제공이나 권력 연쇄의 메커니즘에 대한 비판은 아니었다. 즉 이 시기를 둘러싼 현재의 역사적 논쟁에 대한 개입이나 현실 정치와의 협업을 염두에 둔 것은 아니었다. 이 책은 특히 1930년대 후반부터 해방까지의 문학적·문화적 현상을 언어, 생(명)정치, 사상과 제도의 기예^{techné}라는 세 가지 키워드를 통해 조명한 것으로, 서술의 대부분은 기왕의 논의들에 대한 논쟁적 개입보다는 당대의 관념과 도식, 사유의 도구들을 재구再構하고 이 시대에 대한 이론적 이해에 중요한 시준점들을 제공하는 국부적 장면이나 순간들을 점묘하는데 바쳐졌다. 따라서 분석 대상이 된 텍스트들이 위치하는 시간이나 상황도 균질적으로 분포되어 있다기보다는 당대의 전환을 이끈 관념이나 도식이 출현한 중일전쟁에서 태평양전쟁 발발 직후의 몇 년간에 집중되어 있다.

예컨대 (일본) 국가를 일종의 메커니즘이자 비봉쇄적 형식으로 이해하는 가운데 전쟁 수행의 한 축으로서의 조선(인)이 부상한다. 제 개인과 민족을 잇는 산업 및 통치의 기술과 이를 역사적 소명으로 제시하는 통치 언설, 또 그러한 제국의 발신을 번안하며 기능화되는 지식은 제도적 수준의 승인을 넘어 소명의식화된 직분론으로 나아가며, 이는 다시 일종의 자기 테크놀로지의 형식으로 사상사에 흔적을 남겨 놓았다. 그러나 그러한 흔적은 피나 눈물의 자국만이 아니라 바로 지금 여기에서 매번 구성되고 있는 통치 이성을 지탱하는 협력의 관념이자 도식인 것이다. 왜냐하면 제국에 기입하려는 자유주의적 사고, 사회적 목표의 구상이나 비판보다는 설정된 목표의 집행에 골몰하는 기술화된 지식, 자본의 전쟁·무력상의 전쟁에 의한 '세계사적 변동'을 주창하며 허리띠를 졸라매라는 명령과 같은 통치의 테크놀로지들은 고고학의 대상이자 고현학modernology적 주제 그 자체이기 때문이다. 따라서 이에 대한 사유는 일종의 계보학이 될 수밖에 없다. 그런 의미에서 이 책이 시도한 어떤 고고학적 '종합'과 '계보화'는 내게 지금 이곳의 현실을 구성하는 관념과 도식을 이해하는

데 필수적인 과정처럼 느껴진다.

미셸 푸코는 강의록인 『'사회를 보호해야 한다'』를 통해 '계보학'에의 요청을 다음과 같이 규정하고 있다. "박학한 지식과 국부적인 기억의 짝짓기." 내가 이 책의 전편에서 견지한 유일하게 일관된 방법은, 현대 (비평) 이론의 잠재력을 인화성 강한 역사적 앎, 텍스트의 사건성 안에서 재점화하는 것이었다.

국부적 장면들 속에서 오늘의 현실에 대응하며 생산되고 있는 이론의 층위와 역사적 사실의 장황한 목록을 교직하는 이 작업이 매우 성긴 것으로 느껴질지도 모르겠다. 그럼에도 이 성긴 작업을 계속 지속시킬 수밖에 없었던 것은, 이러한 짝짓기 혹은 시침질이야말로 역사적 앎의 형성과 실천의 전술 안에서의 앎의 사용을 가능하게 해주리라 믿었기 때문이다.

이 책을 쓰며 생각했던 계보화의 전제는 다음과 같은 것이었다. 지배 담론에 종속된 인간은 어떤 상징 속에서 여전히 자신을 자기로 느끼며, 지배 과정에 자발적으로 복무하게 되는가. 식민지 문제, 나아가 근대 국가 문제를 이해하는 데 법과 경찰과 같은 정치 기술에 대한 접근은 여전히 중요하다. 하지만 국가나 민족을 법정에 세워 개인을 면죄시키거나 모두가 죄인이라 자처하게 만드는 따위의 일이라면 하지 않는 것이 낫다. 개인의 물리적 생명을 관리하고 국가 내로 통합하는 수단들에 대한 연구가 중요성을 잃을 수 없는 한에서, 이러한 연구를 여러 개인들이 만들어내는 자기 테크놀로지에 대한 해명과 종합하는 방법을 찾아내지 않으면 안 된다.

범박하게 말해, 나는 정치사와 사상사를 문학의 사건들 안에서 하나로 통합하는 그런 일을 생각하고 있었다. 즉 개인을 각자의 고유한 정체성과 고유한 의식에 결박시켜 주는 동시에 외부의 통제 권력에 순종하도록 만드는 주체화 과정을 어떻게 이해해 나갈 것인가. 나는 이 작업을 지배하는 권력과 자발적 복종, 즉 정치 기술과 주체의 테크놀로지의 교차점으로부터 시작하고자 했다. 결정되어 있는 정치에 대한 '지적 협력'이 아니라 앎과 정치가 개별적 삶 속에서 동시에 구성되는 순간 — 식민지말이라는 극단의 시간, 식민지말 문학이라는 극단의 언어 속에서 지금 현재의 삶을 묻는 그런 일이 가능할 것이다. 지배와 자기 테크놀로지의 동시 구성 속에서조차 문학의 언어 속에는 파열을 보여주는 순간들이 있다. 식민지말이라는 문학의 '악몽' 속에서야말로 문학과 문학 연구의 가능성이 오롯하게 드러날 수 있을는지 모른다.

  만약 권력 메커니즘에 대한 분석이 한 사회에서 전개되는 투쟁이나 대결을 통해, 또 투쟁의 제諸요소인 각각의 권력 전술에 의해 생산되는 다양한 앎의 효과가 어떠한 것인가를 보여주는 일(미셸 푸코, 『안전·영토·인구: 콜레주 드 프랑스 강의 1977~1978년』, 2004년)이라면, 어떤 사람들에게는 이 책은 오직 1945년 이전에 관해서만 그러한 효과를 일부 보여준 것처럼 느껴질지도 모르겠다. 하지만 다른 사람들에게는 이 책을 쓸 수 있게 한 도구나 사유의 방법들이 현재의 정치문화적 상황 속에서도 여전히 유효한 것으로 생각될지도 모른다. 국민을 보호하는 국가, 자국민의 생명의 안전을 위한 선제공격, 세계전쟁에 대응하기 위한 기술적 합리화, '미래'를 위한 제국어의 선택, 낙오자 혹은 그러한 공포의 생산, 자기관리의 기술과 공사의 압착과 같은 테마에서 어떤 이들은 모종의 기시감旣視感을 느낄지도 모른다. 나는 바로 그러한 극단의 상황에서 분출되는 목소리 혹은 비명을 듣는 일이야말로, 오늘날과 같은 극단과 예외의 시대에 어울리는 앎의 시발점이라고 생각했다. 이 시기를 다루는 데 소용되는, 소위 정치적 현실과 관계하는 담론이 갖는 직접적이고 고유한 효과에 주의하며 써나갔지만 이러한 이유에서 나는 여전히 이 책을 (충분히는 아니더라도) 앎의 계보학 혹은 권력 분석의 일종이라 믿고 있다. 차후 한국 근대문학사 연구를 통해 이와 관계된 몇 개의 작업을 진행해 나가려 한다.

2.

도쿄 복판의 구舊제국대학 강의실, 어바인 인문학동 4층 끝 연구실, 그리고 치바현 끝에 놓인 한 사립대학의 호수공원 앞. 강의실로 옮겨가는 걸음은 아주 느리고, 여전히 눈은 종이들을 훑고 있다. 불투명한 대상들, 선량하지만 날카로운 의지들, 강의실 앞에서의 심호흡, 형편없는 표현들과 종결되지 않는 단어의 다발들, 눈빛, 강의실 안의 답답증, 지나친 디테일과 난폭한 도식들, 강박적으로 내뱉어지는 짧은 문장들. 외국어 앞에 서는 일이 만들어낸 견디기 어려운 공포와 불안으로부터 도망치기 위해, 편집증적으로 작성해나간 메모와 강의록이 이 책의 기본 얼개가 되었다.

이 책은 2004년 겨울 학기에서 2005년 겨울 학기까지 캘리포니아 주립대학교(어바인)에서 행한 1년 3개월간의 강의와 연구에 기초해 구상되었고, 2005~2009년에 걸쳐 학술회의 발표문 혹은 학술지 논문 형태로 발표되었다. 책의 기반이 된 문제의식과 앎, 텍스트의 범위에 대한 이해는 2002~2004년 사이의 방일 연구를 통해 촉발되고 축적된 것이라 믿어진다. 2005년 봄 학기에서 2006년 봄 학기에 걸쳐 작성된 초고들은 2006~2009년 사이의 일본, 한국에서의 공부와 강의를 통해 다듬어졌다.

이 책의 장들 중 절반 남짓의 글들은 한국과 일본의 잡지와 학회지를 통해 발표된 적이 있는 글에 추고한 것이며, 절반에 못 미치는 나머지 글들은 한국-중국-일본에서의 학술대회나 비평지에 발표되거나 미국과 캐나다의 학회와 심포지엄 등에서 읽혀졌던 글들이다. 애초의 초고를 정리한 논문들 위에, 그 정도 분량의 새로운 글들을 보탰다. 만약 학술지에 실렸다는 사실을 '발표'로 규정하자면, 어떤 의미에서 이 책은 발표된 적이 있다고도 또 없다고도 할 수 있다. 소설에 비유해 보자면, 이 책은 전작 장편소설이 아니라 미발표 신작들이 포함된 연작소설에 가까운 것이다.

애초에는 완전히 다른 세 언어의 독자들을 염두에 두고 사고되고 작성된 이 글들은, 그러나 대개 한국어로 먼저 쓰여졌고, 다시 책으로 구성하는 과정에서 많은 결락과 변화를 겪었다. 그럼에도 이 글들은 어쨌든 그 어느 언어의 사용자들도 완전히 설득할 수 없을지 모를 텍스트상의 번잡함과 목표와 설득 대상의 흔들림을 갖고 있다. 책으로 정리하는 과정에서 윤문과 첨삭을 거치기는 했으나, 긴 시간 동안 간헐적으로 다듬어진 까닭에 어떤 글은 너무 평이한 사실을 장황하게 이야기한 것처럼, 어떤 글은 너무 비약이 심한 단언처럼 느껴질지도 모르겠다(논증에 필요한 문헌들이나 주해注解 역시 어떤 사람들에게는 너무 많게, 어떤 사람들에게는 너무 적게 느껴질 것이다). 보다 넓게 공감 가능한 것을 쓰려 했으나, 애초의 초고들이 변전하는 과정에서 매번 글은 수취인을 확정짓지 못한 자기 환원적 발화로 되돌아가곤 했기 때문이다.

예컨대 오랫동안 한국인의 의식을 지배해온 '일제강점기'에 대한 역사적 감정, 또 그에 대한 비판 속에서 구성된 식민지근대화론 모두에 공명할 수 없었던 것, 마찬가지로 일본의 근대사 비판을 구성해온 보편사와 세계사에의 요청('식민지의 일반성')이나 식민지 지배와 전쟁 책임 문제를 전후 일본을 비판하기 위한 지렛대로 삼기 위해 남북한의 '강점론'과 연대하려는 흐름 양쪽으로부터 그 어떤 위화감을 느껴온 것 — 이런 사유의 원천들과 감정의 역사까지를 일일이 표시하기는 힘들었다. 이러한 의식까지를 상대화해보고 또 계보화해 보려 했으나 결과적으로는 종합적 답변보다는 국부적 장소들로부터 맹목적 질문을 던지는 방식으로 귀착된 감도 없지 않다.

앎과 생각들을 전개시키는 데 있어, 늘 나를 두렵게 한 것은 적敵들의 사유와 겹쳐 읽히지 않을까 하는 걱정이었다. '독자'와

'효과'를 생각하며 쓰는 일이란 어리석고 교만한 태도라고 생각하기는 했지만 책을 구상하던 당시의 상황이나 스스로가 작업했던 장소들로 인해 많은 글들은 극단의 상황, 예외적 상태로부터 당대를 재구하고 이를 이론의 언어에 접속시키는 방식으로 작성되었다. 국경과 당파를 사이에 두고 각기 모습을 달리하는 담론의 효과들을 의식하며, 그러나 내 자신이 가진 최상의 것을 쓰기 위해 나름대로 노력했다고 믿고 싶다. 식민지말이라는 연구 대상 혹은 질문의 장소 역시 그런 과정에서 선택되었을 것이다.

생각해보면, 사건에 이론을 개입시키는 일은 앎에 과제를 부여하고, 역사에 생기를 불어넣는 유일한 방식이라 믿어진다. 하지만 사건을 현재적 요청 속에서 읽는 일과 사건(들)에 대한 과잉일반화 혹은 보편현상화 사이에는 아주 얇은 막만이 놓여 있는 것도 사실이다. 매번 양이 많아지는 문헌들, 그에 따라 더 어려워지는 고고학적 재구, 쉽게 갈음하려는 '이론'에의 경사 — 그러저러한 방황들을 하나의 체계로 수렴하려 시간을 썼지만 결국 출간만 2~3년 늦어지고 책의 부피만 더해진 건 아닌지 걱정스럽다. 이러한 방황의 흔적이 스스로에게는 의미 있는 것이지만 이 책이 나가는 세상에게는 어떨지 나로서는 알 수 없는 일이다.

책을 구상했던 시간은 나 자신의 삶이 어느 곳으로 어떻게 어떤 언어로 흘러갈지 전혀 종잡을 수 없던 때였다. 거의 1~2년 단위로 이동해야 했고 갖고 있는 자료나 보아야 할 책들도 매번 달라졌다. 그런 불안 속에서 이방에서의 몇 년간 꿈에서조차 한 번도 이 책을 쓰고 있지 않은 적이 없었다. 이방에서의 열정이 소소한 좌절들로 나타날 때마다 어린아이가 실패를 던졌다 감고 던졌다 감듯이, 의식은 곧잘 이 책의 페이지들을 돌아다녔다. 책을 구상하는 동안 책 속의 이름 이름들을 꿈에서나마 수없이 만나보았지만 이제 그들은 아주 가끔씩만 나를 찾아온다. 새로운 독서 환경과 사유들을 만날 때마다의 혼란과 그만큼 격렬했던 사고의 편린들, 그러나 앎의 추구를 위한 마음만은 늘 평온했던 농도 짙은 그 시간을 지금의 내가 살고 있지 못한 것은 아닌가 하는 두려움 때문일 것이다. 이미 오래전에 쓰여졌으나, 오랫동안 내놓지 못한 책을 이제는 손에서 놓고 싶다. 이렇게나마 마무리할 수 있어 기쁘다.

책을 쓸 수 있는 여러 조건들을 선사해준 많은 은인들을 떠올리는 마음은 벅차기도 하고 미편하기도 하며, 무엇보다 복잡하다. 더러 글 안에다 직접적인 도움을 주신 분들에 대한 인사를 적었지만 이 기회에 가까이서 책의 완성을 도와주신 분들에 대한 감사의 말을 남겨두려 한다. 얼마간 장황해지는 대로, 이렇게라도 가장 현기증 났던 시간들을 옆에서 지켜봐준 분들에 대한 예의를 다하고 싶다. 이 책의 초고는 거의 미국에서의 연구를 통해 틀 지워졌다. 캘리포니아주립대학교(어바인)의 김경현 교수는 내게 미국에서의 연구를 제안하고 주선해주셨다. 그곳에서의 연구와 생활 대부분을 그에게 의지할 수 있었던 것은 견줄 데 없는 행운이었다. 그가 베풀어준 관심과 배려의 크기에 알맞은 보답은 상상하기 어렵다. 연구실이나 강의 환경, 삶의 문제에 대해 많은 배려를 해주신 에드워드 파울러Edward Fowler, 제임스 후지이James Fujii 교수, 단상에 대한 토론 상대가 되어 준 이노우에 코타Inoue Kota, 스티븐 정Steven Chung, 마이클 크로닌Michael Cronin을 비롯 세미나를 함께 해준 대학원생들 모두 잊기 어려울 것이다. 일본에서의 2차 연구와 취직을 주선해 준 아키라 리핏Akira Mizta Lippit 교수에게는 갚기 어려운 빚과 받아들이기 어려운 낭패감을 안겼지만 그와 미즈타 노리코水田宗子 총장은 서울로의 이직에 동의해 주었고 축하해주었다.

멀리서 또 가까이서 공부와 앞길을 걱정해주신 최박광 선생의 보살핌은 내가 늘 잊지 않아야 할 감사의 앞자리이다. 벙어리의 눈빛만 보고 방일 연구의 길을 열어 주신 도쿄대학의 고故 오사와 요시히로大澤吉博 선생님의 갑작스러운 죽음과 언제나 흔쾌한 공감들을 연발하며 허다한 추천서들을 써내신 존 보첼래리John Boccellari 선생님의 미소를 함께 떠올리는 마음의 움직임은 잔혹하다. 조사이국제대학의 강준姜竣 선생의 도움 역시 잊지 못할 것이다. 이미 다른 책으로 우정의 결실을 본 와타나베 나오키, 차승기 선생을 비롯한 인문평론연구회의 여러 선생님들에게도 고마웠다는 말씀을 전한다. 이분들이 없었다면 내가 어찌 도쿄의 한 자락에서나마 몸과 마음과 책을 누일 수 있었을까. 아득한 일이다.

이 책은 일본과 미국에서의 유복한 연구 환경이나 한국에서의 연구 조건들이 없었다면 완성될 수 없었을 것이다. 고색창연한 교정으로 다시 돌아온 후, 어려울 때마다 따뜻한 조언과 충고를 아끼지 않으셨던 정우택, 권인한, 한기형, 박헌호, 천정환, 이혜령, 김수림 선생님을 비롯한 성균관대학의 선후배 동료 선생님들, 문학교사로서의 삶에 늘 그 이유와 보람을 느끼게 하는 성균관대학교의 학생들에게 감사한다. 특히 이종호 동학과 박형진군은 원고의 최종 교정과 찾아보기 작업을 성심껏 도와주었다. 가르치는 것보다 늘 그들에게 배우는 게 더 많아 부끄럽다.

서울에서의 몇 해 동안 안부와 공부를 함께하며, 같이 생각하고 만들어간다는 것의 의미를 느끼게 해준 박진우, 한보희 형과의 대화는 생각의 주안점을 다시 정하는 데 큰 도움이 되었다. 조형준 주간은 번다하고 난잡한 원고를 몇 번이고 읽고 다듬어주었다. 그 바쁜 와중에, 고맙기 그지없는 일이었다. 특히 넘치는 영감으로 상상력의 샛길을 내주곤 했던 철학자 김항의 준엄하고도 온기 가득한 우정을 여기에 적어두고 싶다. 조원식 선생의 제안과 독후감들이 이 책을 만들어 가는 데 적잖은 힘이 되었다. 내가 만난 가장 주의 깊은 식민주의 비판가 중 한 사람인 도미야마 이치로高山一郎 선생은 흔쾌히 과한 평가가 담긴 추천의 글을 보내주셨다. 이 모든 분들께 감사의 말을 남기고 싶다. 나의 삶과 글이 어떤 질곡 속에 놓이든, 이들 동료들과 나눈 대화와 그들이 던져준 앎의 불꽃들은 내 삶과 글에 우정과 윤리의 빛들로 계속 남아 있을 것이다.

열심히 쓰는 일보다 열심히 읽는 일이 어렵고, 열심히 읽는 일보다 깊이 생각하는 일이 훨씬 어렵다는 것을, 또 새로 무언가를 쓰는 일보다 이미 써진 타인들의 앎과 사고들 속에서 생각하고 조금이나마 깨달음의 자락을 덧붙이는 일이 더욱 귀하고 값지다는 것을 이제 겨우 알 것 같다. 돌이킬 수 없이 늦은 깨달음이지만 이 깨달음을 좀 더 통절하게 살아낼 수만 있다면 나에게도 아직 기회는 있으리라. 그러니 이렇게 보잘것없는 쓰기와 어리석은 자가 쓰러져 넘어진 흔적들에서나마 무언가를 배우려는 사람들이 있다면, 그러한 배움은 전적으로 반면교사의 삶 속에서조차 옳은 앎을 생각해온 그분들의 몫일 것이다.

위서(僞書)도 책이다. 집을 허물어버린 망치도 연장은 연장이다. 그런 한에서 불충분하거나 (잘)못된 앎들, 나(와 너)를 때린 이 망치가 유용한 자리에서 달리 쓰일 수도 있을 것이다. 과오도 실패도 모두 나의 것이다. 비판도 책망도 모두 반기려한다.

끝으로 사회적 통념을 훌쩍 넘은 인간적 불성실과 의무 방기를 너그러이 이해해주신 부모님과 아우들에게 이 자리를 빌어 용서를 구하며, 이 책을 바치고 싶다. 영원한 동지 이영재에게도 보잘것없는 공부에 대한 성마른 보고를 전한다. 내 스스로가 만들어낸 싸늘한 겨울을 살아 건널 수 있었던 것은, 전적으로 그녀의 차갑고 매몰찬 머리와 사려 깊고 따뜻한 가슴 때문이다.

이 책의 저편에는 더 많은 일들이 있을 것이다. 그래서 나는 읽을 것이고 또 써나갈 것이다.

2009년 2월 8일, 東京 撤收日
정든 도쿄를 떠나는 이삿짐들 옆에서
황호덕

찾아보기

(ㄱ)

감옥 18, 53, 271, 374~375, 377~378, 381~383, 385~386, 390, 394, 399~401, 404~407, 409, 414, 417, 583, 585~586, 601
결단 61, 85~86, 181, 183~186, 202, 206, 223, 318~319, 442, 444~445, 482~483, 509~510, 555
계몽 119, 219~220, 301, 312, 394, 409, 412, 419, 422, 489, 594~595
계보학 605~606, 608
고도국방국가 19, 180, 225, 343, 352, 440~442, 444, 446, 456, 463~465, 477, 481~484
고쿠고 138, 182, 184, 188~189, 193, 196, 199~204, 206~210, 212~213, 215~221, 225~228, 242, 244~245, 254, 256~257, 280~283, 288, 303, 305, 326, 333, 342, 349, 361, 374, 376~378, 381~382, 384~385, 394~397, 399~402, 404~405, 411, 413, 416~417, 419, 424, 582
관료 18, 20~21, 53, 57, 82, 128, 338, 437~441, 444~456, 464, 476, 483~484, 498, 509~510, 516~519, 525~526, 532~536, 539~541, 543~548, 550~555, 563~566, 598, 601, 604, 616

국가이성 487, 604, 616
근대의 초극 249, 409, 417, 474, 494, 496, 498~499, 505~506, 508, 596
근대초극론 456, 494, 498, 501, 506~508, 596, 616
기계 18, 20, 198, 358, 378~379, 381~382, 400~401, 404, 413, 418, 420, 425, 433, 436~437, 441, 456, 459, 475, 477, 492, 495~498, 500, 510, 512~513, 546, 554~555, 589, 591~592, 594~598, 600~602, 616
기술 지배 19, 486, 492, 502, 506, 511, 616

(ㄴ)

내면 17, 38, 98, 128, 240, 293, 312, 315, 324, 327, 423, 452, 518, 536, 539, 616

(ㄷ)

단일언어 203, 252, 255, 266, 348~349, 368, 373~374, 377, 421, 426, 616
대리보충 542
동물 18, 222, 329, 332, 378, 381, 382, 387, 391~393, 397~401, 403~404, 406~408, 413, 418, 420, 424~426, 433~437, 447, 509, 514, 556, 571, 573~574,

576~579, 581, 587~589, 596~597, 599~602, 616
듣기 583

(ㅁ)

말(logos) 427, 519, 556~557, 576, 581, 589, 591
말하는 입 379~382, 387~388, 395~396, 402~403, 406, 412~413, 616
먹는 입 379~382, 387, 395~397, 402~404, 616
메커니즘 18~21, 39, 57, 69, 83, 88, 177, 180, 228, 266, 313, 425, 433~434, 436~441, 446, 456, 458, 463, 465, 471, 481~484, 488, 508, 510, 596~597, 599~600, 604~605, 607, 616
모어 204~206, 220, 243, 251, 285, 305, 366, 400, 424~425, 428, 616
목소리(phone) 427, 556~557
무적 보편 460, 466~467, 502, 616
문지방 공간 254, 266, 274, 283

(ㅂ)

벌거벗은 삶 172, 207, 221, 257, 282, 370, 376~377, 379~381, 389, 394, 396, 401, 404~405, 413, 426, 515, 557, 577, 581, 596, 616
벌레 220, 273~274, 280, 283, 424, 582, 588, 616
법유지적 폭력 48

법정립적 폭력 48~49, 90, 280, 297, 616
법통 27, 30, 44, 50, 616
변비 373, 388, 392, 399, 417, 616
보호/시큐리티(security) 94, 178, 182, 447, 503, 580
비명 17~18, 270, 272, 280, 329, 332, 375, 392, 397, 402~404, 412, 427, 557, 575, 582~584, 588~591, 599, 602, 608, 616
비밀 121, 125~126, 230~232, 286, 292, 294~299, 303, 309~310, 313~315, 317, 324~327, 385, 556~557, 600
비봉쇄적 국가 19, 433, 446, 456, 459, 466, 468, 471, 484, 504
비상사태/비상시국 14, 28, 42~43, 46, 51, 70, 90, 153, 183, 351, 457, 512, 598~599, 601, 616
비유기적 신체 357, 360, 371, 450

(ㅅ)

사유공영 180, 440, 460, 464, 501, 616
상호형상화 도식 252
생명정치 14, 71, 221, 329, 332, 373~374, 380~381, 408, 439, 457, 557
선물 75, 79, 81~82, 87~89, 92, 94~96, 98~103, 108, 120, 122~123, 137, 141~145, 398~399
설사 80, 99~100, 148, 334, 373, 387, 401, 408, 474, 544
성좌(constellation) 514
신화 14~15, 18, 62, 73, 75~77,

82~84, 89, 97, 102, 128~129, 131, 141, 144, 146~147, 149~157, 159~166, 168~173, 301, 331, 374, 416, 436, 455, 460, 493

(ㅇ)

아이고 376, 402~404, 418, 556, 582~584
아카이브 229, 318, 459, 519, 540, 557~558
엽서 17, 101, 126~127, 140, 286~287, 299~300, 302, 311~314, 317~318, 326, 336, 594
예외상태 70, 90, 96, 134, 183, 220~222, 227, 255, 257, 272, 278, 280~281, 283, 512, 514~515
옥시덴탈리즘 333
우편 불안 296~297, 299~300, 310, 312~313, 315, 317~318, 321, 326, 328
원-파시즘 169, 172
원폭력 48~49, 70, 153
응답 가능성/책임 121, 135, 140
이중언어 18, 196~197, 204, 207~208, 230, 271, 280, 295, 303, 305, 331, 333, 336, 342~343, 347~349, 373~375, 377, 382, 400~404, 415, 575, 596~597

(ㅈ)

잠재성 17, 139~140, 232, 235, 25 3, 281~284, 324
장소(topos) 71, 335, 369, 558
전승 156, 171~173, 558~561, 566, 575, 577
전유(appropriation) 244
전향 16~17, 151, 161, 179~182, 184, 188, 195, 199~200, 203, 206, 208, 220, 278, 283, 373~374, 381, 383~385, 391, 394, 396, 399~400, 405, 409~412, 416~417, 440, 443, 446, 460, 462, 464~465, 467, 471, 473~474, 484, 489~490, 493, 502, 520, 593
점령 25~27, 31~45, 48~50, 68~69, 186, 200, 224, 285, 288, 332, 370
정동(affection) 534
정치적 낭만주의 182
정치적 리얼리즘 181~182, 184, 186, 188~189, 204
존재-신화론 146
주권 17, 35~37, 46~47, 49~50, 53, 70, 84, 90~91, 93~96, 129, 155, 180, 186, 221~222, 230, 235, 257, 280~284, 380, 414, 434~437, 441, 447~448, 452, 457~458, 482~483, 485, 499, 503~505, 510~512, 553, 572, 580, 597~598, 600~601
증언 288~289, 292~299, 303, 306, 312, 323, 368, 389, 393, 519, 521, 523~525, 535~536, 538, 540~541, 557~563, 567
증여 15, 75~76, 81~82, 85~92, 94~108, 116, 119, 121, 126~131,

133~136, 141~145
집단적 기억 521~523
집행 21, 44, 166, 297, 436~439, 441, 444, 465, 482~483, 507, 509~510, 516, 519, 534, 541, 545~548, 551~556, 562, 564~567, 586, 594, 598~601, 605

(ㅊ)

참여적 관찰자 406~408

(ㅋ)

크레올 272, 284, 418, 421, 423, 582

(ㅌ)

테크네(techne) 458, 483, 486, 492~493, 512
테크노크라트 20, 456, 476, 511, 552
통치성(governmentality) 17, 69, 182, 221, 225, 288, 292~293, 296, 299, 389, 393, 423, 458, 492, 517

(ㅍ)

폴리스 379, 381, 404, 577, 582, 584, 589~590, 597

(ㅎ)

항문 18, 376, 380~382, 387, 389, 392~394, 397~400, 403, 406, 408, 412~413, 416~417

협력 13, 16, 19, 32, 35, 38, 39, 43, 52, 58, 131, 133~137, 140~141, 146~147, 155, 177, 180, 183~184, 188, 202, 210, 213, 222~225, 228, 257, 305, 345, 352, 366, 375, 385, 391, 412, 416, 419~420, 438, 440, 445~446, 450, 476, 478~479, 486, 506, 545, 547, 549, 567, 605, 607
후기식민지 33, 41, 68, 537, 551, 571~572, 591~592, 602, 604